IFAC
国际会计师联合会出版物中文译本系列

国际审计准则

2012

国际审计与鉴证准则理事会　制　　定
中国注册会计师协会　组织翻译

中国财政经济出版社

图书在版编目（CIP）数据

国际审计准则.2012／国际审计与鉴证准则理事会制定；中国注册会计师协会组织翻译.—北京：中国财政经济出版社，2013.8
（国际会计师联合会出版物中文译本系列）
书名原文：International Standards on Auditing
ISBN 978-7-5095-4771-7

Ⅰ.①国… Ⅱ.①国… ②中… Ⅲ.①审计-规范-世界-2012 Ⅳ.①F239.21-65

中国版本图书馆CIP数据核字(2013)第194042号

责任编辑：蔡丽兰　　封面设计：郁　佳
版式设计：录文通

中国财政经济出版社出版
URL：http：//www.cfeph.cn
E-mail：cfeph@cfeph.cn

社址：北京市海淀区阜成路甲28号　邮政编码：100142
营销中心电话：88190406　北京财经书店电话：64033436　84041336
北京财经印刷厂印刷　各地新华书店经销
787×1092毫米　16开　42印张　840 000字
2013年9月第1版　2013年9月北京第1次印刷
定价：98.00元
ISBN 978-7-5095-4771-7/F·3859
（图书出现印装问题，本社负责调换）
本社质量投诉电话：010-88190744
反盗版举报热线：010-88190492，88190446

国际审计准则（2012）：International Standards on Auditing (2012 Edition)
ISBN：978 -1 -60815 -122 -6

[illegible]

国际会计师联合会出版物翻译审核委员会
成员名单

主任委员：

陈毓圭（中国注册会计师协会副会长兼秘书长）

成　　员：

丁伟铨（香港会计师公会行政总裁兼注册主任）
黄浩彪（澳门会计专业联会副理事长）
包敬燾（澳门会计专业联会理事）
杨志国（中国注册会计师协会副秘书长）
黄世忠（厦门国家会计学院副院长）
孟　焰（中央财经大学会计学院院长）
张龙平（中南财经政法大学会计学院院长）
梁国基（安永华明会计师事务所合伙人）
陈箭深（致同会计师事务所合伙人）
王越豪（天健会计师事务所合伙人）
李　丹（普华永道中天会计师事务所合伙人）
芮怀涟（毕马威华振会计师事务所合伙人）
袁文辉（德勤华永会计师事务所合伙人）
唐建华（中国注册会计师协会专业标准与技术指导部主任）
张连起（瑞华会计师事务所合伙人）
陈广垒（北京金融街投资（集团）公司总经济师）

国际会计师联合会出版物译丛

序　言

党的十八大对我国改革开放作出了新的部署，要求我们始终把改革创新精神贯彻到治国理政各个环节，坚持社会主义市场经济的改革方向，坚持对外开放的基本国策，不断推进理论创新、科技创新、文化创新以及其他各方面创新，不断推进我国社会主义制度自我完善和发展。

改革开放是中国经济社会发展的动力。从某种意义上讲，开放又是改革的动力。对外开放，有助于我们学会怎样搞市场经济；对外开放，倒逼我们去调整不适合市场经济的法律规范；对外开放，引导我们调整主体行为，使之更加适应市场经济要求。

改革和开放的这一逻辑关系，也为我国会计行业的改革开放实践所证明。在改革开放初期，我们引进了国际会计公司，紧接着引进了国际会计执业标准。通过持续不断的学习和借鉴，与计划经济相适应的会计制度实现了转型，审计制度从恢复重建到逐渐成熟，建立起与社会主义市场经济相适应的，与国际执业标准趋同的会计、审计、职业道德和继续教育标准，使中国会计行业始终走在改革开放的前列，为经济发展和国际合作架设桥梁，为企业、资金、商品的交流提供信息支持和制度力量。中国会计审计制度的国际趋同是一个动态的过程，需要与时俱进。对国际会计执业标准的学习和研究，同样需要与时俱进。

国际会计师联合会（IFAC）是会计职业界的世界组织，成立于1977年，有来自全世界120多个国家的170多个成员组织，代表着250多万名分布于经济、行政、教育等各个领域的职业会计师。IFAC的宗旨是不断增强世界范围内的会计行业，维护公众利益。它通过制定高质量的执业准则，促进对这些准则的遵守，增进准则的国际趋同，支持国际经济的稳健发展。为此，IFAC设立了国际审计与鉴证准则理事会（IAASB）、国际会计师职业道德准则理事会（IESBA）、国际会计教育准则理事会（IAESB）以及国际公共部门会计准则理事会（IPSASB），分别制定国际审计准则体系和国际职业会计师道德守则等执业标准，得到各国家和地区的广泛采用或借鉴。

为支持国际会计执业标准的引进和学习，服务中国会计执业标准国际趋同的进程，中国财政经济出版社发起国际会计师联合会出版物的全面译介工作，并邀请我和几位同行朋友担任这套出版物的翻译审核工作，我们为能参与这一光荣的事业感到自豪。

关于翻译，前辈们有过系统的总结和深刻的表达，其中，“信、达、雅”是最为后人推崇也是最应当为我们所遵循的原则。但是，原则总是抽象的，不同的人会有不同的理解和实践，特别是，“信、达、雅”是文学翻译家针对文学作品翻译而言的，具体到会计审计专业文献的翻译，在“信、达、雅”的实践上，则需要结合专业特性加以运用。从某种意义上讲，文学翻译是一件艺术工作，而专业文献的翻译（以下主要针对英文）是一件科学工作，科学工作需要遵循科学的原则。

关于“信”。“信”强调的是忠实于原文。文学讲意境，中外皆然。基于中国偏重“感性”的文化性格，中文在表达文学意境上有足够资源，所以，在文学翻译上做到“信”，即，反映原文的意境，似乎不难。而会计审计标准讨论的是专业技术问题，它固然有意境上的要求，但更强调技术和实践上的精确性。在会计审计领域，由于我们在历史上没有过这样的技术和实践，也就没有创造出对应的中文词汇，这个问题曾经害苦了许多翻译者。ASSURANCE是审计学的基础概念，ASSURANCE的基本意义是保证、担保，甚至还有保险、自信的意义，如果片面强调“信”，直接译成保证、担保，显然表达不了审计工作和审计报告所具有的合理保证这样的谨慎意义。正是因为如此，我们现在把ASSURANCE译成“鉴证”这样一个强调过程和行为而不是结果的词汇，尽管仍然差强人意，但是毕竟留下了进一步解释的空间，而回避了ASSURANCE在中文中对应的保证、担保这些容易引起强烈误解的一般译法。再如，PROBA-

BLE 与 POSSIBLE 在表达可能性时的差异，WILL、WOULD、MAY 在表达意愿上的差异，真的很难以一个“信”字就能处理得了。

关于“达”。“达”强调的是通畅。在中文中，通畅的最高境界是“明白晓畅”，要做到这一点，其实是很不容易的。要将一篇英语文献翻译得明白晓畅，就难上加难，其中的原因之一在于，中文与英文表达的构造方法不同。英文的表达是结构化的，普遍地通过介词、连词来引导，有些类似于搭积木，句子的主要成份关系相对清晰，我把它称之为“物理”式的；中文中没有类似于英语中丰富的介词、连词储备，而是通过表达顺序来体现句子主要成份之间的关系，我把它称之为“化学”式的。从这个意义上讲，中文句子是不适合采用复杂结构的。所以，对于一个结构简单、没有多个从句的英文句子，翻译成通畅的中文相对比较容易，而要将一个带有较多从句的英文译成中文，要做到通畅就要困难得多。在会计审计专业文献中，这样的带有多个从句的句子往往非常普遍。所以，在翻译英语专业文献时要体现“达”的要求，就应当在句子结构分解、转换上作很大的努力。

关于“雅”。可以说的不多，权且作为我们执译同志的更高追求吧。

让我们共同努力，把这套丛书编好，为中国会计执业标准国际趋同事业作出应有的贡献。

陈毓圭

2013 年 8 月 12 日

译者说明

国际审计准则由国际会计师联合会（IFAC）国际审计与鉴证准则理事会（IAASB）制定，适用于独立审计师执行财务报表审计业务。2006年以来，国际审计与鉴证准则理事会对国际审计准则体系开展了明晰项目（Clarity Project），旨在明确审计师的目标和要求，提高国际准则理解和运用的一致性，促进国际准则在全球范围的认可。2008年底，完成了对36项审计准则和1项质量控制准则的明晰化工作。明晰项目澄清了准则的目标和要求，提高了准则质量，受到国际组织、各国或地区监管机构以及会计职业界的肯定和欢迎。截至2013年5月，全球已有72个国家和地区采用明晰化后的国际审计准则，或与国际审计准则实现了趋同。

面对国际审计准则的新变化、新要求，我们需要更加深刻、准确地理解和掌握其精髓，吸收借鉴其最新成果，改进我们现有的审计准则，全面提升准则质量，实现与国际审计准则的持续趋同，为实现高质量的财务信息，维护经济和金融稳定奠定基础。中国注册会计师协会一直致力于国际标准的译介工作，并启动了国际审计准则最新版本的翻译工作。

在2012年海峡两岸及港澳地区（简称两岸四地）会计师行业交流研讨会召开期间，两岸四地会计职业组织达成共识，要充分利用两岸四地的资源做好国际标准的译介工作，并共享成果，使最新译本能够造福于两岸四地会计师行业。为此，在翻译过程中，两岸四地会计师行业通力合作，成立了国际会计师联合会出版物翻译审核委员会，并将两岸四地对专业术语的译法进行对照和索引，使翻译文本尽量满足两岸四地会计师行业的需要。

本译本包括截至2012年7月所有完成明晰化项目的36项审计准则和1项质量控制准则。翻译工作得到财政部领导的大力支持，由中国注册会计师协会具体组织，香港会计师公会和澳门会计专业联会参与。专业术语翻译对照表，由中国注册会计师协会、香港会计师公会、澳门会计专业联会，以及台湾省会计师公会分头提供。在翻译过程中，对于部分专业术语理解上的困难，由两岸四地会计职业组织共同研究解决，并得到了国际审计与鉴证准则理事会的技术支持。国际审计准则的翻译出版，得到国际会计师联合会的授权和认可。

参加翻译工作的有东北财经大学教授刘明辉、教授方红星，中南财经政法大学教授张龙平、副教授聂曼曼、副教授李璐，深圳大学教授柳木华，云南财贸大学教授朱锦余，南京理工大学副教授韩晓梅，华中师范大学副教授吴琼，普华永道中天会计师事务所合伙人季瑞华、总监孙晓悦，毕马威华振会计师事务所合伙人杨昕，天健会计师事务所合伙人王越豪，致同会计师事务所合伙人童登书、总监董迎新、总监庄峻晖，北京金融街投资（集团）公司总经济师陈广垒，昆吾九鼎投资管理有限公司合伙人魏先锋，中国东方资产管理公司陈龙伟，中国银河证券股份有限公司赵兰芳，河北省注册会计师协会副秘书长李万军，以及中国注册会计师协会专业标准与技术指导部主任唐建华、副主任张革、副主任张文、赵际喆、李晨，业务监管部副主任罗梅。信永中和会计师事务所合伙人李劲枫、天健会计师事务所合伙人沈颖玲等对部分准则译稿进行了审校。中国注册会计师协会副秘书长杨志国对译稿进行了审定。

值此译本出版之际，谨向国际会计师联合会出版物翻译审核委员会及参加翻译和审校工作的全体同志，表示衷心的感谢！向香港会计师公会、澳门会计专业联会，以及台湾省会计师公会表示感谢！

中国注册会计师协会

2013 年 8 月 12 日

目　录

附录：

国际质量控制、审计、审阅、其他鉴证和相关服务公告序言

（自2011年12月15日起生效）

目　　录

国际质量控制、审计、审阅、其他鉴证和相关服务公告序言

引　言

1.《国际质量控制、审计、审阅、其他鉴证和相关服务公告序言》使人们更易理解国际审计与鉴证准则理事会所发布公告的范围和权威性。国际审计与鉴证准则理事会的职责范围由其工作大纲所规定。

2. 国际审计与鉴证准则理事会致力于制定一套在世界各地得到广泛认可的国际准则及其他公告。国际审计与鉴证准则理事会理事代表全体公众以及全世界会计行业的共同利益。这可能导致他们就某事项所持立场与其所在国或会计师事务所现行实务不一致，或与推荐他们取得国际审计与鉴证准则理事会理事资格的人员所持立场不一致。

国际审计与鉴证准则理事会公告

国际审计与鉴证准则理事会权威公告

3. 国际审计与鉴证准则理事会的公告规范按照国际准则执行的审计、审阅、其他鉴证及相关服务业务。这些公告并不超越某个国家用于规范历史财务报表审计或其他信息鉴证业务的当地法律法规，审计师按照该国的国家准则执行业务时必须遵守这些法律法规。针对某一特定事项，如果当地法律法规的要求不同于国际审计与鉴证准则理事会准则的规定或与其相矛盾，按照当地法律法规执行的业务不会自动遵守国际审计与鉴证准则理事会准则。审计师不应声明已按照国际审计与鉴证准则理事会准则执行业务，除非其已完全遵守与业务相关的国际审计与鉴证准则理事会准则的所有规定。

4. 国际审计与鉴证准则理事会的权威公告是指按照国际审计与鉴证准则理事会

既定的应循程序发布的国际准则。

国际审计与鉴证准则理事会所发布国际准则的权威性

5. 国际审计准则适用于历史财务信息审计。

6. 国际审阅业务准则适用于历史财务信息审阅。

7. 国际鉴证业务准则适用于除历史财务信息审计或审阅之外的鉴证业务。

8. 国际相关服务准则适用于代编财务信息、对财务信息执行商定程序及国际审计与鉴证准则理事会指定的其他相关服务业务。

9. 国际审计准则、国际审阅业务准则、国际鉴证业务准则与国际相关服务准则合称为国际审计与鉴证准则理事会业务准则。

10. 国际质量控制准则适用于国际审计与鉴证准则理事会业务准则规范的所有服务。

国际审计准则

11. 国际审计准则基于独立审计师执行财务报表审计①业务的背景而制定。审计师运用国际审计准则执行其他历史财务信息审计业务时，可能需要做必要的调整。国际审计准则第 200 号②阐明了国际审计准则的权威性。

国际质量控制准则

12. 当会计师事务所提供受国际审计与鉴证准则理事会业务准则所规范的服务时，国际质量控制准则适用于该会计师事务所。国际质量控制准则的引言部分阐明了国际质量控制准则的权威性。

其他国际准则

13. 第 6 – 8 段提及的某些国际准则包括下列内容：目标、要求、应用及其他解释性材料、引言以及定义。国际审计准则第 200 号以国际审计准则及财务报表审计为背景对如何解释这些术语作出了说明。在上述国际准则中，对这些术语应作直接类似解释。

14. 第 6 – 8 段提及的其他国际准则包括基本原则和重要程序（这些内容以黑体字和“应当”这一措辞加以标明），还包括以解释性和其他材料形式出现的相关指

---

① 除非另有说明，“财务报表”是指包含历史财务信息的财务报表。

② 《国际审计准则第 200 号——独立审计师的总体目标和按照国际审计准则执行审计工作》。

南及附录。这些基本原则和重要程序应结合解释性和其他材料加以理解、运用，这些解释性和其他材料为其应用提供了指引。因此，有必要考虑准则的全文，以理解并运用这些基本原则和重要程序。

15. 某准则包括的基本原则和重要程序适用于与业务具体情况相关的任何情形。然而，在特殊情况下，审计师可能认为有必要偏离某个相关的重要程序，以达到该程序本要实现的目的。在这种情况下，审计师应当记录执行的替代程序如何达到程序要实现的目的，以及偏离的原因（除非已经很清楚）。只有在程序无效的特殊业务环境下，审计师才能偏离相关的重要程序。

16. 作为应用材料一部分的附录是准则不可或缺的组成部分。相关准则的正文或附录本身的标题和引言解释了附录的目的和预期用途。

职业判断

17. 国际准则的性质要求审计师在遵守准则时运用职业判断。

国际准则的适用性

18. 准则清楚地说明了某具体国际准则的适用范围、生效日期以及针对适用性的任何特定限制。除非国际准则另有说明，审计师可以在规定的生效日期之前运用某国际准则。

19. 国际准则与公共部门的业务相关。如适当，下列内容包括了针对公共部门实体的特殊考虑：

（a）国际审计准则和国际质量控制准则的正文部分；

（b）其他国际准则末尾的“公共部门视角”部分。

非权威资料

20. 非权威资料包括国际审计与鉴证准则理事会发布的应用指引和员工出版物。非权威资料并非国际审计与鉴证准则理事会发布的国际准则的组成部分。

国际审计应用指引

21. 国际审计应用指引并不给审计师增加超出国际审计准则规定的额外要求，也不改变审计师遵守与审计相关的所有国际审计准则的责任。国际审计应用指引为审计师提供实务帮助。它们可供负责制定某国家准则的机构推广使用，或用于制定相关国家应用指引。它们也可为会计师事务所制定培训方案和内部指南提供指引。

22. 国际审计应用指引为审计师提供的下列帮助取决于所涉及问题的性质：

- 了解被审计单位的业务具体情况，针对重大错报风险的识别和评估作出判断；
- 针对如何应对评估的风险做出判断，包括对业务具体情况下适当的程序进行判断；
- 应对与报告相关的考虑，包括对财务报表形成意见以及与治理层进行沟通。

与其他国际准则相关的应用指引

23. 出于同样目的，国际审计与鉴证准则理事会也可能发布国际审阅业务应用指引、国际鉴证业务应用指引和国际相关服务应用指引，分别为审计师运用国际审阅业务准则、国际鉴证业务准则和国际相关服务准则提供帮助。

员工出版物

24. 通过提及准则的现有要求和应用资料，或使审计师注意国际审计与鉴证准则理事会公告的相关条款，员工出版物可用于引起执业人员对重大的新问题的注意。

语　言

25. 国际准则、应用指引、征求意见稿或其他出版物的唯一官方文本是国际审计与鉴证准则理事会出版的英文版。

国际质量控制准则第1号
会计师事务所对执行财务报表审计和审阅、其他鉴证和相关服务业务实施的质量控制

（自2009年12月15日起生效）

目 录

《国际质量控制准则第 1 号——会计师事务所对执行财务报表审计和审阅、其他鉴证和相关服务业务实施的质量控制》应当与《国际审计准则第 200 号——独立审计师的总体目标和按照国际审计准则执行审计工作》一并阅读。

引 言

本国际质量控制准则的范围

1. 本国际质量控制准则规范了会计师事务所有关财务报表审计和审阅、其他鉴证和相关服务业务的质量控制制度的责任。本国际质量控制准则应当与相关职业道德要求一并阅读。

2. 国际审计与鉴证准则理事会的其他公告针对会计师事务所人员有关特定类型业务的质量控制程序的责任，制定了额外的准则和指引。例如，国际审计准则第220号①规定了财务报表审计的质量控制程序。

3. 质量控制制度包括为实现第11段规定的目标而制定的政策，以及为执行政策和监控政策的遵守情况而制定的必要程序。

本国际质量控制准则的权威性

4. 本国际质量控制准则适用于执行财务报表审计和审阅、其他鉴证和相关服务业务的所有会计师事务所。会计师事务所按照本国际质量控制准则的要求制定的质量控制政策和程序的性质和范围，取决于会计师事务所的规模、运行特征以及是否属于网络的一部分等诸多因素。

5. 本国际质量控制准则包括会计师事务所在遵守本国际质量控制准则时的目标，以及为使会计师事务所实现规定目标而提出的要求。此外，本国际质量控制准则还包括第8段中予以进一步讨论的应用和其他解释性材料等相关指引，以及与正确理解本国际质量控制准则相关的背景性材料及定义。

6. 本国际质量控制准则的目标为本准则的要求提供了框架基础，旨在帮助会计师事务所：

（a）了解需要完成的工作；

（b）确定是否需要完成更多工作，以实现该目标。

7. 本国际质量控制准则的要求用“应当”表示。

8. 必要时，应用和其他解释性材料对本国际质量控制准则的要求提供了进一步解释，并为执行这些要求提供了指引。特别是，其可以：

（a）更清楚地解释本国际质量控制准则要求的确切含义或所针对的情形；

（b）举例说明适合具体情况的政策和程序。

---

① 《国际审计准则第220号——对财务报表审计实施的质量控制》。

虽然这些指引本身并非本国际质量控制准则的强制性要求，但与正确运用本国际质量控制准则的要求相关。应用和其他解释性材料还可以提供本国际质量控制准则所涉及事项的背景信息。如果适用，应用和其他解释性材料还包括与公共部门实体审计机构或小型会计师事务所相关的额外特殊考虑。这些特殊考虑有助于运用本国际质量控制准则的要求，但并不因此限制或减轻会计师事务所运用和遵守本国际质量控制准则要求的责任。

9. 本国际质量控制准则在“定义”标题下包括了对若干术语在本国际质量控制准则中含义的说明，这有助于对本国际质量控制准则的一贯运用和解释，但并不试图超越法律法规等为其他目的而界定的定义。国际会计师联合会发布的《国际质量控制、审计、审阅、其他鉴证和相关服务公告手册》中与国际审计与鉴证准则理事会发布的国际准则相关的“术语表”包括了本国际质量控制准则中定义的术语。该术语表还包括了对本国际质量控制准则中其他术语的说明，以便共同、一贯地解释和翻译。

生效日期

10. 符合本国际质量控制准则的质量控制制度要求于2009年12月15日前建立。

目　标

11. 会计师事务所的目标是建立并保持质量控制制度，以合理保证：

（a）会计师事务所及其人员遵守职业准则和适用的法律法规的规定；

（b）会计师事务所或项目合伙人出具适合具体情况的报告。

定　义

12. 就本国际质量控制准则而言，对下列术语给予以下定义：

（a）报告日，是指执业人员在出具的报告上签署的日期；

（b）业务工作底稿，是指执行业务的人员对执行的工作、获取的结果以及得出的结论作出的记录（有时也使用“工作记录”的术语）；

（c）项目合伙人[②]，是指会计师事务所中负责某项业务及其执行，对代表会计

② “项目合伙人”、“合伙人”和“事务所”也指执行公共部门业务的类似人员或机构。

师事务所出具的报告负责，并按要求获得职业团体、立法机构或监管部门适当授权的合伙人或其他人员；

（d）项目质量控制复核，是指在报告日或报告日之前，对项目组作出的重大判断和在编制报告时得出的结论进行客观评价的过程。项目质量控制复核适用于上市实体财务报表审计，以及会计师事务所确定需要实施项目质量控制复核的其他业务；

（e）项目质量控制复核人员，是指项目组成员之外的，具有足够、适当的经验和权限，对项目组作出的重大判断和在编制报告时得出的结论进行客观评价的合伙人、会计师事务所的其他人员、具有适当资格的外部人员或由这类人员组成的小组；

（f）项目组，是指执行某项业务的所有合伙人和员工，以及会计师事务所或网络事务所聘请的为该项业务实施程序的人员。但不包括会计师事务所或网络事务所聘请的外部专家；

（g）会计师事务所，是指由职业会计师设立的独资、合伙、公司或其他形式的执业组织；

（h）检查，是指实施程序以获取证据，确定项目组在已完成的业务中是否遵守会计师事务所的质量控制政策和程序；

（i）上市实体，是指其股份、股票或债券在法律法规认可的证券交易所报价或挂牌，或在法律法规认可的证券交易所或其他类似机构的监管下进行交易的实体；

（j）监控，是指对会计师事务所质量控制制度进行持续考虑和评价的过程，包括定期选取已完成的业务进行检查，以使会计师事务所能够合理保证其质量控制制度正在有效运行；

（k）网络事务所，是指属于某一网络的会计师事务所或实体；

（l）网络，符合下列条件的联合体：

（i）以合作为目的；

（ii）明确旨在共享收益或分担成本，或共享所有权、控制权或管理权，共享统一的质量控制政策和程序，共享同一经营战略、使用同一品牌或共享重要的专业资源。

（m）合伙人，是指在执行专业服务业务方面有权代表会计师事务所的个人；

（n）人员，是指合伙人和员工；

（o）职业准则，是指国际审计与鉴证准则理事会业务准则，如在《国际质量控制、审计、审阅、其他鉴证和相关服务公告序言》中界定的业务准则和相关职业道德要求；

（p）合理保证，在本国际质量控制准则中，是指一种高度但非绝对的保证；

（q）相关职业道德要求，是指项目组和项目质量控制复核人员应当遵守的职业道德要求，通常包括国际会计师职业道德准则理事会《国际职业会计师道德守则》中的 A 和 B 部分以及各国更严格的要求；

（r）员工，是指合伙人之外的专业人员，包括会计师事务所雇佣的专家；

（s）具有适当资格的外部人员，是指执行业务的会计师事务所以外的具有担任项目合伙人的胜任能力和必要素质的个人，如其他会计师事务所的合伙人，或者其会员可执行历史财务信息审计和审阅、其他鉴证或相关服务业务的职业会计团体或提供相关质量控制服务的组织中具有适当经验的员工。

要 求

运用和遵守相关要求

13．会计师事务所内部负责建立并保持质量控制制度的人员应当了解本国际质量控制准则的全部内容，包括其应用和其他解释性材料，以理解本国际质量控制准则的目标并正确运用其要求。

14．会计师事务所应当遵守本国际质量控制准则的所有要求，除非在某些具体情况下，本国际质量控制准则的某项要求与会计师事务所执行的财务报表审计和审阅、其他鉴证及相关服务业务不相关。（参见：第 A1 段）

15．本国际质量控制准则的要求旨在使会计师事务所能够实现本国际质量控制准则设定的目标。正确运用这些要求预期能够为实现这些目标提供充分的基础。然而，由于实际情况变化很大，且无法预料，会计师事务所应当考虑是否存在特殊事项或情况，要求其制定除本国际质量控制准则要求外的政策和程序，以实现本国际质量控制准则设定的目标。

质量控制制度的要素

16. 会计师事务所应当建立并保持质量控制制度，该制度包括针对下列要素而制定的政策和程序：

（a）对业务质量承担的领导责任；

（b）相关职业道德要求；

（c）客户关系和具体业务的接受与保持；

（d）人力资源；

（e）业务执行；

（f）监控。

17. 会计师事务所应当将质量控制政策和程序形成书面文件，并传达到全体人员。（参见：第 A2 – A3 段）

对业务质量承担的领导责任

18. 会计师事务所应当制定政策和程序，培育以质量为导向的内部文化。这些政策和程序应当要求会计师事务所的首席执行官（或类似人员），或如适当，会计师事务所的合伙人管理委员会（或类似机构），对质量控制制度承担最终责任。（参见：第 A4 – A5 段）

19. 会计师事务所应当制定政策和程序，使受会计师事务所首席执行官或合伙人管理委员会委派负责质量控制制度运作的人员具有足够、适当的经验和能力，以及必要的权限以履行其责任。（参见：第 A6 段）

相关职业道德要求

20. 会计师事务所应当制定政策和程序，以合理保证会计师事务所及其人员遵守相关职业道德要求。（参见：第 A7 – A10 段）

独立性

21. 会计师事务所应当制定政策和程序，以合理保证会计师事务所和人员，以及适用时，其他受独立性要求约束的人员（包括网络事务所的人员），保持相关职业道德要求规定的独立性。这些政策和程序应当使会计师事务所能够：（参见：第 A10 段）

（a）向会计师事务所人员以及如适用，向其他受独立性要求约束的人员传达独立性要求；

（b）识别和评价对独立性产生不利影响的情况和关系，并采取适当行动消除这些不利影响，或通过采取防范措施将其降至可接受的水平，或适当时，在法律法规允许的情况下解除业务约定。

22. 这些政策和程序应当要求：（参见：第 A10 段）

（a）项目合伙人向会计师事务所提供与客户委托业务相关的信息（包括服务范围），以使会计师事务所能够评价这些信息对保持独立性的总体影响（如存在）；

（b）会计师事务所人员立即向会计师事务所报告对独立性产生不利影响的情况和关系，以便会计师事务所采取适当行动；

（c）会计师事务所收集相关信息，并向适当人员传达，以便：

（i）会计师事务所及其人员能够容易地确定自身是否满足独立性要求；

（ii）会计师事务所能够保持并更新有关独立性的记录；

（iii）会计师事务所能够针对识别出的、对独立性产生超出可接受水平的不利影响采取适当行动。

23. 会计师事务所应当制定政策和程序，以合理保证能够获知违反独立性要求

的情况，并采取适当行动予以解决。这些政策和程序应当包括下列要求：（参见：第A10段）

（a）会计师事务所人员将注意到的违反独立性要求的情况立即报告会计师事务所；

（b）会计师事务所将识别出的违反这些政策和程序的情况，立即传达给下列人员：

（i）需要与会计师事务所共同处理这些情况的项目合伙人；

（ii）需要采取适当行动的会计师事务所及网络（在适当时）内部的其他相关人员，以及受独立性要求约束的人员；

（c）必要时，项目合伙人以及第23段第（b）项之（ii）提及的人员立即向会计师事务所报告他们为解决有关问题采取的行动，以便会计师事务所能够决定是否应当采取进一步的行动。

24. 会计师事务所应当每年至少一次向所有需要按照相关职业道德要求保持独立性的人员获取其遵守独立性政策和程序的书面确认函。（参见：第A10－A11段）

25. 会计师事务所应当制定下列政策和程序：（参见：第A10段）

（a）建立标准，以确定长期委派同一个高级人员执行某项鉴证业务时，是否需要采取防范措施，将因密切关系产生的不利影响降至可接受的水平；

（b）对所有上市实体财务报表审计业务，按照相关职业道德要求的规定，在规定期限届满时轮换项目合伙人、项目质量控制复核人员，以及适用时，受轮换要求约束的其他人员。（参见：第A12－A17段）

客户关系和具体业务的接受与保持

26. 会计师事务所应当制定有关客户关系和具体业务接受与保持的政策和程序，以合理保证只有在下列情况下，才能接受或保持客户关系和具体业务：

（a）能够胜任该项业务，并具有执行业务的素质、时间和资源；（参见：第A18，A23段）

（b）能够遵守相关职业道德要求；

（c）已考虑客户的诚信，没有信息表明客户缺乏诚信。（参见：第A19－A20，A23段）

27. 这些政策和程序应当要求：

（a）在接受新客户的业务前，或决定是否保持现有业务及考虑接受现有客户的新业务时，会计师事务所根据具体情况获取必要信息；（参见：第A21，A23段）

（b）在接受新客户或现有客户的新业务时，如果识别出潜在的利益冲突，会计师事务所确定接受该业务是否适当；

（c）当识别出问题而又决定接受或保持客户关系或具体业务时，会计师事务所记录问题如何得到解决。

28. 如果会计师事务所在接受业务后获知某项信息，而该信息若在接受业务前获知，可能导致会计师事务所拒绝该项业务，会计师事务所应当针对这种情况制定保持具体业务和客户关系的政策和程序。这些政策和程序应当包括考虑：

（a）适用于这种情况的职业责任和法律责任，包括是否要求会计师事务所向委托人报告或在某些情况下向监管机构报告；

（b）解除业务约定，或同时解除业务约定和客户关系的可能性。（参见：第A22－A23段）

人力资源

29. 会计师事务所应当制定政策和程序，合理保证拥有足够的具有胜任能力和必要素质并承诺遵守职业道德原则的人员，以：

（a）按照职业准则和适用的法律法规的规定执行业务；

（b）使会计师事务所或项目合伙人能够出具适合具体情况的报告。（参见：第A24－A29段）

项目组的委派

30. 会计师事务所应当对每项业务委派一名项目合伙人，并应当制定政策和程序，明确下列要求：

（a）将项目合伙人的身份和作用告知客户管理层和治理层的关键成员；

（b）项目合伙人具有履行职责所要求的适当胜任能力、必要素质和权限；

（c）清楚界定项目合伙人的职责，并告知该项目合伙人。（参见：第A30段）

31. 会计师事务所还应当制定政策和程序，委派具有必要胜任能力和素质的适当人员，以：

（a）按照职业准则和适用的法律法规的规定执行业务；

（b）使会计师事务所或项目合伙人能够出具适合具体情况的报告。（参见：第A31段）

业务执行

32. 会计师事务所应当制定政策和程序，以合理保证按照职业准则和适用的法律法规的规定执行业务，使会计师事务所或项目合伙人能够出具适合具体情况的报告。这些政策和程序应当包括：

（a）与促进业务执行质量一致性相关的事项；（参见：第A32－A33段）

（b）监督责任；（参见：第A34段）

（c）复核责任。（参见：第A35段）

33. 会计师事务所应当根据项目组内经验较多人员复核经验较少人员的工作这一原则，确定有关复核责任的政策和程序。

咨询

34. 会计师事务所应当制定政策和程序，以合理保证：
（a）就疑难问题或争议事项进行适当咨询；
（b）能够获取充分的资源进行适当咨询；
（c）咨询的性质和范围以及咨询得出的结论得以记录，并经过咨询者和被咨询者的认可；
（d）咨询得出的结论得到执行。（参见：第 A36 - A40 段）

项目质量控制复核

35. 会计师事务所应当制定政策和程序，要求对适当业务实施项目质量控制复核，以客观评价项目组作出的重大判断以及在编制报告时得出的结论。这些政策和程序应当：
（a）要求对所有上市实体财务报表审计实施项目质量控制复核；
（b）制定标准，据此评价所有其他的历史财务信息审计和审阅、其他鉴证及相关服务业务，以确定是否应当实施项目质量控制复核；（参见：第 A41 段）
（c）要求对符合第 35 段第（b）项标准的所有业务实施项目质量控制复核。
36. 会计师事务所应当制定政策和程序，以明确项目质量控制复核的性质、时间安排和范围。这些政策和程序应当要求，只有完成了项目质量控制复核，才可以签署业务报告。（参见：第 A42 - A43 段）
37. 会计师事务所应当制定政策和程序，要求项目质量控制复核包括：
（a）与项目合伙人就重大事项进行讨论；
（b）复核财务报表或其他业务对象信息及拟出具的报告；
（c）选取与项目组作出重大判断及得出结论相关的业务工作底稿进行复核；
（d）评价编制报告时得出的结论，考虑拟出具的报告是否适当。（参见：第 A44 段）
38. 针对上市实体财务报表审计，会计师事务所应当制定政策和程序，要求项目质量控制复核包括对下列事项的考虑：
（a）项目组就具体业务对会计师事务所独立性作出的评价；
（b）项目组是否已就涉及意见分歧的事项、其他疑难问题或争议事项进行适当咨询，以及咨询得出的结论；
（c）选取的用于复核的工作底稿是否反映项目组针对重大判断执行的工作，并支持得出的结论。（参见：第 A45 - A46 段）

项目质量控制复核人员的资格标准

39. 会计师事务所应当制定与委派项目质量控制复核人员相关的政策和程序，并通过下列途径明确项目质量控制复核人员的资格要求：

（a）履行职责需要的技术资质，包括必要的经验和权限；（参见：第 A47 段）

（b）在不损害其客观性的前提下，项目质量控制复核人员能够提供业务咨询的程度。（参见：第 A48 段）

40. 会计师事务所应当制定政策和程序，以使项目质量控制复核人员保持客观性。（参见：第 A49 – A51 段）

41. 会计师事务所的政策和程序应当规定，在项目质量控制复核人员客观实施复核的能力可能受到损害时，替换该项目质量控制复核人员。

记录项目质量控制复核

42. 会计师事务所应当制定与记录项目质量控制复核相关的政策和程序，要求记录：

（a）会计师事务所有关项目质量控制复核的政策所要求的程序已得到执行；

（b）项目质量控制复核在报告日或报告日之前已完成；

（c）复核人员没有发现任何尚未解决的事项，使其认为项目组作出的重大判断和得出的结论不适当。

意见分歧

43. 会计师事务所应当制定政策和程序，以处理和解决项目组内部、项目组与被咨询者之间以及适用时，项目合伙人与项目质量控制复核人员之间的意见分歧。（参见：第 A52 – A53 段）

44. 这些政策和程序应当要求：

（a）得出的结论已得到记录和执行；

（b）只有问题得到解决，才能签署报告。

业务工作底稿

完成对最终业务档案的归整工作

45. 会计师事务所应当制定政策和程序，以使项目组在出具业务报告后及时完成最终业务档案的归整工作。（参见：第 A54 – A55 段）

业务工作底稿的保密、安全保管、完整性及使用和检索

46. 会计师事务所应当制定政策和程序，以处理与业务工作底稿的保密、安全保管、完整性及使用和检索相关的工作。（参见：第 A56 – A59 段）

业务工作底稿的保存

47. 会计师事务所应当制定政策和程序，以使业务工作底稿的保存期限满足会计师事务所的需要或法律法规的规定。（参见：第 A60 – A63 段）

监控

监控会计师事务所的质量控制政策和程序

48. 会计师事务所应当制定监控政策和程序，以合理保证与质量控制制度相关的政策和程序具有相关性和适当性，并正在有效运行。监控过程应当：

（a）持续考虑和评价会计师事务所的质量控制制度，包括周期性地对每个项目合伙人至少检查一项已完成的业务；

（b）要求委派一个或多个合伙人，或会计师事务所内部具有足够、适当经验和权限的其他人员负责监控过程；

（c）要求执行业务或实施项目质量控制复核的人员不参与该项业务的检查工作。（参见：第A64－A68段）

评价、沟通并补救已识别的缺陷

49. 会计师事务所应当评价监控过程注意到的缺陷的影响，并确定缺陷是否属于下列情况之一：

（a）该缺陷并不必然表明会计师事务所的质量控制制度不足以合理保证会计师事务所遵守职业准则和适用的法律法规的规定，以及会计师事务所或项目合伙人出具适合具体情况的报告；

（b）该缺陷是系统性的、反复出现的或其他需要及时纠正的值得关注的缺陷。

50. 会计师事务所应当将监控过程注意到的缺陷及建议采取的适当补救措施，告知相关项目合伙人及其他适当人员。（参见：第A69段）

51. 针对注意到的缺陷，建议采取的适当补救措施应当包括下列一种或多种：

（a）采取与某项业务或某个人员相关的适当补救措施；

（b）将发现的缺陷告知负责培训和职业发展的人员；

（c）改进质量控制政策和程序；

（d）对违反会计师事务所政策和程序的人员，尤其是对反复违规的人员实施惩戒。

52. 会计师事务所应当制定政策和程序，以应对实施监控程序的结果表明出具的报告可能不适当，或在执行业务过程中遗漏了应实施程序的情况。这些政策和程序应当要求会计师事务所确定采取何种适当的进一步行动，以遵守职业准则和适用的法律法规的规定，并考虑是否需要征询法律意见。

53. 会计师事务所应当每年至少一次将质量控制制度的监控结果，向项目合伙人及会计师事务所内部的其他适当人员通报，包括首席执行官或合伙人管理委员会（如适当）。这种通报应当足以使会计师事务所及相关人员能够在其职责范围内及时采取适当的行动。通报的信息应当包括：

（a）对已实施的监控程序的描述；

（b）实施监控程序得出的结论；

（c）相关时，对系统性的、反复出现的缺陷或其他重大缺陷及其整改措施作出的描述。

54. 如果会计师事务所是网络的一部分，可能实施以网络为基础的某些监控程序，以保持在同一网络内实施的监控程序的一致性。如果网络内部的会计师事务所在符合本国际质量控制准则要求的共同监控政策和程序下运行，且这些会计师事务所信赖该监控制度，会计师事务所的政策和程序应当要求：

（a）网络每年至少一次就监控过程的总体范围、程度和结果，与网络事务所内部的适当人员进行沟通；

（b）网络将识别出的质量控制制度缺陷，立即告知一家或多家网络事务所内部的适当人员，以便其采取必要的行动；

上述要求旨在使网络事务所的项目合伙人能够信赖网络内实施监控的结果，除非会计师事务所或网络建议不予信赖。

投诉和指控

55. 会计师事务所应当制定政策和程序，以合理保证能够适当处理下列事项：

（a）投诉和指控会计师事务所执行的工作未能遵守职业准则和适用的法律法规的规定；

（b）指控未能遵守会计师事务所质量控制制度。

作为处理投诉和指控过程的一部分，会计师事务所应当明确投诉和指控渠道，以使会计师事务所人员能够没有顾虑地提出关注的问题。（参见：第 A70 段）

56. 如果在调查投诉和指控的过程中识别出会计师事务所质量控制政策和程序在设计或运行方面存在缺陷，或者存在一人或多人违反质量控制制度的情况，会计师事务所应当按照第 51 段的规定采取适当行动。（参见：第 A71 – A72 段）

对质量控制制度的记录

57. 会计师事务所应当制定政策和程序，要求形成适当的工作记录，以对质量控制制度的每项要素的运行情况提供证据。（参见：第 A73 – A75 段）

58. 会计师事务所应当制定政策和程序，要求对工作记录保管足够的期限，以使执行监控程序的人员能够评价会计师事务所遵守质量控制制度的情况，或根据法律法规的规定，将记录保留更长时间。

59. 会计师事务所应当制定政策和程序，要求记录投诉和指控及其处理情况。

应用和其他解释性材料

运用和遵守相关要求

对小型会计师事务所的特殊考虑（参见：第 14 段）

A1. 本国际质量控制准则并不要求会计师事务所遵守与其具体情况（如没有员工的独资会计师事务所）不相关的规定。对于没有员工的独资会计师事务所，本国际质量控制准则的某些规定是不相关的，例如，向项目组委派适当人员（参见第 31 段）、业务复核责任（参见第 33 段）以及每年向会计师事务所内部的项目合伙人沟通监控结果（参见第 53 段）等。

质量控制制度的要素（参见：第 17 段）

A2. 总体而言，向会计师事务所人员传达质量控制政策和程序包括说明质量控制政策和程序及其拟实现的目标，明确每个人对质量负有的责任并要求每个人遵守这些政策和程序。通过鼓励会计师事务所人员表达他们对质量控制事项的观点或关注，体现出获取对质量控制制度反馈意见的重要性。

对小型会计师事务所的特殊考虑

A3. 针对小型会计师事务所，记录并传达政策和程序可能不如大型会计师事务所正式和详细。

对业务质量承担的领导责任

培育重视质量的内部文化（参见：第 18 段）

A4. 会计师事务所领导层及其作出的示范对会计师事务所的内部文化有重大影响。培育以质量为导向的内部文化有赖于会计师事务所各级管理层通过清晰、一致及经常的行动示范和信息传达，强调会计师事务所的质量控制政策和程序，并作下列要求：

- 按照职业准则和适用的法律法规的规定执行工作；
- 出具适合具体情况的报告。

这些行动和信息促进会计师事务所形成认可并奖励高质量工作的文化。会计师事务所可以通过（但不限于）培训研讨班、会议、正式或非正式的谈话、职责说明书、新闻通讯或备忘录传达这些行动和信息，并将其体现在会计师事务所的内部文件、培训资料，以及对合伙人及员工的评价程序中，以支持和强化会计师事务所对质量的重要性以及如何切实实现高质量的认识。

A5. 会计师事务所的管理层需要认识到，其经营策略服从于执行所有业务都要保证质量这一要求，这对于培育以质量为基础的内部文化尤其重要。培育这样的内部文化包括：

- 针对会计师事务所人员制定有关业绩评价、薪酬和晋升（包括激励制度）的政策和程序，以表明质量至上的理念；
- 合理确定管理责任，以避免重商业利益，轻业务质量；
- 投入足够的资源制定和执行质量控制政策和程序，并形成相关文件记录。

会计师事务所质量控制制度运作责任的分配（参见：第19段）

A6. 充分、适当的经验和能力使会计师事务所负责质量控制制度的人员能够识别和了解质量控制问题，并制定适当的政策和程序。必要的权限使其能够实施这些政策和程序。

相关职业道德要求

遵守相关职业道德要求（参见：第20段）

A7. 国际职业会计师道德守则规定了职业道德基本原则，包括：

- 诚信；
- 客观；
- 专业胜任能力和应有的关注；
- 保密；
- 职业行为。

A8. 国际职业会计师道德守则的B部分说明了如何在具体情形下运用概念框架，并且举例说明为处理对遵守职业道德基本原则产生不利影响的情形而采取的适当防范措施，以及无法采取防范措施以应对不利影响的情形。

A9. 下列途径尤其强化了职业道德基本原则：

- 会计师事务所领导层的示范；
- 教育和培训；
- 监控；
- 对违规行为的处理。

“会计师事务所”、“网络”及“网络事务所”的定义（参见：第20－25段）

A10. 相关职业道德要求对“会计师事务所”、“网络”或“网络事务所”的定义可能不同于本国际质量控制准则。例如，国际职业会计师道德守则将“会计师事务所”定义如下：

- 由职业会计师设立的独资、合伙、公司或其他形式的执业组织；
- 通过所有权、管理权或其他手段对该组织施加控制的实体；
- 该组织通过所有权、管理权或其他手段施加控制的实体。

国际职业会计师道德守则还提供了有关“网络”和“网络事务所”术语的指引。

必要时，相关职业道德要求使用的定义也适用于解释第 20 – 25 段规定的职业道德要求。

书面确认函（参见：第 24 段）

A11. 书面确认函既可以是纸质的，也可以是电子形式的。通过获取确认函以及针对违反独立性的情况采取适当的行动，会计师事务所可以表明其强调保持独立性的重要性，并使保持独立性的问题对员工而言常讲常新，看得见摸得着。

密切关系不利影响（参见：第 25 段）

A12. 国际职业会计师道德守则讨论了长期委派同一个高级人员执行某项鉴证业务而导致因密切关系产生的不利影响，以及可能采取的适当防范措施。

A13. 确定适当的标准以应对因密切关系产生的不利影响时，会计师事务所可能考虑下列事项：

- 业务的性质，包括涉及公众利益的程度；
- 高级人员提供该项业务的服务年限。

防范措施包括轮换高级人员，或要求实施项目质量控制复核。

A14. 国际职业会计师道德守则指出，在执行上市实体财务报表审计工作时，因密切关系产生的不利影响尤其相关。针对这些审计业务，国际职业会计师道德守则要求，在预定的期限（通常不超过 7 年）内轮换关键审计合伙人③，并为此提供了相关准则和指引。各国可能制定更短的轮换期限。

对公共部门实体审计机构的特殊考虑

A15. 法定措施可能为公共部门实体审计师保持独立性提供防范措施。然而，即使存在这些法律措施，对独立性产生的不利影响可能仍然存在。因此，在制定第 20 – 25 段要求的政策和程序时，公共部门实体审计师可能需要考虑授权对公共部门实体进行审计的文件的规定，并应对该情况下对独立性产生的任何不利影响。

A16. 第 25 段和第 A14 段中提及的上市实体在公共部门实体中并不常见。然而，某些公共部门实体可能因其规模、复杂性或涉及公众利益的程度而显得十分重要，并因而拥有广泛的利益相关者。因此，会计师事务所可能根据其质量控制政策和程

---

③ 国际职业会计师道德守则的定义。

序，认为某个公共部门实体十分重要，从而扩展质量控制程序。

A17. 就公共部门实体而言，相关法律法规可能对作为项目合伙人的注册会计师的委派和任期作出了规定。因此，对上市实体设定的项目合伙人轮换要求可能无法得到严格遵守。尽管如此，针对第16段所述的重要的公共部门实体，公共部门实体审计机构可能出于对公众利益的考虑，制定政策和程序，以促进对项目合伙人轮换要求的遵守。

客户关系和具体业务的接受与保持

胜任能力、素质和资源（参见：第26段第（a）项）

A18. 在考虑是否具有接受新客户或现有客户的新业务所需的胜任能力、素质和资源时，会计师事务所需要评价新业务的特定要求及所有相关级别的现有合伙人和员工的基本情况，还包括：

- 会计师事务所人员是否熟悉相关行业或业务对象；
- 会计师事务所人员是否了解相关监管要求或报告要求，或具备有效获取必要技能和知识的能力；
- 会计师事务所是否拥有足够的具有必要胜任能力和素质的人员；
- 需要时是否能够得到专家的帮助；
- 如果需要实施项目质量控制复核，是否具备符合标准和资格要求的项目质量控制复核人员；
- 会计师事务所是否能够在提交报告的最后期限内完成业务。

客户的诚信（参见：第26段第（c）项）

A19. 针对客户的诚信，会计师事务所考虑的事项包括：

- 客户主要股东、关键管理人员及治理层的身份和商业信誉；
- 客户的经营性质，包括其业务；
- 客户主要股东、关键管理人员及治理层对有关会计准则的偏激解释及内部控制环境的态度；
- 客户是否过分考虑将事务所的收费维持在尽可能低的水平；
- 工作范围受到不适当限制的迹象；
- 客户可能涉嫌洗钱或其他刑事犯罪活动的迹象；
- 变更会计师事务所的理由；
- 关联方的身份和商业信誉。

会计师事务所对客户诚信的了解程度，通常随着与客户关系的持续发展而加深。

A20. 会计师事务所可以通过下列途径，获取与客户诚信相关的信息：

- 按照相关职业道德要求的规定，与为客户提供专业会计服务的现任或前任人员进行沟通，并与其他第三方进行讨论；
- 询问会计师事务所其他人员或金融机构、法律顾问及客户的同行等第三方；
- 从相关数据库中搜索客户的背景信息。

客户关系的保持（参见：第27段第（a）项）

A21. 确定是否保持客户关系时，会计师事务所需要考虑本期或以前执行业务时发现的重大事项，及其对保持客户关系可能产生的影响。例如，客户可能开始将其经营活动拓展到会计师事务所并不具备专长的领域。

解除业务约定（参见：第28段）

A22. 会计师事务所针对解除业务约定或同时解除业务约定和客户关系制定的政策和程序可应对下列问题：

- 与客户适当层级的管理层和治理层讨论会计师事务所根据相关事实和情况可能采取的适当行动；
- 如果确定解除业务约定或同时解除业务约定和客户关系是适当的，会计师事务所可就解除的情况及原因，与客户适当层级的管理层和治理层讨论；
- 考虑是否存在职业或法律法规的规定，要求会计师事务所保持现有客户关系，或向监管机构报告解除业务约定或同时解除业务约定和客户关系的情况及原因；
- 记录重大事项及其咨询情况、咨询结论和得出结论的依据。

对公共部门实体审计机构的特殊考虑（参见：第26－28段）

A23. 公共部门实体可能按照法定程序委派审计人员。因此，第26－28段及第A18－A22段中规定的有关客户关系和具体业务的接受与保持的某些要求和考虑可能不相关。尽管如此，制定本国际质量控制准则规定的政策和程序可以为公共部门实体审计师在进行风险评估和履行报告责任时提供有价值的信息。

人力资源（参见：第29段）

A24. 与会计师事务所人力资源政策和程序相关的人事问题包括：

- 招聘；
- 业绩评价；
- 人员素质，包括完成分派任务的时间；
- 胜任能力；
- 职业发展；

- 晋升；
- 薪酬；
- 人员需求预测。

有效的招聘过程和程序有助于会计师事务所选择正直的、通过发展能够具备执行业务所需的胜任能力和必要素质，并具备胜任工作所需的适当特征的人员。

A25. 通过下列途径可以提高人员的胜任能力：

- 职业教育；
- 持续职业发展，包括培训；
- 工作经验；
- 由经验更丰富的员工（如项目组的其他成员）提供辅导；
- 针对受独立性要求约束的人员进行独立性教育。

A26. 会计师事务所人员的持续胜任能力在很大程度上取决于持续职业发展的适当水平，以使会计师事务所人员保持其知识和素质。有效的政策和程序强调对会计师事务所各级人员进行继续培训的必要性，并提供必要的培训资源和帮助，以使会计师事务所人员能够发展和保持必要的胜任能力和素质。

A27. 会计师事务所可利用具有适当资格的外部人员，例如，当会计师事务所内部不具备技术和培训资源时。

A28. 业绩评价、薪酬和晋升程序需要对发展和保持胜任能力并遵守职业道德原则的行为给予应有的肯定和奖励。会计师事务所在发展和保持胜任能力并遵守职业道德原则方面可以采取的步骤包括：

- 使会计师事务所人员知晓会计师事务所对业绩和遵守职业道德原则的期望；
- 向会计师事务所人员提供业绩、晋升和职业发展方面的评价和咨询；
- 帮助会计师事务所人员理解晋升更高职位取决于业务质量及遵守职业道德原则，而不遵守会计师事务所的政策和程序可能受到惩戒。

对小型会计师事务所的特殊考虑

A29. 会计师事务所的规模和具体情况将影响业绩评价过程。小型会计师事务所尤其可能运用不太正式的方法评价其人员的业绩。

委派项目组

项目合伙人（参见：第 30 段）

A30. 会计师事务所的政策和程序可能包括对项目合伙人的工作量及可供调配的时间进行监控，以使项目合伙人有足够的时间恰当履行职责。

项目组（参见：第 31 段）

A31. 在委派项目组及确定所需的监督程度时，会计师事务所可考虑项目组的下列方面：

- 通过适当的培训和参与业务，获取执行类似性质和复杂程度业务的知识和实务经验；
- 理解职业准则和适用的法律法规的规定；
- 具有的技术知识和专长，包括相关的信息技术知识；
- 对客户所处行业的了解；
- 运用职业判断的能力；
- 对会计师事务所质量控制政策和程序的了解。

业务执行

业务执行质量的一致性（参见：第32段第（a）项）

A32. 会计师事务所通常使用书面或电子手册、软件工具或其他形式的标准化底稿以及行业或特定业务对象的指引性材料等方式，通过其政策和程序保持业务执行质量的一致性。会计师事务所应对的事项可能包括：

- 如何将业务情况简要告知项目组，使其了解工作目标；
- 保证适用的业务准则得以遵守的过程；
- 业务监督、员工培训和辅导的过程；
- 对已执行的工作、作出的重大判断以及所出具报告的形式进行复核的方法；
- 对已执行的工作及其复核的时间和范围作出适当记录；
- 保持所有政策和程序是合时宜的过程。

A33. 适当的团队工作和培训有助于经验较少的项目组成员清楚了解所分派工作的目标。

监督（参见：第32段第（b）项）

A34. 对业务的监督包括下列方面：

- 跟进业务流程；
- 考虑项目组各成员的胜任能力和素质，以及是否有足够的时间执行工作，是否理解工作指令，是否按照计划的方案执行工作；
- 解决执行业务过程中出现的重大问题，考虑其重要程度并适当修改原计划的方案；
- 识别执行业务过程中需要咨询的事项，或需要由经验较丰富的项目组成员考虑的事项。

复核（参见：第32段第（c）项）

A35. 复核包括考虑下列问题：

- 是否已按照职业准则和适用的法律法规的规定执行工作；
- 重大事项是否已提请进一步考虑；
- 是否已进行适当咨询，是否已记录和执行咨询得出的结论；
- 是否需要修改已执行工作的性质、时间安排和范围；
- 已执行的工作是否支持得出的结论，并得以适当记录；
- 获取的证据是否充分、适当，以支持报告；
- 业务程序的目标是否已实现。

咨询（参见：第34段）

A36. 咨询包括与会计师事务所内部或外部具有专门技能的人员，在适当专业层次上进行的讨论。

A37. 咨询可以利用适当的研究资源，以及会计师事务所的集体经验和技术专长。咨询有助于提高业务质量及改进对职业判断的运用。会计师事务所的政策和程序适当认可咨询，有助于形成一种良好的咨询氛围，鼓励会计师事务所人员就疑难问题或争议事项进行咨询。

A38. 如果满足下列条件且适当记录和执行咨询得出的结论，就重大技术、道德以及其他问题向会计师事务所内部或外部（适用时）进行咨询是有效的：

- 已向被咨询者提供所有相关事实，使其能够对咨询事项提出有见地的意见；
- 被咨询者拥有适当的知识、资历和经验。

A39. 就疑难问题或争议事项向其他专业人士咨询所形成的足够完整和详细的记录，有助于了解：

- 寻求咨询的事项；
- 咨询的结果，包括作出的决策、决策依据以及决策的执行情况。

对小型会计师事务所的特殊考虑

A40. 如果缺乏适当的内部资源等需要向外部咨询，会计师事务所可利用下列机构提供的咨询服务：

- 其他会计师事务所；
- 职业团体和监管机构；
- 提供相关质量控制服务的商业机构。

接受上述机构提供的咨询服务之前，会计师事务所考虑外部咨询提供者的胜任能力和素质，有助于确定外部咨询提供者是否能够胜任这项工作。

项目质量控制复核

项目质量控制复核的标准（参见：第35段第（b）项）

A41. 在确定除上市实体财务报表审计外的其他业务是否需要实施项目质量控制

复核时，会计师事务所依据的标准可能包括：

- 业务的性质，包括涉及公众利益的程度；
- 在某项业务或某类业务中识别出的异常情况或风险；
- 法律法规是否要求实施项目质量控制复核。

项目质量控制复核的性质、时间安排和范围（参见：第36－37段）

A42. 只有完成项目质量控制复核，才能签署业务报告。然而，项目质量控制复核形成的工作底稿可以在报告日后完成。

A43. 在业务过程的适当阶段及时实施项目质量控制复核，可以使重大问题在报告日或报告日之前得到迅速、让项目质量控制复核人员满意的解决。

A44. 项目质量控制复核的范围可能取决于业务的复杂程度、客户是否为上市实体以及出具不恰当报告的风险等因素。实施项目质量控制复核并不减轻项目合伙人的责任。

上市实体财务报表审计的项目质量控制复核（参见：第38段）

A45. 在对上市实体财务报表审计实施项目质量控制复核时，复核人员可能考虑下列与评价项目组作出的重大判断相关的其他事项：

- 在业务执行过程中识别出的特别风险以及采取的应对措施；
- 作出的判断，尤其是关于重要性和特别风险的判断；
- 在业务执行过程中识别出的已更正和未更正错报的重要程度及处理情况；
- 拟与管理层、治理层以及监管机构等其他方（适用时）沟通的事项。

在对其他财务报表审计、财务报表审阅以及其他鉴证和相关服务业务实施项目质量控制复核时，项目质量控制复核人员也可根据具体情况考虑上述其他事项。

对公共部门实体审计机构的特殊考虑

A46. 如第A16段所述，尽管不存在与上市实体财务报表审计项目质量控制复核相同的规定，某些公共部门实体可能足够重要，有必要对其实施项目质量控制复核。

项目质量控制复核人员的资格标准

充分、适当的技术专长、经验和权限（参见：第39段第（a）项）

A47. 什么是充分、适当的技术专长、经验和权限，取决于业务的具体情况。例如，上市实体财务报表审计的项目质量控制复核人员可能需要具备担任上市实体财务报表审计项目合伙人应有的充分、适当的经验和权限。

向项目质量控制复核人员咨询（参见：第39段第（b）项）

A48. 在业务执行过程中，项目合伙人可以向项目质量控制复核人员咨询，例如，通过咨询，项目合伙人可以作出项目质量控制复核人员可接受的判断。这种咨询可以避免在业务执行的后期出现意见分歧，也不损害项目质量控制复核人员履行职责。当咨询所涉及问题的性质和范围十分重大时，除非项目组和项目质量控制复核人员都能谨慎从事，以保持复核人员的客观性，否则，项目质量控制复核人员的客观性可能受到损害。如果复核人员不可能保持客观性，会计师事务所可委派内部其他人员或具有适当资格的外部人员，担任项目质量控制复核人员或为该项业务提供咨询。

项目质量控制复核人员的客观性（参见：第40段）

A49. 会计师事务所需要制定政策和程序，以保持项目质量控制复核人员的客观性。因此，这些政策和程序要求项目质量控制复核人员符合下列规定：

- 如果可行，不由项目合伙人挑选；
- 在复核期间不以其他方式参与业务；
- 不代替项目组进行决策；
- 不存在可能损害复核人员客观性的其他情形。

对小型会计师事务所的特殊考虑

A50. 如果会计师事务所的合伙人非常少，项目合伙人不参与挑选项目质量控制复核人员可能是不可行的。如果独资会计师事务所或小型会计师事务所识别出需要实施项目质量控制复核的业务，可以聘请具有适当资格的外部人员。某些独资会计师事务所或小型会计师事务所也可能利用其他会计师事务所实施项目质量控制复核。第39－41段的要求及第A47－A48段的指引适用于这种情况。

对公共部门实体审计机构的特殊考虑

A51. 针对公共部门实体，法定委任的审计师（例如，总审计师或代表总审计师的其他具有适当资格的人员）可能承担类似项目合伙人的角色，对公共部门实体审计负总责。在这种情况下，如果适用，挑选项目质量控制复核人员包括考虑独立于被审计单位的需要，以及项目质量控制复核人员提供客观评价的能力。

意见分歧（参见：第43段）

A52. 有效的程序能够促进在业务执行的早期发现意见分歧，为拟采取的后续步骤提供明确的指导，并要求记录意见分歧的解决情况及得出结论的执行情况。

A53. 解决意见分歧的程序可能包括向其他从业人员、会计师事务所、职业团体或监管机构进行咨询。

业务工作底稿

完成最终业务档案的归整工作（参见：第45段）

A54. 法律法规可能规定了完成特定类型业务最终档案归整工作的期限。如果法律法规没有此类规定，第45段要求会计师事务所根据及时完成最终业务档案归整工作的需要，确定归档期限。例如，对审计业务的归档期限通常为审计报告日后六十天内。

A55. 如果针对客户的同一鉴证对象信息出具两个或多个不同的报告，会计师事务所可将其视为不同的业务，根据有关归档期限的政策和程序分别进行归档。例如，会计师事务所出于集团合并目的，对某个组成部分的财务信息出具审计报告，随后，又出于法律规定的目的，对同一财务信息出具审计报告。

业务工作底稿的保密、安全保管、完整性及使用和检索（参见：第 46 段）

A56. 相关职业道德要求规定，除非客户已授权披露信息，或有法律责任或职业责任要求，会计师事务所人员有义务始终对业务工作底稿包含的信息予以保密。具体的法律法规可能要求会计师事务所人员承担额外的保密义务，尤其在涉及个人性质的数据时。

A57. 无论业务工作底稿存在于纸质、电子还是其他介质，如果在会计师事务所不知情时，工作底稿被更改、增减或发生永久性丢失、毁损，数据的完整性、可获得性和可恢复性将受到损害。因此，会计师事务所可以设计并执行下列控制，以避免未经授权更改或丢失业务工作底稿：

- 使业务工作底稿显示其生成、修改或复核的时间和人员；
- 在业务的所有阶段，尤其是在项目组成员共享信息或通过互联网将信息传递给其他人员时，保护信息的完整性；
- 防止未经授权改动业务工作底稿；
- 只允许项目组和其他经授权的人员为适当履行职责而接触业务工作底稿。

A58. 会计师事务所可能设计并执行下列控制，以保证业务工作底稿的保密、安全保管、完整性及使用和检索：

- 在项目组成员中使用密码，以使对电子业务工作底稿的接触只限于经过授权的使用者；
- 在业务的适当阶段，对电子业务工作底稿进行适当备份；
- 在业务开始时向项目组成员恰当分发业务工作底稿、在业务执行过程中处理业务工作底稿以及在业务结束时整理业务工作底稿的程序；
- 限制接触、恰当分发和保密存放纸质业务工作底稿的程序。

A59. 由于实务原因，原纸质工作底稿可能经过电子扫描后存入业务档案。在这种情况下，会计师事务所可以设计程序，要求项目组执行下列工作，以保证工作底稿的完整性及使用和检索：

- 生成与原纸质工作底稿的内容完全相同的扫描件，包括人工签名、交叉索引和注释；
- 将扫描件（包括必要时对扫描件的索引和签字）归整到业务档案中；
- 必要时能够检索和打印扫描件。

基于法律法规的规定或其他原因，会计师事务所可能需要保留已扫描的原纸质工作底稿。

业务工作底稿的保存（参见：第47段）

A60. 会计师事务所保存业务工作底稿的需要及保存期限，将随着业务性质和会计师事务所具体情况的变化而变化，例如，是否需要将业务工作底稿作为对未来业务有持续重大影响的事项的记录。保存期限也可能取决于其他因素，如当地法律法规是否针对特定类型的业务规定了具体的保存期限，或在没有法律法规的具体规定时，某国家或地区是否存在一般公认的保存期限。

A61. 审计业务工作底稿通常自审计报告日起至少保存五年，如果组成部分业务报告日早于集团审计报告日，通常自集团审计报告日起对组成部分业务工作底稿至少保存五年。

A62. 会计师事务所用以保存业务工作底稿的程序，包括能够在保存期内能够满足第47段要求的程序，例如：

- 在保存期内便于检索和接触业务工作底稿，尤其是电子工作底稿，因为相关技术可能随着时间而升级或改变；
- 必要时，在完成归档工作后，提供业务工作底稿变更记录；
- 经过授权的外部人员为了质量控制或其他目的，接触和复核特定业务工作底稿。

业务工作底稿的所有权

A63. 除非法律法规另有规定，业务工作底稿的所有权属于会计师事务所。在信息披露不损害会计师事务所已执行工作的有效性，或针对鉴证业务，不损害会计师事务所及其人员的独立性时，会计师事务所可以自主决定，允许客户获取业务工作底稿部分内容或摘录部分工作底稿。

监控

监控会计师事务所的质量控制政策和程序（参见：第48段）

A64. 对质量控制政策和程序遵守情况的监控目的旨在评价：

- 遵守职业准则和适用的法律法规的情况；
- 质量控制制度设计是否适当，运行是否有效；
- 质量控制政策和程序应用是否得当，以便会计师事务所或项目合伙人能够出具适合具体情况的报告。

A65. 对质量控制制度所作的持续考虑和评价包括下列方面：

- 对下列事项进行分析：
  - 职业准则和适用的法律法规的新变化，以及会计师事务所的政策和程序如何适当反映这些变化；
  - 有关独立性政策和程序遵守情况的书面确认函；

  - ○ 持续职业发展，包括培训；
  - ○ 与接受和保持客户关系和具体业务相关的决策。
- 确定拟在质量控制制度中采取的更正行动和改进措施，包括要求对有关教育与培训的政策和程序提供反馈意见；
- 与会计师事务所适当人员沟通识别出的质量控制制度在理解或执行方面存在的缺陷；
- 由会计师事务所适当人员采取跟进措施，以便对质量控制政策和程序及时作出必要的更正。

A66. 周期性检查的政策和程序可以规定检查周期，例如规定三年为一个周期。周期性检查的组织方式，包括对单项业务检查时间的安排，取决于下列主要因素：

- 会计师事务所的规模；
- 分支机构的数量及地域分布；
- 前期实施监控程序的结果；
- 人员和分支机构拥有的权限（例如，某分支机构是否经授权执行自我检查，或只有总部才有检查的权力）；
- 会计师事务所业务和组织结构的性质及复杂程度；
- 与客户和具体业务相关的风险。

A67. 检查过程包括选取单项业务，会计师事务所在选取某些业务时，可以不事先告知项目组。在确定检查的范围时，会计师事务所可以考虑外部独立检查的范围或结论。然而，外部独立检查并不能替代会计师事务所自身的内部监控。

对小型会计师事务所的特殊考虑

A68. 小型会计师事务所可能需要由负责设计和执行质量控制政策和程序的人员，或参与实施项目质量控制复核的人员实施监控程序。人数有限的会计师事务所可以利用具有适当资格的外部人员或其他会计师事务所实施业务检查及其他监控程序。作为备选方案，会计师事务所也可能与其他适当组织共享资源，以利于开展监控活动。

通报识别出的缺陷（参见：第50段）

A69. 尽管在某些情况下指明具体业务对项目合伙人之外的其他人员适当履行责任是必要的，但向相关项目合伙人之外的人员通报识别出的缺陷，通常不指明涉及的特定业务。

投诉和指控

投诉和指控的来源（参见：第55段）

A70. 投诉和指控（不包括那些明显草率的）可能源自会计师事务所内部或外

部。会计师事务所人员、客户或其他第三方都可能提出投诉和指控。项目组成员或会计师事务所的其他人员均可能接到投诉和指控。

调查投诉和指控的政策和程序（参见：第 56 段）

A71. 会计师事务所为调查投诉和指控而制定的政策和程序可能对监督调查过程的合伙人提出下列要求：

- 拥有充分、适当的经验；
- 在会计师事务所内部拥有权限；
- 不参与被投诉和指控的业务。

必要时，监督调查过程的合伙人可以邀请法律顾问参与。

对小型会计师事务所的特殊考虑

A72. 对于合伙人非常少的会计师事务所，监督调查过程的合伙人不参与被投诉和指控的业务可能是不可行的。小型会计师事务所和独资会计师事务所可以利用具有适当资格的外部人员或其他会计师事务所调查投诉和指控。

对质量控制制度的记录（参见：第 57 段）

A73. 对质量控制制度的记录可以证明会计师事务所质量控制制度各项要素的运行情况。记录的形式和内容属于职业判断事项，取决于下列因素：

- 会计师事务所的规模和分支机构的数量；
- 会计师事务所业务和组织结构的性质及复杂程度。

例如，大型会计师事务所可以利用电子数据库，记录诸如独立性确认函、业绩评价及监控检查的结果等事项。

A74. 有关监控的适当记录包括：

- 监控程序，包括选取已完成的业务进行检查的程序；
- 对下列事项进行评价的记录：
  - 遵守职业准则和适用的法律法规的情况；
  - 质量控制制度设计是否适当，运行是否有效；
  - 会计师事务所质量控制政策和程序应用是否得当，以使会计师事务所或项目合伙人能够出具适合具体情况的报告。
- 识别出的缺陷，对其影响的评价，是否采取行动及采取何种行动的依据。

对小型会计师事务所的特殊考虑

A75. 在记录质量控制制度时，小型会计师事务所可能利用更多非正式的方法，如人工记录、检查清单及表格。

国际审计准则第 200 号
独立审计师的总体目标和按照国际审计准则执行审计工作

（适用于会计期间开始于 2009 年 12 月 15 日及以后的财务报表审计）

目　录

引　言

本国际审计准则的范围

1. 本国际审计准则规定了独立审计师在按照国际审计准则执行财务报表审计业务时的总体责任。具体而言，本国际审计准则明确地规定了独立审计师的总体目标，说明独立审计师为实现总体目标而需要执行审计工作的性质和范围。本国际审计准则也阐释了国际审计准则的范围、权威性和结构，并对独立审计师在执行财务报表审计业务时承担的责任（包括遵守国际审计准则的责任）提出要求。独立审计师以下简称审计师。

2. 国际审计准则基于审计师执行财务报表审计业务的背景而制定。审计师运用国际审计准则执行其他历史财务信息审计业务时，可能需要做必要的调整。国际审计准则不涉及法律法规以及其他方面（如与公开发行证券有关的）可能已对审计师责任作出的规定。这些责任可能不同于国际审计准则规定的责任。因此，尽管在此情况下审计师可能发现国际审计准则的某些方面有所帮助，遵守所有相关法律法规或行业规定是审计师的责任。

财务报表审计

3. 审计的目的是提高财务报表预期使用者对财务报表的信赖程度。这一目的可以通过审计师对财务报表是否在所有重大方面按照适用的财务报告框架编制发表意见得以实现。就大多数通用目的框架而言，审计意见是针对财务报表是否按照财务报告框架在所有重大方面公允反映（“are presented fairly, in all material respects”）（或真实和公允反映（“give a true and fair view”））而发表。按照国际审计准则和相关职业道德要求执行审计工作，使得审计师能够形成这样的审计意见。（参见：第A1段）

4. 被审计的财务报表，是由被审计单位管理层在治理层的监督下编制的。国际审计准则不对管理层或治理层设定责任，也不超越法律法规对管理层或治理层的责任作出规定。然而，管理层、治理层（如适用）认可其特定责任，是审计师执行审计工作的前提，构成审计师按照国际审计准则的规定执行审计工作的基础。财务报表审计并不减轻管理层或治理层的责任。（参见：第A2－A11段）

5. 国际审计准则要求审计师对财务报表整体是否不存在由于舞弊或错误导致的重大错报获取合理保证，以作为发表审计意见的基础。合理保证是一种高水平的保证。当审计师获取充分、适当的审计证据将审计风险（即当财务报表存在重大错报时，审计师发表不恰当的审计意见的风险）降至可接受的低水平时，就获取了合理保证。然而，由于审计存在固有限制，审计师据以得出结论和形成审计意见的大多数审计证据是说服性的而非结论性的，因此，审计只能提供合理保证，不能提供绝对保证。（参见：第 A28 – A52 段）

6. 在计划和执行审计工作，以及评价识别出的错报对审计的影响和未更正的错报（如有）对财务报表的影响时，[①] 审计师应当应用重要性概念。如果合理预期某一错报（包括漏报）单独或连同其他错报可能影响财务报表使用者依据财务报表作出的经济决策，则该项错报通常被认为是重大的。重要性取决于在具体环境下对错报金额或性质的判断，或同时受到两者的影响，并受到审计师所认知的、财务报表使用者对财务信息需求的影响。审计师针对财务报表整体发表审计意见，因此没有责任发现对财务报表整体影响并不重大的错报。

7. 国际审计准则包括目标、要求，以及应用和其他解释性材料，以支持审计师获取合理保证。国际审计准则要求审计师在计划、执行审计过程中运用职业判断并保持职业怀疑，包括但不限于以下方面：

- 了解被审计单位及其环境（包括内部控制），识别和评估由于舞弊或错误导致的重大错报风险；
- 通过对评估的风险设计和实施适当的应对措施，针对是否存在重大错报获取充分、适当的审计证据；
- 基于获取的审计证据而得出的结论，对财务报表形成审计意见。

8. 审计师发表审计意见的形式取决于适用的财务报告框架以及相关法律法规的规定。（参见：第 A12 – A13 段）

9. 按照国际审计准则和相关法律法规的规定，审计师还可能就审计中出现的事项，负有与财务报表使用者、管理层、治理层或被审计单位以外的组织和人员进行沟通和向其报告的责任。[②]

生效日期

10. 本国际审计准则适用于会计期间开始于 2009 年 12 月 15 日及以后的财务报表审计。

---

① 《国际审计准则第 320 号——计划和执行审计工作时的重要性》和《国际审计准则第 450 号——评价审计过程中识别出的错报》。

② 例如参见，《国际审计准则第 260 号——与治理层的沟通》，以及《国际审计准则第 240 号——财务报表审计中与舞弊相关的责任》，第 43 段。

审计师的总体目标

11. 在执行财务报表审计工作时，审计师的总体目标是：

（a）对财务报表整体是否不存在由于舞弊或错误导致的重大错报获取合理保证，使得审计师能够对财务报表是否在所有重大方面按照适用的财务报告框架编制发表审计意见；

（b）按照国际审计准则的规定，根据审计结果对财务报表出具审计报告，并与管理层和治理层进行沟通。

12. 在任何情况下，如果不能获取合理保证，并且在审计报告中发表保留意见也不足以实现向财务报表预期使用者报告的目的，国际审计准则要求审计师出具无法表示意见的审计报告，或者在适用的法律法规允许的情况下终止审计业务或解除业务约定。③

定　义

13. 就国际审计准则而言，对下列术语给予以下定义：

（a）适用的财务报告框架，是指管理层和治理层（如适用）在编制财务报表时，就被审计单位性质和财务报表目标而言，采用的可接受的财务报告框架，或法律法规要求采用的财务报告框架。

“公允列报框架”是指要求遵守其框架的规定，并包含下列条件之一的财务报告框架：

（i）明确或隐含地认可，为了实现财务报表的公允列报，管理层可能有必要提供除框架具体要求之外的其他披露；

（ii）明确地认可，为了实现财务报表的公允列报，管理层可能在必要时偏离框架的要求。这种偏离只有在极少数情况下才被认为是必要的。

“遵循性框架”是指要求遵守其框架的规定，但不包含上述（i）或（ii）条件的财务报告框架。

（b）审计证据，是指审计师为了得出审计结论和形成审计意见而使用的信息。审计证据包括构成财务报表基础的会计记录所含有的信息和其他信息。就国际审计准则而言：

③ 国际审计准则中只采用“解除”这一术语。

(i) 审计证据的充分性，是对审计证据数量的衡量。审计师需要获取的审计证据的数量受其对重大错报风险评估的影响，并受审计证据质量的影响；

(ii) 审计证据的适当性，是对审计证据质量的衡量，即审计证据在支持审计意见所依据的结论方面具有的相关性和可靠性。

(c) 审计风险，是指当财务报表存在重大错报时，审计师发表不恰当审计意见的可能性。审计风险取决于重大错报风险和检查风险；

(d) 审计师，是指执行审计工作的人员，通常是指项目合伙人或项目组其他成员，适当时还指会计师事务所。当国际审计准则明确指出应由项目合伙人遵守的规定或承担的责任时，使用“项目合伙人”而非“审计师”的称谓。相关时，“审计师”和“会计师事务所”也指执行公共部门业务的类似人员或机构；

(e) 检查风险，是指如果存在某一错报，该错报单独或连同其他错报可能是重大的，审计师为将审计风险降至可接受的低水平而实施程序后没有发现这种错报的风险；

(f) 财务报表，是指依据某一财务报告框架对被审计单位历史财务信息作出的结构性表述，包括相关附注，旨在反映某一时点的经济资源或义务或者某一时期经济资源或义务的变化。相关附注通常包括重要会计政策概要和其他解释性信息。财务报表通常是指适用的财务报告框架要求的整套财务报表，有时也指单一财务报表；

(g) 历史财务信息，是指以财务术语表述的某一特定实体的信息，这些信息主要来自特定实体的会计系统，反映了过去一段时间内发生的经济事项，或者过去某一时点的经济状况或情况；

(h) 管理层，是指对被审计单位经营活动的执行负有经营管理责任的人员。对于某些司法管辖区的某些实体而言，管理层包括治理层的部分或全部成员，如治理委员会中的执行成员，或业主兼经理；

(i) 错报，是指财务报表项目的金额、分类、列报或披露与按照适用的财务报告框架应当列示的金额、分类、列报或披露之间存在的差异。错报可能是由于错误或舞弊导致的；

当审计师对财务报表是否在所有重大方面公允反映（或真实和公允反映）发表意见时，错报还包括根据审计师的判断，为使财务报表在所有重大方面公允反映（或真实和公允反映），需要对金额、分类、列报或披露作出的必要调整；

(j) 与管理层和治理层（如适用）责任相关的执行审计工作的前提，是指管理层和治理层（如适用）认可并理解其应当承担下列责任，这些责任构成按照国际审计准则的规定执行审计工作的基础：

(i) 按照适用的财务报告框架编制财务报表，并使其实现公允列报（如相关）；

（ii）管理层和治理层（如适用）对其认为为使财务报表的编制不存在由于舞弊或错误导致的重大错报所必需的内部控制负责；

（iii）向审计师提供下列必要的工作条件：

a. 接触管理层和治理层（如适用）了解到的、与编制财务报表相关的所有信息（如记录、文件和其他事项）；

b. 向审计师提供审计所需的其他信息；

c. 允许审计师在获取审计证据时不受限制地接触其认为必要的被审计单位人员。

对于公允列报框架而言，上述（i）可以表述为“按照财务报告框架编制和公允列报财务报表”或“按照财务报告框架编制真实和公允的财务报表”。

“与管理层和治理层（如适用）的责任相关的执行审计工作的前提”也可以称为“前提”。

（k）职业判断，是指在审计准则、会计准则和职业道德要求的框架下，审计师运用相关专业训练、知识和经验，作出适合审计业务具体情况、有根据的行动决策；

（l）职业怀疑，是指审计师执行审计业务的一种态度，包括采取质疑的思维方式，对可能表明由于错误或舞弊导致错报的迹象保持警觉，以及对审计证据进行审慎评价；

（m）合理保证，是指审计师在财务报表审计中提供的一种高度但非绝对的保证；

（n）重大错报风险，是指财务报表在审计前存在重大错报的可能性。重大错报风险由两部分组成，在认定层次上表述如下：

（i）固有风险，是指在考虑相关的内部控制之前，某类交易、账户余额或披露的某一认定易于发生错报的可能性，而该错报单独或连同其他错报可能是重大的；

（ii）控制风险，是指某类交易、账户余额或披露的某一认定发生错报，该错报单独或连同其他错报可能是重大的，但没有被被审计单位的内部控制及时防止或发现并纠正的风险。

（o）治理层，是指对被审计单位战略方向以及管理层履行经营管理责任负有监督责任的人员或组织（如公司受托人）。治理层的责任包括监督财务报告过程。对某些司法管辖区的某些实体而言，治理层可能包括管理层成员，如私人部门或公共部门实体的治理委员会中的执行成员，或业主兼经理。

要　求

与财务报表审计相关的职业道德要求

14. 审计师应当遵守与财务报表审计相关的职业道德要求，包括遵守有关独立性的要求。（参见：第 A14 – A17 段）

职业怀疑

15. 在计划和实施审计工作时，审计师应当保持职业怀疑，认识到可能存在导致财务报表发生重大错报的情形。（参见：第 A18 – A22 段）

职业判断

16. 在计划和实施审计工作时，审计师应当运用职业判断。（参见：第 A23 – A27 段）

充分、适当的审计证据和审计风险

17. 为了获取合理保证，审计师应当获取充分、适当的审计证据，以将审计风险降至可接受的低水平，使其能够得出合理的结论，作为形成审计意见的基础。（参见：第 A28 – A52 段）

按照国际审计准则的规定执行审计工作

遵守与审计工作相关的国际审计准则

18. 审计师应当遵守与审计工作相关的所有国际审计准则。如果某项国际审计准则有效且所适用的情形存在，则该准则与审计工作相关。（参见：第 A53 – A57 段）

19. 审计师应当掌握国际审计准则的全部内容（包括应用和其他解释性材料）以理解其目标并恰当地遵守其要求。（参见：第 A58 – A66 段）

20. 除非审计师已经遵守本国际审计准则以及与审计工作相关的其他所有国际审计准则，否则，审计师不得在审计报告中声称遵守了国际审计准则。

每项国际审计准则规定的目标

21. 为了实现审计师的总体目标，审计师应当在考虑相关国际审计准则的相互

关系的基础上，在计划和实施审计工作时运用相关国际审计准则的目标：（参见：第 A67 – A69 段）

（a）为了实现国际审计准则规定的目标，确定是否需要有必要实施除国际审计准则规定以外的审计程序；（参见：第 A70 段）

（b）评估是否已经获取充分、适当的审计证据。（参见：第 A71 段）

遵守相关要求

22. 根据第 23 段，审计师应当遵守国际审计准则的每项要求，除非审计中出现以下情形：

（a）某项审计准则的全部内容与具体审计工作不相关；

（b）由于审计准则的某项要求存在适用条件，而该条件并不存在，导致该项要求不适用。（参见：第 A72 – A73 段）

23. 在极其特殊的情况下，审计师可能认为有必要偏离某项国际审计准则的相关要求。这种情况下，审计师应当实施替代审计程序以实现相关要求的目的。只有当相关要求的内容是实施某项特定审计程序，而该程序无法在具体审计环境下有效地实现要求的目的时，审计师才能偏离该项要求。（参见：第 A74 段）

未实现目标

24. 如果不能实现相关国际审计准则规定的目标，审计师应当评价是否导致不能实现审计师的总体目标。如果不能实现总体目标，审计师应当按照审计准则的规定发表非无保留意见，或在法律法规允许的情况下解除业务约定。不能实现相关审计准则规定的目标构成重大事项，审计师应当按照国际审计准则第 230 号[④]的规定予以记录。（参见：第 A75 – A76 段）

应用和其他解释性材料

财务报表审计

审计范围（参见：第 3 段）

A1. 审计师对财务报表是否在所有重大方面按照适用的财务报告框架编制发表审计意见，这样的意见普遍适用于所有财务报表审计。因此，审计意见并不对被审

---

④ 《国际审计准则第 230 号——审计工作底稿》，第 8 段第（c）项。

计单位未来生存能力或管理层经营被审计单位事务的效率或效果等提供保证。

然而，在某些司法管辖区中，适用的法律法规可能要求审计师对其他特定事项发表意见，如内部控制的有效性或管理层报告与财务报表的一致性。虽然国际审计准则可能从这些事项与形成财务报表审计意见相关的角度提出一些要求并提供指引，但是当审计师负有额外责任对这些事项发表意见时，审计师还需要执行进一步工作。

财务报表的编制（参见：第4段）

A2. 法律法规可能规定了管理层和治理层（如适用）与财务报告相关的责任。然而，这些责任的范围，或表述的方式，在不同的司法管辖区中可能不同。尽管存在这些差异，按照国际审计准则执行审计工作的前提是管理层和治理层（如适用）已认可并理解其应当承担下列责任：

（a）按照适用的财务报告框架编制财务报表，并使其实现公允列报（如相关）；

（b）管理层和治理层（如适用）对其认为为使财务报表的编制不存在由于舞弊或错误导致的重大错报所必需的内部控制负责；

（c）向审计师提供下列必要的工作条件：

（i）接触管理层和治理层（如适用）了解到的、与编制财务报表相关的所有信息（如记录、文件和其他事项）；

（ii）向审计师提供审计所需的其他信息；

（iii）允许审计师在获取审计证据时不受限制地接触其认为必要的被审计单位人员。

A3. 管理层和治理层（如适用）在编制财务报表时需要：

- 根据相关法律法规的规定确定适用的财务报告框架；
- 根据适用的财务报告框架编制财务报表；
- 在财务报表中对适用的财务报告框架作出恰当的说明。

编制财务报表要求管理层根据适用的财务报告框架运用判断作出合理的会计估计，选择和运用恰当的会计政策。

A4. 财务报表可以按照某一财务报告框架编制，旨在满足下列需求之一：

- 广大财务报表使用者共同的财务信息需求（即“通用目的财务报表”）；
- 财务报表特定使用者的财务信息需求（即“特殊目的财务报表”）。

A5. 适用的财务报告框架通常包括由经授权或获得认可的准则制定机构制定的财务报告准则，或者法律法规的要求。在某些情况下，财务报告框架可能同时包括由经授权或获得认可的准则制定机构制定的财务报告准则和法律法规的要求。其他文件可能对如何应用适用的财务报告框架提供指引。在某些情况下，适用的财务报告框架还可能包括这些其他文件，甚至仅有这些其他文件构成。其他文件可能包括：

- 法律法规和道德环境，包括与会计事项相关的法律法规、司法判决和职业道德要求；
- 准则制定机构、职业团体或监管部门发布的具有不同权威性的会计解释；
- 准则制定机构、职业团体或监管部门针对新出现的会计问题发布的具有不同权威性的意见；
- 得到广泛认可和普遍使用的一般惯例或行业惯例；
- 会计文献。

如果财务报告框架与对其应用提供指引的文件存在冲突，或构成财务报告框架的文件之间存在冲突，以具有最高权威性的文件为准。

A6. 适用的财务报告框架的规定决定了财务报表的格式和内容。尽管财务报告框架可能并没有对所有交易或事项的处理或披露作出具体规定，但通常包含具有普遍适用性的原则，这些原则可作为制定和运用会计政策的基础，从而使制定的会计政策与财务报告框架中的规定所依据的概念相一致。

A7. 有些财务报告框架属于公允列报框架，有些属于遵循性框架。主要包含由经授权或获得认可的准则制定机构制定的、供相关实体编制通用目的财务报表使用的财务报告准则的财务报告框架，通常是为了实现公允列报。例如，国际会计准则理事会发布的国际财务报告准则。

A8. 适用的财务报告框架的规定也决定了整套财务报表的构成。就许多财务报告框架而言，财务报表旨在提供有关被审计单位财务状况、经营成果和现金流量的信息。对这些财务报告框架，整套财务报表通常包括资产负债表、利润表、权益变动表、现金流量表和相关附注。对另外一些财务报告框架，单一财务报表和相关附注也可能构成整套财务报表：
- 例如，国际公共部门会计准则理事会发布的《国际公共部门会计准则——基于收付实现制的财务报告》指出，如果一个公共部门实体依据该准则编制财务报表，则主要的财务报表是现金收支情况表；
- 再如，其他一些单一财务报表（可能包括相关附注），包括：
    - ○ 资产负债表；
    - ○ 利润表或经营状况表；
    - ○ 留存收益表；
    - ○ 现金流量表；
    - ○ 不包括所有者权益的资产和负债表；
    - ○ 所有者权益变动表；
    - ○ 收入和费用表；
    - ○ 产品线经营状况表。

A9. 国际审计准则第 210 号对如何确定适用的财务报告框架的可接受性提出要

求并提供指引。[5] 国际审计准则第 800 号规范了审计师对按照特殊目的框架编制的财务报表审计的特殊考虑。[6]

A10. 由于前提对执行审计工作的重要性，审计师需要就管理层和治理层（如适用）认可并理解第 A2 段提及的责任与管理层和治理层（如适用）达成一致意见，作为承接审计业务的先决条件。[7]

对公共部门实体审计的特殊考虑

A11. 对公共部门实体财务报表审计的要求可能比其他实体审计更广。相应地，执行公共部门实体财务报表审计的前提涉及的管理层责任可能还包含额外的责任，如按照法律法规和其他监管要求执行交易和事项的责任。[8]

审计意见的形式（参见：第 8 段）

A12. 审计师对财务报表是否在所有重大方面按照适用的财务报告框架编制发表审计意见。然而，审计师发表审计意见的形式取决于适用的财务报告框架以及相关法律法规的规定。大多数财务报告框架包括与财务报表列报相关的规定，对于这些财务报告框架，按照适用的财务报告框架编制财务报表包括列报。

A13. 通常情况下，对于通用目的财务报表，如果财务报告框架属于公允列报框架，国际审计准则要求审计师就财务报表是否在所有重大方面公允反映（或者真实和公允）发表意见；如果财务报告框架属于遵循性框架，国际审计准则要求审计师就财务报表是否在所有重大方面按照财务报告框架编制发表意见。除非特别说明，国际审计准则提及的审计意见涵盖上述两种形式。

与财务报表审计相关的职业道德要求（参见：第 14 段）

A14. 审计师受到与财务报表审计相关的职业道德要求（包括与独立性相关的要求）的约束。相关职业道德要求通常包括国际职业会计师道德守则的 A 和 B 部分中与财务报表审计相关的规定，以及更为严格的国家规定。

A15. 国际职业会计师道德守则 A 部分规定了与审计师执行财务报表审计相关的职业道德基本原则，并提供了应用这些原则的概念框架。根据国际职业会计师道德守则的规定，审计师需要遵循的基本原则包括：

（a）诚信；

（b）客观；

（c）专业胜任能力和应有的关注；

---

⑤《国际审计准则第 210 号——就审计业务约定条款达成一致意见》，第 6 段第（a）项。

⑥《国际审计准则第 800 号——对按照特殊目的框架编制的财务报表审计的特殊考虑》，第 8 段。

⑦ 国际审计准则第 210 号，第 6 段第（b）项。

⑧ 参见第 A57 段。

(d) 保密；

(e) 职业行为。

国际职业会计师道德守则 B 部分说明了审计师如何在特定情形下应用概念框架。

A16. 就审计业务而言，审计师独立于被审计单位符合公众利益，因此，国际职业会计师道德守则对此作出要求。国际职业会计师道德守则规定的独立性包括实质上的独立性和形式上的独立性。审计师独立于被审计单位，能够保护其形成审计意见的能力，使其在发表审计意见时免受不当影响。独立性能够增强审计师诚信行事、保持客观性以及职业怀疑的能力。

A17. 国际质量控制准则第 1 号⑨，或严格程度至少相同的国家规定⑩，规定了会计师事务所建立和保持有关审计业务的质量控制制度的责任。国际质量控制准则第 1 号规定了会计师事务所应当制定政策和程序，以合理保证会计师事务所及其人员遵守相关职业道德要求（包括与独立性相关的要求）的责任。⑪ 国际审计准则第 220 号规定了项目合伙人与相关职业道德要求有关的责任，这些责任包括通过观察和必要的询问，对项目组成员违反相关职业道德要求的迹象保持警觉，如果注意到项目组成员违反相关职业道德要求，确定采取的适当措施，以及就适用于审计业务的独立性要求的遵守情况形成结论。⑫ 该准则还规定，在实施适用于审计业务的质量控制程序时，项目组可以依赖会计师事务所质量控制制度，除非会计师事务所或者其他方提供的信息表明其不可信赖。

职业怀疑（参见：第 15 段）

A18. 职业怀疑包括对诸如下列情形保持警觉：

- 存在相互矛盾的审计证据；
- 引起对作为审计证据的文件记录和对询问的答复的可靠性产生怀疑的信息；
- 表明可能存在舞弊的情况；
- 表明需要实施除国际审计准则规定外的其他审计程序的情形。

A19. 审计师有必要在整个审计过程中保持职业怀疑，以降低下列风险：

- 忽视异常的情形；
- 当从审计观察中得出审计结论时过度推而广之；
- 在确定审计程序的性质、时间安排和范围以及评价审计结果时使用不恰当

---

⑨ 《国际质量控制准则第 1 号——会计师事务所对执行财务报表审计和审阅、其他鉴证和相关服务业务实施的质量控制》。

⑩ 《国际审计准则第 220 号——对财务报表审计实施的质量控制》，第 2 段。

⑪ 国际质量控制准则第 1 号，第 20 - 25 段。

⑫ 国际审计准则第 220 号，第 9 - 12 段。

的假设。

A20. 职业怀疑对于审慎评价审计证据是必要的。这包括质疑相互矛盾的审计证据、文件记录和对询问的答复以及从管理层和治理层获得的其他信息的可靠性。同时包括考虑已获取的审计证据在具体情形下（例如，存在舞弊风险因素的情况下，易于发生舞弊的某一文件，是支持财务报表某一项目重大金额的唯一证据）的充分性和适当性。

A21. 除非存在相反的理由，审计师可以将记录和文件作为真品。然而，审计师仍需要考虑用作审计证据的信息的可靠性。⑬ 在怀疑信息的可靠性或存在舞弊迹象时（例如，审计过程中识别出的情况使审计师认为文件可能是伪造的或文件中的某些条款可能已被篡改），国际审计准则要求审计师作出进一步调查，并确定需要修改哪些审计程序或实施哪些追加的审计程序以解决疑问。⑭

A22. 审计师可以考虑过去对管理层和治理层诚实、正直形成的看法。然而，即使审计师相信管理层和治理层是诚实、正直的，也不能降低保持职业怀疑的要求，不允许在获取合理保证的过程中满足于说服力不足的审计证据。

职业判断（参见：第16段）

A23. 职业判断对于适当地执行审计工作是必不可少的。其理由是，如果没有将相关的知识和经验运用于具体的事实和情况，就不可能理解相关职业道德要求和国际审计准则的规定，并在整个审计过程中作出有依据的决策。职业判断对于作出下列决策尤为必要：

- 确定重要性和评估审计风险；
- 为满足国际审计准则的要求和收集审计证据的需要，确定所需实施的审计程序的性质、时间安排和范围；
- 为实现国际审计准则规定的目标和审计师的总体目标，评价是否已获取充分、适当的审计证据以及是否还需执行更多的工作；
- 评价管理层在应用适用的财务报告框架时作出的判断；
- 根据已获取的审计证据得出结论，如评估管理层在编制财务报表时作出的估计的合理性。

A24. 社会公众期望的审计师的职业判断具有的显著特征是：由具有胜任能力的审计师作出，而审计师具有的技能、知识和经验有助于形成必要的胜任能力以作出合理的判断。

A25. 审计师在各种特定情况下作出的职业判断都是基于其知悉的事实和情况。

---

⑬ 《国际审计准则第500号——审计证据》，第7-9段。

⑭ 国际审计准则第240号，第13段；国际审计准则第500号，第11段；《国际审计准则第505号——函证》，第10-11段和第16段。

在审计过程中，项目组内部，或项目组与会计师事务所内部或外部处于适当层级的人员之间就疑难问题或争议事项进行的咨询（如国际审计准则第220号所要求的咨询⑮）有助于审计师作出有依据的和合理的判断。

A26. 评价职业判断是否适当可以基于：作出的判断是否反映了对审计和会计原则的适当运用；根据截至审计报告日审计师知悉的事实和情况，作出的判断是否适当，是否与这些事实和情况相一致。

A27. 审计师需要在整个审计过程中运用职业判断，并作出适当记录。对此，审计师编制的审计工作底稿，应当使未曾接触该项审计工作的有经验的审计师，能够了解在对审计中出现的重大事项得出结论时作出的重大职业判断。⑯ 如果有关决策不被该业务的具体事实和情况所支持或者缺乏充分、适当的审计证据，职业判断并不能成为作出决策的正当理由。

充分、适当的审计证据和审计风险（参见：第5段和第17段）

审计证据的充分性和适当性

A28. 审计证据对于支持审计意见和审计报告是必要的。审计证据在性质上具有累积性，主要是在审计过程中通过实施审计程序获取的。然而，审计证据还可能包括从其他来源获取的信息，如以前审计（前提是审计师已确定自上次审计后是否已发生变化，这些变化可能影响这些信息对本期审计的相关性⑰），或会计师事务所接受与保持客户时实施质量控制程序获取的信息。除从被审计单位内部其他来源和外部来源获取的信息外，会计记录也是重要的审计证据来源。同样，被审计单位雇用或聘用的专家编制的信息也可能作为审计证据。审计证据既包括支持和佐证管理层认定的信息，也包括与这些认定相矛盾的信息。此外，在某些情况下，信息的缺乏（如管理层拒绝提供审计师要求的声明书）本身也构成审计证据，可以被审计师利用。在形成审计意见过程中，审计师的大部分工作是获取和评价审计证据。

A29. 审计证据的充分性和适当性相互关联。充分性是对审计证据数量的衡量。审计师需要获取的审计证据的数量受其对错报风险评估的影响（评估的错报风险越高，需要的审计证据可能越多），并受审计证据质量的影响（审计证据质量越高，需要的审计证据可能越少）。然而，审计师仅靠获取更多的审计证据可能无法弥补其质量上的缺陷。

A30. 适当性是对审计证据质量的衡量，即审计证据在支持审计意见所依据的结论方面具有的相关性和可靠性。审计证据的可靠性受其来源和性质的影响，并取决

---

⑮ 国际审计准则第220号，第18段。

⑯ 国际审计准则第230号，第8段。

⑰ 《国际审计准则第315号——通过了解被审计单位及其环境识别和评估重大错报风险》，第9段。

于获取审计证据的具体环境。

A31. 审计师是否已获取充分、适当的审计证据，以将审计风险降至可接受的低水平，并由此能够得出合理的审计结论，作为形成审计意见的基础，是一职业判断。国际审计准则第500号和其他相关国际审计准则对审计师在整个审计过程中获取充分、适当的审计证据时的考虑作出了具体规定，并提供了进一步指引。

审计风险

A32. 审计风险取决于重大错报风险和检查风险。风险评估建立在为实现其目的获取必要信息所实施的审计程序和整个审计过程中所获取的审计证据的基础上。风险评估是一项职业判断，而不是一项能够精确计量的事项。

A33. 在国际审计准则中，审计风险不包括财务报表不存在重大错报，而审计师发表的审计意见认为财务报表存在重大错报的风险。这类风险通常可以忽略不计。审计风险是一个与审计过程相关的技术术语，并不是指审计师的业务风险，如因诉讼、负面宣传或其他与财务报表审计相关的事项而导致损失的可能性。

重大错报风险

A34. 重大错报风险可能存在于下列两个层次：

- 财务报表层次；
- 各类交易、账户余额和披露的认定层次。

A35. 财务报表层次的重大错报风险是指与财务报表整体存在广泛联系，并潜在影响多项认定的重大错报风险。

A36. 评估认定层次的重大错报风险的目的，是确定所需实施的进一步审计程序的性质、时间安排和范围以获取充分、适当的审计证据。这种证据使审计师能够在审计风险处于可接受的低水平时对财务报表发表意见。审计师使用多种方法评估重大错报风险。例如，审计师可以利用风险模型（即用数学术语表达审计风险各要素之间一般关系的模型），得出可接受的检查风险。这种模型可能有助于计划审计程序。

A37. 认定层次重大错报风险包括两个组成部分：固有风险和控制风险。固有风险和控制风险是被审计单位的风险，独立于财务报表审计而存在。

A38. 某些认定及相关类别的交易、账户余额和披露，固有风险较高。例如，复杂的计算，或金额来源于具有高度不确定性的会计估计的账户，固有风险较高。产生经营风险的外部环境也可能影响固有风险。例如，技术进步可能导致某项产品陈旧，进而导致存货易于高估。被审计单位及其环境的某些因素，可能与多个或所有类别的交易、账户余额或披露相关，也可能影响与某一具体认定相关的固有风险。例如，这些因素可能包括缺乏持续经营的营运资本或由于大规模的经营失败而表现出的产业衰退。

A39. 控制风险取决于内部控制设计、执行和维护的有效性，管理层采用内部控制，旨在应对识别出的影响被审计单位实现与财务报表编制相关的目标的风险。然而，由于内部控制的固有限制，无论内部控制设计和运行如何有效，也只能降低而不能消除财务报表的重大错报风险。内部控制的固有限制包括诸如人为差错的可能性，因串通舞弊或管理层不适当地凌驾于控制之上而使内部控制被规避的可能性等。因此，控制风险始终存在。国际审计准则规定了在确定拟实施的实质性程序的性质、时间安排和范围时，审计师需要测试或可以选择测试内部控制运行有效性的情形。⑱

A40. 国际审计准则通常不单独提及固有风险和控制风险，而仅提及重大错报风险（即两者综合评估的结果）。然而，审计师可以根据其偏好的审计技术或方法以及实务的考虑，单独或综合评估固有风险和控制风险。重大错报风险的评估结果可以用定量术语（如百分比）或非定量的术语表达。在任何情况下，作出适当的风险评估，要比评估所采用的具体方法更重要。

A41. 国际审计准则第 315 号对识别和评估财务报表层次和认定层次重大错报风险作出规定并提供指引。

检查风险

A42. 在既定的审计风险水平下，可接受的检查风险水平与评估的认定层次重大错报风险成反向关系。例如，审计师认为重大错报风险越高，可接受的检查风险越低，相应地，审计师需要获取更具有说服力的审计证据。

A43. 检查风险与审计师为将审计风险降至可接受的低水平而确定的审计程序的性质、时间安排和范围相关。因此，它取决于审计程序及其实施的有效性。下列措施有助于提高审计程序及其实施的有效性，降低审计师选取不适当的审计程序，错误执行适当的审计程序或错误解释审计结果的可能性：

- 制定恰当的计划；
- 为项目组分派合适的人员；
- 保持职业怀疑；
- 监督和复核已执行的审计工作。

A44. 国际审计准则第 300 号⑲和国际审计准则第 330 号对计划财务报表审计工作和审计师应对评估的风险作出规定并提供指引。然而，由于审计的固有限制，检查风险只能降低而无法消除。因此，检查风险将始终存在。

审计的固有限制

A45. 不应期望审计师将审计风险降至零，事实上审计师也不可能将审计风险降

---

⑱ 《国际审计准则第 330 号——审计师针对评估的风险采取的应对措施》，第 7－17 段。

⑲ 《国际审计准则第 300 号——计划审计工作》。

至零，因此不能对财务报表不存在由于舞弊或错误导致的重大错报获取绝对保证。这是由于审计中存在固有限制，导致审计师据以得出结论和形成审计意见的大多数审计证据是说服性而非结论性的。审计的固有限制源于：

- 财务报告的性质；
- 审计程序的性质；
- 在合理的时间内以合理的成本完成审计的需要。

财务报告的性质

A46. 财务报表的编制涉及管理层在将适用的财务报告框架的要求运用于被审计单位的事实和情况的过程中作出的判断。此外，许多财务报表项目涉及主观决策、评估或一定程度的不确定性，并且可能存在一系列可接受的解释或判断。因此，某些财务报表项目本身就存在一定的变动幅度，这种变动幅度不能通过实施追加的审计程序来消除。例如，某些会计估计通常如此。即便如此，国际审计准则要求审计师特别考虑在适用的财务报告框架下会计估计是否合理，相关披露是否充分，会计实务的质量是否良好（包括管理层判断是否可能存在偏向）。[20]

审计程序的性质

A47. 审计师获取审计证据的能力受到实务和法律上的限制。例如：

- 管理层或其他人员有可能有意或无意地不提供与财务报表编制相关的或审计师要求的全部信息。因此，即使实施了旨在保证获取所有相关信息的审计程序，审计师也不能保证信息的完整性；
- 舞弊可能涉及精心策划和蓄意实施以进行隐瞒。因此，用以收集审计证据的审计程序可能对于发现故意的错报是无效的，例如，这种错报涉及串通伪造文件，使得审计师误以为有效的证据实际上是无效的。审计师没有接受文件真伪鉴定方面的培训，不应被期望成为鉴定文件真伪的专家；
- 审计不是对涉嫌违法行为的官方调查。因此，审计师没有被授予特定的法律权力，如搜查权，而这种权力对官方调查是必要的。

财务报告的及时性和成本效益的权衡

A48. 审计中的困难、时间或成本等事项本身，不能作为审计师省略不可替代的审计程序，或满足于说服力不足的审计证据的正当理由。制定适当的审计计划有助于保证执行审计工作需要的充分的时间和资源。尽管如此，信息的相关性及其由此而具有的价值会随着时间的推移而降低，所以需在信息的可靠性和成本之间进行权衡。这在某些财务报告框架中已得到认可（例如，国际会计准则理事会发布的《财务报表编制和列报框架》）。因此，要求审计师处理所有可能存在的信息是不切实际

---

⑳ 《国际审计准则第 540 号——审计会计估计（包括公允价值会计估计）和相关披露》，以及《国际审计准则第 700 号——对财务报表形成审计意见和出具审计报告》，第 12 段。

的，基于信息存在错误或舞弊除非能够提供反证的假设而竭尽可能地追查每一个事项也是不切实际的。正是因为认识到这一点，财务报表使用者的期望是审计师在合理的时间内以合理的成本对财务报表形成审计意见。

A49. 为了在合理的时间内以合理的成本对财务报表形成审计意见，审计师有必要：

- 计划审计工作，以使审计工作以有效的方式得到执行；
- 将审计资源投向最可能出现由于舞弊或错误导致的重大错报的领域，并相应地在其他领域减少审计资源；
- 运用测试和其他方法检查总体中存在的错报。

A50. 对于第 A49 段提及的方法，国际审计准则对计划和实施审计工作作出了规定，并要求审计师执行下列工作（包括但不限于）：

- 实施风险评估程序和开展相关活动，以作为识别和评估财务报表层次及认定层次的重大错报风险的基础；[21]
- 运用测试和其他方法检查总体，从而为审计师针对总体得出结论提供合理的基础。[22]

影响审计固有限制的其他事项

A51. 对某些认定或审计事项而言，固有限制对审计师发现重大错报能力的潜在影响尤为重要。这些认定或审计事项包括：

- 舞弊，特别是涉及高级管理人员的舞弊或串通舞弊。进一步的讨论可参见国际审计准则第 240 号；
- 关联方关系和交易的存在和完整性。进一步的讨论可参见国际审计准则第 550 号[23]；
- 违反法律法规行为的发生。进一步的讨论可参见国际审计准则第 250 号[24]；
- 可能导致被审计单位无法持续经营的未来事项或情况。进一步的讨论可参见国际审计准则第 570 号[25]。

相关的国际审计准则规定了具体审计程序，这些程序有助于减轻固有限制的影响。

A52. 由于审计的固有限制，即使按照国际审计准则的规定适当地计划和执行审计工作，也不可避免地存在财务报表的某些重大错报可能未被发现的风险。相应地，

㉑ 国际审计准则第 315 号，第 5－10 段。

㉒ 国际审计准则第 330 号；国际审计准则第 500 号；《国际审计准则第 520 号——分析程序》，《国际审计准则第 530 号——审计抽样》。

㉓ 《国际审计准则第 550 号——关联方》。

㉔ 《国际审计准则第 250 号——财务报表审计中对法律法规的考虑》。

㉕ 《国际审计准则第 570 号——持续经营》

完成审计工作后发现由于舞弊或错误导致的财务报表重大错报，其本身并不表明审计师没有按照国际审计准则的规定执行审计工作。尽管如此，审计的固有限制并不能作为审计师满足于说服力不足的审计证据的理由。审计师是否按照国际审计准则的规定执行了审计工作，取决于审计师在具体情况下实施的审计程序，由此获取的审计证据的充分性和适当性，以及根据总体目标和对审计证据的评价结果而出具审计报告的恰当性。

按照国际审计准则的规定执行审计工作

国际审计准则的性质（参见：第 18 段）

A53. 国际审计准则作为一个整体，为审计师执行审计工作以实现总体目标提供了标准。国际审计准则规范了审计师的一般责任以及在具体方面履行这些责任时的进一步考虑。

A54. 每项具体审计准则都明确了该准则的范围、生效日期和对其应用的特定限制。除非在国际审计准则中另有说明，审计师可以在规定的生效日期之前执行这些准则。

A55. 在执行审计工作时，除遵守国际审计准则外，审计师可能还需要遵守法律法规的规定。国际审计准则并不超越规范财务报表审计的法律法规。如果法律法规与国际审计准则之间存在差异，仅按照相关法律法规的规定执行审计工作，将不会被视为自动地遵守了国际审计准则。

A56. 审计师也可能同时按照国际审计准则和某一特定司法管辖区或国家的审计准则执行审计工作。在这种情况下，除遵守与审计工作相关的每项具体国际审计准则外，审计师可能有必要实施额外的审计程序，以遵守该司法管辖区或国家的相关准则。

对公共部门实体审计的特殊考虑

A57. 国际审计准则与公共部门实体审计业务相关。然而，公共部门实体审计师的责任可能受到审计授权文件，或者法律法规或其他监管要求（如部门法令、政府政策要求或立法部门决议）所规定的公共部门实体审计需承担的义务的影响。这些规定涵盖的范围可能比按照国际审计准则执行审计工作更为广泛。这些额外的责任在国际审计准则中并未涉及，可能在最高审计机关国际组织或各国准则制定机构发布的公告中，或在各国政府审计机构制定的指引中予以规范。

国际审计准则的内容（参见：第 19 段）

A58. 除目标和要求（在国际审计准则中，对审计师提出的要求以“应当”来表述）外，每项审计准则还包括以应用和其他解释性材料的形式列示的相关指引。

它可能还包括介绍性材料（提供了与恰当理解准则相关的背景资料）和定义。因此，每项审计准则的所有内容都与理解该准则中表述的目标和恰当应用该准则的要求相关。

A59. 必要时，应用和其他解释性材料对国际审计准则的要求提供了进一步解释，并为如何执行这些要求提供了指引。特别是，它可以：

- 更清楚地解释某一要求的确切含义或所针对的情形；
- 包含了在特定情况下可能适当的审计程序的举例。

尽管这种指引本身并不构成要求，但与恰当执行准则的要求是相关的。应用和其他解释性材料还可能提供准则中涉及事项的背景信息。

A60. 附录构成应用和其他解释性材料的组成部分。附录的目的和预期用途在相关国际审计准则的主体部分或附录的标题和对其自身的介绍中作出说明。

A61. 根据需要，介绍性材料可能包括对下列问题的解释：

- 国际审计准则的目的和范围，包括与其他准则的关系；
- 国际审计准则涉及的审计事项；
- 就国际审计准则涉及的审计事项，审计师和其他人员各自的责任；
- 国际审计准则的制定背景。

A62. 国际审计准则可能以“定义”为标题单设一章，用来说明国际审计准则中某些术语的含义。这样做的目的是有助于保持国际审计准则应用和理解的一致性，而非旨在超越法律法规为其他目的对相关术语给出的定义。除非另有说明，这些术语在所有国际审计准则中具有相同的含义。国际会计师联合会出版的《国际质量控制、审计、审阅、其他鉴证和相关服务业务公告手册》中与国际审计与鉴证准则理事会发布的国际准则相关的术语表，包含一份在国际审计准则中定义的术语的完整清单。该术语表同时还包括对国际审计准则中出现的其他术语的解释，这些解释有助于对术语进行普遍一致的解读和翻译。

A63. 在适当的情况下，某些国际审计准则的应用和其他解释性材料中包括了对小型被审计单位和公共部门实体审计的特殊考虑。这些考虑有助于审计师在审计这些实体时执行国际审计准则的要求。然而，这并不限制或减轻审计师执行和遵守国际审计准则要求的责任。

对小型被审计单位的特殊考虑

A64. 在阐述对小型被审计单位审计的额外考虑时，“小型被审计单位”是指在性质上具有下列典型特征的实体：

（a）所有权和管理权集中于少数个体（通常是指单一个体——既可以是一个自然人，也可以是一个拥有该小型被审计单位所有权的其他实体，但前提是该所有者具有相关的定性特征）；

（b）具有下列一项或多项特征：

（i）从事简单的交易；

（ii）会计记录简单；

（iii）业务类别较少并且业务类别中产品较少；

（iv）内部控制较少；

（v）较少层级的管理层负责广泛的控制活动；

（vi）较少职员，其中多数人承担广泛的职责。

以上并未完全列举出小型被审计单位的特征，这些特征并不为小型被审计单位所独有，小型被审计单位也未必具有所有这些特征。

A65. 国际审计准则中包含的对小型被审计单位的特殊考虑主要是针对非上市实体制定的。然而，其中的一些考虑也可能对审计小型上市实体有所帮助。

A66. 在国际审计准则中，参与小型被审计单位日常经营管理的所有者称为“业主兼经理”。

具体国际审计准则规定的目标（参见：第21段）

A67. 每项国际审计准则均包含一个或多个目标，这些目标将对审计师的要求与审计师的总体目标联系起来。每项国际审计准则规定目标的作用在于，使审计师关注每项国际审计准则期望实现的结果，这些目标足够具体，以帮助审计师：

- 理解所需完成的工作，以及在必要时为完成这些工作使用的恰当手段；
- 确定在审计业务的具体情况下是否需要完成更多的工作以实现目标。

A68. 对这些目标的理解应与本国际审计准则第11段规定的审计师的总体目标联系起来。与审计师的总体目标一样，审计师实现某项目标的能力同样受到审计固有限制的影响。

A69. 在运用这些目标时，审计师需要考虑各项国际审计准则之间的相互关系。这是因为，如第A53段所述，国际审计准则在某些情况下规范了审计师的一般责任，而在另外一些情况下，则规范了如何在具体方面履行这些责任。例如，本国际审计准则要求审计师保持职业怀疑，这一点在计划和执行审计工作的所有方面都是必要的，但并未在每项具体国际审计准则中作重复要求。在更具体的层次上，国际审计准则第315号和国际审计准则第330号分别对与审计师识别和评估重大错报风险，以及设计和实施进一步审计程序以应对这些评估风险的责任相关的目标和要求，作出了规定；这些目标和要求适用于整个审计过程。对审计的具体方面作出规范的准则（如国际审计准则第540号）可能对如何将其他准则（如国际审计准则第315号和国际审计准则第330号）规定的目标和要求应用于该准则规范的内容作出进一步展开，但不是对其他准则的重复。因此，在实现国际审计准则第540号表述的目标时，审计师需要同时考虑其他相关准则中的目标和要求。

运用目标决定是否需要实施追加的审计程序（参见：第21段第（a）项）

A70. 国际审计准则的要求，旨在使审计师能够实现国际审计准则规定的目标，进而实现审计师的总体目标。因此，审计师恰当执行国际审计准则的要求，预期会为其实现目标提供充分的基础。然而，由于各审计项目的具体情况存在很大差异，并且国际审计准则不可能预想到所有情况，审计师有责任确定必要的审计程序，以满足国际审计准则的要求和实现目标。针对某项业务的具体情况，可能存在一些特定事项，需要审计师实施国际审计准则要求之外的审计程序，以满足国际审计准则规定的目标。

运用目标以评价是否已获取充分、适当的审计证据（参见：第21段第（b）项）

A71. 审计师需要根据其总体目标，运用国际审计准则规定的目标以评价是否已获取充分、适当的审计证据。如果根据评价的结果，审计师认为没有获取充分、适当的审计证据，那么审计师可以采取下列一项或多项措施以满足第21段第（b）项的要求：

- 评价通过遵守其他国际审计准则是否已经获取或将会获取进一步的相关审计证据；
- 在执行一项或多项审计准则的要求时，扩大审计工作的范围；
- 实施审计师根据具体情况认为必要的其他程序。

如果上述措施在具体情况下均不可行或无法实施，审计师将无法获取充分、适当的审计证据，在这种情况下，国际审计准则要求审计师确定对审计报告或完成该项业务的能力的影响。

遵守相关要求

相关要求（参见：第22段）

A72. 在某些情况下，某项国际审计准则（包括其所有要求）可能与业务的具体情况不相关。例如，如果被审计单位没有内部审计职能部门，国际审计准则第610号[26]的所有内容都不相关。

A73. 在相关的国际审计准则中，有些要求可能存在适用条件。只有当要求中设定的情形存在且条件满足时，这些要求才适用。一般来说，要求的适用条件既可能是明确的，也可能是隐含的，例如：

- 如果审计范围受到限制[27]，对审计师发表非无保留意见的要求，即为条件明确的要求；
- 向治理层通报在审计过程中识别出的值得关注的内部控制缺陷的要求，[28]取决于是否存在识别出的值得关注的内部控制缺陷；针对分部信息的列报

[26] 《国际审计准则第610号——利用内部审计师的工作》。

[27] 《国际审计准则第705号——在独立审计师报告中发表非无保留意见》，第13段。

[28] 《国际审计准则第265号——向治理层和管理层通报内部控制缺陷》，第9段。

和披露是否符合适用的财务报告框架的规定获取充分、适当的审计证据的要求,[29] 取决于该框架要求或允许作出的披露，上述两种要求即为条件隐含的要求。

在某些情况下，某项要求可能以适用的法律法规为条件。例如，如果适用的法律法规允许解除审计业务约定，国际审计准则可能要求审计师解除审计业务约定；除非法律法规禁止，国际审计准则可能要求审计师采取某些措施。在不同的法律管辖区域，法律法规允许或禁止的行为可能以明确或隐含的方式表述。

对要求的偏离（参见：第 23 段）

A74. 国际审计准则第 230 号规定了在审计师偏离相关要求的极其特殊的情况下对审计工作底稿的要求。[30] 国际审计准则并不要求遵守与审计业务具体情况不相关的规定。

不能实现目标（参见：第 24 段）

A75. 某一目标是否已经实现，需要审计师作出职业判断。这种判断需要考虑根据国际审计准则的规定实施的审计程序的结果，审计师对是否已获取充分、适当的审计证据的评价，以及审计师对是否根据审计业务的具体情况还需执行更多的工作以实现准则规定的目标的评价。相应地，可能导致不能实现某一目标的情况包括：

- 妨碍审计师遵守国际审计准则相关要求的情况；
- 审计师不能或无法实施追加的审计程序或者获取进一步的审计证据，而审计师按照第 21 段的要求运用规定的目标时认为这些程序和证据是必要的，例如在可获取的审计证据方面受到限制时。

A76. 如果审计工作底稿符合国际审计准则第 230 号的规定和其他相关国际审计准则中具体的记录要求，则为确定是否已实现审计师的总体目标的结论提供了证据。虽然审计师没必要分别记录每个目标已经实现（如采用核对表），但对不能实现某一目标的记录，有助于审计师评价该情况是否妨碍审计师实现其总体目标。

[29] 《国际审计准则第 501 号——审计证据：对选取的项目的具体考虑》，第 13 段。
[30] 国际审计准则第 230 号，第 12 段。

国际审计准则第 210 号
就审计业务约定条款达成一致意见

（适用于会计期间开始于 2009 年 12 月 15 日及以后的财务报表审计）

目　录

《国际审计准则第 210 号——就审计业务约定条款达成一致意见》应当与《国际审计准则第 200 号——独立审计师的总体目标和按照国际审计准则执行审计工作》一并阅读。

引 言

本国际审计准则的范围

1. 本国际审计准则规范了审计师就审计业务约定条款与管理层和治理层（如适用）达成一致意见的责任。这包括确定审计的前提条件、管理层和治理层（如适用）所负的责任存在。国际审计准则第 220 号①规范了在审计师控制范围内有关业务承接的事项。（参见：第 A1 段）

生效日期

2. 本国际审计准则适用于会计期间开始于 2009 年 12 月 15 日及以后的财务报表审计。

目 标

3. 审计师的目标是，只有通过实施下列工作就执行审计工作的基础达成一致意见后，才承接或保持审计业务：

（a）确定审计的前提条件存在；

（b）确认审计师与管理层和治理层（如适用）已就审计业务约定条款达成一致意见。

定 义

4. 就国际审计准则而言，对下列术语给予以下定义：

审计的前提条件，是指管理层在编制财务报表时采用可接受的财务报告框架，以及管理层和治理层（如适用）对执行审计工作的前提②的认同。

5. 就本国际审计准则而言，单独提及的“管理层”，在下文中应当理解为“管理层和治理层（如适用）”。

---

① 《国际审计准则第 220 号——对财务报表审计实施的质量控制》。

② 《国际审计准则第 200 号——独立审计师的总体目标和按照国际审计准则执行审计工作》，第 13 段。

要　求

审计的前提条件

6. 为了确定审计的前提条件是否存在，审计师应当：

（a）确定编制财务报表采用的财务报告框架是否是可接受的；（参见：第 A2 – A10 段）

（b）就管理层认可并理解其责任与管理层达成一致意见：（参见：第 A11 – A14 段，第 A20 段）

（i）按照适用的财务报告框架编制财务报表，并使其实现公允列报（如相关）；（参见：第 A15 段）

（ii）对其认为为使财务报表的编制不存在由于舞弊或错误导致的重大错报所必需的内部控制负责；（参见：第 A16 – A19 段）

（iii）向审计师提供下列必要的工作条件：

a. 接触与编制财务报表相关的所有信息（如记录、文件和其他事项）；

b. 向审计师提供审计所需要的其他信息；

c. 允许审计师在获取审计证据时不受限制地接触其认为必要的被审计单位人员。

承接审计业务前对范围的限制

7. 如果管理层或治理层在拟议的审计业务约定条款中对审计工作的范围施加限制，以致审计师认为这种限制将导致其对财务报表发表无法表示意见，审计师不应将该项受限制的业务作为审计业务予以承接，除非法律法规另有规定。

影响审计业务承接的其他因素

8. 如果审计的前提条件不存在，审计师应当就此与管理层沟通。在下列情况下，除非法律法规另有规定，审计师不应承接拟议的审计业务：

（a）除本国际审计准则第 19 段规定的情形外，审计师确定财务报表编制所采用的财务报告框架不可接受；

（b）审计师未能达成本国际审计准则第 6 段第（b）项提及的一致意见。

就审计业务约定条款达成一致意见

9. 审计师应当就审计业务约定条款与管理层或治理层（如适用）达成一致意

见。（参见：第 A21 段）

10. 审计师应当将达成一致意见的审计业务约定条款记录于审计业务约定书或其他适当形式的书面协议中，并应当包括：（参见：第 A22 – A25 段）

（a）财务报表审计的目标与范围；

（b）审计师的责任；

（c）管理层的责任；

（d）指出用于编制财务报表所适用的财务报告框架；

（e）提及审计师拟出具的审计报告的预期形式和内容，以及对在特定情况下出具的审计报告可能不同于预期形式和内容的说明。

11. 如果法律或法规足够详细地规定了第 10 段所提及的审计业务约定条款，审计师除了记录适用的法律法规以及管理层认可并理解第 6 段第（b）项所列示的责任这一事实外，不必将第 10 段规定的事项记录于书面协议。（参见：第 A22 段，第 A26 – 27 段）

12. 如果法律法规规定的管理层的责任与本国际审计准则第 6 段第（b）项的规定相似，审计师根据判断可能确定法律法规规定的责任与本国际审计准则第 6 段第（b）项的规定在效果上是等同的。如果等同，审计师可以使用法律法规的措辞，在书面协议中描述管理层的责任。对于法律法规未作出规范的其他管理层责任，当与第 6 段第（b）项所规定的责任等同时，书面协议中应当使用第 6 段第（b）项中的措辞。（参见：第 A26 段）

连续审计

13. 对于连续审计，审计师应当根据具体情况评估是否需要对审计业务约定条款作出修改，以及是否需要提醒被审计单位注意现有的条款。（参见：第 A28 段）

接受审计业务约定条款的变更

14. 在缺乏合理理由的情况下，审计师不应同意变更审计业务约定条款。（参见：第 A29 – A31 段）

15. 在完成审计业务前，如果审计师被要求将审计业务变更为保证程度较低的业务，审计师应当确定是否存在合理理由予以变更。（参见：第 A32 – A33 段）

16. 如果审计业务约定条款发生变更，审计师应当与管理层就新的业务约定条款达成一致意见，并记录于审计业务约定书或其他适当形式的书面协议中。

17. 如果审计师不同意变更审计业务约定条款，而管理层又不允许继续执行原审计业务，审计师应当：

（a）在适用的法律法规允许的情况下，解除审计业务约定；

（b）确定是否有约定义务或其他义务向治理层、所有者或监管机构等报告该事项。

业务承接时的其他考虑

法律法规对财务报告准则的补充规定

18. 如果法律法规对经授权或获得认可的准则制定机构所制定的财务报告准则作出补充规定，审计师在承接审计业务时应当确定该补充规定是否与财务报告准则存在冲突。如果存在冲突，审计师应当与管理层沟通补充规定的性质，并就下列事项之一达成一致意见：

（a）在财务报表中作出额外披露能否满足补充规定的要求；

（b）对财务报表中关于适用的财务报告框架的描述是否可以作出相应修改。

如果无法采取上述任何措施，按照国际审计准则第 705 号③的规定，审计时应当确定是否有必要发表非无保留意见。（参见：第 A34 段）

法律法规对财务报告框架的规定——影响业务承接的其他事项

19. 如果审计师确定由法律法规规定的财务报告框架不可接受，但由于其是由法律或法规作出的规定，审计师只有在同时满足下列所有条件的情况下，才能承接该项审计业务：（参见：第 A35 段）

（a）管理层同意在财务报表中作出额外披露，以避免财务报表产生误导；

（b）在审计业务约定条款中明确：

（i）审计师按照国际审计准则第 706 号④的规定，在对财务报表出具的审计报告中增加强调事项段，以提醒使用者关注额外披露；

（ii）审计师在对财务报表发表的审计意见中不使用财务报表“按照［适用的财务报告框架］在所有重大方面公允反映”或“真实和公允反映”等措辞，除非法律法规另有规定。

20. 如果不具备本国际审计准则第 19 段规定的条件，但相关部门要求审计师承接该项审计业务，审计师应当：

（a）评价财务报表误导的性质对审计报告的影响；

（b）在审计业务约定条款中适当提及该事项。

法律法规对审计报告的规定

21. 在某些情况下，相关司法管辖区的法律法规规定的审计报告的结构或措辞

③《国际审计准则第 705 号——在独立审计师报告中发表非无保留意见》。

④《国际审计准则第 706 号——在独立审计师报告中增加强调事项段和其他事项段》。

与国际审计准则要求的明显不一致，在这种情况下，审计师应当评价：

（a）使用者是否可能误解从财务报表审计中获取的保证；

（b）如果可能存在误解，审计报告中作出的补充解释是否能够减轻这种误解。[5]

如果认为审计报告中作出的补充解释不能减轻可能的误解，除非法律法规另有规定，审计师不应承接该项审计业务。按照这类法律法规的规定所执行的审计工作，并不符合国际审计准则的要求，因此，审计师不应在审计报告中提及已按照国际审计准则的规定执行了审计工作。[6] （参见：第 A36－A37 段）

应用和其他解释性材料

本国际审计准则的范围（参见：第 1 段）

A1. 只有当审计师认为符合独立性和专业胜任能力等相关职业道德要求，并且拟承接的业务具备某些特征时，审计师才能将其作为鉴证业务（包括审计业务）予以承接。[7] 国际审计准则第 220 号规范了审计师在承接审计业务时与职业道德要求相关的并且在其控制范围内的责任。[8] 本国际审计准则规范了在被审计单位控制范围内的，且对审计师和管理层而言有必要达成一致意见的事项（或审计的前提条件）。

审计的前提条件

财务报告框架（参见：第 6 段第（a）项）

A2. 承接鉴证业务的条件之一是，鉴证业务定义中提及的标准适当，且能够为预期使用者获取。[9] 标准是指用于评价或计量鉴证对象的基准，相关时，还包括列报和披露的基准。适当的标准使审计师能够运用职业判断对鉴证对象作出合理一致的评价或计量。就国际审计准则而言，适用的财务报告框架为审计师提供了用以审计财务报表的标准，包括财务报表的公允列报（如相关）所使用的标准。

A3. 如果不存在可接受的财务报告框架，管理层就没有编制财务报表的恰当基础，审计师也没有对财务报表进行审计的适当标准。在多数情况下，审计师可以按

---

⑤ 国际审计准则第 706 号。

⑥ 《国际审计准则第 700 号——对财务报表形成审计意见和出具审计报告》，第 43 段。

⑦ 《国际鉴证业务框架》，第 17 段。

⑧ 国际审计准则第 220 号，第 9－11 段。

⑨ 《国际鉴证业务框架》，第 17 段第（b）项之（ii）。

照第 A8 – A9 段所述，假定适用的财务报告框架是可接受的。

确定财务报告框架的可接受性

A4. 在确定编制财务报表采用的财务报告框架的可接受性时，审计师需要考虑下列相关因素：

- 被审计单位的性质（例如，被审计单位是商业企业、公共部门实体还是非营利组织）；
- 财务报表的目的（例如，编制财务报表是用于满足广大财务报表使用者共同的财务信息需求，还是用于满足财务报表特定使用者的财务信息需求）；
- 财务报表的性质（例如，财务报表是整套财务报表还是单一财务报表）；
- 法律法规是否规定了适用的财务报告框架。

A5. 许多财务报表使用者不能要求"量身定做"财务报表，以满足其特定的财务信息需求。尽管不能满足财务报表特定使用者的所有信息需求，但广大财务报表使用者仍存在共同的财务信息需求。按照某一财务报告框架编制，旨在满足广大财务信息使用者共同的财务信息需求的财务报表，称为通用目的财务报表。

A6. 按照特殊目的财务报告框架编制的财务报表，称为特殊目的财务报表。对于特殊目的财务报表，旨在满足财务报表特定使用者的财务信息需求。对于特殊目的财务报表，预期财务报表使用者对财务信息的需求，决定适用的财务报告框架。国际审计准则第 800 号规范了如何确定旨在满足财务报表特定使用者财务信息需求的财务报告框架的可接受性。[⑩]

A7. 在承接审计业务后，审计师可能发现，适用的财务报告框架存在的缺陷表明该框架是不可接受的。如果法律法规规定采用该框架，本国际审计准则第 19 – 20 段的规定适用。如果法律法规未规定采用该框架，管理层可能决定采用另一种可接受的框架。在这种情况下，由于以前达成一致意见的业务约定条款不再准确，根据本国际审计准则第 16 段的规定，审计师应当与管理层就新的审计业务约定条款达成一致意见，以反映财务报告框架的变更。

通用目的框架

A8. 目前，尚不存在一套获得全球认可的、客观和权威的依据，用以判断通用目的框架的可接受性。在缺乏这种依据的情况下，经授权或获得认可发布准则的组织制定的、供某类实体使用的财务报表准则可被认为是该类实体编制通用目的财务报表的可接受的财务报告框架，前提是该组织已遵循了一套既定和透明的程序，包括认真研究和仔细考虑广大利益相关者的观点。这些财务报告准则的例子有：

- 国际会计准则理事会发布的国际财务报告准则；
- 国际公共部门会计准则理事会发布的国际公共部门会计准则；

---

⑩ 《国际审计准则第 800 号——对按照特殊目的框架编制的财务报表审计的特殊考虑》，第 8 段。

- 某一司法管辖区经授权或获得认可的准则制定机构，在遵循一套既定和透明的程序（包括认真研究和仔细考虑广大利益相关者的观点）的基础上发布的会计准则。
- 在规范通用目的财务报表编制的法律法规中，这些财务报告准则通常被界定为适用的财务报告框架。

法律法规规定的财务报告框架

A9. 根据本国际审计准则第 6 段第（a）项的规定，审计师需要确定管理层在编制财务报表时采用的财务报告框架是否是可接受的。在某些司法管辖区，法律法规可能为某类实体规定了在编制通用目的财务报表时采用的财务报告框架。在不存在冲突的情况下，审计师认为这种财务报告框架对这类实体编制通用目的财务报表是可接受的。如果认为该框架是不可以接受的，则审计师需要遵守第 19 – 20 段的规定。

不存在准则制定机构或法律法规未规定财务报告框架的司法管辖区

A10. 如果某实体的注册地或其经营所处的司法管辖区不存在经授权或获得认可的准则制定机构，或该司法管辖区的法律法规未规定采用的财务报告框架，当被审计单位在该司法管辖区注册或经营时，管理层需要确定在编制财务报表时采用的财务报告框架。附录 2 对在这种情况下确定财务报告框架的可接受性提供了指引。

就管理层的责任达成一致意见（参见：第 6 段第（b）项）

A11. 按照国际审计准则的规定执行审计工作的前提是管理层已认可并理解其承担本国际审计准则第 6 段第（b）项中规定的责任。[11] 某些司法管辖区的法律法规可能已对这些责任作出了规定，但在其他司法管辖区，可能几乎没有法律法规对此作出规定。国际审计准则并不超越法律法规对这些责任的规定。然而，独立审计的理念要求审计师不对财务报表的编制和被审计单位的相关内部控制承担责任，并要求审计师合理预期能够从管理层能够提供或获取的信息范围内获取审计所需要的信息。因此，管理层认可并理解其责任，这一前提对执行独立审计工作是至关重要的。为避免误解，再按照本国际审计准则第 9 – 12 段的规定就审计业务约定条款达成一致意见并予以记录的过程中，审计师需要与管理层就其认可并理解其责任达成一致意见。

A12. 财务报告责任如何在管理层和治理层之间划分，因被审计单位的资源和组织结构、相关法律法规的规定以及管理层和治理层在被审计单位各自角色的不同而不同。在大多数情况下，管理层负责执行，而治理层负责监督管理层。在某些情况下，治理层负有批准财务报表或监督与财务报告相关的内部控制的责任。在大型实

---

⑪ 国际审计准则第 200 号，第 A2 段。

体或公众利益实体中，治理层下设的组织，如审计委员会，可能负有某些监督责任。

A13. 按照国际审计准则第 580 号的规定，审计师应当要求管理层就其已履行某些责任提供书面声明。[12] 因此，审计师需要获取针对管理层责任的书面声明、其他国际审计准则要求的书面声明，以及在必要时需要获取用于支持其他审计证据或财务报表一项或多项具体认定的书面声明。

A14. 如果管理层不认可其责任，或不同意提供书面声明，审计师将不能获取充分、适当的审计证据。[13] 在这种情况下，审计师承接此类审计业务是不恰当的，除非法律法规另有规定。如果法律法规要求承接此类审计业务，审计师可能需要向管理层解释这种情况的重要性及其对审计报告的影响。

财务报表的编制（参见：第 6 段第（b）项之（i））

A15. 大多数财务报告框架包括与财务报表列报相关的要求，对于这些框架，在提到"按照适用的财务报告框架编制财务报表"时，编制包括列报。对于公允列报框架而言，实现公允列报的报告目标非常重要，因而在需要与管理层达成一致意见的执行审计工作的前提中需要特别提及公允列报，或需要特别提及管理层负有确保财务报表按照财务报告框架"真实和公允反映"的责任。

内部控制（参见：第 6 段第（b）项之（ii））

A16. 管理层对其认为为使财务报表的编制不存在由于舞弊或错误导致的重大错报所必需的内部控制负责。无论内部控制如何有效，由于其固有限制，也只能合理保证被审计单位实现其财务报告目标。[14]

A17. 根据国际审计准则执行的独立审计工作，不能代替管理层维护编制财务报表所需要的内部控制。因此，审计师需要就管理层认可并理解其与内部控制有关的责任与管理层达成共识。然而，根据第 6 段第（b）项之（ii）的规定达成一致意见，并不意味着审计师将发现由管理层维护的内部控制已实现其目标或不存在缺陷。

A18. 管理层负责确定对编制财务报表而言必要的内部控制。"内部控制"这一术语涵盖了在控制要素范畴内的一系列广泛的活动，控制要素包括控制环境、风险评估过程、信息系统（包括与财务报告相关的业务流程）与沟通、控制活动和对控制的监督。然而，这种划分方法未必能够反映出某一特定实体是如何设计、执行并维护其内部控制，或如何划分特定要素的。[15] 某实体的内部控制（尤其是会计账簿记录或会计系统）将反映管理层的需求、业务的复杂程度、该实体所面临风险的性质，以及相关法律法规的规定。

A19. 在一些司法管辖区，法律法规可能涉及管理层对会计账簿和记录或会计系

---

⑫ 《国际审计准则第 580 号——书面声明》，第 10 – 11 段。

⑬ 国际审计准则第 580 号，第 A26 段。

⑭ 《国际审计准则第 315 号——通过了解被审计单位及其环境识别和评估重大错报风险》，第 A46 段。

⑮ 国际审计准则第 315 号，第 A51 段和附录 1。

统的适当性所负的责任。在某些情况下，实务操作中可能将会计账簿和记录或会计系统与内部控制或控制予以区分。根据第 A18 段所述，会计账簿和记录或会计系统，是内部控制必要的组成部分，因此，第 6 段第（b）项之（ii）在对管理层的责任进行说明时并未特别提及会计账簿和记录或会计系统。为避免误解，审计师可能需要向管理层解释其所负责任的范围。

对小型被审计单位的特殊考虑（参见：第 6 段第（b）项）

A20. 管理层和审计师就审计业务约定条款达成一致意见的目的之一是避免双方对各自的责任产生误解。例如，如果第三方协助管理层编制财务报表，审计师可能需要提醒管理层，按照适用的财务报告框架编制财务报表仍是管理层的责任。

就审计业务约定条款达成一致意见

就审计业务约定条款达成一致意见（参见：第 9 段）

A21. 在就审计业务约定条款达成一致意见时，管理层和治理层担任的角色取决于被审计单位的治理结构和相关法律法规的规定。

审计业务约定书或其他形式的书面协议[16]（参见：第 10－11 段）

A22. 在审计工作开始前，审计师向被审计单位致送审计业务约定书，有助于避免管理层对审计产生误解，这符合被审计单位和审计师双方的利益。法律法规可能对审计工作的目标和范围，以及管理层和审计师的责任（即本国际审计准则第 10 段规定的事项）作出详细的规定。在这些情况下，尽管本国际审计准则第 11 段允许审计师在审计业务约定书中只提及适用的法律法规以及管理层认可并理解其负有本国际审计准则第 6 段第（b）项中规定的责任的事实，审计师仍然可能认为，为提醒管理层需要在审计业务约定书中列明本国际审计准则第 10 段所规定的事项。

审计业务约定书的格式和内容

A23. 审计业务约定书的格式和内容可能因被审计单位而异。审计业务约定书中包括的有关审计师责任的信息，可根据国际审计准则第 200 号的规定确定。[17] 本国际审计准则第 6 段第（b）项和第 12 段规范了如何描述管理层的责任。除本国际审计准则第 10 段要求列明的事项外，审计业务约定书还可能包括下列主要方面：

- 详细说明审计工作的范围，包括提及适用的法律法规、国际审计准则，以及审计师所属职业团体发布的职业道德守则和其他公告；
- 对审计业务结果的其他沟通形式；

---

[16] 在以后的段落中，任何提及“审计业务约定书”的情况都视为“审计业务约定书或其他适当形式的书面协议”。

[17] 国际审计准则第 200 号，第 3－9 段。

- 说明由于审计和内部控制的固有限制，即使审计工作按照国际审计准则的规定得到恰当的计划和执行，仍不可避免地存在某些重大错报未被发现的风险；
- 计划和执行审计工作的安排，包括审计项目组的构成；
- 管理层确认将提供书面声明（参见：第 A13 段）；
- 管理层同意向审计师及时提供财务报表草稿和其他所有附带信息，以使审计师能够按照预定的时间表完成审计工作；
- 管理层同意告知审计师在审计报告日至财务报表报出日之间注意到的可能影响财务报表的事实；
- 收费的计算基础和收费安排。

管理层确认收到审计业务约定书并同意其中的条款。

A24. 如果情况需要，审计业务约定书也可列明下列内容：

- 在某些方面对利用其他审计师或专家工作的安排；
- 对审计涉及的内部审计人员和被审计单位其他员工工作的安排；
- 在首次审计的情况下，与前任审计师（如存在）沟通的安排；
- 说明对审计师责任可能存在的限制；
- 审计师与被审计单位之间需要达成进一步协议的事项；
- 向其他方提供审计工作底稿的义务。

本国际审计准则附录 1 列示了审计业务约定书的参考格式。

组成部分的审计

A25. 如果母公司的审计师同时也是组成部分审计师，需要考虑下列因素，决定是否向组成部分单独致送审计业务约定书：

- 组成部分审计师的委托人；
- 是否对组成部分单独出具审计报告；
- 与审计委托相关的法律法规的规定；
- 母公司占组成部分的所有权份额；
- 组成部分管理层相对于母公司的独立程度。

法律法规规定的管理层的责任（参见：第 11－12 段）

A26. 在第 A22 段和第 A27 段所述的情况下，如果认为没有必要在审计业务约定书中列明某些条款，审计师仍需根据第 11 段的规定，获取管理层认可并理解其负有本国际审计准则第 6 段第（b）项所规定的责任的书面协议。然而，根据第 12 段的规定，如果法律法规对管理层的责任作出规定，并且该规定与第 6 段第（b）项中的规定在效果上是等同的，则书面协议中可以使用法律法规中的措辞。会计职业界、审计准则制定机构或者司法管辖区内的审计监管机构可能就法律法规的规定是否在效果上等同提供指引。

对公共部门实体的特殊考虑

A27. 规范公共部门审计的法律法规通常对审计师的委托作出规定，并说明公共部门审计师的责任和权力，包括其接触被审计单位的记录和其他信息的权力。如果法律法规已对审计业务约定条款作出足够详细的规定，公共部门审计师仍可能认为签订与本国际审计准则第 11 条的规定相比更全面的审计业务约定书是有益的。

连续审计（参见：第 13 段）

A28. 审计师可以决定不在每期都致送新的审计业务约定书或其他书面协议。然而，下列因素可能导致审计师修改审计业务约定条款或提醒被审计单位注意现有的业务约定条款：

- 有迹象表明被审计单位误解审计目标和范围；
- 需要修改约定条款或增加特别条款；
- 被审计单位高级管理人员近期发生变动；
- 被审计单位所有权发生重大变动；
- 被审计单位业务的性质或规模发生重大变化；
- 法律法规的规定发生变化；
- 编制财务报表采用的财务报告框架发生变更；
- 其他报告要求发生变化。

接受审计业务约定条款的变更

变更审计业务约定条款的要求（参见：第 14 段）

A29. 被审计单位可能由于环境变化对审计服务的需求产生的影响，对原来要求的审计业务的性质存在误解，或者由于管理层或其他情况导致审计范围受到限制，而要求审计师变更审计业务约定条款。根据第 14 段的要求，审计师应当考虑要求变更审计业务约定条款的理由是否合理，特别是审计范围存在限制的影响。

A30. 由于环境变化导致被审计单位的需求产生影响，或对原来要求的审计业务性质存在误解可以认为是被审计单位要求变更业务约定条款的合理理由。

A31. 相反，如果有迹象表明变更审计业务约定条款的要求与错误的、不完整的或不能令人满意的信息有关，该变更不能认为是合理的。例如，如果审计师不能就应收款项获取充分、适当的审计证据，而被审计单位要求将审计业务变更为审阅业务，以避免审计师发表保留意见或无法表示意见，则该变更是不合理的。

变更为审阅业务或相关服务业务的要求（参见：第 15 段）

A32. 在同意将审计业务变更为审阅业务或相关服务业务前，接受委托按照国际审计准则执行审计工作的审计师，除考虑第 A29 – A31 段提及的事项外，可能还需要评估变更业务对法律责任或业务约定的影响。

A33. 如果审计师认为将审计业务变更为审阅业务或相关服务业务具有合理理由，截至变更日已执行的审计工作可能与变更后的业务相关；然而，审计师需要执行的工作和出具的报告要与变更后的业务相适应。为避免引起报告使用者的误解，对相关服务业务出具的报告不应提及下列事项：

（a）原审计业务；

（b）在原审计业务中已执行的程序。只有将审计业务变更为执行商定程序业务，因而提及已执行的程序成为报告的正常组成部分时，审计师才可在报告中提及已执行的程序。

业务承接时的其他考虑

法律法规对财务报告准则的补充规定（参见：第18段）

A34. 在某些司法管辖区，法律法规可能对某经授权或获得认可的准则制定机构制定的财务报告准则在财务报表编制方面作出补充规定。在这些司法管辖区，从运用国际审计准则的角度看，适用的财务报告框架既包括被认可的财务报告框架，也包括这些补充规定，但前提是这些补充规定与被认可的财务报告框架不存在冲突。例如，这种情况可能出现在法律法规规定了除财务报告准则的要求之外的其他披露，或当缩小了在财务报告准则中可作出选择的范围时。[18]

法律法规对财务报告框架的规定——影响业务承接的其他事项（参见：第19段）

A35. 法律法规可能规定审计报告中使用如“在所有重大方面公允反映”或“真实和公允反映”等措辞，而审计师认为法律法规规定的财务报告框架是不可接受的。在这种情况下，审计报告中使用的规定措辞与国际审计准则的要求存在明显不一致。（参见：第21段）

法律法规对审计报告的规定（参见：第21段）

A36. 按照国际审计准则的要求，除非审计师遵守了与审计工作相关的所有国际审计准则，否则不应声称遵守了国际审计准则。[19] 如果法律法规规定的审计报告的结构或措辞与审计准则要求的明显不一致，并且审计师认为在审计报告中作出补充解释不能减轻可能的误解，审计师可以考虑在审计报告中声明没有按照国际审计准

[18] 国际审计准则第700号，第15段，针对如何评价财务报表是否充分地提及或描述适用的财务报告框架作出了规定。

[19] 国际审计准则第200号，第20段。

则的规定执行审计工作。然而，审计师仍然被鼓励在可行的范围内应用国际审计准则，包括规范审计报告的准则，尽管并不允许审计师提及审计工作是按照国际审计准则执行的。

对公共部门实体的特殊考虑

A37. 在公共部门领域，法律法规可能对公共部门审计提出具体要求，例如，如果被审计单位试图限制审计范围，接受委托的审计师可能需要直接向部长、立法机关或社会公众报告。

附录 1

（参见：第 A23 – A24 段）

审计业务约定书示例

本附录为审计师对按照国际财务报告准则编制的通用目的财务报表进行审计，提供了审计业务约定书的参考格式。本约定书不具有强制性，仅作为一种指引，审计师可结合本国际审计准则中概述的考虑事项使用。本约定书是针对单个报告期间的财务报表审计而起草的，并且需要根据具体要求和情况作出修改。如果拟用于连续审计（参见本国际审计准则第 13 段），则需要对本约定书进行改写。就拟议的审计业务约定书是否适用，审计师可寻求法律建议。

* * *

致 ABC 公司管理层或治理层的适当代表[①]：

[审计的目标和范围]

你方[②]委托我方，对 ABC 公司的财务报表进行审计，包括 20×1 年 12 月 31 日的资产负债表，20×1 年度的利润表、所有者权益变动表和现金流量表，以及重要会计政策概要和其他解释性信息。我们确认我方接受并理解本业务约定书明确的审计业务。我们审计工作的目标是对上述财务报表发表审计意见。

[审计师的责任]

我方将按照国际审计准则的规定执行审计工作。这些准则要求我方遵守职业道德要求，计划和实施审计工作，以对财务报表是否不存在重大错报获取合理保证。审计工作涉及实施审计程序，以获取有关财务报表金额和披露的审计证据。选择的审计程序取决于审计师的判断，包括对由于舞弊或错误导致的财务报表重大错报风险的评估。审计工作还包括评价管理层选用会计政策的恰当性和作出会计估计的合理性，以及评价财务报表的总体列报。

由于审计和内部控制的固有限制，即使审计工作已根据国际审计准则的规定得以恰当地计划和执行，仍不可避免地存在某些重大错报未被发现的风险。

在进行风险评估时，我方考虑与财务报表编制相关的内部控制，以设计恰当

---

① 本约定书的收件人应为在业务的具体情况下（包括相关司法管辖区）适当的组织或人员。致送对象为合适的组织或人员非常重要，参见第 A21 段。

② 在本约定书参考格式中，“你方”、“我方”、“管理层”、“治理层”、“审计师” 等称谓可根据具体环境进行使用或修改。

的审计程序，但目的并非对内部控制的有效性发表意见。然而，我方在审计过程中若发现任何与财务报表审计相关的值得关注的内部控制缺陷，将与你方进行书面沟通。

[管理层的责任以及明确适用的财务报告框架（本例假设审计师尚未确定法律法规是否在适当条款中对该责任作出规定，因此使用了本国际审计准则第6段第（b）项中的措辞）。]

我方实施审计工作的基础是［管理层和治理层（如适用）］③ 认可并理解其对下列事项负责：

（a）按照国际财务报告准则的规定编制财务报表并进行公允列报；④

（b）［管理层］对其认为为使财务报表的编制不存在由于舞弊或错误导致的重大错报所必需的内部控制负责；

（c）向我方提供下列工作条件：

（i）获取［管理层］了解的、与编制财务报表相关的所有信息，包括记录、文档和其他资料；

（ii）为实现审计目的，提供我方可能要求［管理层］提供的其他信息；

（iii）允许我方不受限制地接触我方认为必要的被审计单位人员，以获取审计证据。

作为我方审计过程的一部分，我方可能要求［管理层和治理层（如适用）］提供与审计相关的书面声明。

我方期待在审计过程中与你方的员工进行通力合作。

[其他相关信息]

［插入其他信息，如收费安排、账单和其他特定条款（如适用）。］

[报告]

［插入适当说明审计报告的预期形式和内容］

根据我方在审计过程中发现的事项，报告的形式和内容可能需要进行调整。

请在本约定书上签字并交回我方一份，以表明你方确认并同意我方的财务报表审计安排，包括双方各自的责任。

XYZ&Co.

---

③ 根据具体环境使用适当的术语。

④ 在适当的情况下，也可表述为“按照国际财务报告准则编制真实和公允的财务报表”。

ABC 公司授权代表确认并签名
（签名）
姓名和职务
日期

附录2

（参见：第A10段）

确定通用目的框架的可接受性

在某些司法管辖区，不存在经授权或获得认可的准则制定机构，或法律法规未规定财务报告框架。

1. 正如第A10段的解释，如果某一司法管辖区不存在经授权或获得认可的准则制定机构，或法律法规未规定采用的财务报告框架，当被审计单位在这些司法管辖区注册经营时，管理层需要确定在编制财务报表时采用的财务报告框架。在这些司法管辖区，通常的做法是使用第A8段所描述的某一准则制定机构制定的财务报告准则。

2. 值得指出的是，可能在某一司法管辖区存在着既定的会计惯例，这些会计惯例被普遍认为是在该司法管辖区内经营的某些被审计单位在编制通用目的财务报表时采用的财务报告框架。如果采用这种财务报告框架，按照本国际审计准则第6段第（a）项的规定，审计师应当确定这些会计惯例综合起来能否被视为构成编制通用目的财务报表适用的财务报告框架。如果会计惯例在某一司法管辖区已得到广泛使用，则该司法管辖区的会计职业界可能已经考虑过该财务报告框架的可接受性，而审计师不必再考虑。此外，通过考虑该会计惯例是否表现出适用的财务报告框架通常表现出的特征（参见下文第3段），或通过将会计惯例与现有可接受的财务报告框架进行比较（参见下文第4段），审计师可以确定会计惯例的可接受性。

3. 为使财务报表提供的信息对预期使用者有用，可接受的财务报告框架通常表现出下列特征：

（a）相关性：指财务报表提供的信息与被审计单位的性质和财务报表的目的相关。例如，对于一家编制通用目的财务报表的企业，对相关性的评估要根据信息是否满足广大财务报表使用者在作出经济决策时对共同财务信息的需求。这些财务信息需求通常是通过对该企业的财务状况、经营成果和现金流量进行列报而得到满足的。

（b）完整性：指能够影响依据财务报表得出的结论的交易、事项、账户余额和披露不存在遗漏。

（c）可靠性：是指财务报表提供的信息：

（i）反映了事项和交易的经济实质而非只是其法律形式（如适用）；

（ii）如果在相似的情况下使用这些信息，将会得出合理一致的评价、计量、列报与披露。

（d）中立性：指在财务报表中提供的信息不存在偏向。

（e）可理解性：指财务报表中的信息清晰、易于理解，且不会产生严重的理解分歧。

4. 审计师可能决定将会计惯例与现有可接受的财务报告框架的规定进行比较。例如，审计师可能将会计惯例与国际财务报告准则进行比较。对小型被审计单位的审计而言，审计师可能将会计惯例与经授权或获得认可的准则制定机构为此类被审计单位专门制定的财务报告框架进行比较。如果审计师进行了这种比较并识别出差异，在确定编制和列报财务报表时采用的会计惯例是否构成可接受的财务报告框架时，审计师需要考虑产生差异的原因，以及对这种会计惯例的采用或在财务报表中对财务报告框架的描述是否导致财务报表产生误导。

5. 如果为满足个别偏好而将多种会计惯例汇总在一起，不能视为构成编制通用目的财务报表采用的可接受的财务报告框架。同样地，一个遵循性框架不是可接受的财务报告框架，除非在特定司法管辖区内的报表编制者和使用者通常接受该框架。

国际审计准则第 220 号
对财务报表审计实施的质量控制

（适用于会计期间开始于 2009 年 12 月 15 日及以后的财务报表审计）

目　录

《国际审计准则第 220 号——对财务报表审计实施的质量控制》应当与《国际审计准则第 200 号——独立审计师的总体目标和按照国际审计准则执行审计工作》一并阅读。

引　言

本国际审计准则的范围

1. 本国际审计准则规范了审计师对财务报表审计实施质量控制程序的责任。本国际审计准则还规范了在适用的情况下，项目质量控制复核人员的责任。本国际审计准则需与相关职业道德要求一并阅读。

质量控制制度和项目组的角色

2. 质量控制制度、政策和程序是会计师事务所的责任。根据国际质量控制准则第 1 号的规定，会计师事务所有建立和保持质量控制制度的义务，以合理保证：

（a）会计师事务所及其人员遵守职业准则和适用的法律法规的规定；

（b）会计师事务所和项目合伙人根据具体情况出具恰当的审计报告。①

本国际审计准则基于这样的前提，即会计师事务所遵守国际质量控制准则第 1 号或严格程度至少相同的国家规定。（参见：第 A1 段）

3. 在会计师事务所质量控制制度的框架下，项目组有责任实施适用于审计业务的质量控制程序，并向会计师事务所提供相关信息，以使质量控制制度中有关独立性的内容发挥作用。

4. 项目组可以依赖会计师事务所质量控制制度，除非会计师事务所或者其他方提供的信息表明其不可依赖。（参见：第 A2 段）

生效日期

5. 本国际审计准则适用于会计期间开始于 2009 年 12 月 15 日及以后的财务报表审计。

目　标

6. 审计师的目标是，在业务层面实施质量控制程序，以合理保证审计师：

（a）在审计工作中遵守职业准则和适用的法律法规的规定；

---

① 《国际质量控制准则第 1 号——会计师事务所对执行财务报表审计和审阅、其他鉴证和相关服务业务实施的质量控制》，第 11 段。

(b) 根据具体情况出具恰当的审计报告。

定　义

7. 就国际审计准则而言，对下列术语给予以下定义：

(a) 项目合伙人②，是指会计师事务所中负责某项审计业务及其执行，对代表会计师事务所出具的审计报告负责，并按照要求获得职业团体、立法机构或监管部门适当授权的合伙人或其他人员；

(b) 项目质量控制复核，是指在审计报告日或报告日之前，对项目组作出的重大判断和在编制审计报告时得出的结论进行客观评价的过程。项目质量控制复核适用于上市实体财务报表审计，以及会计师事务所确定需要实施项目质量控制复核的其他审计业务；

(c) 项目质量控制复核人员，是指项目组成员以外的，具有足够、适当的经验和权限，对项目组作出的重大判断和在编制审计报告时得出的结论进行客观评价的合伙人、会计师事务所的其他人员、具有适当资格的外部人员或由这类人员组成的小组；

(d) 项目组，是指执行某项审计业务的所有合伙人和员工，以及会计师事务所或网络事务所聘请的为该项业务实施审计程序的所有人员。项目组不包括会计师事务所或网络事务所聘请的审计师的外部专家；③

(e) 会计师事务所，是指由职业会计师设立的独资、合伙、公司或其他形式的执业组织；

(f) 检查，是指实施程序以获取证据，确定项目组在已完成的审计业务中是否遵守会计师事务所的质量控制政策和程序；

(g) 上市实体，是指其股份、股票或债券在法律法规认可的证券交易所报价或挂牌，或在法律法规认可的证券交易所或其他类似机构的监管下进行交易的实体；

(h) 监控，是指对会计师事务所质量控制制度进行持续考虑和评价的过程，包括定期选取已完成的业务进行检查，以使会计师事务所能够合理保证其质量控制制度正在有效运行；

(i) 网络事务所，是指属于某一网络的会计师事务所或实体；

(j) 网络，是指符合下列条件的联合体：

(i) 以合作为目的；

---

② “项目合伙人”、“合伙人” 和 “会计事务所” 也指执行公共部门业务的类似人员或机构。

③ 《国际审计准则第 620 号——利用审计师的专家的工作》，第 6 段第（a）项对 “审计师的专家” 进行了界定。

(ii) 明确旨在共享收益或分担成本，或共享所有权、控制权或管理权、共享统一的质量控制政策和程序、共享同一经营战略、使用同一品牌或共享重要的专业资源。

(k) 合伙人，是指在执行专业服务业务方面有权代表会计师事务所的个人；

(l) 人员，是指合伙人和员工；

(m) 职业准则，是指国际审计准则和相关职业道德要求；

(n) 相关职业道德要求，是指项目组和项目质量控制复核人员应当遵守的职业道德要求，通常包括国际会计师职业道德准则理事会《国际职业会计师道德守则》中的A和B部分以及各国更加严格的要求；

(o) 员工，是指合伙人以外的专业人员，包括会计师事务所雇佣的专家；

(p) 具有适当资格的外部人员，是指会计师事务所以外的具有担任项目合伙人的胜任能力和必要素质的个人，如其他会计师事务所的合伙人，或者其会员可执行历史财务信息审计的职业会计团体或提供相关质量控制服务的组织中具有适当经验的员工。

要　求

对审计质量承担的领导责任

8. 项目合伙人应当对会计师事务所分派的每项审计业务的总体质量负责。（参见：第A3段）

相关职业道德要求

9. 在整个审计过程中，项目合伙人应当通过观察和必要的询问，对项目组成员违反相关职业道德要求的迹象保持警觉。（参见：第A4－A5段）

10. 如果通过会计师事务所的质量控制制度或其他途径注意到项目组成员违反相关职业道德要求，项目合伙人应当在与会计师事务所相关人员讨论后，确定应当采取的适当措施。（参见：第A5段）

独立性

11. 项目合伙人应当就适用于审计业务的独立性要求的遵守情况形成结论。在形成结论时，项目合伙人应当：（参见：第A5段）

(a) 从会计师事务所或网络事务所（如适用）获取相关信息，以识别、评价对独立性产生不利影响的情形和关系；

（b）评价识别出的有关违反会计师事务所独立性政策和程序的信息，以确定其是否对审计业务的独立性产生不利影响；

（c）采取适当的行动，运用防范措施以消除对独立性的不利影响或将其降至可接受的水平，或在必要时解除审计业务约定（如法律法规允许）。对未能解决的事项，项目合伙人应当立即向会计师事务所报告，以便采取适当的行动。（参见：第A6－A7段）

客户关系和审计业务的接受与保持

12. 项目合伙人应当确信，有关客户关系和审计业务的接受与保持的质量控制程序已得到遵守，并确定得出的有关结论是恰当的。（参见：第A8－A9段）

13. 如果项目合伙人在接受审计业务后获知了某项信息，而该信息若在接受业务前获知，可能导致会计师事务所拒绝该项业务，项目合伙人应当立即将该信息告知会计师事务所，以使会计师事务所和项目合伙人能够采取必要的行动。（参见：第A9段）

项目组的工作委派

14. 项目合伙人应当确信，项目组和项目组以外的审计师的专家整体上具有适当的胜任能力和素质，以便能够：

（a）按照职业准则和适用的法律法规的规定执行审计业务；

（b）出具适合具体情况的审计报告。（参见：第A10－A12段）

业务执行

指导、监督与执行

15. 项目合伙人应当对下列事项负责：

（a）按照职业准则和适用的法律法规的规定指导、监督与执行审计业务；（参见：第A13－A15，第A20段）

（b）根据具体情况出具恰当的审计报告。

复核

16. 项目合伙人应当对项目组按照会计师事务所复核政策和程序实施的复核负责。（参见：第A16－A17，第A20段）

17. 在审计报告日或审计报告日之前，项目合伙人应当通过复核审计工作底稿和与项目组讨论，确信已获取充分、适当的审计证据，支持得出的结论和拟出具的审计报告。（参见：第A18－A20段）

咨询

18. 项目合伙人应当：

（a）对项目组就疑难问题或争议事项进行适当咨询承担责任；

（b）确信项目组成员在审计过程中已就相关事项进行了适当咨询，咨询可能在项目组内部进行，或者在项目组与会计师事务所内部或外部的其他适当人员之间进行；

（c）确信这些咨询的性质、范围以及形成的结论已由被咨询者认可；

（d）确定这些咨询形成的结论已得到执行。（参见：第A21－A22段）

项目质量控制复核

19. 对于上市实体财务报表审计以及会计师事务所确定需要实施项目质量控制复核的其他审计业务，项目合伙人应当：

（a）确定会计师事务所已委派项目质量控制复核人员；

（b）与项目质量控制复核人员讨论在审计过程中遇到的重大事项，包括在项目质量控制复核过程中识别出的重大事项；

（c）只有完成项目质量控制复核，才能签署审计报告。（参见：第A23－A25段）

20. 项目质量控制复核人员应当客观地评价项目组作出的重大判断以及在编制审计报告时得出的结论。评价工作应当涉及下列内容：

（a）与项目合伙人讨论重大事项；

（b）复核财务报表和拟出具的审计报告；

（c）复核选取的与项目组作出的重大判断和得出的结论相关的审计工作底稿；

（d）评价在编制审计报告时得出的结论，并考虑拟出具审计报告的恰当性。（参见：第A26－A27，第A29－A31段）

21. 对于上市实体财务报表审计，项目质量控制复核人员在实施项目质量控制复核时，还应当考虑：

（a）项目组就具体审计业务对会计师事务所独立性作出的评价；

（b）项目组是否已就涉及意见分歧的事项，或者其他疑难问题或争议事项进行适当咨询，以及咨询得出的结论；

（c）选取的用于复核的审计工作底稿，是否反映了项目组针对重大判断执行的工作，以及是否支持得出的结论。（参见：第A28－A31段）

意见分歧

22. 如果项目组内部、项目组与被咨询者之间、项目合伙人与项目质量控制复核人员之间出现意见分歧，项目组应当遵守会计师事务所处理及解决意见分歧的政策和程序。

监控

23. 有效的质量控制制度应当包括监控过程，以合理保证质量控制制度中的政策和程序具有相关性和适当性，并正在有效运行。项目合伙人应当根据会计师事务所或其他网络事务所（如适用）通报的最新信息考虑监控过程的结果，并考虑监控信息提及的缺陷是否会对审计业务产生影响。（参见：第 A32 – A34 段）

审计工作底稿

24. 审计师应当就下列事项形成审计工作底稿：④

（a）识别出的与遵守相关职业道德要求有关的问题，以及这些问题是如何得到解决的；

（b）针对适用于审计业务的独立性要求的遵守情况得出的结论，以及为支持该结论与会计师事务所进行的讨论；

（c）得出的有关客户关系和审计业务的接受与保持的结论；

（d）在审计过程中咨询的性质、范围和形成的结论。（参见：第 A35 段）

25. 针对已复核的审计业务，项目质量控制复核人员应当就下列事项形成审计工作记录：

（a）会计师事务所项目质量控制复核政策要求的程序已得到实施；

（b）项目质量控制复核在审计报告日或审计报告日之前已完成；

（c）项目质量控制复核人员没有注意到任何尚未解决的事项，使其认为项目组作出的重大判断和得出的结论不适当。

应用和其他解释性材料

质量控制制度和项目组的角色（参见：第 2 段）

A1. 国际质量控制准则第 1 号或严格程度至少相同的国家规定，规定了会计师事务所建立并保持有关审计业务的质量控制制度的责任。质量控制制度包括针对下列要素制定的政策和程序：

- 对会计师事务所业务质量承担的领导责任；

---

④ 《国际审计准则第 230 号——审计工作底稿》，第 8 – 11 段，以及第 A6 段。

- 相关职业道德要求；
- 客户关系和具体业务的接受与保持；
- 人力资源；
- 业务执行；
- 监控。

在就本段所述的各项要素要求会计师事务所实现国际质量控制准则第1号规定的目标时，各国规范会计师事务所制定和维护质量控制制度的规定的严格程度与国际质量控制准则第1号至少是相同的。

依赖会计师事务所的质量控制制度（参见：第4段）

A2. 除非会计师事务所或其他方提供的信息表明其不可依赖，项目组可以依赖会计师事务所的质量控制制度，例如：

- 通过招聘和正规培训提高人员的胜任能力；
- 通过收集和传达有关独立性的信息保持独立性；
- 通过接受和保持客户关系的制度维护客户关系；
- 通过监控过程确保遵守适用的法律法规和监管要求。

对审计质量承担的领导责任（参见：第8段）

A3. 为履行对每项审计业务的总体质量承担的责任，项目合伙人需要通过行动示范和向项目组其他成员传达信息，以强调：

(a) 下列事项对审计质量的重要性：

　(i) 按照职业准则和适用的法律法规的规定执行工作；

　(ii) 遵守适用的会计师事务所质量控制政策和程序；

　(iii) 出具适合具体情况的审计报告；

　(iv) 项目组能够提出自己的疑虑而不怕遭到报复；

(b) 质量在执行审计业务中至关重要。

相关职业道德要求

遵守相关职业道德要求（参见：第9段）

A4. 国际职业会计师道德守则规定了职业道德基本原则，包括：

(a) 诚信；

(b) 客观；

(c) 专业胜任能力和应有的关注；

(d) 保密；

(e) 良好的职业行为。

“会计师事务所”、“网络”和“网络事务所”的定义（参见：第9－11段）

A5. 相关职业道德要求对“会计师事务所”、“网络”和“网络事务所”的定义，可能不同于本国际审计准则。例如，国际职业会计师道德守则将“会计师事务所”定义为：

（a）由职业会计师组成的独资、合伙或公司形式的执业组织；

（b）通过所有权、管理权或其他手段对该组织施加控制的实体；

（c）该组织通过所有权、管理权或其他手段施加控制的实体。

国际职业会计师道德守则还提供了有关“网络”和“网络事务所”术语的指引。

在遵守第9－11段的规定时，可以结合相关职业道德要求中的定义理解这些职业道德要求。

对独立性的不利影响（参见：第11段第（c）项）

A6. 项目合伙人可能识别出对审计业务独立性产生的不利影响，即使采取防范措施也无法消除或将其降至可接受的水平。在这种情况下，按照第11段第（c）项的规定，项目合伙人需要向会计师事务所内部相关人员报告，以确定采取适当的行动，包括消除产生不利影响的行动或利益，或在法律法规允许的情况下解除审计业务约定。

对公共部门实体的特殊考虑

A7. 法律法规可能为公共部门实体审计师保持独立性提供防范措施。然而，根据授权审计文件的条款规定，公共部门实体审计师可能需要改变工作方法以符合第11段的要求。如果授权审计文件不允许解除业务约定，审计师可以通过提交公开报告披露这种情况，以说明如果执行的是私营部门实体审计，将会导致解除业务约定。

客户关系和审计业务的接受与保持（参见：第12段）

A8. 在确定是否接受新客户或现有客户的新业务时，国际质量控制准则第1号要求会计师事务所根据具体情况获取必要的信息。[⑤] 下列信息可以帮助项目合伙人确定有关客户关系和审计业务的接受与保持的结论是否恰当：

- 被审计单位的主要股东、关键管理人员和治理层是否诚信；
- 项目组是否具有执行审计业务的专业胜任能力和必要的素质，包括时间和资源；
- 会计师事务所和项目组能否遵守相关职业道德要求；
- 在本期或以前审计中发现的重大事项，及其对保持客户关系的影响。

⑤ 国际质量控制准则第1号，第27段第（a）项。

对公共部门实体的特殊考虑（参见：第 12－13 段）

A9. 对公共部门实体，审计师可能按照法定程序接受委托。因此，与客户关系和审计业务的接受与保持相关的第 12、13 和 A8 段的某些要求和考虑可能不相关。尽管如此，通过上述过程获取的信息，可以为公共部门实体审计师在实施风险评估和履行报告责任时提供有价值的信息。

项目组的工作委派（参见：第 14 段）

A10. 项目组包括在会计或审计的专业领域具有专长的人员，这些人员可能由会计师事务所聘请或雇用，对审计业务实施审计程序。然而，如果具有专长的人员参与业务只是为了提供咨询，则不属于项目组成员。咨询的问题见第 18 段及第 A21－22 段。

A11. 在考虑项目组整体所需的适当专业胜任能力和素质时，项目合伙人可以关注项目组的下列情况：

- 通过适当的培训和参与审计业务，获取执行类似性质和复杂程度的审计业务的知识和实务经验；
- 掌握职业准则和适用的法律法规的规定；
- 具有技术专长，包括信息技术以及会计或审计专业领域的专长；
- 熟悉客户所处的行业；
- 具有职业判断能力；
- 了解会计师事务所质量控制政策和程序。

对公共部门实体的特殊考虑

A12. 对于公共部门实体审计，接受委托的审计师需要拥有额外的胜任能力以履行授权审计文件的条款。这种胜任能力可能包括了解有关的报告制度，例如向立法机关、其他主管机构或公共利益部门报告。公共部门实体审计的范围更加广泛，可能包括绩效审计的部分内容、全面评价对法律法规或其他监管要求的遵守情况，以及防止和发现舞弊、腐败的情况。

业务执行

指导、监督与执行（参见：第 15 段第（a）项）

A13. 在指导审计业务时，需要告知项目组成员下列事项：

- 项目组成员各自的责任，包括需要遵守相关职业道德要求，按照国际审计准则第 200 号的规定在计划和执行审计工作时保持职业怀疑态度；[⑥]

⑥ 《国际审计准则第 200 号——独立审计师的总体目标和按照国际审计准则执行审计工作》，第 15 段。

- 如果多位项目合伙人参与执行审计业务，各项目合伙人的责任；
- 拟执行工作的目标；
- 被审计单位的业务性质；
- 与风险相关的事项；
- 可能出现的问题；
- 执行审计业务的具体方案。

项目组成员之间的讨论有助于经验较少的成员向经验较丰富的成员提问，以实现项目组内部的适当沟通。

A14. 适当的团队工作和培训，可以帮助经验较少的项目组成员清楚了解所委派工作的目标。

A15. 对审计业务的监督包括：

- 跟进审计业务的进程；
- 考虑项目组各成员的胜任能力和素质，包括是否有足够的时间执行审计工作、是否理解工作指令、是否按照计划的方案执行审计工作；
- 解决在审计过程中发现的重大问题，考虑其重要程度并适当修改原计划的方案；
- 识别在审计过程中需要咨询的事项，或需要由经验较丰富的项目组成员考虑的事项。

复核

复核责任（参见：第16段）

A16. 按照国际质量控制准则第1号的规定，会计师事务所确定复核责任的政策和程序的原则是，由项目组内经验较丰富的人员复核经验较少的人员执行的工作。⑦

A17. 复核时需要考虑的事项包括：

- 审计工作是否已按照职业准则和适用的法律法规的规定执行；
- 重大事项是否已提请进一步考虑；
- 相关事项是否已进行适当咨询，由此形成的结论是否得到记录和执行；
- 是否需要修改已执行审计工作的性质、时间安排和范围；
- 已执行的审计工作是否支持形成的结论，并已得到适当记录；
- 获取的审计证据是否充分、适当；
- 审计程序的目标是否已实现。

项目合伙人对已执行工作的复核（参见：第17段）

A18. 项目合伙人在审计过程的适当阶段及时实施复核，有助于重大事项在审计

---

⑦ 国际质量控制准则第1号，第33段。

报告日或之前得到及时满意的解决。复核的内容包括：

- 对关键领域所作的判断，尤其是执行业务过程中识别出的疑难问题或争议事项；
- 特别风险；
- 项目合伙人认为重要的其他领域。

项目合伙人无需复核全部审计工作底稿，但也可以这么做。国际审计准则第230号要求项目合伙人记录复核的范围和时间。[⑧]

A19. 如果在审计过程中更换项目合伙人，新任项目合伙人可以对截至变更日已执行的工作实施第A18段所述的复核程序，以承担项目合伙人的全部责任。

利用在会计或审计专业领域具有专长的项目组成员时的考虑（参见：第15－17段）

A20. 如果利用了在会计或审计专业领域具有专长的项目组成员的工作，对该成员工作的指导、监督和复核包括：

- 与该成员就其工作的性质、范围和目标，该成员与项目组其他成员各自的角色，以及该成员与项目组其他成员之间沟通的性质、时间安排和范围达成一致意见；
- 评价该成员工作的恰当性，包括评价其发现的事实或结论的相关性和合理性，以及与其他审计证据的一致性。

咨询（参见：第18段）

A21. 满足下列条件时，项目组向会计师事务所内部或外部就重大技术、职业道德或其他问题的咨询是有效的：

- 提供所有相关事实，以使被咨询者能够提出有见地的意见；
- 被咨询者具有适当的知识、资历和经验。

A22. 项目组向会计师事务所外部的有关方面进行咨询可能是适当的，如在会计师事务所缺乏适当的内部资源时。项目组可以利用其他会计师事务所、职业团体和监管机构或提供相关质量控制服务的商业机构提供的咨询服务。

项目质量控制复核

在审计报告日之前完成项目质量控制复核（参见：第19段第（c）项）

A23. 按照国际审计准则第700号的规定，审计报告的日期不得早于审计师获取

---

⑧ 国际审计准则第230号，第9段第（c）项。

充分、适当的审计证据，并在此基础上对财务报表形成审计意见的日期。[9] 对于上市实体财务报表审计业务或符合标准需要实施项目质量控制复核的其他业务，这种复核有助于审计师确定是否已获取充分、适当的证据。

A24. 项目质量控制复核人员在业务过程中的适当阶段及时实施项目质量控制复核，有助于重大事项在审计报告日之前得到迅速、满意的解决。

A25. 只有项目质量控制复核人员完成第20、21段和第22段（如适用）要求的工作以后，项目质量控制复核才结束。作为最终审计档案归整工作的一部分，项目质量控制复核形成的工作底稿可以在审计报告日后完成。国际审计准则第230号对此作出了规定。[10]

项目质量控制复核的性质、时间安排和范围（参见：第20段）

A26. 即使在业务开始时认为不需要实施项目质量控制复核，项目合伙人也要关注情况的变化，以识别有必要实施项目质量控制复核的情形。

A27. 项目质量控制复核的范围主要取决于审计业务的复杂程度、被审计单位是否是上市实体以及审计报告不适合具体情况的风险。实施项目质量控制复核并不减轻项目合伙人对审计业务及其执行的责任。

上市实体的项目质量控制复核（参见：第21段）

A28. 在对上市实体实施项目质量控制复核时，与评价项目组作出的重大判断相关的其他事项包括：

- 项目组在审计过程中根据国际审计准则第315号[11]识别的重大风险，以及根据国际审计准则第330号[12]采取的应对措施，包括项目组根据国际审计准则第240号[13]评估的舞弊风险以及采取的应对措施；
- 作出的判断，尤其是有关重要性和特别风险的判断；
- 项目组在审计中识别的已更正和未更正错报的重要程度以及处理情况；
- 项目组拟向管理层、治理层以及监管机构等其他方面（如适当）报告的事项。

在对上市实体财务报表审计以外的其他审计业务实施项目质量控制复核时，项目质量控制复核人员可以根据具体情况考虑上述部分或全部事项。

对小型被审计单位的特殊考虑（参见：第20－21段）

A29. 除上市实体财务报表审计以外，符合会计师事务所规定的适当标准的审计业务也需要接受项目质量控制复核。在某些情况下，可能会计师事务所的全部业务

---

⑨ 《国际审计准则第700号——对财务报表形成审计意见和出具审计报告》，第41段。

⑩ 国际审计准则第230号，第14－16段。

⑪ 《国际审计准则第315号——通过了解被审计单位及其环境识别和评估重大错报风险》。

⑫ 《国际审计准则第330号——审计师针对评估的风险采用的应对措施》。

⑬ 《国际审计准则第240号——财务报表审计中与舞弊相关的责任》。

都没有达到需要实施项目质量控制复核的标准。

对公共部门实体的特殊考虑（参见：第 20－21 段）

A30. 就公共部门实体审计而言，接受法定委托的审计师（例如审计长或其他代表审计长接受任命的有适当资历的人员），可能承担类似项目合伙人的角色，对公共部门审计承担总体责任。在这种情况下，挑选项目质量控制复核人员时还需要考虑独立于被审计单位的需要，以及项目质量控制复核人员提供客观评价的能力。

A31. 第 21 段和第 A28 段提及的上市实体在公共部门中并不常见。但是，某些公共部门实体可能因其规模、复杂性或涉及公众利益的程度而显得十分重要，因而拥有广泛的利益相关者。例如，国有公司和公用事业。公共部门的持续性改制也可能催生各种新型的重要的实体。确定实体是否重要没有固定的客观标准。但是，公共部门实体审计师可以运用职业判断评价实体是否重要，进而确定是否需要实施项目质量控制复核。

监控（参见：第 23 段）

A32. 国际质量控制准则第 1 号要求会计师事务所建立监控过程，以合理保证质量控制制度中的政策和程序是相关和适当的，并正在有效运行。⑭

A33. 在评价可能影响审计业务的缺陷时，项目合伙人可能关注会计师事务所已经采取的、足以应对该缺陷的补救措施。

A34. 会计师事务所质量控制制度存在缺陷，并不必然表明特定审计业务的执行没有遵守职业准则和适用的法律法规的规定，也不必然表明审计报告是不适当的。

审计工作底稿

对咨询情况的记录（参见：第 24 段第（d）项）

A35. 项目组就疑难问题或争议事项向其他专业人士咨询所形成的、足够完整和详细的记录，有助于阅读者了解：

- 寻求咨询的事项；
- 咨询的结果，包括作出的决策、决策依据以及决策的执行情况。

⑭ 国际质量控制准则第 1 号，第 48 段。

国际审计准则第 230 号
审计工作底稿

（适用于会计期间开始于 2009 年 12 月 15 日及以后的财务报表审计）

目　录

《国际审计准则第 230 号——审计工作底稿》应当与《国际审计准则第 200 号——独立审计师的总体目标和按照国际审计准则执行审计工作》一并阅读。

引　言

本国际审计准则的范围

1. 本国际审计准则规范了审计师为财务报表审计编制审计工作底稿的责任。附录中列示了其他国际审计准则对审计工作底稿的具体要求和指引。其他国际审计准则中对工作底稿的具体要求并不限制本国际审计准则的使用。相关法律或法规也可能对编制审计工作底稿提出额外要求。

审计工作底稿的性质和目的

2. 符合本国际审计准则要求和其他相关国际审计准则对工作底稿的具体要求的审计工作底稿应该能够提供：

（a）审计师得出实现总体目标结论的基础的证据；①

（b）审计师按照国际审计准则和适用的法律法规的规定计划和执行了审计工作的证据。

3. 审计工作底稿还可以实现下列目的：

- 有助于项目组计划和执行审计工作；
- 有助于负责督导的项目组成员按照国际审计准则第 220 号的规定，履行指导、监督与复核审计工作的责任；②
- 使项目组能够说明其执行审计工作的情况；
- 保留对未来审计持续产生重大影响的事项的记录；
- 便于按照国际质量控制准则第 1 号③或严格程度至少相同的国家规定，实施质量控制复核与检查；④
- 便于根据适用的法律法规或其他要求实施外部检查。

生效日期

4. 本国际审计准则适用于会计期间开始于 2009 年 12 月 15 日及以后的财务报表审计。

---

① 《国际审计准则第 200 号——独立审计师的总体目标和按照国际审计准则执行审计工作》，第 11 段。

② 《国际审计准则第 220 号——对财务报表审计实施的质量控制》，第 15 – 17 段。

③ 《国际质量控制准则第 1 号——会计师事务所对执行财务报表审计和审阅、其他鉴证和相关服务业务实施的质量控制》，第 32 – 33 段，第 35 – 38 段，以及第 48 段。

④ 国际审计准则第 220 号，第 2 段。

目　标

5. 审计师的目标是，编制工作底稿以便：

（a）提供充分、适当的记录，作为出具审计报告的基础；

（b）提供证据，证明已按照国际审计准则和适用的法律法规的规定计划和执行了审计工作。

定　义

6. 就国际审计准则而言，对下列术语给予以下定义：

（a）审计工作底稿，是对实施的审计程序、获取的相关审计证据以及审计师得出的审计结论的记录（有时也使用“工作记录”的术语）。

（b）审计档案，是指一个或多个文件夹或其他存储介质，以实物或电子形式构成某项具体业务审计工作底稿的记录；

（c）有经验的审计师，是指会计师事务所内部或外部的具有审计实务经验，并且对下列方面有合理了解的人士：

（i）审计过程；

（ii）国际审计准则和适用的法律法规的规定；

（iii）被审计单位所处的经营环境；

（iv）与被审计单位所处行业相关的审计和财务报告问题。

要　求

及时编制审计工作底稿

7. 审计师应当及时编制审计工作底稿。（参见：第 A1 段）

记录实施的审计程序和获取的审计证据

审计工作底稿的格式、内容和范围

8. 审计师编制的审计工作底稿，应当使得未曾接触该项审计工作的有经验的审

计师清楚了解：（参见：第 A2 – A5 段，第 A16 – A17 段）

（a）按照国际审计准则和适用的法律法规规定实施的审计程序的性质、时间安排和范围；（参见：第 A6 – A7 段）

（b）实施审计程序的结果和获取的审计证据；

（c）审计中遇到的重大事项和得出的结论，以及在得出结论时作出的重大职业判断。（参见：第 A8 – A11 段）

9. 在记录已实施审计程序的性质、时间安排和范围时，审计师应当记录：

（a）测试的具体项目或事项的识别特征；（参见：第 A12 段）

（b）审计工作的执行人员及完成审计工作的日期；

（c）审计工作的复核人员及复核的日期和范围。（参见：第 A13 段）

10. 审计师应当记录与管理层、治理层和其他人员对重大事项的讨论，包括所讨论的重大事项的性质以及讨论的时间和参加人员。（参见：第 A14 段）

11. 如果识别出的信息与针对某重大事项得出的最终结论不一致，审计师应当记录如何处理该不一致的情况。（参见：第 A15 段）

偏离相关要求

12. 在某些例外情况下，如果认为有必要偏离某项国际审计准则的相关要求，审计师应当记录实施的替代审计程序如何实现相关要求的目的以及偏离的原因。（参见：第 A18 – A19 段）

审计报告日后发生的事项

13. 在某些例外情况下，如果审计师在审计报告日后实施了新的或追加的审计程序，或者得出新的结论，审计师应当记录：（参见：第 A20 段）

（a）遇到的情况；

（b）实施的新的或追加的审计程序，获取的审计证据，得出的结论，以及对审计报告的影响；

（c）对审计工作底稿作出相应变动的时间和人员，以及复核的时间和人员。

最终审计档案的归档

14. 审计师应当在审计报告日后及时将审计工作底稿归整为审计档案，并完成归整最终审计档案过程中的事务性工作。（参见：第 A21 – A22 段）

15. 在完成最终审计档案的归整工作后，审计师不应在规定的保存期限届满前删除或废弃任何性质的审计工作底稿。（参见：第 A23 段）

16. 除第 13 段规定的情况外，在完成最终审计档案归整工作后，如果审计师发现有必要修改现有审计工作底稿或增加新的审计工作底稿，无论修改或增加的性质

如何，审计师均应当记录：（参见：第 A24 段）

（a）修改或增加审计工作底稿的具体理由；

（b）修改或增加审计工作底稿的时间和人员，以及复核的时间和人员。

应用和其他解释性材料

及时编制审计工作底稿（参见：第 7 段）

A1. 及时编制充分和适当的审计工作底稿，有助于提高审计质量，便于在完成审计报告前，对获取的审计证据和得出的结论进行有效复核和评价。在审计工作完成后编制的审计工作底稿，可能不如在执行审计工作时编制的审计工作底稿准确。

记录实施的审计程序和获取的审计证据

审计工作底稿的格式、内容和范围（参见：第 8 段）

A2. 审计工作底稿的格式、内容和范围取决于下列因素，例如：

- 被审计单位的规模和复杂程度；
- 拟实施审计程序的性质；
- 识别出的重大错报风险；
- 已获取的审计证据的重要程度；
- 识别出的例外事项的性质和范围；
- 当从已执行审计工作或获取审计证据的记录中不易确定结论或结论的基础时，记录结论或结论基础的必要性；
- 审计方法和使用的工具。

A3. 审计工作底稿可以纸质、电子或其他介质形式存在。审计工作底稿通常包括：

- 审计计划；
- 分析表；
- 问题备忘录；
- 重大事项概要；
- 询证函回函和声明；
- 核对表；
- 有关重大事项的往来信件（包括电子邮件）。

审计师还可以将被审计单位文件记录的摘要或复印件（如重大的或特定的合同

和协议）作为审计工作底稿的一部分。然而，审计工作底稿并不能代替被审计单位的会计记录。

A4. 审计工作底稿不需要包括已被取代的审计工作底稿的草稿或财务报表的草稿、反映不全面或初步思考的记录、存在印刷错误或其他错误而作废的文本，以及重复的文件记录等。

A5. 审计师的口头解释本身不能为其执行的审计工作或得出的审计结论提供足够的支持，但可用来解释或澄清审计工作底稿中包含的信息。

对遵守国际审计准则的记录（参见：第 8 段第（a）项）

A6. 原则上，审计师遵守本国际审计准则的要求，将能够根据具体情况编制出充分、适当的审计工作底稿。其他国际审计准则包含的有关审计工作底稿的具体要求，旨在明确如何将本国际审计准则的要求应用到其他国际审计准则提及的特定情况。其他国际审计准则有关审计工作底稿的具体要求，并不影响本国际审计准则的普遍适用性。此外，某一国际审计准则没有对审计工作底稿提出要求，并不意味着按照该准则执行审计工作可以不编制审计工作底稿。

A7. 审计工作底稿为审计师按照国际审计准则执行审计工作提供了证据。然而，对审计师而言，记录审计中考虑的所有事项或作出的所有职业判断，既没必要也不可行。进一步讲，如果审计档案包含的文件已表明审计师遵守了审计准则，审计师没有必要再对遵守审计准则的情况单独予以记录（如在核对表中记录遵守了审计准则）。例如：

- 审计档案包含得到恰当记录的审计计划，表明审计师已经计划了审计工作；
- 审计档案包含已签署的审计业务约定书，表明审计师已经与管理层或治理层（如适用）就审计业务约定条款达成一致意见；
- 审计报告包含对财务报表发表的恰当的保留意见，表明审计师已按照国际审计准则的要求，在审计准则规定的情形下发表了保留意见；
- 对适用于整个审计过程的要求，可以在审计档案中以多种方式表明审计师遵守了这些要求。
  - 例如，可能没有一种单一的方式记录审计师的职业怀疑态度。然而，审计工作底稿仍然可以为审计师按照国际审计准则的要求保持职业怀疑态度提供证据。这些证据可能包括审计师为了佐证管理层对其询问的答复而实施的特定审计程序。
  - 类似的，项目合伙人按照审计准则的要求对审计工作承担指导、监督和执行的责任，也可以在审计工作底稿中以多种方式予以证明。这可能包括记录项目合伙人及时参与审计过程的有关方面，例如，项目合伙人按照国际审计准则第315号的要求参与项目组的讨论。⑤

记录重大事项及相关重大职业判断（参见：第8段第（c）项）

A8. 判断某一事项是否属于重大事项，需要客观分析具体事实和情况。重大事项的例子包括：

- 引起特别风险的事项（如国际审计准则第315号所定义）；⑥
- 实施审计程序的结果表明（a）财务报表可能存在重大错报；或（b）需要修改审计师以前对重大错报风险的评估和针对这些风险拟采取的应对措施；
- 导致审计师难以实施必要审计程序的情形；
- 可能导致发表非无保留意见或在审计报告中增加强调事项段的事项。

A9. 决定审计工作底稿格式、内容和范围的一项重要因素，是审计师执行审计工作和评价审计结果时运用职业判断的程度。在审计工作底稿中对重大职业判断进行记录，能够解释审计师的结论并提高职业判断的质量。这些记录对于审计工作底稿的复核人员，以及对执行以后期间审计的人员查阅具有持续重要性的事项非常有帮助（例如，在对会计估计进行追溯性复核时）。

A10. 根据第8段的规定，当所涉事项和判断重大时，应当编制与运用职业判断相关的审计工作底稿。例如，在下列情形下：

- 当准则要求审计师"应当考虑"某些信息或因素，并且这种考虑在某项特定业务情况下相当重要时，记录审计师得出结论的理由；
- 记录审计师对某些领域主观判断的合理性得出结论的基础（例如，某些重大会计估计的合理性）；
- 如果审计师在审计过程中识别出导致其对某些文件记录的真实性产生怀疑的情况，并实施了进一步调查（例如，适当地利用专家的工作或实施函证程序），记录审计师对这些文件记录的真实性得出结论的基础。

A11. 审计师可以认为编制重大事项概要（有时也称为审计工作完成备忘录），并将其作为审计工作底稿的组成部分是有帮助的。重大事项概要包括审计过程中识别的重大事项及其如何得到解决的记录，或对其他提供相关信息的支持性审计工作底稿的交叉索引。重大事项概要可以提高复核和检查审计工作底稿的效率和效果，尤其是对于大型、复杂的审计项目。此外，编制重大事项概要不仅有助于审计师考虑重大事项，还便于审计师根据实施的审计程序和得出的审计结论，考虑是否存在审计师不能实现某项国际审计准则的目标，以致妨碍实现审计师的总体目标的情况。

指明测试的具体项目或事项以及编制者和复核者（参见：第9段）

A12. 记录具体项目或事项的识别特征可以实现多种目的。例如，这能反映项目

---

⑤ 《国际审计准则第315号——通过了解被审计单位及其环境识别和评估重大错报风险》，第10段。

⑥ 国际审计准则第315号，第4段第（e）项。

组履行职责的情况，以及便于对例外事项或不符事项进行调查。识别特征会因审计程序的性质和测试的项目或事项的不同而不同。例如：

- 在对被审计单位生成的订购单进行细节测试时，审计师可以通过订购单的日期和其唯一的编号识别需要进行测试的订购单；
- 对于需要选取或复核既定总体内一定金额以上的所有项目的审计程序，审计师可以记录实施审计程序的范围并指明相关总体（例如，日记账中一定金额以上的所有会计分录）；
- 对于需要从文件记录的总体中进行系统化抽样的审计程序，审计师可以通过记录样本的来源、抽样的起点及抽样间隔识别已选取的样本（例如，从 4 月 1 日至 9 月 30 日的发运记录中选取发运单进行系统化抽样，可以从第 12345 号发运单开始每隔 125 号系统抽取发运单）；
- 对于需要询问被审计单位中特定人员的程序，审计师可以记录询问的时间、被询问人的姓名及其岗位名称作为识别特征；
- 对于观察程序，审计师可以记录观察的过程或事项、相关被观察人员和他们各自的责任、观察的地点和时间。

A13. 国际审计准则第 220 号要求审计师通过复核审计工作底稿检查已执行的审计工作。[⑦] 该准则要求记录复核审计工作的人员，这并不意味着每张具体的审计工作底稿中都要有复核的证据，而是意味着审计师需要记录已复核的审计工作、复核人员和复核日期。

记录与管理层、治理层及其他人员就重大事项进行的讨论（参见：第 10 段）

A14. 审计工作底稿的内容不限于审计师所作的记录，还可以包括其他适当的记录。例如，被审计单位人员编制的并与审计师取得一致意见的会议记录。审计师还可以与其他人员讨论重大事项，这里的“其他人员”可能包括被审计单位内部的其他人员，以及被审计单位外部的有关方，如向被审计单位提供专业咨询的人员等。

记录对信息不一致情况的处理（参见：第 11 段）

A15. 准则要求记录如何处理信息不一致的情况，并不意味着审计师需要保留不正确的或作废的审计工作底稿。

对小型被审计单位的特殊考虑（参见：第 8 段）

A16. 对小型被审计单位进行审计形成的审计工作底稿的范围，通常比对大型被审计单位审计形成的审计工作底稿要小。此外，在项目合伙人执行所有审计程序的情况下，审计工作底稿将不包括仅为告知或指导项目组成员，或为项目组中其他成员的复核工作提供证据的事项（例如，不包括关于项目组讨论或督导事项的记录）。然而，由于审计工作底稿可能因监管或其他目的须由外部有关方进行复核，项目合

---

⑦ 国际审计准则第 220 号，第 17 段。

伙人应当按照第 8 段的基本要求，编制能够使有经验的审计师理解的审计工作底稿。

A17. 审计师编制小型被审计单位审计工作底稿时，可能发现将审计的各个方面全部记录在同一文件中，并进行适当的交叉索引以支持工作底稿是很有帮助和有效率的。小型被审计单位审计工作底稿中可能一并记录的事项包括：对被审计单位及其内部控制的了解、总体审计策略和审计计划、根据国际审计准则第 320 号[8]确定的重要性、评估的风险、在审计过程中注意到的重大事项以及得出的结论等。

对有关要求的偏离（参见：第 12 段）

A18. 国际审计准则的各项要求旨在使审计师能够实现准则中规定的各项目标，进而实现审计师的总体目标。因此，除某些例外情况外，国际审计准则要求审计师遵守与审计业务具体情况相关的各项要求。

A19. 国际审计准则中有关审计工作底稿的要求仅在与具体情况相关时才是适用的。只有在下列情况之一，审计准则的某一要求才是不相关的：[9]

（a）某项国际审计准则完全不相关（例如，如果某一被审计单位不存在内部审计职能部门，国际审计准则第 610 号[10]的所有规定都是不相关的）；

（b）国际审计准则的某一要求具有适用条件但这种条件不存在（例如，在无法获取充分、适当的审计证据时发表非无保留意见，但不存在这种无法获取充分、适当的审计证据的情形）。

审计报告日后发生的事项（参见：第 13 段）

A20. 例外情况的例子包括审计师在审计报告日后获知、但在审计报告日已经存在的事实，并且如果审计师在审计报告日已获知该事实，可能导致财务报表作出修改或审计师在审计报告中发表非无保留意见。[11] 对于因上述情况对审计工作底稿作出的变动，需要按照国际审计准则第 220 号[12]的要求进行复核，并由项目合伙人对审计工作底稿的变动负最终责任。

最终审计档案的归档（参见：第 14－16 段）

A21. 国际质量控制准则第 1 号（或严格程度至少相同的国家规定）要求会计师事务所为及时完成审计档案的归整工作制定政策和程序。[13] 完成最终审计档案归

---

⑧《国际审计准则第 320 号——计划和执行审计工作时的重要性》。

⑨ 国际审计准则第 200 号，第 22 段。

⑩《国际审计准则第 610 号——利用内部审计师的工作》。

⑪《国际审计准则第 560 号——期后事项》，第 14 段。

⑫ 国际审计准则第 220 号，第 16 段。

⑬ 国际质量控制准则第 1 号，第 45 段.

整工作的适当期限通常为审计报告日后六十天内。[⑭]

A22. 在审计报告日后完成最终审计档案的归整工作是一个事务性的过程，不涉及实施新的审计程序或得出新的结论。如果在归档期间对审计工作底稿作出的变动属于事务性的，审计师可以作出变动。这些变动包括：

- 删除或废弃被取代的审计工作底稿；
- 对审计工作底稿进行分类、整理和交叉索引；
- 对审计档案归整工作的完成核对表签字认可；
- 记录在审计报告日前获取的、与审计项目组相关成员进行讨论并达成一致意见的审计证据。

A23. 国际质量控制准则第 1 号（或严格程度至少相同的国家规定）要求会计师事务所为业务审计工作底稿的保存工作制定政策和程序。[⑮] 审计工作底稿的保存期限通常为自审计报告日起，或自集团的审计报告日起（若迟于审计报告日），不少于五年。[⑯]

A24. 在完成最终审计档案的归整工作后，审计师可能发现在某种情况下有必要修改现有审计工作底稿或增加新的审计工作底稿。例如，在收到内部或外部有关方进行的监督检查的意见之后，审计师需要对现有审计工作底稿作出清晰的说明。

---

⑭ 国际质量控制准则第 1 号，第 A54 段。
⑮ 国际质量控制准则第 1 号，第 47 段。
⑯ 国际质量控制准则第 1 号，第 A61 段。

附录

（参见：第1段）

其他国际审计准则中对于审计工作底稿的具体规定

本附录列示了对会计期间开始于2009年12月15日及之后的财务报表审计有效的其他国际审计准则中有关工作底稿的具体要求的段落。本附录不能替代考虑这些国际审计准则中的要求及相关应用和其他解释性材料。

- 《国际审计准则第210号——就审计业务约定条款达成一致意见》第10-12段；
- 《国际审计准则第220号——对财务报表审计实施的质量控制》第24-25段；
- 《国际审计准则第240号——财务报表审计中与舞弊相关的责任》第44-47段；
- 《国际审计准则第250号——财务报表审计中对法律法规的考虑》第29段；
- 《国际审计准则第260号——与治理层的沟通》第23段；
- 《国际审计准则第300号——计划审计工作》第12段；
- 《国际审计准则第315号——通过了解被审计单位及其环境识别和评估重大错报风险》第32段；
- 《国际审计准则第320号——计划和执行审计工作时的重要性》第14段；
- 《国际审计准则第330号——审计师针对评估的风险采取的应对措施》第28-30段；
- 《国际审计准则第450号——评价审计过程中识别出的错报》第15段；
- 《国际审计准则第540号——审计会计估计（包括公允价值会计估计）和相关披露》第15段；
- 《国际审计准则第550号——关联方》第28段；
- 《国际审计准则第600号——对集团财务报表审计的特殊考虑（包括组成部分审计师的工作)》第50段。
- 《国际审计准则第610号——利用内部审计师的工作》第13段。

国际审计准则第 240 号
财务报表审计中与舞弊相关的责任

（适用于会计期间开始于 2009 年 12 月 15 日及以后的财务报表审计）*

目　录

---

* 因《国际审计准则第 610 号（修订）——利用内部审计师的工作》而作出的相应修订，将适用于会计期间结束于 2013 年 12 月 15 日及以后的财务报表审计。

《国际审计准则第240号——财务报表审计中与舞弊相关的责任》应当与《国际审计准则第200号——独立审计师的总体目标和按照国际审计准则执行审计工作》一并阅读。

引 言

本国际审计准则的范围

1. 本国际审计准则规范了审计师在财务报表审计中与舞弊相关的责任。特别地，在涉及由于舞弊导致的重大错报风险时，本国际审计准则是对审计师如何应用国际审计准则第 315 号①和国际审计准则第 330 号②的进一步扩展。

舞弊的特征

2. 财务报表的错报可能由于舞弊或错误所致。舞弊和错误的区别在于，导致财务报表发生错报的行为是故意行为还是非故意行为。

3. 舞弊是一个宽泛的法律概念，就国际审计准则而言，审计师关注的是导致财务报表发生重大错报的舞弊。下列两种类型的故意错报与审计师相关：编制虚假财务报告导致的错报和侵占资产导致的错报。尽管审计师可能怀疑被审计单位存在舞弊，甚至在极少数情况下识别出发生的舞弊，但审计师并不对舞弊是否已实际发生作出法律意义上的判定。（参见：第 A1 – A6 段）

防止与发现舞弊的责任

4. 被审计单位治理层和管理层对防止与发现舞弊负有主要责任。管理层在治理层的监督下，高度重视对舞弊的防范和遏制是非常重要的。对舞弊进行防范可以减少舞弊发生的机会；对舞弊进行遏制，即发现和惩罚舞弊能够警示被审计单位人员不要实施舞弊。对舞弊的防范和遏制需要管理层营造诚实守信和合乎道德的文化，并且这一文化能够在治理层的有效监督下得到强化。治理层的监督包括考虑凌驾于控制之上或对财务报告过程施加其他不当影响的可能性，例如管理层为了影响分析师对被审计单位业绩和盈利能力的看法而操纵利润。

审计师的责任

5. 在按照国际审计准则的规定执行审计工作时，审计师有责任对财务报表整体是否不存在由于舞弊或错误导致的重大错报获取合理保证。由于审计的固有限制，即使审计师按照国际审计准则第 200 号的规定恰当计划和执行了审计工作，也不可

---

① 《国际审计准则第 315 号——通过了解被审计单位及其环境识别和评估重大错报风险》。

② 《国际审计准则第 330 号——审计师针对评估的风险采取的应对措施》。

避免地存在财务报表中的某些重大错报未被发现的风险。③

6. 国际审计准则第200号④指出，在舞弊导致错报的情况下，固有限制的潜在影响尤其重大。舞弊导致的重大错报未被发现的风险，大于错误导致的重大错报未被发现的风险。其原因是舞弊可能涉及复杂和精心的策划以进行蓄意隐瞒，如伪造证明、故意漏记交易或者故意向审计师提供虚假陈述。如果涉及串通舞弊，审计师可能更加难以发现蓄意隐瞒的企图。串通舞弊可能导致原本虚假的审计证据被审计师误认为具有说服力。审计师发现舞弊的能力取决于舞弊者实施舞弊的技巧，舞弊者操纵会计记录的频率和范围，串通舞弊的程度，舞弊者操纵的每笔金额的大小，舞弊者在被审计单位的职位级别等因素。即使可以识别出实施舞弊的潜在机会，但对于诸如会计估计等判断领域的错报，审计师也难以确定这类错报是由于舞弊还是错误导致的。

7. 管理层舞弊导致的重大错报未被发现的风险大于员工舞弊导致的重大错报未被发现的风险。其原因是管理层往往可以利用职务之便直接或间接操纵会计记录，提供虚假的财务信息或凌驾于为防止其他员工实施类似舞弊而建立的控制之上。

8. 在获取合理保证时，审计师有责任在整个审计过程中保持职业怀疑，考虑管理层凌驾于控制之上的可能性，并认识到对发现错误有效的审计程序未必对发现舞弊有效。本国际审计准则的规定旨在帮助审计师识别和评估舞弊导致的重大错报风险，以及设计用以发现这类错报的审计程序。

生效日期

9. 本国际审计准则适用于会计期间开始于2009年12月15日及以后的财务报表审计。

目　标

10. 审计师的目标是：

（a）识别和评估由于舞弊导致的财务报表重大错报风险；

（b）通过设计和实施恰当的应对措施，针对评估的由于舞弊导致的重大错报风险，获取充分、适当的审计证据；

（c）恰当应对审计过程中识别出的舞弊或舞弊嫌疑。

---

③ 《国际审计准则第200号——独立审计师的总体目标和按照国际审计准则执行审计工作》，第A51－A52段。

④ 国际审计准则第200号，第A51段。

定　义

11. 就国际审计准则而言，对下列术语给予以下定义：

（a）舞弊，是指被审计单位的管理层、治理层、员工或第三方中的一人或多人使用欺骗手段获取不当或非法利益的故意行为；

（b）舞弊风险因素，是指表明实施舞弊的动机或压力，或者为实施舞弊提供机会的事项或情况。

要　求

职业怀疑

12. 按照国际审计准则第 200 号[⑤]的规定，审计师应当在整个审计过程中保持职业怀疑，认识到存在由于舞弊导致的重大错报的可能性，而不应受到以前对管理层、治理层正直和诚信形成的判断的影响。（参见：第 A7 – A8 段）

13. 除非存在相反的理由，审计师可以认为文件和记录是真实的。但如果在审计过程中识别出的情况使审计师认为文件可能是伪造的或文件中的某些条款已被修改但未告知审计师，审计师应当作出进一步调查。（参见：第 A9 段）

14. 如果管理层或治理层对询问作出的答复相互之间不一致，审计师应当对这种不一致加以调查。

项目组内部的讨论

15. 按照国际审计准则第 315 号的规定，项目组成员之间应当进行讨论，并由项目合伙人确定将哪些事项向未参与讨论的项目组成员通报。[⑥] 项目组内部讨论的重点应当包括财务报表易于发生由于舞弊导致的重大错报的方式和领域，包括舞弊可能如何发生。在讨论过程中，项目组成员不应假定管理层和治理层是正直和诚信的。（参见：第 A10 – A11 段）

---

⑤ 国际审计准则第 200 号，第 15 段。

⑥ 国际审计准则第 315 号，第 10 段。

风险评估程序和相关活动

16. 当按照国际审计准则第 315 号的规定实施风险评估程序和相关活动,⑦ 以了解被审计单位及其环境（包括内部控制）时，审计师应当实施第 17 – 24 段列示的审计程序，以获取用以识别由于舞弊导致的重大错报风险所需的信息。

被审计单位的管理层及内部其他人员

17. 审计师应当向管理层询问：

（a）管理层对财务报表可能存在由于舞弊导致的重大错报风险的评估，包括评估的性质、范围和频率等；（参见：第 A12 – A13 段）

（b）管理层对舞弊风险的识别和应对过程，包括管理层识别出的或注意到的特定舞弊风险，或可能存在舞弊风险的各类交易、账户余额或披露；（参见：第 A14 段）

（c）管理层就其对舞弊风险的识别和应对过程与治理层的沟通（如有）；

（d）管理层就其经营理念和道德观念与员工的沟通（如有）。

18. 审计师应当询问管理层和被审计单位内部的其他人员（如适用），以确定其是否知悉任何影响被审计单位的舞弊事实、舞弊嫌疑或舞弊指控。（参见：第 A15 – A17 段）

19. 如果被审计单位设有内部审计职能部门，审计师应当询问内部审计师，以确定其是否知悉任何影响被审计单位的舞弊事实、舞弊嫌疑或舞弊指控，并获取其对舞弊风险的看法。（参见：第 A18 段）

治理层

20. 除非治理层全部成员参与管理被审计单位,⑧ 审计师应当了解治理层如何监督管理层对舞弊风险的识别和应对过程，以及管理层为降低舞弊风险而建立的内部控制。（参见：第 A19 – A21 段）

21. 除非治理层全部成员参与管理被审计单位，审计师应当询问治理层，以确定其是否知悉任何影响被审计单位的舞弊事实、舞弊嫌疑或舞弊指控。治理层对这些询问的答复，可在一定程度上作为管理层答复的佐证信息。

识别的异常或偏离预期的关系

22. 审计师应当评价在实施分析程序时识别出的异常或偏离预期的关系（包括

---

⑦ 国际审计准则第 315 号，第 5 – 24 段。

⑧ 《国际审计准则第 260 号——与治理层的沟通》，第 13 段。

与收入账户有关的关系），是否表明存在由于舞弊导致的重大错报风险。

其他信息

23. 审计师应当考虑获取的其他信息是否表明存在由于舞弊导致的重大错报风险。（参见：第 A22 段）

评价舞弊风险因素

24. 审计师应当评价通过其他风险评估程序和相关活动获取的信息，是否表明存在舞弊风险因素。存在舞弊风险因素并不必然表明发生了舞弊，但在舞弊发生时通常存在舞弊风险因素，因此，舞弊风险因素可能表明存在由于舞弊导致的重大错报风险。（参见：第 A23 – A27 段）

识别和评估由于舞弊导致的重大错报风险

25. 按照国际审计准则第 315 号的规定，审计师应当在财务报表层次和各类交易、账户余额、披露的认定层次识别和评估由于舞弊导致的重大错报风险。⑨

26. 在识别和评估由于舞弊导致的重大错报风险时，审计师应当基于收入确认存在舞弊风险的假定，评价哪些类型的收入、收入交易或认定导致舞弊风险。如果审计师认为收入确认存在舞弊风险的假定不适用于业务的具体情况，从而未将收入确认作为由于舞弊导致的重大错报风险领域，审计师应当按照第 47 段的规定形成相应的审计工作底稿。（参见：第 A28 – A30 段）

27. 审计师应当将评估的由于舞弊导致的重大错报风险作为特别风险。如果此前未了解与此类风险相关的控制，审计师应当了解相关控制，包括了解控制活动。（参见：第 A31 – A32 段）

应对评估的由于舞弊导致的重大错报风险

总体应对措施

28. 按照国际审计准则第 330 号的规定，审计师应当针对评估的由于舞弊导致的财务报表层次重大错报风险确定总体应对措施。⑩ （参见：第 A33 段）

29. 在针对评估的由于舞弊导致的财务报表层次重大错报风险确定总体应对措施时，审计师应当：

（a）在分派和督导项目组成员时，考虑承担重要业务职责的项目组成员所具备

---

⑨ 国际审计准则第 315 号，第 25 段。

⑩ 国际审计准则第 330 号，第 5 段。

的知识、技能和能力，并考虑由于舞弊导致的重大错报风险的评估结果；（参见：第 A34 – A35 段）

（b）评价被审计单位对会计政策（特别是涉及主观计量和复杂交易的会计政策）的选择和运用，是否可能表明管理层通过操纵利润对财务信息作出虚假报告；

（c）在选择审计程序的性质、时间安排和范围时，增加审计程序的不可预见性。（参见：第 A36 段）

应对评估的由于舞弊导致的认定层次重大错报风险实施的审计程序

30. 按照国际审计准则第 330 号的规定，审计师应当设计和实施进一步审计程序，审计程序的性质、时间安排和范围应当能够应对评估的由于舞弊导致的认定层次重大错报风险。⑪ （参见：第 A37 – A40 段）

应对管理层凌驾于控制之上的风险实施的审计程序

31. 管理层处于实施舞弊的独特地位，其原因是管理层有能力通过凌驾于控制之上操纵会计记录并编制虚假财务报表，而这些控制却看似有效运行。尽管管理层凌驾于控制之上的风险水平因被审计单位而异，但所有被审计单位都存在这种风险。由于管理层凌驾于控制之上的行为发生方式不可预见，这种风险属于由于舞弊导致的重大错报风险，从而也是一种特别风险。

32. 无论对管理层凌驾于控制之上的风险的评估结果如何，审计师都应当设计和实施审计程序，用以：

（a）测试日常会计核算过程中作出的会计分录以及编制财务报表过程中作出的其他调整是否适当。在为该类测试设计和实施审计程序时，审计师应当：

（i）向参与财务报告过程的人员询问与处理会计分录和其他调整相关的不恰当或异常的活动；

（ii）选择在报告期末作出的会计分录和其他调整；

（iii）考虑是否有必要测试整个会计期间的会计分录和其他调整。（参见：第 A41 – A44 段）

（b）复核会计估计是否存在偏向，并评价产生这种偏向（如有）的环境是否表明存在由于舞弊导致的重大错报风险。在执行这一复核时，审计师应当：

（i）评价管理层在进行财务报表相关的会计估计时所作出的判断和决策是否反映出管理层的某种偏向（即使判断和决策单独看起来是合理的），从而可能表明存在由于舞弊导致的重大错报风险。如果存在偏向，审计师应当从整体上重新评价会计估计；

---

⑪ 国际审计准则第 330 号，第 6 段。

（ii）追溯复核与以前年度财务报表反映的重大会计估计相关的管理层判断和假设。（参见：第 A45 – A47 段）

（c）对于超出被审计单位正常经营过程的重大交易，或基于对被审计单位及其环境的了解以及在审计过程中获取的其他信息而显得异常的重大交易，审计师应当评价其商业理由（或缺乏商业理由）是否表明被审计单位从事交易的目的是为了对财务信息作出虚假报告或掩盖侵占资产的行为。（参见：第 A48 段）

33. 当按照第 32 段的要求实施的程序无法涵盖特定的管理层凌驾于控制之上的其他风险时，审计师还应当确定除上述审计程序外，是否有必要实施其他审计程序，以应对识别出的管理层凌驾于控制之上的风险。

评价审计证据（参见：第 A49 段）

34. 在就财务报表与审计师所了解的被审计单位的情况是否一致形成总体结论时，审计师应当评价在临近审计结束时实施的分析程序，是否表明存在此前尚未识别的由于舞弊导致的重大错报风险。（参见：第 A50 段）

35. 如果识别出某项错报，审计师应当评价该项错报是否表明存在舞弊。如果存在舞弊的迹象，鉴于舞弊不太可能是孤立发生的事项，审计师应当评价该项错报对审计工作其他方面的影响，特别是对管理层声明可靠性的影响。（参见：第 A51 段）

36. 如果审计师识别出某项错报，并有理由认为该项错报是或可能是由于舞弊导致的，且涉及管理层，特别是涉及较高层级的管理层，无论该项错报是否重大，审计师都应当重新评价对由于舞弊导致的重大错报风险的评估结果，以及该结果对旨在应对评估的风险的审计程序的性质、时间安排和范围的影响。在重新考虑此前获取的审计证据的可靠性时，审计师还应当考虑相关的情形是否表明可能存在涉及员工、管理层或第三方的串通舞弊。（参见：第 A52 段）

37. 如果确认财务报表存在由于舞弊导致的重大错报，或无法确定财务报表是否存在由于舞弊导致的重大错报，审计师应当评价这两种情况对审计的影响。（参见：第 A53 段）

审计师无法继续执行审计业务

38. 如果由于舞弊或舞弊嫌疑导致出现错报，致使审计师遇到对其继续执行审计业务的能力产生怀疑的异常情形，审计师应当：

（a）确定适用于具体情况的职业责任和法律责任，包括是否需要向审计业务委托人或监管机构报告；

（b）在相关法律法规允许的情况下，考虑是否需要解除业务约定；

（c）采取下列措施（如果审计师决定解除业务约定）：

(i) 与适当层级的管理层和治理层讨论解除业务约定的决定和理由;

(ii) 考虑是否存在职业责任或法律责任，需要向审计业务委托人或监管机构报告解除业务约定的决定和理由。(参见：第 A54 - A57 段)

书面声明

39. 审计师应当就下列事项向管理层和治理层（如适用）获取书面声明：

(a) 管理层和治理层认可其设计、执行和维护内部控制以防止和发现舞弊的责任;

(b) 管理层和治理层已向审计师披露了管理层对由于舞弊导致的财务报表重大错报风险的评估结果;

(c) 管理层和治理层已向审计师披露了已知的影响被审计单位且涉及下列人员的舞弊或舞弊嫌疑:

(i) 管理层;

(ii) 在内部控制中承担重要职责的员工;

(iii) 其他人员（在舞弊行为导致财务报表重大错报的情况下)。

(d) 管理层和治理层已向审计师披露了从现任和前任员工、分析师、监管机构或其他方面获知的、影响财务报表的舞弊指控或舞弊嫌疑。（参见：第 A58 - A59 段）

与管理层和治理层的沟通

40. 如果识别出舞弊或获取的信息表明可能存在舞弊，审计师应当及时将此类事项向适当层级的管理层通报，以便管理层告知对防止和发现舞弊负有主要责任的人员与其职责相关的事项。(参见：第 A60 段)

41. 如果确定或怀疑舞弊涉及下列人员，除非治理层全部成员参与管理被审计单位，审计师应当及时将此类事项向治理层通报:

(a) 管理层;

(b) 在内部控制中承担重要职责的员工;

(c) 其他人员（在舞弊行为导致财务报表重大错报的情况下)。

如果怀疑舞弊涉及管理层，审计师应当将此怀疑向治理层通报，并与其讨论为完成审计工作所必需的审计程序的性质、时间安排和范围。（参见：第 A61 - A63 段）

42. 如果根据判断认为还存在与治理层职责相关的、涉及舞弊的其他事项，审计师应当就此与治理层沟通。(参见：第 A64 段)

向监管机构和执法机构报告

43. 如果识别出舞弊或怀疑存在舞弊，审计师应当确定是否有责任向被审计单位以外的机构报告。尽管审计师对客户信息负有的保密义务可能不允许这种报告，但是在某些情况下审计师的法律责任可能超越其保密义务。（参见：第 A65 – A67 段）

审计工作底稿

44. 国际审计准则第 315 号规定审计师应当记录[12]对被审计单位及其环境的了解以及对重大错报风险的评估结果。审计师应当将下列内容形成审计工作底稿：[13]

（a）项目组内部就由于舞弊导致财务报表重大错报的可能性进行讨论所得出的重要结论；

（b）识别和评估的由于舞弊导致的财务报表层次和认定层次的重大错报风险。

45. 国际审计准则第 330 号规定审计师应当记录对评估的重大错报风险采取的应对措施。审计师应当将下列内容形成审计工作底稿：[14]

（a）对评估的由于舞弊导致的财务报表层次重大错报风险采取的总体应对措施，审计程序的性质、时间安排和范围，以及审计程序与评估的由于舞弊导致的认定层次的重大错报风险之间的联系；

（b）实施审计程序（包括用于应对管理层凌驾于控制之上的风险而实施的审计程序）的结果。

46. 审计师应当在审计工作底稿中记录与管理层、治理层、监管机构或其他相关各方就舞弊事项进行沟通的情况。

47. 如果认为收入确认存在舞弊风险的假定不适用于业务的具体情况，审计师应当在审计工作底稿中记录得出该结论的理由。

应用和其他解释性材料

舞弊的特征（参见：第 3 段）

A1. 舞弊，无论是编制虚假财务报告还是侵占资产，均涉及实施舞弊的动机或压力、机会以及借口，例如：

- 如果管理层为实现预期利润目标或财务结果（可能是不现实的）而承受来自被审计单位内部或外部的压力，则可能存在编制虚假财务报告的动机或压力，在未能实现财务目标可能对管理层产生严重后果的情况下尤其如此。

---

⑫ 《国际审计准则第 230 号——审计工作底稿》，第 8 – 11 段，第 A6 段。

⑬ 国际审计准则第 315 号，第 32 段。

⑭ 国际审计准则第 330 号，第 28 段。

类似地，被审计单位的人员也可能由于入不敷出等原因而产生侵占资产的动机；

- 如果被审计单位的人员可以凌驾于内部控制之上，如处于重要职位或知悉内部控制特定缺陷，则可能存在实施舞弊的机会；
- 某些人员可能有能力为实施的舞弊行为寻找貌似合理的借口。某些人员持有某种态度，或具有某种特点或道德观，使其故意实施不诚实的行为。然而，即使是诚实的人，在对其施加足够压力的情况下，也可能实施舞弊。

A2. 编制虚假财务报告涉及为欺骗财务报表使用者而作出的故意错报（包括对财务报表金额或披露的遗漏）。这可能是由于管理层通过操纵利润来影响财务报表使用者对被审计单位业绩和盈利能力的看法而造成的。此类利润操纵可能从一些小的行为，或对假设的不恰当调整和对管理层判断的不恰当改变开始。压力和动机可能使这些行为上升到编制虚假财务报告的程度。由于承受迎合市场预期的压力或追求以业绩为基础的个人报酬最大化，管理层可能故意通过编制存在重大错报的财务报表而导致虚假财务报告。在某些被审计单位，管理层可能有动机大幅降低利润以降低税负，或虚增利润以向银行融资。

A3. 管理层可能通过以下方式编制虚假财务报告：

- 对编制财务报表所依据的会计记录或支持性文件进行操纵、弄虚作假（包括伪造）或篡改；
- 在财务报表中错误表达或故意漏记事项、交易或其他重要信息；
- 故意地错误使用与金额、分类、列报或披露相关的会计原则。

A4. 编制虚假财务报告通常涉及管理层凌驾于控制之上，而这些控制却看似有效运行。管理层通过凌驾于控制之上实施舞弊的手段主要包括：

- 作出虚假会计分录，特别是在临近会计期末时，从而操纵经营成果或实现其他目的；
- 不恰当地调整对账户余额作出估计时使用的假设和判断；
- 在财务报表中漏记、提前或推迟确认报告期内发生的事项和交易；
- 隐瞒或不予披露可能影响财务报表金额的事实；
- 构造复杂交易，以歪曲财务状况或经营成果；
- 篡改与重大和异常交易相关的记录和条款。

A5. 侵占资产包括盗窃被审计单位资产，通常的做法是员工盗窃金额相对较小且不重要的资产。侵占资产也可能涉及管理层，他们通常更能够通过难以发现的手段掩饰或隐瞒侵占资产的行为。侵占资产可以通过以下方式实现：

- 贪污收到的款项。例如，侵占收到的应收账款或将与已注销账户相关的收款转移至个人银行账户；
- 盗窃实物资产或无形资产。例如，盗窃存货以自用或出售、盗窃废料以再销售、通过向被审计单位竞争者泄露技术资料与其串通以获取回报；

- 使被审计单位对未收到的商品或未接受的劳务付款。例如，向虚构的供应商支付款项、供应商向采购人员提供回扣以作为其提高采购价格的回报、向虚构的员工支付工资；
- 将被审计单位资产挪为私用。例如，将被审计单位的资产作为个人或关联方贷款的抵押。

侵占资产通常伴随着虚假或误导性的记录或文件，其目的是隐瞒资产丢失或未经适当授权而被抵押的事实。

对公共部门实体的特殊考虑

A6. 公共部门实体审计师与舞弊相关的责任，可能取决于适用于公共部门实体的法律法规或其他监管要求，或由授权审计的文件单独进行规定。因此，公共部门实体审计师的责任可能不限于考虑财务报表重大错报风险，还可能包括考虑舞弊风险。

职业怀疑（参见：第12－14段）

A7. 保持职业怀疑要求审计师对获取的信息和审计证据是否表明可能存在由于舞弊导致的重大错报风险始终保持警惕，包括考虑拟用作审计证据的信息的可靠性，并考虑与信息的生成和维护相关的控制（如相关）。由于舞弊的特征，审计师在考虑由于舞弊导致的重大错报风险时，保持职业怀疑尤为重要。

A8. 尽管不能期望审计师不受以前对管理层、治理层正直和诚信情况形成的判断的影响，但由于具体情况可能已经发生变化，审计师在考虑由于舞弊导致的重大错报风险时，保持职业怀疑尤为重要。

A9. 按照国际审计准则执行的审计工作通常不涉及鉴定文件的真伪，审计师没有接受文件真伪鉴定方面的培训，不应被期望成为鉴定文件真伪的专家。[15] 然而，如果识别出的情况使其认为文件可能是伪造的，或文件中的某些条款已发生变动但未告知审计师，审计师需要作出进一步调查。可实施的进一步调查程序包括：

- 直接向第三方函证；
- 利用专家的工作以评价文件的真伪。

项目组内部的讨论（参见：第15段）

A10. 项目组就由于舞弊导致财务报表发生重大错报的可能性进行的讨论可以达到以下目的：

---

[15] 国际审计准则第200号，第A47段。

- 具有较多经验的项目组成员有机会与其他成员分享关于财务报表易于发生由于舞弊导致的重大错报的方式和领域的见解；
- 针对财务报表易于发生由于舞弊导致的重大错报的方式和领域考虑适当的应对措施，并确定分派哪些项目组成员实施特定的审计程序；
- 确定如何在项目组成员中共享实施审计程序的结果，以及如何处理可能引起审计师注意的舞弊指控。

A11. 项目组内部讨论的内容可能包括：

- 项目组成员认为财务报表易于发生由于舞弊导致的重大错报的方式和领域、管理层可能编制和隐瞒虚假财务报告的方式以及侵占资产的方式；
- 可能表明管理层操纵利润的迹象，以及管理层可能采取的导致虚假财务报告的利润操纵手段；
- 已知悉的对被审计单位产生影响的外部和内部因素，这些因素可能产生动机或压力使管理层或其他人员实施舞弊、可能提供实施舞弊的机会、可能表明存在为舞弊行为寻找借口的文化或环境；
- 对接触现金或其他易被侵占资产的员工，管理层对其实施监督的情况；
- 注意到的管理层或员工在行为或生活方式上出现的异常或无法解释的变化；
- 强调在整个审计过程中对由于舞弊导致重大错报的可能性保持适当关注的重要性；
- 遇到的哪些情形可能表明存在舞弊；
- 如何在拟实施审计程序的性质、时间安排和范围中增加不可预见性；
- 为应对由于舞弊导致财务报表发生重大错报的可能性而选择实施的审计程序，以及特定类型的审计程序是否比其他审计程序更为有效；
- 审计师注意到的舞弊指控；
- 管理层凌驾于控制之上的风险。

风险评估程序和相关活动

询问管理层

管理层对舞弊导致的重大错报风险的评估（参见：第 17 段第（a）项）

A12. 管理层对内部控制和财务报表的编制承担责任。因此，审计师向管理层询问其对舞弊风险及旨在防止和发现舞弊的控制的自我评估是恰当的。管理层对上述风险和控制所作评估的性质、范围和频率可能因被审计单位的不同而不同。在某些被审计单位，管理层可能每年进行详细的评估，或将评估作为持续监督的一部分。而在其他一些被审计单位，管理层的评估可能并不十分正式或频繁。管理层评估的性质、范围和频率与审计师对被审计单位控制环境的了解相关。例如，管理层没有对舞弊风险作出评估，在某些情况下可能意味着管理层对内部控制缺乏重视。

对于小型被审计单位的特殊考虑

A13. 在某些被审计单位，尤其是小型被审计单位，管理层评估的重点可能是员工舞弊或侵占资产的风险。

管理层识别和应对舞弊风险的程序（参见：第 17 段第（b）项）

A14. 在拥有多处经营地点的被审计单位，管理层的识别和应对过程可能包括对各经营地点或业务分部的不同程度的监督。管理层可能已经识别出可能存在较高舞弊风险的经营地点或业务分部。

询问被审计单位的管理层及其他内部人员（参见：第 18 段）

A15. 审计师通过询问管理层可以获取有关员工舞弊导致的财务报表重大错报风险的有用信息。然而，这种询问难以获取有关管理层舞弊导致的财务报表重大错报风险的有用信息。询问被审计单位内部的其他人员可以为他们提供机会，向审计师传递一些信息，而这些信息是他们本没有机会与其他人沟通的。

A16. 审计师可以就是否存在或可能存在舞弊，直接询问被审计单位内部的下列其他人员：

- 不直接参与财务报告过程的业务人员；
- 拥有不同级别权限的人员；
- 参与生成、处理或记录复杂或异常交易的人员及对其进行监督的人员；
- 内部法律顾问；
- 负责道德事务的主管人员或承担类似职责的人员；
- 负责处理舞弊指控的人员。

A17. 管理层通常最有条件实施舞弊。因此，在保持职业怀疑评价管理层对询问作出的答复时，审计师可能认为有必要通过其他信息印证管理层的答复。

询问内部审计（参见：第 19 段）

A18. 国际审计准则第 315 号和国际审计准则第 610 号对设有内部审计职能部门的实体的审计作出了要求并提供了指引。[16] 在针对舞弊执行上述国际审计准则的规定时，审计师可以询问特定内部审计活动，例如：

- 内部审计师在本期实施的旨在发现舞弊的程序（如有）；
- 管理层是否对实施内部审计程序的结果采取了令人满意的应对措施。

了解治理层实施的监督（参见：第 20 段）

A19. 治理层负责监督被审计单位为监控风险、财务控制和对法律法规的遵守而

---

⑯ 国际审计准则第 315 号，第 23 段，以及《国际审计准则第 610 号——利用内部审计师的工作》。

建立的系统。在许多国家和地区，公司治理实务较为健全，治理层在监督被审计单位对舞弊风险以及相关内部控制的评估中发挥着积极的作用。由于治理层和管理层的责任可能因被审计单位以及所在国家和地区的不同而不同，审计师了解治理层和管理层各自的责任是很重要的，这样才能了解适当人员所实施的监督。[17]

A20. 了解治理层实施的监督，可能有助于审计师了解被审计单位发生管理层舞弊的可能性、与舞弊风险相关的内部控制的充分性以及管理层的胜任能力和诚信程度。审计师可以通过多种方式进行了解，如参加讨论此类问题的会议、阅读上述会议的会议纪要或询问治理层等。

对小型被审计单位的特殊考虑

A21. 在某些情况下，治理层的全部成员参与管理被审计单位。这种情况可能存在于小型被审计单位中，即只有一名业主管理被审计单位，其他人员不具有治理职能。在这种情况下，由于不存在独立于管理层的监督，审计师通常无需采取措施。

考虑其他信息（参见：第 23 段）

A22. 除运用分析程序获取的信息外，审计师获取的有关被审计单位及其环境的其他信息可能有助于识别由于舞弊导致的重大错报风险。项目组成员间的讨论也可能提供有助于识别此类风险的信息。此外，审计师在客户接受和保持过程中获取的信息，以及为被审计单位提供其他服务所获取的经验（如中期财务信息审阅等业务），都可能与识别由于舞弊导致的重大错报风险相关。

评估舞弊风险因素（参见：第 24 段）

A23. 舞弊通常都很隐蔽，因而发现舞弊非常困难。然而，审计师可能识别出表明实施舞弊的动机或压力，或者为实施舞弊提供机会的事项或情况（舞弊风险因素），例如：

- 为满足第三方的预期以获得额外的权益性融资，可能产生实施舞弊的压力；
- 如果达到不切实际的利润目标可以获得大额奖金，可能产生实施舞弊的动机；
- 无效的控制环境可能产生实施舞弊的机会。

A24. 舞弊风险因素不能简单地按重要性排序。舞弊风险因素的重要性差别很大。有的舞弊风险因素虽然存在于被审计单位，但特定条件没有表明存在重大错报风险。因此，确定舞弊风险因素是否存在以及是否在评估由于舞弊导致的财务报表重大错报风险时予以考虑，需要审计师运用职业判断。

A25. 附录 1 列示了与编制虚假财务报告和侵占资产相关的舞弊风险因素。根据

---

[17] 国际审计准则第 260 号，第 A1 – A8 段，讨论当被审计单位的治理结构不明晰时审计师的沟通对象。

舞弊存在时通常伴随着的三种情况，这些风险因素可以分为以下三类：

- 实施舞弊的动机或压力；
- 实施舞弊的机会；
- 为舞弊行为寻找借口的能力。

为舞弊行为寻找借口的风险因素，可能不容易被审计师发现。然而，审计师可能注意到这些信息的存在。虽然附录 1 列示了多种审计师可能遇到的舞弊风险因素，但这些仅仅是举例，还可能存在其他风险因素。

A26. 被审计单位的规模、复杂程度和所有权特征对考虑相关舞弊风险因素具有重大影响。对大型被审计单位，可能存在一些用以约束管理层不当行为的因素，例如：

- 治理层的有效监督；
- 有效的内部审计职能部门；
- 存在书面的行为守则，且该守则能够得到执行。

此外，将业务分部层面考虑的舞弊风险因素与被审计单位整体层面考虑的舞弊风险因素相比较，可能会产生不同的看法。

对于小型被审计单位的特殊考虑

A27. 对小型被审计单位，上述部分或全部考虑因素可能并不适用，或相关性较小。例如，小型被审计单位可能没有书面的行为守则，但可能通过口头交流或管理者示范作用建立一种重视诚信和道德行为的文化氛围。小型被审计单位的管理层由一人掌控，但这本身并不意味着管理者未能展示和传达对内部控制和财务报告过程的恰当态度。在某些被审计单位，对于管理者授权的要求可以弥补内部控制其他方面的缺陷并能降低员工舞弊的风险。然而，由于个人掌控的管理层可能存在管理层凌驾于控制之上的机会，因而可能构成内部控制的潜在缺陷。

识别和评估由于舞弊导致的重大错报风险

收入确认方面的舞弊风险（参见：第 26 段）

A28. 与收入确认相关的由于编制虚假财务报告导致的重大错报通常源于高估收入，如提前确认收入或记录虚假收入。该风险也可能源于低估收入，如不恰当地将本期收入转移到以后期间。

A29. 某些被审计单位在收入确认方面存在的舞弊风险可能高于其他被审计单位。例如，如果上市实体依据收入的逐年增长或利润来衡量业绩，管理层可能有压力或动机通过不恰当的收入确认编制虚假财务报告。类似地，如果被审计单位的现金销售占收入的比例很大，收入确认方面的舞弊风险可能较高。

A30. 在收入确认方面存在舞弊风险的假设可能被推翻。例如，当被审计单位仅存在一种简单的收入交易（如单一租赁资产的租赁收入）时，审计师可能认为在收入确认方面不存在由于舞弊导致的重大错报风险。

识别和评估由于舞弊导致的重大错报风险并了解相关控制（参见：第27段）

A31. 管理层可能会对选择执行的控制的性质和范围，以及选择承担的风险的性质和程度作出判断。[18] 在确定为防止和发现舞弊而执行的控制时，管理层需要考虑由于舞弊导致财务报表发生重大错报的风险。管理层在考虑时可能认为，执行和维护与旨在降低由于舞弊导致的重大错报风险相关的某一特定控制，并不符合成本效益原则。

A32. 审计师了解管理层为防止和发现舞弊而设计、执行和维护的控制是非常重要的。在了解时，审计师可能获知一些情况，如管理层有意识地选择接受缺乏职责分工导致的风险。通过这种了解所获取的信息可能有助于识别舞弊风险因素，这些因素可能影响审计师对由于舞弊导致的财务报表重大错报风险的评估。

应对评估的由于舞弊导致的重大错报风险

总体应对措施（参见：第28段）

A33. 在针对评估的由于舞弊导致的重大错报风险确定总体应对措施时，审计师通常更需要在整体审计工作中保持职业怀疑，例如，通过：

- 在选择拟检查的支持重大交易的文件的性质和范围时，增强敏感性；
- 增强对管理层有关重大事项的解释或声明进行印证的必要性的认识。

除计划特定审计程序外，确定总体应对措施还包括考虑一些更为普遍的事项。这些事项包括第29条列示的事项，以下将对此进行讨论。

人员的分配和监督（参见：第29段第（a）项）

A34. 审计师可以通过以下方式应对识别出的由于舞弊导致的重大错报风险，例如，向项目组额外分派具备专门技能和知识的人员（如法律专家和信息技术专家）或分派更有经验的人员。

A35. 督导的程度需要反映出审计师对由于舞弊导致的重大错报风险的评估以及执行审计工作的项目组成员的胜任能力。

在选择审计程序时增加不可预见性（参见：第29段第（c）项）

A36. 由于熟悉常规审计程序的被审计单位内部人员可能更能够隐瞒虚假财务报

[18] 国际审计准则第315号，第A48段。

告，因此，审计师在选择拟实施的审计程序的性质、时间安排和范围时增加不可预见性是非常重要的。增加不可预见性可以主要通过以下方式实现：

- 对通常由于其重要性或风险程度较低而不会作出测试的账户余额和认定实施实质性程序；
- 调整实施审计程序的时间安排，使之有别于预期的时间安排；
- 运用不同的抽样方法；
- 在不同的经营地点或未预先通知的经营地点实施审计程序。

应对评估的由于舞弊导致的认定层次重大错报风险实施的审计程序（参见：第 30 段）

A37. 审计师针对评估的由于舞弊导致的认定层次重大错报风险采取的应对措施，可能包括通过以下方式改变审计程序的性质、时间安排和范围：

- 改变拟实施审计程序的性质，以获取更可靠和更相关的审计证据或获取额外的佐证信息。这可能影响拟实施审计程序的类型及其组合。例如：
  - 对特定资产进行实地观察或检查变得更重要，或选择使用计算机辅助审计技术以收集更多的有关在重要账户或电子交易文档中包含数据的证据；
  - 设计程序以获取额外的佐证信息。例如，如果审计师发现管理层处于利润预期的压力之下，可能存在虚增收入的相关风险，其虚增收入的方式可能是签署包含影响收入确认条款的销售协议，或在发货前提前开具销售发票。在这种情况下，审计师可以设计询证函，函证的内容不仅包括欠款余额，还包括销售协议的细节，如交易日期、退货权、交货条款等。此外，通过向被审计单位的非财务人员询问销售协议和交货条款的变化，以对函证获取的信息进行补充，也可能是有效的；
  - 实施实质性程序的时间安排可能需要调整。审计师可能认为在期末或接近期末实施实质性程序能够更好地应对由于舞弊导致的重大错报风险。考虑到评估的由于故意错报或利润操纵导致的风险，审计师可能认为将期中实施审计程序得出的审计结论延伸至期末是无效的。相反，由于故意错报（如错报涉及不恰当的收入确认）可能在期中已经发生，审计师可能选择对较早期间发生的交易或整个报告期内的交易实施实质性程序；
  - 实施的审计程序的范围反映对由于舞弊导致的重大错报风险的评估结果。例如，扩大样本规模或在更详细的层次上实施分析程序可能是适当的。同时，计算机辅助审计技术可能有助于审计师对电子交易和会计文档实施更广泛的测试。该技术可用于从关键电子文档中选择交易作为测试样本，对具有特定特征的交易进行分类，或对总体进行测试而不是进行抽样测试。

A38. 如果识别出影响存货数量的由于舞弊导致的重大错报风险，审计师检查被审计单位的存货记录，可能有助于其识别出在盘点过程中或结束后需要特别注意的存货存放地点或存货项目。审计师检查存货记录后可能决定在不预先通知的情况下对特定存放地点的存货实施监盘，或在同一天对所有存放地点的存货实施监盘。

A39. 审计师可能识别出影响多个账户和认定的由于舞弊导致的重大错报风险。这些账户和认定可能包括资产估值、与特定交易相关的估计（如并购、重组或处置某个业务分部）及其他重大预计负债（如养老金及其他离职后福利，或环境补救负债）。该风险也可能与日常估计所依据的假设的重大变化相关。在了解被审计单位及其环境的过程中获取的信息可能帮助审计师评价管理层作出这些估计及其所依据的判断和假设的合理性。对以前期间类似的管理层判断和假设进行追溯复核，也可能有助于评价支持管理层估计的判断和假设的合理性。

A40. 附录 2 列举了应对评估的由于舞弊导致的重大错报风险的审计程序（包括如何增加审计程序的不可预见性）。该附录列举了针对评估的由于编制虚假财务报告（包括由于收入确认导致的虚假财务报告）和侵占资产导致的重大错报风险采取的应对措施。

针对管理层凌驾于控制之上的风险实施的程序

会计分录及其他调整（参见：第 32 段第（a）项）

A41. 由于舞弊导致的财务报表重大错报通常涉及通过作出不恰当或未经授权的会计分录对财务报告过程进行操纵。这种操纵行为可能在整个期间或在期末发生，或由管理层对财务报表金额作出调整，而该调整未在会计分录中反映，如合并调整和重分类调整。

A42. 审计师对不适当地凌驾于会计分录控制之上的重大错报风险进行考虑是非常重要的，这是因为，自动化流程和控制可以降低由于疏忽造成错误的风险，但不能消除人们不恰当地凌驾于这些自动化流程之上的风险（如通过改变自动过入总账或财务报告系统的金额）。此外，当信息技术用于自动传递信息时，在信息系统中可能留下很少或不会留下明显的此类人工干预的证据。

A43. 在识别和选择拟测试的会计分录和其他调整，并针对已选择项目的支持性文件确定适当的测试方法时，可以考虑的相关因素包括：

- 对由于舞弊导致的重大错报风险的评估。审计师识别出的舞弊风险因素和在评估由于舞弊导致的重大错报风险过程中获取的其他信息，可能有助于审计师识别需要测试的特定类别的会计分录和其他调整；

- 对会计分录和其他调整已实施的控制。在审计师已经测试了这些控制运行的有效性的前提下，针对会计分录和其他调整的编制和过账所实施的有效控制，可以缩小所需实施的实质性程序的范围；
- 被审计单位的财务报告过程以及所能获取的证据的性质。在很多被审计单位中，交易的日常处理同时涉及人工和自动化的步骤和程序。类似地，会计分录和其他调整的处理过程也可能同时涉及人工和自动化的程序和控制。当信息技术应用于财务报告过程时，会计分录和其他调整可能仅以电子形式存在；
- 虚假会计分录或其他调整的特征。不恰当的会计分录或其他调整通常具有独特的识别特征。这类特征可能包括：（a）分录记录到不相关、异常或很少使用的账户；（b）分录由平时不负责作出会计分录的人员作出；（c）分录在期末或结账过程中编制，且没有或只有很少的解释或描述；（d）分录在编制财务报表之前或编制过程中编制且没有账户编号；（e）分录金额为约整数或尾数一致；
- 账户的性质和复杂程度。不恰当的会计分录或其他调整可能体现在以下账户中：（a）包含复杂或性质异常的交易的账户；（b）包含重大估计及期末调整的账户；（c）过去易于发生错报的账户；（d）未及时调节的账户，或含有尚未调节差异的账户；（e）包含集团内部不同公司间交易的账户；（f）其他虽不具备上述特征但与已识别的由于舞弊导致的重大错报风险相关的账户。在审计拥有多个经营地点或组成部分的被审计单位时，审计师需考虑从不同的地点选取会计分录进行测试；
- 在常规业务流程之外处理的会计分录或其他调整。针对非标准分录实施的控制的水平与针对为记录日常交易（如每月的销售、采购及现金支出）所编制的分录实施的控制的水平可能不同。

A44. 审计师在确定对会计分录和其他调整进行测试的性质、时间安排和范围时，需要运用职业判断。然而，由于虚假会计分录和其他调整通常在报告期末作出，第32段第（a）项之（ii）要求审计师选择在报告期末作出的会计分录和其他调整进行测试。此外，由于舞弊导致的财务报表重大错报可能发生于整个会计期间，并且舞弊者可能运用各种方式隐瞒舞弊行为，因此第32段第（a）项之（iii）要求审计师考虑是否有必要测试整个会计期间的会计分录和其他调整。

会计估计（参见：第32段第（b）项）

A45. 在编制财务报表的过程中，管理层需要作出影响重大会计估计的一系列判断或假设，并对这些估计的合理性进行持续地监督。管理层通常通过故意作出不当会计估计来编制虚假财务报告，例如，以相同的方式低估或高估所有准备，从而使利润在两个或多个会计期间内得以平滑，或达到某预定的利润水平以影响财务报表使用者对被审计单位业绩和盈利能力的看法，从而欺骗财务报表使用者。

A46. 追溯复核与以前年度财务报表反映的重大会计估计相关的管理层判断和假设，其目的是判断是否存在管理层偏向的迹象，而不是质疑以前年度审计师依据当时可获得的信息而作出的职业判断。

A47. 国际审计准则第540号也要求进行上述复核。[19] 将上述复核作为风险评估程序来实施，其目的是获取有关管理层上期会计估计流程的有效性的信息，有关上期会计估计（与本期会计估计相关）的结果或对其作出的后续重新估计（如适用）的审计证据，以及可能需要在财务报表中披露的事项（如估计的不确定性）的审计证据。在实际工作中，审计师可以根据本国际审计准则的规定并结合国际审计准则第540号的复核要求，对管理层所作的判断和假设进行复核，以评价是否存在管理层偏向，由此可能表明存在由于舞弊导致的重大错报风险。

重大交易的商业理由（参见：第32段第（c）项）

A48. 以下迹象可能表明被审计单位从事超出其正常经营过程的重大交易或虽然未超出其正常经营过程，但显得异常的重大交易，从事这些交易的目的可能是为了对财务信息作出虚假报告或掩盖侵占资产的行为：

- 交易的形式显得过于复杂（例如交易涉及集团内部多个实体，或涉及多个非关联的第三方）；
- 管理层未与治理层就此类交易的性质和会计处理进行过讨论，且缺乏充分的记录；
- 管理层更强调采用某种特定的会计处理的需要，而不是交易的经济实质；
- 对于涉及不纳入合并范围的关联方（包括特殊目的实体）的交易，未经治理层适当审核与批准；
- 交易涉及以往未识别出的关联方，或涉及在没有被审计单位帮助的情况下不具备物质基础或财务能力来支持完成交易的第三方。

评价审计证据（参见：第34－37段）

A49. 国际审计准则第330号要求审计师根据实施的审计程序和获取的审计证据，评价对认定层次重大错报风险的评估是否仍然适当。[20] 这种评价主要是审计师根据判断作出的一种定性评价，可以使审计师加深对由于舞弊导致的重大错报风险的了解，并判断是否有必要实施追加的或不同的审计程序。附录3列示了可能表明存在舞弊的情形。

---

[19] 《国际审计准则第540号——审计会计估计（包括公允价值会计估计）和相关披露》，第9段。

[20] 国际审计准则第330号，第25段。

在临近审计结束时为形成总体结论而实施的分析程序（参见：第 34 段）

A50. 确定哪些特定趋势和关系可能表明存在由于舞弊导致的重大错报风险，需要运用职业判断。涉及年末收入和利润的异常关系尤其相关。这些趋势和关系可能包括：在报告期的最后几周内记录了不寻常的大额收入或异常交易，或收入与经营活动产生的现金流量趋势不一致。

考虑识别出的错报（参见：第 35 - 37 段）

A51. 由于舞弊涉及实施舞弊的动机或压力、机会或借口，因此一个舞弊事项不太可能是孤立发生的事项。例如，在某个经营地点发生了大量的错报，即使这些错报的累积影响并不重大，但仍可能表明存在由于舞弊导致的重大错报风险。

A52. 识别出的舞弊产生的影响取决于具体情况。例如，一项原本不重大的舞弊如果涉及较高层级的管理层，就可能成为一项重大舞弊。在这种情况下，由于怀疑管理层声明的完整性和真实性以及会计记录和文件的真实性，审计师可能质疑以前获取的审计证据的可靠性。此外，还可能存在涉及员工、管理层或第三方的串通舞弊。

A53. 国际审计准则第 450 号[21]和国际审计准则第 700 号[22]对如何评价和处理错报及错报对审计意见的影响作出了规定并提供了指引。

审计师无法继续执行审计业务（参见：第 38 段）

A54. 审计师可能遇到的对其继续执行审计业务的能力产生怀疑的异常情形如下：

- 被审计单位没有针对舞弊采取适当的、审计师根据具体情况认为必要的措施，即使该舞弊对财务报表并不重大；
- 审计师对由于舞弊导致的重大错报风险的考虑以及实施审计测试的结果，表明存在重大且广泛的舞弊风险；
- 审计师对管理层或治理层的胜任能力或诚信产生重大疑虑。

A55. 由于可能出现的情形各不相同，因而难以确切地说明在何时解除业务约定是适当的。影响审计师得出结论的因素包括管理层或治理层成员参与舞弊可能产生的影响（可能会影响到管理层声明的可靠性），以及与被审计单位之间保持客户关系对审计师的影响。

---

[21] 《国际审计准则第 450 号——评价审计过程中识别出的错报》。

[22] 《国际审计准则第 700 号——对财务报表形成审计意见和出具审计报告》。

A56. 审计师需要在这些情形下承担相应的职业责任和法律责任，这些责任可能因国家和地区的不同而不同。例如，在某些国家和地区，审计师可能有权利或有义务向审计业务委托人或监管机构（在某些情况下）作出声明或进行报告。考虑到具体情况的特殊性质以及法律法规的规定，在决定是否解除业务约定并确定适当的措施（包括向股东、监管机构或者其他方报告）时，审计师可能认为征询法律意见是适当的。[23]

对公共部门实体的特殊考虑

A57. 对于公共部门实体，在很多情况下，由于授权审计的文件的性质或出于公众利益的考虑，审计师可能无法解除业务约定。

书面声明（参见：第 39 段）

A58. 国际审计准则第 580 号[24]对向管理层和治理层（如适用）获取适当的声明作出规定并提供指引。不论被审计单位的规模大小，除认可已经履行了编制财务报表的责任外，管理层和治理层（如适用）还认可其设计、执行和维护内部控制以防止和发现舞弊的责任也是非常重要的。

A59. 由于舞弊的性质以及审计师在发现舞弊导致的财务报表重大错报时遇到的困难，审计师向管理层和治理层（如适用）获取书面声明，确认其已向审计师披露了下列信息是非常重要的：

- 管理层对财务报表可能存在由于舞弊导致的重大错报风险的评估结果；
- 对影响被审计单位的舞弊事实、舞弊嫌疑或舞弊指控的了解程度。

与管理层和治理层的沟通

与管理层的沟通（参见：第 41 段）

A60. 当审计师已获取的证据表明存在或可能存在舞弊时，尽快提请适当层级的管理层关注这一事项是很重要的。即使该事项（如被审计单位组织结构中处于较低职位的员工挪用小额公款）可能被认为不重要，审计师也应当这样做。确定拟沟通的适当层级的管理层，需要运用职业判断，并且这一决定受串通舞弊的可能性、舞弊嫌疑的性质和重要程度等事项的影响。通常情况下，适当层级的管理层至少要比涉嫌舞弊的人员高出一个级别。

---

[23] 国际职业会计师道德守则对替换审计师情况下的沟通提供了指引。

[24] 《国际审计准则第 580 号——书面声明》。

与治理层的沟通（参见：第 40 段）

A61. 审计师与治理层的沟通可以采用口头形式，也可以采用书面形式。国际审计准则第 260 号明确了审计师在确定采用口头还是书面形式沟通时需要考虑的因素。[25] 由于涉及较高层级管理层的舞弊或导致财务报表重大错报的舞弊的性质和敏感性，审计师需要及时报告这类舞弊事项，并可能认为有必要以书面形式报告。

A62. 在某些情况下，当注意到舞弊涉及管理层之外的员工，且不会导致重大错报时，审计师也可能认为与治理层沟通这一事项是适当的。类似地，治理层可能也希望获知这方面的信息。如果审计师与治理层在审计初期阶段已就沟通的性质和范围达成一致意见，将有助于这一沟通过程。

A63. 在例外情况下，如果对管理层或治理层的诚信或正直情况产生怀疑，审计师可能认为征询法律意见以确定适当的措施是适当的。

与舞弊相关的其他事项（参见：第 42 段）

A64. 其他需要与治理层讨论的有关舞弊的事项可能包括：

- 对管理层评估的性质、范围和频率的疑虑，这些评估是针对旨在防止和发现舞弊的控制及财务报表可能存在的错报风险而实施的；
- 管理层未能恰当应对识别出的值得关注的内部控制缺陷或舞弊；
- 审计师对被审计单位控制环境的评价，包括对管理层胜任能力和诚信的疑虑；
- 可能表明存在编制虚假财务报告的管理层行为，例如，对会计政策的选择和运用可能表明管理层操纵利润，以影响财务报表使用者对被审计单位业绩和盈利能力的看法，从而欺骗财务报表使用者；
- 对超出正常经营过程的交易的授权的适当性和完整性的疑虑。

向监管机构和执法机构报告（参见：第 43 段）

A65. 审计师对客户信息负有的保密义务可能妨碍其向被审计单位以外的机构报告舞弊。但是，审计师的法律责任在各个国家和地区有所不同。在特定情况下，法律法规或法庭要求可能超越保密义务。在某些国家和地区，金融机构的审计师负有向监管机构报告舞弊行为的法定义务。此外，在某些国家和地区，当管理层和治理层未能采取纠正措施时，审计师也负有向监管机构报告错报的义务。

A66. 在这种情况下，审计师可能认为征询法律意见以确定适当的措施是恰当的，这样做的目的是在对识别出的舞弊涉及的公众利益进行考虑时确定必要的步骤。

---

[25] 国际审计准则第 260 号，第 A38 段。

对公共部门实体的特殊考虑

A67. 对于公共部门，报告舞弊（无论是否通过审计过程发现）的责任可能取决于相关授权审计的文件、法律法规或其他监管机构的具体规定。

附录 1

(参见：第 A25 段)

舞弊风险因素的示例

本附录列示了审计师在各种不同情形下可能遇到的舞弊风险因素举例，以及审计师需要考虑的两种舞弊类型——编制虚假财务报告和侵占资产。对于每种舞弊类型，根据舞弊导致的重大错报发生时通常存在的三种情况，其风险因素被进一步分为三类：(a) 动机或压力；(b) 机会；(c) 态度或借口。尽管所列示的风险因素涵盖了多种情形，但它们只是一些举例，审计师可能识别出其他不同的风险因素。这些举例并非在所有情况下都相关，对于不同规模、不同所有权特征或情况的被审计单位而言，风险因素的重要性可能不同。此外，风险因素示例的列示顺序并不反映它们的相对重要性或发生频率。

与编制虚假财务报告导致的错报相关的舞弊风险因素

以下列示了与编制虚假财务报告导致的错报相关的舞弊风险因素。

动机或压力

财务稳定性或盈利能力受到经济环境、行业状况或被审计单位经营情况的威胁，体现在以下方面：

- 竞争激烈或市场饱和，且伴随着利润率的下降；
- 难以应对技术变革、产品过时、利率调整等因素的急剧变化；
- 客户需求大幅下降，所在行业或总体经济环境中经营失败的情况增多；
- 经营亏损使被审计单位可能破产、丧失抵押品赎回权或遭恶意收购；
- 在财务报表显示盈利或利润增长的情况下，经营活动产生的现金流量经常出现负数，或经营活动不能产生现金流入；
- 高速增长或具有异常的盈利能力，特别是在与同行业其他公司相比时；
- 新发布的会计准则、法律法规或监管要求。

管理层为满足第三方要求或预期而承受过度的压力，这些压力来源于以下方面：

- 投资分析师、机构投资者、重要债权人或其他外部人士对盈利能力或增长趋势存在预期（特别是过分激进的或不切实际的预期），包括管理层在过于乐观的新闻报道和年报信息中作出的预期；
- 需要进行额外的举债或权益融资以保持竞争力，包括为重大研发项目或资本性支出融资；

- 满足交易所的上市要求、偿债要求或其他债务合同要求的能力较弱；
- 报告较差财务成果将对正在进行的重大交易（如企业合并或签订合同）产生可察觉的或实际的不利影响。

获取的信息表明，由于下列原因，管理层或治理层的个人财务状况受到被审计单位财务业绩的影响：

- 在被审计单位中拥有重大经济利益；
- 其报酬中有相当一部分（如奖金、股票期权、基于盈利能力的支付计划）取决于被审计单位能否在股价、经营成果、财务状况或现金流量方面实现激进的目标；①
- 个人为被审计单位的债务提供了担保。

管理层或经营者为实现治理层制定的财务目标（包括销售收入或盈利能力等激励目标）而承受过度的压力。

机会

被审计单位所在行业或其业务的性质为编制虚假财务报告提供了机会，这种机会可能来源于以下几个方面：

- 从事超出正常经营过程的重大关联方交易，或者与未经审计或由其他会计师事务所审计的关联企业进行重大交易；
- 被审计单位具有强大的财务实力或能力，使其在特定行业中处于主导地位，能够对与供应商或客户签订的条款或条件作出强制规定，从而可能导致不适当或不公允的交易；
- 资产、负债、收入或费用建立在重大估计的基础上，这些估计涉及主观判断或不确定性，难以印证；
- 从事重大、异常或高度复杂的交易（特别是临近期末发生的复杂交易，对该交易是否按照“实质重于形式”原则处理存在疑问）；
- 在经济环境及文化背景不同的司法管辖区从事重大经营或重大跨境经营；
- 利用商业中介，而此项安排似乎不具有明确的商业实质；
- 在属于“避税天堂”的司法管辖区开立重要银行账户或者设立子公司或分公司进行经营，而此类安排似乎不具有明确的商业实质。

对管理层的监督由于以下原因失效：

- 管理层由一人或少数人控制（在非业主管理的实体中），且缺乏补偿性控制；

---

① 管理层激励计划可能取决于仅与某些账户或选定的被审计单位活动相关的目标的实现，尽管就被审计单位整体而言这些账户或者活动并不重要。

- 治理层对财务报告过程和内部控制实施的监督无效。

组织结构复杂或不稳定，体现在以下几个方面：

- 难以确定对被审计单位持有控制性权益的组织或个人；
- 组织结构过于复杂，存在异常的法律实体或管理层级；
- 高级管理人员、法律顾问或治理层频繁更换。

内部控制要素由于以下原因存在缺陷：

- 对控制的监督不充分，包括自动化控制以及针对中期财务报告（如要求对外报告）的控制；
- 高离职率或针对会计人员、内部审计人员或信息技术人员的雇佣政策无效；
- 会计系统和信息系统无效，包括内部控制存在值得关注的缺陷的情况。

态度或借口

- 管理层未能有效地传递、执行、支持或贯彻被审计单位的价值观或道德标准，或传递了不适当的价值观或道德标准；
- 非财务的管理层过度参与或过于关注会计政策的选择或重大会计估计的确定；
- 被审计单位、高级管理人员或治理层存在违反证券法或其他法律法规的历史记录，或由于舞弊或违反法律法规而被指控；
- 管理层过于关注保持或提高被审计单位的股票价格或利润趋势；
- 管理层向分析师、债权人或其他第三方承诺实现激进的或不切实际的预期；
- 管理层未能及时纠正发现的值得关注的内部控制缺陷；
- 为了避税的目的，管理层表现出有意通过使用不适当的方法使报告利润最小化；
- 高级管理人员缺乏士气；
- 业主兼经理未对个人事务与公司业务进行区分；
- 股东人数有限的被审计单位股东之间存在争议；
- 管理层总是试图基于重要性原则解释处于临界水平的或不适当的会计处理；
- 管理层与现任或前任审计师之间的关系紧张，表现为以下几个方面：
    - 在会计、审计或报告事项上经常与现任或前任审计师产生争议；
    - 对审计师提出不合理的要求，如对完成审计工作或出具审计报告提出不合理的时间限制；
    - 对审计师接触某些人员、信息或与治理层进行有效沟通施加不适当的限制；
    - 管理层对审计师表现出盛气凌人的态度，特别是试图影响审计师的工作范围，或者影响对执行审计业务的人员或被咨询人员的选择和保持。

与侵占资产导致的错报相关的舞弊风险因素

根据舞弊发生时通常存在的三种情况，与侵占资产导致的错报相关的舞弊风险因素也分为三类：动机或压力、机会、态度或借口。当发生由于侵占资产导致的错报时，可能同时存在一些与编制虚假财务报告导致的错报相关的舞弊风险因素。例如，当存在由于编制虚假财务报告或侵占资产导致的错报时，可能存在对管理层的监督失效以及其他内部控制缺陷的情况。以下列示了与侵占资产导致的错报相关的舞弊风险因素。

动机或压力

如果接触现金或其他易被侵占（通过盗窃）资产的管理层或员工负有个人债务，可能会导致产生侵占这些资产的压力。

接触现金或其他易被盗窃资产的员工与被审计单位之间存在的紧张关系可能促使这些员工侵占资产。例如，以下几种情形可能产生紧张关系：

- 已知或预期会发生裁员；
- 近期或预期员工报酬或福利计划会发生变动；
- 晋升、报酬或其他奖励与预期不符。

机会

资产的某些特性或特定情形可能增加其被侵占的可能性。例如，当存在下列资产时，其被侵占的机会将增加：

- 持有或处理大额现金；
- 体积小、价值高或需求大的存货；
- 易于转手的资产，如无记名债券、钻石或计算机芯片；
- 体积小、易于销售或不易识别所有权归属的固定资产。

与资产相关的不恰当的内部控制可能增加资产被侵占的可能性。例如，以下情形可能导致资产被侵占：

- 职责分离或独立审核不充分；
- 对高级管理人员的支出（如差旅费及其他报销费用）的监督不足；
- 管理层对负责保管资产的员工的监管不足（如对保管处于偏远地区的资产的员工监管不足）；
- 对接触资产的员工选聘不严格；
- 对资产的记录不充分；
- 对交易（如采购）的授权及批准制度不健全；
- 对现金、投资、存货或固定资产等的实物保管措施不充分；

- 未对资产作出完整、及时的核对调节；
- 未对交易作出及时、适当的记录（如销货退回的冲销处理）；
- 对处于关键控制岗位的员工未实行强制休假制度；
- 管理层对信息技术缺乏了解，从而使信息技术人员有机会侵占资产；
- 对自动生成的记录的访问控制（包括对计算机系统日志的控制和复核）不充分。

态度或借口

- 忽视监控或降低与侵占资产相关的风险的必要性；
- 忽视与侵占资产相关的内部控制，如凌驾于现有的控制之上或未对已知的内部控制缺陷采取适当的补救措施；
- 被审计单位人员的行为表明其对被审计单位感到不满，或对被审计单位对待员工的态度感到不满；
- 被审计单位人员在行为或生活方式方面发生的变化可能表明资产已被侵占；
- 容忍小额盗窃资产的行为。

附录 2

（参见：第 A40 段）

应对评估的由于舞弊导致的重大错报风险可能实施的审计程序的示例

以下是应对评估的由于编制虚假财务报告和侵占资产两种舞弊行为导致的重大错报风险可能实施的审计程序的示例。尽管这些程序涵盖了多种情形，但它们只是一些举例，因此，并非在任何情形下都是最恰当的或必要的。此外，以下程序的列示顺序并不反映它们的相对重要性。

对认定层次的考虑

针对审计师评估的由于舞弊导致的重大错报风险的具体应对措施，可能因识别出的舞弊风险因素或条件的类型及其组合，以及可能受影响的各类交易、账户余额、披露及认定的不同而不同。

以下是具体应对措施的示例：

- 出其不意地或在没有预先通知的情况下进行实地查看或执行特定测试。例如，在没有预先通知的情况下观察某些存放地点的存货，或出其不意地在特定日期对现金进行盘点；
- 要求在报告期末或尽可能接近期末的时点实施存货盘点，以降低被审计单位在盘点完成日与报告期末之间操纵存货余额的风险；
- 改变本年审计方案。例如，在发出书面询证函的同时口头联系主要的客户及供应商，或者向某一组织中的特定人员发出询证函，或者寻求更多或不同的信息；
- 详细复核被审计单位季末或年末的调整分录，并对在性质或金额方面表现异常的分录进行调查；
- 对于重大且异常的交易，尤其是年末或临近年末发生的交易，调查其涉及关联方的可能性，以及支持交易的财务资源的来源；
- 使用分解的数据实施实质性分析程序。例如，按地区、产品线或月份将销售收入和销售成本与审计师的预期进行比较；
- 询问涉及识别出的由于舞弊导致重大错报风险的领域的人员，了解其对该风险的看法，以及所实施的控制能否应对和如何应对该风险；
- 当其他独立审计师正在对被审计单位的一个或多个子公司、分支机构或分公司的财务报表进行审计时，与其讨论所需执行工作的范围，以应对评估的由于舞弊导致的重大错报风险，这些风险是由这些组成部分之间进行的交易和活动产生的；

- 如果某位专家的工作对于某一财务报表项目（其由于舞弊导致的错报风险被评估为高水平）格外重要，针对该专家的部分或全部假设、方法或发现实施追加的程序以确定该专家的发现是否不合理，或聘请其他专家实现该目的；
- 实施审计程序以分析所选择的以前已审计的资产负债表账户的期初余额，从事后的角度评价涉及会计估计和判断的特定事项（如销售退回的准备）是如何得以解决的；
- 对被审计单位编制的账目或其他调节表实施审计程序，包括考虑期中执行的调节；
- 利用计算机辅助审计技术，例如数据采集以测试总体中的异常项目；
- 测试计算机生成的记录和交易的完整性；
- 从被审计单位以外的来源获取额外的审计证据。

具体应对措施——由于编制虚假财务报告导致的错报

针对审计师评估的由于编制虚假财务报告导致的重大错报风险的应对措施举例如下：

收入确认

- 针对收入项目，使用分解的数据实施实质性分析程序，例如，按照月份、产品线或业务分部将本期收入与具有可比性的以前期间收入进行比较。利用计算机辅助审计技术可能有助于发现异常的或未预期到的收入关系或交易；
- 向被审计单位的客户函证相关的特定合同条款以及是否存在背后协议，因为相关的会计处理是否适当，往往会受到这些合同条款或协议的影响，并且这些合同条款或协议所涉及的销售折扣或其相关期间往往记录得不清楚。例如，商品接受标准、交货与付款条件、不承担期后或持续性的卖方义务、退货权、保证转售金额以及撤消或退款等条款在此种情形下通常是相关的；
- 向被审计单位的销售和营销人员或内部法律顾问询问临近期末的销售或发货情况，以及他们所了解的与这些交易相关的异常条款或条件；
- 期末在被审计单位的一处或多处发货现场实地观察发货情况或准备发出的货物情况（或待处理的退货），并实施其他适当的销售及存货截止测试；
- 对于通过电子方式自动生成、处理、记录的销售交易，实施控制测试以确定这些控制是否能够为所记录的收入交易已真实发生并得到适当地记录提供保证。

存货数量

- 检查被审计单位的存货记录，以识别在被审计单位盘点过程中或结束后需要特别关注的存货存放地点或存货项目；
- 在不预先通知的情况下对特定存放地点的存货实施监盘，或在同一天对所有存放地点实施存货盘点；
- 要求被审计单位在报告期末或临近期末的时点实施存货盘点，以降低被审计单位在盘点日与报告期末之间操纵存货数量的风险；
- 在观察存货盘点的过程中实施追加的程序，例如，更严格地检查包装箱中的货物、货物堆放方式（如堆为中空）或标记方式、液态物质（如香水、特殊的化学物质）的质量特征（如纯度、品级或浓度）。利用专家的工作可能在此方面有所帮助；
- 按照存货的等级或类别、存放地点或其他分类标准，将本期存货数量与前期进行比较，或将盘点数量与永续盘存记录进行比较；
- 利用计算机辅助审计技术进一步测试存货实物盘点目录的编制。例如，按标签号进行检索以测试存货的标签控制，或按照项目的顺序编号进行整理以检查是否存在漏记或重复编号。

管理层估计

- 聘用专家作出独立估计，并与管理层的估计进行比较；
- 将询问范围延伸至管理层和会计部门以外的人员，以印证管理层完成与作出会计估计相关的计划的能力和意图。

具体应对措施——由于侵占资产导致的错报

应对措施因被审计单位具体情况的不同而不同。在通常情况下，对评估的由于侵占资产导致的重大错报风险采取的应对措施，将针对特定的账户余额和特定类别的交易。尽管上述两类应对措施中的部分措施也可能适用于这种情形，但其工作范围应针对识别出的与侵占资产风险相关的特定信息。

针对审计师评估的由于侵占资产导致的重大错报风险的应对措施举例如下：

- 在年末或临近年末对现金或有价证券进行监盘；
- 直接向被审计单位的客户函证所审计期间的交易活动（包括赊销记录、销售退回情况、付款日期等）；
- 分析已注销账户的恢复使用情况；
- 按照存货存放地点或产品类型分析存货短缺情况；

- 将关键存货指标与行业正常水平进行比较；
- 对于发生减计的永续盘存记录，复核其支持性文件；
- 利用计算机技术将供货商名单与被审计单位员工名单进行对比，以识别地址或电话号码相同的数据；
- 利用计算机技术检查工资单记录中是否存在重复的地址、员工身份证明、纳税识别编号或银行账号；
- 检查人事档案中是否存在只有很少记录或缺乏记录的档案，如缺少绩效考评的档案；
- 分析销售折扣和销售退回等，以识别异常的模式或趋势；
- 向第三方函证合同的具体条款；
- 获取合同是否按照规定的条款得以执行的审计证据；
- 复核大额和异常的费用开支是否适当；
- 复核被审计单位向高级管理人员和关联方提供的贷款的授权及其账面价值；
- 复核高级管理人员提交的费用报告的金额及适当性。

附录 3

（参见：第 A49 段）

表明可能存在舞弊情形的示例

以下是表明财务报表可能存在由于舞弊导致的重大错报的情形的示例。

会计记录中的差异

- 对交易的记录不完整或不及时，或对交易的金额、会计期间、分类或被审计单位会计政策的记录不恰当；
- 账户余额或交易缺乏证据支持或未经授权；
- 在最后时间编制的对财务成果产生重大影响的调整分录；
- 有证据表明员工对系统和记录的访问权限不符合其职权范围；
- 向审计师传递的有关舞弊指控的消息或投诉。

审计证据不一致或缺失

- 文件丢失；
- 文件存在改动迹象；
- 预期存在文件原件的情况下，仅能获取复印件或电子版本；
- 调节表中包含无法解释的重大项目；
- 资产负债表项目、财务趋势或重要财务比率或关系发生异常变动，例如，应收账款的增长比收入增长快；
- 管理层或员工对审计师的询问或实施分析程序的结果作出的答复或解释不一致、含糊不清或不合理；
- 被审计单位的记录与询证函回函之间存在异常差异；
- 应收账款记录中存在大量的贷方分录和其他调整；
- 应收账款明细账与总账或客户对账单与应收账款明细账之间存在难以解释的或解释不当的差异；
- 作废的支票丢失或根本不存在，而通常情况下，作废的支票与银行单据一起被退回至被审计单位；
- 大额存货或实物资产丢失；
- 难以获取电子证据或电子证据缺失（不符合被审计单位的记录保存惯例或政策）；
- 询证函回函数量低于或高于预期；

- 无法为本期的系统变更和系统配置工作提供关键的系统开发、程序变更测试以及系统实施活动方面的证据。

审计师与管理层之间紧张或异常的关系

- 管理层不允许审计师接触可能提供审计证据的某些记录、设备、特定员工、客户、供应商或其他人员；
- 管理层对解决复杂或有争议的问题施加不合理的时间压力；
- 管理层对审计工作的开展表示不满，或威胁项目组成员，特别是有关审计师对审计证据作出的关键评价或与管理层之间潜在意见分歧的解决等事项；
- 被审计单位在向审计师提供其要求的信息时发生不正常的拖延；
- 管理层不愿意配合审计师接触重要的电子文档，使其不能运用计算机辅助审计技术进行测试；
- 管理层不允许审计师接触关键的信息技术操作人员（包括系统安全、系统操作和系统开发人员）及设备；
- 管理层不愿意对财务报表披露作出补充或修改，以使其更加完整、易懂；
- 管理层不愿意及时处理已识别出的内部控制缺陷。

其他方面

- 管理层不愿意让审计师与治理层单独会谈；
- 会计政策似乎与行业惯例存在差异；
- 会计估计变更频繁，且似乎并非由所处环境的变化所致；
- 容忍违反被审计单位行为守则的行为。

国际审计准则第250号
财务报表审计中对法律法规的考虑

（适用于会计期间开始于2009年12月15日及以后的财务报表审计）

目　　录

《国际审计准则第250号——财务报表审计中对法律法规的考虑》应当与《国际审计准则第200号——独立审计师的总体目标和按照国际审计准则执行审计工作》一并阅读。

引　言

本国际审计准则的范围

1. 本国际审计准则规范了审计师在财务报表审计中对法律法规的考虑。本国际审计准则不适用于审计师接受专项委托，对被审计单位遵守特定法律法规进行单独测试并出具报告的鉴证业务。

法律法规的影响

2. 不同的法律法规对财务报表的影响差异很大。被审计单位需要遵守的法律法规构成了法律法规框架。某些法律法规的规定对财务报表有直接影响，决定被审计单位财务报表中报告的金额和披露。而有些法律法规需要管理层遵守，或规定了允许被审计单位开展经营活动的条件，但不会对财务报表产生直接影响。某些被审计单位处于高度管制的行业，如银行或化工企业等。而有些被审计单位仅受到通常与经营活动相关的许多法律法规的制约，如职业安全和健康、公平就业机会等。违反法律法规可能导致被审计单位面临罚款、诉讼或其他对财务报表产生重大影响的后果。

遵守法律法规的责任（参见：第 A1－A6 段）

3. 在治理层的监督下，保证被审计单位按照法律法规的规定开展经营活动，包括遵守那些决定财务报表中报告的金额和披露的法律法规的规定，是管理层的责任。

审计师的责任

4. 本国际审计准则旨在帮助审计师识别由于违反法律法规导致的财务报表重大错报。然而，审计师没有责任防止被审计单位违反法律法规，也不能期望其发现所有的违反法律法规行为。

5. 审计师有责任对财务报表整体不存在重大错报获取合理保证，无论该错报是由于舞弊还是错误导致。[①] 在执行财务报表审计时，审计师需要考虑适用于被审计单位的法律法规框架。由于审计的固有限制，即使审计师按照国际审计准则的规定恰当地计划和执行审计工作，也不可避免地存在财务报表中的某些重大错报未被发

① 《国际审计准则第 200 号——独立审计师的总体目标和按照国际审计准则执行审计工作》，第 5 段。

现的风险。[2] 就法律法规而言，由于下列原因，审计的固有限制对审计师发现重大错报的能力的潜在影响会加大：

- 许多法律法规主要与被审计单位经营活动相关，通常不影响财务报表，且不能被与财务报告相关的信息系统所获取；
- 违反法律法规可能涉及故意隐瞒的行为，如共谋、伪造、故意漏记交易、管理层凌驾于控制之上或故意向审计师提供虚假陈述；
- 某行为是否构成违反法律法规，最终只能由法院认定。

通常情况下，违反法律法规与财务报表反映的交易和事项越不相关，就越难以被审计师关注或识别。

6. 本国际审计准则对审计师的责任的界定，是根据被审计单位需要遵守的下列两类不同的法律法规而作出的：

（a）通常对决定财务报表中的重大金额和披露有直接影响的法律法规（如税收和退休金方面的法律法规）；（参见：第 13 段）

（b）对决定财务报表中的金额和披露没有直接影响的其他法律法规，但遵守这些法律法规（如遵守经营许可条件、监管机构对偿债能力的规定或环境保护要求）对被审计单位的经营活动、持续经营能力或避免大额罚款至关重要；违反这些法律法规，可能对财务报表产生重大影响。（参见：第 14 段）

7. 针对上述两类不同的法律法规，本国际审计准则分别作出不同的规定。针对第 6 段第（a）项提及的法律法规，审计师的责任是，就被审计单位遵守这些法律法规的规定获取充分、适当的审计证据。针对第 6 段第（b）项提及的法律法规，审计师的责任仅限于实施特定的审计程序，以有助于识别可能对财务报表产生重大影响的违反这些法律法规的行为。

8. 为了对财务报表形成审计意见而实施的其他审计程序，可能使审计师识别出或怀疑被审计单位存在违反法律法规行为，本国际审计准则要求审计师对此保持警觉。在此背景下，考虑到法律法规对被审计单位产生影响的范围，按照国际审计准则第 200 号[3]的规定，在整个审计过程中保持职业怀疑尤为重要。

生效日期

9. 本国际审计准则适用于会计期间开始于 2009 年 12 月 15 日及以后的财务报表审计。

---

② 国际审计准则第 200 号，第 A51 – A52 段。

③ 国际审计准则第 200 号，第 15 段。

目　标

10. 审计师的目标是：

（a）针对通常对决定财务报表中的重大金额和披露有直接影响的法律法规的规定，获取被审计单位遵守这些规定的充分、适当的审计证据；

（b）针对其他法律法规，实施特定的审计程序，以有助于识别可能对财务报表产生重大影响的违反这些法律法规的行为；

（c）恰当应对在审计过程中识别出的或怀疑存在的违反法律法规行为。

定　义

11. 就本国际审计准则而言，对下列术语给予以下定义：

违反法律法规，是指被审计单位有意或无意违背现行法律法规的行为。例如，被审计单位进行的或以被审计单位名义进行的违反法律法规的交易，或者治理层、管理层或员工代表被审计单位进行的违反法律法规的交易。违反法律法规不包括由治理层、管理层或员工实施的、与被审计单位经营活动无关的不当个人行为。

要　求

审计师对被审计单位遵守法律法规的考虑

12. 按照国际审计准则第315号的规定，[④] 在了解被审计单位及其环境时，审计师应当总体了解下列事项：

（a）适用于被审计单位及其所处行业或领域的法律法规框架；

（b）被审计单位如何遵守这些法律法规框架。（参见：第A7段）

13. 针对通常对决定财务报表中的重大金额和披露有直接影响的法律法规的规定，审计师应当获取被审计单位遵守这些规定的充分、适当的审计证据。（参见：第A8段）

14. 审计师应当实施下列审计程序，以有助于识别可能对财务报表产生重大影

④ 《国际审计准则第315号——通过了解被审计单位及其环境识别和评估重大错报风险》，第11段。

响的违反其他法律法规的行为：（参见：第 A9 – A10 段）

（a）向管理层和治理层（如适用）询问被审计单位是否遵守了这些法律法规；

（b）检查被审计单位与许可证颁发机构或监管机构的往来函件。

15. 在审计过程中实施的其他审计程序可能使审计师识别出或怀疑存在违反法律法规行为，审计师应当对此保持警觉。（参见：第 A11 段）

16. 审计师应当要求管理层和治理层（如适用）提供书面声明，以表明被审计单位已向审计师披露了所有知悉的、且在编制财务报表时应当考虑其影响的违反法律法规行为或怀疑存在的违反法律法规行为。（参见：第 A12 段）

17. 在没有识别出或不怀疑被审计单位违反法律法规的情况下，除执行第 12 – 16 段所述的工作外，审计师不必针对被审计单位遵守法律法规实施其他审计程序。

识别出或怀疑存在违反法律法规行为时实施的审计程序

18. 如果注意到与识别出的或怀疑存在的违反法律法规行为相关的信息，审计师应当：（参见：第 A13 段）

（a）了解违反法律法规行为的性质及其发生的环境；

（b）获取进一步的信息，以评价对财务报表可能产生的影响。（参见：第 A14 段）

19. 如果怀疑被审计单位存在违反法律法规行为，审计师应当就此与管理层和治理层（如适用）进行讨论。如果管理层或治理层不能提供充分的信息，证明被审计单位遵守了法律法规，并且审计师根据判断认为怀疑存在的违反法律法规行为可能对财务报表产生重大影响，审计师应当考虑是否需要征询法律意见。（参见：第 A15 – A16 段）

20. 如果针对怀疑存在的违反法律法规行为不能获取充分的信息，审计师应当评价缺乏充分、适当的审计证据对审计意见的影响。

21. 审计师应当评价违反法律法规行为对审计的其他方面可能产生的影响，包括对审计师风险评估和被审计单位书面声明可靠性的影响，并采取适当措施。（参见：第 A17 – A18 段）

对识别出的或怀疑存在的违反法律法规行为的报告

向治理层报告违反法律法规行为

22. 除非治理层全部成员参与管理被审计单位，因而知悉审计师已沟通的、涉及识别出的或怀疑存在的违反法律法规行为的事项，[⑤] 审计师应当与治理层沟通审计过程中注意到的有关违反法律法规的事项，但不必沟通明显不重要的事项。

⑤ 《国际审计准则第 260 号——与治理层的沟通》，第 13 段。

23. 如果根据判断认为第 22 段提及的违反法律法规行为是故意和重大的，审计师应当就此尽快向治理层通报。

24. 如果怀疑违反法律法规涉及管理层或治理层，审计师应当向被审计单位审计委员会或监事会等更高层次的机构通报。如果不存在更高层次的机构，或者审计师认为被审计单位可能不会对通报作出反应，或者审计师不能确定向谁报告，审计师应当考虑是否需要征询法律意见。

在财务报表审计报告中报告违反法律法规行为

25. 如果认为违反法律法规行为对财务报表具有重大影响，且未能在财务报表中得到充分反映，审计师应当按照国际审计准则第 705 号的规定，发表保留意见或否定意见。⑥

26. 如果因管理层或治理层阻挠而无法获取充分、适当的审计证据，以评价是否存在或可能存在对财务报表产生重大影响的违反法律法规行为，审计师应当按照国际审计准则第 705 号的规定，根据审计范围受到限制的程度，发表保留意见或无法表示意见。

27. 如果由于审计范围受到管理层或治理层以外的其他方面的限制而无法确定被审计单位是否存在违反法律法规行为，审计师应当按照国际审计准则第 705 号的规定，评价这一情况对审计意见的影响。

向监管机构和执法机构报告违反法律法规行为

28. 如果识别出或怀疑存在违反法律法规行为，审计师应当考虑是否有责任向被审计单位以外的相关机构或人员报告。（参见：第 A19 – A20 段）

审计工作底稿

29. 审计师应当在审计工作底稿中记录识别出的或怀疑存在的违反法律法规行为，以及与管理层、治理层和被审计单位以外的相关机构或人员（如可行）进行讨论的结果。⑦ （参见：第 A21 段）

---

⑥ 《国际审计准则第 705 号——在独立审计师报告中发表非无保留意见》，第 7 – 8 段。
⑦ 《国际审计准则第 230 号——审计工作底稿》，第 8 – 11 段，第 A6 段。

应用和其他解释性材料

遵守法律法规的责任（参见：第3－8段）

A1．管理层的责任是在治理层的监督下确保被审计单位的经营活动符合法律法规的规定。法律法规可能以不同的方式影响被审计单位的财务报表：例如，最直接的方式是可能规定了适用的财务报告框架或者影响被审计单位需要在财务报表中作出的具体披露。法律法规也可能确立了被审计单位的某些法定权利和义务，其中部分权利和义务将在财务报表中予以确认。此外，法律法规还可能规定了对违反法律法规行为的惩罚。

A2. 下面列示的是被审计单位可能实施的政策和程序的示例，有助于防止和发现违反法律法规行为：

- 跟踪法律法规的变化，确保设计的经营程序符合法律法规的规定；
- 建立和执行适当的内部控制；
- 制定、公布和落实行为守则；
- 确保员工得到适当培训，了解行为守则；
- 监控行为守则的遵守情况，对违反行为守则的员工采取恰当的措施给予处分；
- 聘请法律顾问以帮助管理层跟踪法律法规的变化；
- 汇编重要的、被审计单位在其所处行业必须遵守的法律法规，保存被投诉的记录。

对于大型被审计单位，通过将职责适当分配给下列机构，对前款所述政策和程序作出补充：

- 内部审计职能部门；
- 审计委员会；
- 合规部门。

审计师的责任

A3. 被审计单位违反法律法规的行为可能导致财务报表的重大错报。发现的违反法律法规行为，无论其重要程度如何，都可能影响审计工作的其他方面，如影响审计师对管理层或员工诚信的考虑。

A4. 确定一项行为是否构成违反法律法规行为，是需要作出法律裁决的，通常超出审计师的专业胜任能力。然而，培训、经验和对被审计单位及其所在行业或部门的了解，可以为审计师确定注意到的某些行为是否构成违反法律法规行为提供基础。

A5. 作为财务报表审计的一部分，某些法律法规可能特别要求审计师报告被审计单位是否遵守了某些法律法规的条款。在这种情况下，国际审计准则第 700 号[8]或国际审计准则第 800 号[9]规范了审计师如何在审计报告中说明自身的审计责任。进一步讲，如果存在特定的法定报告要求，审计师可能有必要在审计计划中增加测试这些法律法规遵守情况的恰当程序。

对公共部门实体的特殊考虑

A6. 在公共部门，可能存在与考虑法律法规相关的额外审计责任，这些法律法规可能与财务报表审计相关，或延伸到公共部门实体经营活动的其他方面。

审计师对被审计单位遵守法律法规的考虑

获取对法律法规框架的了解（参见：第 12 段）

A7. 为了总体了解法律法规框架以及被审计单位如何遵守该框架，审计师可以采取下列措施：

- 利用对被审计单位行业状况、监管环境以及其他外部因素的现有了解；
- 更新对直接决定财务报表中的报告金额和披露的法律法规的了解；
- 向管理层询问对被审计单位经营活动预期可能产生至关重要影响的其他法律法规；
- 向管理层询问被审计单位制定的有关遵守法律法规的政策和程序；
- 向管理层询问在识别、评价和会计处理诉讼索赔时采用的政策和程序。

通常认为对决定财务报表中的重大金额和披露有直接影响的法律法规（参见：第 13 段）

A8. 某些法律法规已经较为完善，为被审计单位及其所在行业或部门所知悉，并与被审计单位财务报表相关（如第 6 段第（a）项所述）。这些法律法规可能与下列事项相关：

- 财务报表的格式和内容；
- 特定行业的财务报告问题；
- 根据政府合同对交易进行的会计处理；
- 所得税费用或退休金成本的应计或确认。

这些法律法规的某些规定可能与财务报表中的特定认定直接相关（如所得税费用的完整性），而其他规定可能与财务报表整体直接相关（如规定的构成整套财务报表

---

⑧ 《国际审计准则第 700 号——在独立审计师报告中发表非无保留意见》，第 38 段。
⑨ 《国际审计准则第 800 号——对按照特殊目的框架编制的财务报表审计的特殊考虑》，第 11 段。

的报表)。第13段规定，针对通常对决定财务报表中的重大金额和披露有直接影响的法律法规的规定，审计师应当获取被审计单位遵守这些规定的充分、适当的审计证据。

违反这些法律法规的其他条款或其他相关法律法规，可能给被审计单位带来罚款、诉讼或其他后果，相关成本需要在财务报表中列报，但是不视为第6段第（a）项所述的对财务报表产生直接影响。

识别违反其他法律法规的行为的程序（参见：第14段）

A9. 其他法律法规可能因其对被审计单位的经营活动具有至关重要的影响（如第6段第（b）项所述)，需要审计师予以特别关注。违反此类法律法规可能导致被审计单位终止业务活动或对其持续经营能力产生疑虑。例如，违反许可证规定或经营的权限（如对银行来说违反资本或投资规定)，可能产生这种后果。同时，存在许多与被审计单位经营活动相关的法律法规，它们并不对财务报表产生影响，也不会被与财务报告相关的信息系统反映。

A10. 其他法律法规对财务报告产生的后果因被审计单位经营活动而异。因此，第14段规定的审计程序旨在使审计师注意对财务报表产生重大影响的违反法律法规行为。

实施其他审计程序使审计师注意到违反法律法规行为（参见：第15段）

A11. 为形成审计意见所实施的审计程序，可能使审计师注意到识别出的或怀疑存在的违反法律法规行为。这些审计程序可能包括：

- 阅读会议纪要；
- 向被审计单位管理层、内部或外部法律顾问询问诉讼、索赔及评估情况；
- 对某类交易、账户余额和披露实施细节测试。

书面声明（参见：第16段）

A12. 由于法律法规对财务报表的影响差异很大，对于管理层识别出的或怀疑存在的、可能对财务报表产生重大影响的违反法律法规行为，书面声明可以提供必要的审计证据。然而，书面声明本身并不提供充分、适当的审计证据，因此，不影响审计师拟获取的其他审计证据的性质和范围。[⑩]

识别出或怀疑存在违反法律法规行为时实施的审计程序

违反法律法规行为的迹象（参见：第18段）

A13. 如果审计师发现下列事项或相关信息，可能表明被审计单位存在违反法律

---

⑩ 《国际审计准则第580号——书面声明》，第4段。

法规行为：

- 受到监管机构、政府部门的调查，或者支付罚金或受到处罚；
- 向未指明的服务付款，或向顾问、关联方、员工或政府雇员提供贷款；
- 与被审计单位或所处行业正常支付水平或实际收到的服务相比，支付过多的销售佣金或代理费用；
- 采购价格显著高于或低于市场价格；
- 异常的现金支付，以银行本票向持票人付款的方式采购或将资金转移给匿名的银行账户；
- 与在“避税天堂”注册的公司存在异常交易；
- 向货物或服务原产地以外的国家付款；
- 在没有适当的交易控制记录的情况下付款；
- 因系统设计存在问题或因突发性故障，现有的信息系统不能提供适当的审计轨迹或充分的证据；
- 交易未经授权或记录不当；
- 负面的媒体评论。

与审计师的评价相关的事项（参见：第 18 段第（b）项）

A14. 与审计师评价对财务报表可能产生影响相关的事项包括：

- 违反法律法规行为对财务报表产生的潜在财务后果，包括受到罚款、处分、赔偿、封存财产、强制停业和诉讼等；
- 潜在财务后果是否需要列报；
- 潜在财务后果是否非常严重，以致对财务报表的公允列报产生怀疑或导致财务报表产生误导。

审计程序（参见：第 19 段）

A15. 如果治理层能够提供额外的审计证据，审计师可以与治理层讨论其发现。例如，对与可能导致违反法律法规的交易或事项相关的事实和情况，审计师可以证实治理层是否对此具有相同的理解。

A16. 如果管理层或治理层（如适用）不能向审计师提供充分的信息，证明被审计单位遵守了法律法规，审计师可以考虑向被审计单位内部或外部的法律顾问咨询有关法律法规在具体情况下的运用，包括舞弊的可能性以及对财务报表的影响。如果认为向被审计单位法律顾问咨询是不适当的或不满意其提供的意见，审计师可以考虑向其会计师事务所的法律顾问咨询，以确定被审计单位是否存在违反法律法规行为、可能导致的法律后果（包括舞弊的可能性），以及可能采取的进一步行动。

评价违反法律法规行为的影响（参见：第 21 段）

A17. 根据第 21 段的要求，审计师应当评价违反法律法规行为对审计的其他方面可能产生的影响，包括对审计师风险评估和被审计单位书面声明可靠性的影响。审计师识别出的违反法律法规行为的影响，取决于该行为的实施和隐瞒（如存在）与具体控制活动之间的关系，以及牵涉的管理人员或员工的级别，尤其是被审计单位最高权力机构参与违反法律法规行为所产生的影响。

A18. 在例外情况下，如果管理层或治理层没有采取审计师认为适合具体情况的补救措施，即使违反法律法规行为对财务报表不重要，审计师也可能考虑是否有必要解除业务约定（在法律法规允许的情况下）。在决定是否有必要解除业务约定时，审计师可以考虑征询法律意见。如果不能解除业务约定，审计师可以考虑替代方案，包括在审计报告的其他事项段中描述违反法律法规行为。[11]

对识别出的或怀疑存在的违反法律法规行为的报告

向监管机构和执法机构报告违反法律法规行为（参见：第 28 段）

A19. 审计师对客户信息负有的保密义务可能妨碍其向被审计单位以外的第三方报告识别出的或怀疑存在的违反法律法规行为。在不同的司法管辖区，审计师的法律责任不尽相同；在某些情况下，保密义务因法律法规而得以豁免。在某些司法管辖区，从事金融机构审计的审计师负有法定义务向监管机构报告存在或可能存在的违反法律法规行为。而在某些司法管辖区，如果被审计单位财务报表存在错报而管理层和治理层（如适用）没有采取纠正措施，审计师需要向监管机构报告错报。在这种情况下，审计师可以考虑征询法律意见以确定适当措施。

对公共部门实体的特殊考虑

A20. 公共部门实体审计师可能有义务向监管机构或政府部门报告违反法律法规行为，或者在审计报告中反映。

审计工作底稿（参见：第 29 段）

A21. 审计师对识别出的或怀疑存在的违反法律法规行为有关情况形成的审计工作底稿可能包括：

- 记录或文件的复印件；
- 与管理层、治理层或被审计单位以外的机构或人员讨论的纪要。

---

[11] 《国际审计准则第 706 号——在独立审计师报告中增加强调事项段和其他事项段》，第 8 段。

国际审计准则第260号
与治理层的沟通

（适用于会计期间开始于2009年12月15日及以后的财务报表审计）*

目　录

《国际审计准则第260号——与治理层的沟通》应当与《国际审计准则第200号——独立审计师的总体目标和按照国际审计准则执行审计工作》一并阅读。

* 因《国际审计准则第610号（修订）——利用内部审计师的工作》而作的相应修订，将适用于会计期间结束于2013年12月15日及以后的财务报表审计。

引 言

本国际审计准则的范围

1. 本国际审计准则规范了审计师在财务报表审计中与治理层沟通的责任。尽管无论被审计单位的治理结构和规模如何，本国际审计准则都适用，但是对于治理层全部参与被审计单位的管理的情形以及上市实体有一些特殊考虑。本国际审计准则并不规范审计师与被审计单位管理层或所有者的沟通，除非他们同时还履行治理职责。

2. 本国际审计准则是针对财务报表审计制定的，但对于其他历史性财务信息审计，如果治理层负有监督其他历史性财务信息编制的责任，审计师可以根据具体情况遵守本国际审计准则的相关规定。

3. 考虑到有效的双向沟通在财务报表审计中的重要性，本国际审计准则为审计师与治理层的沟通提供了一个基础框架，并明确了沟通的一些具体事项。作为对本国际审计准则要求的补充，其他国际审计准则对其他应予沟通的事项也作出了规定（见附录1）。此外，国际审计准则第265号[①]针对向治理层通报审计师在审计过程中识别的值得关注的内部控制缺陷提出了具体要求。法律法规、与被审计单位的协议，或适用于该业务的其他规定，例如国家职业会计团体的准则，可能要求沟通本国际审计准则或其他国际审计准则未作规定的其他事项。本国际审计准则并不禁止审计师与治理层沟通任何其他事项。（参见：第A24－A27段）

沟通的作用

4. 本国际审计准则主要关注审计师向治理层的沟通。但是，有效的双向沟通十分重要，它有助于：

（a）审计师和治理层了解与审计相关的背景事项，并建立建设性的工作关系。在建立这种关系时，审计师需要保持独立性和客观性；

（b）审计师向治理层获取与审计有关的信息。例如，治理层可以帮助审计师了解被审计单位及其环境，确定审计证据的适当来源，以及提供有关具体交易或事项的信息；

（c）治理层履行其对财务报告过程的监督责任，从而降低财务报表重大错报风险。

---

① 《国际审计准则第265号——向治理层和管理层通报内部控制缺陷》。

5. 尽管审计师有责任沟通本国际审计准则要求的事项，管理层同样也有责任向治理层沟通与治理有关的事项，审计师的沟通并不能减轻管理层的这种责任。同样，管理层与治理层就审计师需要沟通的事项所进行的沟通，也不能减轻审计师沟通这些事项的责任。但是，管理层就这些事项所进行的沟通可能会影响审计师与治理层沟通的形式或时间安排。

6. 清晰地沟通国际审计准则要求的具体事项是每项审计工作中的必要部分。但是，国际审计准则并不要求审计师实施专门的程序去识别与治理层沟通的任何其他事项。

7. 法律法规可能会限制审计师与治理层沟通特定的事项。例如，法律或法规可能明确禁止某些沟通或其他行为，以避免妨害有关机构调查实际发生的或涉嫌的非法行为。在某些情形下，审计师的保密义务与沟通义务之间的潜在冲突可能十分复杂。此时，审计师可以考虑获取法律咨询意见。

生效日期

8. 本国际审计准则适用于会计期间开始于2009 年12 月15 日及以后的财务报表审计。

目 标

9. 审计师的目标是：

（a）就审计师与财务报表审计相关的责任、计划的审计范围和时间安排的总体情况，与治理层进行清晰的沟通；

（b）向治理层获取与审计有关的信息；

（c）及时向治理层提供审计中发现的与治理层监督财务报告过程的责任相关的重大事项；

（d）推动审计师和治理层之间有效的双向沟通。

定 义

10. 就国际审计准则而言，对下列术语给予以下定义：

（a）治理层，是指对被审计单位的战略方向负有监督责任，并对被审计单位履行受托责任负有相关义务的人员或机构（例如，公司受托人）。治理层的责任包括监督财务报告过程。对于某些司法管辖区的某些实体而言，治理层可能包括管理层成员，如私人或公共部门实体的治理委员会中的执行成员，或业主兼经理。对治理结构多样性的讨论，参见第 A1 - A8 段。

（b）管理层，是指对被审计单位经营活动的执行负有经营管理责任的人员。对于某些司法管辖区的某些实体而言，管理层包括治理层的部分或全部成员，例如，治理委员会中的执行成员，或者业主兼经理。

要　求

治理层

11. 审计师应当确定与被审计单位治理结构中的哪些适当人员进行沟通。（参见：第 A1 - A4 段）

与治理层的下设组织沟通

12. 如果审计师与治理层的下设组织（如审计委员会）或个人沟通，审计师应当确定是否还需要与治理层整体进行沟通。（参见：第 A5 - A7 段）

治理层全部成员参与被审计单位的管理时的情形

13. 在某些情况下，治理层全部参与被审计单位的管理，例如，在一家小企业中，仅有的一名业主管理该企业，并且没有其他人负有治理责任。此时，如果已经就本国际审计准则要求的事项与负有管理责任的人员沟通，而且这些人员同时负有治理责任，审计师无需就这些事项再次与负有治理责任的相同人员沟通（参见：第 16 段第（c）项）。然而，审计师应当确信与负有管理责任人员的沟通能够向所有负有治理责任的人员充分传递应予沟通的内容。（参见：第 A8 段）

沟通的事项

审计师与财务报表审计相关的责任

14. 审计师应当与治理层沟通审计师与财务报表审计相关的责任，包括：

（a）审计师负责对管理层在治理层的监督下编制的财务报表形成和发表意见；

（b）对财务报表的审计并不能减轻管理层或治理层的责任。（参见：第 A9 - A10 段）

计划的审计范围和时间安排

15. 审计师应当与治理层沟通计划的审计范围和时间安排的总体情况。（参见：

第 A11 – A15 段）

审计中发现的重大问题

16. 审计师应当与治理层沟通：（参见：第 A16 段）

（a）审计师对被审计单位会计实务（包括会计政策、会计估计和财务报表披露）重大方面的质量的看法。在适当的情况下，审计师应当向治理层解释为何某项在适用的财务报告框架下可以接受的重大会计实务，并不一定最适合被审计单位的具体情况；（参见：第 A17 段）

（b）审计工作中遇到的重大困难；（参见：第 A18 段）

（c）除非治理层全部成员参与管理被审计单位，否则沟通下列事项：

（i）已与管理层讨论或需要与管理层书面沟通的审计中出现的重大事项；（参见：第 A19 段）

（ii）审计师要求提供的书面声明；

（d）审计中出现的、根据审计师的职业判断认为对监督财务报告过程重大的其他事项。（参见：第 A20 段）

审计师的独立性

17. 如果被审计单位是上市实体，审计师应当与治理层沟通下列内容：

（a）就审计项目组、会计师事务所其他相关人员、会计师事务所以及网络事务所（如适用）按照相关职业道德要求保持了独立性作出声明；并且：

（i）根据职业判断，审计师认为会计师事务所、网络事务所与被审计单位之间存在的可能影响独立性的所有关系和其他事项，包括会计师事务所和网络事务所在财务报表涵盖期间为被审计单位和受被审计单位控制的组成部分提供审计、非审计服务的收费总额。这些收费应当分配到适当的业务类型中，以帮助治理层评估这些服务对审计师独立性的影响；

（ii）为消除已识别的对独立性的威胁或将其降至可接受的水平，已经采取的相关防范措施。（参见：第 A21 – A23 段）

沟通的过程

建立沟通过程

18. 审计师应当就沟通的形式、时间安排和期望沟通的基本内容与治理层沟通。（参见：第 A28 – A36 段）

沟通的形式

19. 对于审计中发现的重大问题，如果根据职业判断认为以口头形式不能充分沟通，审计师应当以书面形式与治理层沟通。书面沟通不必包括审计过程中出现的所有事项。（参见：第 A37 – A39 段）

20. 审计师应当就第 17 段中所要求的审计师的独立性，以书面的形式与治理层沟通。

沟通的时间安排

21. 审计师应当及时与治理层沟通。（参见：第 A40 – A41 段）

沟通过程的充分性

22. 审计师应当评价其与治理层之间的双向沟通对实现审计目标是否充分。如果不够充分，审计师应当评价其对重大错报风险的评估以及获取充分、适当的审计证据的能力的影响，并采取适当的措施。（参见：第 A42 – A44 段）

审计工作底稿

23. 如果本国际审计准则要求沟通的事项是以口头形式沟通的，审计师应当将其包括在审计工作底稿中，并记录沟通这些事项的时间和对象。如果事项是以书面形式沟通的，审计师应当保存一份沟通文件的副本，作为审计工作底稿的一部分。[②]（参见：第 A21 – A22 段）

应用和其他解释性材料

治理层（参见：第 11 段）

A1. 治理结构因司法管辖区和被审计单位的不同而异，反映了不同的文化和法律背景以及被审计单位规模和所有权特征等方面的影响。例如：

- 在某些司法管辖区，被审计单位设有监事会（其全部或主要成员不参与管理被审计单位），与董事会在法律上是分离的（即“双层”结构）。在另一些司法管辖区，被审计单位的监督和执行职责是单一或一元化的董事会（即“单层”结构）的法定责任；

② 《国际审计准则第 230 号——审计工作底稿》，第 8 – 11 段和第 A6 段。

- 在某些被审计单位，治理层的职位是被审计单位法律结构中不可分割的一部分，如公司董事。在其他一些被审计单位，如某些政府性质的实体，则由被审计单位外部的机构承担治理职责；
- 在某些情况下，治理层的部分或全部成员参与管理被审计单位。在其他一些情况下，治理层与管理层由不同的人员组成；
- 在某些情况下，治理层负责批准③被审计单位的财务报表（在其他一些情况下，管理层负有这项责任）。

A2. 在大多数被审计单位，治理职责是治理机构的集体责任，如董事会、监事会、合伙人、业主、管理委员会、治理委员会、受托人或类似职位的人员。但是，在某些小型被审计单位，可能由一个人承担治理职责，如在没有其他业主情况下的业主兼经理，或单独的一名受托人。当治理职责是一项集体责任时，可能由下设组织（如审计委员会甚至个人）负责具体工作以协助治理机构履行责任。而在另外一些情况下，下设组织或个人可能负有与治理机构不同的具体法定责任。

A3. 这些差异意味着本国际审计准则不可能对所有审计业务详细规定审计师就特定事项与谁沟通。在某些情况下，例如，在没有正式界定治理结构的被审计单位（如某些家族企业、非营利组织和政府性质的实体），从适用的法律框架或其他业务环境中可能难以明确识别出适当的沟通人员。在这种情况下，审计师可能需要与委托方讨论或约定应当与哪些相关人员沟通。在决定与谁进行沟通时，审计师需要考虑根据国际审计准则第315号④所获取的对被审计单位治理结构和治理过程的了解。适当的沟通人员可能会因为拟沟通的事项的不同而异。

A4. 国际审计准则第600号包含了集团审计师与治理层沟通的具体事项。⑤如果被审计单位是某集团的组成部分，组成部分的审计师进行沟通的适当人员取决于业务环境和拟沟通的事项。在某些情况下，许多组成部分可能在同一套内部控制系统中执行相同的业务，并采用相同的会计实务。如果这些组成部分的治理层是相同的（如隶属于同一董事会），为避免重复，审计师可以同时就这些组成部分与治理层沟通，以实现沟通目的。

与治理层的下设组织沟通（参见：第12段）

A5. 在考虑与治理层的下设组织沟通时，审计师应当考虑以下事项：

- 下设组织与治理层各自的责任；

---

③ 如《国际审计准则第700号——对财务报表形成审计意见和出具审计报告》第A40段所述，“负责批准”是指“有权确定构成财务报表的所有报表（包括相关附注）已被编制”。

④ 《国际审计准则第315号——通过了解被审计单位及其环境识别和评估重大错报风险》。

⑤ 《国际审计准则第600号——对集团财务报表审计的特殊考虑（包括组成部分审计师的工作）》，第46–49段。

- 拟沟通事项的性质；
- 相关的法律法规要求；
- 下设组织是否有权就沟通的信息采取行动，以及是否能够提供审计师可能需要的进一步信息和解释。

A6. 在决定是否还需以完整或简要的形式与治理机构沟通信息时，审计师可能会受到其对下设组织与治理机构沟通相关信息的有效性和适当性的评估的影响。审计师可以在业务约定书的条款中明确指出，除非法律法规禁止，审计师保留与治理机构直接沟通的权力。

A7. 在许多司法管辖区中，被审计单位设有审计委员会（或名称不同的类似下设组织）。尽管审计委员会的具体权力和职责可能不同，但与其沟通已成为审计师与治理层沟通的一个关键要素。良好的治理原则建议：

- 邀请审计师定期参加审计委员会会议；
- 审计委员会主席和审计委员会其他相关成员定期与审计师保持联系；
- 审计委员会每年至少一次在管理层不在场的情况下会见审计师。

治理层全部成员参与被审计单位管理时的情形（参见：第13段）

A8. 在某些情况下，治理层全部成员参与管理被审计单位，此时需要对如何运用沟通的要求进行调整，以反映这一情况。在这种情况下，与负有管理责任的人员的沟通，可能不能向所有负有治理责任的人员充分传递应予沟通的内容。例如，在一家所有董事都参与管理的公司中，某一董事（如负责市场营销的董事）可能并不知道审计师与另一董事（如负责财务报表编制的董事）讨论的重大事项。

沟通的事项

审计师与财务报表审计相关的责任（参见：第14段）

A9. 审计师与财务报表审计相关的责任通常包括在业务约定书或其他记录业务约定条款的适当形式的书面协议之中。向治理层提供一份业务约定书或其他适当形式的书面协议的副本，可能是与其就下列相关事项进行沟通的适当方式：

- 审计师遵照国际审计准则执行审计工作的责任，其目的是对财务报表发表意见。国际审计准则要求沟通的事项包括财务报表审计中发现的、与治理层对财务报告过程的监督有关的重大事项；
- 国际审计准则并不要求审计师设计程序来识别与治理层沟通的补充事项；
- 审计师依据法律法规的规定、与被审计单位的协议或适用于该业务的其他规定（例如，国家职业会计团体的准则），沟通特定事项的责任（如适用）。

A10. 法律法规、与被审计单位的协议或适用于该业务的其他规定可能要求与治理层进行更广泛的沟通。例如：

（a）与被审计单位的协议可能要求沟通会计师事务所或网络事务所在提供除财务报表审计以外的其他服务时发现的特定事项；

（b）授权对公共部门实体进行审计的文件可能要求审计师沟通其执行其他工作时（如绩效审计）注意到的事项。

计划的审计范围和时间安排（参见：第 15 段）

A11. 就计划的审计范围和时间安排进行沟通可以：

（a）帮助治理层更好地了解审计师工作的结果，与审计师讨论风险问题和重要性的概念，以及识别任何可能需要审计师追加审计程序的领域；

（b）帮助审计师更好地了解被审计单位及其环境。

A12. 在与治理层就计划的审计范围和时间安排进行沟通时，尤其是在治理层部分或全部成员参与管理被审计单位的情况下，审计师需要保持职业谨慎，避免损害审计的有效性。例如，沟通具体审计程序的性质和时间安排，可能导致这些程序易于被预见而降低其有效性。

A13. 沟通的事项可能包括：

- 审计师拟如何应对由于舞弊或错误导致的特别风险；
- 审计师对与审计相关的内部控制采取的方案；
- 在审计中对重要性概念的应用。[⑥]

A14. 可能适合与治理层讨论的计划方面的其他事项包括：

- 如果被审计单位设有内部审计职能部门，审计师拟利用内部审计工作的程度，以及外部审计师和内部审计师如何以建设性和互补的方式更好地协调和配合工作。
- 治理层对下列问题的看法：
  - 与被审计单位治理结构中的哪些适当人员沟通；
  - 治理层和管理层之间的责任分配；
  - 被审计单位的目标和战略，以及可能导致重大错报的相关经营风险；
  - 治理层认为审计过程中需要特别关注的事项，以及治理层要求审计师追加审计程序的领域；
  - 与监管机构的重要沟通；
  - 治理层认为可能会影响财务报表审计的其他事项；
- 治理层对有关问题的态度、认识和行动：（a）被审计单位的内部控制及其

⑥ 《国际审计准则第 320 号——计划和执行审计工作时的重要性》。

在被审计单位中的重要性，包括治理层如何监督内部控制的有效性；（b）舞弊发生的可能性或如何发现舞弊。

- 治理层应对会计准则、公司治理实务、交易所上市规则和相关事项变化的措施；
- 治理层对以前与审计师的沟通作出的反应。

A15. 尽管与治理层的沟通可以帮助审计师计划审计的范围和时间安排，但并不改变审计师独自承担制定总体审计策略和具体审计计划（包括获取充分、适当的审计证据所需程序的性质、时间安排和范围）的责任。

审计中发现的重大问题（参见：第 16 段）

A16. 沟通审计中发现的重大问题可能包括要求治理层提供进一步信息以完善获取的审计证据。例如，审计师可以确认治理层对与特定的交易或事项有关的事实和情况有着与其相同的理解。

会计实务重大方面的质量（参见：第 16 段第（a）项）

A17. 财务报告框架通常允许被审计单位作出会计估计和有关会计政策和财务报表披露的判断。就会计实务重大方面的质量进行开放的、建设性的沟通，可能包括评价重大会计实务的可接受性。附录 2 列举了沟通中可能包括的事项。

审计工作中遇到的重大困难（参见：第 16 段第（b）项）

A18. 审计工作中遇到的重大困难可能包括下列事项：

- 管理层在提供审计所需信息时出现严重拖延；
- 不合理地要求缩短完成审计工作的时间；
- 为获取充分、适当的审计证据需要付出的努力远远超过预期；
- 无法获取所需的信息；
- 管理层对审计师施加的限制；
- 管理层不愿意按照要求对被审计单位持续经营能力进行评估，或不愿意延长评估期间。

在某些情况下，这些困难可能构成对审计范围的限制，导致审计师发表非无保留意见。[⑦]

已与管理层讨论或需要书面沟通的重大事项（参见：第 16 段第（c）项之（i））

A19. 已与管理层讨论或需要书面沟通的重大事项可能包括下列事项：

- 影响被审计单位的业务环境，以及可能影响重大错报风险的经营计划和战略；
- 对管理层就会计或审计问题向其他专业人士进行咨询的关注；

---

⑦ 《国际审计准则第 705 号——在独立审计师报告中发表非无保留意见》。

- 管理层在首次委托或连续委托审计师时，就会计实务、审计准则应用、审计或其他服务费用与审计师进行的讨论或书面沟通。

与财务报告过程有关的其他重大事项（参见：第 16 段第（d）项）

A20. 审计中出现的、与治理层履行对财务报告过程的监督职责直接相关的其他重大事项，可能包括已更正的、含有已审计财务报表的文件中的其他信息存在的对事实的重大错报或重大不一致。

审计师的独立性（参见：第 17 段）

A21. 审计师需要遵守与财务报表审计相关的职业道德要求，包括对独立性的要求。[⑧]

A22. 应沟通的关系和其他事项以及防范措施因业务环境的不同而不同，但是一般包括：

- 对独立性的不利影响，包括因自身利益、自我评价、过度推介、密切关系和外在压力产生的不利影响；
- 法律法规和职业规范规定的防范措施、被审计单位采取的防范措施，以及会计师事务所内部自身的防范措施。

第 17 段第（a）项要求沟通的内容可能包括审计师无意中违反与独立性相关的职业道德要求，以及已采取或建议采取的任何补救措施。

A23. 适用于上市实体的有关审计师独立性的沟通要求，可能对其他被审计单位也具有相关性，尤其是那些涉及重大公众利益的被审计单位，其经营活动、规模或公司地位使之具有广泛的利益相关者。不是上市实体，但可能适合沟通审计师的独立性的被审计单位的示例包括公共部门实体、信贷机构、保险公司和退休金基金等。此外，可能存在不需要进行独立性沟通的情形，例如，当治理层的全部成员已经通过其管理活动知悉了相关事实时。在被审计单位由业主进行管理，而审计师所在的会计师事务所和网络事务所除财务报表审计外很少与被审计单位有其他联系时，这种情形尤其可能出现。

补充事项（参见：第 3 段）

A24. 治理层对管理层的监督包括确保被审计单位针对财务报告的可靠性、经营的效率和效果以及对法律法规的遵守设计、执行和维护恰当的内部控制。

A25. 审计师可能注意到一些补充事项，虽然这些事项不一定与监督财务报告流程有关，但对治理层监督被审计单位的战略方向或与被审计单位受托责任相关的义务很可能是重要的。这些事项可能包括与治理结构或过程有关的重大问题、缺乏适

---

⑧ 《国际审计准则第 200 号——独立审计师的总体目标和按照国际审计准则执行审计工作》，第 14 段。

当授权的高级管理层作出的重大决策或行动。

A26. 在确定是否与治理层沟通补充事项时，审计师可能就其注意到的某类事项与适当层级的管理层进行讨论，除非在具体情形下不适合这么做。

A27. 如果需要沟通补充事项，审计师使治理层注意下列事项可能是适当的：

(a) 识别和沟通这类事项对审计目的（旨在对财务报表形成意见）而言，只是附带的；

(b) 除对财务报表形成审计意见所需实施的审计程序外，没有专门针对这些事项实施其他程序；

(c) 没有实施程序来确定是否还存在其他的同类事项。

沟通的过程

建立沟通过程（参见：第 18 段）

A28. 清楚地沟通审计师的责任、计划的审计范围和时间安排以及期望沟通的大致内容，有助于为有效的双向沟通确立基础。

A29. 讨论下列事项也可能有助于实现有效的双向沟通：

- 沟通的目的。如果目的明确，审计师和治理层就可以更好地就相关问题和在沟通过程中期望采取的行动取得相互了解；
- 沟通拟采取的形式；
- 由审计项目组和治理层中的哪些人员就特定事项进行沟通；
- 审计师对沟通的期望，包括将进行双向沟通以及治理层就其认为与审计工作相关的事项与审计师沟通。与审计工作相关的事项包括可能对审计程序的性质、时间安排和范围产生重大影响的战略决策，对舞弊的怀疑或检查，对高级管理人员的诚信或胜任能力的疑虑；
- 对审计师沟通的事项采取措施和进行反馈的过程；
- 对治理层沟通的事项采取措施和进行反馈的过程。

A30. 沟通过程随着具体情况的不同而不同，这些具体情况包括被审计单位的规模和治理结构、治理层如何开展工作，以及审计师对拟沟通事项的重要性的看法。难以建立有效的双向沟通可能意味着审计师与治理层之间的沟通不足以实现审计目的。（参见：第 A44 段）

对小型被审计单位的特殊考虑

A31. 相对于上市实体或大型被审计单位，在小型被审计单位审计中，审计师可以以不太正式的方式来与治理层沟通。

与管理层的沟通

A32. 许多事项可以在正常的审计过程中与管理层讨论，包括本国际审计准则要求与治理层沟通的事项。这种讨论有助于确认管理层对被审计单位经营活动的管理责任以及（特别是）对财务报表的编制承担的责任。

A33. 在与治理层沟通某些事项前，审计师可以就这些事项与管理层讨论，除非这种做法并不适当。例如，就管理层的胜任能力或诚信与其讨论可能是不适当的。除确认管理层的管理责任外，这些初步的讨论还可以澄清事实和问题，并使管理层有机会提供进一步的信息和解释。如果被审计单位设有内部审计职能部门，审计师可以在与治理层沟通前与内部审计师讨论相关事项。

与第三方的沟通

A34. 治理层可能希望向第三方（如银行或特定监管机构）提供审计师书面沟通文件的副本。在某些情况下，向第三方披露书面沟通文件可能是违法或不适当的。在向第三方提供为治理层编制的书面沟通文件时，在书面沟通文件中声明以下内容，告知第三方这些书面沟通文件并非为他们编制，可能是非常重要的：

（a）书面沟通文件仅为治理层的使用而编制，在适当的情况下也可供集团管理层和集团审计师使用，但不应被第三方依赖；

（b）审计师对第三方不承担责任；

（c）书面沟通文件向第三方披露或分发的任何限制。

A35. 在某些司法管辖区，法律法规可能要求审计师：

- 向监管机构或执法机构报告与治理层沟通的特定事项。例如，如果管理层和治理层没有采取纠正措施，审计师有义务向监管机构或执法机构报告错报；
- 将为治理层编制的特定报告的副本提交给相关监管机构、出资机构或其他机构，例如对某些公共部门实体，需要提交给某些主管部门；
- 向公众公开为治理层编制的报告。

A36. 除非法律法规要求向第三方提供审计师与治理层的书面沟通文件的副本，否则审计师在向第三方提供前可能需要事先征得治理层同意。

沟通的形式（参见：第 19 – 20 段）

A37. 有效的沟通可能包括结构化的陈述、书面报告以及不太正式的沟通（包括讨论）。除了第 19 – 20 段中规定的事项以外，对于其他事项，审计师可以采取口头或书面的方式沟通。书面沟通可能包括向治理层提供审计业务约定书。

A38. 除特定事项的重要程度外，沟通的形式（口头沟通或书面沟通，沟通内容的详略程度，以正式或非正式的方式沟通）可能还受下列因素的影响：

- 特定事项是否已经得到满意的解决；
- 管理层是否已事先就该事项进行沟通；
- 被审计单位的规模、经营结构、控制环境和法律结构；

- 在特殊目的财务报表审计中，审计师是否还审计被审计单位的通用目的财务报表；
- 法律要求。在某些司法管辖区中，法律规定了与治理层书面沟通文件的形式；
- 治理层的期望，包括与审计师定期会谈或沟通的安排；
- 审计师与治理层持续接触和对话的次数；
- 治理机构的成员是否发生了重大变化。

A39. 如果已就某重大事项与治理层的个别成员（如审计委员会主席）讨论，审计师可能有必要在随后的沟通中概述该事项，以便治理层的所有成员获取完整和对称的信息。

沟通的时间安排（参见：第 21 段）

A40. 适当的沟通时间安排因业务环境的不同而不同。相关的环境包括事项的重要程度和性质，以及期望治理层采取的行动。例如：

- 对于计划事项的沟通，通常在审计业务的早期阶段进行，如系首次接受委托，沟通可以在约定审计业务条款时一并进行；
- 对于审计中遇到的重大困难，如果治理层能够协助审计师克服这些困难，或者这些困难可能导致发表非无保留意见，可能需要尽快沟通。如果识别出值得关注的内部控制缺陷，审计师可能在根据国际审计准则第 265 号的要求进行书面沟通前，尽快向治理层口头沟通。⑨
- 无论何时（如承接一项非审计服务和在总结性讨论中）就对独立性的不利影响和相关防范措施作出了重要判断，就独立性进行沟通都可能是适当的。总结性讨论可能也是沟通审计中发现的问题（包括审计师对被审计单位会计实务质量的看法）的适当的时间；
- 当同时审计通用目的和特殊目的财务报表时，审计师协调沟通的时间安排可能是适当的。

A41. 可能与沟通的时间安排相关的其他因素包括：

- 被审计单位的规模、经营结构、控制环境和法律结构；
- 在规定的时限内沟通特定事项的法定义务；
- 治理层的期望，包括与审计师定期会谈或沟通的安排；
- 审计师识别出特定事项的时间。例如，审计师可能未能在可以采取预防措施的时间内识别出某一特定事项（如违反某项法律），但是沟通该事项可能有助于采取补救措施。

---

⑨ 国际审计准则第 265 号，第 9 段和第 A14 段。

沟通过程的充分性（参见：第 22 段）

A42. 审计师不需要设计专门程序以支持其对与治理层之间的双向沟通的评价，这种评价可以建立在为其他目的而实施的审计程序所获取的审计证据的基础上。这些审计证据可能包括：

- 针对审计师提出的沟通事项，治理层采取的措施的适当性和及时性。如果前期沟通中提出的重大事项没有得到有效解决，审计师可能需要询问没有采取适当措施的原因，并考虑再次提出该事项。这样能避免治理层形成错误印象，误认为审计师因觉得该事项已经充分解决或不再重要而感到满意；
- 治理层在与审计师沟通的过程中表现出来的坦率程度；
- 治理层在没有管理层在场的情况下与审计师会谈的意愿和能力；
- 治理层表现出来的对审计师所提出的事项的全面理解能力。例如，治理层在多大程度上对相关问题展开调查以及质疑向其提出的建议；
- 就拟沟通的形式、时间安排和期望的大致内容与治理层达成相互理解的难度；
- 当治理层全部或部分成员参与管理被审计单位时，他们所表现出的对与审计师讨论的事项如何影响其治理责任和管理责任的了解；
- 审计师与治理层之间的双向沟通是否符合法律法规的规定。

A43. 如第 4 段所述，有效的双向沟通对于审计师和治理层都有帮助。国际审计准则第 315 号指出，治理层的参与（包括他们与内部审计（如有）以及外部审计师的互动）是被审计单位控制环境的一个要素。[10] 不充分的双向沟通可能意味着不令人满意的控制环境，影响审计师对重大错报风险的评估。同时，存在审计师可能无法获取充分、适当的审计证据以形成对财务报表的审计意见的风险。

A44. 如果审计师与治理层之间的双向沟通不充分，并且这种情况得不到解决，审计师可以采取下列措施：

- 根据范围受到的限制发表非无保留意见；
- 就采取不同措施的后果征询法律意见；
- 与第三方（如监管机构）、被审计单位外部的在治理结构中拥有更高权力的组织或人员（如业主，股东大会中的股东），或对公共部门负责的政府部门或议会进行沟通；
- 在法律法规允许的情况下解除业务约定。

审计工作底稿（参见：第 23 段）

A45. 如果被审计单位编制的会议纪要是沟通的适当记录，审计师可以将其副本作为对口头沟通的记录，并作为审计工作底稿的一部分。

---

[10] 国际审计准则第 315 号，第 A70 段。

附录1

（参见：第3段）

《国际质量控制准则第1号——会计师事务所对执行财务报表审计和审阅、其他鉴证和相关服务业务实施的质量控制》和其他国际审计准则中对与治理层沟通的规定

本附录列示了要求与治理层沟通特定事项的国际质量控制准则第1号[①]和其他国际审计准则（适用于会计期间开始于2009年12月15日及以后的财务报表审计）的段落。本清单并不替代对国际审计准则中的要求、相关应用和其他解释性材料的考虑：

- 《国际质量控制准则第1号——会计师事务所对执行财务报表审计和审阅、其他鉴证和相关服务业务实施的质量控制》，第30段第（a）项；
- 《国际审计准则第240号——财务报表审计中与舞弊相关的责任》，第21段，第38段第（c）项之（i），第40-42段；
- 《国际审计准则第250号——财务报表审计中对法律法规的考虑》，第14段，第19段，第22-24段；
- 《国际审计准则第265号——向治理层和管理层通报内部控制缺陷》，第9段；
- 《国际审计准则第450号——评价审计过程中识别出的错报》，第12-13段；
- 《国际审计准则第505号——函证》，第9段；
- 《国际审计准则第510号——首次审计业务涉及的期初余额》，第7段；
- 《国际审计准则第550号——关联方》，第27段；
- 《国际审计准则第560号——期后事项》，第7段第（b）-（c）项，第10段第（a）项，第13段第（b）项，第14段第（a）项，第17段；
- 《国际审计准则第570号——持续经营》，第23段；
- 《国际审计准则第600号——对集团财务报表审计的特殊考虑（包括组成部分审计师的工作）》，第49段；
- 《国际审计准则第705号——在独立审计师报告中发表非无保留意见》，第12段，第14段，第19段第（a）项，第28段；

① 《国际质量控制准则第1号——会计师事务所对执行财务报表审计和审阅、其他鉴证和相关服务业务实施的质量控制》。

- 《国际审计准则第 706 号——在独立审计师报告中增加强调事项段和其他事项段》，第 9 段；
- 《国际审计准则第 710 号——比较信息：对应数据和比较财务报表》，第 18 段；
- 《国际审计准则第 720 号——审计师对含有已审计财务报表的文件中的其他信息的责任》，第 10 段，第 13 段，第 16 段。

附录 2

（参见：第 16 段第（a）项，第 A17 段）

会计实务的质量方面

第 16 段第（a）项和第 A17 段所述的沟通可能包括下列事项：

会计政策

- 在考虑是否有必要对提供信息的成本与可能给财务报表使用者带来的效益之间进行平衡后，会计政策对于被审计单位具体情况的适当性。如果存在可接受的备选会计政策，沟通可能包括确定受重要会计政策选择影响的财务报表项目，以及与被审计单位相类似的单位所采用会计政策的信息；
- 重要会计政策的初始选择和变更，包括对新会计准则的应用。沟通可能包括：会计政策变更的时间安排和方法对被审计单位当前和未来盈余的影响；与预期发布新会计准则相关的会计政策变更的时间安排；
- 有争议的或新兴领域的（或具有行业独特性，尤其是缺乏权威的指引或共识时）重要会计政策的影响；
- 与记录交易的期间相关的交易时间安排的影响。

会计估计

- 对于涉及重要估计的项目，国际审计准则第 540 号①所讨论的问题包括：
    - 管理层对会计估计的识别；
    - 管理层作出会计估计的过程；
    - 重大错报风险；
    - 可能表明存在管理层偏向的迹象；
    - 财务报表中对估计不确定性的披露。

财务报表披露

- 在形成特别敏感的财务报表披露（如与收入确认、薪酬、持续经营、期后事项和或有事项有关的披露）时涉及的问题和作出的相关判断；
- 财务报表披露的总体中立性、一贯性和明晰性。

---

① 《国际审计准则第 540 号——审计会计估计（包括公允价值会计估计）和相关披露》。

相关事项

- 财务报表中披露的特别风险、风险敞口和不确定性（如未决诉讼）对财务报表的潜在影响；
- 财务报表受非正常交易（包括该期间确认的不经常发生的金额）影响的程度，以及这些交易在财务报表中单独披露的程度；
- 影响资产和负债账面价值的因素，包括被审计单位确定有形资产和无形资产使用年限的依据。这方面的沟通可以解释如何选择影响账面价值的因素，以及备选的其他选项如何对财务报表产生影响；
- 对错报的选择性更正，例如，如果更正某一错报将增加盈利，则对该错报予以更正，反之如果更正某一错报将减少盈利，则对该错报不予更正。

国际审计准则第265号
向治理层和管理层通报内部控制缺陷

（适用于会计期间开始于2009年12月15日及以后的财务报表审计）*

目　录

《国际审计准则第265号——向治理层和管理层通报内部控制缺陷》应当与《国际审计准则第200号——独立审计师的总体目标和按照国际审计准则执行审计工作》一并阅读。

* 因《国际审计准则第610号（修订）——利用内部审计师的工作》而作的修订，将适用于会计期间结束于2013年12月15日及以后的财务报表审计。

引 言

本国际审计准则的范围

1. 本国际审计准则规范了审计师向治理层和管理层恰当通报在财务报表审计中识别出的内部控制缺陷[①]的责任。国际审计准则第 315 号和国际审计准则第 330 号[②]规范了审计师了解内部控制以及设计和实施控制测试的责任，本国际审计准则并不对审计师在这方面的责任提出额外要求。国际审计准则第 260 号[③]对审计师与治理层沟通审计相关事项的责任作了进一步规定并提供了指引。

2. 在识别和评估重大错报风险时，要求审计师了解与审计相关的内部控制。[④]在进行风险评估时，审计师了解内部控制的目的是设计适合具体情况的审计程序，而不是对内部控制的有效性发表意见。无论在风险评估过程中，还是在审计工作的其他阶段，审计师都有可能识别出内部控制缺陷。本国际审计准则具体规定了审计师应当向治理层和管理层通报哪些识别出的内部控制缺陷。

3. 本国际审计准则并不禁止审计师向治理层和管理层通报在审计过程中识别出的其他内部控制事项。

生效日期

4. 本国际审计准则适用于会计期间开始于 2009 年 12 月 15 日及以后的财务报表审计。

目 标

5. 审计师的目标是向治理层和管理层恰当通报审计师在审计过程中识别出的、根据审计师的职业判断认为足够重要从而值得治理层和管理层各自关注的内部控制缺陷。

---

① 《国际审计准则第 315 号——通过了解被审计单位及其环境识别和评估重大错报风险》，第 4 段和第 12 段。

② 《国际审计准则第 330 号——审计师针对评估的风险采取的应对措施》。

③ 《国际审计准则第 260 号——与治理层的沟通》。

④ 国际审计准则第 315 号，第 12 段。第 A60 – A65 段提供了与审计相关的控制的指引。

定 义

6. 就国际审计准则而言，对下列术语给予以下定义：

（a）内部控制缺陷，是指在下列任一情况下内部控制存在的缺陷：

（i）某项控制的设计、执行或运行不能及时防止或发现并纠正财务报表错报；

（ii）缺少用以及时防止或发现并纠正财务报表错报的必要控制。

（b）值得关注的内部控制缺陷，是指根据审计师的职业判断，认为足够重要从而值得治理层关注的内部控制的一个缺陷或多个缺陷的组合。（参见：第 A5 段）

要 求

7. 审计师应当根据已经执行的审计工作，确定是否识别出一个或多个内部控制缺陷。（参见：第 A1 – A4 段）

8. 如果审计师识别出一个或多个内部控制缺陷，审计师应当根据已经执行的审计工作，确定该缺陷单独或连同其他缺陷是否构成值得关注的内部控制缺陷。（参见：第 A5 – A11 段）

9. 审计师应当以书面形式及时向治理层通报审计过程中识别出的值得关注的内部控制缺陷。（参见：第 A12 – A18 段，A27 段）

10. 审计师还应当及时向适当级别的管理层通报下列事项：（参见：第 A19 段，A27 段）

（a）以书面形式已向或拟向治理层通报的值得关注的内部控制缺陷，除非在具体情况下不适合直接向管理层通报；（参见：第 A14 段，A20 – A21 段）

（b）在审计过程中识别出的，其他方尚未向管理层通报，而审计师根据职业判断认为足够重要从而值得管理层关注的内部控制其他缺陷。（参见：第 A22 – A26 段）

11. 审计师应当在值得关注的内部控制缺陷的书面沟通文件中包括：

（a）对缺陷的描述以及对其潜在影响的解释；（参见：第 A28 段）

（b）使治理层和管理层能够了解沟通背景的充分信息。尤其是，审计师应当解释：（参见：第 A29 – A30 段）

（i）审计师执行审计工作的目的是对财务报表发表意见；

（ii）审计工作包括考虑与编制财务报表相关的内部控制，其目的是设计适合具体情形的审计程序，并非对内部控制的有效性发表意见；

(iii) 报告的事项仅限于审计师在审计过程中识别出的、认为足够重要从而值得向治理层通报的缺陷。

应用和其他解释性材料

确定是否识别出内部控制缺陷（参见：第 7 段）

A1. 在确定审计师是否识别出一个或多个内部控制缺陷时，审计师可以就审计结果中的相关事实和情况与适当层级的管理层讨论。这种讨论有助于审计师及时提醒管理层关注以前可能没有注意到的缺陷。适合与之讨论识别出的问题的管理层是指熟悉所关注的内部控制领域，并且有权针对识别出的任何内部控制缺陷采取纠正措施的人员。在某些情形下（如审计结果可能引发审计师对管理层的诚信或胜任能力的质疑时），审计师直接与管理层讨论可能是不适当的。（参见：第 A20 段）

A2. 在与管理层讨论审计结果中的事实和情况时，审计师可能获取供进一步考虑的其他相关信息，例如：

- 管理层对造成缺陷的原因的了解；
- 管理层可能已经注意到的由于缺陷而引发的例外事项，如相关信息技术控制未能防止的错报；
- 管理层应对审计结果的初步迹象。

对小型被审计单位的特殊考虑

A3. 尽管小型被审计单位控制活动所依据的理念可能与大型被审计单位的相似，但是它们运行的正式程度存在差别。在小型被审计单位，由于管理层亲自实施控制，特定类型的控制活动可能并不必要。例如，管理层独自负责对客户授予信用和批准重大采购，可以对重要的账户余额和交易提供有效的控制，降低或消除对实施更具体控制活动的需要。

A4. 此外，小型被审计单位通常员工较少，可能会限制职责分离的可行程度。但是，在业主管理的小型被审计单位中，业主兼经理可能能够实施比大型被审计单位更有效的监督。这种更高程度的管理层监督，需要与管理层凌驾于控制之上的更大的可能性相权衡。

值得关注的内部控制缺陷（参见：第 6 段第（b）项和第 8 段）

A5. 内部控制的一个缺陷或多个缺陷的组合的重要性，不仅取决于是否实际发生了错报，而且取决于错报发生的可能性和错报的潜在影响程度。因此，尽管审计师在审计过程中没有发现错报，也可能存在值得关注的内部控制缺陷。

A6. 审计师在确定内部控制的一个缺陷或多个缺陷的组合是否构成值得关注的内部控制缺陷时可以考虑的事项举例如下：

- 缺陷在未来导致财务报表重大错报的可能性；
- 资产或负债易于发生损失或舞弊的可能性；
- 在确定估计金额时的主观性和复杂性，如公允价值会计估计；
- 受缺陷影响的财务报表金额；
- 受缺陷影响的账户余额或交易类型已经或可能发生的业务数量；
- 控制对财务报告过程的重要性，例如：
  - 一般监督控制（例如管理层的监督）；
  - 对防止和发现舞弊的控制；
  - 对选择和应用重大会计政策的控制；
  - 对重大关联方交易的控制；
  - 对超出被审计单位正常经营过程的重大交易的控制；
  - 对期末财务报告过程的控制（例如对非常规性分录的控制）。
- 发现的由于控制缺陷导致的例外事项的原因与频率；
- 内部控制中某一缺陷与其他缺陷的相互影响。

A7. 表明存在值得关注的内部控制缺陷的迹象举例如下：

- 控制环境无效的证据，例如：
  - 与管理层经济利益相关的重大交易没有得到治理层适当审查；
  - 识别出被审计单位内部控制未能防止的管理层舞弊（无论是否重大）；
  - 管理层未能对以前已经沟通的值得关注的内部控制缺陷采取适当的纠正措施。
- 被审计单位缺乏通常应当建立的风险评估过程；
- 被审计单位的风险评估过程无效的证据，例如，管理层未能识别出审计师预期被审计单位的风险评估过程应当识别出的重大错报风险；
- 对已识别的特别风险应对无效的证据（例如缺乏针对该风险的控制）；
- 审计师实施程序发现的、被审计单位的内部控制未能防止或发现并纠正的错报；
- 重述以前期间已发布的财务报表，以更正由于错误或舞弊导致的重大错报；
- 管理层无力监督财务报表的编制的证据。

A8. 得到恰当设计的控制可能单独运行或组合运行，以有效地防止或发现并纠正错报。[⑤] 例如，针对应收账款的控制可能包括自动化控制和手工控制，这两种控

---

⑤ 国际审计准则第315号，第A66段。

制共同运行以防止或发现并纠正账户余额中的错报。内部控制某个缺陷本身可能不足以构成值得关注的内部控制缺陷。但是，影响相同账户余额或披露、相关认定或内部控制要素的多个缺陷的组合，可能增加错报风险，以至于达到导致值得关注的内部控制缺陷的程度。

A9. 某些司法管辖区的法律法规可能要求（尤其是针对上市实体的审计）审计师向治理层或相关机构或人员（如监管机构）通报在审计过程中识别出的特定类型的内部控制缺陷。如果法律法规对这些类型的缺陷规定了具体条件和定义，并要求审计师运用这些条件和定义以达到通报的目的，审计师在按照法律法规的要求通报时需要运用这些条件和定义。

A10. 如果该司法管辖区对需要通报的内部控制缺陷的类型规定了具体条件，但没有对这些条件给出定义，审计师可能有必要运用判断来确定根据法律法规要求需要进一步沟通的事项。在这个过程中，审计师可能认为考虑本国际审计准则的要求和指引可能是适当的。例如，如果法律法规的目的在于提请治理层关注其应当关注的特定内部控制事项，将这些事项视同本国际审计准则要求沟通的值得关注的内部控制缺陷可能是适当的。

A11. 尽管法律法规可能要求审计师运用具体的条件或定义，本国际审计准则的要求依然适用。

内部控制缺陷的沟通

向治理层通报值得关注的内部控制缺陷（参见：第 9 段）

A12. 以书面形式向治理层通报值得关注的内部控制缺陷，可以反映这些事项的重要性，有助于治理层履行监督责任。国际审计准则第 260 号规定了当治理层全部成员参与管理被审计单位时审计师与治理层沟通的相关考虑。[⑥]

A13. 在确定何时致送书面沟通文件时，审计师可能考虑收到这些沟通文件是否是使治理层能够履行监督责任的重要因素。此外，对于特定司法管辖区中的上市公司，治理层可能需要在批准财务报表前收到审计师的书面沟通文件，以履行出于监管或其他目的与内部控制有关的特定责任。对于其他实体，审计师可能会在较晚的日期致送书面沟通文件。但是，在后一种情形下，由于审计师关于值得关注的内部控制缺陷的书面沟通文件构成最终审计档案的一部分，书面沟通文件受到及时完成最终审计档案归档要求的约束。[⑦] 国际审计准则第 230 号规定，审计工作底稿适当的归档期限一般为审计报告日后不超过 60 天。[⑧]

---

⑥ 国际审计准则第 260 号，第 13 段。

⑦ 《国际审计准则第 230 号——审计工作底稿》，第 14 段。

⑧ 国际审计准则第 230 号，第 A21 段。

A14. 无论何时以书面形式通报值得关注的内部控制缺陷，审计师可以尽早向管理层和治理层（如适用）口头通报这些事项，以便帮助他们及时采取纠正措施以降低重大错报风险。但是，这么做并不减轻审计师根据本国际审计准则的要求以书面形式通报值得关注的内部控制缺陷的责任。

A15. 通报值得关注的内部控制缺陷的详细程度，需要审计师根据具体情况作出职业判断。在确定通报的详细程度时，审计师可能考虑的因素举例如下：

- 被审计单位的性质。例如，对于公众利益实体，通报的要求可能不同于非公众利益实体；
- 被审计单位的规模和复杂程度。例如，针对复杂的被审计单位的沟通要求可能不同于经营简单业务的被审计单位；
- 审计师识别出的值得关注的内部控制缺陷的性质；
- 被审计单位治理层的构成。例如，如果治理层包括缺乏被审计单位所在行业或影响领域的经验的成员，通报可能需要更加详细；
- 法律法规对通报特定类型的内部控制缺陷的规定。

A16. 管理层和治理层可能已经注意到审计师在审计过程中识别出的值得关注的内部控制缺陷，并且可能由于成本或其他方面的考虑而选择不纠正这些缺陷。评价纠正措施的成本和效益是管理层和治理层的责任。无论管理层和治理层在确定是否纠正这些缺陷时如何考虑相关的成本或其他因素，第 9 段的要求都适用。

A17. 如果仍未采取纠正措施，审计师在以前审计中向治理层和管理层通报过值得关注的内部控制缺陷这一事实，并不能降低审计师再次通报的必要性。如果以前通报过的值得关注的内部控制缺陷依然存在，本年通报可以重复以前通报中的描述，或简单提及以前的通报。审计师可以询问管理层或治理层（如适用）为何该缺陷尚未得到纠正。如果缺乏合理的解释，未能采取措施本身就可能代表一个值得关注的内部控制缺陷。

对小型被审计单位的特殊考虑

A18. 对于小型被审计单位的审计，审计师可以以相对于大型被审计单位而言不太正式的方式与治理层沟通。

向管理层沟通内部控制缺陷（参见：第 10 段）

A19. 通常情况下，适当层级的管理层是有责任和权力评价内部控制缺陷并采取必要纠正措施的人员。对于值得关注的内部控制缺陷，适当的层级可能是首席执行官或首席财务官（或类似人员），因为这些事项还要求向治理层沟通。对于内部控制的其他缺陷，适当的层级可能是更直接地参与所影响的领域并有权采取适当纠正措施的负责被审计单位运营的管理层。

向管理层通报值得关注的内部控制缺陷（参见：第 10 段第（a）项）

A20. 某些识别出的值得关注的内部控制缺陷，可能引发对管理层的诚信或胜任能力的质疑。例如，可能存在管理层舞弊或有意违反法律法规的证据，或者管理层可能无力监督相关财务报表的编制。因此，直接向管理层通报这些缺陷可能是不适当的。

A21. 国际审计准则第 250 号对报告识别出的或怀疑存在的违反法律法规行为作出了规定并提供了指引。⑨ 国际审计准则第 240 号对审计师识别出的或怀疑存在的舞弊涉及管理层时向治理层的通报作出了规定并提供了指引。⑩

向管理层沟通内部控制的其他缺陷（参见：第 10 段第（b）项）

A22. 在审计过程中，审计师可能识别出虽不构成值得关注的内部控制缺陷，但可能足够重要、值得管理层关注的内部控制其他缺陷。确定哪些是值得管理层关注的其他缺陷，需要审计师根据具体情况作出职业判断。审计师在作出判断时，需要考虑这些缺陷可能导致财务报表错报的可能性和错报的潜在重要程度。

A23. 通报值得管理层关注的内部控制其他缺陷不需要采取书面形式，可以采取口头形式。如果已与管理层讨论了审计结果中的事实和情况，审计师可以认为在进行讨论的同时已向管理层口头通报了这些其他缺陷。因此，此后不需要再进行正式通报。

A24. 如果审计师已在上期向管理层通报了值得关注的内部控制缺陷以外的其他内部控制缺陷，并且管理层出于成本或其他方面的原因而选择不纠正这些缺陷，审计师没有必要在本期重复通报。如果其他方（如内部审计师或监管机构）以前曾向管理层通报过这些缺陷，审计师也不必重复通报这些信息。但是，如果管理层发生变化，或审计师注意到新信息使审计师和管理层改变以前对该缺陷的理解，审计师重新通报这些其他缺陷可能是适当的。管理层未能纠正以前通报过的内部控制其他缺陷，可能变成需要与治理层沟通的值得关注的内部控制缺陷。是否属于这种情况，需要审计师根据具体情况作出判断。

A25. 在某些情况下，治理层可能希望了解审计师已向管理层通报的内部控制其他缺陷的细节，或希望被简要告知其他缺陷的性质。此外，审计师也可能认为将向管理层通报过的其他缺陷告知治理层是适当的。无论哪种情形，审计师都可以在适当时以口头或书面形式向治理层报告。

A26. 国际审计准则第 260 号规定了当治理层全部成员参与管理被审计单位时与治理层沟通的相关考虑。⑪

---

⑨ 《国际审计准则第 250 号——财务报表审计中对法律法规的考虑》，第 22－28 段。

⑩ 《国际审计准则第 240 号——财务报表审计中与舞弊相关的责任》，第 41 段。

⑪ 国际审计准则第 260 号，第 13 段。

对公共部门实体的特殊考虑（参见：第9–10段）

A27. 执行公共部门实体审计的审计师在通报审计过程中识别出的内部控制缺陷方面可能承担额外的责任，表现为在详细程度和通报对象方面超出本国际审计准则的规定。例如，可能需要向立法机构或其他主管部门通报值得关注的内部控制缺陷。法律法规或其他权威部门可能强制要求审计师报告内部控制缺陷，无论其潜在影响是否重大。进一步讲，法律法规可能要求审计师报告比本国际审计准则要求沟通的内部控制缺陷更广泛的内部控制相关事项，如与遵守法律法规或合同协议条款有关的控制。

值得关注的内部控制缺陷的书面沟通文件的内容（参见：第11段）

A28. 在解释值得关注的内部控制缺陷的潜在影响时，审计师不需要将这些后果量化。审计师可以出于报告目的将值得关注的内部控制缺陷分类汇总，还可以在书面沟通文件中包括针对该缺陷提出的纠正措施、管理层已采取或拟采取的应对措施，并说明审计师是否证实管理层是否已采取应对措施。

A29. 审计师可能认为包含下列信息作为沟通的其他背景是适当的：

- 如果对内部控制实施了更广泛的程序，审计师可能识别出更多的需要报告的缺陷，或认为已报告的某些缺陷实际上不需要报告；
- 这种通报是为治理层提供的，可能不适用于其他目的。

A30. 法律法规可能要求审计师或管理层向适当的监管机构提交审计师关于值得关注的内部控制缺陷的书面沟通文件的副本。在这种情况下，审计师可以在书面沟通文件中注明这些监管机构。

国际审计准则第300号
计划审计工作

（适用于会计期间开始于2009年12月15日及以后的财务报表审计）*

目　录

《国际审计准则第300号——计划审计工作》应当与《国际审计准则第200号——独立审计师的总体目标和按照国际审计准则执行审计工作》一并阅读。

---

* 因《国际审计准则第610号（修订）——利用内部审计师的工作》而作的修订，将适用于会计期间结束于2013年12月15日级以后的财务报表审计。

引 言

本国际审计准则的范围

1. 本国际审计准则规范了审计师计划财务报表审计工作的责任。本国际审计准则基于连续审计业务作出规定，同时也对首次审计业务的额外考虑作出单加规定。

计划审计工作的作用和时间安排

2. 计划审计工作包括针对审计业务制定总体审计策略和具体审计计划。充分的计划审计工作有利于审计师执行财务报表审计工作，具体包括：（参见：第 A1 - A3 段）

- 有助于审计师适当关注重要的审计领域；
- 有助于审计师及时发现和解决潜在的问题；
- 有助于审计师恰当地组织和管理审计业务，以有效的方式高效率地执行审计业务；
- 有助于选择具备必要的专业素质和胜任能力的项目组成员应对预期的风险，并有助于向项目组成员分派适当的工作；
- 有助于指导和监督项目组成员并复核其工作；
- 在适用的情况下，有助于协调组成部分审计师和专家的工作。

生效日期

3. 本国际审计准则适用于会计期间开始于 2009 年 12 月 15 日及以后的财务报表审计。

目 标

4. 审计师的目标是计划审计工作，以使审计工作以有效的方式得到执行。

要 求

项目组关键成员的参与

5. 项目合伙人和项目组其他关键成员应当参与计划审计工作，包括计划和参与

项目组成员的讨论。（参见：第 A4 段）

初步业务活动

6. 审计师应当在本期审计业务开始时开展下列活动：

（a）按照国际审计准则第 220 号的规定，针对保持客户关系和具体审计业务，实施程序；①

（b）按照国际审计准则第 220 号②的规定，评价遵守相关职业道德要求（包括独立性要求）的情况；

（c）按照国际审计准则第 210 号③的规定，就审计业务约定条款与被审计单位达成一致意见。（参见：第 A5 - A7 段）

计划活动

7. 审计师应当制定总体审计策略，以确定审计工作的范围、时间安排和方向，并指导具体审计计划的制定。

8. 在制定总体审计策略时，审计师应当：

（a）确定审计业务的特征，以界定审计范围；

（b）明确审计业务的报告目标，以计划审计的时间安排和所需沟通的性质；

（c）根据审计师的职业判断，考虑用以指导项目组工作方向的重要因素；

（d）考虑初步业务活动的结果，并考虑项目合伙人对被审计单位执行其他业务时获得的经验是否与审计业务相关（如适用）；

（e）确定执行业务所需资源的性质、时间安排和范围。（参见：第 A8 - A11 段）

9. 审计师应当制定具体审计计划，具体审计计划应当包括下列内容：

（a）按照国际审计准则第 315 号的规定，计划实施的风险评估程序的性质、时间安排和范围；④

（b）按照国际审计准则第 330 号的规定，在认定层次计划实施的进一步审计程序的性质、时间安排和范围；⑤

（c）根据国际审计准则的规定，计划应当实施的其他审计程序。（参见：第 A12 段）

10. 在审计过程中，审计师应当在必要时对总体审计策略和具体审计计划作出更新和修改。（参见：第 A13 段）

---

① 《国际审计准则第 220 号——对财务报表审计实施的质量控制》，第 12 - 13 段。

② 国际审计准则第 220 号，第 9 - 11 段。

③ 《国际审计准则第 210 号——就审计业务约定条款达成一致意见》，第 9 - 13 段。

④ 《国际审计准则第 315 号——通过了解被审计单位及其环境识别和评估重大错报风险》。

⑤ 《国际审计准则第 330 号——审计师针对评估的风险采取的应对措施》。

11. 审计师应当制定计划，确定对项目组成员的指导、监督以及对其工作进行复核的性质、时间安排和范围。(参见：第 A14 – A15 段)

审计工作底稿

12. 审计师应当就下列事项形成审计工作底稿：⑥

(a) 总体审计策略；

(b) 具体审计计划；

(c) 在审计过程中对总体审计策略或具体审计计划作出的任何重大修改及其理由。(参见：第 A16 – A19 段)

首次审计业务的补充考虑

13. 在首次审计业务开始前，审计师应当开展下列活动：

(a) 按照国际审计准则第 220 号的规定，针对接受客户关系和具体审计业务，实施程序；⑦

(b) 如果被审计单位变更了会计师事务所，按照相关职业道德要求的规定，与前任审计师进行沟通。(参见：第 A20 段)

应用和其他解释性材料

计划审计工作的作用和时间安排（参见：第 2 段）

A1. 计划审计工作的性质和范围，因审计业务情况的变化、被审计单位的规模和复杂程度、项目组关键成员以前从被审计单位获得的经验的不同而不同。

A2. 计划审计工作并非审计业务的一个孤立阶段，而是一个持续的、不断修正的过程。计划审计工作通常于上期审计工作结束后不久或伴随着上期审计工作的完成就开始了，直至本期审计工作结束为止。计划审计工作包括考虑某些活动的时间安排以及在进一步审计程序开始前必须完成的审计程序。例如，在识别和评估重大错报风险前，需要在计划审计工作时考虑的事项包括：

- 用作风险评估程序的分析程序；
- 对适用于被审计单位的法律法规框架以及被审计单位如何遵守该框架的总体了解；

---

⑥ 《国际审计准则第 230 号——审计工作底稿》，第 8 – 11 段和第 A6 段。

⑦ 国际审计准则第 220 号，第 12 – 13 段。

- 重要性的确定；
- 专家的参与；
- 实施的其他风险评估程序。

A3. 审计师可能决定与管理层讨论审计计划的要素，从而使审计业务更易于执行和管理（如协调某些计划的审计程序与被审计单位员工的工作）。虽然这种讨论经常发生，制定总体审计策略和具体审计计划仍然是审计师的责任。当与管理层讨论总体审计策略和具体审计计划中的事项时，审计师需要保持职业谨慎，以防止审计工作有效性受到损害。例如，审计师与管理层讨论详细的审计程序的性质和时间安排可能导致这些审计程序易于被管理层预见，从而损害审计工作的有效性。

项目组关键成员的参与（参见：第 5 段）

A4. 项目合伙人和项目组其他关键成员参与计划审计工作，可以利用其经验和见解，提高计划过程的效率和效果。⑧

初步业务活动（参见：第 6 段）

A5. 在本期审计业务开始时开展本国际审计准则第 6 条规定的初步业务活动，有助于审计师识别和评价可能对计划和执行审计工作产生负面影响的事项或情况。

A6. 审计师开展初步业务活动有助于其在计划审计工作时达到诸如下列要求：

- 具备执行业务所需的独立性和能力；
- 不存在因管理层诚信问题而可能影响审计师保持该项业务的意愿的事项；
- 与被审计单位之间不存在对业务约定条款的误解。

A7. 审计师对保持客户关系和遵守相关职业道德要求（包括独立性要求）的考虑，随着审计业务中情况和条件的变化，贯穿审计业务的全过程。在本期审计业务开始时对保持客户关系和遵守相关职业道德要求（包括独立性要求）的情况实施初步程序，意味着这些程序需要在开展本期审计业务的其他重要活动之前完成。在连续审计业务中，这些初步业务活动通常在上期审计工作结束后不久或伴随着上期审计工作的完成就开始了。

计划活动

总体审计策略（参见：第 7－8 段）

A8. 制定总体审计策略的过程有助于审计师确定下列事项（当然这些事项的确

---

⑧ 国际审计准则第 315 号，第 10 段，针对项目组成员讨论财务报表重大错报的可能性明确了要求并提供指引。《国际审计准则第 240 号——财务报表审计中与舞弊相关的责任》，第 15 段，针对在讨论中如何重点关注由于舞弊导致财务报表重大错报的可能性提供了指引。

定还有待完成风险评估程序之后）：

- 向具体审计领域调配的资源，包括向高风险领域分派有相当经验的项目组成员，就复杂的事项利用专家的工作等；
- 向具体审计领域分配资源的多少，包括分派到重要地点进行存货监盘的项目组成员的人数，在集团审计中复核组成部分审计师工作的范围，向高风险领域分配的审计时间预算等；
- 何时调配这些资源，包括是在期中审计阶段还是在关键的截止日期调配资源等；
- 如何管理、指导和监督这些资源，包括预期何时召开项目组预备会和总结会，预期项目合伙人和经理如何进行复核（例如，是现场复核还是非现场复核），是否需要实施项目质量控制复核等。

A9. 附录列示了在制定总体审计策略时需要考虑的事项的举例。

A10. 总体审计策略一经制定，审计师就可以针对总体审计策略中的各个事项制定具体审计计划，并考虑通过有效利用审计资源实现审计目标。制定总体审计策略和具体审计计划不是孤立或不连续的过程，而是相互紧密联系的，对其中一项的修改可能导致对另一项的相应修改。

对小型被审计单位的特殊考虑

A11. 在小型被审计单位的审计中，全部审计工作可能由一个很小的审计项目组执行，如由项目合伙人和一个审计项目组成员一起执行。在这种情况下，项目组成员之间更容易沟通和协调。对于小型被审计单位的审计，制定总体审计策略没有必要经过复杂和费时的过程，其详略程度随被审计单位的规模、审计业务的复杂程度及项目组大小的不同而不同。例如，审计师可能基于工作底稿的复核结果，在上期审计完成阶段编制简要的备忘录，总结刚刚完成的审计中识别出的事项。如果审计师基于与业主兼经理的讨论在本期对备忘录进行更新，并且该备忘录涵盖本国际审计准则第 8 条规定的事项，审计师就可以将该备忘录作为本期审计业务的总体审计策略。

具体审计计划（参见：第 9 段）

A12. 具体审计计划比总体审计策略更加详细，内容包括项目组成员拟实施的审计程序的性质、时间安排和范围。计划这些审计程序，会随着具体审计计划的制定逐步深入，并贯穿于审计的整个过程。例如，计划风险评估程序在审计过程的较早阶段进行，而计划进一步审计程序的性质、时间安排和范围，取决于风险评估程序的结果。此外，审计师可能先执行与某些类别的交易、账户余额或披露相关的进一步审计程序，再计划其他所有的进一步审计程序。

审计过程中对计划的更改（参见：第 10 段）

A13. 由于未预期事项的存在、条件的变化或通过实施审计程序获取的审计证据等原因，审计师可能需要基于修正后的风险评估结果，对总体审计策略和具体审计计划，以及相应的原计划的进一步审计程序的性质、时间安排和范围作出修改。当审计师之后注意到的信息与计划审计程序时获知的信息存在重大差异时（如审计师通过实施实质性程序获取的审计证据可能与实施控制测试获取的审计证据相矛盾），就可能发生这种情况。

指导、监督与复核（参见：第 11 段）

A14. 对项目组成员的指导、监督以及对其工作复核的性质、时间安排和范围因下列因素而异：

- 被审计单位的规模和复杂程度；
- 审计领域；
- 评估的重大错报风险。例如，当评估的某审计领域的重大错报风险增加时，审计师通常需要相应扩大对项目组成员指导与监督的范围，增强指导与监督的及时性，并对其工作执行更详细的复核；
- 执行审计工作的项目组成员的专业素质和胜任能力。

国际审计准则第 220 号对指导、监督和工作复核有进一步的指引。

对小型被审计单位的特殊考虑

A15. 如果审计工作完全由项目合伙人执行，则不会产生指导、监督项目组成员和复核其工作的问题。在这种情况下，项目合伙人亲自实施了所有各方面的工作，了解所有重大事项。当同一人实施全部审计时，就审计过程中所作判断的合理性形成一个客观的意见可能会存在实际问题。当涉及特别复杂的或非常规事项，且审计工作由一人完成时，咨询其他具备适当经验的审计师或审计师的职业团体可能是适当的。⑨

审计工作底稿（参见：第 12 段）

A16. 总体审计策略工作底稿是对审计师作出的关键决策的记录，这些关键决策是为恰当计划审计工作和与项目组沟通重大事项而作出的。例如，审计师可能采用备忘录的形式记录总体审计策略，包括对审计工作的总体范围、时间安排及执行作出的关键决策。

A17. 具体审计计划工作底稿是对计划实施的风险评估程序的性质、时间安排和

---

⑨ 国际审计准则第 220 号，第 15－17 段。

范围，以及为应对评估的风险计划在认定层次实施的进一步审计程序的性质、时间安排和范围的记录。该记录还可用于证明已经恰当计划了审计程序，该计划在执行前需要得到复核和批准。审计师可以使用标准的审计程序表或审计工作完成核对表，并根据需要进行调整以反映业务的特定情况。

A18. 审计师记录对总体审计策略和具体审计计划作出的重大修改及对原计划审计程序的性质、时间安排和范围的修改，可以反映审计师作出这些重大修改的理由，以及审计工作最终采用的总体审计策略和具体审计计划，并表明审计师对审计过程中遇到的重大变化作出的恰当回应。

对小型被审计单位的特殊考虑

A19. 如第 11 段所述，在审计小型被审计单位时，恰当、简要的备忘录可以作为对总体审计策略的记录。对于具体审计计划，审计师可能使用在假定只有少量相关控制活动的基础上（小型被审计单位可能确实如此）编制的标准审计程序表或者核对表（见第 A17 段），但需要根据审计业务的具体情况（包括审计师对风险的评估）进行调整。

首次审计业务的补充考虑（参见：第 13 段）

A20. 无论是首次审计业务还是连续审计业务，计划审计工作的目的和目标都是相同的。但是，对于首次审计业务，审计师通常缺乏在计划连续业务工作时可借鉴的前期经验，因而可能需要扩展计划活动。对于首次审计业务，在制定总体审计策略和具体审计计划时，审计师可能考虑的补充事项包括：

- 除非法律法规另有规定，对与前任审计师沟通作出安排，如查阅前任审计师的工作底稿；
- 与管理层讨论有关首次接受审计委托的重大问题（包括对适用的会计原则或审计及报告准则的应用），并就这些重大问题与治理层进行沟通，以及这些重大问题对总体审计策略和具体审计计划的影响；
- 为针对期初余额获取充分、适当的审计证据而需要实施的审计程序（参见国际审计准则第 510 号的规定）；⑩
- 会计师事务所质量控制制度规定的在首次审计业务中需要实施的其他程序。例如，会计师事务所的质量控制制度可能规定，对首次审计业务应由其他合伙人或高级别人员在重要审计程序开始前复核总体审计策略或在出具报告前对审计报告进行复核。

⑩ 《国际审计准则第 510 号——首次审计业务涉及的期初余额》。

附录

（参见：第 7 - 8 段，第 A8 - A11 段）

制定总体审计策略时需要考虑的事项的示例

本附录提供了审计师在制定总体审计策略时可能考虑的事项的示例。其中的很多事项可能影响具体审计计划。这些示例广泛涵盖了适用于许多审计业务的事项。其中部分事项来源于其他审计准则的要求，但并非所有事项均与每项审计业务相关。本附录并非对所有事项的完整列示。

业务的特点

- 编制拟审计的财务信息所依据的财务报告框架，包括是否需要将财务信息调整至按照其他财务报告框架编制；
- 特定行业的报告要求，如某些行业监管机构要求提交的报告；
- 预期审计工作涵盖的范围，包括应涵盖的组成部分的数量及所在地点；
- 母公司和集团组成部分之间存在的控制关系的性质，以确定如何编制合并财务报表；
- 由组成部分审计师审计组成部分的范围；
- 拟审计的经营分部的性质，包括是否需要具备专门知识；
- 所使用的报告货币，包括是否需要对所审计的财务信息进行外币折算；
- 除为合并目的执行的审计工作之外，对个别财务报表进行法定审计的需求；
- 内部审计师工作的可获得性以及审计师对这些工作的潜在依赖程度；
- 被审计单位使用服务机构的情况，及审计师如何取得有关服务机构内部控制设计和运行有效性的证据；
- 对利用在以前审计工作中获取的审计证据（如获取的与风险评估程序和控制测试相关的审计证据）的预期；
- 信息技术对审计程序的影响，包括数据的可获得性和对使用计算机辅助审计技术的预期；
- 协调审计工作与中期财务信息审阅的预期涵盖范围和时间安排，以及中期审阅所获取的信息对审计工作的影响；
- 与被审计单位人员的时间协调和相关数据的可获得性。

报告目标、审计的时间安排和沟通的性质

- 被审计单位对外报告的时间表，包括中间阶段和最终阶段；

- 与管理层和治理层举行会谈，讨论审计工作的性质、时间安排和范围；
- 与管理层和治理层讨论审计师拟出具的报告的类型和时间安排以及沟通的其他事项（口头或书面沟通），包括审计报告、管理建议书和向治理层通报的其他事项；
- 与管理层讨论预期就整个审计业务中对审计工作的进展进行的沟通；
- 与组成部分审计师沟通拟出具的报告的类型和时间安排，以及与组成部分审计相关的其他事项；
- 项目组成员之间沟通的预期的性质和时间安排，包括项目组会议的性质和时间安排，以及复核已执行工作的时间安排；
- 预期是否需要和第三方进行其他沟通，包括与审计相关的法定或约定的报告责任。

重要因素、初步业务活动和从其他业务获取的经验

- 按照国际审计准则第 320 号①的规定确定重要性，并在适用的情况下考虑下列事项：
  - 按照国际审计准则第 600 号②的规定，为组成部分确定重要性并就此与组成部分审计师进行沟通；
  - 初步识别重要组成部分和重要的交易、账户余额和披露；
- 初步识别的可能存在较高重大错报风险的领域；
- 评估的财务报表层次的重大错报对指导、监督和复核的影响；
- 就项目组成员在收集和评价审计证据过程中保持质疑的思维方式和职业怀疑的必要性，向项目组成员进行强调所采用的方式；
- 以前审计中对内部控制运行有效性评价的结果，包括识别出的缺陷的性质和应对措施；
- 与会计师事务所内部向被审计单位提供其他服务的人员讨论可能对审计产生影响的事项；
- 有关管理层对设计、执行和维护健全的内部控制重视程度的证据，包括这些控制得以适当记录的证据；
- 交易量规模，以确定审计师信赖内部控制是否使审计工作更有效率；
- 被审计单位全体人员对内部控制对于业务成功运行的重要性的认识；
- 影响被审计单位的重大业务发展变化，包括信息技术和业务流程的变化，关键管理人员变化，以及收购、兼并和处置；

① 《国际审计准则第 320 号——计划和执行审计工作时的重要性》。

② 《国际审计准则第 600 号——对集团财务报表审计的特殊考虑（包括组成部分审计师的工作）》，第 21－23 段和第 40 段第（c）项。

- 重大的行业发展情况，如行业法规和报告要求的变化；
- 财务报告框架的重大变化，如适用的会计准则的变化；
- 其他相关重大变化，如影响被审计单位的法律环境的变化。

资源的性质、时间安排和范围

- 项目组成员（在必要时包括项目质量控制复核人员）的选择以及对项目组成员审计工作的分派，包括向可能存在较高重大错报风险的领域分派具备适当经验的人员；
- 项目预算，包括为可能存在较高重大错报风险的领域预留适当的工作时间。

国际审计准则第315号（修订）通过了解被审计单位及其环境识别和评估重大错报风险

（适用于会计期间结束于2013年12月15日及以后的财务报表审计）

目　　录

《国际审计准则第315号（修订）——通过了解被审计单位及其环境识别和评估重大错报风险》应当与《国际审计准则第200号——独立审计师的总体目标和按照国际审计准则执行审计工作》一并阅读。

引 言

本国际审计准则的范围

1. 本国际审计准则规范了审计师通过了解被审计单位及其环境（包括被审计单位的内部控制）识别和评估财务报表重大错报风险的责任。

生效日期

2. 本国际审计准则适用于会计期间结束于2013年12月15日及以后的财务报表审计。

目 标

3. 审计师的目标是，通过了解被审计单位及其环境（包括被审计单位的内部控制），识别和评估财务报表层次和认定层次的重大错报风险（无论该错报由于舞弊或错误导致），从而为设计和实施针对评估的重大错报风险采取的应对措施提供基础。

定 义

4. 就国际审计准则而言，对下列术语给予以下定义：

（a）认定，是指管理层在财务报表中作出的明确或隐含的表达，审计师将其用于考虑可能发生的不同类型的潜在错报；

（b）经营风险，是指可能对被审计单位实现目标和实施战略的能力产生不利影响的重要状况、事项、情况、作为（或不作为）而导致的风险，或由于制定不恰当的目标和战略而导致的风险；

（c）内部控制，是指被审计单位为了合理保证财务报告的可靠性、经营的效率和效果以及对法律法规的遵守，由治理层、管理层和其他人员设计、执行和维护的过程。“控制”是指内部控制一个或多个要素的任何一个方面；

（d）风险评估程序，是指审计师为了解被审计单位及其环境，以识别和评估财务报表层次和认定层次的重大错报风险（无论该错报由于舞弊或错误导致）而实施的审计程序；

（e）特别风险，是指审计师识别和评估的、根据判断认为需要特别审计考虑的重大错报风险。

要　求

风险评估程序和相关活动

5. 审计师应当实施风险评估程序，为识别和评估财务报表层次和认定层次的重大错报风险提供基础。但是，风险评估程序本身并不能为形成审计意见提供充分、适当的审计证据。（参见：第 A1 – A5 段）

6. 风险评估程序应当包括：

（a）询问管理层、适当的内部审计职能部门人员（如有）以及被审计单位内部其他人员，这些人员是审计师根据判断认为可能知悉某些信息的人员，这些信息有助于识别由于舞弊或错误导致的重大错报风险；（参见：第 A6 – A13 段）

（b）分析程序；（参见：第 A14 – A17 段）

（c）观察和检查。（参见：第 A18 段）

7. 审计师应当考虑在客户接受或保持过程中获取的信息是否与识别重大错报风险相关。

8. 如果项目合伙人已为被审计单位执行了其他业务，项目合伙人应当考虑所获取的信息是否与识别重大错报风险相关。

9. 如果拟利用以往与被审计单位交往的经验和以前审计中实施审计程序获取的信息，审计师应当确定被审计单位及其环境自以前审计后是否已发生变化，进而可能影响这些信息对本期审计的相关性。（参见：第 A19 – A20 段）

10. 项目合伙人和项目组其他关键成员应当讨论被审计单位财务报表存在重大错报的可能性，以及如何根据被审计单位的具体情况运用适用的财务报告框架。项目合伙人应当确定向未参与讨论的项目组成员通报哪些事项。（参见：第 A21 – A23 段）

了解被审计单位及其环境（包括内部控制）

被审计单位及其环境

11. 审计师应当了解下列方面：

（a）相关行业状况、法律环境和监管环境及其他外部因素，包括适用的财务报

告框架；（参见：第A24－A29段）

（b）被审计单位的性质，包括下列事项，以使审计师了解预期在财务报表中反映的交易类别、账户余额和披露：（参见：第A30－A34段）

（i）经营活动；

（ii）所有权和治理结构；

（iii）正在实施和计划实施的投资（包括对特殊目的实体的投资）的类型；

（iv）组织结构和筹资方式。

（c）被审计单位对会计政策的选择和运用，包括变更会计政策的原因。审计师应当根据被审计单位的经营活动，评价会计政策是否适当，并与适用的财务报告框架、相关行业使用的会计政策保持一致；（参见：第A35段）

（d）被审计单位的目标、战略以及可能导致重大错报风险的相关经营风险；（参见：第A36－A42段）

（e）对被审计单位财务业绩的衡量和评价。（参见：第A43－A48段）

被审计单位的内部控制

12. 审计师应当了解与审计相关的内部控制。虽然大部分与审计相关的控制可能与财务报告相关，但并非所有与财务报告相关的控制都与审计相关。确定一项控制单独或连同其他控制是否与审计相关，需要审计师作出职业判断。（参见：第A49－A72段）

了解相关控制的性质和范围

13. 在了解与审计相关的控制时，审计师除询问被审计单位内部人员外，还应执行其他程序，以评价这些控制的设计并确定其是否得到执行。（参见：第A73－A75段）

内部控制要素

控制环境

14. 审计师应当了解控制环境。作为了解控制环境的一部分，审计师应当评价：

（a）管理层在治理层的监督下，是否营造并保持了诚实守信和合乎道德的文化；

（b）控制环境总体上的优势是否为内部控制的其他要素奠定了适当的基础，以及这些其他要素是否未被控制环境中存在的缺陷所削弱。（参见：第A76－A86段）

被审计单位的风险评估过程

15. 审计师应当了解被审计单位是否已建立风险评估过程，包括：

（a）识别与财务报告目标相关的经营风险；

（b）估计风险的重要性；

（c）评估风险发生的可能性；

（d）决定应对这些风险的措施。（参见：第 A87 段）

16. 如果被审计单位已建立风险评估过程，审计师应当了解风险评估过程及其结果。如果识别出管理层未能识别出的重大错报风险，审计师应当评价是否存在这类风险，即审计师预期被审计单位风险评估过程应当识别出而未识别出的风险。如果存在这类风险，审计师应当了解风险评估过程未能识别出的原因，并评价风险评估过程是否适合具体情况，或者确定与风险评估过程相关的内部控制是否存在值得关注的内部控制缺陷。

17. 如果被审计单位未建立风险评估过程，或具有非正式的风险评估过程，审计师应当与管理层讨论是否识别出与财务报告目标相关的经营风险以及如何应对这些风险。审计师应当评价缺少记录的风险评估过程是否适合具体情况，或确定是否表明存在值得关注的内部控制缺陷。（参见：第 A88 段）

与财务报告相关的信息系统（包括相关业务流程）与沟通

18. 审计师应当从下列方面了解与财务报告相关的信息系统（包括相关业务流程）：

（a）在被审计单位经营过程中，对财务报表具有重大影响的各类交易；

（b）在信息技术和人工系统中，被审计单位的交易生成、记录、处理、必要的更正、结转至总账以及在财务报表中报告的程序；

（c）用以生成、记录、处理和报告（包括纠正不正确的信息以及信息如何结转至总账）交易的会计记录、支持性信息和财务报表中的特定账户。这些记录可以是手工或电子形式；

（d）被审计单位的信息系统如何获取除交易以外的对财务报表重大的事项和情况；

（e）用于编制被审计单位财务报表（包括作出的重大会计估计和披露）的财务报告过程；

（f）与会计分录相关的控制，这些分录包括用以记录非经常性的、异常的交易或调整的非标准会计分录。（参见：第 A89 – A93 段）

19. 审计师应当了解被审计单位如何沟通与财务报告相关的人员的角色和职责以及与财务报告相关的重大事项。这种沟通包括：（参见：第 A94 – A95 段）

（a）管理层与治理层之间的沟通；

（b）外部沟通，如与监管机构的沟通。

与审计相关的控制活动

20. 审计师应当了解与审计相关的控制活动。与审计相关的控制活动，是审计师为评估认定层次重大错报风险并设计进一步审计程序应对评估的风险而认为有必要了解的控制活动。审计并不要求了解与财务报表中每类重大交易、账户余额和披露或与其每项认定相关的所有控制活动。（参见：第 A96 – A102 段）

21. 在了解被审计单位控制活动时，审计师应当了解被审计单位如何应对信息技术导致的风险。（参见：第A103－A105段）

对控制的监督

22. 审计师应当了解被审计单位用于监督与财务报告相关的内部控制的主要活动，包括了解针对与审计相关的控制活动的监督，以及被审计单位如何对控制缺陷采取补救措施。（参见：第A106－A108段）

23. 如果被审计单位设有内部审计职能部门①，审计师应当了解内部审计职能部门的职责性质、在被审计单位中的地位，以及已执行或拟执行的内部审计活动。（参见：第A109－A116段）

24. 审计师应当了解被审计单位监督活动所使用信息的来源，以及管理层认为信息对于实现目的足够可靠的依据。（参见：第A117段）

识别和评估重大错报风险

25. 审计师应当在下列两个层次识别和评估重大错报风险，为设计和实施进一步审计程序提供基础：

（a）财务报表层次；（参见：第A118－A121段）

（b）各类交易、账户余额和披露的认定层次。（参见：第A122－A126段）

26. 为了实现这一目的，审计师应当：

（a）在了解被审计单位及其环境（包括与风险相关的控制）的整个过程中，结合对财务报表中各类交易、账户余额和披露的考虑，识别风险；（参见：第A127－A128段）

（b）评估识别出的风险，并评价其是否更广泛地与财务报表整体相关，进而潜在地影响多项认定；

（c）结合对拟测试的相关控制的考虑，将识别出的风险与认定层次可能发生错报的领域相联系；（参见：第A129－A131段）

（d）考虑发生错报的可能性（包括发生多项错报的可能性），以及潜在错报的重大程度是否足以导致重大错报。

需要给予特别审计考虑的风险

27. 作为第25段所述的风险评估的一部分，审计师应当根据职业判断，确定识别出的风险是否为特别风险。在进行判断时，审计师不应考虑识别出的控制对相关风险的抵消效果。

---

① 《国际审计准则第610号（修订）——利用内部审计师的工作》，第14段定义了术语“内部审计职能部门”。

28. 在判断哪些风险是特别风险时，审计师应当至少考虑下列方面：

（a）风险是否属于舞弊风险；

（b）风险是否与近期经济环境、会计处理方法或其他方面的重大变化相关，因而需要特别关注；

（c）交易的复杂程度；

（d）风险是否涉及重大的关联方交易；

（e）财务信息计量的主观程度，特别是计量结果是否具有高度不确定性；

（f）风险是否涉及异常或超出正常经营过程的重大交易。（参见：第 A132 – A136 段）

29. 如果认为存在特别风险，审计师应当了解被审计单位与该风险相关的控制（包括控制活动）。（参见：第 A137 – A139 段）

仅从实质性程序中无法获取充分、适当的审计证据的风险

30. 对于某些风险，审计师可能认为仅从实质性程序中获取充分、适当的审计证据是不可能或不可行的。这些风险可能与对日常和重大类别的交易或账户余额作出的不准确或不完整的记录相关，对这些交易或账户余额通常可以采用高度自动化处理，不存在或存在很少人工干预。在这种情况下，被审计单位针对这类风险建立的控制与审计相关，审计师应当了解这些控制。（参见：第 A140 – A142 段）

修正风险评估结果

31. 审计师对认定层次重大错报风险的评估，可能随着审计过程中不断获取审计证据而作出相应的改变。如果实施进一步审计程序获取的审计证据，或获取的新信息，与审计师之前作出评估所依据的审计证据不一致，审计师应当修正风险评估结果，并相应修改原计划实施的进一步审计程序。（参见：第 A143 段）

审计工作底稿

32. 审计师应当就下列事项形成审计工作底稿：②

（a）根据第 10 段的规定，项目组进行的讨论以及得出的重要结论；

（b）根据第 11 段的规定对被审计单位及其环境各个方面的了解要点，根据第 14 – 24 段的规定对内部控制各项要素的了解要点；获取上述了解的信息来源；实施的风险评估程序；

（c）根据第 25 段的规定，在财务报表层次和认定层次识别和评估的重大错报风险；

---

② 《国际审计准则第 230 号——审计工作底稿》，第 8 – 11 段和第 A6 段。

（d）根据第27－30段的规定，识别出的风险和了解的相关控制。（参见：第A144－A147段）

应用和其他解释性材料

风险评估程序和相关活动（参见：第5段）

A1. 了解被审计单位及其环境（包括内部控制）（以下简称了解被审计单位）是一个连续和动态地收集、更新与分析信息的过程，贯穿于整个审计过程的始终。了解被审计单位为审计师在审计过程中计划审计工作并运用职业判断建立了参考框架，例如，在下列环节中：

- 评估财务报表重大错报风险；
- 按照国际审计准则第320号③的规定确定重要性；
- 考虑选择和运用会计政策的恰当性和财务报表披露的充分性；
- 识别需要特别考虑的领域，如关联方交易、管理层运用持续经营假设的适当性或考虑交易是否具有合理的商业目的；
- 确定在实施分析程序时使用的预期值；
- 应对评估的重大错报风险，包括设计和实施进一步审计程序以获取充分、适当的审计证据；
- 评价已获取审计证据的充分性和适当性，如假设的适当性以及管理层口头声明和书面声明的适当性。

A2. 审计师可能将实施风险评估程序和相关活动获取的信息作为审计证据支持对重大错报风险的评估结果。此外，审计师还可能获取有关类别的交易、账户余额或披露及相关认定，以及控制运行有效性的审计证据，即使这些程序并非作为实质性程序或控制测试而专门计划实施。审计师还可以在实施风险评估程序的同时选择实施实质性程序或控制测试，以使审计工作更有效率。

A3. 审计师需要运用职业判断确定所要求了解的程度。审计师的主要考虑是获取的了解是否足以实现本国际审计准则规定的目标。当然，要求审计师对被审计单位获取的总体了解的程度，要低于管理层在管理被审计单位时所获取的了解的程度。

A4. 需要评估的风险包括由于错误导致的风险，也包括由于舞弊误导致的风险，本国际审计准则涉及这两类风险。但是，由于舞弊非常重大，针对为获取用于识别由于舞弊导致的重大错报风险的信息所实施的风险评估程序和相关活动，国际审计

---

③《国际审计准则第320号——计划和执行审计工作时的重要性》。

准则第 240 号提出了进一步要求并提供了指引。④

A5. 虽然审计师在了解被审计单位（参见第 11 – 24 段）的过程中需要实施第 6 段规定的所有风险评估程序，但无需在了解每个方面时都实施所有的风险评估程序。当拟获取的信息有助于识别重大错报风险时，审计师也可以执行其他程序。这些程序举例如下：

- 查阅从外部来源获取的信息，如贸易与经济方面的期刊，分析师、银行或评级机构的报告，法规或金融出版物等；
- 询问被审计单位聘请的外部法律顾问或评估专家。

询问管理层、内部审计职能部门和被审计单位内部其他人员（参见：第 6 段第（a）项）

A6. 审计师通过询问获取的大部分信息来自于管理层和负责财务报告的人员。审计师也可以通过询问内部审计职能部门（如有）和被审计单位内部的其他人员以获取信息。

A7. 通过询问被审计单位内部的其他人员和其他不同层级的员工，审计师也可能获取信息或不同的视角，以识别重大错报风险。例如：

- 直接询问治理层，可能有助于审计师了解编制财务报表的环境。国际审计准则第 260 号⑤指出有效的双向沟通对于审计师向治理层获取有关信息的重要性；
- 询问参与生成、处理或记录复杂或异常交易的员工，可能有助于审计师评价被审计单位选择和运用某项会计政策的恰当性；
- 直接询问内部法律顾问，可能有助于审计师了解有关信息，如诉讼、遵守法律法规的情况、影响被审计单位的舞弊或舞弊嫌疑、产品保证、售后责任、与业务合作伙伴的安排（如合营企业）和合同条款的含义等；
- 直接询问营销或销售人员，可能有助于审计师了解被审计单位营销策略的变化、销售趋势或与客户的合同安排；
- 直接询问风险管理部门（或承担风险管理角色的人员），可能有助于审计师了解可能影响财务报告的运营及监管风险的信息；
- 直接询问信息系统人员，可能有助于审计师了解关于系统变化、系统或控制失败或其他信息系统相关风险的信息。

A8. 由于对被审计单位及其环境的了解是一个持续的、动态的过程，审计师的询问可能发生于整个审计业务期间。

---

④ 《国际审计准则第 240 号——财务报表审计中与舞弊相关的责任》，第 12 – 24 段。

⑤ 《国际审计准则第 260 号——与治理层的沟通》，第 4 段第（b）项。

对内部审计职能部门进行询问

A9. 如果被审计单位设有内部审计职能部门，询问适当的内部审计人员可以提供对审计师了解被审计单位及其环境，以及识别和评估财务报表层次和认定层次重大错报风险有用的信息。内部审计职能部门在工作中可能已经对被审计单位的经营和业务风险有较深入的了解，并可能发现存在的问题（如识别出控制缺陷或风险），这可以为审计师了解被审计单位、开展风险评估以及审计工作的其他方面提供有价值的信息。审计师的询问因此基于是否期望利用内部审计职能部门的工作以调整拟实施程序的性质、时间安排或减少范围。[⑥] 在询问时，内部审计职能部门向治理层报告的事项或该职能部门自我风险评估过程可能特别重要。

A10. 如果对于审计师询问的反馈结果表明存在与被审计单位的财务报告和审计工作相关的发现，审计师可能认为查阅与内部审计职能部门有关的报告是适当的。例如，可能相关的内部审计职能部门报告包括内部审计战略、计划文件，以及为管理层和治理层编制的内部审计职能部门检查发现问题的报告。

A11. 此外，按照国际审计准则第 240 号[⑦]，如果内部审计职能部门向审计师提供有关舞弊事实、怀疑或指控的信息，审计师在识别由于舞弊导致的重大错报风险时应当给予考虑。

A12. 审计师所询问的适当的内部审计职能部门人员，是审计师根据判断，认为具有适当知识、经验和职权的人员，如首席内部审计执行官，或在具体环境中的该职能部门的其他人员。审计师也可能认为与这些人员举行定期会议是合适的。

对公共部门实体的特殊考虑（参见：第 6 段第（a）项）

A13. 公共部门实体的审计师，往往负有与被审计单位的内部控制和适用法律法规遵守情况的额外责任。询问适当的内部审计人员可以帮助审计师识别重大的违法违规风险，以及财务报告内部控制缺陷导致的风险。

分析程序（参见：第 6 段第（b）项）

A14. 审计师将分析程序用作风险评估程序，可能有助于识别未注意到的被审计单位的情况，并可能有助于评估重大错报风险，以为针对评估的风险设计和实施应对措施提供基础。审计师实施分析程序可以使用财务信息和非财务信息，如销售额与卖场的面积或已出售商品数量之间的关系。

A15. 审计师实施分析程序可能有助于识别异常的交易或事项，以及对审计产生影响的金额、比率和趋势。识别出的异常或未预期到的关系可以帮助审计师识别重大错报风险，特别是由于舞弊导致的重大错报风险。

---

⑥ 相关要求详见国际审计准则第 610 号（修订）。

⑦ 国际审计准则第 240 号，第 19 段。

A16. 然而，当分析程序使用高度汇总的数据时（作为风险评估程序的分析程序可能存在这种情况），实施分析程序的结果可能仅初步显示是否存在重大错报。因此，在这种情况下，将分析程序的结果与识别重大错报风险时获取的其他信息一并考虑，可以帮助审计师了解并评价分析程序的结果。

对小型被审计单位的特殊考虑

A17. 某些小型被审计单位可能没有可用于实施分析程序的中期或月度财务信息。在这些情况下，虽然审计师可能能够实施有限的分析程序以计划审计工作或通过询问获取一些信息，但当可以获得财务报表的草稿时，审计师可能需要计划并实施分析程序以识别和评估重大错报风险。

观察和检查（参见：第6段第（c）项）

A18. 观察和检查程序可以支持对管理层和其他相关人员的询问结果，并可以提供有关被审计单位及其环境的信息。这些审计程序的举例包括观察或检查下列事项：

- 被审计单位的经营活动；
- 文件（如经营计划和策略）、记录和内部控制手册；
- 管理层编制的报告（如季度管理层报告和中期财务报告）和治理层编制的报告（如董事会会议纪要）；
- 被审计单位的生产经营场所和厂房设备。

以前期间获取的信息（参见：第9段）

A19. 审计师以往与被审计单位交往的经验以及以前审计中实施的审计程序可以为审计师提供有关下列事项的信息：

- 以往的错报情况以及错报是否及时得到更正；
- 被审计单位及其环境的性质、被审计单位的内部控制（包括内部控制缺陷）；
- 自上期以来被审计单位或其经营活动可能发生的重大变化，这些变化可以帮助审计师对被审计单位获取充分的了解，以识别和评估重大错报风险。

A20. 如果拟将以前期间获取的信息用于本期审计，审计师需要确定这些信息是否仍然相关。这是因为信息的变化（如控制环境的变化）可能影响上期所获取信息的相关性。为了确定影响这些信息相关性的变化是否已经发生，审计师可以询问并实施其他恰当的审计程序，如对相关系统进行穿行测试。

项目组内部的讨论（参见：第10段）

A21. 项目组内部关于财务报表发生重大错报可能性的讨论可以：

- 使经验较丰富的项目组成员（包括项目合伙人）有机会分享其根据对被审

计单位的了解形成的见解；

- 使项目组成员能够就被审计单位面临的经营风险、财务报表可能在哪些方面以及如何发生由于舞弊或错误导致的重大错报交换信息；
- 帮助项目组成员更好地了解在各自负责的领域中潜在的财务报表重大错报，并了解各自实施的审计程序的结果可能如何影响审计的其他方面，包括对确定进一步审计程序的性质、时间安排和范围的影响；
- 为项目组成员交流和分享在审计过程中获取的、可能影响重大错报风险评估结果或应对这些风险的审计程序的新信息提供基础。

国际审计准则第240号对项目组内部关于舞弊风险的讨论作出了进一步规定并提供了指引。[⑧]

A22. 所有成员都参与到一项讨论中，并非总是必要和可行的（如涉及多个地点的审计），将讨论中作出的全部决定告知项目组所有成员也不总是必要的。项目合伙人可以与项目组关键成员（包括专家和负责组成部分审计的人员，如认为适当）进行讨论，而在考虑整个项目组中必要的沟通范围后，可以委派代表与其他人员进行讨论。在这种情况下，经项目合伙人同意的沟通计划可能是有用的。

对小型被审计单位的特殊考虑

A23. 许多小型被审计单位的审计全部由项目合伙人实施。在这种情况下，亲自计划审计工作的项目合伙人将负责考虑财务报表发生由于舞弊或错误导致的重大错报的可能性。

了解被审计单位及其环境（包括内部控制）

被审计单位及其环境

行业状况、法律环境和监管环境及其他外部因素（参见：第11段第（a）项）

行业因素

A24. 相关行业因素包括行业状况，如竞争环境、供应商和客户关系、技术发展情况等。审计师可能需要考虑的事项举例如下：

- 市场与竞争，包括市场需求、生产能力和价格竞争；
- 生产经营的季节性和周期性；
- 与被审计单位产品相关的生产技术；
- 能源供应与成本。

A25. 被审计单位经营所处的行业可能产生由于经营性质或监管程度导致的特定重大错报风险。例如，长期合同可能涉及对收入和费用作出重大估计而导致重大错

---

⑧ 国际审计准则第240号，第15段。

报风险。在这种情况下，项目组包括具有足够相关知识和经验的成员是很重要的。[9]

监管因素

A26. 相关监管因素包括监管环境。监管环境包括适用的财务报告框架、法律和政治环境等。审计师可能需要考虑的事项举例如下：

- 会计原则和行业特定惯例；
- 受管制行业的法规框架；
- 对被审计单位经营活动产生重大影响的法律法规，包括直接的监管活动；
- 税收政策（关于企业所得税和其他税种的政策）；
- 目前对被审计单位开展经营活动产生影响的政府政策，如货币政策（包括外汇管制）、财政政策、财政刺激措施（如政府援助项目）、关税或贸易限制政策等；
- 影响行业和被审计单位经营活动的环保要求。

A27. 国际审计准则第 250 号包含了与适用于被审计单位及其所在行业或领域的法律法规框架相关的特定要求。[10]

对公共部门实体的特殊考虑

A28. 对于公共部门实体的审计，法律法规或其他监管要求可能影响被审计单位的经营活动。在了解被审计单位时考虑这些因素是必要的。

其他外部因素

A29. 审计师考虑的影响被审计单位的其他外部因素可能包括总体经济情况、利率、融资的可获得性、通货膨胀水平或币值变动等。

被审计单位的性质（参见：第 11 段第（b）段）

A30. 了解被审计单位的性质使审计师能够了解如下事项：

- 被审计单位的组织结构是否复杂。例如，是否在多个地区拥有子公司或其他组成部分。复杂的组织结构通常产生可能导致重大错报风险的问题。这些问题可能包括对商誉、合营企业、投资或特殊目的实体的会计处理是否恰当；
- 所有权结构，所有者与其他人员或实体之间的关系。了解这些方面有助于确定关联方交易是否已得到识别和恰当处理。国际审计准则第 550 号[11]对审计师与关联方相关的考虑作出了规定并提供了指引。

A31. 在了解被审计单位的性质时，审计师可能需要考虑的事项举例如下：

- 经营活动，例如：

---

⑨《国际审计准则第 220 号——对财务报表审计实施的质量控制》，第 14 段。

⑩《国际审计准则第 250 号——财务报表审计中对法律法规的考虑》，第 12 段。

⑪《国际审计准则第 550 号——关联方》。

- 收入来源、产品或服务以及市场的性质（包括电子商务，网上销售和营销活动）；
- 业务的开展情况（如生产阶段与生产方法，易受环境风险影响的活动）；
- 联盟、合营与外包情况；
- 地区分布与行业细分；
- 生产设施、仓库和办公室的地理位置，存货存放地点和数量；
- 关键客户及货物和服务的重要供应商，劳动用工安排（包括是否存在工会合同、退休金和其他退休福利、股票期权或激励性奖金安排以及与劳动用工事项相关的政府法规）；
- 研究与开发活动及其支出；
- 关联方交易。

- 投资与投资活动，例如：
  - 计划实施或近期已实施的并购或资产处置；
  - 证券与贷款的投资和处置；
  - 资本性投资活动；
  - 对未纳入合并范围的实体的投资，包括合伙企业、合营企业和特殊目的实体。
- 筹资与筹资活动，例如：
  - 主要子公司和联营企业（无论是否处于合并范围内）；
  - 债务结构和相关条款，包括资产负债表外融资和租赁安排；
  - 实际受益方（实际受益方是国内的，还是国外的，其商业声誉和经验可能对被审计单位产生的影响）及关联方；
  - 衍生金融工具的使用。
- 财务报告，例如：
  - 会计政策和行业特定惯例，包括特定行业的重要活动（如银行业的贷款和投资、医药行业的研究与开发活动）；
  - 收入确认惯例；
  - 公允价值会计核算；
  - 外币资产、负债与交易；
  - 异常或复杂交易（包括在有争议或新兴领域的交易）的会计处理（如股票薪酬的会计处理）。

A32. 被审计单位自以前期间以来发生的重大变化可能导致或改变重大错报风险。

特殊目的实体的性质

A33. 特殊目的实体（有时也称特殊目的工具）是指为实现界定清楚的某个具体目标（如进行租赁、金融资产证券化或开展研究与开发活动）而设立的实体。特殊目的实体可能以公司、信托、合伙企业或非公司实体的形式存在。在以某实体的名义建立特殊目的实体的情况下，该实体通常可能将资产转移至特殊目的实体（如作为终止确认涉及金融资产的交易的一部分），获得使用特殊目的实体资产的权利或向其提供服务，而其他方可能为特殊目的实体提供资金。国际审计准则第 550 号指出，在某些情况下，特殊目的实体可能是被审计单位的关联方。[12]

A34. 财务报告框架通常详细规定了可视为“控制”的条件，或在编制合并报表时应当考虑特殊目的实体的情况。理解这些框架的要求通常需要详细了解涉及特殊目的实体的相关协议。

对会计政策的选择和运用（参见：第 11 段第（c）项）

A35. 了解被审计单位对会计政策的选择和运用可能包括如下事项：

- 被审计单位对重大和异常交易的会计处理方法；
- 在缺乏权威性指引或共识、有争议的或新兴领域采用重要会计政策产生的影响；
- 会计政策的变更；
- 新颁布的财务报告准则、法律法规，以及被审计单位何时采用、如何采用这些规定。

目标、战略以及相关经营风险（参见：第 11 段第（d）项）

A36. 被审计单位在行业状况、法律环境和监管环境及其他内部和外部因素的背景下开展经营活动。为应对这些因素，管理层或治理层需要确定目标，作为被审计单位的总体规划。战略是管理层为实现目标而采用的方法。被审计单位的目标和战略可能会随着时间而变化。

A37. 经营风险比财务报表重大错报风险范围更广，并且包括重大错报风险。经营风险可能产生于环境变化或经营的复杂性。未能认识到根据环境的变化作出改变也可能导致经营风险。例如，下列事项可能产生经营风险：

- 开发新产品或服务可能失败；
- 即使成功开拓了市场，也不足以支持产品或服务；
- 产品或服务存在瑕疵，可能导致负债及声誉风险。

A38. 由于多数经营风险最终都会产生财务后果，从而影响财务报表，因此了解

---

[12] 国际审计准则第 550 号，第 A7 段。

被审计单位面临的经营风险可以提高识别出重大错报风险的可能性。然而，审计师没有责任识别或评估所有的经营风险，因为并非所有的经营风险都会导致重大错报风险。

A39. 审计师在了解可能导致财务报表重大错报风险的目标、战略及相关经营风险时，可以考虑以下事项：

- 行业发展（例如，潜在的相关经营风险可能是被审计单位不具备足以应对行业变化的人力资源和业务专长）；
- 开发新产品或提供新服务（例如，潜在的相关经营风险可能是被审计单位产品责任增加）；
- 业务扩张（例如，潜在的相关经营风险可能是被审计单位对市场需求的估计不准确）；
- 新的会计要求（例如，潜在的相关经营风险可能是被审计单位执行不当或不完整，或会计处理成本增加）；
- 监管要求（例如，潜在的相关经营风险可能是被审计单位法律责任增加）；
- 本期及未来的融资条件（例如，潜在的相关经营风险可能是被审计单位由于无法满足融资条件而失去融资机会）；
- 信息技术的运用（例如，潜在的相关经营风险可能是被审计单位信息系统与业务流程难以融合）；
- 实施战略的影响，特别是由此产生的需要运用新的会计要求的影响（例如，潜在的相关经营风险可能是被审计单位执行新要求不当或不完整）。

A40. 经营风险可能对某类交易、账户余额和披露的认定层次重大错报风险或财务报表层次重大错报风险产生直接影响。例如，因客户群减少产生的经营风险可能增加与应收款项计价相关的重大错报风险。但是，同样的风险，尤其是在经济紧缩时，可能具有更为长期的后果，审计师需要在评价运用持续经营假设的适当性时予以考虑。因此，考虑经营风险是否可能导致重大错报风险，要视被审计单位的具体情况而定。附录 2 列示了可能表明存在重大错报风险的情况和事项的示例。

A41. 管理层通常识别经营风险并制定应对风险的方法。这种风险评估过程是内部控制的一部分，第 15 段、第 A87 – A88 段对此进行了讨论。

对公共部门实体的特殊考虑

A42. 对于公共部门实体审计，“管理层的目标”可能受到对公共受托责任考虑的影响，这一目标可能包括法律法规或其他监管机构的相关要求。

被审计单位财务业绩的衡量和评价（参见：第 11 段第（e）项）

A43. 管理层及其他人员经常衡量和评价其认为重要的事项。无论是内部的还是外部的业绩衡量，都会对被审计单位产生压力。这些压力反过来可能促使管理层采取措施改善经营业绩或歪曲财务报表。因此，了解被审计单位的业绩衡量，有助于审计师考虑实现业绩目标的压力是否可能导致管理层采取行动，以致增加财务报表发生重大错报的风险（包括由于舞弊导致的风险）。国际审计准则第 240 号对舞弊风险作出了规定并提供了指引。

A44. 对财务业绩的衡量和评价不同于对控制的监督（在第 A106 – A117 段内部控制要素中讨论），即：

- 对财务业绩的衡量和评价，针对的是被审计单位的业绩是否达到管理层（或第三方）设定的目标；
- 对控制的监督重点关注内部控制的有效运行。

但两者的目标可能有重叠，在某些情况下，业绩指标也可以为管理层识别内部控制缺陷提供信息。

A45. 审计师可以考虑的、管理层在衡量和评价财务业绩时使用的内部生成信息举例如下：

- 关键业绩指标（财务或非财务的）、关键比率、趋势和经营统计数据；
- 同期财务业绩比较分析；
- 预算、预测、差异分析，分部信息与分部、部门或其他不同层次的业绩报告；
- 员工业绩考核与激励性报酬政策；
- 被审计单位与竞争对手的业绩比较。

A46. 外部机构或人员也可能衡量和评价被审计单位的财务业绩。例如，外部信息可能为审计师提供有用信息，如分析师报告和信用评级机构报告，这些报告通常可以从被审计单位获取。

A47. 内部业绩衡量可能显示未预期到的结果或趋势，需要管理层确定原因并采取纠正措施（包括在某些情况下及时发现并纠正错报）。业绩衡量还可能向审计师表明，相关财务报表信息存在错报风险。例如，业绩衡量可能表明，被审计单位与同行业其他实体相比具有异常快速的增长率或盈利水平。这些信息，特别是如果将其与基于业绩的奖金或激励性报酬等其他因素结合考虑，可能表明管理层在编制财务报表时存在偏向的潜在风险。

对小型被审计单位的特殊考虑

A48. 小型被审计单位通常没有建立衡量和评价财务业绩的流程。审计师询问管理层后可能发现，管理层依据特定关键指标评价财务业绩和采取适当行动。如果询问结果表明被审计单位不存在业绩衡量和评价，则尚未发现和更正的错报风险可能增加。

被审计单位的内部控制（参见：第 12 段）

A49. 了解内部控制有助于审计师识别潜在错报的类型和影响重大错报风险的因

素，以及设计进一步审计程序的性质、时间安排和范围。

A50. 以下的应用材料将从四个部分讲述内部控制：

- 内部控制的一般性质和特征；
- 与审计相关的控制；
- 对相关控制了解的性质和程度；
- 内部控制的要素。

内部控制的一般性质和特征

内部控制的目标

A51. 设计、执行和维护内部控制，目的是应对识别出的对被审计单位实现下列目标产生不利影响的经营风险：

- 财务报告的可靠性；
- 经营的效果和效率；
- 遵守适用的法律法规。

内部控制设计、执行和维护的方式因被审计单位的规模与复杂程度的不同而不同。

对小型被审计单位的特殊考虑

A52. 小型被审计单位可能采用非正式、简单的流程和程序实现内部控制的目标。

内部控制的固有限制

A53. 内部控制无论如何有效，都只能为被审计单位实现财务报告目标提供合理保证。内部控制实现目标的可能性受其固有限制的影响。这些限制包括在决策时人为判断可能出现错误和因人为失误而导致内部控制失效。例如，控制的设计和修改可能存在错误。同样地，控制的运行可能无效，例如，由于负责复核信息的人员不了解复核的目的或没有采取适当的措施，内部控制生成的信息（如例外报告）没有得到有效使用。

A54. 此外，控制可能由于两个或更多的人员串通或管理层不当地凌驾于内部控制之上而被规避。例如，管理层可能与客户签订“背后协议”，修改标准的销售合同条款和条件，从而导致不适当的收入确认。再如，软件程序中的编辑控制旨在识别和报告超过特定信用额度的交易，但这一控制可能被凌驾或不能得到执行。

A55. 进一步讲，在设计和执行控制时，管理层可能会对选择执行的控制的性质和范围以及选择承担的风险的性质和程度作出判断。

对小型被审计单位的特殊考虑

A56. 小型被审计单位拥有的员工通常较少，限制了其职责分离的程度。但是，在业主管理的小型被审计单位，业主兼经理可以实施比大型被审计单位更有效的监督。这种监督可以弥补职责分离有限的局限性。

A57. 另一方面，由于内部控制系统较为简单，业主兼经理更有可能凌驾于控制之上。审计师在识别由于舞弊导致的重大错报风险时需要考虑这一问题。

对内部控制要素的划分

A58. 国际审计准则将内部控制划分为以下五个要素，为审计师考虑内部控制的不同方面如何影响审计提供有用的框架：

（a）控制环境；

（b）风险评估过程；

（c）与财务报告相关的信息系统（包括相关业务流程）与沟通；

（d）控制活动；

（e）对控制的监督。

被审计单位并不一定按照这种划分方法设计、执行和维护内部控制以及划分特定要素。审计师也可以使用不同于本国际审计准则方法的术语或框架说明内部控制的不同方面及其对审计的影响，只要能够涵盖本国际审计准则所述的所有要素。

A59. 由于内部控制五项要素与财务报表审计相关，应用材料第 A76 - A117 段对其进行了说明。附录 1 进一步解释了这些内部控制要素。

与审计师风险评估相关的内部控制的人工和自动化成分的特征

A60. 被审计单位的内部控制系统包含人工成分，通常也包含自动化成分。人工或自动化成分的特征，与审计师的风险评估以及在此基础上实施的进一步审计程序相关。

A61. 内部控制中采用的人工成分和自动化成分，将影响交易生成、记录、处理和报告的方式：

- 人工系统的控制可能包括对交易的批准和复核，编制调节表并对调节项目进行跟进。被审计单位也可能采用自动化程序生成、记录、处理和报告交易，在这种情况下以电子文档取代纸质文件。
- 信息技术系统中的控制是自动化控制（如嵌入计算机程序的控制）和人工控制的组合。进一步讲，人工控制可能独立于信息技术，可能利用信息技术生成的信息，或可能只限用于监督信息技术和自动化控制的有效运行或者处理例外事项。如果采用信息技术生成、记录、处理和报告交易和财务报表中包含的其他财务数据，系统和程序可能包括与财务报表重大账户认定相关的控制，或可能对依赖于信息技术的人工控制的有效运行非常关键。

内部控制中人工成分和自动化成分的组合，因被审计单位使用信息技术的性质和复杂程度而异。

A62. 一般而言，信息技术对被审计单位内部控制的作用在于使被审计单位能够：

- 在处理大量的交易或数据时，一贯运用事先确定的业务规则，并进行复杂运算；
- 提高信息的及时性、可获得性及准确性；
- 促进对信息的深入分析；
- 提高对被审计单位的经营业绩及其政策和程序执行情况进行监督的能力；
- 降低控制被规避的风险；
- 通过对应用程序系统、数据库系统和操作系统执行安全控制，提高不兼容职务分离的有效性。

A63. 信息技术也可能对被审计单位内部控制产生特定风险，例如，这些风险包括：

- 所依赖的系统或程序不能正确处理数据，或处理了不正确的数据，或两种情况并存；
- 未经授权访问数据，可能导致数据的毁损或对数据不恰当的修改，包括记录未经授权或不存在的交易，或不正确地记录了交易。多个用户同时访问同一数据库可能会造成特定风险；
- 信息技术人员可能获得超越其职责范围的数据访问权限，因此破坏了系统应有的职责分工；
- 未经授权改变主文档的数据；
- 未经授权改变系统或程序；
- 未能对系统或程序作出必要的修改；
- 不恰当的人为干预；
- 可能丢失数据或不能访问所需要的数据。

A64. 在处理下列需要运用判断或酌情处理的情形时，内部控制的人工成分可能更为适当：

- 存在大额、异常或偶发的交易；
- 存在难以界定、预计或预测的错误的情况；
- 针对变化的情况，需要对现有的自动化控制进行人工干预；
- 监督自动化控制的有效性。

A65. 内部控制中的人工成分可能比自动化成分的可靠性低，原因是人工成分可能更容易被规避、忽视或凌驾，以及更容易产生简单错误和失误。因此，不能假定人工控制能够一贯运用。人工控制在下列情形中可能是不适当的：

- 存在大量或重复发生的交易，或者事先可预计或预测的错误能够通过自动化控制参数得以防止或发现并纠正；
- 用特定方法实施控制的控制活动可得到适当设计和自动化处理。

A66. 内部控制风险的程度和性质取决于被审计单位信息系统的性质和特征。考虑到信息系统的特征，被审计单位可以通过建立有效的控制，应对由于采用信息技术或人工成分而产生的风险。

与审计相关的控制

A67. 被审计单位的目标与为实现目标提供合理保证的控制之间存在直接关系。被审计单位的目标和控制，与财务报告、经营及合规有关。但这些目标和控制并非都与审计师的风险评估相关。

A68. 审计师在判断一项控制单独或连同其他控制是否与审计相关时可能考虑下列事项：

- 重要性；
- 相关风险的重要程度；
- 被审计单位的规模；
- 被审计单位业务的性质，包括组织结构和所有权特征；
- 被审计单位经营的多样性和复杂性；
- 适用的法律法规；
- 内部控制的情况和适用的要素；
- 作为内部控制组成部分的系统（包括使用服务机构）的性质和复杂性；
- 一项特定控制（单独或连同其他控制）是否以及如何防止或发现并纠正重大错报。

A69. 如果在设计和实施进一步审计程序时拟利用被审计单位内部生成的信息，针对该信息完整性和准确性的控制可能与审计相关。如果与经营和合规目标相关的控制与审计师实施审计程序时评价或使用的数据相关，则这些控制也可能与审计相关。

A70. 用以防止未经授权购买、使用或处置资产的内部控制，可能包括与财务报告和经营目标相关的控制。审计师对这些控制的考虑通常仅限于与财务报告可靠性相关的控制。

A71. 被审计单位通常有一些与目标相关但与审计无关的控制，审计师无需对其加以考虑。例如，被审计单位可能依靠某一复杂的自动化控制提高经营活动的效率和效果（如航空公司用于维护航班时间表的自动化控制系统），但这些控制通常与审计无关。进一步讲，虽然内部控制应用于整个被审计单位或所有经营部门或业务流程，但是了解与每个经营部门和业务流程相关的内部控制，可能与审计无关。

对公共部门实体的特殊考虑

A72. 对公共部门实体进行审计的审计师通常对内部控制负有额外责任，如报告被审计单位对既定操作守则的遵守情况。审计师可能也有责任报告被审计单位对法律法规及其他监管要求的遵守情况。因此，审计师对内部控制的评价可能更广泛、更详细。

对相关控制了解的性质和程度（参见：第13段）

A73. 评价控制的设计，涉及考虑该控制单独或连同其他控制，是否能够有效防止或发现并纠正重大错报。控制得到执行是指某项控制存在且被审计单位正在使用。评估一项无效控制的运行没有什么意义，因此需要首先考虑控制的设计。设计不当的控制可能表明存在值得关注的内部控制缺陷。

A74. 用以获取有关控制设计和执行的审计证据的风险评估程序可能包括：

- 询问被审计单位人员；
- 观察特定控制的运用；
- 检查文件和报告；
- 追踪交易在财务报告信息系统中的处理过程（穿行测试）。

但是，询问本身并不足以实现这些目标。

A75. 除非存在某些可以使控制得到一贯运行的自动化控制，否则审计师对控制的了解并不足以测试控制运行的有效性。例如，某一人工控制在某一时点得到执行的审计证据，并不能提供该控制在所审计期间内的其他时点也有效运行的证据。但是，由于信息技术处理流程的内在一贯性（参见第A62段），实施审计程序确定某项自动化控制是否得到执行，也可以实现对控制运行有效性测试的目标，这取决于审计师对控制（如针对程序变更的控制）的评估和测试。国际审计准则第330号[13]对控制运行有效性的测试作出了规定并提供了指引。

内部控制要素——控制环境（参见：第14段）

A76. 控制环境包括治理职能和管理职能，以及治理层和管理层对内部控制及其重要性的态度、认识和行动。控制环境设定了被审计单位的内部控制基调，影响员工的内部控制意识。

A77. 在了解控制环境时，与控制环境相关的要素可能包括下列方面：

（a）对诚信和道德价值观的沟通与落实——这是影响控制的设计、执行和监督有效性的重要因素；

（b）对胜任能力的重视——管理层对特定工作胜任能力的考虑以及这些能力如何转化为必要的技能和知识等事项；

（c）治理层的参与——与这方面相关的因素举例如下：

- 治理层相对于管理层的独立性；
- 治理层的经验与品德；

[13] 《国际审计准则第330号——审计师针对评估的风险采取的应对措施》。

- 治理层参与被审计单位经营的程度和收到的信息及其对经营活动的详细检查；
- 治理层采取措施的适当性，包括提出问题的难度和对问题的跟进程度，以及治理层与内部审计人员和审计师的互动。

（d）管理层的理念和经营风格——与这方面相关的因素举例如下：

- 承担和管理经营风险的方法；
- 对财务报告的态度和措施；
- 对信息处理、会计职能及人员的态度；

（e）组织结构——被审计单位为实现目标而计划、执行、控制及评价其活动的框架；

（f）职权与责任的分配——如何分配经营活动的职权与责任，如何建立报告关系和职权等级等事项；

（g）人力资源政策与实务——与招聘、培训、考核、咨询、晋升、薪酬和补救措施等相关的政策与实务。

与控制环境要素相关的审计证据

A78. 通过将询问和其他风险评估程序相结合（如通过观察或检查文件证实询问），审计师可以获取相关审计证据。例如，通过询问管理层和员工，审计师可以了解管理层如何向员工传达商业行为惯例和道德行为价值观念。审计师可以通过考虑管理层是否建立了书面行为守则以及管理层是否按照支持该守则的方式行事，来确定相关控制是否已得到执行。

A79. 审计师也可以考虑管理层如何应对内部审计职能部门针对识别出的与审计相关的内部控制缺陷所提出的问题和建议，包括是否采取应对措施和应对措施的执行情况，以及内部审计职能部门是否随后对此进行评价。

控制环境对重大错报风险评估的影响

A80. 控制环境的某些要素对重大错报风险评估具有广泛影响。例如，被审计单位的控制意识在很大程度上受治理层影响，因为治理层的职责之一就是平衡管理层面临的与财务报告相关、源于市场需求或薪酬方案的压力。与治理层参与相关的控制环境的设计有效性受下列事项的影响：

- 治理层相对于管理层的独立性及评价管理层措施的能力；
- 治理层是否了解被审计单位从事的交易；
- 治理层对财务报表是否按照适用的财务报告框架编制进行评价的程度。

A81. 活跃而独立的董事会可能影响高级管理人员的理念和经营风格，其他因素对高级管理人员的影响可能有限。例如，人力资源政策和实务规定招聘具有胜任能力的财务、会计和信息系统人员，这可能降低处理财务信息时出现错误的风险，但是却不能抵消最高管理层高估收益的强烈偏向。

A82. 当审计师评估重大错报风险时，存在令人满意的控制环境是一个积极的因素。虽然令人满意的控制环境有助于降低舞弊风险，但并不能绝对遏制舞弊。相反，控制环境中存在的缺陷（特别是与舞弊相关的缺陷）可能削弱控制的有效性。例如，管理层没有针对信息系统安全风险投入足够资源，而是允许对系统程序或数据作出不当修改，或允许处理未经授权的交易，这可能对内部控制产生不利影响。如国际审计准则第330号所述，控制环境也影响进一步审计程序的性质、时间安排和范围。⑭

A83. 控制环境本身并不能防止或发现并纠正重大错报。然而，它可能影响审计师对其他控制（如对控制的监督和特定控制活动的运行）有效性的评价，进而影响审计师对重大错报风险的评估。

对小型被审计单位的特殊考虑

A84. 小型被审计单位的控制环境可能与较大型被审计单位的不同。例如，小型被审计单位的治理层可能不包括独立的或外部的成员，如果没有其他所有者，治理层的职能通常直接由业主兼经理承担。控制环境的性质也可能影响其他控制的重要性或缺乏这些控制所造成的后果。例如，在小型被审计单位，业主兼经理的积极参与可能抵消由于缺乏职责分离导致的特定风险，但也会增加其他风险，如凌驾于控制之上的风险。

A85. 此外，在小型被审计单位，可能无法获取以文件形式存在的有关控制环境要素的审计证据，特别是在管理层与其他人员的沟通不够正式但却有效的情况下。例如，小型被审计单位可能没有书面的行为守则，但却通过口头沟通和管理层的示范作用形成了强调诚信和道德行为重要性的文化。

A86. 因此，管理层或业主兼经理的态度、认识和措施对审计师了解小型被审计单位的控制环境非常重要。

内部控制要素——被审计单位的风险评估过程（参见：第15段）

A87. 被审计单位的风险评估过程为管理层确定需要管理的风险提供了基础。如果这一过程对于具体情况（包括被审计单位的性质、规模和复杂程度）是适当的，则有助于审计师识别重大错报风险。被审计单位的风险评估过程对于具体情况是否适当属于职业判断。

对小型被审计单位的特殊考虑（参见：第17段）

A88. 小型被审计单位可能没有正式的风险评估过程。在这种情况下，管理层很可能通过直接亲自参与经营来识别风险。无论情况如何，审计师询问识别出的风险以及管理层如何应对这些风险，仍是必要的。

---

⑭ 国际审计准则第330号，第A2－A3段。

内部控制要素——与财务报告相关的信息系统（包括相关业务流程）与沟通

与财务报告相关的信息系统（包括相关业务流程）（参见：第18段）

A89. 与财务报告目标相关的信息系统（包括会计系统）由一系列的程序和记录组成。被审计单位设计和建立这些程序和记录旨在：

- 生成、记录、处理和报告交易（以及事项和情况），以及为相关资产、负债和所有者权益明确受托责任；
- 解决不正确处理交易的问题，如自动生成暂记账户文件，以及及时按照程序清理暂记项目；
- 处理并解释凌驾于控制之上或规避控制的情况；
- 将信息从交易处理系统过入总分类账；
- 针对除交易以外的事项和情况获取与财务报告相关的信息，如资产的折旧和摊销、应收账款可回收性的改变等；
- 确保适用的财务报告框架规定披露的信息得到收集、记录、处理和汇总，并在财务报表中进行了适当报告。

会计分录

A90. 被审计单位的信息系统通常包括使用标准会计分录记录重复发生的交易。例如，在总分类账中记录销售、采购和现金付款，或记录管理层定期作出的会计估计，如对无法收回的应收账款的估计的改变。

A91. 被审计单位的财务报告过程还包括使用非标准的会计分录，以记录不重复发生的、异常的交易或调整事项，包括合并调整、业务合并或处置，或非重复发生的估计（如资产减值）。在人工系统的总分类账中，审计师可以通过检查分类账、日记账和支持性记录来识别非标准的会计分录。但是，当运用自动化程序记录总分类账和编制财务报表时，这些分录可能只以电子形式存在，因此使用计算机辅助审计技术更易于识别。

相关业务流程

A92. 被审计单位的业务流程是指旨在实现下列目的的活动：

- 开发、采购、生产、销售、配送产品和提供服务；
- 确保遵守法律法规；
- 记录信息，包括会计和财务报告信息。

业务流程产生的交易由信息系统记录、处理和报告。了解被审计单位的业务流程（包括交易产生的方式），有助于审计师以适合被审计单位具体情况的方式了解与财务报告相关的信息系统。

对小型被审计单位的特殊考虑

A93. 在小型被审计单位，与财务报告相关的信息系统和相关业务流程可能不如较大型被审计单位复杂，但其作用同样重要。管理层积极参与经营管理的小型被审计单位，可能不需要详细描述会计流程、复杂的会计记录或书面政策。因此，在对小型被审计单位进行审计时，了解其系统和流程就较为容易，也更依赖于询问而不是对文件的检查。但是，了解与财务报告相关的信息系统和相关业务流程仍然重要。

沟通（参见：第19段）

A94. 被审计单位就财务报告的角色与职责以及与财务报告相关的重大事项的沟通，涉及使员工了解在财务报告内部控制方面各自的角色和职责。这包括使员工了解其在财务报告信息系统中的活动与其他员工工作联系的程度，以及向适当的更高层级的管理层报告例外事项的方式。沟通可以采用政策手册、财务报告手册等形式。公开的沟通渠道有助于确保例外事项得到报告并有应对措施。

对小型被审计单位的特殊考虑

A95. 由于职责层级较少，更容易接触到管理层，小型被审计单位的沟通可能比大型被审计单位更简单、更容易实现。

内部控制要素——与审计相关的控制活动（参见：第20段）

A96. 控制活动是指有助于确保管理层的指令得以执行的政策和程序。控制活动（不管存在于信息系统还是人工系统中）具有各种不同的目标，运用于各种不同的组织和职能层级中。控制活动包括与下列相关的活动：

- 授权；
- 业绩评价；
- 信息处理；
- 实物控制；
- 职责分离。

A97. 与审计相关的控制活动包括：

- 第29段和第30段分别要求的、与特别风险相关的控制活动，以及与仅通过实质性程序无法获取充分、适当的审计证据的风险相关的控制活动；
- 审计师运用职业判断认为相关的控制活动。

A98. 审计师判断一项控制活动是否与审计相关，受两个因素的影响：审计师识别出的可能导致重大错报的风险；在确定实质性程序的范围时，审计师认为测试控制运行的有效性是否适当。

A99. 审计师的工作重点是识别和了解重大错报风险更高的领域的控制活动。如果多项控制活动能够实现同一目标，审计师不必了解与该目标相关的每项控制活动。

A100. 审计师通过了解内部控制其他要素获取的关于控制活动是否存在的信息，有助于其确定是否有必要对控制活动进行更多的了解。

对小型被审计单位的特殊考虑

A101. 小型被审计单位控制活动依据的理念与较大型被审计单位可能相似，但是它们运行的正式程度可能不同。进一步讲，在小型被审计单位中，由于某些控制活动由管理层执行，特定类型的控制活动可能变得并不相关。例如，只有管理层拥有批准赊销、重大采购的权力，这可以对重要账户余额和交易实施有力控制，降低或消除实施更具体的控制活动的必要性。

A102. 与小型被审计单位审计相关的控制活动可能与主要交易循环（如收入、采购和薪酬）相关。

信息技术导致的风险（参见：第 21 段）

A103. 信息技术的采用影响被审计单位执行控制活动的方式。从审计师的角度看，如果针对信息系统的控制能够保证系统所处理信息和数据的完整性和安全性，则控制是有效的。针对信息系统的控制包括信息技术一般控制和应用控制。

A104. 信息技术一般控制是与多个程序相关且支持应用控制有效运行的政策或程序，应用于主机、小型机和终端用户环境。保证信息完整性和数据安全性的信息技术一般控制通常包括：

- 数据中心和网络运行控制；
- 系统软件的购置、修改及维护控制；
- 程序修改控制；
- 接触或访问权限控制；
- 应用系统的购置、开发及维护控制。

这些控制通常用于应对第 A63 段列示的风险。

A105. 应用控制通常是指在业务流程层面运行的人工或自动化程序，运用于由单个程序处理的交易。从性质上讲，应用控制可以是预防性的或检查性的，旨在保证会计记录的完整性。因此，应用控制与用于生成、记录、处理、报告交易或其他财务数据的程序相关。这些控制有助于保证发生的交易经过授权，并得到全面而准确地记录和处理。应用控制的举例包括对输入数据的编辑性检查，序号检查和报告例外事项的人工跟进，以及在数据录入时进行纠正。

内部控制要素——对控制的监督（参见：第 22 段）

A106. 对控制的监督是指被审计单位评价内部控制在一段时间内运行有效性的过程。对控制的监督涉及及时评估控制的有效性并采取必要的补救措施。管理层通过持续的监督活动、单独的评价活动或两者相结合实现对控制的监督。持续的监督活动通常贯穿于被审计单位日常重复的活动中，包括常规管理和监督工作。

A107. 管理层的监督活动可能包括利用与外部有关各方沟通所获取的信息（如可能表明存在问题或需要改进的领域的顾客投诉和监管机构的意见）。

对小型被审计单位的特殊考虑

A108. 管理层对控制的监督经常通过管理层或业主兼经理对经营活动的密切参与来实现。通过密切参与经营活动，可以识别出与预期不同的重大差异和不准确的财务数据，从而可以对控制采取补救措施。

被审计单位的内部审计职能部门（参见：第23段）

A109. 如果被审计单位设有内部审计职能部门，对该部门的了解有助于审计师了解被审计单位及其环境（包括内部控制），特别是该部门在被审计单位对财务报告内部控制实施监督中所发挥的作用。这种了解以及本国际审计准则第6段第（a）项中审计师通过询问所获取的信息，可以提供与审计师识别和评估重大错报风险直接相关的信息。

A110. 内部审计职能部门的目标和范围、职责的性质及其在组织中的地位（包括该部门的职权和责任）各不相同，取决于被审计单位的规模和结构、管理层和治理层（如适用）的要求。这些事项可能在内部审计章程或职责范围中作出规定。

A111. 内部审计职能部门的职责可能包括实施程序，评价结果，就风险管理、内部控制和公司治理流程的设计和有效性向管理层和治理层提供保证。如果是这样，内部审计职能部门可能在被审计单位对财务报告内部控制的监督中发挥重要作用。然而，内部审计职能部门可能侧重于评价经营活动的经济性、效率性和有效性，如此，内部审计工作可能不与被审计单位的财务报告直接相关。

A112. 审计师按照本国际审计准则第6段第（a）项询问适当的内部审计职能部门人员，帮助获取对内部审计职能部门的职责性质的了解。如果认为该部门职责与被审计单位的财务报告相关，审计师可以通过审阅内部审计职能部门该期间的审计计划（如有）以及与适当的该部门人员讨论该计划，获取对该部门已执行或拟执行活动的进一步了解。

A113. 如果内部审计职能部门的职责性质和鉴证活动与被审计单位的财务报告相关，审计师在获取审计证据时，也可能能够利用内部审计职能部门的工作，以调整审计师直接实施的审计程序的性质、时间安排和范围。如果看上去（例如，根据以前的审计经验或审计师的风险评估程序）被审计单位的内部审计职能部门有充分、适当的、与被审计单位的规模和经营活动性质相适应的资源，并且直接向治理层报告时，审计师更有可能能够利用内部审计职能部门的工作。

A114. 如果根据审计师对内部审计的初步了解，审计师计划利用内部审计职能部门的工作，以调整审计师直接实施的审计程序的性质、时间安排和范围，适用国际审计准则第610号（修订）。

A115. 如国际审计准则第610号（修订）中的进一步讨论，内部审计活动明显区别于其他可能与财务报告相关的监督活动，如复核管理会计信息以促进被审计单位防止和发现错报。

A116. 在业务的早期与适当的内部审计职能部门人员沟通并在整个业务期间保持沟通，能够促进有效的信息共享。这样可以创造一个环境，使得审计师能够获知内部审计职能部门注意到的、可能影响审计师工作的重大事项。国际审计准则第200号讨论了审计师计划和执行审计工作时保持职业怀疑的重要性，包括对导致作为审计证据的文件记录和对询问的答复的可靠性产生怀疑的信息保持警惕。因此，整个审计过程与内部审计职能部门的沟通，为内部审计师提供了使审计师关注这些信息的机会。审计师因此能够在识别和评估重大错报风险时考虑这些信息。

信息来源（参见：第24段）

A117. 监督活动中使用的很多信息可能由被审计单位的信息系统产生。如果管理层假定用于监督的数据是准确的而这一假定没有依据，则这些信息可能存在错误，导致管理层从监督活动中得出不正确的结论。因此，审计师需要了解以下事项，并将其作为了解被审计单位监督活动（内部控制要素）的一部分：

- 与被审计单位监督活动相关的信息来源；
- 管理层认为信息对于信息的使用目的足够可靠的依据。

识别和评估重大错报风险

评估财务报表层次重大错报风险（参见：第25段第（a）项）

A118. 财务报表层次重大错报风险是指与财务报表整体广泛相关，并潜在地影响多项认定的风险。这种性质的风险不一定限定于某类交易、账户余额或披露层次的特定认定的风险，而是在一定程度上代表了可能增加认定层次重大错报风险的情况，如管理层凌驾于内部控制之上。财务报表层次的风险可能与审计师考虑由于舞弊导致的重大错报风险尤其相关。

A119. 财务报表层次的风险很可能源于控制环境存在缺陷（虽然这些风险还可能与其他因素相关，如经济下滑）。例如，管理层缺乏胜任能力等缺陷可能对财务报表具有更广泛的影响，可能需要审计师采取总体应对措施。

A120. 审计师在了解被审计单位内部控制后，可能对被审计单位财务报表的可审计性产生怀疑。例如：

- 对管理层的诚信产生严重疑虑，以致审计师认为管理层在财务报表中作出虚假陈述的风险非常大而无法进行审计；
- 对被审计单位会计记录的状况和可靠性的疑虑，可能使审计师认为可能很难获取充分、适当的审计证据，以支持对财务报表发表无保留意见。

A121. 国际审计准则第705号[15]为审计师确定是否有必要出具保留意见、无法

---

[15] 《国际审计准则第705号——在独立审计师报告中发表非无保留意见》。

表示意见或在某些情况下解除业务约定（在适用的法律法规允许解除约定的情况下）作出了规定并提供了指引。

评估认定层次重大错报风险（参见：第25段第（b）项）

A122. 审计师需要考虑各类交易、账户余额和披露认定层次的重大错报风险，因为这些考虑直接有助于确定用于获取充分、适当的审计证据而在认定层次实施的进一步审计程序的性质、时间安排和范围。在识别和评估认定层次重大错报风险时，审计师可能认为识别出的风险与财务报表整体广泛相关，进而潜在地影响多项认定。

对认定的运用

A123. 在声明财务报表按照适用的财务报告框架编制时，管理层对财务报表各种要素及相关披露的确认、计量、列报与披露作出明确或隐含的认定。

A124. 审计师在考虑可能发生的潜在错报的不同类型时运用的认定，分为以下三类并可能采取以下形式：

（a）关于所审计期间各类交易和事项的认定：

（i）发生——记录的交易或事项已发生，且与被审计单位有关；

（ii）完整性——所有应当记录的交易和事项均已记录；

（iii）准确性——与交易和事项有关的金额及其他数据已恰当记录；

（iv）截止——交易和事项已记录于正确的会计期间；

（v）分类——交易和事项已记录于恰当的账户；

（b）关于期末账户余额的认定：

（i）存在——记录的资产、负债和所有者权益是存在的；

（ii）权利和义务——记录的资产由被审计单位拥有或控制，记录的负债是被审计单位应当履行的偿还义务；

（iii）完整性——所有应当记录的资产、负债和所有者权益均已记录；

（iv）计价和分摊——资产、负债和所有者权益以恰当的金额包括在财务报表中，与之相关的计价或分摊调整已恰当记录；

（c）与列报和披露相关的认定：

（i）发生以及权利和义务——披露的交易、事项和其他情况已发生，且与被审计单位有关；

（ii）完整性——所有应当包括在财务报表中的披露均已包括；

（iii）分类和可理解性——财务信息已被恰当地列报和描述，且披露内容表述清楚；

（iv）准确性和计价——财务信息和其他信息已公允披露，且金额恰当。

A125. 审计师可以使用上述认定，或在能够涵盖上述所有方面的前提下以其他不同的方式表述。例如，审计师可以将与交易和事项相关的认定和与账户余额相关的认定结合使用。

对公共部门实体的特殊考虑

A126. 当管理层对公共部门实体的财务报表作出认定时，除第A124段提及的认定外，管理层通常声明交易和事项已按照法律法规或其他监管要求执行。这些认定可以纳入财务报表审计的范围。

识别重大错报风险的过程（参见：第26段第（a）项）

A127. 通过实施风险评估程序收集的信息，包括在评价控制的设计及确定其是否得到执行时获取的审计证据，可以作为支持风险评估结果的审计证据。风险评估结果决定了拟实施的进一步审计程序的性质、时间安排和范围。

A128. 附录2列示了可能表明存在重大错报风险的情况和事项的例子。

将控制与认定相联系（参见：第26段第（c）项）

A129. 在进行风险评估时，审计师可能识别出可以防止或发现并纠正特定认定的重大错报的控制。一般而言，了解这些控制，并在控制所在的流程和系统中将这些控制与认定相联系，是很有帮助的，因为单个控制活动本身往往并不足以应对风险。通常只有多个控制活动，连同内部控制的其他要素，才能足以应对风险。

A130. 相反地，某些控制活动可能对特定类别的交易或账户余额所包含的个别认定具有特定影响。例如，被审计单位建立的用以确保员工能够适当地盘点和记录年度实物存货的控制活动，与存货账户余额的存在和完整性认定直接相关。

A131. 控制可能与某一认定直接相关，也可能与某一认定间接相关。关系越间接，控制在防止或发现并纠正该认定中错报的有效性越小。例如，销售经理对分地区的销售网点的销售汇总情况进行复核，与销售收入完整性的认定只是间接相关。相应地，该项控制在降低销售收入完整性认定中的错报风险方面的效果，要比与该认定直接相关的控制（例如，将发货单与开具的销售发票相核对）的效果差。

特别风险

识别特别风险（参见：第28段）

A132. 特别风险通常与重大的非常规交易和判断事项有关。非常规交易是指由于金额或性质异常而不经常发生的交易。判断事项可能包括作出的会计估计（具有计量的重大不确定性）。经过系统处理的日常、简单的交易不太可能产生特别风险。

A133. 对由于如下事项导致的重大非常规交易，重大错报风险可能更高：

- 管理层更多地干预会计处理；
- 对数据的收集和处理进行更多的人工干预；
- 复杂的计算或会计处理方法；

- 非常规交易的性质可能使被审计单位难以对由此产生的风险实施有效控制。

A134. 对由于如下事项导致的需要作出会计估计的重大判断事项，重大错报风险可能更高：

- 对涉及会计估计、收入确认等方面的会计原则存在不同的理解；
- 所要求的判断可能是主观或复杂的，或需要对未来事项的影响作出假设，如对公允价值的判断。

A135. 国际审计准则第 330 号说明了识别特别风险对进一步审计程序的影响。[16]

与由于舞弊导致的重大错报风险相关的特别风险

A136. 国际审计准则第 240 号对识别和评估由于舞弊导致的重大错报风险作出了规定并提供指引。[17]

了解与特别风险相关的控制（参见：第 29 段）

A137. 虽然与重大非常规交易或判断事项相关的风险通常很少受到日常控制的约束，管理层可能采取其他措施应对此类风险。相应地，审计师在了解被审计单位是否设计和执行了针对非常规交易或判断事项导致的特别风险的控制时，通常了解管理层是否以及如何应对这些风险。管理层采取的应对措施可能包括：

- 控制活动，如高级管理人员或专家对假设进行检查；
- 对估计流程作出记录；
- 治理层作出批准。

A138. 如果发生诸如收到重大诉讼事项的通知等一次性事件，审计师在考虑被审计单位的应对措施时，关注的事项包括：被审计单位是否已将这类事项提交适当的专家（如内部或外部的法律顾问）处理，是否已对该事项的潜在影响作出评估，如何建议将该情况在财务报表中进行披露。

A139. 在某些情况下，管理层可能未能通过实施针对特别风险的控制恰当应对特别风险。管理层未能实施这些控制表明存在值得关注的内部控制缺陷。[18]

仅实施实质性程序不能获取充分、适当的审计证据的风险（参见：第 30 段）

A140. 重大错报风险可能与记录日常交易或账户余额以及编制可靠的财务报表直接相关。这些风险可能包括对日常和重大类别的交易（如被审计单位的收入、采购、现金收入或现金支出）处理不准确或不完整的风险。

A141. 如果日常交易由高度自动化处理，不存在或存在很少人工干预，针对风险仅实施实质性程序可能不可行。例如，如果被审计单位大量信息在一体化的系统中仅以电子方式生成、记录、处理或报告，审计师可能认为会出现以上情况。在这

---

[16] 国际审计准则第 330 号，第 15 段和第 21 段。

[17] 国际审计准则第 240 号，第 25－27 段。

[18] 《国际审计准则第 265 号——向治理层和管理层通报内部控制缺陷》，第 A7 段。

种情况下：

- 获取的审计证据可能仅以电子形式存在，其充分性和适当性通常取决于针对准确性和完整性的控制的有效性；
- 如果适当的控制没有正在有效运行，信息不当生成或对信息进行不当修改而没有被发现的可能性会增加。

A142. 国际审计准则第 330 号说明了识别出这些风险对进一步审计程序的影响。[19]

对风险评估的修正（参见：第 31 段）

A143. 在审计过程中，审计师可能注意到某些信息，其明显不同于风险评估所依据的信息。例如，风险评估可能基于预期特定控制运行有效这一判断，但在测试控制运行的有效性时，审计师获取的证据可能表明这些控制在被审计期间的相关时点并未有效运行。类似地，在实施实质性程序时，审计师可能发现错报的金额或频率高于在风险评估时预计的金额或频率。在这种情况下，风险评估可能没有恰当地反映被审计单位的真实状况，原计划的进一步审计程序对于发现重大错报可能无效。进一步指引见国际审计准则第 330 号。

审计工作底稿（参见：第 32 段）

A144. 审计师需要运用职业判断，确定对第 32 段规定的事项进行记录的方式。例如，在小型被审计单位的审计中，这些事项的工作底稿可能包含在总体审计策略和具体审计计划的工作底稿中。[20] 类似地，风险评估的结果可以单独予以记录，也可作为审计师对进一步审计程序记录的一部分。[21] 审计工作底稿的形式和范围受被审计单位性质、规模、复杂程度、内部控制、被审计单位信息的可获得性，以及审计过程中使用的审计方法和技术的影响。

A145. 对于与财务报告相关的业务和流程不太复杂的被审计单位，审计工作底稿可以形式简单，内容相对概括。审计师没有必要记录对被审计单位及相关事项了解的所有内容。审计师记录的了解的关键要素包括在评估重大错报风险时所依据的内容。

A146. 记录的范围也能反映审计项目组成员的经验与胜任能力。只要能够满足国际审计准则第 230 号的要求，由经验较少的成员组成的项目组执行审计时，可能需要比成员经验较多的项目组作出更加详细的记录，以帮助经验较少的成员恰当了解被审计单位。

A147. 对于连续审计，某些工作底稿在必要时可能需要结转、更新，以反映被审计单位业务或流程的变化。

---

[19] 国际审计准则第 330 号，第 8 段。

[20] 《国际审计准则第 300 号——计划审计工作》，第 7 段和第 9 段。

[21] 国际审计准则第 330 号，第 28 段。

附录1

（参见：第4段第（c）项、第14－24段、第A76－A117段）

内部控制要素

1. 本附录对第4段第（c）项、第14－24段、第A76－A117段列示的与财务报表审计相关的内部控制要素，作出进一步说明。

控制环境

2. 控制环境包括以下要素：

（a）对诚信和道德价值观的沟通与落实。控制的有效性受负责创建、管理和监控内部控制的人员的诚信和道德价值观的影响。被审计单位的道德行为规范，以及这些规范如何在被审计单位内部得到沟通和落实，决定了是否能产生诚信和道德的行为。例如，对诚信和道德价值观的落实包括管理层采取措施消除或减少可能导致员工不诚实、不守法或不道德行为的动机或诱因。被审计单位对诚信和道德价值观方面政策的沟通包括通过政策规定、行为规范和示范向员工沟通行为准则；

（b）对胜任能力的重视。胜任能力是指具备完成某一职位的工作所应有的知识和技能；

（c）治理层的参与程度。被审计单位的控制意识在很大程度上受治理层的影响。治理层职责的重要性在被审计单位的行为守则、其他法律法规或在为治理层制定的指引中予以规定。治理层的职责还包括监督以下程序的设计和有效执行：内部举报不恰当行为的程序和用于复核内部控制有效性的程序；

（d）管理层的理念和经营风格。管理层的理念和经营风格具有广泛的特点。例如，管理层对财务报告的态度及行为，可以通过其选择保守还是激进的会计原则以及作出会计估计时的谨慎和保守态度得到体现；

（e）组织结构。建立相关的组织结构包括考虑职权和责任的关键领域，以及适当的报告层级。被审计单位组织结构是否恰当部分取决于被审计单位的规模和经营活动的性质；

（f）职权与责任的分配。职权与责任的分配可能包括与适当的经营惯例、关键员工的知识和经验、履行职责时提供的资源相关的政策。此外，还可能包括一些政策及交流活动，用于保证所有员工均了解被审计单位目标、相互之间的工作联系以及个人的工作对实现目标的作用，认识到如何以及对什么承担责任；

（g）人力资源政策与实务。人力资源政策与实务通常能显示与被审计单位控制意识相关的重要事项。例如，如果招聘录用标准要求录用最胜任的员工（即强调教育背景、以前的工作经验、以前取得的成就、诚信和道德行为的证明)，则表明被审计单位希望录用有胜任能力并值得信赖的人员。被审计单位的培训政策可以传达预期角色及职责，并包括实务性培训（如培训学校和研讨会），这表明了员工预期的工作表现和行为方式。通过定期业绩考核予以晋升的政策表明被审计单位希望具备相应资格的员工承担更高级别的职责。

被审计单位的风险评估过程

3. 就财务报告的目的而言，被审计单位的风险评估过程包括管理层如何识别与按照适用的财务报告框架编制财务报表相关的经营风险，估计其重要性，评估其发生的可能性，针对这些风险采取措施应对和管理风险及其结果。例如，被审计单位的风险评估过程可能针对被审计单位如何考虑交易未被记录的可能性，或识别并分析财务报表中记录的重大估计。

4. 与可靠的财务报告相关的风险包括可能发生的外部和内部事项、交易或情况，这些事项、交易或情况会对被审计单位生成、记录、处理和报告财务报表中与管理层认定相一致的财务数据产生不利影响。管理层可能会制定计划、执行程序或采取措施以解决特定风险，或者出于成本或其他考虑决定接受风险。以下情况可能会产生或改变风险：

- 监管环境和经营环境的变化。监管环境和经营环境的变化会导致竞争压力的变化以及显著不同的风险；
- 新员工。新员工可能对内部控制有不同的关注点或认识；
- 新的或升级的信息系统。信息系统重大、快速的变化会改变与内部控制有关的风险；
- 快速增长。重大、快速的业务扩张可能使控制难以应对，从而增加了控制失效的风险；
- 新技术。将新技术运用于生产过程或信息系统可能改变与内部控制相关的风险；
- 新业务模式、产品或活动。进入新的业务领域和发生新的交易，可能因被审计单位具有较少的经验而带来新的与内部控制相关的风险；
- 公司重组。重组可能带来裁员和监督及职责分离的变化，可能改变与内部控制相关的风险；
- 扩张海外经营。在海外扩张或收购海外企业会产生新的并且往往是独特的风险，进而可能影响内部控制，如由于外币交易产生的额外或已变化的风险；
- 新的会计政策。采用新的会计政策或变更会计政策可能影响财务报表编制过程中的风险。

与财务报告相关的信息系统（包括相关业务流程）与沟通

5. 信息系统包括基础设施（实物或硬件部分）、软件、人员、程序及数据。很多信息系统都广泛使用信息技术。

6. 与财务报告目标相关的信息系统（包括财务报告系统）包括关于下列事项的方法和记录：

- 识别与记录所有的有效交易；
- 以充分详细的方式及时地描述交易，以便在财务报告中对交易作出恰当分类；
- 以在财务报表中正确记录交易的货币价值的方式计量交易的价值；
- 确定交易发生的期间，以便将交易计入恰当的会计期间；
- 在财务报表中恰当列报交易及相关披露。

7. 信息系统生成信息的质量，影响管理层在管理和控制被审计单位活动时作出恰当的决策以及编制可靠的财务报告的能力。

8. 沟通，涉及使员工了解各自在财务报告内部控制方面的角色和职责，可以采用政策手册、会计和财务报告手册以及备忘录等形式。沟通也可以采用电子方式或口头方式，以及通过管理层的行动来实现。

控制活动

9. 通常情况下，可能与审计相关的控制活动可以分为与下列事项相关的政策和程序：

- 业绩评价。这些控制活动包括被审计单位分析及评价实际业绩与预算、预测和上期业绩的差异，将不同类别的数据（经营或财务数据）联系起来，分析之间的关系，进行调查并采取纠正措施；将内部数据与外部信息相比较；评价职能部门、项目活动的业绩。
- 信息处理。信息系统控制活动的两大类是应用控制和信息技术一般控制。应用控制运用于处理单个应用程序，信息技术一般控制是与多个应用程序相关的政策和程序，通过保证信息系统持续恰当地运行，支持应用控制作用的有效发挥。应用控制的举例包括对记录计算准确性的检查，对账户和试算平衡表的维护和审核，自动控制（如设置对输入数据和数字序号的自动检查），以及对例外报告的人工跟进调查。信息技术一般控制的举例包括程序变动控制，限制接触程序或数据的控制，对实施新发布的软件包应用程序的控制，针对限制接触或监督使用系统应用程序的系统软件的控制，使用这些系统应用程序可能更改财务数据或记录而不留下审计轨迹。
- 实物控制。实物控制包括下列控制：

  - ○ 保证资产的实物安全，包括恰当的安全保护措施，如针对接触资产和记录的安全设施；
  - ○ 对接触计算机程序和数据文档设置授权；
  - ○ 定期盘点并将盘点记录与控制记录相核对（如将会计记录与现金、有价证券和存货的定期盘点结果相比较）。

  旨在防止资产盗窃的实物控制，与财务报表编制的可靠性及审计相关，相关的程度取决于资产被侵占的风险。

- 职责分离。即将交易授权、记录交易以及资产保管等职责分配给不同员工。职责分离旨在降低同一员工在正常履行职责过程中实施并隐瞒错误或舞弊的机会。

10. 某些控制活动可能取决于是否存在由管理层或治理层制定的、恰当的高层次政策。例如，可能按照既定的指导方针（如治理层制定的投资标准）进行授权控制；或者，非常规交易（如重大收购或撤资）可能需要特定的高级别的批准，包括在某些情况下由股东批准。

对控制的监督

11. 管理层的一项重要职责就是持续不断地建立和维护控制。管理层对控制的监督包括考虑控制是否按计划运行，以及控制是否根据情况的变化作出恰当修改。例如，对控制的监督可能包括管理层对是否及时编制银行存款余额调节表进行复核，内部审计人员评价销售人员是否遵守被审计单位关于销售合同条款的政策，法律部门监控被审计单位的道德规范和商业行为政策是否得到遵守等。监督也用于保证控制持续有效运行。例如，如果没有对编制银行存款余额调节表的及时性和准确性进行监督，相关人员可能停止编制该表。

12. 内部审计师或具有类似职责的人员可以通过单独评价促成对被审计单位控制的监督。他们通常定期提供关于内部控制职能的信息（着力于评价内部控制的有效性），就内部控制的优势和缺陷进行沟通，并提出改进建议。

13. 监督活动可能包括利用与外部有关机构或人员沟通所获取的信息，这些外部信息可能显示内部控制存在的问题或需要改进的领域。例如，客户通过付款来间接表示其同意发票金额，或者对发票金额提出异议。此外，监管机构可能会对影响内部控制运行的问题与被审计单位沟通（例如，银行监管机构针对检查所作的沟通）。在执行监督活动时，管理层也可能考虑与审计师就内部控制进行沟通。

附录2

（参见：第A40段和第A128段）

可能表明存在重大错报风险的情况和事项

以下是可能表明存在重大错报风险的情况和事项的示例。这些情况和事项涵盖范围广泛，然而，并非所有的情况和事项都与每项审计业务相关，下面所列情况和事项也不一定完整。

- 在经济不稳定（如货币发生重大贬值或经济发生严重通货膨胀）的国家或地区开展业务；
- 在高度波动的市场开展业务（如期货交易）；
- 在高度复杂的监管环境中开展业务；
- 持续经营和流动性出现问题，包括重要客户流失；
- 获取资本或借款的能力受到限制；
- 被审计单位经营所处的行业发生变化；
- 供应链发生变化；
- 开发新产品或提供新服务，或进入新的业务领域；
- 开辟新的经营场所；
- 被审计单位发生变化，如发生重大收购、重组或其他异常的事项；
- 拟出售分支机构或业务分部；
- 存在复杂的联营或合资企业；
- 运用表外融资、特殊目的实体以及其他复杂的融资安排；
- 从事重大的关联方交易；
- 缺乏具备会计和财务报告技能的员工；
- 关键人员变动（包括核心执行人员的离职）；
- 内部控制存在缺陷，尤其是管理层未处理的内部控制缺陷；
- 信息技术战略与经营战略不协调；
- 信息技术环境发生变化；
- 安装新的与财务报告有关的重大信息技术系统；
- 经营活动或财务业绩受到监管机构或政府机构的调查；
- 以往发生的错报或错误，或者在本期期末出现重大会计调整；
- 发生大额非常规或非系统性交易（包括公司间的交易和在期末发生大量收入的交易）；
- 按照管理层特定意图记录的交易（如债务重组、资产出售和交易性债券的分类）；

- 采用新的会计准则；
- 涉及复杂过程的会计计量；
- 涉及重大计量不确定性（包括会计估计）的事项或交易；
- 存在未决诉讼和或有负债（如售后质量保证、财务担保和环境补救）。

国际审计准则第320号
计划和执行审计工作时的重要性

（适用于会计期间开始于2009年12月15日及以后的财务报表审计）

目　录

《国际审计准则第320号——计划和执行审计工作时的重要性》应当与《国际审计准则第200号——独立审计师的总体目标和按照国际审计准则执行审计工作》一并阅读。

引　言

本国际审计准则的范围

1. 本国际审计准则规范了审计师在计划和执行财务报表审计工作时运用重要性概念的责任。国际审计准则第 450 号①规范审计师在评价识别出的错报对审计的影响以及未更正错报对财务报表的影响时，如何运用重要性概念。

审计中的重要性

2. 财务报告框架通常从编制和列报财务报表的角度阐释重要性概念。财务报告框架可能以不同的术语解释重要性，但通常而言，重要性概念可从下列方面进行理解：

- 如果合理预期错报（包括漏报）单独或汇总起来可能影响财务报表使用者依据财务报表作出的经济决策，则通常认为错报是重大的；
- 对重要性的判断是根据具体环境作出的，并受错报的金额或性质的影响，或受两者共同作用的影响；
- 判断某事项对财务报表使用者是否重大，是在考虑财务报表使用者整体共同的财务信息需求的基础上作出的。② 由于不同财务报表使用者对财务信息的需求可能差异很大，因此不考虑错报对个别财务报表使用者可能产生的影响。

3. 适用的财务报告框架对重要性概念的规定，为审计师在审计工作中确定重要性提供了参考依据。如果适用的财务报告框架未对重要性概念作出规定，本国际审计准则第 2 段为审计师确定重要性提供了参考依据。

4. 审计师对重要性的确定属于职业判断，受审计师对财务报表使用者对财务信息需求的认识的影响。就审计而言，审计师针对财务报表使用者作出下列假定是合理的：

（a）拥有经营、经济活动和会计方面的适当知识，并有意愿认真研究财务报表中的信息；

（b）理解财务报表是在运用重要性水平基础上编制、列报和审计的；

---

① 《国际审计准则第 450 号——评价审计过程中识别出的错报》。

② 例如，国际会计准则理事会在 2001 年 4 月采用的《财务报表编制和列报框架》指出，对于以盈利为目的的实体，由于投资者是企业资本风险的提供者，满足他们需求的财务报表规定也将满足大多数其他财务报表使用者的需求。

（c）认可建立在对估计和判断的应用以及对未来事项的考虑的基础上的会计计量具有固有的不确定性；

（d）依据财务报表中的信息作出合理的经济决策。

5. 在计划和执行审计工作，评价识别出的错报对审计的影响，以及未更正错报对财务报表和审计意见的影响时，审计师需要运用重要性概念。（参见：第 A1 段）

6. 在计划审计工作时，审计师需要对认为重大的错报金额作出判断。作出的判断为下列方面提供基础：

（a）确定风险评估程序的性质、时间安排和范围；

（b）识别和评估重大错报风险；

（c）确定进一步审计程序的性质、时间安排和范围。

在计划审计工作时确定的重要性（即确定的某一金额），并不必然表明单独或汇总起来低于该金额的未更正错报一定被评价为不重大。即使某些错报低于重要性，与这些错报相关的具体情况可能使审计师将其评价为重大。尽管设计审计程序以发现仅因其性质而可能被评价为重大的错报并不可行，但是审计师在评价未更正错报对财务报表的影响时，不仅要考虑错报金额的大小，还要考虑错报的性质以及错报发生的特定环境。③

生效日期

7. 本国际审计准则适用于会计期间开始于 2009 年 12 月 15 日及以后的财务报表审计。

目　标

8. 审计师的目标是，在计划和执行审计工作时恰当地运用重要性概念。

定　义

9. 就国际审计准则而言，对下列术语给予以下定义：

实际执行的重要性，是指审计师确定的低于财务报表整体的重要性的一个或多个金额，旨在将未更正和未发现错报的汇总数超过财务报表整体的重要性的可能性降至适当的低水平。如果适用，实际执行的重要性还指审计师确定的低于特定类别

③ 国际审计准则第 450 号，第 A16 段。

的交易、账户余额或披露的重要性水平的一个或多个金额。

要　求

计划审计工作时确定重要性和实际执行的重要性

10. 在制定总体审计策略时，审计师应当确定财务报表整体的重要性。根据被审计单位的特定情况，如果存在一个或多个特定类别的交易、账户余额或披露，其发生的错报金额虽然低于财务报表整体的重要性，但合理预期可能影响财务报表使用者依据财务报表作出的经济决策，审计师还应当确定适用于这些交易、账户余额或披露的一个或多个重要性水平。（参见：第 A2 – A11 段）

11. 审计师应当确定实际执行的重要性，以评估重大错报风险并确定进一步审计程序的性质、时间安排和范围。（参见：第 A12 段）

审计过程中修改重要性

12. 如果在审计过程中获知了某项信息，而该信息可能导致审计师确定与原来不同的财务报表整体重要性或者特定类别交易、账户余额或披露的一个或多个重要性水平（如适用），审计师应当予以修改。（参见：第 A13 段）

13. 如果认为运用低于最初确定的财务报表整体的重要性和特定类别的交易、账户余额或披露的一个或多个重要性水平（如适用）是适当的，审计师应当确定是否有必要修改实际执行的重要性，并确定进一步审计程序的性质、时间安排和范围是否仍然适当。

审计工作底稿

14. 审计师应当在审计工作底稿中记录下列金额以及在确定这些金额时考虑的因素：[4]

（a）财务报表整体的重要性（参见：第 10 段）；

（b）特定类别的交易、账户余额或披露的一个或多个重要性水平（如适用）（参见：第 10 段）；

（c）实际执行的重要性（参见：第 11 段）；

（d）随着审计过程的推进，对本段第（a）–（c）项内容作出的任何修改（参见：第 12 – 13 段）。

---

④ 《国际审计准则第 230 号——审计工作底稿》，第 8 – 11 段，以及第 A6 段。

应用和其他解释性材料

重要性与审计风险（参见：第5段）

A1. 在执行财务报表审计工作时，审计师的总体目标是对财务报表整体是否不存在由于舞弊或错误导致的重大错报获取合理保证，使得审计师能够对财务报表是否在所有重大方面按照适用的财务报告框架编制发表意见；按照国际审计准则的规定，根据审计结果对财务报表出具审计报告，并与管理层和治理层沟通。[⑤] 审计师通过获取充分、适当的审计证据将审计风险降至可接受的低水平，以获取合理保证。[⑥] 审计风险，是指当财务报表存在重大错报时，审计师发表不恰当审计意见的可能性。审计风险取决于重大错报风险和检查风险。[⑦] 审计师需要在整个审计过程中考虑重要性和审计风险，尤其是在下列重要审计环节：

（a）识别和评估重大错报风险；[⑧]

（b）确定进一步审计程序的性质、时间安排和范围；[⑨]

（c）评估未更正错报（如有）对财务报表[⑩]和形成审计意见的影响。[⑪]

计划审计工作时确定重要性和实际执行的重要性

对公共部门实体的特殊考虑（参见：第10段）

A2. 就公共部门实体而言，财务报表的主要使用者通常是立法机构和监管机构。此外，财务报表还可能用于经济决策以外的其他决策。因此，在审计公共部门实体的财务报表时，确定财务报表整体的重要性和特定类别的交易、账户余额或披露的一个或多个重要性水平（如适用），可能受到法律法规或其他监管要求的影响，并受到立法机构和与公共部门项目相关的公众对信息需求的影响。

确定财务报表整体的重要性时对基准的运用（参见：第10段）

A3. 确定重要性需要运用职业判断。通常先选定一个基准，再乘以某一百分比

---

⑤ 《国际审计准则第200号——独立审计师的总体目标和按照国际审计准则执行审计工作》，第11段。

⑥ 国际审计准则第200号，第17段。

⑦ 国际审计准则第200号，第13段第（c）项。

⑧ 《国际审计准则第315号——通过了解被审计单位及其环境识别和评估重大错报风险》。

⑨ 《国际审计准则第330号——审计师针对评估的风险采取的应对措施》。

⑩ 国际审计准则第450号。

⑪ 《国际审计准则第700号——对财务报表形成审计意见和出具审计报告》。

作为财务报表整体的重要性。在选择基准时，需要考虑的因素包括：

- 财务报表要素（如资产、负债、所有者权益、收入和费用）；
- 是否存在特定会计主体的财务报表使用者特别关注的项目（如为了评价财务业绩，使用者可能更关注利润、收入或净资产）；
- 被审计单位的性质、所处的生命周期阶段以及所处行业和经济环境；
- 被审计单位的所有权结构和融资方式（例如，如果被审计单位仅通过债务而非权益进行融资，财务报表使用者可能更关注资产及资产的索偿权，而非被审计单位的收益）；
- 基准的相对波动性。

A4. 适当的基准取决于被审计单位的具体情况，包括各类报告收益（如税前利润、营业收入、毛利和费用总额），以及所有者权益或净资产。对于以营利为目的的实体，通常以经常性业务的税前利润作为基准。如果经常性业务的税前利润不稳定，选用其他基准可能更加合适，如毛利或营业收入。

A5. 就选定的基准而言，相关的财务数据通常包括前期财务成果和财务状况、本期最新的财务成果和财务状况、本期的预算和预测结果。当然，本期最新的财务成果和财务状况、本期的预算和预测结果需要根据被审计单位情况的重大变化（如重大的企业并购）和被审计单位所处行业和经济环境情况的相关变化等作出调整。例如，当按照经常性业务的税前利润的一定百分比确定被审计单位财务报表整体的重要性时，如果被审计单位本年度税前利润因情况变化出现意外增加或减少，审计师可能认为按照近几年经常性业务的平均税前利润确定财务报表整体的重要性更加合适。

A6. 重要性与审计师出具审计报告的财务报表相关。如果财务报表涵盖期间超过或少于十二个月（如被审计单位是新成立的或变更财务报告期间），则重要性与涵盖该期间的财务报表相关。

A7. 为选定的基准确定百分比需要运用职业判断。百分比和选定的基准之间存在一定的联系，如经常性业务的税前利润对应的百分比通常比营业收入对应的百分比要高。例如，对以营利为目的的制造行业实体，审计师可能认为经常性业务的税前利润的5%是适当的；而对非营利组织，审计师可能认为总收入或费用总额的1%是适当的。百分比无论是高一些还是低一些，只要符合具体情况，都是适当的。

对小型被审计单位的特殊考虑

A8. 如果小型被审计单位由所有者管理，所有者以薪酬的形式拿走了大部分的税前利润，其经常性业务的税前利润可能一直很低，在这种情况下，将扣除薪酬和税金之前的利润作为选定的基准可能更加相关。

对公共部门实体的特殊考虑

A9. 就公共部门实体的审计而言，总成本或净成本（费用减收入或支出减收入）可能是适当的基准。如果公共部门实体保管公共资产，则资产可能是适当的基准。

特定类别的交易、账户余额或披露的重要性水平（参见：第 10 段）

A10. 下列因素可能表明存在一个或多个特定类别的交易、账户余额或披露，其发生的错报金额虽然低于财务报表整体的重要性，但合理预期将影响财务报表使用者依据财务报表作出的经济决策：

- 法律法规或适用的财务报告框架是否影响财务报表使用者对特定项目（如关联方交易、管理层和治理层的薪酬）计量或披露的预期；
- 与被审计单位所处行业相关的关键性披露（如制药企业的研究与开发成本）；
- 财务报表使用者是否特别关注财务报表中单独披露的业务的特定方面（如新收购的业务）。

A11. 在根据被审计单位的特定情况考虑是否存在上述交易、账户余额或披露时，审计师可能发现了解治理层和管理层的看法和预期是有用的。

实际执行的重要性（参见：第 11 段）

A12. 仅为发现单项重大的错报而计划审计工作将忽视这样一个事实，即单项非重大错报的汇总数可能导致财务报表出现重大错报，更不用说还没有考虑可能存在的未发现错报。

确定实际执行的重要性（根据定义可能是一个或多个金额），旨在将财务报表中未更正和未发现错报的汇总数超过财务报表整体的重要性的可能性降至适当的低水平。

与确定特定类别的交易、账户余额或披露的重要性水平相关的实际执行的重要性，旨在将这些交易、账户余额或披露中未更正与未发现错报的汇总数超过这些交易、账户余额或披露的重要性水平的可能性降至适当的低水平。

确定实际执行的重要性并非简单机械的计算，需要审计师运用职业判断，并考虑下列因素的影响：

- 对被审计单位的了解（这些了解在实施风险评估程序的过程中得到更新）；
- 前期审计工作中识别出的错报的性质和范围；
- 根据前期识别出的错报对本期错报作出的预期。

审计过程中修改重要性（参见：第 12 段）

A13. 由于存在下列原因，审计师可能需要修改财务报表整体的重要性和特定类别的交易、账户余额或披露的重要性水平（如适用）：审计过程中情况发生重大变化（如决定处置被审计单位的一个重要组成部分）；获取新信息；通过实施进一步审计程序，审计师对被审计单位及其经营的了解发生变化。例如，如果审计师在审计过程中发现，实际财务成果与其最初确定财务报表整体的重要性时使用的预期本期财务成果相比存在很大差异，则需要修改重要性。

国际审计准则第 330 号
审计师针对评估的风险采取的应对措施

（适用于会计期间开始于 2009 年 12 月 15 日及以后的财务报表审计）

目　录

《国际审计准则第 330 号——审计师针对评估的风险采取的应对措施》应当与《国际审计准则第 200 号——独立审计师的总体目标和按照国际审计准则执行审计工作》一并阅读。

引　言

本国际审计准则的范围

1. 本国际审计准则规范了审计师在财务报表审计中针对按照国际审计准则第315号[①]识别和评估的重大错报风险设计和实施应对措施的责任。

生效日期

2. 本国际审计准则适用于会计期间开始于2009年12月15日及以后的财务报表审计。

目　标

3. 审计师的目标是，针对评估的重大错报风险，通过设计和实施适当的应对措施，获取充分、适当的审计证据。

定　义

4. 就国际审计准则而言，对下列术语给予以下定义：

（a）实质性程序，是指用于发现认定层次重大错报的审计程序。实质性程序包括下列两类程序：

（i）（对各类交易、账户余额和披露的）细节测试；

（ii）实质性分析程序。

（b）控制测试，是指用于评价内部控制在防止或发现并纠正认定层次重大错报方面的运行有效性的审计程序。

---

① 《国际审计准则第315号——通过了解被审计单位及其环境识别和评估重大错报风险》。

要　求

总体应对措施

5. 审计师应当针对评估的财务报表层次重大错报风险设计和实施总体应对措施。（参见：第 A1－A3 段）

针对评估的认定层次重大错报风险的审计程序

6. 审计师应当针对评估的认定层次重大错报风险，设计和实施进一步审计程序，包括审计程序的性质、时间安排和范围。（参见：第 A4－A8 段）

7. 在设计拟实施的进一步审计程序时，审计师应当：

（a）考虑形成某类交易、账户余额和披露的认定层次重大错报风险评估结果的依据，这些依据包括：

（i）因相关交易类别、账户余额或披露的具体特征而导致重大错报的可能性（即固有风险）；

（ii）风险评估是否考虑了相关控制（即控制风险），从而要求审计师获取审计证据以确定控制是否有效运行（即审计师在确定实质性程序的性质、时间安排和范围时，拟信赖控制运行的有效性）；（参见：第 A9－A18 段）

（b）评估的风险越高，需要获取越有说服力的审计证据。（参见：第 A19 段）

控制测试

8. 当存在下列情形之一时，审计师应当设计和实施控制测试，针对相关控制运行的有效性，获取充分、适当的审计证据：

（a）在评估认定层次重大错报风险时，预期控制的运行是有效的（即审计师拟信赖控制的运行有效性来确定实质性程序的性质、时间安排和范围）；

（b）仅实施实质性程序并不能够提供认定层次充分、适当的审计证据。（参见：第 A20－A24 段）

9. 在设计和实施控制测试时，对控制有效性的信赖程度越高，审计师应当获取越有说服力的审计证据。（参见：第 A25 段）

控制测试的性质和范围

10. 在设计和实施控制测试时，审计师应当：

（a）将询问与其他审计程序结合使用，以获取有关控制运行有效性的审计证据，包括：

（i）控制在所审计期间的相关时点是如何被执行的；

（ii）控制是否得到一贯执行；

（iii）控制由谁或以何种方式执行。（参见：第 A26 – A29 段）

（b）确定拟测试的控制是否依赖其他控制（间接控制）。如果依赖其他控制，确定是否有必要获取支持这些间接控制有效运行的审计证据。（参见：第 A30 – A31 段）

控制测试的时间安排

11. 审计师应当按照本国际审计准则第 12 段和第 15 段的规定，测试其拟信赖的特定时点或整个期间的控制，为预期信赖程度提供恰当的依据。（参见：第 A32 段）

利用期中获取的审计证据

12. 如果已获取有关控制在期中运行有效性的审计证据，审计师应当：

（a）获取这些控制在剩余期间发生重大变化的审计证据；

（b）确定针对剩余期间还需获取的补充审计证据。（参见：第 A33 – A34 段）

利用以前审计获取的审计证据

13. 在确定利用以前审计获取的有关控制运行有效性的审计证据是否适当，以及再次测试控制的时间间隔时，审计师应当考虑下列因素：

（a）内部控制其他要素的有效性，包括控制环境、被审计单位对控制的监督以及被审计单位的风险评估过程；

（b）控制特征（人工控制还是自动化控制）产生的风险；

（c）信息技术一般控制的有效性；

（d）控制设计及其运行的有效性，包括在以前审计中发现的控制运行偏差的性质和程度，以及是否发生对控制运行产生重大影响的人员变动；

（e）是否存在由于环境发生变化而特定控制缺乏相应变化导致的风险；

（f）重大错报风险和对控制的信赖程度。（参见：第 A35 段）

14. 如果拟利用以前审计获取的有关控制运行有效性的审计证据，审计师应当通过获取这些控制在以前审计后是否发生重大变化的审计证据，确定以前审计获取的审计证据是否与本期审计持续相关。审计师应当通过实施询问并结合观察或检查程序，获取这些控制是否发生重大变化的审计证据，以确认对这些控制的了解，并根据下列情况作出不同处理：

（a）如果已发生变化，且这些变化对以前审计获取的审计证据的持续相关性产生影响，审计师应当在本期审计中测试这些控制运行的有效性；（参见：第 A36 段）

（b）如果未发生变化，审计师应当每三年审计中至少对控制测试一次，并且在每年审计中测试部分控制，以避免将所有拟信赖控制的测试集中于某一年审计，而

在之后的两年审计中不进行任何测试。(参见：第 A37 - A39 段)

针对特别风险的控制

15. 如果确定评估的认定层次重大错报风险是特别风险，并拟信赖针对该风险实施的控制，审计师应当在本期审计中测试这些控制运行的有效性。

评价控制运行的有效性

16. 在评价相关控制运行的有效性时，审计师应当评价通过实施实质性程序发现的错报是否表明控制未得到有效运行。但通过实质性程序未发现错报，并不能证明与所测试认定相关的控制是有效的。(参见：第 A40 段)

17. 如果发现拟信赖的控制出现偏差，审计师应当进行专门查询以了解这些偏差及其潜在后果，并确定：

(a) 已实施的控制测试是否为信赖这些控制提供了适当的基础；

(b) 是否有必要实施追加的控制测试；

(c) 是否需要针对潜在的错报风险实施实质性程序。(参见：第 A41 段)

实质性程序

18. 无论评估的重大错报风险结果如何，审计师都应当针对所有重大类别的交易、账户余额和披露，设计和实施实质性程序。(参见：第 A42 - A47 段)

19. 审计师应当考虑是否将函证程序用作实质性程序。（参见：第 A48 - A51 段)

与财务报表编制完成阶段相关的实质性程序

20. 审计师实施的实质性程序应当包括下列与财务报表编制完成阶段相关的审计程序：

(a) 将财务报表与其所依据的会计记录进行核对或调节；

(b) 检查财务报表编制过程中作出的重大会计分录和其他调整。（参见：第 A52 段)

应对特别风险的实质性程序

21. 如果认为评估的认定层次重大错报风险是特别风险，审计师应当专门针对该风险实施实质性程序。如果针对特别风险实施的程序仅为实质性程序，这些程序应当包括细节测试。(参见：第 A53 段)

实质性程序的时间安排

22. 如果在期中实施了实质性程序，审计师应当针对剩余期间实施下列程序之一，以将期中测试得出的结论合理延伸至期末：(参见：第 A54 - A57 段)

(a) 结合对剩余期间实施的控制测试，实施实质性程序；

(b) 如果认为对剩余期间拟实施的实质性程序是充分的，仅实施实质性程序。

23. 如果在期中检查出审计师在评估重大错报风险时未预期到的错报，审计师应当评价是否需要修改相关的风险评估结果以及针对剩余期间拟实施的实质性程序的性质、时间安排或范围。（参见：第 A58 段）

列报与披露的恰当性

24. 审计师应当实施审计程序，评价财务报表的总体列报与相关披露是否符合适用的财务报告框架的规定。（参见：第 A59 段）

评价审计证据的充分性和适当性

25. 在得出总体结论之前，审计师应当根据实施的审计程序和获取的审计证据，评价对认定层次重大错报风险的评估是否仍然适当。（参见：第 A60 – A61 段）

26. 审计师应当确定是否已获取充分、适当的审计证据。在形成审计意见时，审计师应当考虑所有相关的审计证据，无论该证据与财务报表认定相互印证还是相互矛盾。（参见：第 A62 段）

27. 如果对重大的财务报表认定没有获取充分、适当的审计证据，审计师应当尽可能获取进一步的审计证据。如果仍然不能获取充分、适当的审计证据，审计师应当对财务报表发表保留意见或无法表示意见。

审计工作底稿

28. 审计师应当就下列事项形成审计工作底稿：②

（a）针对评估的财务报表层次重大错报风险采取的总体应对措施，以及实施的进一步审计程序的性质、时间安排和范围；

（b）实施的进一步审计程序与评估的认定层次风险之间的联系；

（c）实施进一步审计程序的结果，包括在结果不明显时得出的结论。（参见：第 A63 段）

29. 如果拟利用在以前审计中获取的有关控制运行有效性的审计证据，审计师应当记录信赖这些控制的结论。

30. 审计工作底稿应当能够证明财务报表与其所依据的会计记录是一致的或调节相符的。

② 《国际审计准则第 230 号——审计工作底稿》，第 8 – 11 段，以及第 A6 段。

应用和其他解释性材料

总体应对措施（参见：第5段）

A1. 针对评估的财务报表层次重大错报风险的总体应对措施可能包括：

- 向项目组强调保持职业怀疑的必要性；
- 指派更有经验或具有特殊技能的审计人员，或利用专家的工作；
- 提供更多的督导；
- 在选择拟实施的进一步审计程序时融入更多的不可预见的因素；
- 对拟实施审计程序的性质、时间安排或范围作出总体修改，如在期末而非期中实施实质性程序；或修改审计程序的性质以获取更具说服力的审计证据。

A2. 审计师对控制环境的了解影响其对财务报表层次重大错报风险的评估，从而影响所采取的总体应对措施。有效的控制环境可以增强审计师对内部控制的信心和对被审计单位内部生成的审计证据的信赖程度，例如，如果控制环境有效，审计师可以在期中而非期末实施某些审计程序；如果控制环境存在缺陷，则产生相反的影响。为应对无效的控制环境，审计师可以采取的措施举例如下：

- 在期末而非期中实施更多的审计程序；
- 通过实施实质性程序获取更广泛的审计证据；
- 增加拟纳入审计范围的经营地点的数量。

A3. 审计师评估的财务报表层次重大错报风险以及采取的总体应对措施，对拟实施进一步审计程序的总体审计方案（例如，以实质性程序为主的实质性方案，或将控制测试与实质性程序结合使用的综合性方案）具有重大影响。

针对评估的认定层次重大错报风险的审计程序

进一步审计程序的性质、时间安排和范围（参见：第6段）

A4. 审计师对识别出的认定层次风险进行评估，为确定总体审计方案提供了基础。例如，审计师可能确定：

（a）只有实施控制测试才可以有效应对评估的特定认定重大错报风险；

（b）仅实施实质性程序对于特定认定是适当的，因此，审计师在对相关风险进行评估时不再考虑控制的影响。这可能是由于审计师在实施风险评估程序后没有发现任何与该认定相关的有效控制，或者由于测试控制效率不高，因而审计师在确定实质性程序的性质、时间安排和范围时，不拟信赖控制运行的有效性；

（c）将控制测试和实质性程序结合使用的综合性方案是一个有效的方案。

然而，按照本国际审计准则第18段的规定，无论选取哪种方案，审计师都需要针对所有重大类别的交易、账户余额和披露设计和实施实质性程序。

A5. 审计程序的性质是指审计程序的目的（包括控制测试或实质性程序）和类型（包括检查、观察、询问、函证、重新计算、重新执行和分析程序）。在应对评估的风险时，确定审计程序的性质是最重要的。

A6. 审计程序的时间安排是指审计师何时实施审计程序，或审计证据适用的期间或时点。

A7. 审计程序的范围是指实施审计程序的数量，如抽取的样本量或对某项控制活动的观察次数。

A8. 审计师需要根据并针对评估的认定层次重大错报风险设计和实施进一步审计程序（包括审计程序的性质，时间安排和范围），使进一步审计程序和风险评估结果之间具备明确的对应关系。

应对评估的认定层次风险（参见：第7段第（a）项）

性质

A9. 审计师评估的风险可能影响拟实施的审计程序的类型及其综合运用。例如，当评估的风险较高时，审计师除检查文件外，还可能决定向交易对方函证合同条款的完整性。此外，对于与某些认定相关的错报风险，实施某些审计程序可能比其他审计程序更适当。例如，在测试收入时，对于与收入完整性认定相关的错报风险，控制测试可能最能有效应对，而对于与收入发生认定相关的错报风险，实质性程序可能最能有效应对。

A10. 在确定审计程序的性质时，审计师需要考虑形成风险评估结果的依据。例如，对于某类交易，审计师可能判断即使在不考虑相关控制的情况下发生错报的风险仍较低，此时仅实施实质性分析程序就可以获取充分、适当的审计证据。另一方面，如果审计师预期存在与此类交易相关的内部控制的情况下发生错报的风险较低，且拟基于这一评估的低风险设计实质性程序，则审计师需要按照本国际审计准则第8段第（a）项的要求实施控制测试。对于在被审计单位信息系统中进行日常处理和控制的、常规且不复杂的交易，这种情况可能出现。

时间安排

A11. 审计师可以在期中或期末实施控制测试或实质性程序。当重大错报风险越高时，审计师可能认为在期末或接近期末而非期中实施实质性程序，或采用不通知的方式（如在不通知的情况下对选取的经营地点实施审计程序），或在管理层不能预见的时间实施审计程序更有效。这在考虑应对舞弊风险时尤为相关。例如，如果识别出故意错报或操纵会计记录的风险，审计师可能认为将期中得出的结论延伸至期末而实施的审计程序是无效的。

A12. 在期末之前实施审计程序可能有助于审计师在审计工作初期识别重大事项，并在管理层的协助下及时解决这些事项，或针对这些事项制定有效的审计方案。

A13. 某些审计程序只能在期末或期后实施，例如：

- 核对财务报表与会计记录；
- 检查财务报表编制过程中作出的会计调整；
- 为应对被审计单位可能在期末签订不适当的销售合同的风险，或交易在期末可能尚未完成的风险而实施的程序。

A14. 影响审计师考虑在何时实施审计程序的其他相关因素包括：

- 控制环境；
- 何时能得到相关信息。例如，某些电子文档如未能及时取得，可能被覆盖；再如，某些拟观察的程序可能只在特定时点发生；
- 错报风险的性质。例如，如果存在被审计单位为了保证盈利目标的实现而伪造销售合同以虚增收入的风险，审计师可能需要检查截至期末的所有销售合同；
- 审计证据适用的期间或时点。

范围

A15. 在确定必要的审计程序的范围时，审计师需要考虑重要性、评估的风险和计划获取的保证程度。如果需要通过多个审计程序实现某一目的，审计师需要分别考虑每个程序的范围。一般而言，审计程序的范围随着重大错报风险的增加而扩大。例如，在应对评估的由于舞弊导致的重大错报风险时，增加样本量或实施更详细的实质性分析程序可能是适当的。但是，只有当审计程序本身与特定风险相关时，扩大审计程序的范围才是有效的。

A16. 使用计算机辅助审计技术对电子化的交易和账户文档进行更广泛的测试，有助于审计师修改测试范围（如针对由于舞弊导致的重大错报风险的测试范围）。这是因为计算机辅助审计技术可以用于从主要电子文档中选取交易样本，按照某一特征对交易进行分类，或对总体而非样本进行测试。

对公共部门实体的特殊考虑

A17. 对于公共部门实体审计，授权审计的文件和其他特殊的审计要求可能影响审计师对进一步审计程序的性质、时间安排和范围的考虑。

对小型被审计单位的特殊考虑

A18. 小型被审计单位可能不存在很多能够被审计师识别的控制活动，或者对控制活动的存在或运行的记录程度可能有限。在这种情况下，审计师实施以实质性程序为主的进一步审计程序可能效率更高。但是在极少数情况下，缺乏控制活动或控制的其他组成要素可能使审计师无法获取充分、适当的审计证据。

评估的风险较高（参见：第 7 段第（b）项）

A19. 当由于评估的风险较高而需要获取更具说服力的审计证据时，审计师可能需要增加所需审计证据的数量，或获取更具相关性或可靠性的证据，如更多地从第三方获取证据或从多个独立渠道获取互相印证的证据。

控制测试

设计和实施控制测试（参见：第 8 段）

A20. 只有认为控制设计合理、能够防止或发现并纠正认定层次的重大错报，审计师才实施控制测试。如果被审计单位在所审计期间内的不同时期使用了显著不同的控制，审计师要分别考虑不同时期的控制。

A21. 测试控制运行的有效性与了解控制和评价控制的设计和执行是不同的，但是所采用的审计程序的类型是相同的。因此，审计师可以决定在评价控制的设计以及确定其是否得到执行的同时测试控制运行的有效性，以提高审计效率。

A22. 虽然某些风险评估程序并非专为控制测试设计，但可以提供有关控制运行有效性的审计证据，从而也能够作为控制测试。例如，审计师实施的风险评估程序可能包括：

- 询问管理层对预算的使用；
- 观察管理层对月度预算费用与实际费用的比较；
- 检查预算金额与实际金额之间的差异报告。

通过实施这些审计程序，审计师可以了解被审计单位预算管理制度的设计及其是否得到执行，同时也可以获取关于这些制度在预防或发现费用的重大错报方面运行的有效性的审计证据。

A23. 尽管控制测试和细节测试的目的不同，审计师可以考虑针对同一交易同时实施控制测试和细节测试，以实现双重目的，这种做法称为双重目的测试。例如，审计师可以通过检查某笔交易的发票这项程序，以确定其是否经过适当的授权，并获取关于该交易的实质性审计证据。双重目的测试是通过分别考虑每个测试的目的而设计和评价的。

A24. 在某些情况下，审计师可能发现仅通过实施有效的实质性程序无法获取认定层次的充分、适当的审计证据。③ 例如，被审计单位采用信息技术处理业务，除信息系统中的信息外不生成或保留任何与业务相关的文件记录。在这种情况下，根据本国际审计准则第 8 段第（b）项的要求，审计师需要对相关控制实施测试。

审计证据和拟信赖程度（参见：第 9 段）

A25. 当审计师采用的总体审计方案主要以控制测试为主，尤其是仅通过实施实

③ 国际审计准则第 315 号，第 30 段。

质性程序无法或不能获取充分、适当的审计证据时，审计师可能需要获取有关控制运行有效性的更高水平的保证。

控制测试的性质和范围

与询问结合使用的其他审计程序（参见：第 10 段第（a）项）

A26. 询问本身并不足以测试控制运行的有效性。因此，审计师需要将询问与其他审计程序结合使用。而观察提供的证据仅限于观察发生的时点，因此，将询问与检查或重新执行结合使用，可能比仅实施询问和观察获取更高水平的保证。

A27. 在确定实施哪种程序以获取有关控制运行是否有效的审计证据时，审计师需要考虑特定控制的性质。例如，某些控制通过文件记录证明其运行的有效性，在这种情况下，审计师可能需要检查这些文件记录以获取控制运行有效的审计证据。而某些控制可能不存在文件记录，或文件记录与控制运行是否有效不相关。例如，控制环境中的某些要素（如职权和责任的分配），或某些由计算机实施的控制活动，可能不会留下运行记录。在这种情况下，审计师可能需要通过询问并结合其他审计程序（如观察）或借助计算机辅助审计技术，获取有关控制运行有效性的审计证据。

控制测试的范围

A28. 当针对控制运行的有效性需要获取更具说服力的审计证据时，可能需要扩大控制测试的范围。在确定控制测试的范围时，除考虑对控制的信赖程度以外，审计师还可能考虑以下因素：

- 在拟信赖期间，被审计单位执行控制的频率；
- 在所审计期间，审计师拟信赖控制运行有效性的时间长度；
- 控制的预期偏差率；
- 拟获取的有关认定层次控制运行有效性的审计证据的相关性和可靠性；
- 通过测试与认定相关的其他控制获取的审计证据的范围。

国际审计准则第 530 号④针对测试的范围提供了进一步的指引。

A29. 由于信息技术处理具有内在一贯性，审计师可能不需要扩大自动化控制的测试范围。除非程序（包括程序使用的表格、文档或其他永久性数据）发生变动，自动化控制会一贯运行。一旦确定某项自动化控制能够发挥预期作用（可在最初实施该控制的时点或其他时点确定），审计师就可能需要考虑实施测试以确定该控制是否持续有效运行。这些测试可能包括确定：

- 程序修改是否已经过适当的程序变动控制；
- 交易处理所用软件是否为授权批准版本；
- 其他相关的一般控制是否运行有效。

---

④ 《国际审计准则第 530 号——审计抽样》。

这些测试还可能包括确定系统是否并未发生变动。例如，当被审计单位使用软件包应用程序而没有对其进行修改或维护时，审计师可以检查信息系统安全管理记录，以获取在所审计期间不存在未经授权接触系统的审计证据。

间接控制的测试（参见：第10段第（b）项）

A30. 在某些情况下，审计师可能有必要获取有关间接控制运行有效的审计证据。例如，被审计单位可能针对超出信用额度的例外赊销交易设置报告和审核制度，在测试这项制度的运行有效性时，审核制度和相关的跟进措施是与测试直接相关的控制，与例外赊销报告中信息准确性有关的控制（如信息技术一般控制）则被称为间接控制。

A31. 由于信息技术处理过程的内在一贯性，有关自动化应用控制得到执行的审计证据，连同信息技术一般控制（特别是对系统变动的控制）运行有效性的审计证据，也可能提供有关自动化应用控制运行有效性的重要审计证据。

控制测试的时间安排

拟信赖期间（参见：第11段）

A32. 如果仅需要测试控制在特定时点的运行有效性（如对被审计单位期末存货盘点进行控制测试），审计师只需要获取该时点的审计证据。如果拟信赖控制在某一期间的运行有效性，审计师需要实施其他测试，以获取相关控制在该期间内的相关时点运行有效的审计证据。这种测试可能包括测试被审计单位对控制的监督。

利用期中获取的审计证据（参见：第12段第（b）项）

A33. 在确定需要获取哪些补充审计证据以证明控制在期中之后的剩余期间仍然有效运行时，审计师需要考虑的相关因素包括：

- 评估的认定层次重大错报风险的重要程度；
- 在期中测试的特定控制，以及自期中测试之后发生的重大变动，包括在信息系统、流程和人员方面发生的变动；
- 在期中对有关控制运行的有效性获取的审计证据的程度；
- 剩余期间的长度；
- 在信赖控制的基础上拟缩小进一步实质性程序的范围；
- 控制环境。

A34. 审计师可以通过对控制在剩余期间运行的有效性进行延伸测试或测试被审计单位对控制的监督，获取补充审计证据。

利用以前审计获取的审计证据（参见：第13段）

A35. 在某些情况下，如果审计师实施了用以确定审计证据持续相关性的审计程序，以前审计获取的审计证据可以为本期提供相关审计证据。例如，在以前期间执行审计时，审计师可能确定被审计单位某项自动控制能够发挥预期作用。那么在本期审计中，审计师可能需要获取审计证据以确定是否发生了影响该自动控制持续有效发挥作用的变化。例如，审计师可以通过询问管理层或检查日志，确定哪些控制已经发生变化。通过考虑控制变化的证据，审计师可以增加或减少需要在本期获取的有关控制运行是否有效的审计证据。

控制在本期发生变化（参见：第 14 段第（a）项）

A36. 控制在本期发生变化可能影响以前审计获取的审计证据对本期审计的相关性，从而使审计师无法再继续信赖相关控制运行的有效性。例如，如果系统的变化仅使被审计单位从系统中获取新的报告，这种变化通常不影响以前审计所获取证据的相关性；但是，如果系统的变化引起数据累积或计算发生改变，这种变化可能影响以前审计所获取证据的相关性。

控制在本期未发生变化（参见：第 14 段第（b）项）

A37. 如果拟信赖的控制（a）自上次测试后未发生变化，且（b）不属于旨在减轻特别风险的控制，审计师需要运用职业判断确定是否在本期审计中测试其运行的有效性，以及本次测试与上次测试的时间间隔，但每三年至少对控制测试一次。

A38. 一般情况下，重大错报风险越高，或对控制的拟信赖程度越高，时间间隔（如有）就越短。下列因素可能缩短再次测试控制的时间间隔或导致完全不信赖以前审计获取的审计证据：

- 控制环境薄弱；
- 对控制的监督薄弱；
- 相关控制中的人工成分较多；
- 发生对控制运行产生重大影响的人事变动；
- 环境的变化表明需要对控制作出相应的变动；
- 信息技术一般控制薄弱。

A39. 如果审计师拟信赖以前审计已获取审计证据的多个控制，在每次审计中测试其中的某些控制可以为控制环境的持续有效性提供佐证信息。这些信息能够帮助审计师确定依赖以前审计获取的审计证据是否适当。

评价控制运行的有效性（参见：第 16 – 17 段）

A40. 审计师实施审计程序发现的重大错报，是表明内部控制存在值得关注的内部控制缺陷的重要迹象。

A41. 在理解控制运行的有效性时，审计师需要意识到被审计单位控制运行可能存在偏差。偏差产生的原因可能是关键人员发生变动、交易量发生重大季节性波动或人为错误等。发现的偏差率，尤其是在与预期偏差率进行比较后，可能表明审计师无法信赖该控制，以将认定层次的风险降至审计师评估的水平。

实质性程序（参见：第 18 段）

A42. 根据本国际审计准则第 18 段的要求，无论评估的重大错报风险结果如何，审计师都应当针对所有重大类别的交易、账户余额和披露设计和实施实质性程序。这一要求表明：（a）审计师对风险的评估是一种判断，因此可能无法识别所有重大错报风险；（b）内部控制存在固有限制，包括管理层凌驾于控制之上。

实质性程序的性质和范围

A43. 根据具体情况，审计师可能确定：

- 仅实施实质性分析程序就足以将审计风险降至可接受的低水平。如当控制测试所获取的审计证据可以支持风险评估结果时；
- 仅实施细节测试是适当的；
- 将细节测试与实质性分析程序结合使用可以最恰当地应对评估的风险。

A44. 实质性分析程序通常更适用于在一段时期内存在可预期关系的大量交易。国际审计准则第 520 号⑤对在审计中如何实施分析程序作出了规定并提供了指引。

A45. 在设计细节测试时，审计师需要考虑风险和认定的性质。例如，在针对存在或发生认定设计细节测试时，审计师可能需要选择已经包含在财务报表金额中的项目，并获取相关审计证据。另一方面，在针对完整性认定设计细节测试时，审计师可能需要选择应包含在财务报表金额中的项目，并调查这些项目是否确实包含在内。

A46. 由于审计师在评估重大错报风险时考虑了内部控制，如果对控制测试结果不满意，审计师可能需要扩大实质性程序的范围。然而，只有当审计程序本身与特定风险相关时，扩大审计程序的范围才是适当的。

A47. 在设计细节测试时，审计师通常从样本量的角度考虑测试范围，但还可能考虑其他相关因素，包括使用其他选取测试项目的方法是否更有效等。参见国际审计准则第 500 号。⑥

考虑是否实施函证程序（参见：第 19 段）

A48. 当涉及与账户余额及其要素相关的认定时，通常使用函证程序，但不必局限在这些项目。例如，审计师可能对被审计单位与其他方签订的协议、合同或交易的条款实施函证，还可能实施函证程序以获取有关某些条件不存在的审计证据。例如，审计师可能专门实施函证程序，以证实不存在可能与收入截止认定相关的“背后协议”。在应对评估的重大错报风险时，函证程序可能提供相关审计证据的其他情况包括：

- 银行余额和与银行业务关系相关的其他信息；
- 应收账款余额和条款；
- 由第三方保管并存放在保税仓库待处理或寄销的存货；

---

⑤ 《国际审计准则第 520 号——分析程序》。

⑥ 《国际审计准则第 500 号——审计证据》，第 10 段。

- 由律师或金融机构保管或作为担保的产权证书；
- 由第三方保管的，或通过股票经纪人购买的但未于资产负债表日交付的投资；
- 欠款金额，包括偿还条款和限制性协议；
- 应付账款余额和条款。

A49. 尽管函证可以对某些认定提供相关审计证据，但对于其他一些认定，函证提供审计证据的相关性并不高。例如，函证针对应收账款余额的可回收性提供的审计证据，比针对应收账款余额的存在认定提供的审计证据的相关性要低。

A50. 审计师可能认为，为某一目的而实施的函证程序可能能够提供关于其他事项的审计证据。例如，对银行存款余额进行函证时，通常还包括对与其他财务报表认定相关的信息进行函证。这种情况可能促使审计师作出实施函证程序的决策。

A51. 可能帮助审计师确定是否拟将函证程序作为实质性审计程序的因素包括：

- 被询证者对函证事项的了解。如果被询证者对所函证的信息具有必要的了解，其提供的回复可靠性更高；
- 预期被询证者回复函证的能力或意愿。例如，在下列情况下，被询证者可能不会回复，也可能只是随意回复或可能试图限制对其回复的依赖程度：
    - 被询证者可能不愿承担回复询证函的责任；
    - 被询证者可能认为回复询证函成本太高或消耗太多时间；
    - 被询证者可能对因回复询证函而可能承担的法律责任有所担心；
    - 被询证者可能以不同币种核算交易；
    - 回复询证函不是被询证者日常经营的重要部分。
- 预期被询证者的客观性。如果被询证者是被审计单位的关联方，则其回复的可靠性会降低。

与财务报表编制完成阶段相关的实质性程序（参见：第 20 段第（b）项）

A52. 审计师对会计分录和其他会计调整执行检查的性质和范围，取决于被审计单位财务报告过程的性质和复杂程度以及相关的重大错报风险。

应对特别风险的实质性程序（参见：第 21 段）

A53. 本国际审计准则第 21 段规定，如果认为相关风险为特别风险，审计师应当专门针对该风险实施实质性程序。从恰当的被询证者以函证形式直接取得的审计证据，可以帮助审计师获取应对由于舞弊或错误导致的重大错报风险所需的具有高度可靠性的审计证据。例如，如果审计师认为管理层面临实现盈利预期的压力，则可能存在管理层虚增销售收入的风险，即通过对不满足收入确认条款的销售协议进行不当确认，或通过在出货前出具销售发票虚增收入。在这些情况下，审计师可能设计函证程序，不仅用于确认应收账款的账户余额，也用于确认销售协议的细节条款，包括日期、退货权和交货条款。此外，审计师可能认为有必要就销售协议和交货条款的任何变更询问被审计单位的非财务人员，以此作为函证程序的补充。

实质性程序的时间安排（参见：第 22－23 段）

A54. 在多数情况下，在以前审计中实施实质性程序获取的审计证据，通常对本期只有很弱的证据效力或没有证据效力。但也有例外情况，例如，由于证券化的结构未发生变化，以前审计中获得的与证券化结构有关的法律意见可能在本期仍适用。在这些情况下，使用在以前审计的实质性程序中获取的审计证据可能是适当的，前提是该证据及其相关事项未发生重大变动，并且本期已实施用以确认是否具有持续相关性的审计程序。

利用期中获取的审计证据（参见：第 22 段）

A55. 在某些情况下，审计师可能认为在期中实施实质性程序，并将期末余额的相关信息与期中的可比信息进行比较和调节，对于实现下列目的是有效的：

（a）识别显示异常的金额；

（b）调查这些异常金额；

（c）实施实质性分析程序或细节测试以测试剩余期间。

A56. 审计师在期中实施实质性程序而未在其后实施追加程序，将增加期末可能存在错报而未被发现的风险，并且该风险随着剩余期间的延长而增加。下列因素可能对是否在期中实施实质性程序产生影响：

- 控制环境和其他相关控制；
- 实施审计程序所需要的信息在期中之后的可获得性；
- 实质性程序的目的；
- 评估的重大错报风险；
- 特定类别的交易或账户余额以及相关认定的性质；
- 针对剩余期间，审计师能否通过实施适当的实质性程序或将实质性程序与控制测试相结合，降低期末可能存在错报而未被发现的风险。

A57. 下列因素可能对是否就期中至期末实施实质性分析程序产生影响：

- 特定类别交易的期末累计发生额或期末账户余额在金额、相对重要性及构成方面能否被合理预期；
- 被审计单位在期中对此类交易或账户余额进行分析和调整的程序及确保截止正确的程序是否恰当；
- 与财务报告相关的信息系统能否提供关于期末账户余额和剩余期间的交易的充分信息，以足以调查下列事项：
  （a）重大的异常交易或会计分录（尤其在期末或接近期末发生的交易或会计记录）；
  （b）导致重大波动的其他原因或预期发生但未发生的波动；
  （c）特定类别的交易或账户余额在构成上的变动。

期中发现的错报（参见：第23段）

A58. 如果审计师由于在期中发现未预期的错报，而认为需要修改针对剩余期间拟实施实质性程序的性质、时间安排或范围，则此类修改可能包括在期末扩大期中已实施实质性程序的范围或重新实施这些实质性程序。

列报与披露的恰当性（参见：第24段）

A59. 评价财务报表的整体列报（包括相关披露）涉及考虑单一财务报表的列报方式是否反映了财务信息的适当分类和描述，以及财务报表及其附注的形式、排列和内容；同时包括所使用的术语、所提供的明细金额、报表项目的分类以及所列金额的依据等。

评价审计证据的充分性和适当性（参见：第25－27段）

A60. 财务报表审计是一个累积和不断修正的过程。随着计划的审计程序的实施，获取的审计证据可能导致审计师修改其他已计划的审计程序的性质、时间安排或范围。审计师可能注意到一些信息与风险评估时依据的信息存在重大差异。例如，

- 审计师通过实施实质性程序发现的错报的程度，可能改变审计师对风险评估的判断，并可能显示内部控制存在值得关注的缺陷；
- 审计师可能发现会计记录存在差异或证据缺失或互相矛盾的情况；
- 在临近审计结束时实施的分析程序可能表明存在以前未识别的重大错报风险。

在这种情况下，审计师可能需要根据更新后的所有或某类交易、账户余额或披露及相关认定的风险评估结果，重新评价计划的审计程序。国际审计准则第315号规定了如何修正风险评估结果。[7]

A61. 审计师不能将审计中发现的舞弊或错误视为孤立发生的事项。因此，在确定对于重大错报风险的评估是否仍然适当时，考虑发现的错报如何影响已评估的重大错报风险尤为重要。

A62. 审计师对审计证据充分性和适当性的判断受下列因素的影响：

- 认定发生潜在错报的重要程度，以及这些潜在错报单独或连同其他潜在错报对财务报表产生重大影响的可能性；
- 管理层应对和控制相关风险的有效性；
- 在以前审计中获取的有关类似潜在错报的经验；
- 实施审计程序的结果，包括是否识别出舞弊或错误的具体情形；
- 可获得信息的来源和可靠性；

---

⑦ 国际审计准则第315号，第31段。

- 审计证据的说服力；
- 对被审计单位及其环境（包括内部控制）的了解。

审计工作底稿（参见：第28段）

A63. 审计工作底稿的形式和范围取决于职业判断，并受下列因素的影响：被审计单位的性质、规模、复杂程度及其内部控制；被审计单位信息的可获得性；审计中使用的审计方法和技术。

国际审计准则第402号
对被审计单位使用服务机构的审计考虑

（适用于会计期间开始于2009年12月15日及以后的财务报表审计）*

目　　录

《国际审计准则第402号——对被审计单位使用服务机构的审计考虑》应当与《国际审计准则第200号——独立审计师的总体目标和按照国际审计准则执行审计工作》一并阅读。

---

* 因《国际审计准则第610号（修订）——利用内部审计师的工作》而作的修订，将适用于会计期间结束于2013年12月15日及以后的财务报表审计。

引　言

本国际审计准则的范围

1. 本国际审计准则规范了当被审计单位使用一个或多个服务机构提供服务时，被审计单位审计师获取充分、适当的审计证据的责任。国际审计准则第 315 号①和国际审计准则第 330 号②涉及审计师了解被审计单位及其环境，包括与审计相关的内部控制，以足以识别和评估重大错报风险，并针对这些风险设计和实施进一步审计程序，本国际审计准则是对审计师如何应用这些准则的进一步扩展。

2. 许多被审计单位将部分业务外包给服务机构，这些服务机构提供的服务范围很广，从按照被审计单位的指令执行特定任务，到整体替代被审计单位部分业务单元或职能，例如税务合规职能。服务机构提供的很多服务构成被审计单位业务经营不可或缺的一部分，但并非所有这些服务都与审计相关。

3. 如果服务机构提供的服务和对服务的控制，构成被审计单位与财务报告相关的信息系统（包括相关业务流程）的一部分，则该服务机构提供的服务与被审计单位的财务报表审计相关。尽管服务机构的多数控制可能与财务报告相关，也可能有其他控制（如与资产保护相关的控制）与审计相关。如果服务机构提供的服务影响到下列任何一项，则该服务被视为构成被审计单位与财务报告相关的信息系统（包括相关业务流程）的一部分：

（a）在被审计单位的经营过程中，对财务报表重大的各类交易；

（b）在信息技术和人工系统中，被审计单位的交易生成、记录、处理、必要的更正、结转至总账以及在财务报表中报告的程序；

（c）用以生成、记录、处理和报告（包括纠正不正确的信息以及信息如何结转至总账）被审计单位交易的会计记录（电子或人工形式）、支持性信息和财务报表中的特定账户；

（d）被审计单位的信息系统如何获取除各交易以外的对财务报表重大的事项和情况；

（e）用于编制被审计单位财务报表（包括作出的重大会计估计和披露）的财务报告过程；

（f）与会计分录相关的控制，这些分录包括用以记录非经常性的、异常的交易

---

① 《国际审计准则第 315 号——通过了解被审计单位及其环境识别和评估重大错报风险》。

② 《国际审计准则第 330 号——审计师针对评估的风险采取的应对措施》。

或调整的非标准会计分录。

4. 对于服务机构提供的服务，审计师拟执行审计工作的性质和范围，取决于该服务的性质、服务对被审计单位的重要性以及与审计的相关性。

5. 如果被审计单位在某一金融机构开设账户，该金融机构提供的服务仅限于按照被审计单位的特别授权在该账户下处理交易（如银行对支票账户交易的处理或证券经纪机构对证券交易的处理），则本国际审计准则不适用。此外，如果被审计单位拥有其他实体（如合伙企业、股份制企业和合资公司）的所有权经济利益，并且这些实体对所有权经济利益进行会计核算和向所有者报告，本国际审计准则不适用于对被审计单位因拥有这些实体所有权经济利益而产生的交易的审计。

生效日期

6. 本国际审计准则适用于会计期间开始于 2009 年 12 月 15 日及以后的财务报表审计。

目　标

7. 当被审计单位使用服务机构提供的服务时，审计师的目标是：

（a）了解服务机构所提供的服务的性质和重要性，及其对与审计相关的被审计单位内部控制的影响，以足以识别和评估重大错报风险；

（b）针对识别和评估的重大错报风险，设计和实施审计程序。

定　义

8. 就国际审计准则而言，对下列术语给予以下定义：

（a）被审计单位的互补性控制，是指服务机构在设计服务时假定将由被审计单位实施的控制。如果这些控制对实现控制目标是必要的，则应当在服务机构系统描述中予以明确；

（b）针对服务机构对控制的描述和设计出具的报告（本国际审计准则中称为第一类报告），内容包括：

（i）由服务机构管理层对服务机构系统、控制目标以及在特定日期已得到设计和执行的相关控制作出的描述；

（ii）服务机构审计师出具的报告（旨在向使用者提供合理保证），包括针对服务机构对系统、控制目标和相关控制的描述，以及控制的设计对实现特定控制目标的适当性发表的意见。

（c）针对服务机构对控制的描述、设计和运行有效性出具的报告（本国际审计准则中称为第二类报告），内容包括：

（i）由服务机构管理层作出的描述，涉及服务机构系统、控制目标和相关控制、在特定日期或特定期间控制的设计和执行，以及在某些情况下控制在特定期间运行的有效性；

（ii）服务机构审计师出具的报告（旨在向使用者提供合理保证），包括：

a. 服务机构审计师针对服务机构对系统、控制目标和相关控制的描述，控制的设计对实现特定控制目标的适当性，以及控制运行的有效性发表的意见；

b. 针对控制测试及其结果作出的描述。

（d）服务机构审计师，是指在服务机构要求下对服务机构的控制出具鉴证报告的审计师；

（e）服务机构，是指向被审计单位提供服务，并且其服务构成与被审计单位财务报告相关的信息系统组成部分的第三方机构（或第三方机构的分部）；

（f）服务机构的系统，是指为了向被审计单位提供服务机构审计师的报告所涵盖的服务而由服务机构设计、执行和维护的政策和程序；

（g）分包服务机构，是指服务机构为向被审计单位提供服务而使用的另一个服务机构，其提供的服务是服务机构应提供服务的一部分，且构成被审计单位与财务报告相关的信息系统的组成部分；

（h）被审计单位审计师，是指对被审计单位的财务报表进行审计并出具报告的审计师；

（i）被审计单位，是指使用服务机构且正在接受财务报表审计的实体。

要　求

了解服务机构提供的服务，包括内部控制

9. 当按照国际审计准则第 315 号③的规定了解被审计单位时，被审计单位审计师应当了解被审计单位在经营中如何利用服务机构提供的服务，包括：（参见：第 A1 – A2 段）

（a）服务机构提供的服务的性质，以及该服务对被审计单位的重要性，包括由

③ 国际审计准则第 315 号，第 11 段。

此对被审计单位内部控制产生的影响；（参见：第A3－A5段）

（b）由服务机构处理的交易、受服务机构影响的账户或财务报告过程的性质和重要性；（参见：第A6段）

（c）服务机构与被审计单位之间活动的相互影响程度；（参见：第A7段）

（d）被审计单位与服务机构关系的性质，包括服务机构与被审计单位就提供服务订立的相关合同条款。（参见：第A8－A11段）

10. 当按照国际审计准则第315号④的规定了解与审计相关的内部控制时，被审计单位审计师应当评价被审计单位的、与服务机构提供的服务相关的控制的设计和执行情况，这些控制包括应用于服务机构所处理的交易的控制。（参见：第A12－A14段）

11. 被审计单位审计师应当确定，是否已充分了解服务机构提供的服务的性质和重要性，及其对与审计相关的被审计单位内部控制的影响，以作为识别和评估重大错报风险的基础。

12. 如果不能从被审计单位获得充分的了解，被审计单位审计师应当实施下列一项或多项程序：

（a）获取第一类报告或第二类报告（如可行）；

（b）通过被审计单位联系服务机构，以获取特定信息；

（c）访问服务机构，并实施可以获取有关服务机构相关控制的必要信息的程序；

（d）利用其他审计师实施可以获取有关服务机构相关控制的必要信息的程序。（参见：第A15－A20段）

利用第一类报告或第二类报告以支持被审计单位审计师对服务机构的了解

13. 当确定第一类报告或第二类报告提供的审计证据的充分性和适当性时，被审计单位审计师应当确信：

（a）服务机构审计师具有相应的专业胜任能力并独立于服务机构；

（b）服务机构审计师出具第一类报告或第二类报告所依据的标准是适当的。（参见：第A21段）

14. 如果拟利用第一类报告或第二类报告作为审计证据，以支持对服务机构内部控制设计和执行情况的了解，被审计单位审计师应当：

（a）评价对服务机构控制的描述和设计所针对的时点或期间是否适用于被审计单位审计师的审计目的；

（b）对了解与审计相关的被审计单位内部控制而言，评价报告提供的证据是否

---

④ 国际审计准则第315号，第12段。

充分和适当；

（c）确定服务机构识别的被审计单位的互补性控制是否与被审计单位相关。如果相关，了解被审计单位是否设计和执行了此类控制。（参见：第 A22 – A23 段）

应对评估的重大错报风险

15. 当按照国际审计准则第 330 号的规定应对评估的重大错报风险时，被审计单位审计师应当：

（a）确定是否能够从被审计单位保存的记录中获取有关财务报表认定的充分、适当的审计证据；

（b）如果不能获取，则实施进一步审计程序以获取充分、适当的审计证据，或利用其他审计师代其对服务机构实施这些程序。（参见：第 A24 – A28 段）

控制测试

16. 如果被审计单位审计师的风险评估结果预期服务机构的控制的运行是有效的，被审计单位审计师应当实施下列一项或多项程序，以获取有关这些控制运行有效性的审计证据：

（a）获取第二类报告（如可行）；

（b）对服务机构的控制实施适当测试；

（c）利用其他审计师代其对服务机构的控制实施测试。（参见：第 A29 – A30 段）

利用第二类报告作为服务机构内部控制运行有效性的审计证据

17. 如果根据本国际审计准则第 16 段第（a）项的规定拟利用第二类报告作为服务机构内部控制运行有效性的审计证据，被审计单位审计师应当通过实施下列程序，确定服务机构审计师的报告是否能提供有关内部控制运行有效性的充分、适当的审计证据，以支持对重大错报风险的评估：

（a）评价对服务机构控制的描述、设计和运行有效性所针对的时点或期间是否适用于被审计单位审计师的审计目的；

（b）确定服务机构识别的被审计单位的互补性控制是否与被审计单位相关。如相关，了解被审计单位是否设计和执行了该控制，如是，测试其运行有效性；

（c）评价控制测试的涵盖期间和自实施控制测试以来的时间间隔的适当性；

（d）评价服务机构审计师报告中所述的、由服务机构审计师实施的控制测试及其结果是否与被审计单位财务报表的认定相关，并提供充分、适当的审计证据，以支持被审计单位审计师的风险评估。（参见：第 A31 – A39 段）

不涵盖分包服务机构提供的服务的第一类报告和第二类报告

18. 如果被审计单位审计师拟利用的第一类报告或第二类报告不涵盖分包服务

机构提供的服务，而这些服务与被审计单位财务报表审计相关，针对这些由分包服务机构提供的服务，被审计单位审计师应当遵守本国际审计准则的规定。（参见：第 A40 段）

涉及服务机构活动的舞弊、违反法律法规行为和未更正错报

19. 被审计单位审计师应当询问被审计单位管理层，确定服务机构是否曾经向被审计单位报告，或被审计单位是否以其他方式获知任何影响被审计单位财务报表的舞弊、违反法律法规行为或未更正错报。被审计单位审计师应当评价这些事项如何影响进一步审计程序的性质、时间安排和范围，并评价对得出的结论和审计报告的影响。（参见：第 A41 段）

被审计单位审计师的报告

20. 针对服务机构提供的与被审计单位财务报表审计相关的服务，如果被审计单位审计师无法获取充分、适当的审计证据，则应当根据国际审计准则第 705 号⑤的规定，在审计报告中发表非无保留意见。（参见：第 A42 段）

21. 被审计单位审计师不应在无保留意见的审计报告中提及服务机构审计师的相关工作，除非法律法规另有规定。如果法律法规要求提及，被审计单位审计师的报告中应当指出这种提及并不减轻被审计单位审计师对审计意见承担的责任。（参见：第 A43 段）

22. 如果提及服务机构审计师的工作与理解被审计单位审计师出具的非无保留意见相关，被审计单位审计师的报告应当指出，这种提及并不减轻被审计单位审计师对审计意见承担的责任。（参见：第 A44 段）

应用和其他解释性材料

了解服务机构提供的服务，包括内部控制

信息来源（参见：第 9 段）

A1. 关于服务机构提供服务的性质的信息可以从多种不同来源获得：

- 用户手册；
- 系统概述；

⑤ 《国际审计准则第 705 号——在独立审计师报告中发表非无保留意见》，第 6 段。

- 技术手册；
- 被审计单位与服务机构之间签订的合同或服务协议；
- 服务机构、内部审计师或监管机构针对服务机构的控制出具的报告；
- 服务机构审计师出具的报告，包括管理建议书（如能获得）。

A2. 被审计单位审计师与服务机构交往的经验（如通过其他审计业务获得的经验）可能也有助于了解服务机构提供服务的性质。如果服务机构提供的服务及与这些服务相关的控制是高度标准化的，这种经验可能特别有帮助。

服务机构提供服务的性质（参见：第9段第（a）项）

A3. 被审计单位可能使用服务机构为其处理交易并履行相关受托责任，或记录交易和处理相关数据。提供这种服务的服务机构例子包括：为客户的员工福利计划等提供投资和资产服务的银行信托部门；提供抵押贷款服务的银行；为客户的财务和经营交易处理提供应用软件和技术环境的应用软件服务供应商等。

A4. 服务机构提供的与审计相关的服务举例如下：

- 被审计单位会计记录的保存；
- 资产管理；
- 作为被审计单位的代理机构，生成、记录或处理交易。

对小型被审计单位的特殊考虑

A5. 小型被审计单位可能使用代理记账服务，这些服务的范围从处理某些交易（例如工资税金的支付）和维护会计记录到编制财务报表不等。使用这类服务机构编制财务报表并不能减轻小型被审计单位管理层和治理层（如适用）对财务报表的责任。[⑥]

服务机构处理的交易的性质和重要性（参见：第9段第（b）项）

A6. 服务机构可能制定影响被审计单位内部控制的政策和程序。这些政策和程序至少部分地在政策、程序本身和运行上与被审计单位相分离。服务机构控制对被审计单位控制的重要性，取决于服务机构所提供服务的性质，包括为被审计单位处理的交易的性质和重要性。在某些情况下，从金额上看，服务机构处理的交易和受影响的相关账户对被审计单位的财务报表可能显得并不重要，但是所处理交易的性质可能是重要的，在此情况下，被审计单位审计师可能认为有必要了解服务机构的控制。

---

⑥ 《国际审计准则第200号——独立审计师的总体目标和按照国际审计准则执行审计工作》，第4段、第A2－A3段。

服务机构与被审计单位之间活动的相互影响程度（参见：第9段第（c）项）

A7. 服务机构控制对被审计单位控制的重要性还取决于服务机构与被审计单位之间活动的相互影响程度。相互影响程度是指被审计单位能够执行并且选择执行与服务机构执行处理过程相关的有效控制的程度。例如，被审计单位对交易进行授权而服务机构处理该交易并进行会计核算，这两项活动之间的相互影响程度较高。在这种情况下，被审计单位执行与这些交易相关的有效控制可能是切实可行的。另一方面，当服务机构负责交易的生成或初始记录、处理并对这些交易进行会计核算时，两项活动之间的相互影响程度较低。在这种情况下，被审计单位可能无法或不选择执行与这些交易相关的有效控制，而是依赖服务机构的控制。

被审计单位与服务机构关系的性质（参见：第9段第（d）项）

A8. 被审计单位与服务机构之间的合同或服务协议可能涉及的事项包括：

- 服务机构需要向被审计单位提供的信息，以及与服务机构开展活动相关的生成交易的责任；
- 遵守监管机构关于记录保存形式及接触记录的规定；
- 当服务机构没有完成相关活动时，向被审计单位提供的赔偿（如有）；
- 服务机构是否会提供自身的控制报告，如提供，该报告是第一类报告还是第二类报告；
- 被审计单位审计师是否有权接触服务机构维护的被审计单位的会计记录，以及执行审计工作所需的其他信息；
- 该协议是否允许被审计单位审计师与服务机构审计师直接沟通。

A9. 服务机构与被审计单位之间以及服务机构与服务机构审计师之间存在直接的关系。这种关系并不意味着被审计单位审计师与服务机构审计师之间存在直接关系。当被审计单位审计师与服务机构审计师之间不存在直接关系时，双方通常会通过被审计单位及服务机构进行沟通。被审计单位审计师与服务机构审计师之间也可能建立直接关系，但需要考虑相关职业道德要求和保密义务。被审计单位审计师可以利用服务机构审计师代其实施审计程序，例如：

（a）对服务机构的控制进行测试；

（b）针对由服务机构负责维护的、被审计单位财务报表中的交易和账户余额实施实质性程序。

对公共部门实体的特殊考虑

A10. 公共部门实体的审计师通常具有法律法规赋予的广泛访问权限。但是，仍可能存在无法行使访问权限的情况，在这种情况下，如当服务机构处于不同的司法管辖区时，公共部门实体的审计师可能需要了解不同司法管辖区适用的法律法规，以确定是否可以获得适当的访问权限。公共部门实体的审计师可能获取，或提请被审计单位在与服务机构签订的合同中约定审计师拥有访问权限。

A11. 公共部门实体的审计师还可以利用其他审计师实施与遵守法律法规或其他监管要求相关的控制测试或实质性程序。

了解与服务机构提供的服务相关的控制（参见：第10段）

A12. 被审计单位可能建立与服务机构提供服务相关的控制。被审计单位审计师可以测试这些控制并且可能得出被审计单位的控制对部分或全部相关认定有效运行的结论，而无论服务机构的控制如何。例如，如果被审计单位使用服务机构处理工资交易，可能建立了与工资信息的提交和接收相关的控制，以防止或发现重大错报。这些控制可能包括：

- 将提交给服务机构的数据与服务机构进行数据处理后提交的报告进行比对；
- 选取样本并重新计算工资金额以检查数据计算的准确性，并复核工资总额的合理性。

A13. 在这种情况下，被审计单位审计师可以对被审计单位工资处理流程的控制进行测试，以支持控制对工资交易相关的认定而言有效运行的结论。

A14. 如国际审计准则第315号⑦所述，对于某些风险，被审计单位审计师可能认为仅通过实质性程序获取充分、适当的审计证据是不可能或不可行的。这些风险可能涉及对于某些常规和重大类别的交易和账户余额的不准确或不完整的记录，其特点是允许采用高度自动化处理，很少或根本没有人工干预。当被审计单位使用服务机构时，这种自动化处理的特点尤为明显。在这种情况下，被审计单位针对这些风险实施的控制与审计相关，本国际审计准则第9段和第10段要求被审计单位审计师了解和评价上述控制。

无法充分了解被审计单位时需要实施的进一步程序（参见：第12段）

A15. 被审计单位审计师实施本国际审计准则第12段列示的一项或多项程序，有助于获取与识别和评估被审计单位使用服务机构可能导致的重大错报风险相关的必要信息。在确定拟实施的审计程序时，被审计单位审计师需要考虑下列事项：

- 被审计单位和服务机构的规模；
- 被审计单位交易的复杂程度和服务机构提供服务的复杂程度；
- 服务机构的地理位置（例如，如果服务机构位于很远的地方，被审计单位审计师可能决定利用其他审计师代其对服务机构实施审计程序）；
- 预期该程序是否能够有效地为被审计单位审计师提供充分、适当的审计

⑦ 国际审计准则第315号，第30段。

证据；

- 被审计单位与服务机构之间关系的性质。

A16. 服务机构可能聘请审计师对服务机构控制的描述和设计出具报告（第一类报告），或对服务机构控制的描述、设计和运行有效性出具报告（第二类报告）。第一类报告或第二类报告可以按照国际鉴证业务准则第 3402 号⑧或按照经授权或获得认可的准则制定机构制定的其他准则（可能将报告定义为不同名称，如 A 类或 B 类报告）出具。

A17. 第一类报告或第二类报告的可获得性通常取决于被审计单位与服务机构签订的合同是否约定由服务机构提供此类报告。服务机构也可能出于实务操作上的原因选择向被审计单位提供第一类报告或第二类报告。但在某些情况下，被审计单位可能无法获取第一类报告或第二类报告。

A18. 在某些情况下，被审计单位可能将一个或多个重要业务单元或职能（如全部税务筹划和合规职能、财务和会计或会计主管职能）外包给一个或多个服务机构。由于在这些情况下，被审计单位审计师可能无法获取服务机构的控制报告，访问服务机构可能是了解服务机构控制的最有效的途径，这是因为被审计单位的管理层与服务机构的管理层很可能存在直接的相互影响。

A19. 被审计单位审计师可以利用其他审计师执行程序，以提供服务机构相关控制的必要信息。如果已出具第一类报告或第二类报告，由于服务机构审计师与服务机构已存在业务关系，被审计单位审计师可以利用服务机构审计师执行这些程序。被审计单位审计师在利用其他审计师工作时，对于了解其他审计师（包括其独立性和专业胜任能力）、参与其他审计师在计划审计工作的性质、时间安排和范围方面的工作，以及评价所获取的审计证据的充分性、适当性，被审计单位审计师可以参考国际审计准则第 600 号⑨的相关规定。

A20. 被审计单位可能使用某一服务机构，而该服务机构又使用分包服务机构向被审计单位提供某些服务，这些服务构成被审计单位与财务报告相关的信息系统的一部分。分包服务机构可能是独立于服务机构的实体，也可能与服务机构相关联。被审计单位审计师可能需要考虑分包服务机构的控制。在使用一个或多个分包服务机构的情况下，被审计单位与服务机构之间活动的相互影响扩展至包括被审计单位、服务机构以及分包服务机构之间的相互影响。在确定服务机构以及分包服务机构的控制对被审计单位控制的重要程度时，这种相互影响的程度以及由该服务机构和分包服务机构处理的交易的性质和重要性，是被审计单位审计师最重要的考虑因素。

---

⑧《国际鉴证业务准则第 3402 号——针对第三方服务机构的控制出具的鉴证报告》。

⑨《国际审计准则第 600 号——对集团财务报表审计的特殊考虑（包括组成部分审计师的工作）》，第 2 段规定："在执行非集团财务报表实施审计时，如果利用其他审计师的工作，审计师可以根据具体情况遵守本国际审计准则。……"，也可参见国际审计准则第 600 号第 19 段。

使用第一类报告或第二类报告以支持被审计单位审计师对服务机构的了解（参见：第13－14段）

A21. 被审计单位审计师可以向服务机构审计师所属的专业机构或其他专业人士询问服务机构审计师的情况，并询问其是否受监管部门的监督。服务机构审计师可能在不同司法管辖区执业，而这些司法管辖区在服务机构控制报告方面遵守不同的准则。被审计单位审计师可以从准则制定机构获取服务机构审计师采用的有关准则的信息。

A22. 第一类报告或第二类报告，连同有关被审计单位的信息，可能有助于被审计单位审计师了解下列方面：

（a）服务机构中可能影响被审计单位交易处理的控制，包括使用分包服务机构；

（b）服务机构对重大交易进行处理的流程（用以确定交易流程中可能导致被审计单位财务报表发生重大错报的关键环节）；

（c）服务机构中与被审计单位财务报表认定相关的控制目标；

（d）服务机构的控制是否得到适当设计和执行，以防止或发现并纠正处理过程中发生的可能导致被审计单位财务报表发生重大错报的错误。

第一类报告或第二类报告可能有助于被审计单位审计师获取充分的了解，以识别和评估重大错报风险。然而第一类报告不提供相关控制的运行有效性的任何证据。

A23. 即使第一类报告或第二类报告针对的时点或期间在被审计单位财务报表涵盖期间之外，如果可以通过其他来源获取当前信息作为报告的补充，这些报告仍有助于被审计单位审计师初步了解服务机构执行的控制。如果服务机构对控制的描述针对的时点或期间早于财务报表涵盖期间的起始日，被审计单位审计师可以实施下列程序以更新第一类报告或第二类报告中的信息：

- 与被审计单位中能够了解服务机构控制的变化的人员讨论这些变化；
- 查阅服务机构签发的现行文件和函件；
- 与服务机构人员讨论这些变化。

应对评估的重大错报风险（参见：第15段）

A24. 使用服务机构是否增加财务报表发生重大错报的风险，取决于提供服务的性质以及对这些服务的控制。在某些情况下，使用服务机构可能降低财务报表的重大错报风险，特别是当被审计单位本身并不具备执行特定活动（如交易的生成、处理和记录）所必需的专长，或没有足够的资源（如信息技术系统）时。

A25. 当服务机构维护被审计单位会计记录的重要要素时，被审计单位审计师直接接触这些记录可能是必要的，以便就这些记录的控制运行获取充分、适当的审计证据，以及证实会计记录中的交易和账户余额。这种接触可能包括对存放于服务机构的记录进行实地检查，或在被审计单位或其他地点对以电子形式存在的会计记录进行查询。如果直接接触是通过电子形式进行的，针对保证被审计单位数据（由服务机构负责）的完整性和真实性的控制，审计师可能由此获取服务机构执行的这些控制的恰当性的证据。

A26. 针对服务机构代表被审计单位持有的资产的余额或处理的交易，在确定拟获取的相关审计证据的性质和范围时，被审计单位审计师可能考虑实施下列程序：

（a）检查被审计单位持有的记录和文件：从该渠道获取的审计证据的可靠性，取决于被审计单位保存的会计记录和支持性文件的性质和范围。在某些情况下，对服务机构代表其执行的特定交易，被审计单位可能不保存独立、详细的记录或文件。

（b）检查服务机构持有的记录和文件：被审计单位审计师接触服务机构记录的权限，可能已在被审计单位和服务机构签订的合同中予以约定。被审计单位审计师也可以利用其他审计师代其接触服务机构所保存的被审计单位记录。

（c）向服务机构函证余额和交易：如果被审计单位保存独立的余额和交易的记录，向服务机构实施函证以印证被审计单位的记录可能构成有关交易及相关资产存在的可靠审计证据。例如，当使用多个服务机构（如投资管理人和托管人），并且这些服务机构保存独立的记录时，被审计单位审计师可针对余额向这些机构实施函证，以便将函证获得的信息与被审计单位的独立记录进行比较。

如果被审计单位不保存独立的记录，通过函证从服务机构获取的信息只能反映服务机构所保存的记录中的内容。因此，这种函证本身不构成可靠的审计证据。在这种情况下，被审计单位审计师可能需要考虑是否可以识别出其他替代性的独立证据。

（d）对被审计单位保存的记录或从服务机构获取的报告执行分析程序：分析程序的有效性可能因认定的不同而不同，并受可获取信息的范围和详细程度的影响。

A27. 其他审计师可能为被审计单位审计师实施实质性程序。此类业务可能涉及其他审计师执行由被审计单位和其审计师以及由服务机构和服务机构审计师之间已商定的程序。被审计单位审计师可以查阅其他审计师的审计发现，以确定其是否构成充分、适当的审计证据。此外，服务机构审计师可能需要根据政府部门的规定或合同的要求执行指定的实质性程序。被审计单位审计师可以利用服务机构审计师对服务机构所处理的账户余额和交易实施程序的结果，作为支持其审计意见的必要证据的一部分。在这种情况下，被审计单位审计师与服务机构审计师在执行这些程序前就后者向前者提供的审计工作底稿或接触审计工作底稿达成一致意见，可能是有用的。

A28. 在某些情况下，特别是当被审计单位将其部分或全部财务职能外包给一家服务机构时，被审计单位审计师可能会遇到相当一部分审计证据存在于服务机构的情况。实质性程序可能需要由被审计单位审计师或由其他审计师代其在服务机构实施。服务机构审计师可能提供第二类报告，还可能代被审计单位审计师实施实质性程序。其他审计师的参与并不改变被审计单位审计师的责任，即获取充分、适当的审计证据以作为形成审计意见的合理基础。因此，被审计单位审计师对是否已获取充分、适当的审计证据以及是否需要执行进一步实质性程序的考虑，包括被审计单位审计师对由其他审计师实施的实质性程序进行指导、监督和执行的程度以及证据。

控制测试（参见：第16段）

A29. 在某些情况下，被审计单位审计师需要根据国际审计准则第330号[⑩]的规定设计和实施控制测试，以获取相关控制运行有效性的充分、适当的审计证据。对被审计单位使用服务机构而言，当存在下列情形之一时，上述规定适用：

（a）在评估认定层次重大错报风险时，预期服务机构的控制运行是有效的（即在确定实质性程序的性质、时间安排和范围时，被审计单位审计师拟信赖服务机构控制运行的有效性）；

（b）仅实施实质性程序，或结合对被审计单位控制运行有效性的测试实施实质性程序，并不能够提供认定层次充分、适当的审计证据。

A30. 如果不能获得第二类报告，被审计单位审计师可以通过被审计单位联系服务机构，提请服务机构聘请审计师提供涉及对相关控制的运行有效性进行测试的第二类报告，被审计单位审计师还可以利用其他审计师对服务机构控制运行的有效性进行测试。被审计单位审计师可以在获得服务机构同意的情况下，实地考察服务机构并对相关控制实施测试。被审计单位审计师需要根据其他审计师的工作和自身实施的程序所获得的汇总证据，评估重大错报风险。

利用第二类报告作为服务机构控制运行有效性的审计证据（参见：第17段）

A31. 由于第二类报告可能旨在满足该服务机构不同客户的审计师的需求，因此报告中描述的控制测试和结果可能与被审计单位财务报表中的重大认定并不相关。被审计单位审计师需要对报告中相关控制的测试和结果进行评价，以确定报告是否可以为控制运行的有效性提供充分、适当的审计证据，从而支持被审计单位审计师的风险评估结果。在评价过程中，被审计单位审计师可以考虑下列因素：

（a）控制测试涵盖的期间和实施控制测试以来的时间跨度；

（b）服务机构审计师的工作范围、涵盖的服务类型和流程，所测试的控制和已实施的测试，以及所测试的控制与被审计单位的控制相关联的方式；

（c）控制测试的结果和服务机构审计师对控制运行有效性的意见。

A32. 对于某些认定，某一特定测试涵盖的期间越短以及自实施测试以来时间跨

---

⑩ 国际审计准则第330号，第8段。

度越长，该测试可以提供的审计证据越少。被审计单位审计师在将第二类报告涵盖的期间与被审计单位财务报告期间进行比较时，如果第二类报告涵盖的期间与被审计单位审计师拟信赖该报告的期间重合程度较小，则被审计单位审计师可能认为该报告只能提供较少的审计证据。在这种情况下，涵盖之前或之后期间的第二类报告可能提供额外的审计证据。在其他情况下，被审计单位审计师可能认为有必要对服务机构亲自实施或利用其他审计师实施控制测试，以获取有关控制运行有效性的充分、适当的审计证据。

A33. 被审计单位审计师可能有必要获取服务机构相关控制在第二类报告涵盖期间之外发生重大变动的额外审计证据，或确定拟实施的追加的审计程序。在确定需要获取服务机构相关控制在第二类报告涵盖期间之外运行情况的额外审计证据时，被审计单位审计师需要考虑的因素可能包括：

- 评估的认定层次重大错报风险的重要程度；
- 在期中测试的特定控制以及自测试以来这些控制发生的重大变动，包括信息系统、流程和人员的变动；
- 获取的有关控制运行有效性审计证据的程度；
- 剩余期间的长度；
- 被审计单位审计师在信赖控制的基础上拟缩小实质性程序的范围；
- 被审计单位的控制环境和对控制的监督的有效性。

A34. 被审计单位审计师可以通过对控制在剩余期间运行的有效性进行延伸测试或测试被审计单位对控制的监督，获取补充审计证据。

A35. 如果服务机构审计师的测试期间完全在被审计单位的财务报告期间之外，这些测试并不能对本审计期间的控制运行有效性提供证据。因此，被审计单位审计师不能依赖这种测试得出被审计单位的控制运行有效的结论，除非实施其他程序。

A36. 在某些情况下，服务机构提供的服务在设计时可能假定某些控制由被审计单位实施。例如，提供的服务在设计时可能假定被审计单位实施对交易的授权控制后，才提交服务机构处理。在这种情况下，服务机构对控制的描述可能包括对被审计单位互补性控制的描述。被审计单位审计师需要考虑这些互补性控制是否与服务机构向被审计单位提供的服务相关。

A37. 如果被审计单位审计师认为服务机构审计师的报告可能无法提供充分、适当的审计证据，例如，如果服务机构审计师的报告不包括对其实施的控制测试和测试结果的描述，被审计单位审计师可以通过被审计单位联系服务机构，要求与服务机构审计师对所实施的测试范围和结论进行讨论，以增进其对服务机构审计师实施的程序和形成的结论的了解。此外，如果认为有必要，被审计单位审计师可以通过被审计单位联系服务机构，提请服务机构审计师对服务机构实施程序。被审计单位审计师或其他审计师应前者的要求也可能实施这些程序。

A38. 服务机构审计师在第二类报告中会说明测试的结果，包括可能影响被审计单位审计师结论的例外情况和其他信息。然而，这些例外情况或第二类报告中的非无保留意见，并不必然意味着第二类报告对评估被审计单位财务报表重大错报风险没有任何用处。更确切地说，被审计单位审计师在评估服务机构审计师实施的控制测试时会考虑这些例外情况和第二类报告中导致发表非无保留意见的事项。在考虑这些例外情况和导致发表非无保留意见的事项时，被审计单位审计师可能与服务机构审计师讨论这些事项。这种沟通取决于被审计单位与服务机构进行协调并取得服务机构的同意。

通报审计过程中识别出的内部控制缺陷

A39. 被审计单位审计师应当以书面形式及时向管理层和治理层通报审计过程中识别出的值得关注的内部控制缺陷。[11] 被审计单位审计师还应当及时向相应层级的管理层通报在审计过程中识别出的，根据职业判断认为足够重要从而值得管理层关注的内部控制其他缺陷。[12] 被审计单位审计师在审计过程中识别出的且可能需要向被审计单位的管理层和治理层通报的事项包括：

- 可能由被审计单位实施的对控制的监督，包括通过获取第一类报告或第二类报告识别出的对控制的监督；
- 第一类报告或第二类报告中提及的、但被审计单位尚未实施的互补性控制的情况；
- 服务机构可能需要实施但看起来尚未实施的控制，或第二类报告中尚未明确涵盖的控制。

不涵盖分包服务机构提供的服务的第一类报告和第二类报告（参见：第 18 段）

A40. 如果服务机构使用分包服务机构，服务机构审计报告在描述服务机构系统和服务机构审计师的业务范围时，可能涵盖分包服务机构的相关控制目标及相关控制，也可能不涵盖。这两种报告方法分别称为包含法和剥离法。如果第一类报告或第二类报告中不包括分包服务机构的控制，而分包服务机构提供的服务与被审计单位的财务报表审计相关，被审计单位审计师需要对分包服务机构执行本国际审计准则的规定。被审计单位审计师对分包服务机构提供的服务拟执行的审计工作的性质和范围，取决于这些服务对于被审计单位的性质和重要性以及这些服务与审计的相关性。执行本国际审计准则第 9 段的规定，有助于被审计单位审计师确定分包服务机构的影响以及拟执行的审计工作的性质和范围。

---

⑪ 《国际审计准则第 265 号——向治理层和管理层通报内部控制缺陷》，第 9 - 10 段。

⑫ 国际审计准则第 265 号，第 10 段。

涉及服务机构活动的舞弊、违反法律法规行为和未更正错报（参见：第19段）

A41. 根据服务机构与被审计单位签订的合同的规定，服务机构可能需要向受影响的客户披露服务机构管理层或员工的舞弊、违反法律法规行为或未更正错报。根据本国际审计准则第19段的规定，被审计单位审计师需要询问被审计单位管理层服务机构是否已向被审计单位报告这些事项，并评价服务机构报告的事项是否影响被审计单位审计师进一步审计程序的性质、时间安排和范围。在某些情况下，被审计单位审计师可能需要获取额外信息以进行该评价，并可能提请被审计单位联系服务机构以获取必要信息。

被审计单位审计师的报告（参见：第20段）

A42. 针对服务机构提供的、与被审计单位财务报告审计相关的服务，如果被审计单位审计师无法获取充分、适当的审计证据，则审计范围受到限制。当存在下列情况时，审计范围可能受到限制：

- 被审计单位审计师不能充分了解服务机构提供的服务，因而缺乏识别和评估重大错报风险的基础；
- 被审计单位审计师在评估重大错报风险时预期服务机构的控制正在有效运行，但无法获取这些控制运行有效性的充分、适当的审计证据；
- 被审计单位审计师只有从服务机构持有的记录中才能获取充分、适当的审计证据，但是被审计单位审计师不能直接接触这些记录。

被审计单位审计师发表保留意见还是无法表示意见，取决于这些限制对财务报表可能产生的影响是否重大或广泛。

提及服务机构审计师的相关工作（参见：第21－22段）

A43. 在某些情况下，出于提高公共部门透明度等目的，法律法规可能要求审计报告提及服务机构审计师的相关工作。在这些情况下，被审计单位审计师在提及服务机构审计师的工作之前可能需要征得服务机构审计师的同意。

A44. 被审计单位使用服务机构这一事实，并不改变被审计单位审计师按照国际审计准则的要求承担的责任，即获取充分、适当的审计证据以作为形成审计意见的基础。因此，被审计单位审计师不应提及服务机构审计师的相关工作，作为其对财务报表发表审计意见的部分基础。但是，如果服务机构审计师发表了非无保留意见，被审计单位审计师因此发表了非无保留意见，则不排除在审计报告中提及服务机构审计师的报告，前提是该项提及有助于解释被审计单位审计师发表非无保留意见的原因。在这种情况下，被审计单位审计师需要事先征得服务机构审计师的同意。

国际审计准则第 450 号
评价审计过程中识别出的错报

（适用于会计期间开始于 2009 年 12 月 15 日及以后的财务报表审计）

目　录

《国际审计准则第 450 号——评价审计过程中识别出的错报》的阅读以《国际审计准则第 200 号——独立审计师的总体目标和按照国际审计准则执行审计工作》为背景。

引　言

本国际审计准则的范围

1. 本国际审计准则规范了审计师评价识别出的错报对审计的影响以及未更正错报（如有）对财务报表的影响的责任。国际审计准则第 700 号规定了在对财务报表形成审计意见时，审计师应当针对财务报表整体是否不存在重大错报，确定是否已就此获取合理保证得出结论。审计师按照国际审计准则第 700 号的规定得出的结论，考虑了对未更正错报（如有）的评价及其对财务报表的影响。① 国际审计准则第 320 号②规范了审计师在计划和执行财务报表审计工作时恰当运用重要性概念的责任。

生效日期

2. 本国际审计准则适用于会计期间开始于2009 年 12 月 15 日及以后的财务报表审计。

目　标

3. 审计师的目标是：

（a）评价识别出的错报对审计的影响；

（b）评价未更正错报（如有）对财务报表的影响。

定　义

4. 就国际审计准则而言，对下列术语给予以下定义：

（a）错报，是指某一财务报表项目的金额、分类、列报或披露，与按照适用的财务报告框架应当列示的金额、分类、列报或披露之间存在的差异。错报可能是由于错误或舞弊导致的。（参见：第 A1 段）

当审计师针对财务报表是否在所有重大方面公允反映（或真实和公允反映）发

① 《国际审计准则第 700 号——对财务报表形成审计意见和出具审计报告》，第 10 – 11 段。

② 《国际审计准则第 320 号——计划和执行审计工作时的重要性》。

表意见时，错报还包括根据审计师的判断，为使财务报表在所有重大方面公允反映（或真实和公允反映），需要对金额、分类、列报或披露作出的必要调整。

（b）未更正错报，是指审计师在审计过程中累积的且被审计单位未予更正的错报。

要　求

累积识别出的错报

5. 审计师应当累积在审计过程中识别出的错报，除非错报明显微小。（参见：第 A2 – A3 段）

随着审计的推进考虑识别出的错报

6. 如果出现下列情况之一，审计师应当确定是否需要修改总体审计策略和具体审计计划：

（a）识别出的错报的性质以及错报发生的环境表明可能存在其他错报，并且可能存在的错报与审计过程中累积的错报合计起来可能是重大的；（参见：第 A4 段）

（b）审计过程中累积的错报合计数接近按照国际审计准则第 320 号的规定确定的重要性。（参见：第 A5 段）

7. 如果管理层应审计师的要求，检查了某类交易、账户余额或披露并更正了已发现的错报，审计师应当实施追加的审计程序，以确定错报是否仍然存在。（参见：第 A6 段）

沟通和更正错报

8. 除非法律法规禁止，审计师应当及时将审计过程中累积的所有错报与适当层级的管理层进行沟通。[③] 审计师还应当要求管理层更正这些错报。（参见：第 A7 – A9 段）

9. 如果管理层拒绝更正沟通的部分或全部错报，审计师应当了解管理层不更正错报的理由，并在评价财务报表整体是否不存在重大错报时考虑该理由。（参见：第 A10 段）

评价未更正错报的影响

10. 在评价未更正错报的影响之前，审计师应当重新评估按照国际审计准则第

③ 《国际审计准则第 260 号——与治理层的沟通》，第 7 段。

320 号的规定确定的重要性，以根据被审计单位的实际财务结果确认其是否仍然适当。（参见：第 A11 – A12 段）

11. 审计师应当确定未更正错报单独或汇总起来是否重大。在确定时，审计师应当考虑：

（a）相对特定类别的交易、账户余额或披露以及财务报表整体而言，错报的金额和性质以及错报发生的特定环境；（参见：第 A13 – A17 段，第 A19 – A20 段）

（b）与以前期间相关的未更正错报对相关类别的交易、账户余额或披露以及财务报表整体的影响。（参见：第 A18 段）

与治理层的沟通

12. 除非法律法规禁止，审计师应当与治理层沟通未更正错报，以及这些错报单独或汇总起来可能对审计意见产生的影响。[④] 审计师在沟通时应当逐项指明重大的未更正错报。审计师应当要求被审计单位更正未更正错报。（参见：第 A21 – A23 段）

13. 审计师应当与治理层沟通与以前期间相关的未更正错报对相关类别的交易、账户余额或披露以及财务报表整体的影响。

书面声明

14. 审计师应当要求管理层和治理层（如适用）提供书面声明，说明其是否认为未更正错报单独或者汇总起来对财务报表整体的影响不重大。这些错报项目的概要应当包含在书面声明中或附在其后。（参见：第 A24 段）

审计工作底稿

15. 审计师应当就下列事项形成审计工作底稿：[⑤]（参见：第 A25 段）

（a）设定的某一金额，低于该金额的错报视为明显微小（第 5 段）；

（b）审计过程中累积的所有错报，以及是否已得到更正（第 5、8、12 段）；

（c）审计师就未更正错报单独或汇总起来是否重大得出的结论，以及得出结论的基础（第 11 段）。

应用和其他解释性材料

错报的定义（参见：第 4 段第（a）项）

A1. 错报可能由下列事项导致：

④ 参见脚注③.

⑤ 《国际审计准则第 230 号——审计工作底稿》，第 8 – 11 段，以及第 A6 段。

（a）收集或处理用以编制财务报表的数据时出现错误；

（b）遗漏某项金额或披露；

（c）由于疏忽或明显误解有关事实导致作出不正确的会计估计；

（d）审计师认为管理层对会计估计作出不合理的判断或对会计政策作出不恰当的选择和运用。

国际审计准则第 240 号列举了由于舞弊导致的错报的例子。[⑥]

累积识别出的错报（参见：第 5 段）

A2. 审计师可能将低于某一金额的错报确定为明显微小的错报，对这类错报不需要累积，因为审计师认为这些错报的汇总数明显不会对财务报表产生重大影响。“明显微小”不等同于“不重大”。明显微小错报的金额的数量级，与按照国际审计准则第 320 号确定的重要性的数量级相比，是完全不同的（明显微小错报的数量级更小）。这些明显微小的错报，无论单独或者汇总起来，无论从规模、性质或其发生的环境来看都是明显微不足道的。如果不确定一个或多个错报是否明显微小，就不能认为这些错报是明显微小的。

A3. 为了帮助审计师评价审计过程中累积的错报的影响以及与管理层和治理层沟通错报事项，将错报区分为事实错报、判断错报和推断错报可能是有用的。

- 事实错报是毋庸置疑的错报；
- 判断错报是由于审计师认为管理层对会计估计作出不合理的判断或对会计政策作出不恰当的选择和运用而导致的差异；
- 推断错报是审计师对总体存在的错报作出的最佳估计数，涉及根据在审计样本中识别出的错报来推断总体的错报；国际审计准则第 530 号规定了如何确定推断错报和评价样本结果。[⑦]

随着审计的推进考虑识别出的错报（参见：第 6－7 段）

A4. 错报可能不会孤立发生，一项错报的发生还可能表明存在其他错报。例如，审计师识别出由于内部控制失效而导致的错报，或被审计单位广泛运用不恰当的假设或评估方法而导致的错报，均可能表明还存在其他错报。

A5. 审计过程中累积错报的汇总数接近按照国际审计准则第 320 号的规定确定的重要性，则表明存在比可接受的低风险水平更大的风险，即可能未被发现的错报连同审计过程中累积错报的汇总数，可能超过重要性。抽样风险和非抽样风险可能导致某些错报未被发现。[⑧]

---

⑥ 《国际审计准则第 240 号——财务报表审计中与舞弊相关的责任》，第 A1－A6 段。

⑦ 《国际审计准则第 530 号——审计抽样》，第 14－15 段。

⑧ 国际审计准则第 530 号，第 5 段第（c）－（d）项。

A6. 审计师可能要求管理层检查某类交易、账户余额或披露，以使管理层了解审计师识别出的错报的发生原因，并要求管理层采取措施以确定这些交易、账户余额或披露实际发生错报的金额，以及对财务报表作出适当的调整。例如，在从审计样本中识别出的错报推断总体错报时，审计师可能提出这些要求。

沟通和更正错报（参见：第 8 –9 段）

A7. 及时与适当层级的管理层沟通错报事项是重要的，因为这能使管理层评价这些事项是否为错报，并采取必要行动，如有异议则告知审计师。适当层级的管理层通常是指有责任和权限对错报进行评价并采取必要行动的人员。

A8. 法律法规可能限制审计师向管理层或被审计单位内部的其他人员通报某些错报。例如，法律法规可能专门规定禁止通报某事项或采取其他行动，这些通报或行动可能不利于有关权力机构对实际存在的或怀疑存在的违法行为展开调查。在某些情况下，审计师的保密义务与通报义务之间存在的潜在冲突可能很复杂。此时，审计师可以考虑征询法律意见。

A9. 管理层更正所有错报（包括审计师通报的错报），能够保持会计账簿和记录的准确性，降低由于与本期相关的、非重大的且尚未更正的错报的累积影响而导致未来期间财务报表出现重大错报的风险。

A10. 国际审计准则第 700 号要求审计师评价财务报表是否在所有重大方面按照适用的财务报告框架编制和列报。这项评价包括考虑被审计单位会计实务的质量（包括表明管理层的判断可能出现偏向的迹象）。[9] 审计师对管理层不更正错报的理由的理解，可能影响其对被审计单位会计实务质量的考虑。

评价未更正错报的影响（参见：第 10 –11 段）

A11. 审计师在按照国际审计准则第 320 号的规定确定重要性时，通常依据对被审计单位财务结果的估计，因为此时可能尚不知道实际的财务结果。因此，在评价未更正错报的影响之前，审计师可能有必要依据实际的财务结果对重要性作出修改。

A12. 按照国际审计准则第 320 号的规定，如果在审计过程中获知了某项信息，而该信息可能导致审计师确定与原来不同的财务报表整体重要性或者特定类别交易、账户余额或披露的一个或多个重要性水平（如适用），审计师应当予以修改。[10] 因此，在审计师评价未更正错报的影响之前，可能已经对重要性或重要性水平（如适用）作出重大修改。但是，如果审计师对重要性或重要性水平（如适用）进行的重新评价导致需要确定较低的金额，则应重新考虑实际执行的重要性和进一步审计程

---

⑨ 国际审计准则第 700 号，第 12 段。
⑩ 国际审计准则第 320 号，第 12 段。

序的性质、时间安排和范围的适当性，以获取充分、适当的审计证据，作为发表审计意见的基础。

A13. 审计师需要考虑每一单项错报，以评价其对相关类别的交易、账户余额或披露的影响，包括评价该项错报是否超过特定类别交易、账户余额或披露的重要性水平（如适用）。

A14. 如果审计师认为某一单项错报是重大的，则该项错报不太可能被其他错报抵销。例如，如果收入存在重大高估，即使这项错报对收益的影响完全可被相同金额的费用高估所抵销，审计师仍然认为财务报表整体存在重大错报。对于同一账户余额或同一类别的交易内部的错报，这种抵销可能是适当的。然而，在得出抵销非重大错报是适当的这一结论之前，需要考虑可能存在其他未被发现的错报的风险。⑪

A15. 确定一项分类错报是否重大，需要进行定性评估。例如，分类错报对负债或其他合同条款的影响，对单个财务报表项目或小计数的影响，以及对关键比率的影响。即使分类错报超过了在评价其他错报时运用的重要性水平，审计师可能仍然认为该分类错报对财务报表整体不产生重大影响。例如，如果资产负债表项目之间的分类错报金额相对于所影响的资产负债表项目金额较小，并且对利润表或所有关键比率不产生影响时，审计师可以认为这种分类错报对财务报表整体不产生重大影响。

A16. 即使某些错报低于财务报表整体的重要性，但因与这些错报相关的某些情况，在将其单独或连同在审计过程中累积的其他错报一并考虑时，审计师也可能将这些错报评价为重大错报。可能影响评价的情况包括：

- 错报对遵守监管要求的影响程度；
- 错报对遵守债务合同或其他合同条款的影响程度；
- 错报与会计政策的不正确选择或运用相关，这些会计政策的不正确选择或运用对本期财务报表不产生重大影响，但可能对未来期间财务报表产生重大影响；
- 错报掩盖收益的变化或其他趋势的程度（尤其是在结合宏观经济背景和行业状况进行考虑时）；
- 错报对用于评价被审计单位财务状况、经营成果或现金流量的有关比率的影响程度；
- 错报对财务报表中列报的分部信息的影响程度。例如，错报事项对某一分部或对被审计单位的经营或盈利有重大影响的其他组成部分的重要程度；
- 错报对增加管理层薪酬的影响程度。例如，管理层通过达到有关奖金或其

⑪ 如果在同一账户余额或同一类别的交易中发现多个非重大错报，可能要求审计师重新评估该账户余额或交易的重大错报风险。

他激励政策规定的要求以增加薪酬；

- 相对于审计师所了解的以前向财务报表使用者传达的信息（如盈利预测），错报是重大的；
- 错报对涉及特定机构或人员的项目的相关程度。例如，与被审计单位发生交易的外部机构或人员是否与管理层成员有关联关系；
- 错报涉及对某些信息的遗漏，尽管适用的财务报告框架未对这些信息作出明确规定，但是审计师根据职业判断认为这些信息对财务报表使用者了解被审计单位的财务状况、经营成果或现金流量是重要的；
- 错报对其他信息（如包含在“管理层讨论与分析”或“经营与财务回顾”中的信息）的影响程度，这些信息与已审计财务报表一同披露，并被合理预期可能影响财务报表使用者作出的经济决策。国际审计准则第 720 号[⑫]规范了审计师如何考虑含有已审计财务报表的文件中的其他信息，针对这些信息，审计师没有出具报告的义务。

需要指出的是，这些因素只是举例，不可能涵盖所有情况，也并非所有审计都会出现上述全部因素，仅供审计师参考。审计师不能以存在这些因素为由而必然认为错报是重大的。

A17. 国际审计准则第 240 号[⑬]说明了如何考虑由于或可能由于舞弊导致的错报对审计的其他方面的影响，即使错报金额相对财务报表而言并不重大。

A18. 与以前期间相关的非重大未更正错报的累积影响，可能对本期财务报表产生重大影响。有多种可接受的方法供审计师评价这些未更正错报对本期财务报表的影响。在不同期间使用相同的评价方法可以保持一致性。

对公共部门实体的特殊考虑

A19. 就公共部门实体审计而言，评价一项错报是否重大，可能还受到法律法规或其他监管要求规定的审计师对特定事项（如舞弊）履行报告责任的影响。

A20. 评估某事项在性质上是否重大，可能受到公众利益、受托责任、管理层的正直诚实和确保有效的立法监督等方面的影响。涉及遵守法律法规和其他监管要求的事项更是如此。

与治理层的沟通（参见：第 12 段）

A21. 如果审计师就未更正错报已与负有管理责任的人员沟通，而这些人员同时负有治理责任，审计师无需就这些事项再次与负有治理责任的相同人员沟通。然而，

---

⑫ 《国际审计准则第 720 号——审计师对含有已审计财务报表的文件中的其他信息的责任》。
⑬ 国际审计准则第 240 号，第 35 段。

审计师需要确信与负有管理责任人员的沟通能够向所有负有治理责任的人员充分传递应予沟通的内容。[⑭]

A22. 如果存在大量单项不重大的未更正错报，审计师可能就未更正错报的笔数和总金额的影响进行沟通，而不是逐笔沟通单项未更正错报的细节。

A23. 国际审计准则第260号要求审计师就其要求管理层和治理层（如适用）提供的书面声明与治理层进行沟通（参见：第14段）。[⑮] 审计师在考虑根据相关情况判断出的错报金额、性质及可能对未来期间财务报表产生的影响后，可能需要与治理层讨论错报未得到更正的原因及其影响。

书面声明（参见：第14段）

A24. 由于编制财务报表要求管理层和治理层（如适用）调整财务报表以更正重大错报，审计师需要要求其提供有关未更正错报的书面声明。在某些情况下，管理层和治理层（如适用）可能并不认为审计师提出的某些未更正的错报是错报。基于这一原因，他们可能在书面声明中增加以下表述："因为［描述理由］，我们不同意……事项和……事项构成错报。"然而，即使获取了这一声明，审计师仍需要对未更正错报的影响形成结论。

审计工作底稿（参见：第15段）

A25. 审计师在记录未更正错报时，需要考虑下列事项：

（a）未更正错报的汇总影响；

（b）对是否超过特定类别的交易、账户余额或披露的重要性水平作出的评价；

（c）就未更正错报对关键比率或趋势以及遵守法律法规、监管要求与合同要求（如债务合同）的影响作出的评价。

---

⑭ 国际审计准则第260号，第13段。

⑮ 国际审计准则第260号，第16段第（c）项之（ii）。

国际审计准则第500号
审计证据

（适用于会计期间开始于2009年12月15日及以后的财务报表审计）*

目　录

《国际审计准则第500号——审计证据》应当与《国际审计准则第200号——独立审计师的总体目标和按照国际审计准则执行审计工作》一并阅读。

* 因《国际审计准则第610号（修订）——利用内部审计师的工作》而作的修订，将适用于会计期间结束于2013年12月15日及以后的财务报表审计。

引　言

本国际审计准则的范围

1. 本国际审计准则解释了财务报表审计中审计证据的构成，规范了审计师设计和实施审计程序，获取充分、适当的审计证据，以得出合理的结论，作为其发表意见的基础的责任。

2. 本国际审计准则适用于审计过程中获取的所有审计证据。其他国际审计准则规范了审计的具体方面（如国际审计准则第315号①）、针对特定问题需要获取的审计证据（如国际审计准则第570号②）、获取审计证据需要实施的具体程序（如国际审计准则第520号③）以及评估已获取的审计证据是否充分和适当（如国际审计准则第200号④和国际审计准则第330号⑤）等。

生效日期

3. 本国际审计准则适用于会计期间开始于2009年12月15日及以后的财务报表审计。

目　标

4. 审计师的目标是，通过恰当的方式设计和实施审计程序，获取充分、适当的审计证据，以得出合理的结论，作为形成审计意见的基础。

定　义

5. 就国际审计准则而言，对下列术语给予以下定义：

（a）会计记录，是指对初始会计分录形成的记录和支持性记录。例如，支票、

---

① 《国际审计准则第315号——通过了解被审计单位及其环境识别和评估重大错报风险》。
② 《国际审计准则第570号——关联方》。
③ 《国际审计准则第520号——分析程序》。
④ 《国际审计准则第200号——独立审计师的总体目标和按照国际审计准则执行审计工作》。
⑤ 《国际审计准则第330号——审计师针对评估的风险采取的应对措施》。

电子资金转账记录、发票和合同；总分类账、明细分类账、会计分录以及对财务报表予以调整但未在账簿中反映的其他分录；支持成本分配、计算、调节和披露的手工计算表和电子数据表；

（b）审计证据的适当性，是对审计证据质量的衡量，即审计证据在支持审计师意见所依据的结论方面具有的相关性和可靠性；

（c）审计证据，是指审计师为了得出审计结论和形成审计意见而使用的信息。审计证据包括构成财务报表基础的会计记录所含有的信息和其他信息；

（d）管理层的专家，是指在会计、审计之外的某一领域具有专长的个人或组织，其工作被管理层利用以协助编制财务报表；

（e）审计证据的充分性，是对审计证据数量的衡量。审计师需要获取的审计证据的数量受其对重大错报风险评估的影响，并受审计证据质量的影响。

要　求

充分、适当的审计证据

6. 审计师应当根据具体情况设计和实施恰当的审计程序，以获取充分、适当的审计证据。（参见：第 A1 – A25 段）

用作审计证据的信息

7. 在设计和实施审计程序时，审计师应当考虑用作审计证据的信息的相关性和可靠性。（参见：第 A26 – A33 段）

8. 如果用作审计证据的信息在编制时利用了管理层的专家的工作，审计师应当考虑管理层的专家的工作对实现审计师目的的重要性，并在必要的范围内实施下列程序：（参见：第 A34 – A36 段）

（a）评价管理层的专家的胜任能力、专业素质和客观性；（参见：第 A37 – A43 段）

（b）了解管理层的专家的工作；（参见：第 A44 – A47 段）

（c）评价将管理层的专家的工作用作相关认定的审计证据的适当性。（参见：第 A48 段）

9. 在使用被审计单位生成的信息时，审计师应当评价该信息对实现审计目的是否足够可靠，包括根据具体情况在必要时实施下列程序：

（a）获取有关信息准确性和完整性的审计证据；（参见：第 A49 – A50 段）

（b）评价有关信息对实现审计目的是否足够准确和详细。（参见：第 A51 段）

选取测试项目以获取审计证据

10. 在设计控制测试和细节测试时，审计师应当确定选取测试项目的方法，以有效实现审计程序的目的。(参见：第 A52 – A56 段)

审计证据之间存在不一致或对审计证据的可靠性存有疑虑

11. 如果存在下列情形之一，审计师应当确定需要修改或追加哪些审计程序予以解决，并考虑存在的情形对审计其他方面的影响（如存在）：(参见：第 A57 段)

（a）从某一来源获取的审计证据与从另一来源获取的不一致；

（b）审计师对用作审计证据的信息的可靠性存有疑虑。

应用和其他解释性材料

充分、适当的审计证据（参见：第 6 段）

A1. 审计证据对于支持审计意见和审计报告是必要的。审计证据在性质上具有累积性，主要是在审计过程中通过实施审计程序获取的，也可能包括从其他来源获取的信息，如以前审计（前提是审计师已确定自以前审计后是否已发生变化，进而可能影响这些信息对本期审计的相关性⑥）或会计师事务所接受与保持客户时实施质量控制程序获取的信息。除从被审计单位内部和外部其他来源获取的信息外，会计记录也是重要的审计证据来源。可以用作审计证据的信息也可能在编制过程中利用了管理层的专家的工作。审计证据包括支持和佐证管理层认定的信息，也包括与这些认定相矛盾的信息。在某些情况下，信息的缺乏（如管理层拒绝提供审计师要求的声明）本身也构成审计证据，可以被审计师利用。

A2. 在形成审计意见的过程中，审计师的大部分工作是获取和评价审计证据。为获取审计证据而实施的审计程序包括询问、检查、观察、函证、重新计算、重新执行和分析程序。审计师通常将这些程序进行组合运用。尽管询问可以提供重要的审计证据，甚至可以提供某项错报的证据，但询问本身通常并不能为认定层次不存在重大错报和内部控制运行的有效性提供充分的审计证据。

A3. 如国际审计准则第 200 号⑦所述，当审计师获取充分、适当的审计证据将审计风险降至可接受的低水平时，就获取了合理保证。审计风险是指当财务报表存在

⑥ 国际审计准则第 315 号，第 9 段。

⑦ 国际审计准则第 200 号，第 5 段。

重大错报时，审计师发表不恰当审计意见的风险。

A4. 审计证据的充分性和适当性相互关联。充分性是对审计证据数量的衡量。审计师需要获取的审计证据的数量受其对重大错报风险评估的影响（评估的重大错报风险越高，需要的审计证据可能越多），并受审计证据质量的影响（审计证据质量越高，需要的审计证据可能越少）。然而，审计师仅靠获取更多的审计证据可能无法弥补其质量上的缺陷。

A5. 审计证据的适当性是对审计证据质量的衡量，即审计证据在支持审计意见所依据的结论方面具有的相关性和可靠性。审计证据的可靠性受其来源和性质的影响，并取决于获取审计证据的具体环境。

A6. 国际审计准则第330号要求审计师确定是否已获取充分、适当的审计证据。[⑧] 审计师是否已获取充分、适当的审计证据，以将审计风险降到可接受的低水平，并由此能够得出合理的审计结论，作为形成审计意见的基础，是一项职业判断。国际审计准则第200号对审计程序的性质、财务报告的及时性和对获取审计证据的成本效益的权衡等事项进行了讨论，审计师在对是否已获取充分、适当的审计证据作出职业判断时，上述事项均是需要考虑的相关因素。

审计证据的来源

A7. 审计师可以通过实施测试会计记录的审计程序获取某些审计证据，例如，实施分析和复核程序、按照财务报告过程实施重新执行程序、对同一会计信息的不同分类及运用进行调节。通过实施这些审计程序，审计师可以确定会计记录的内在一致性及其与财务报表的一致性。

A8. 从不同来源获取的相互一致的审计证据，以及性质不同但相互一致的审计证据，通常比单一的审计证据提供更高的保证程度。例如，从独立于被审计单位的来源获取的佐证信息可以提高审计师依据被审计单位内部产生的审计证据（如会计记录、会议记录、管理层书面声明中存在的证据）所获取的保证程度。

A9. 审计师从独立于被审计单位的来源获取的可以作为审计证据的信息可能包括来自第三方的询证函回函、分析师报告和有关竞争对手的可比数据（基准数据）。

获取审计证据的审计程序

A10. 按照国际审计准则第315号和国际审计准则第330号的有关规定，审计师应当通过实施下列审计程序获取审计证据，以得出合理的审计结论，作为形成审计意见的基础：

（a）风险评估程序；

---

⑧ 国际审计准则第330号，第26段。

（b）进一步审计程序，包括控制测试（国际审计准则要求时和审计师决定测试时）和实质性程序（包括细节测试和实质性分析程序）。

A11. 对于以下第 A14 – A25 段描述的审计程序，审计师可以根据具体情况，将其用作风险评估程序、控制测试或实质性程序。如国际审计准则第 330 号所述，在某些情况下，如果审计师实施用以确定审计证据持续相关性的审计程序，以前审计获取的审计证据可能为本期提供适当的审计证据。⑨

A12. 审计师拟实施审计程序的性质和时间安排可能受到某些会计数据和其他信息的影响，这些数据和信息可能只能以电子形式存在，或只能在某一时点或某一期间获取。例如，当被审计单位使用电子商务时，购货单和发票等原始凭证可能仅以电子形式存在，或者当被审计单位使用图像处理系统以方便存储和查阅时，这些原始凭证可能会在扫描后被废弃掉。

A13. 某些电子信息一旦过了特定时期后将不能再获取，如文件被更改或备份文件不存在。因此，审计师可能认为有必要要求被审计单位按其数据保留政策保留某些信息以供审计师查阅，或在能够获取信息的时点或期间实施审计程序。

检查

A14. 检查是指审计师对被审计单位内部或外部生成的，以纸质、电子或其他介质形式存在的记录和文件进行审查，或对资产进行实物审查。检查记录或文件可以提供可靠程度不同的审计证据，审计证据的可靠性取决于记录或文件的来源和性质，而在检查内部记录或文件时，其可靠性则取决于生成该记录或文件的内部控制的有效性。将检查用作控制测试的一个例子，是检查记录以获取关于授权的审计证据。

A15. 某些文件是表明一项资产存在的直接审计证据，如构成金融工具的股票或债券。但检查此类文件并不一定能提供有关所有权或计价的审计证据。此外，检查已执行的合同可以提供与被审计单位运用会计政策（如收入确认）相关的审计证据。

A16. 检查有形资产可为其存在提供可靠的审计证据，但不一定能够为权利和义务或计价等认定提供可靠的审计证据。对个别存货项目进行的检查，可与存货监盘一同实施。

观察

A17. 观察是指审计师察看相关人员正在从事的活动或实施的程序。例如，审计师对被审计单位人员执行的存货盘点或控制活动进行观察。观察可以提供执行有关过程或程序的审计证据，但观察所提供的审计证据仅限于观察发生的时点，而且被观察人员的行为可能因被观察而受到影响，这也会使观察提供的审计证据受到限制。

---

⑨ 国际审计准则第 330 号，第 A35 段。

对存货盘点的观察进一步指引见国际审计准则第 501 号。[⑩]

函证

A18. 函证，是指审计师直接从第三方（被询证者）获取书面答复以作为审计证据的过程，书面答复可以采用纸质、电子或者其他介质等形式。当针对的是与特定账户余额及其项目相关的认定时，函证常常是相关的程序。但是，函证不必仅仅局限于账户余额。例如，审计师可能要求对被审计单位与第三方之间的协议条款和交易条款进行函证。审计师可能在询证函中询问协议是否作过修改，如果作过修改，要求被询证者提供相关的详细信息。此外，函证程序还可以用于获取不存在某些情况的审计证据，如不存在可能影响被审计单位收入确认的“背后协议”。进一步指引见国际审计准则第 505 号。[⑪]

重新计算

A19. 重新计算是指审计师对文件或记录中的数据计算的准确性进行核对。重新计算可通过手工方式或电子方式进行。

重新执行

A20. 重新执行是指审计师独立执行原本作为被审计单位内部控制组成部分的程序或控制。

分析程序

A21. 分析程序，是指审计师通过分析不同财务数据之间以及财务数据与非财务数据之间的内在关系，对财务信息作出评价。分析程序还包括在必要时对识别出的、与其他相关信息不一致或与预期值差异重大的波动或关系进行调查。进一步指引见国际审计准则第 520 号。

询问

A22. 询问是指审计师向被审计单位内部或外部的知情人员获取财务信息和非财务信息。作为其他审计程序的补充，询问广泛应用于整个审计过程中。询问包括正式书面询问和口头非正式询问。对答复进行评价是执行询问不可缺少的程序。

A23. 对询问的答复可能为审计师提供尚未获悉的信息或佐证证据。另一方面，对询问的答复也可能提供与审计师已获取的其他信息存在重大差异的信息，例如，关于被审计单位管理层凌驾于控制之上的可能性的信息。在某些情况下，对询问的答复为审计师修改审计程序或实施追加的审计程序提供了基础。

A24. 尽管对通过询问所获取的审计证据予以佐证通常特别重要，但在询问管理层意图时，获取的支持管理层意图的信息可能是有限的。在此情形下，了解管理层过去所声称意图的实现情况、管理层选择某项特别措施时声称的原因以及实施某项

---

⑩ 《国际审计准则第 501 号——审计证据：对选取的项目的具体考虑》。

⑪ 《国际审计准则第 505 号——函证》。

具体措施的能力，可以为佐证通过询问获取的证据提供相关信息。

A25. 针对某些事项，审计师可能认为有必要向管理层和治理层（如适用）获取书面声明，以证实对口头询问的答复。进一步指引见国际审计准则第 580 号。⑫

用作审计证据的信息

审计证据的相关性和可靠性（参见：第 7 段）

A26. 如第 A1 段中所述，审计证据主要包括审计过程中通过实施审计程序获取的证据，还可能包括从其他来源，如以往审计（在特定情况下）以及会计师事务所接受与保持客户的质量控制程序获取的信息。所有审计证据的质量均受其所依据信息的相关性和可靠性的影响。

相关性

A27. 相关性，是指用作审计证据的信息与审计程序的目的和所考虑的相关认定之间的逻辑联系。用作审计证据的信息的相关性可能受到测试方向的影响。例如，如果某审计程序的目的是测试应付账款的存在和计价的高估，则测试已记录的应付账款可能是相关的审计程序。另一方面，如果某审计程序的目的是测试应付账款的存在和计价的低估，测试已记录的应付账款则不是相关的审计程序。相关的审计程序可能是测试期后支出、未支付发票、供应商结算单以及发票未到的收货报告单等。

A28. 特定的审计程序可能只为某些认定提供相关的审计证据，而与其他认定无关。例如，检查期后应收账款收回的文件可以提供有关存在和计价的审计证据，但未必提供与截止测试相关的审计证据。类似地，获取与某一特定认定相关（如存货的存在认定）的审计证据，不能替代与其他认定（如该存货的计价认定）相关的审计证据。但另一方面，不同来源或不同性质的审计证据可能与同一认定相关。

A29. 控制测试旨在评价内部控制在防止或发现并纠正认定层次重大错报方面的运行有效性。设计控制测试以获取相关审计证据，包括识别一些显示控制运行的情况（特征或属性），以及显示控制未恰当运行的偏差情况。然后，审计师可以测试这些情况是否存在。

A30. 实质性程序旨在发现认定层次重大错报，包括细节测试和实质性分析程序。设计实质性程序包括识别与测试目的相关的情况，这些情况构成相关认定的错报。

可靠性

A31. 用作审计证据的信息的可靠性，以及审计证据本身的可靠性，均受其来源和性质的影响，并取决于获取该证据的环境，包括编制和维护该信息的相关控制。

---

⑫ 《国际审计准则第 580 号——书面声明》。

因此，有关各种审计证据可靠性的原则受重要例外情况的影响。即使用作审计证据的信息是从独立于被审计单位的外部来源获得，也可能存在影响其可靠性的情况。例如，从外部独立来源获取的信息，如果是来自不知情者或来自缺乏客观性的管理层的专家，则该信息也可能是不可靠的。在确认可能存在的例外情况时，下列有关审计证据可靠性的原则可能是有用的：

- 从被审计单位外部独立来源获取的审计证据比从其他来源获取的审计证据更可靠；
- 当相关控制（包括与信息的编制和维护相关的控制）有效时，增加内部生成的审计证据的可靠性；
- 审计师直接获取（如通过观察某项控制的运行）的审计证据比间接获取或推论（如通过询问某项控制的运行）得出的审计证据更可靠；
- 以文件形式存在的审计证据（包括纸质、电子或其他介质）比口头形式的审计证据更可靠（例如，会议的同步书面记录比事后对讨论事项的口头表述更可靠）；
- 从原件获取的审计证据比从复印、传真或通过拍摄、数字化或其他方式转化成电子形式的文件获取的审计证据更可靠，后者的可靠性可能取决于编制和维护信息相关的控制。

A32. 国际审计准则第 520 号对有关实质性分析程序使用数据的可靠性提供了进一步的指引。⑬

A33. 针对审计师有理由相信某文件可能不真实，或者可能修改过但未告知审计师的情况，国际审计准则第 240 号作出了规定。⑭

管理层的专家编制的信息的可靠性（参见：第 8 段）

A34. 被审计单位财务报表的编制可能需要会计、审计领域之外的专长，如保险精算、估值、工程设计数据等。被审计单位可能雇用或聘请这些领域的专家，获得编制财务报表所需要的专长。当这种专长是必需的但被审计单位没有获得时，将增加重大错报风险。

A35. 如果用作审计证据的信息在编制时利用了管理层的专家的工作，本国际审计准则第 8 段的规定适用。例如，对于不存在可观察到市价的证券，某个人或组织可能具有运用模型估计其公允价值的专长。如果该人或组织运用这项专长作出编制财务报表时使用的估计，则是管理层的专家，第 8 段的规定适用。另一方面，如果该人或组织只是提供被审计单位无法从其他渠道获取的非公开交易的价格数据，而

---

⑬ 国际审计准则第 520 号，第 5 段第（a）项。

⑭《国际审计准则第 240 号——财务报表审计中与舞弊相关的责任》，第 13 段。

被审计单位将其用于自己的估计方法之中，若审计师将信息用作审计证据，则本国际审计准则第 7 段的规定适用于这种情况，但不属于被审计单位利用管理层的专家的情况。

A36. 与本国际审计准则第 8 段的规定相关的审计程序的性质、时间安排和范围可能受下列因素的影响：

- 与管理层的专家相关的事项的性质和复杂性；
- 某事项存在的重大错报风险；
- 审计证据可否从替代来源获得；
- 管理层的专家工作的性质、范围和目的；
- 管理层的专家是受雇于被审计单位，还是受聘于被审计单位，以提供相关的服务；
- 管理层在多大程度上对其专家的工作施加控制和影响；
- 管理层的专家是否受到技术标准、其他职业或行业要求的约束；
- 被审计单位对管理层的专家的工作实施的各种控制的性质和范围；
- 审计师对管理层的专家的专长领域拥有的了解和经验；
- 审计师对该专家工作的以往经验。

管理层的专家的胜任能力、专业素质和客观性（参见：第 8 段第（a）项）

A37. 管理层的专家的专业胜任能力与其专长的性质和水平有关。管理层的专家的专业素质与在业务的具体情况中运用这种胜任能力的本领是相关的。影响专业素质的因素包括地理位置、可用的时间和资源等。管理层的专家的客观性与其偏见、利益冲突及其他可能影响其职业判断或商业判断的因素相关。对于管理层的专家编制的信息的可靠性而言，管理层的专家的胜任能力、专业素质和客观性，以及被审计单位针对该专家工作的各项控制均是重要因素。

A38. 关于管理层的专家的胜任能力、专业素质和客观性的信息可能来源于多种不同的渠道，例如：

- 对该专家以往工作的个人经验；
- 与该专家进行的讨论；
- 与其他熟悉该专家工作的人员进行的讨论；
- 对该专家的专业资格、职业团体或行业协会的会员身份、执业资格或其他形式的外部认证的了解等；
- 该专家发表的论文或出版的书籍；
- 审计师的专家（如存在，帮助审计师针对管理层的专家编制的信息获取充分、适当的审计证据）。

A39. 与评价管理层的专家的胜任能力、专业素质和客观性相关的事项，包括专家是否需要遵守技术标准、其他职业准则或行业要求（如职业团体或行业协会的职业道德守则和其他会员要求，特许机构提出的认证标准）以及法律法规的要求等。

A40. 与评价管理层的专家的胜任能力、专业素质和客观性可能相关的事项还包括：

- 管理层的专家的胜任能力与拟利用其工作的事项的相关性，包括该专家在其领域的专长。例如，某一精算师可能精通财产和意外伤害保险，但在养老金计算方面可能并不擅长；
- 专家在相关会计要求方面的胜任能力。例如，对符合适用的财务报告框架的假设和方法（包括模型，如适用）的了解；
- 随着审计的进行，一些不可预料事件的出现、条件的改变或已获取的审计证据，是否表明可能有必要重新考虑对该专家的胜任能力、专业素质和客观性的最初评价。

A41. 很多情况可能会对专家的客观性产生威胁，例如，自身利益的威胁、过度推介的威胁、密切关系的威胁、自我评价的威胁和外在压力的威胁等。一些外部制度的安排（如管理层的专家所属的职业团体、法律法规的要求）或管理层的专家的工作环境（如质量控制政策和程序）可以建立防范措施，降低这些威胁。

A42. 尽管防护措施不能消除所有对管理层的专家客观性的威胁，但像外在压力一类的威胁，可能对于被审计单位的外部专家来说严重程度要比内部专家轻一些，并且质量控制政策和程序等防范措施的有效性可能更高一些。作为被审计单位员工的专家（即被审计单位的内部专家），其客观性受到的威胁是经常存在的。因此，一般不能认为该专家比被审计单位的其他员工更客观。

A43. 当评价被审计单位外部专家的客观性时，审计师可以与管理层和该专家讨论可能影响专家客观性的任何利益和关系、各种适用的防范措施（包括适用于该专家的任何职业要求），并评价这些防范措施是否适当。产生不利影响的利益和关系可能包括：

- 经济利益；
- 商业关系和私人关系；
- 提供的其他服务；

了解管理层的专家的工作（参见：第 8 段第（b）项）

A44. 了解管理层的专家的工作包括了解管理层的专家专长的相关领域。审计师对管理层的专家专长的相关领域的了解，可以在审计师确定自身是否拥有评价管理层的专家工作的专长，或者是否需要审计师的专家来完成该评价的过程中一并获取。[15]

A45. 审计师对管理层的专家的专长领域的了解可能包括下列方面：

---

[15] 《国际审计准则第 620 号——利用审计师的专家的工作》，第 7 段。

- 专家专长领域是否存在与审计相关的特殊技能；
- 职业准则或其他准则以及法律法规是否适用；
- 管理层的专家使用哪些假设和方法，及其在该专家的专长领域是否得到普遍认可，对实现财务报告目的是否适当；
- 管理层的专家使用的内部和外部数据或信息的性质。

A46. 当管理层的专家受聘于被审计单位时，被审计单位通常采用约定书或其他书面形式的协议与专家达成协议。在了解管理层的专家的工作时，评价该协议可以帮助审计师确定下列因素对于审计目的是否适当：

- 管理层的专家工作的性质、范围和目标；
- 管理层和管理层的专家各自的角色和责任；
- 管理层和管理层的专家之间沟通的性质、时间安排和范围，包括由该专家提交的各种报告的形式。

A47. 当管理层的专家受雇于被审计单位时，不太可能有上述类型的书面协议。审计师获得必要了解的最恰当的方式可能是向该专家以及管理层的其他人员进行询问。

评价管理层的专家工作的适当性（参见：第 8 段第（c）项）

A48. 在评价将管理层的专家工作用作相关认定的审计证据的适当性时，审计师需要考虑的因素可能包括：

- 该专家的发现和结论的相关性和合理性，与其他审计证据的一致性，以及是否在财务报表中适当反映；
- 如果该专家的工作涉及使用重要的假设和方法，这些假设和方法的相关性和合理性；
- 如果该专家的工作涉及使用相当程度的原始数据，该原始数据的相关性、完整性和准确性。

被审计单位生成的用于审计目的的信息（参见：第 9 段第（a）–（b）项）

A49. 审计师为获取可靠的审计证据，实施审计程序时使用的被审计单位生成的信息需要足够完整和准确。例如，通过用标准价格乘以销售量来对收入进行审计时，其有效性受到价格信息准确性和销售量数据完整性和准确性的影响。类似地，如果审计师打算测试总体（如付款）是否具备某一特性（如授权），若选取测试项目的总体不完整，则测试结果可能不太可靠。

A50. 如果获取这类信息完整性和准确性的审计证据是所实施审计程序本身不可分割的组成部分，则可以与对这些信息实施的审计程序同时进行。在其他情况下，通过测试针对生成和维护这些信息的控制，审计师也可以获取关于这些信息准确性和完整性的审计证据。然而，在某些情况下，审计师可能确定有必要实施追加的审计程序。

A51. 在某些情况下，审计师可能打算将被审计单位生成的信息用于其他审计目的。例如，审计师可能打算将被审计单位的业绩评价用于分析程序，或利用被审计单位用于监控活动的信息，如内部审计师报告等。在这种情况下，获取的审计证据的适当性受到该信息对于审计目的而言是否足够精确和详细的影响。例如，管理层的业绩评价对于发现重大错报可能不够精确。

选取测试项目以获取审计证据（参见：第 10 段）

A52. 如果一项测试所提供的审计证据在与已获取的或拟获取的其他审计证据一并考虑时能够充分满足审计目的，则该项测试是有效的，并提供了适当的审计证据。在选取测试项目时，第 7 段要求审计师确定用作审计证据的信息的相关性和可靠性，而测试的有效性的另一方面（充分性）在选取测试项目时也需要重点考虑。审计师选取测试项目的方法包括：

（a）选取全部项目（100% 检查）；

（b）选取特定项目；

（c）审计抽样。

采用上述一种方法或几种方法的组合取决于具体的情况（如与测试的认定相关的重大错报风险）以及不同方法的实用性和效率。

选取全部项目

A53. 审计师可能认为检查构成某类交易或账户余额的项目的总体（或总体中的一层）将是最恰当的。100% 检查不可能应用于控制测试，在细节测试比较常用。下列情况下，100% 检查可能是适当的：

- 总体由少量的大额项目构成；
- 存在特别风险而其他方法未提供充分、适当的审计证据；
- 由于信息系统自动执行的计算或其他程序具有重复性，对全部项目进行检查符合成本效益原则。

选取特定项目

A54. 根据对被审计单位的了解、评估的重大错报风险和所测试总体的特征等，审计师可能决定从总体中选取特定项目。选取特定项目的判断还取决于非抽样风险。选取的特定项目可能包括：

- 大额或关键项目。审计师可能决定在总体中选取特定项目，因为其金额重大或者显示某些其他特征，例如，可疑的、异常的、尤其容易有风险的或者曾经出错的项目；

- 超过某一金额的全部项目。审计师可能决定检查记录金额超过某一设定金额的所有项目，从而验证某类交易或账户余额的大部分金额；
- 被用于获取某些信息的项目。审计师可能检查某些项目以获取被审计单位的性质或交易的性质等事项的信息。

A55. 虽然从某类交易或账户余额中选取特定项目进行检查通常是获取审计证据的有效手段，但并不构成审计抽样。对按照这种方法所选取的项目实施审计程序的结果，不能推断至总体。因此，选取特定项目的检查不能为总体中剩余的部分提供审计证据。

审计抽样

A56. 审计抽样旨在基于对样本的测试，从而形成对总体的结论。国际审计准则第 530 号[16]对此作出了规定。

审计证据之间存在不一致或对审计证据的可靠性存有疑虑（参见：第 11 段）

A57. 从不同来源获取的审计证据或获取的不同性质的审计证据可能表明某项审计证据不可靠。例如，当从某一来源获取的审计证据与从另一来源获取的不一致时，该项审计证据可能不可靠。例如，管理层、内部审计和其他人员对询问的答复不一致，或者治理层对询问的答复（用于佐证对管理层询问的答复）与管理层的答复不一致，都属于这一情形。如果识别出某项信息与其对某重大事项的最终结论不一致，审计师需要按照国际审计准则第 230 号的规定记录如何处理该不一致的情况。[17]

---

⑯ 《国际审计准则第 530 号——审计抽样》。

⑰ 《国际审计准则第 230 号——审计工作底稿》，第 11 段。

国际审计准则第 501 号
审计证据：对选取的项目的具体考虑

（适用于会计期间开始于 2009 年 12 月 15 日及以后的财务报表审计）

目　　录

《国际审计准则第 501 号——审计证据：对选取的项目的具体考虑》应当与《国际审计准则第 200 号——独立审计师的总体目标和按照国际审计准则执行审计工作》一并阅读。

引 言

本国际审计准则的范围

1. 本国际审计准则规范了审计师在财务报表审计过程中，按照国际审计准则第330号[①]、国际审计准则第500号[②]及其他相关国际审计准则的规定，对存货、诉讼和索赔、分部信息的某些方面获取充分、适当的审计证据的具体考虑。

生效日期

2. 本国际审计准则适用于会计期间开始于2009年12月15日及以后的财务报表审计。

目 标

3. 审计师的目标是针对下列方面获取充分、适当的审计证据：

（a）存货的存在和状况；

（b）涉及被审计单位的诉讼和索赔事项的完整性；

（c）按照适用的财务报告框架对分部信息的列报与披露。

要 求

存货

4. 如果存货对财务报表是重要的，审计师应当实施下列审计程序，对存货的存在和状况获取充分、适当的审计证据：

（a）在存货盘点现场实施监盘，除非不可行；（参见：第A1－A3段）

（i）评价管理层用以记录和控制存货盘点结果的指令和程序；（参见：第A4段）

---

① 《国际审计准则第330号——审计师针对评估的风险采取的应对措施》。

② 《国际审计准则第500号——审计证据》。

（ii）观察管理层制定的盘点程序的执行情况；（参见：第 A5 段）

（iii）检查存货；（参见：第 A6 段）

（iv）执行抽盘；（参见：第 A7 – A8 段）

（b）对被审计单位的期末存货记录实施审计程序，以确定其是否准确反映实际的存货盘点结果。

5. 如果存货盘点在财务报表日以外的其他日期进行，审计师除实施第 4 段规定的程序外，还应当实施其他审计程序，以获取审计证据，确定存货在盘点日和财务报表日之间的变动是否已得到恰当的记录。（参见：第 A9 – A11 段）

6. 如果由于不可预见的情况，无法在存货盘点现场实施监盘，审计师应当另择日期实施盘点或监盘，并对间隔期内发生的交易实施审计程序。

7. 如果在存货盘点现场实施存货监盘不可行，审计师应当实施替代审计程序，以获取有关存货的存在和状况的充分、适当的审计证据。如果不能实施替代审计程序，审计师应当按照国际审计准则第 705 号[③]的规定，在审计报告中发表非无保留意见。（参见：第 A12 – A14 段）

8. 如果由第三方保管或控制的存货对财务报表是重要的，审计师应当实施下列一项或两项审计程序，以获取有关该存货的存在和状况的充分、适当的审计证据：

（a）向持有被审计单位存货的第三方函证存货的数量和状况；（参见：第 A15 段）

（b）实施检查或其他适合具体情况的审计程序。（参见：第 A16 段）

诉讼和索赔

9. 审计师应当设计和实施审计程序，以识别涉及被审计单位的可能导致重大错报风险的诉讼和索赔事项，这些审计程序包括：（参见：第 A17 – A19 段）

（a）询问管理层和被审计单位内部其他人员，包括询问被审计单位内部法律顾问；

（b）查阅治理层的会议纪要和被审计单位与外部法律顾问之间的往来信函；

（c）复核法律费用账户。（参见：第 A20 段）

10. 如果评估识别出的诉讼或索赔事项存在重大错报风险，或者实施的审计程序表明可能存在其他重大诉讼或索赔事项，审计师除实施其他国际审计准则要求的审计程序外，还应当寻求与被审计单位的外部法律顾问进行直接沟通。审计师应当通过亲自寄发由管理层编制的询证函，要求外部法律顾问直接与审计师沟通。如果法律法规或法律专业团体禁止被审计单位的外部法律顾问与审计师进行直接沟通，审计师应当实施替代审计程序。（参见：第 A21 – A25 段）

---

③ 《国际审计准则第 705 号——在独立审计师报告中发表非无保留意见》。

11. 如果同时出现下列情况，审计师应当按照国际审计准则第 705 号的规定，在审计报告中发表非无保留意见：

（a）管理层不同意审计师与被审计单位的外部法律顾问沟通或会面，或者被审计单位的外部法律顾问拒绝对询证函恰当回复或被禁止回复；

（b）审计师无法通过实施替代审计程序获取充分、适当的审计证据。

书面声明

12. 审计师应当要求管理层和治理层（如适用）提供书面声明，确认已向审计师披露所有其知悉的、已经或可能发生的、在编制财务报表时应当考虑其影响的诉讼和索赔事项，并确认已按照适用的财务报告框架进行了会计处理和披露。

分部信息

13. 针对被审计单位按照适用的财务报告框架列报与披露的分部信息，审计师应当实施下列审计程序，获取充分、适当的审计证据：（参见：第 A26 段）

（a）了解管理层在确定分部信息时使用的方法，并且：（参见：第 A27 段）

（i）评价这些方法是否可以使分部信息按照适用的财务报告框架的要求披露；

（ii）在适当的情况下，测试对这些方法的应用；

（b）实施分析程序或其他适合具体情况的审计程序。

应用和其他解释性材料

存货

存货监盘（参见：第 4 段第（a）项）

A1. 管理层通常制定程序，要求对存货每年至少进行一次实物盘点，以作为编制财务报表的基础，并用以确定被审计单位永续盘存制的可靠性（如适用）。

A2. 存货监盘涉及：

- 检查存货以确定其是否存在，评价存货状况，并执行抽盘；
- 观察对管理层指示的遵守情况，以及用于记录和控制存货盘点结果的程序的实施情况；
- 获取有关管理层存货盘点程序可靠性的审计证据。

这些程序是用作控制测试还是实质性程序，取决于审计师的风险评估结果、审计方案和实施的特定程序。

A3. 在计划存货监盘（或按照本国际审计准则第 4－8 段的规定设计和实施审计程序）时，相关事项包括：

- 与存货相关的重大错报风险；
- 与存货相关的内部控制的性质；
- 对存货盘点是否制定了适当的程序，并下达了正确的指令；
- 存货盘点的时间安排；
- 被审计单位是否一贯采用永续盘存制；
- 存货的存放地点（包括不同存放地点的存货的重要性和重大错报风险），以确定适当的监盘地点。国际审计准则第 600 号④规范了其他审计师的参与，如果其他审计师参与偏远地点的存货监盘，则该准则的规定可能相关；
- 是否需要专家协助。国际审计准则第 620 号⑤规范了如何利用专家协助审计师获取充分、适当的审计证据。

评价管理层的指令和程序（参见：第 4 段第（a）项之（i））

A4. 在评价管理层记录和控制存货盘点的指令和程序的相关事项时，审计师需要考虑这些指令和程序是否包括下列方面：

- 适当控制活动的运用，例如，收集已使用的存货盘点记录，清点未使用的存货盘点表单，实施盘点和复盘程序；
- 准确认定在产品的完工程度，流动缓慢、过时或毁损的存货项目，以及第三方拥有的存货（如寄存货物）；
- 在适用的情况下用于估计存货数量的方法，如可能需要估计煤堆的重量；
- 对存货在不同存放地点之间的移动以及截止日前后期间出入库的控制。

观察管理层盘点程序的实施情况（参见：第 4 段第（a）项之（ii））

A5. 观察管理层盘点程序（如对盘点时及其前后的存货移动的控制程序）的实施情况，有助于审计师获取有关管理层指令和程序是否得到适当设计和执行的审计证据。此外，审计师可以获取有关截止性信息（如存货移动的具体情况）的复印件，有助于日后对存货移动的会计处理实施审计程序。

检查存货（参见：第 4 段第（a）项之（iii））

A6. 在存货监盘过程中检查存货，虽然不一定能确定其所有权，但有助于审计师确定存货的存在，以及识别过时、毁损或陈旧的存货。

执行抽盘（参见：第 4 段第（a）项之（iv））

A7. 执行抽盘，如从管理层的盘点记录中选取项目追查至存货实物，以及从存

---

④ 《国际审计准则第 600 号——对集团财务报表审计的特殊考虑（包括组成部分审计师的工作）》。

⑤ 《国际审计准则第 620 号——利用审计师的专家的工作》。

货实物中选取项目追查至盘点记录，以获取有关盘点记录完整性和准确性的审计证据。

A8. 除记录审计师的抽盘外，获取管理层完成的存货盘点记录的复印件也有助于审计师日后实施审计程序，以确定被审计单位的期末存货记录是否准确地反映了存货的实际盘点结果。

在财务报表日以外的其他日期执行的存货实地盘点（参见：第5段）

A9. 无论管理层通过年度实地盘点还是采用永续盘存制确定存货数量，由于实际原因，存货的实地盘点均有可能在财务报告日以外的某一天或某几天进行。无论哪种情况，针对存货变动的控制的设计、执行和维护的有效性，决定了在财务报告日以外的某一天或某几天执行的盘点程序是否符合审计目的。国际审计准则第330号对在期中实施实质性程序作出了规定并提供了指引。[⑥]

A10. 如果被审计单位实行永续盘存制，管理层可能执行实地盘点或其他测试方法，以确定永续盘存记录中的存货数量信息的可靠性。在某些情况下，管理层或审计师能够识别出永续盘存记录和现有实际存货数量之间的差异，这可能表明对存货变动的控制未能有效运行。

A11. 当设计审计程序以获取关于盘点日的存货总量与期末存货记录之间的变动是否已被适当记录的审计证据时，审计师考虑的相关事项包括：

- 对永续盘存记录的调整是否适当；
- 被审计单位永续盘存记录的可靠性；
- 从盘点获取的数据与永续盘存记录存在重大差异的原因。

存货监盘不可行的情况（参见：第7段）

A12. 在某些情况下，实施存货监盘可能是不可行的。这可能是由存货性质和存放地点等因素造成的，例如，存货存放在对审计师的安全有威胁的地点。然而，对审计师带来不便的一般因素不足以支持审计师作出实施存货监盘不可行的决定。而且，国际审计准则第200号[⑦]指出，审计中的困难、时间、成本等事项本身不能作为审计师省略不可替代的审计程序或满足于说服力不足的审计证据的正当理由。

A13. 在某些情况下，当实施存货监盘不可行时，实施替代审计程序（如检查盘点日后出售盘点日前取得或购买的特定存货的文件记录）可能提供有关存货的存在和状况的充分、适当的审计证据。

A14. 但在其他一些情况下，实施替代审计程序可能无法获取有关存货的存在和

---

⑥ 国际审计准则第330号，第22－23段。

⑦ 《国际审计准则第200号——审计师的总体目标和按照国际审计准则执行审计工作》，A48段。

状况的充分、适当的审计证据。在这种情况下，国际审计准则第 705 号要求审计师以审计范围受到限制为由发表非无保留意见。[⑧]

由第三方保管和控制的存货

函证（参见：第 8 段第（a）项）

A15. 国际审计准则第 505 号[⑨]为执行函证程序作出了规定并提供了指引。

其他审计程序（参见：第 8 段第（b）项）

A16. 根据具体情况（如获取的信息使审计师对第三方的诚信和客观性产生疑虑），审计师可能认为实施其他审计程序是适当的。其他审计程序可以作为函证的替代程序，也可以作为追加的审计程序。其他审计程序的例子包括：

- 实施或安排其他审计师实施对第三方的存货监盘（如可行）；
- 获取其他审计师或服务机构审计师针对第三方用以保证存货得到恰当盘点和保管所采取的内部控制的适当性而出具的报告；
- 检查由第三方持有的存货相关的文件记录，如仓储单；
- 当存货被作为抵押品时，要求其他方进行确认。

诉讼和索赔

诉讼和索赔的完整性（参见：第 9 段）

A17. 涉及被审计单位的诉讼和索赔可能对财务报表产生重大影响，因此，可能需要在财务报表中对其进行披露或会计处理。

A18. 除第 9 段规定的程序外，其他相关程序的例子包括利用实施旨在了解被审计单位及其环境的风险评估程序获取的信息，帮助审计师了解涉及被审计单位的诉讼和索赔事项。

A19. 为了识别可能导致重大错报风险的诉讼和索赔事项而获取的审计证据，也可能为对诸如诉讼和索赔事项的估值和计量等事项提供审计证据。国际审计准则第 540 号[⑩]对审计师如何考虑需要管理层在财务报表中作出会计估计或在进行相关披露的诉讼和索赔事项作出了规定并提供了指引。

复核法律费用账户（参见：第 9 段第（c）项）

A20. 根据具体情况，作为复核法律费用账户的一部分，审计师可能认为检查相关的原始单据，如法律费用的发票是适当的。

---

⑧ 国际审计准则第 705 号，第 13 段。

⑨ 《国际审计准则第 505 号——函证》。

⑩ 《国际审计准则第 540 号——审计会计估计（包括公允价值会计估计）和相关披露》。

与被审计单位外部法律顾问沟通（参见：第10－11段）

A21. 与被审计单位外部法律顾问直接沟通，有助于审计师获取充分适当的审计证据，以证实潜在的重要诉讼和索赔事项是否已知，以及管理层对财务影响（包括费用）的估计是否合理。

A22. 在某些情况下，审计师可能采用通用询问函的形式与被审计单位外部法律顾问进行直接沟通。为了达到该目的，通用询问函要求被审计单位外部法律顾问告知审计师其知悉的所有诉讼和索赔事项、其对该诉讼和索赔事项结果的评估以及对包含相关费用在内的财务影响的估计。

A23. 如果审计师认为外部法律顾问不可能对通用询问函作出适当的回复，例如，外部法律顾问所属的专业团体可能禁止回复这样的询问函，审计师可以通过特定询问函进行直接沟通。为了达到该目的，特定询问函的内容包括：

（a）诉讼和索赔事项清单；

（b）在可行的情况下，管理层对每项识别出的诉讼和索赔事项结果的评估以及对财务影响（包括费用）的评估；

（c）要求被审计单位的外部法律顾问确认管理层评估的合理性，如果外部法律顾问认为清单不完整或不准确，需向审计师提供进一步的信息。

A24. 在某些情况下，审计师也可能认为有必要与外部法律顾问面谈诉讼和索赔事项的可能结果。这些情况的例子包括：

- 审计师认为这些事项存在特别风险；
- 这些事项较为复杂；
- 被审计单位管理层和外部法律顾问意见不一致。

通常，这种面谈需要征得管理层的同意并有一名管理层代表参加。

A25. 按照国际审计准则第700号[⑪]的规定，审计师签署审计报告的日期，不应早于审计师获取充分、适当的审计证据，并在此基础上对财务报表形成审计意见的日期。审计师可以通过询问负责该事项的管理层（包括内部法律顾问），获取有关截至审计报告日诉讼和索赔事项状况的审计证据。在某些情况下，审计师可能需要从外部法律顾问获取最新信息。

分部信息（参见：第13段）

A26. 适用的财务报告框架可能要求或允许被审计单位在财务报表中列报分部信息。审计师针对列报和披露分部信息的责任与财务报表整体相关。因此，审计师无需实施为对单独列报的分部信息发表意见而所需的审计程序。

---

⑪《国际审计准则第700号——对财务报表形成审计意见和出具审计报告》，第41段。

了解管理层使用的方法（参见：第 13 段第（a）项）

A27. 根据具体情况，在了解管理层确定分部信息的方法，以及这些方法是否可能导致对分部信息按照适用的财务报告框架的要求予以披露时，审计师可能考虑的相关事项的例子包括：

- 各分部之间的销售、转移和收费以及内部金额的抵减；
- 与预算和其他预期结果的比较，如营业利润占销售额的百分比；
- 各分部之间资产和成本的分配；
- 与以前期间的一致性以及对不一致事项披露的充分性。

国际审计准则第505号
函　　证

（适用于会计期间开始于2009年12月15日及以后的财务报表审计）

目　　录

《国际审计准则第505号——函证》应该与《国际审计准则第200号——独立审计师的总体目标和按照国际审计准则执行审计工作》一并阅读。

引　言

本国际审计准则的范围

1. 本国际审计准则规范了审计师按照国际审计准则第 330 号[①]和国际审计准则第 500 号[②]的要求实施函证程序，以获取审计证据。本国际审计准则不涉及国际审计准则第 501 号[③]所规范的对被审计单位诉讼和索赔事项实施的询问程序。

利用函证程序获取审计证据

2. 国际审计准则第 500 号指出，审计证据的可靠性受其来源和性质的影响，并取决于获取审计证据时的具体环境。[④] 该准则还指出判断审计证据可靠性的一般原则包括：[⑤]

- 从被审计单位外部独立来源获取的审计证据更可靠；
- 审计师直接获取的审计证据比间接获取或推论得出的审计证据更可靠；
- 以文件记录形式（无论是纸质、电子或其他介质）存在的审计证据更可靠。

因此，取决于审计的具体环境，审计师以函证形式直接从被询证者获取的审计证据，可能比被审计单位内部产生的审计证据更可靠。本国际审计准则适用于审计师设计和实施函证程序以获取相关、可靠的审计证据。

3. 其他国际审计准则也明确了实施函证程序以获取审计证据的重要性，例如：

- 国际审计准则第 330 号规定，审计师应当针对评估的财务报表层次重大错报风险，设计和实施总体应对措施，针对评估的认定层次重大错报风险，设计和实施进一步审计程序，包括审计程序的性质、时间安排和范围。[⑥] 无论评估的重大错报风险结果如何，审计师都应当针对所有重大类别的交易、账户余额和披露，设计和实施实质性程序；审计师应当考虑是否将函证程序用作实质性程序；[⑦]
- 国际审计准则第 330 号规定，评估的风险越高，审计师需要获取越有说服

---

① 《国际审计准则第 330 号——审计师针对评估的风险采取的应对措施》。
② 《国际审计准则第 550 号——关联方》。
③ 《国际审计准则第 501 号——审计证据：对选取的项目的具体考虑》。
④ 国际审计准则第 500 号，第 A5 段。
⑤ 国际审计准则第 500 号，第 A31 段。
⑥ 国际审计准则第 330 号，第 5 - 6 段。
⑦ 国际审计准则第 330 号，第 18 - 19 段。

力的审计证据。[⑧] 为此，审计师可以增加审计证据的数量或者获取更相关、更可靠的审计证据，或将两种方式结合使用。例如，审计师更加重视直接从第三方获取审计证据，或从不同的独立来源获取相互印证的审计证据。国际审计准则第 330 号还指出，实施函证程序可以帮助审计师获取可靠性高的审计证据，以应对由于舞弊或错误导致的特别风险；[⑨]

- 国际审计准则第 240 号规定，针对由于舞弊导致的认定层次重大错报风险，审计师可以考虑实施函证程序以获取更多的相互印证的信息；[⑩]
- 国际审计准则第 500 号规定，通过函证等方式从独立于被审计单位的来源获取的相互印证的信息，例如函证，可以提高审计师从会计记录或管理层声明中获取的审计证据的保证水平。[⑪]

生效日期

4. 本国际审计准则适用于会计期间开始于 2009 年 12 月 15 日及以后的财务报表审计。

目　标

5. 在使用函证程序时，审计师的目标是，设计和实施函证程序，以获取相关、可靠的审计证据。

定　义

6. 就国际审计准则而言，对下列术语给予以下定义：

（a）函证，是指审计师直接从第三方（被询证者）获取书面答复作为审计证据，书面答复可以采用纸质、电子或其他介质等形式；

（b）积极式函证，是指要求被询证者直接向审计师回复，表明是否同意询证函所列示的信息，或填列所要求的信息的一种询证方式；

（c）消极式函证，是指要求被询证者只有在不同意询证函所列示的信息时才直接向审计师回复的一种询证方式；

---

⑧ 国际审计准则第 330 号，第 7 段第（b）项。

⑨ 国际审计准则第 330 号，第 A53 段。

⑩ 《国际审计准则第 240 号——财务报表审计中与舞弊相关的责任》，第 A37 段。

⑪ 国际审计准则第 500 号，第 A8 - A9 段。

（d）未回函，是指被询证者对积极式询证函未予回复或回复不完整，或询证函因未被送达而退回；

（e）不符事项，是指被询证者提供的信息与询证函要求确认的信息不一致，或与被审计单位记录的信息不一致。

要　求

函证程序

7. 当实施函证程序时，审计师应当对询证函保持控制，包括：

（a）确定需要确认或填列的信息；（参见：第A1段）

（b）选择适当的被询证者；（参见：第A2段）

（c）设计询证函，包括确定询证函的致送对象正确，并包含被询证者直接向审计师回函的地址信息；（参见：第A3－A6段）

（d）发出询证函并予以跟进，必要时再次向被询证者寄发询证函。（参见：第A7段）

管理层不允许审计师实施函证

8. 如果管理层不允许寄发询证函，审计师应当：

（a）询问管理层不允许寄发询证函的原因，并就其原因的正当性及合理性收集审计证据；（参见：第A8段）

（b）评价管理层不允许寄发询证函对评估的相关重大错报风险（包括舞弊风险），以及其他审计程序的性质、时间安排和范围的影响；（参见：第A9段）

（c）实施替代程序，以获取相关、可靠的审计证据。（参见：第A10段）

9. 如果认为管理层不允许寄发询证函的原因不合理，或实施替代程序无法获取相关、可靠的审计证据，审计师应当按照国际审计准则第260号的规定，与治理层进行沟通。[12] 根据国际审计准则第705号的规定，审计师还应当确定其对审计工作及审计意见的影响。[13]

函证程序的结果

询证函回函的可靠性

10. 如果存在对询证函回函的可靠性产生疑虑的因素，审计师应当进一步获取

[12] 《国际审计准则第260号——与治理层的沟通》，第16段。

[13] 《国际审计准则第705号——在独立审计师报告中发表非无保留意见》。

审计证据以消除这些疑虑。(参见：第 A11 – A16 段)

11. 如果认为询证函回函不可靠，审计师应当评价其对评估的相关重大错报风险（包括舞弊风险），以及其他审计程序的性质、时间安排和范围的影响。(参见：第 A17 段)

未回函

12. 在未回函的情况下，审计师应当实施替代程序以获取相关、可靠的审计证据。(参见：第 A18 – A19 段)

当必须取得积极式询证函回函以获取充分、适当的审计证据时

13. 如果审计师认为取得积极式函证回函是获取充分、适当的审计证据的必要程序，则替代程序不能提供审计师所需要的审计证据。在这种情况下，如果未获取回函，审计师应当按照国际审计准则第 705 号的规定，确定其对审计工作及审计意见的影响。(参见：第 A20 段)

不符事项

14. 审计师应当调查不符事项，以确定是否表明存在错报。(参见：第 A21 – A22 段)

消极式函证

15. 消极式函证比积极式函证提供的审计证据的说服力低。除非同时满足下列条件，审计师不应将消极式函证作为应对认定层次重大错报风险的唯一实质性审计程序：(参见：第 A23 段)

(a) 审计师将重大错报风险评估为低水平，并已就与认定相关的控制运行的有效性获取了充分、适当的审计证据；

(b) 需要实施消极式函证程序的总体由大量小额、同质的账户余额、交易或事项构成；

(c) 预期不符事项的发生率很低；

(d) 没有迹象表明接收询证函的人员或机构不认真对待函证。

评价获取的证据

16. 审计师应当评价实施函证程序的结果是否提供了相关、可靠的审计证据，或是否有必要获取进一步审计证据。(参见：第 A24 – A25 段)

应用和其他解释性材料

函证程序

确定需要确认或填列的信息（参见：第 7 段第（a）项）

A1. 函证程序通常用于确认或填列有关账户余额及其要素的信息。函证程序还可用于确认被审计单位与其他机构或人员签订的协议、合同或从事的交易的条款，或用于确认不存在某些交易条件，如“背后协议”。

选择适当的被询证者（参见：第 7 段第（b）项）

A2. 当询证函致送给对函证信息知情的被询证者时，询证函回函可以提供更相关和可靠的审计证据。例如，一位了解所函证交易或安排的金融机构职员可能是该金融机构回函的最佳人选。

设计询证函（参见：第 7 段第（c）项）

A3. 询证函的设计可能直接影响回函率，以及从回函中获取的审计证据的可靠性和性质。

A4. 设计询证函时考虑的因素包括：

- 函证针对的认定；
- 识别的特定重大错报风险，包括舞弊风险；
- 询证函的版面设计及外观；
- 以往的审计或类似业务的经验；
- 沟通的方式（如以纸质、电子或其他介质等形式）；
- 管理层对被询证者的授权或是否鼓励被询证者向审计师回函。只有询证函包含管理层授权时，被询证者可能才愿意回函；
- 预期的被询证者确认或提供信息（如被询证者能够提供的信息是单张发票金额还是总额）的能力。

A5. 积极式函证要求被询证者在所有情况下均回函，确认所列示的信息是否正确或填列询证函要求的信息。通常认为，对积极式询证函的回函能够提供可靠的审计证据。但存在被询证者对所列示的信息不验证是否正确就予以回函确认的风险。为了降低这种风险，审计师可以在询证函中不列明账户余额（或其他信息），而是要求被询证者填列有关信息或提供其他信息。但是，采用这种空白式询证函要求被询证者做更多工作，可能导致回函率降低。

A6. 确认询证函的致送对象正确，包括在寄发前检查部分或全部地址的真实性。

询证函的跟进措施（参见：第7段第（d）项）

A7. 当在合理的时间内没有收到询证函回函时，审计师可以再次发出询证函。例如，在重新核实原地址的准确性后，审计师再次发出询证函并予以跟进。

管理层不允许审计师实施函证

管理层不允许寄发询证函的合理性（参见：第8段第（a）项）

A8. 管理层不允许寄发询证函是对审计师希望获取的审计证据的限制，审计师需要询问限制的原因。常见理由是被询证者与被审计单位之间存在争议或正在进行谈判，不合时宜的函证有可能影响争议或谈判的结果。由于管理层可能试图妨碍审计师获取可能显示存在舞弊或错误的审计证据，审计师需要针对管理层理由的正当性和合理性获取审计证据。

对评估的重大错报风险的影响（参见：第8段第（b）项）

A9. 根据国际审计准则第315号的规定，审计师基于第8段第（b）项的评估结果，可能认为需要修正认定层次重大错报风险的评估结果并相应地修改计划的审计程序。[14] 例如，如果认为管理层不允许实施函证程序不合理，这可能表明存在国际审计准则第240号要求评价的舞弊风险因素。[15]

替代审计程序（参见：第8段第（c）项）

A10. 当被审计单位的管理层不允许审计师实施函证程序时，审计师实施的替代审计程序与未回函时实施的替代审计程序（参见本国际审计准则第A18－A19）类似。审计师在实施替代审计程序时需要考虑按照本国际审计准则第8段第（b）项的要求进行评估的结果。

函证程序的结果

询证函回函的可靠性（参见：第10段）

A11. 国际审计准则第500号指出，即使用作审计证据的信息从独立于被审计单

---

⑭ 《国际审计准则第315号——通过了解被审计单位及其环境识别和评估重大错报风险》，第31段。

⑮ 国际审计准则第240号，第24段。

位的外部来源获得，仍可能存在影响其可靠性的情况。[16] 所有回函都存在被拦截、更改或其他舞弊风险。无论该回函采用纸质、电子还是其他介质等形式，这种风险都会存在。显示回函的可靠性可能存在疑问的因素包括：

- 审计师间接收到回函；
- 回函看起来不是来自于预期的被询证者。

A12. 对以电子形式收到的回函（如传真或电子邮件），由于回函者的身份及其授权情况可能难以确定，对回函的更改可能也难以发觉，因此可靠性存在风险。审计师和回函者采用一定的程序为电子形式的回函创造安全环境，可以降低该风险。如果审计师确信这种程序安全并得到适当控制，则会提高相关回函的可靠性。电子函证程序可能涉及多种确认发件人身份的技术，如加密技术、电子数码签名技术、网页真实性认证程序。

A13. 如果被询证者利用第三方协调和提供回函，审计师可以实施审计程序以应对下列风险：

（a）回函来源不合适；

（b）回函者未经授权；

（c）信息传输的安全性遭到破坏。

A14. 国际审计准则第 500 号规定，当审计师对用作审计证据的信息的可靠性存有疑虑时，应当确定是否需要修改或追加审计程序以消除疑虑。[17] 审计师可以与被询证者联系以核实回函的来源及内容。例如，当被询证者通过电子邮件回函时，审计师可以通过电话联系被询证者，确定被询证者是否发送了回函。如果回函间接寄送给审计师（例如，被询证者错将回函寄给了被审计单位而非审计师），审计师可以要求被询证者直接书面回复。

A15. 只对询证函进行口头回复不符合函证的定义，因为它不是对审计师的直接书面回复。当收到口头回复后，审计师可以根据情况要求被询证者提供直接书面回复。如果未收到回函，根据第 12 段的规定，审计师需要通过实施替代程序，寻找其他审计证据以支持口头回复中的信息。

A16. 询证函的回函可能包括对其使用作出限制的措辞。这种限制不一定使作为审计证据的回函失去可靠性。

回函不可靠（参见：第 11 段）

A17. 如果审计师认为回函不可靠，根据国际审计准则第 315 号[18]的规定，审计师可能需要修正认定层次重大错报风险的评估结果并相应地修改计划的审计程序。

---

[16] 国际审计准则第 500 号，第 A31 段。

[17] 国际审计准则第 500 号，第 11 段。

[18] 国际审计准则第 315 号，第 31 段。

例如，回函不可靠可能表明存在国际审计准则第240号要求审计师评价的舞弊风险因素。[19]

未回函（参见：第12段）

A18. 审计师可能实施的替代审计程序举例如下：

- 对应收账款余额，检查特定的期后收款、货运单据及接近期末的销售；
- 对应付账款余额，检查期后付款、第三方信函及其他记录，如货物收讫凭证。

A19. 替代审计程序的性质和范围受所涉及账户和认定的影响。未回函可能表明存在以前未识别的重大错报风险。在这种情况下，按照国际准则第315号的规定，审计师可能需要修正认定层次重大错报风险评估结果并相应地修改计划的审计程序。[20] 例如，回函数量比预期少或多，可能表明存在以前未识别的、国际审计准则第240号要求审计师评价的舞弊风险因素。[21]

当必须取得积极式询证函回函以获取充分、适当的审计证据时（参见：第13段）

A20. 在某些情况下，审计师可能识别出认定层次重大错报风险，且取得积极式函证回函是获取充分、适当的审计证据的必要程序。这些情况可能包括：

- 可获取的佐证管理层认定的信息只能从被审计单位外部获得；
- 存在特定舞弊风险因素，例如，管理层凌驾于内部控制之上，员工和（或）管理层串通使审计师不能信赖从被审计单位获取的审计证据。

不符事项（参见：第14段）

A21. 询证函回函中指出的不符事项可能显示财务报表存在错报或潜在错报。当识别出错报时，国际审计准则第240号要求审计师评价该错报是否表明存在舞弊。[22] 不符事项可以为审计师判断来自类似的被询证者回函的质量及类似账户回函的质量提供依据。不符事项还可能显示被审计单位与财务报告相关的内部控制存在缺陷。

A22. 某些不符事项并不表明存在错报。例如，审计师可能认为询证函回函的差异是由于函证程序的时间安排、计量或书写错误造成的。

消极式函证（参见：第15段）

A23. 对消极式询证函而言，未收到回函并不能明确表明预期的被询证者已经收

[19] 国际审计准则第240号，第24段。

[20] 国际审计准则第315号，第31段。

[21] 国际审计准则第240号，第24段。

[22] 国际审计准则第240号，第35段。

到询证函或已经核实了询证函中包含的信息的准确性。因此，未收到消极式询证函的回函提供的审计证据，远不如积极式询证函的回函提供的审计证据有说服力。如果询证函中的信息对被询证者不利，则被询证者更有可能回函表示其不同意；相反，如果询证函中的信息对被询证者有利，回函的可能性就会相对较小。例如，银行储户如果认为询证函低估了其账户余额，则更有可能回函；如果认为高估了余额，则回函的可能性较小。因此，审计师在考虑这些余额是否可能低估时，向银行储户发出消极式询证函可能是有用的程序，但是，利用这种程序收集该余额高估的证据就未必有效。

评价获取的证据（参见：第16段）

A24. 在评价某项函证程序的结果时，审计师可以将结果分为以下几类：

（a）由适当的被询证者回函，同意询证函中包含的信息，或提供了需要的信息，不存在例外；

（b）回函被认为不可靠；

（c）未回函；

（d）回函显示存在不符事项。

A25. 当结合其他审计程序时，审计师的评价可以有助于判断是否获取了国际审计准则第330号要求的充分、适当的审计证据，或是否有必要进一步获取审计证据。[23]

[23] 国际审计准则第330号，第26－27段。

国际审计准则第 510 号
首次审计业务涉及的期初余额

（适用于会计期间开始于 2009 年 12 月 15 日及以后的财务报表审计）

目　录

段落

《国际审计准则第 510 号——首次审计业务涉及的期初余额》应当与《国际审计准则第 200 号——独立审计师的总体目标和按照国际审计准则执行审计工作》一并阅读。

引 言

本国际审计准则的范围

1. 本国际审计准则规范了审计师在执行首次审计业务时对期初余额的责任。除了财务报表金额，期初余额也包含了期初已经存在的需要披露的事项，如或有事项和承诺事项。当财务报表包括比较财务信息时，国际审计准则第 710 号①的要求和指引同样适用。国际审计准则第 300 号②包含对首次审计开始前的活动的补充要求和指引。

生效日期

2. 本国际审计准则适用于会计期间开始于 2009 年 12 月 15 日及以后的财务报表审计。

目 标

3. 在执行首次审计业务时，审计师针对期初余额的目标是，获取充分、适当的审计证据以确定：

（a）期初余额是否含有对本期财务报表产生重大影响的错报；

（b）期初余额反映的恰当的会计政策是否在本期财务报表中得到一贯运用，或会计政策的变更是否已按照适用的财务报告框架作出适当的会计处理和充分的列报与披露。

定 义

4. 就国际审计准则而言，对下列术语给予以下定义：

（a）首次审计业务，是指以下情况之一：

（i）上期财务报表未经审计；

① 《国际审计准则第 710 号——比较信息：对应数据和比较财务报表》。

② 《国际审计准则第 300 号——计划审计工作》。

（ii）上期财务报表由前任审计师审计。

（b）期初余额，是指期初存在的账户余额。期初余额以上期期末余额为基础，反映了以前期间的交易和事项以及上期采用的会计政策的结果。期初余额也包括期初存在的需要披露的事项，如或有事项和承诺事项。

（c）前任审计师，是指已对被审计单位上期财务报表进行了审计，但被现任审计师接替的其他会计师事务所的审计师。

要　求

审计程序

期初余额

5. 审计师应当阅读最近期间的财务报表和前任审计师出具的审计报告（如有），获取与期初余额相关的信息，包括披露。

6. 审计师应当通过采取下列措施，获取充分、适当的审计证据，以确定期初余额是否包含对本期财务报表产生重大影响的错报：（参见：第 A1 – A2 段）

（a）确定上期期末余额是否已正确结转至本期，或在适当的情况下已作出重新表述；

（b）确定期初余额是否反映对恰当会计政策的运用；

（c）实施以下一项或几项审计程序：（参见：第 A3 – A7 段）

（i）如果上期财务报表已经审计，查阅前任审计师的审计工作底稿，以获取有关期初余额的审计证据；

（ii）评价本期实施的审计程序是否提供了有关期初余额的证据；

（iii）实施其他专门的审计程序，以获取有关期初余额的证据。

7. 如果审计师获取的审计证据表明期初余额存在可能对本期财务报表产生重大影响的错报，审计师应当实施适合具体情况的追加的审计程序，以确定对本期财务报表的影响。如果审计师认为本期财务报表中存在这类错报，审计师应当按照国际审计准则第 450 号③的规定，就这类错报与适当层级的管理层和治理层进行沟通。

会计政策的一贯性

8. 审计师应当获取充分、适当的审计证据，以确定期初余额反映的会计政策是

③ 《国际审计准则第 450 号——评价审计过程中识别出的错报》，第 8 段和第 12 段

否在本期财务报表中得到一贯运用，以及会计政策的变更是否已按照适用的财务报告框架作出适当的会计处理和充分的列报与披露。

前任审计师审计报告中的相关信息

9. 如果上期财务报表已由前任审计师审计，并发表了非无保留意见，审计师应当按照国际审计准则第315号④的规定，在评估本期财务报表重大错报风险时，评价导致非无保留意见的事项的影响。

审计结论和报告

期初余额

10. 如果审计师不能获取有关期初余额的充分、适当的审计证据，审计师应当按照国际审计准则第705号⑤的规定，对财务报表发表保留意见或无法表示意见。(参见：第A8段)

11. 如果审计师认为期初余额存在对本期财务报表产生重大影响的错报，且错报的影响未能得到恰当的会计处理或充分的列报与披露，审计师应当按照国际审计准则第705号的规定，发表保留意见或否定意见。

会计政策的一贯性

12. 如果认为存在下列情形之一，审计师应当按照国际审计准则第705号的规定，发表保留意见或否定意见：

(a) 按照适用的财务报告框架与期初余额相关的会计政策未能在本期得到一贯运用；

(b) 按照适用的财务报告框架，会计政策的变更未能得到恰当的会计处理或充分的列报与披露。

前任审计师审计报告中的非无保留意见

13. 如果前任审计师对上期财务报表发表了非无保留意见，并且该事项对本期财务报表仍然相关和重大，审计师应当按照国际审计准则第705号和国际审计准则第710号的规定，对本期财务报表发表非无保留意见。(参见：第A9段)

---

④《国际审计准则第315号——通过了解被审计单位及其环境识别和评估重大错报风险》。

⑤《国际审计准则第705号——在独立审计师报告中发表非无保留意见》。

应用和其他解释性材料

审计程序

对公共部门实体的特殊考虑（参见：第6段）

A1. 法律法规可能对公共部门实体作出限制性规定，使现任审计师不能从前任审计师处获取信息。例如，某公共部门实体之前由接受法定委托的审计师（如，审计长或者被指派为代表审计长的适当资格的人士）执行审计，现该公共部门实体变更为私营部门实体，有关保密的法律法规的规定，可能限制新接受委托的现任审计师接触前任审计师的工作底稿或其他信息，前任审计师可能无法就此提供帮助。在沟通受到限制的情况下，现任审计师可能需要通过其他方式获取审计证据；如果无法获取充分、适当的审计证据，现任审计师需要考虑对审计意见的影响。

A2. 如果由接受法定委托的审计师将某公共部门实体的审计外包给一个私营部门的会计师事务所，而接受外包的会计师事务所没有执行该公共部门实体上期财务报表审计，通常不视为取代接受法定委托的审计师。然而，根据外包协议的性质，从私营部门会计师事务所的审计师履行职责的角度看，该审计业务可被视为首次审计业务，因此，需要遵守本国际审计准则的规定。

期初余额（参见：第6段第（c）项）

A3. 为获取有关期初余额的充分、适当的审计证据，需要实施的审计程序的性质和范围取决于下列事项：

- 被审计单位运用的会计政策；
- 账户余额、各类交易和披露的性质以及本期财务报表存在的重大错报风险；
- 期初余额相对于本期财务报表的重要程度；
- 上期财务报表是否经过审计，如果经过审计，前任审计师的意见是否为非无保留意见。

A4. 如果上期财务报表由前任审计师审计，审计师可能通过复核前任审计师的工作底稿获取有关期初余额的充分、适当的审计证据。这种复核是否能够提供充分、适当的审计证据，受前任审计师的专业胜任能力和独立性的影响。

A5. 相关的道德和职业要求，对现任审计师与前任审计师的沟通作出规定。

A6. 对于流动资产和流动负债，审计师可以通过本期实施的审计程序获取有关期初余额的部分审计证据。例如，本期应收账款的收回（或应付账款的支付）为其在期初的存在、权利和义务、完整性和计价提供了部分审计证据。然而，就存货而言，本期对存货的期末余额实施的审计程序，几乎无法提供有关期初持有存货的审计证据。因此，审计师有必要实施追加的审计程序，以下一项或多项审计程序可能提供充分、适当的审计证据：

- 监盘当前的存货数量并调节至期初存货数量；
- 对期初存货项目的计价实施审计程序；
- 对毛利和截止实施审计程序。

A7. 对于非流动资产和非流动负债，如不动产、厂房和设备、投资和长期债务，审计师可以通过检查形成期初余额的会计记录和其他信息获取审计证据。在某些情况下，审计师可以通过向第三方函证获取有关期初余额（如长期债务和投资）的部分审计证据。在另外一些情况下，审计师可能需要实施追加的审计程序。

审计结论和报告

期初余额（参见：第 10 段）

A8. 国际审计准则第 705 号对可能导致审计师对财务报表发表非无保留意见的情形、适合具体情况的意见类型和发表非无保留意见时审计报告内容作出了规定并提供了指引。如果审计师无法针对期初余额获取充分、适当的审计证据，可能导致其在审计报告中发表下列类型之一的非无保留意见：

（a）发表适合具体情况的保留意见或无法表示意见；

（b）除非法律法规禁止，对经营成果和现金流量（如相关）发表保留意见或无法表示意见，而对财务状况发表无保留意见。

附录列示了审计报告参考格式。

前任审计师审计报告中的非无保留意见（参见：第 13 段）

A9. 在某些情况下，前任审计师的非无保留意见可能与对本期财务报表发表的意见既不相关也不重大。例如，上期存在范围限制，但在本期导致范围限制的事项已得到解决。

附录
（参见：第 A8 段）

非无保留意见的审计报告参考格式

参考格式 1：

第 A8 段第（a）项描述的情况包括：

- 审计师未能在本期期初对存货实施监盘，也未能获取有关存货期初余额的充分、适当的审计证据；
- 针对存货期初余额无法获取充分、适当的审计证据可能产生的影响，对被审计单位的经营成果和现金流量而言是重大但非广泛的；①
- 期末财务状况已得到公允反映；
- 在该特定司法管辖区，法律法规禁止审计师对经营成果和现金流量发表保留意见，而对财务状况发表无保留意见。

独立审计师报告

[恰当的收件人]

对财务报表出具的审计报告②

我们审计了后附的 ABC 公司财务报表，包括 20×1 年 12 月 31 日的资产负债表，20×1 年度的综合收益表、所有者权益变动表和现金流量表，以及重要会计政策概要和其他解释性信息。

管理层③对财务报表的责任

管理层负责按照国际财务报告准则编制和公允列报财务报表，④ 并对其认为为

---

① 如果判断可能产生的影响对经营成果和现金流量而言是重大而且广泛的，审计师对经营成果和现金流量发表无法表示意见。

② 如果第二个副标题“按照其他法律法规的要求报告的事项”不适用，则无需使用“对财务报表出具的审计报告”的副标题。

③ 或使用特定司法管辖区法律框架规定的恰当的其他术语。

④ 如果管理层的责任是编制真实和公允的财务报表，这可以表述为：“管理层负责按照国际财务报告准则编制真实和公允的财务报表……”。

使财务报表的编制不存在由于舞弊或错误导致的重大错报所必需的内部控制负责。

审计师的责任

我们的责任是在执行审计工作的基础上对财务报表发表审计意见。我们按照国际审计准则的规定执行了审计工作。国际审计准则要求我们遵守职业道德要求，计划和执行审计工作以对财务报表是否不存在重大错报获取合理保证。

审计工作涉及实施审计程序，以获取有关财务报表金额和披露的审计证据。选择的审计程序取决于审计师的判断，包括对由于舞弊或错误导致的财务报表重大错报风险的评估。在进行风险评估时，审计师考虑与编制和公允列报财务报表⑤相关的内部控制，以设计恰当的审计程序，但目的并非对内部控制的有效性发表意见。⑥审计工作还包括评价管理层选用会计政策的恰当性和作出会计估计的合理性，以及评价财务报表的总体列报。

我们相信，我们获取的审计证据是充分、适当的，为发表保留意见提供了基础。

导致保留意见的事项

我们在 20×1 年 6 月 30 日接受委托成为 ABC 公司的审计师，故未对期初存货实施监盘。我们通过其他审计程序也未能确定 20×0 年 12 月 31 日的存货数量。由于期初存货涉及对经营成果和现金流量的确定，我们无法确定是否有必要对本期综合收益表中报告的利润和现金流量表中报告的经营活动产生的现金净流量进行调整。

保留意见

我们认为，除"导致保留意见的事项"段所述事项可能产生的影响外，财务报表按照国际财务报告准则，在所有重大方面公允反映了（或真实和公允反映了）ABC 公司 20×1 年 12 月 31 日的财务状况以及 20×1 年度的经营成果和现金流量。

其他事项

ABC 公司 20×0 年度财务报表已由其他审计师审计，并于 20×1 年 3 月 31 日发表了无保留意见。

---

⑤ 对于脚注④，这可以表述为：在进行风险评估时，审计师考虑与编制真实和公允的财务报表相关的内部控制，以设计恰当的审计程序，但目的并非对内部控制的有效性发表意见。

⑥ 当审计师有责任将财务报表审计和对内部控制的有效性发表审计意见协同进行时，本句措辞为："在进行风险评估时，审计师考虑与编制和公允列报财务报表相关的内部控制，以设计恰当的审计程序。"。对于脚注④，这可以表述为：在进行风险评估时，审计师考虑与编制真实和公允的财务报表相关的内部控制，以设计恰当的审计程序。

按照其他法律法规的要求报告的事项

[审计报告中本部分的格式和内容，取决于审计师的其他报告责任的性质。]

[审计师签名]
[审计报告日期]
[审计师地址]

参考格式2：

第A8段第（b）项描述的情况包括：

- 审计师未能在本期期初对存货实施监盘，也未能获取有关存货期初余额的充分、适当的审计证据；
- 针对存货期初余额无法获取充分、适当的审计证据可能产生的影响，对被审计单位的经营成果和现金流量而言是重大但非广泛的；⑦
- 期末财务状况已经得到公允反映；
- 对经营成果和现金流量发表保留意见，而对财务状况发表无保留意见，这种意见被认为是适合具体情况的。

独立审计师报告

[恰当的收件人]

对财务报表出具审计报告⑧

我们审计了后附的ABC公司财务报表，包括20×1年12月31日的资产负债表，20×1年度的综合收益表、所有者权益变动表和现金流量表，以及重要会计政策概要和其他解释性信息。

⑦ 如果判断可能产生的影响对经营成果和现金流量而言是重大且广泛的，审计师对经营成果和现金流量发表无法表示意见。

⑧ 如果第二个副标题“按照其他法律法规的要求报告的事项”不适用，则无需使用“对财务报表出具的审计报告”的副标题。

管理层[⑨]对财务报表的责任

管理层负责按照国际财务报告准则编制和公允列报财务报表,[⑩] 并对其认为为使财务报表的编制不存在由于舞弊或错误导致的重大错报所必需的内部控制负责。

审计师的责任

我们的责任是在执行审计工作的基础上对财务报表发表审计意见。我们按照国际审计准则的规定执行了审计工作。国际审计准则要求我们遵守职业道德要求，计划和执行审计工作以对财务报表是否不存在重大错报获取合理保证。

审计工作涉及实施审计程序，以获取有关财务报表金额和披露的审计证据。选择的审计程序取决于审计师的判断，包括对由于舞弊或错误导致的财务报表重大错报风险的评估。在进行风险评估时，审计师考虑与编制和公允列报财务报表[⑪]相关的内部控制，以设计恰当的审计程序，但目的并非对内部控制的有效性发表意见。[⑫] 审计工作还包括评价管理层选用会计政策的恰当性和作出会计估计的合理性，以及评价财务报表的总体列报。

我们相信，我们获取的审计证据是充分、适当的，为对财务状况发表无保留意见和对经营成果和现金流量发表保留意见提供了基础。

导致对经营成果和现金流量发表保留意见的事项

我们在20×1年6月30日接受委托成为ABC公司的审计师，故未对期初存货实施监盘。我们通过其他审计程序也未能确定20×0年12月31日的存货数量。由于期初存货涉及对经营成果和现金流量的确定，我们无法确定是否有必要对本期综合收益表中报告的利润和现金流量表中报告的经营活动产生的现金净流量进行调整。

对经营成果和现金流量的保留意见

我们认为，除“导致对经营成果和现金流量发表保留意见的事项”段所述事项可能产生的影响外，综合收益表和现金流量表按照国际财务报告准则，在所有重大

---

⑨ 或使用特定司法管辖区法律框架规定的恰当的其他术语。

⑩ 如果管理层的责任是编制真实和公允的财务报告，这可以表述为：“管理层负责按照国际财务报告准则编制真实和公允的财务报表，……”。

⑪ 对于脚注⑩，这可以表述为：在进行风险评估时，审计师考虑与编制真实和公允的财务报表相关的内部控制，以设计恰当的审计程序，但目的并非对内部控制的有效性发表意见。

⑫ 当审计师有责任将财务报表审计和对内部控制的有效性发表审计意见协同进行时，本句措辞为：“在进行风险评估时，审计师考虑与财务报表编制和公允列报相关的内部控制，以设计恰当的审计程序。”。对于脚注⑩，这可以表述为：在进行风险评估时，审计师考虑与编制真实和公允的财务报表相关的内部控制，以设计恰当的审计程序。

方面公允反映了（或真实和公允反映了）ABC 公司 20 ×1 年度的经营成果和现金流量。

对财务状况的意见

我们认为，ABC 公司资产负债表按照国际财务报告准则，在所有重大方面公允反映了（或真实和公允反映了）ABC 公司 20 ×1 年 12 月 31 日的财务状况。

其他事项

ABC 公司 20 ×0 年度财务报表已由其他审计师审计，并于 20 ×1 年 3 月 31 日发表了无保留意见。

按照其他法律法规的要求报告的事项

[审计报告中本部分的格式和内容，取决于审计师的其他报告责任的性质。]

[审计师签名]
[审计报告日期]
[审计师地址]

国际审计准则第520号
分析程序

（适用于会计期间开始于2009年12月15日及以后的财务报表审计）

目　录

《国际审计准则第520号——分析程序》应当与《国际审计准则第200号——独立审计师的总体目标和按照国际审计准则执行审计工作》一并阅读。

引　言

本国际审计准则的范围

1. 本国际审计准则规范了审计师将分析程序用作实质性程序（即“实质性分析程序”）。本国际审计准则同时规范了审计师在临近审计结束时实施分析程序的责任，以帮助审计师对财务报表形成总体结论。国际审计准则第 315 号[①]规范将分析程序用作风险评估程序。国际审计准则第 330 号包含关于应对评估的错报风险实施的审计程序的性质、时间安排和范围的要求和指引，这些审计程序中可能包括实质性分析程序。[②]

生效日期

2. 本国际审计准则适用于会计期间开始于 2009 年 12 月 15 日及以后的财务报表审计。

目　标

3. 审计师的目标是：

（a）在实施实质性分析程序时，获取相关、可靠的审计证据；

（b）在临近审计结束时，设计和实施分析程序，帮助审计师对财务报表形成总体结论，以确定财务报表是否与其对被审计单位的了解一致。

定　义

4. 就国际审计准则而言，术语“分析程序”，是指审计师通过分析不同财务数据之间以及财务数据与非财务数据之间的内在关系，对财务信息作出评价。分析程序还包括在必要时对识别出的与其他相关信息不一致或与预期值差异重大的波动和关系进行调查。（参见：第 A1—A3 段）

---

① 《国际审计准则第 315 号——通过了解被审计单位及其环境识别和评估重大错报风险》，第 6 段第（b）项。

② 《国际审计准则第 330 号——审计师针对评估的风险采取的应对措施》，第 6 段和第 18 段。

要 求

实质性分析程序

5. 在设计和实施实质性分析程序时，无论单独使用或与细节测试结合使用，按照国际审计准则第 330 号[③]，审计师应当：（参见：第 A4—A5 段）

（a）考虑针对所涉及认定评估的重大错报风险和实施的细节测试（如有），确定特定实质性分析程序对于这些认定的适用性；（参见：第 A6—A11 段）

（b）考虑可获得信息的来源、可比性、性质和相关性以及与信息编制相关的控制，评价在对已记录的金额或比率作出预期时所使用数据的可靠性；（参见：第 A12—A14 段）

（c）对已记录的金额和比率作出预期，并评价预期值是否足够精确以准确地识别重大错报（包括单项重大的错报和单项虽不重大但连同其他错报可能导致财务报表产生重大错报的错报）；（参见：第 A15 段）

（d）确定已记录金额与预期值之间可接受的，且无需按照第 7 段的要求作进一步调查的差异额。（参见：第 A16 段）

有助于形成总体结论的分析程序

6. 在临近审计结束时，审计师应当设计和实施分析程序，帮助其对财务报表形成总体结论，以确定财务报表是否与其对被审计单位的了解一致。（参见：第 A17 - A19 段）

调查分析程序的结果

7. 如果按照本国际审计准则实施分析程序，识别出与其他相关信息不一致或与预期值差异重大的波动或关系，审计师应当通过以下方式调查这些差异：

（a）询问管理层，并就管理层的答复获取适当的审计证据；

（b）根据具体情况在必要时实施其他审计程序。（参见：第 A20 - A21 段）

---

③ 国际审计准则第 330 号，第 18 段。

应用和其他解释性材料

分析程序的定义（参见：第4段）

A1. 分析程序包括考虑将被审计单位的财务信息与下列各项信息进行比较：

- 以前期间的可比信息；
- 被审计单位的预期结果，如预算或预测等，或审计师的预期数据，如对折旧的估计值；
- 可比的行业信息，如将被审计单位的销售周转率与行业平均水平或与同行业中规模相近的其他实体进行比较。

A2. 在实施分析程序时，还需要考虑下列关系：

- 财务信息要素之间的关系（根据被审计单位的经验，预期这种关系符合某种可预测的规律，如毛利率）；
- 财务信息和相关非财务信息之间的关系，如工资成本与员工人数的关系等。

A3. 审计师可以使用不同的方法实施分析程序。这些方法包括从简单的比较到使用高级统计技术的复杂分析。分析程序可以应用到合并财务报表、财务报表的组成部分以及财务信息的单个要素。

实质性分析程序（参见：第5段）

A4. 审计师在认定层次实施的实质性程序可以是细节测试、实质性分析程序，或两者的结合。在确定实施何种审计程序（包括是否实施实质性分析程序）时，审计师需要判断可以采用的审计程序在将认定层次的审计风险降至可接受的低水平时的预期效果和效率。

A5. 审计师可以向管理层询问实施实质性分析程序所需信息的可获得性和可靠性，以及被审计单位实施这种程序的结果。如果审计师认为管理层编制的分析数据是适当的，则使用管理层编制的这种数据可能是有效的。

特定实质性分析程序对于所涉及认定的适用性（参见：第5段第（a）项）

A6. 实质性分析程序通常更适用于在一段时期内存在可预期关系的大量交易。分析程序的运用建立在这种预期的基础上，即数据之间的关系存在且在没有反证的情况下继续存在。然而，某一特定分析程序的适用性，取决于审计师评价该分析程序在发现某一错报单独或连同其他错报可能引起财务报表重大错报时的有效性。

A7. 在某些情况下，不复杂的预测模型也可以用于实施有效的分析程序。例如，如果被审计单位在某一会计期间对既定数量的员工支付固定工资，审计师可利用这一数据非常准确地估计出该期间的员工工资总额，从而获取有关该重要财务报表项目的审计证据，并降低对工资成本实施细节测试的必要性。一些广泛认同的行业比率（如不同类型零售企业的毛利率）通常可以有效地运用于实质性分析程序，为已记录金额的合理性提供支持性证据。

A8. 不同类型的分析程序提供不同程度的保证。例如，根据租金水平、公寓数量和空置率，可以测算出一幢公寓大楼的总租金收入。如果这些基础数据得到恰当验证，上述分析程序能提供具有说服力的证据，从而可能无需利用细节测试再作进一步验证。相比之下，通过计算和比较毛利率，对于某项收入数据的确认，可以提供说服力相对较弱的审计证据，但如果结合实施其他审计程序，则可以提供有用的佐证。

A9. 对特定实质性分析程序适用性的确定，受到认定的性质和审计师对重大错报风险评估的影响。例如，如果针对销售订单处理的控制存在缺陷，对与应收账款相关的认定，审计师可能更多地依赖细节测试，而非实质性分析程序。

A10. 在针对同一认定实施细节测试时，特定的实质性分析程序也可能视为是适当的。例如，审计师在对应收账款余额的计价认定获取审计证据时，除了对期后收到的现金实施细节测试外，也可以对应收账款的账龄实施分析程序，以确定应收账款的可收回性。

对公共部门实体的特殊考虑

A11. 在企业财务报表审计中，传统上考虑的各财务报表项目之间的关系，在政府部门或其他非企业公共部门实体的审计中往往是不相关的。例如，在很多公共部门实体中，收入与支出之间几乎没有直接关系。另外，由于资产的购置支出可能不予资本化，购置资产（如存货和固定资产）的支出与在财务报表中这些资产的金额之间可能没有关系。同时，用于比较目的的行业数据或统计数据可能无法在公共部门获取。然而，其他数据之间的关系可能是相关的，如每公里公路建设成本的差异，或者购买车辆与报废车辆数目的比较。

数据的可靠性（参见：第 5 段第（b）项）

A12. 数据的可靠性受其来源和性质的影响，并取决于获取该数据的环境。因此，在确定数据的可靠性是否能够满足实质性分析程序的需要时，下列因素是相关的：

（a）可获得信息的来源。例如，从被审计单位以外的独立来源获取的信息可能更加可靠；④

④《国际审计准则第 500 号——审计证据》，第 A31 段。

（b）可获得信息的可比性。例如，对于生产和销售特殊产品的被审计单位，可能需要对宽泛的行业数据进行补充，使其更具可比性；

（c）可获得信息的性质和相关性。例如，预算是否为预期的结果，而不是将要达到的目标；

（d）与信息编制相关的控制，用以确保信息完整、准确和有效。例如，与预算的编制、复核和维护相关的控制。

A13. 当针对评估的风险实施实质性分析程序时，如果使用被审计单位编制的信息，审计师可能需要考虑测试与信息编制相关的控制（如有）的有效性。当这些控制有效时，审计师通常对该信息的可靠性更有信心，进而对分析程序的结果更有信心。对与非财务信息相关的控制运行有效性进行的测试，通常与对其他控制的测试结合在一起进行。例如，被审计单位对销售发票建立控制的同时，也可能对销售数量的记录建立控制。在这些情况下，审计师可以把两者的控制有效性测试结合在一起进行。或者，审计师可以考虑该信息是否需要经过测试。国际审计准则第500号就确定针对实质性分析程序所使用的信息实施的审计程序作出了规定并提供了指引。⑤

A14. 无论审计师是在期末对财务报表审计时实施实质性分析程序，还是在期中实施并计划针对剩余期间实施实质性分析程序，第A12段第（a）-（d）项中讨论的情况均适用。国际审计准则第330号规定了期中实施实质性程序的有关要求并提供了指引。⑥

评价预期值的精确程度（参见：第5段第（c）项）

A15. 在评价预期值是否够精确，以确定一项错报单独或连同其他错报可能导致财务报表发生重大错报时，审计师考虑的相关事项包括：

- 对实质性分析程序的预期结果作出预测的精确性。例如，与酌量费用（如研发或广告费用）相比，审计师预期各期的毛利率更具有稳定性；
- 信息可分解的程度。例如，与对整体财务报表实施实质性分析程序相比，对单个经营部门的财务信息或某个多元化经营的财务报表组成部分实施实质性分析程序可能更有效；
- 财务信息和非财务信息的可获得性。例如，在设计实质性分析程序时，审计师可能考虑是否可以获得所需的财务信息（如预算和预测）及非财务信息（如已生产或已销售产品的数量）。如果信息是可以获取的，如上述第A12—A13段所述，审计师可能仍需要考虑信息的可靠性。

---

⑤ 国际审计准则第500号，第10段。

⑥ 国际审计准则第330号，第22-23段。

已记录金额与预期值之间可接受的差异额（参见：第 5 段第（d）项）

A16. 审计师在确定已记录金额与预期值之间可接受的，且无需作进一步调查的差异额时，受重要性[⑦]和计划的保证水平的影响。在确定该差异额时，审计师需要考虑一项错报单独或连同其他错报导致财务报表发生重大错报的可能性。国际审计准则第 330 号要求，审计师评估的风险越高，需要获取越有说服力的审计证据。[⑧]因此，为了获取具有说服力的审计证据，当评估的风险增加时，可接受的、无需作进一步调查的差异额将会降低。[⑨]

有助于形成总体结论的分析程序（参见：第 6 段）

A17. 按照第 6 段的规定，在临近审计结束时设计和实施分析程序是为了佐证在审计财务报表各个组成部分或各个要素过程中形成的结论。分析程序有助于审计师形成合理的结论，作为审计意见的基础。

A18. 分析程序的结果可能有助于审计师识别出以前未识别的重大错报风险。在这种情形下，国际审计准则第 315 号要求审计师修正重大错报风险的评估结果，并相应修改原计划实施的进一步审计程序。[⑩]

A19. 按照第 6 段的规定实施的分析程序，可能与用作风险评估程序的分析程序类似。

调查分析程序的结果（参见：第 7 段）

A20. 考虑对被审计单位及其环境的了解以及在审计过程中获取的其他审计证据后，审计师可以通过评价管理层的答复，获取与答复相关的审计证据。

A21. 如果管理层不能提供解释，或审计师结合与管理层答复相关的审计证据认为管理层的解释不充分，则可能需要实施其他审计程序。

---

⑦ 《国际审计准则第 320 号——计划和执行审计工作时的重要性》，第 A13 段。

⑧ 国际审计准则第 330 号，第 7 段第（b）项。

⑨ 国际审计准则第 330 号，第 A19 段。

⑩ 国际审计准则第 315 号，第 31 段。

国际审计准则第530号
审计抽样

（适用于会计期间开始于2009年12月15日及以后的财务报表审计）

目　录

《国际审计准则第530号——审计抽样》应当与《国际审计准则第200号——独立审计师的总体目标和按照国际审计准则执行审计工作》一并阅读。

引　言

本国际审计准则的范围

1. 本国际审计准则适用于审计师在实施审计程序时使用审计抽样。本国际审计准则规范了审计师在设计和选择审计样本，实施控制测试和细节测试，以及评价样本结果时，对统计抽样和非统计抽样的使用。

2. 本国际审计准则是对国际审计准则第500号[①]的补充。国际审计准则第500号要求审计师设计和实施审计程序，获取充分、适当的审计证据，以得出合理的结论，作为形成审计意见的基础。国际审计准则第500号为审计师在选取测试项目时可使用的方法提供了指引，审计抽样是其中一种方法。

生效日期

3. 本国际审计准则适用于会计期间开始于2009年12月15日及以后的财务报表审计。

目　标

4. 使用审计抽样时，审计师的目标是，为得出关于抽样总体的结论提供合理的基础。

定　义

5. 就国际审计准则而言，对下列术语给予以下定义：

（a）审计抽样（抽样），是指审计师对具有审计相关性的总体中低于百分之百的项目实施审计程序，使所有抽样单元都有被选取的机会，为审计师对整个总体得出结论提供合理基础；

（b）总体，是指审计师从中选取样本并期望据此得出结论的整个数据集合；

（c）抽样风险，是指审计师根据样本得出的结论，可能不同于如果对整个总体

① 《国际审计准则第500号——审计证据》。

实施与样本相同的审计程序得出的结论的风险。抽样风险可能导致两种类型的错误结论：

(i) 在实施控制测试时，审计师推断的控制有效性高于其实际有效性，或在实施细节测试时，审计师推断某一重大错报不存在而实际上存在。审计师主要关注这类错误结论，原因是其影响审计效果，非常有可能导致发表不适当的审计意见；

(ii) 在实施控制测试时，审计师推断的控制有效性低于其实际有效性，或实施细节测试时，审计师推断某一重大错报存在而实际上不存在。这类错误结论影响审计效率，原因是其通常导致审计师实施额外的工作，以证实初始结论是错误的。

(d) 非抽样风险，是指审计师由于任何与抽样风险无关的原因而得出错误结论的风险；(参见：第 A1 段)

(e) 异常误差，是指对总体中的错报或偏差明显不具有代表性的错报或偏差；

(f) 抽样单元，是指构成总体的个体项目；(参见：第 A2 段)

(g) 统计抽样，是指同时具备下列特征的抽样方法：

(i) 随机选取样本项目；

(ii) 运用概率论评价样本结果，包括计量抽样风险。

不同时具备上述两个特征的抽样方法为非统计抽样。

(h) 分层，是指审计师将总体划分为多个子总体的过程，每个子总体由一组具有相同特征（通常是货币金额）的抽样单元组成；

(i) 可容忍错报，是指审计师设定的货币金额，审计师试图对总体中的实际错报不超过该货币金额获取适当水平的保证；(参见：第 A3 段)

(j) 可容忍偏差率，是指审计师设定的偏离规定的内部控制程序的比率，审计师试图对总体中的实际偏差率不超过该比率获取适当水平的保证。

要　求

样本设计、规模和选取测试项目

6. 在设计审计样本时，审计师应当考虑审计程序的目的和抽样总体的特征。(参见：第 A4 - A9 段)

7. 审计师应当确定足够的样本规模，以将抽样风险降至可接受的低水平。(参见：第 A10 - A11 段)

8. 审计师在选取样本项目时，应当使总体中的每个抽样单元都有被选取的机

会。(参见：第 A12 – A13 段)

实施审计程序

9. 审计师应当针对选取的每个项目，实施适合具体目的的审计程序。

10. 如果审计程序不适用于选取的项目，审计师应当针对替代项目实施审计程序。(参见：第 A14 段)

11. 如果未能对某个选取的项目实施设计的审计程序或适当的替代程序，审计师应当将该项目视为控制测试中对规定控制的一项偏差，或细节测试中的一项错报。(参见：第 A15 – A16 段)

偏差和错报的性质与原因

12. 审计师应当调查识别出的所有偏差或错报的性质和原因，并评价其对审计程序的目的和审计其他方面可能产生的影响。(参见：第 A17 段)

13. 在极其特殊的情况下，如果审计师认为样本中发现的某项错报或偏差是异常误差，审计师应当对该项错报或偏差对总体不具有代表性获取高度保证。在获取这种高度保证时，审计师应当实施追加的审计程序，获取充分、适当的审计证据，以确定该项错报或偏差不影响总体的其余部分。

推断错报

14. 在细节测试中，审计师应当根据样本中发现的错报推断总体错报。(参见：第 A18 – A20 段)

评价审计抽样结果

15. 审计师应当对下列方面进行评价：

(a) 样本结果；(参见：第 A21 – A22 段)

(b) 使用审计抽样是否已为审计师针对所测试的总体得出的结论提供合理基础。(参见：第 A23 段)

应用和其他解释性材料

定义

非抽样风险（参见：第 5 段第（d）项）

A1. 非抽样风险的例子包括：审计师采用不适当的审计程序或者误解审计证据

而没有发现错报或偏差。

抽样单元（参见：第5段第（f）项）

A2. 抽样单元可能是实物项目（如支票簿上列示的支票信息，银行对账单上的贷方记录，销售发票或应收账款余额），也可能是货币单元。

可容忍错报（参见：第5段第（i）项）

A3. 在设计样本时，审计师需要确定可容忍错报，以应对单个非重大错报的汇总数可能导致财务报表存在重大错报的风险，并为可能未发现的潜在错报留出余地。可容忍错报是将国际审计准则第320号[②]所定义的实际执行的重要性运用到特定抽样程序。可容忍错报可能等于或低于实际执行的重要性。

样本设计、规模和选取测试项目

样本设计（参见：第6段）

A4. 审计抽样使审计师能够获取和评价有关所选取项目某些特征的审计证据，以形成或有助于形成有关总体的结论。审计师在运用审计抽样时，既可以使用非统计抽样方法，也可以使用统计抽样方法。

A5. 在设计审计样本时，审计师考虑的因素包括拟实现的特定目的以及可能实现该目的的最佳审计程序组合。考虑拟获取审计证据的性质，以及与该审计证据相关的可能的偏差、错报情况或其他特征，有助于审计师界定偏差或错报的构成以及采用何种总体。按照国际审计准则第500号第10段的要求，在实施审计抽样时，审计师需要实施审计程序，以获取有关总体的完整性的审计证据。

A6. 根据第6段的要求，审计师考虑审计程序的目的，包括清楚地了解什么构成偏差或错报，可以使其在评价偏差或推断错报时仅考虑与审计程序目的相关的所有情况。例如，对应收账款的存在实施细节测试时，如实施函证程序，客户在函证基准日之前支付而被审计单位在函证基准日之后不久收到的款项，不视为错报。再如，客户明细账之间的误登不影响应收账款总账余额，即使这种误登可能对审计的其他方面（如对舞弊风险或坏账准备充分性的评估）具有重要影响，在评价该特定审计程序的样本测试结果时将其视为错报可能是不适当的。

A7. 对于控制测试，审计师在考虑总体特征时，需要根据对相关控制的了解或对总体中少量项目的检查来评估预期偏差率。审计师作出这种评估，旨在设计审计样本和确定样本规模。例如，如果预期偏差率高得无法接受，审计师通常决定不实

---

② 《国际审计准则第320号——计划和执行审计工作时的重要性》，第9段。

施控制测试。同样，对于细节测试，审计师需要评估总体中的预期错报。如果预期错报很高，审计师在实施细节测试时对总体进行100%检查或使用较大的样本规模可能较为适当。

A8. 在考虑总体的特征时，审计师可能认为分层或金额加权选样是适当的。附录1为分层和金额加权选样提供了进一步指引。

A9. 确定使用统计抽样方法还是非统计抽样方法，取决于审计师的职业判断；但样本规模不是区分统计抽样方法和非统计抽样方法的有效标准。

样本规模（参见：第7段）

A10. 审计师愿意接受的抽样风险水平影响所需的样本规模。审计师愿意接受的抽样风险越低，所需的样本规模越大。

A11. 审计师可以运用统计学公式或运用职业判断确定样本规模。附录2和附录3列示了通常对确定样本规模产生影响的各种因素。无论选择统计抽样还是非统计抽样方法，在类似情况下，附录2和附录3中列示的因素对样本规模的影响也是类似的。

选取测试项目（参见：第8段）

A12. 在统计抽样中，审计师选取样本项目时每个抽样单元被选取的概率是已知的。在非统计抽样中，审计师根据判断选取样本项目。由于抽样的目的是为审计师得出有关总体的结论提供合理基础，审计师通过选择具有总体典型特征的样本项目，从而选出有代表性的样本以避免偏向是很重要的。

A13. 选取样本的主要方法包括随机选样、系统选样和随意选样。附录4对每种方法提供了指引。

实施审计程序（参见：第10－11段）

A14. 需要选择替代项目实施程序的例子是在测试付款授权时选取了一张作废的支票。如果确信支票已经按照适当程序作废因而不构成偏差，审计师需要适当选择一个替代项目进行检查。

A15. 审计师无法对所选择的项目实施设计的审计程序的例子是与选取的某项目有关的文件丢失。

A16. 例如，当未收到积极式询证函的回函时，审计师可以实施适当的替代程序，检查期后的现金收款以及有关其来源和对应项目的证据。

偏差和错报的性质与原因（参见：第12段）

A17. 在分析识别出的偏差和错报时，审计师可能注意到许多偏差和错报具有共同的特征，如交易类型、地点、产品线或时段。在这种情况下，审计师可以决定找出总体中具有这一共同特征的所有项目，并将审计程序扩展到这些项目。另外，这些偏差或错报可能是有意的，可能表明存在舞弊。

推断错报（参见：第 14 段）

A18. 审计师需要推断总体错报，以获取对错报规模的大致了解。但该推断可能并不足以确定应记录的确切金额。

A19. 如果某项错报被确认为异常，审计师在推断总体错报时可以将其排除在外。但是，如果该错报没有被更正，审计师除推断非异常错报外还需要考虑所有异常错报的影响。

A20. 对于控制测试，由于样本偏差率也是整个总体的推断偏差率，审计师无需推断偏差。国际审计准则第 330 号[③]对审计师在拟信赖的控制中发现偏差的情况作出了规定。

评价审计抽样结果（参见：第 15 段）

A21. 对于控制测试，除非审计师已获取能够证实最初评估结果的进一步审计证据，超出预期的高偏差率可能导致评估的重大错报风险增加。对于细节测试，在缺乏进一步审计证据证明不存在重大错报的情况下，样本中超出预期的高错报可能导致审计师认为某类交易或账户余额存在重大错报。

A22. 对于细节测试，推断错报与异常错报（如有）之和是审计师对总体错报的最佳估计。当推断错报与异常错报之和超过可容忍错报时，样本就不能为得出有关测试总体的结论提供合理的基础。推断错报与异常错报之和越接近可容忍错报，总体中实际错报超过可容忍错报的可能性越大。如果推断错报高于确定样本规模时使用的预期错报，审计师可能认为，总体实际错报超出可容忍错报的抽样风险是不可接受的。考虑其他审计程序的结果有助于审计师评估总体中实际错报超出可容忍错报的抽样风险，获取额外的审计证据可以降低该风险。

A23. 如果认为审计抽样没有为得出有关测试总体的结论提供合理的基础，审计师可以：

- 要求管理层对识别出的错报和是否可能存在更多错报进行调查，并在必要时进行调整；
- 调整进一步审计程序的性质、时间安排和范围，以更好地获取所需的保证。例如，对于控制测试，审计师可能会扩大样本规模，测试替代控制或修改相关实质性程序。

---

③ 《国际审计准则第 330 号——审计师针对评估的风险采取的应对措施》，第 17 段。

附录1

（参见：第A8段）

分层和金额加权选样

在考虑抽样总体的特征时，审计师可能认为使用分层或金额加权选样比较适当。本附录为审计师使用分层或金额加权选样提供了指引。

分层

1. 审计师对总体进行分层，即将总体分成若干有识别特征的各个子总体，可以提高审计效率。分层的目标是减少每一层中项目的变异性，从而在不增加抽样风险的情况下减少样本规模。

2. 在实施细节测试时，审计师通常根据金额对总体进行分层。这使审计师能够将更多审计资源投向较大金额的项目，而这些项目最有可能包含高估错报。同样，审计师也可根据表明更高错报风险的特定特征对总体分层，例如，在测试应收账款计价中的坏账准备时，审计师可以根据账龄对应收账款余额进行分层。

3. 对层内样本项目实施审计程序的结果只能推断至构成该层的项目。如果要对整个总体得出结论，审计师需要考虑与构成整个总体的其他层有关的重大错报风险。例如，占总体数量20%的项目，其金额可能占账户余额的90%。审计师可能决定从这20%的项目中选取样本进行检查。然后，审计师评价样本结果，并对这90%的金额单独得出结论。对剩余10%的金额，审计师可以另外选取样本或使用其他获取审计证据的方法，或者可能认为剩余10%的金额不重要。

4. 如果审计师将某类交易或某账户余额分成不同的层，需要对每层分别推断错报。在考虑错报对该类别的所有交易或账户余额总体的可能影响时，审计师需要综合考虑每层的推断错报。

金额加权选样

5. 在细节测试中，将构成总体的每个货币单元作为抽样单元可能更有效率。从总体（如应收账款余额）中选取了具体的货币单元后，审计师可以对包含这些货币单元的特定项目（如明细账余额）进行检查。使用这种方法界定抽样单元的一个好处是，将审计资源投向金额较大的项目（因为他们被选取的机会更大），并缩小样本规模。这种方法可以与系统选样法（参见附录4）结合使用，且在用随机选样法选取项目时效率最高。

附录 2

（参见：第 A11 段）

控制测试中影响样本规模的因素示例

以下是审计师在确定控制测试的样本规模时可能考虑的因素。这些因素基于审计师没有修改控制测试的性质或时间安排，也没有修改实质性程序的假设。审计师需要综合考虑这些因素。

因素	对样本规模的影响	
1. 审计师在评估风险时考虑相关控制的范围扩大	增大	审计师拟从控制运行有效性中获取的保证程度越高，审计师评估的重大错报风险越低，样本规模就越大。如果评估认定层次重大错报风险时预期控制的运行是有效的，审计师需要实施控制测试。当其他情况相同时，审计师在风险评估中对控制运行有效性的依赖程度越高，审计师实施控制测试的范围越大（因此样本规模增大）。
2. 可容忍偏差率上升	减少	可容忍偏差率越低，所需的样本规模越大。
3. 拟测试总体的预计偏差率增加	增大	预期偏差率越高，所需的样本规模越大，以使审计师能够对实际偏差率作出合理的估计。审计师确定预期偏差率时应考虑的因素包括：审计师对经营情况的了解（特别是用来了解内部控制的风险评估程序），人员或内部控制的变化，以前期间实施审计程序的结果和其他审计程序的结果。如果预期控制偏差率很高，审计师通常有理由不降低或几乎不降低评估的重大错报风险。
4. 审计师对于总体实际偏差率未超出可容忍偏差率的期望保证程度增加	增大	审计师对于样本结果能够真正表明总体中实际发生的偏差的保证程度期望越高，所需的样本规模越大。
5. 总体中抽样单元的数量增加	影响可忽略	对于大规模总体而言，总体的实际规模对样本规模几乎没有影响。然而，对于小规模总体而言，审计抽样可能不比其他替代方法更能有效地获取充分、适当的审计证据。

附录3

（参见：第A11段）

细节测试中影响样本规模的因素示例

以下是审计师在确定细节测试的样本规模时可能考虑的因素。这些因素基于审计师没有修改控制测试，也没有修改实质性程序的性质或时间安排的假设。审计师需要综合考虑这些因素。

因素	对样本规模的影响	
1. 审计师评估的重大错报风险增加	增大	审计师评估的重大错报风险越高，所需的样本规模越大。审计师对重大错报风险的评估受到固有风险和控制风险的影响。例如，如果不实施控制测试，审计师不能因为与某特定认定有关的内部控制有效运行而降低评估的重大错报风险。因此，为了将审计风险降至可接受的低水平，审计师需要较低的检查风险，并更多地依赖实质性程序，从细节测试中获取的审计证据越多（即检查风险越低），所需的样本规模越大。
2. 针对同一认定更多地使用其他实质性程序	减少	为了将与特定总体有关的检查风险降至可接受的低水平，审计师越依赖其他实质性程序（细节测试或实质性分析程序），需要从抽样中获取的保证程度越低，因此样本规模可以越小。
3. 审计师对总体实际错报未超出可容忍错报的期望保证程度增加	增大	审计师对样本结果能够真正表明总体中实际错报金额所要求的保证程度越高，所需的样本规模越大。
4. 可容忍错报增加	减少	可容忍错报越低，所需的样本规模越大。
5. 审计师预计在总体中发现的错报金额增加	增大	审计师预计在总体中发现的错报金额越大，为了对总体中的实际错报金额作出合理估计所需的样本规模越大。与审计师考虑预计错报金额相关的因素包括：确定项目金额的主观性程度、风险评估程序的结果、控制测试的结果、以前期间实施审计程序的结果和其他实质性程序的结果。
6. 对总体分层（如适当）	减少	如果总体中项目的金额差异（变异性）很大，对总体分层可能有用。当总体被适当分层时，各层样本规模的汇总数通常小于在对整个总体选取样本的情况下审计师实现既定的抽样风险水平所需要的样本规模。
7. 总体中抽样单元的数量	影响可忽略	对于大规模总体，总体的实际规模对样本规模几乎没有影响。而对小规模总体，审计抽样可能不比其他替代方法更能有效地获取充分、适当的审计证据。（但是，在使用货币单元抽样时，总体金额的增加会导致样本规模的增加，除非财务报表整体重要性（有时是某类交易、账户余额或披露的重要性水平）的成比例增加抵消了这一影响）。

附录 4
（参见：第 A13 段）

选样方法

选取样本的方法有许多种。其中主要的方法包括：

（a）随机选样（使用随机数生成工具，如随机数表）；

（b）系统选样，即用总体中抽样单元的总数量除以样本规模，得到样本间隔（如 50），然后在第一个 50 中确定一个起点，其后每数到第 50 个的抽样单元就是所选项目。虽然可以随意选择起点，但如果使用计算机随机数发生器或随机数表，样本可能更随机。在使用系统选样时，审计师需要确定，总体中的抽样单元的排列方式不会使样本间隔正好与总体的特殊模式相对应；

（c）货币单元抽样是一种金额加权选样方法（如附录 1 所述）。在这种方法中，样本的规模、选取和评价产生了以货币金额表示的结论；

（d）随意选样。在这种方法中，审计师选取样本不采用结构化的方法。尽管不使用结构化方法，审计师也要避免任何有意识的偏向或可预见性（如回避难以找到的项目，或总是选择或回避每页的第一个或最后一个项目），从而试图保证总体中的所有项目都有被选中的机会。在使用统计抽样时，运用随意选样是不恰当的；

（e）整群选样是指从总体中选取一群（或多群）连续的项目。整群选样通常不能在审计抽样中使用，因为大部分总体的结构都使连续的项目之间可能具有类似的特征，但与总体中其他项目的特征不同。虽然在有些情况下审计师检查一群项目可能是适当的审计程序，但当审计师希望根据样本作出关于整个总体的有效推断时，极少将整群选样作为适当的选样方法。

国际审计准则第540号
审计会计估计（包括公允价值会计估计）和相关披露

（适用于会计期间开始于2009年12月15日及以后的财务报表审计）

目　录

《国际审计准则第540号——审计会计估计（包括公允价值会计估计）和相关披露》应当与《国际审计准则第200号——独立审计师的总体目标和按照国际审计准则执行审计工作》一并阅读。

引　言

本国际审计准则的适用范围

1. 本国际审计准则规范了审计师在财务报表审计中与会计估计（包括公允价值会计估计）和相关披露有关的责任。在涉及审计会计估计时，本国际审计准则是对审计师如何应用国际审计准则第 315 号[①]和国际审计准则第 330 号[②]及其他相关国际审计准则的进一步扩展。本国际审计准则还包括对处理个别会计估计的错报和可能存在管理层偏向的迹象的要求和指引。

会计估计的性质

2. 某些财务报表项目不能精确计量，只能进行估计。在本国际审计准则中，对这些财务报表项目的计量作为会计估计。管理层可获得的用以支持作出会计估计的信息的性质和可靠性差异很大，并因此影响与会计估计相关的估计不确定性的程度。估计不确定性的程度影响与会计估计相关的重大错报风险，包括会计估计对有意或无意的管理层偏向的敏感性。（参见：第 A1 – A11 段）

3. 会计估计的计量目标可能因适用的财务报告框架和所报告的报表项目而存在差异。一些会计估计的计量目标是，在需要作出会计估计的情况下，预测一项或多项交易、事项或情况的结果。对于包括许多公允价值会计估计在内的其他会计估计，计量目标有所不同，表现为按照计量日普遍存在的状况（如对某一特定类型资产或负债估计的市场价格）反映某一当前交易或财务报表项目的价值。例如，适用的财务报告框架可能要求公允价值计量以公平交易中熟悉情况的交易双方（有时称为市场参与方或类似称谓）自愿进行的假定的当前交易为基础，而不是以过去或未来时点的交易为基础。[③]

4. 会计估计的结果与财务报表中原来已确认或披露的金额存在差异，并不必然表明财务报表存在错报。这对于公允价值会计估计而言尤其如此，因为任何已观察到的结果都不可避免地受到作出会计估计的时点后所发生的事项或情况的影响。

生效日期

5. 本国际审计准则适用于会计期间开始于 2009 年 12 月 15 日及以后的财务报表审计。

---

① 《国际审计准则第 315 号——通过了解被审计单位及其环境识别和评估重大错报风险》。

② 《国际审计准则第 330 号——审计师针对评估的风险采取的应对措施》。

③ 各财务报告框架可能对公允价值有不同界定。

目　标

6. 审计师的目标是，获取充分、适当的审计证据以确定：

（a）根据适用的财务报告框架，财务报表中确认或披露的会计估计（包括公允价值会计估计）是否合理；

（b）根据适用的财务报告框架，财务报表中的相关披露是否充分。

定　义

7. 就国际审计准则而言，对下列术语给予以下定义：

（a）会计估计，是指在缺乏精确计量手段的情况下，采用的某项金额的近似值。会计估计一般包括存在估计不确定性时以公允价值计量的金额，以及其他需要估计的金额。当仅针对涉及公允价值计量的会计估计时，本国际审计准则采用“公允价值会计估计”的术语；

（b）审计师的点估计或区间估计，是指从审计证据中得出的、用以评价管理层点估计的金额或金额区间；

（c）估计不确定性，是指会计估计和相关披露在计量方面对固有不精确性的敏感性；

（d）管理层偏向，是指管理层在编制信息时缺乏中立性；

（e）管理层的点估计，是指管理层在财务报表中确认或披露一项会计估计而选择的金额；

（f）会计估计的结果，是指需要作出会计估计的交易、事项或情况得以解决时实际发生的货币金额。

要　求

风险评估程序和相关活动

8. 当实施国际审计准则第 315 号所要求的风险评估程序和相关活动，④ 以了解

④ 国际审计准则第 315 号，第 5－6 段和第 11－12 段。

被审计单位及其环境（包括内部控制）时，审计师应当了解下列内容，作为识别和评估会计估计重大错报风险的基础：（参见：第 A12 段）

（a）与会计估计（包括相关披露）相关的适用的财务报告框架的规定；（参见：第 A13 – A15 段）

（b）管理层如何识别可能需要作出会计估计并将其在财务报表中确认或披露的交易、事项和情况。在进行了解时，审计师应当向管理层询问可能导致新的会计估计或需要修改现有的会计估计的环境变化；（参见：第 A16 – A21 段）

（c）管理层如何作出会计估计，以及会计估计所依据的数据，包括：（参见：第 A22 – A23 段）：

（i）用以作出会计估计的方法，包括模型（如适用）；（参见：第 A24 – A26 段）

（ii）相关控制；（参见：第 A27 – A28 段）

（iii）管理层是否利用专家的工作；（参见：第 A29 – A30 段）

（iv）会计估计所依据的假设；（参见：第 A31 – A36 段）

（v）用以作出会计估计的方法是否已经发生或应当发生不同于上期的变化，以及变化的原因；（参见：第 A37 段）

（vi）管理层是否评估以及如何评估估计不确定性的影响。（参见：第 A38 段）

9. 审计师应当复核上期财务报表中会计估计的结果，或者复核管理层在本期财务报表中对上期会计估计作出的后续重新估计（如适用）。在确定复核的性质和范围时，审计师应当考虑会计估计的性质，以及复核时获取的信息是否可能与识别和评估本期财务报表中会计估计的重大错报风险相关。但是，审计师复核的目的不是质疑上期依据当时可获取的信息而作出的判断。（参见：第 A39 – A44 段）

识别和评估重大错报风险

10. 当按照国际审计准则第 315 号的规定识别和评估重大错报风险时，[5] 审计师应当评价与会计估计相关的估计不确定性的程度。（参见：第 A45 – A46 段）

11. 审计师应当根据职业判断确定识别出的具有高度估计不确定性的会计估计是否会导致特别风险。（参见：第 A47 – A51 段）

应对评估的重大错报风险

12. 基于评估的重大错报风险，审计师应当确定：（参见：第 A52 段）

（a）管理层是否恰当地应用与会计估计相关的适用的财务报告框架的规定；

⑤ 国际审计准则第 315 号，第 25 段。

（参见：第 A53 – A56 段）

（b）作出会计估计的方法是否恰当，并得到一贯应用，以及会计估计或作出会计估计的方法不同于上期的变化是否适合于具体情况。（参见：第 A57 – A58 段）

13. 当按照国际审计准则第 330 号的规定应对评估的重大错报风险时，[⑥] 审计师应当考虑会计估计的性质，并实施下列一项或多项程序：（参见：第 A59 – A61 段）

（a）确定截至审计报告日发生的事项是否提供有关会计估计的审计证据；（参见：第 A62 – A67 段）

（b）测试管理层如何作出会计估计以及会计估计所依据的数据。在进行测试时，审计师应当评价：（参见：第 A68 – A70 段）

（i）采用的计量方法在具体情况下是否恰当；（参见：第 A71 – A76 段）

（ii）根据适用的财务报告框架确定的计量目标，管理层使用的假设是否合理；（参见：第 A77 – A83 段）

（c）测试与管理层如何作出会计估计相关的控制的运行有效性，并实施恰当的实质性程序；（参见：第 A84 – A86 段）

（d）作出审计师的点估计或者区间估计，以评价管理层的点估计。针对此目的：（参见：第 A87 – A91 段）

（i）如果使用有别于管理层的假设或方法，审计师应当充分了解管理层的假设或方法，以确定审计师在作出点估计或区间估计时已考虑了相关变量，并评价与管理层的点估计存在的任何重大差异；（参见：第 A92 段）

（ii）如果认为使用区间估计是恰当的，审计师应当基于可获取的审计证据来缩小区间估计，直至该区间估计范围内的所有结果均可被视为合理。（参见：第 A93 – A95 段）

14. 在确定第 12 段规定的事项，或者根据第 13 段的规定以应对评估的重大错报风险时，审计师应当考虑是否需要具备与会计估计的一个或多个方面相关的专业技能或知识，以获取充分、适当的审计证据。（参见：第 A96 – A101 段）

实施进一步实质性程序以应对特别风险

估计不确定性

15. 对导致特别风险的会计估计，除实施国际审计准则第 330 号规定的其他实质性程序外，[⑦] 审计师还应当：（参见：第 A102 段）

（a）评价管理层如何考虑替代性的假设或结果，以及拒绝采纳的原因，或者在

---

⑥ 国际审计准则第 330 号，第 5 段。

⑦ 国际审计准则第 330 号，第 18 段。

管理层没有考虑替代性的假设或结果的情况下，评价管理层在作出会计估计时如何处理估计不确定性；（参见：第 A103 – A106 段）

（b）评价管理层使用的重大假设是否合理；（参见：第 A107 – A109 段）

（c）当管理层实施特定措施的意图和能力与其使用的重大假设的合理性或适用的财务报告框架的恰当应用相关时，评价这些意图和能力。（参见：第 A110 段）

16. 如果根据职业判断认为管理层没有适当处理估计不确定性对导致特别风险的会计估计的影响，审计师应当在必要时作出用于评价会计估计合理性的区间估计。（参见：第 A111 – A112 段）

确认和计量的标准

17. 对导致特别风险的会计估计，审计师应当获取充分、适当的审计证据，以确定下列方面是否符合适用的财务报告框架的规定：

（a）管理层对会计估计在财务报表中予以确认或不予确认的决策；（参见：第 A113 – A114 段）

（b）作出会计估计所选择的计量基础。（参见：第 A115 段）

评价会计估计的合理性并确定错报

18. 审计师应当根据获取的审计证据，评价财务报表中的会计估计在适用的财务报告框架下是合理的还是存在错报。（参见：第 A116 – A119 段）

与会计估计相关的披露

19. 审计师应当获取充分、适当的审计证据，以确定与会计估计相关的财务报表披露是否符合适用的财务报告框架的规定。（参见：第 A120 – A121 段）

20. 对导致特别风险的会计估计，审计师还应当评价在适用的财务报告框架下，财务报表对估计不确定性的披露的充分性。（参见：第 A122 – A123 段）

可能存在管理层偏向的迹象

21. 审计师应当复核管理层在作出会计估计时的判断和决策，以识别是否可能存在管理层偏向的迹象。在得出某项会计估计是否合理的结论时，可能存在管理层偏向的迹象本身并不构成错报。（参见：第 A124 – A125 段）

书面声明

22. 审计师应当向管理层和治理层（如适用）获取书面声明，以确定其是否认为在作出会计估计时使用的重大假设是合理的。（参见：第 A126 – A127 段）

审计工作底稿

23. 审计工作底稿应当包括：⑧

（a）对导致特别风险的会计估计的合理性及其披露的充分性，审计师得出结论的基础；

（b）可能存在管理层偏向的迹象（如果存在）。（参见：第 A128 段）

应用和其他解释性材料

会计估计的性质（参见：第 2 段）

A1. 由于经营活动具有内在不确定性，某些财务报表项目只能进行估计。进一步讲，某项资产、负债或权益组成部分的具体特征或财务报告框架规定的计量基础或方法，可能导致有必要对某一财务报表项目作出估计。某些财务报告框架规定了计量的具体方法和需要在财务报表中作出的披露，但其他一些财务报告框架则规定较少。本国际审计准则的附录讨论了不同财务报告框架下公允价值的计量和披露。

A2. 某些会计估计涉及相对较低的估计不确定性，并可能导致较低的重大错报风险。例如：

- 从事不复杂的经营活动的被审计单位作出的会计估计；
- 因与常规交易相关而经常作出并更新的会计估计；
- 从较易获得的数据（如公布的利率或证券交易价格）中得出的会计估计。这些数据在公允价值会计估计中可能被称为“可观察到的”；
- 在适用的财务报告框架规定的公允价值计量方法简单且容易使用的情况下，对需要以公允价值计量的资产或负债作出的公允价值会计估计；
- 在模型的假设或输入数据是可观察到的情况下，采用广为人知或被普遍认可的计量模型作出的公允价值会计估计。

A3. 然而，某些会计估计可能存在相对较高的估计不确定性，尤其是当这些会计估计以重大假设为基础时。例如：

- 与诉讼结果相关的会计估计；
- 非公开交易的衍生金融工具的公允价值会计估计；
- 采用高度专业化的、由被审计单位自主开发的模型，或采用难以在市场上观察到的假设或输入数据作出的公允价值会计估计。

---

⑧ 《国际审计准则第 230 号——审计工作底稿》，第 8 – 11 段和第 A6 段。

A4. 估计不确定性的程度取决于：

- 会计估计的性质；
- 作出会计估计所使用的方法或模型被普遍认可的程度；
- 作出会计估计所使用的假设的主观程度。

在某些情况下，与某项会计估计相关的估计不确定性可能太大，以致无法满足适用的财务报告框架规定的确认标准，因而难以作出会计估计。

A5. 并非所有需要以公允价值计量的财务报表项目都涉及估计不确定性。例如，对于存在活跃和公开市场且能轻易获得交易发生时点价格的可靠信息的某些财务报表项目，公开的市场报价通常是确定公允价值的最佳审计证据。但是，即使能够明确地规定估值方法和数据，估计不确定性可能仍存在。例如，如果持有量相对于市场存量重大或在交易方面存在限制，在以市场价格对具有活跃市场报价的证券估值时，可能需要作出调整。此外，当时的总体经济情况（如在特定市场缺乏流动性）也可能影响估计不确定性。

A6. 除公允价值会计估计外，其他可能需要作出会计估计的情形举例如下：

- 坏账准备；
- 存货过时；
- 产品质量保证义务；
- 折旧方法或资产预计使用寿命；
- 如果投资的可收回性存在不确定性，对其账面价值计提的减值准备；
- 长期合约的结果；
- 由于了结诉讼或判决产生的成本。

A7. 其他需要作出公允价值会计估计的情形举例如下：

- 不存在活跃和公开市场的复杂金融工具；
- 股份支付；
- 待处置房屋建筑物或机器设备；
- 企业合并中获取的某些资产或负债，包括商誉和无形资产；
- 独立的当事人之间进行的非货币性资产（或负债）交换，如不同业务生产线设备之间的非货币性交换。

A8. 估计需要基于编制财务报表时可获得的信息作出判断。对于许多会计估计，这些判断需要对作出估计时不确定的事项作出假设。审计师没有责任预测那些一旦在审计时知悉，就可能对管理层的行为或假设产生重大影响的未来情况、交易或事项。

管理层偏向

A9. 财务报告框架通常要求财务信息具有中立性，即不受偏向的影响。但是，会计估计并不精确，受到管理层判断的影响。这种判断可能涉及有意（如实现某一特定结果的动机）或无意的管理层偏向。会计估计对管理层偏向的敏感性随着管理层作出估计的主观性的增加而增加。无意的管理层偏向，以及有意的管理层偏向的可能性，是对会计估计作出主观决策时所固有的。对于连续审计，以前审计中识别出的可能存在管理层偏向的迹象，会对审计师本期计划审计工作、风险识别和评估活动产生影响。

A10. 管理层偏向难以在账户层面发现。审计师可能只有在对不同类型或所有会计估计的汇总数加以考虑时，或者对连续几个期间进行观察时，才能识别出管理层偏向。即使某些形式的管理层偏向为主观决策所固有，在作出这些决策时，管理层可能无意误导财务报表使用者。但是，当存在有意误导时，管理层偏向具有欺诈性质。

对公共部门实体的特殊考虑

A11. 公共部门实体可能持有大量专用资产。这些资产不存在可轻易获得和可靠的信息来源，以按照公允价值或其他现值基础或者将两者结合起来对其进行计量。这些资产通常不产生现金流量，也不具有活跃市场。因此，对其按照公允价值进行计量通常需要估计，且可能很复杂，在极少情况下可能根本不可行。

风险评估程序和相关活动（参见：第8段）

A12. 本国际审计准则第8段要求的风险评估程序和相关活动有助于审计师预期被审计单位作出的会计估计性质和类型。审计师首要考虑的问题是所了解的情况是否足以识别和评估与会计估计相关的重大错报风险，以及计划进一步审计程序的性质、时间安排和范围。

了解适用的财务报告框架的要求（参见：第8段第（a）项）

A13. 了解适用的财务报告框架的要求，有助于审计师确定该框架是否：

- 规定了会计估计的确认条件或计量方法；[⑨]
- 明确了某些允许或要求采用公允价值计量的条件（如与管理层执行与某项资产或负债相关的特定措施的意图挂钩）；
- 明确了要求作出或允许作出的披露。

了解适用的财务报告框架的要求，也为审计师与管理层讨论管理层如何运用与会计估计相关的要求，以及审计师确定这些要求是否得到恰当运用提供了基础。

---

⑨ 多数财务报告框架要求将满足确认条件的项目包含在资产负债表或利润表中。不能用披露会计政策或添加财务报表附注来纠正未对此类项目的确认，包括会计估计。

A14. 当存在可供选择的点估计时，财务报告框架可能为管理层确定点估计提供指引。例如，某些财务报告框架要求所选择的点估计反映管理层对最可能出现的结果的判断。[10] 其他一些财务报告框架则要求使用预期概率加权折现价值。在某些情况下，管理层可能有能力直接作出点估计；在其他情况下，管理层只有在考虑了各个据以确定点估计的可供选择的假设或结果后，才可能作出可靠的点估计。

A15. 当会计估计对重大假设特别敏感时，适用的财务报告框架可能要求披露这些重大假设。此外，当存在高度的估计不确定性时，一些适用的财务报告框架不允许在财务报表中确认会计估计，但要求在财务报表附注中作出某些披露。

了解管理层如何识别是否需要作出会计估计（参见：第 8 段第（b）项）

A16. 编制财务报表要求管理层确定是否有必要对某项交易、事项和情况作出会计估计，以及确定是否已按照适用的财务报告框架确认、计量和披露所有必要的会计估计。

A17. 管理层识别需要作出会计估计的交易、事项和情况，可能依据下列因素：

- 管理层对被审计单位经营情况和所在行业的了解；
- 管理层对当前期间实施经营战略情况的了解；
- 管理层在以前期间编制财务报表所积累的经验（如适用）。

在上述情况下，审计师主要通过询问管理层，就可以了解管理层如何识别需要作出会计估计的情形。在其他情况下，当管理层作出会计估计的流程更为结构化时（如管理层设有正式的风险管理职责），审计师可以针对管理层定期复核导致会计估计的情况及在必要时重新作出会计估计的方法及惯常做法实施风险评估程序。会计估计（特别是与负债相关的会计估计）的完整性，通常是审计师考虑的重要因素。

A18. 审计师在实施风险评估程序时对被审计单位及其环境的了解，连同在审计过程中获取的其他审计证据，有助于审计师识别某些可能需要作出会计估计的情况（包括情况的变化）。

A19. 审计师可以向管理层询问下列情况：

- 被审计单位是否已从事可能需要作出会计估计的新型交易；
- 需要作出会计估计的交易的条款是否已改变；
- 由于适用的财务报告框架的要求或其他规定的变化，与会计估计相关的会计政策是否已经相应变化；
- 可能要求管理层修改或作出新会计估计的外部监管变化或其他不受管理层控制的变化是否已经发生；
- 是否已经发生可能需要作出新估计或修改现有估计的新情况或事项。

---

⑩ 不同的财务报告框架可能使用不同的术语描述以这种方式确定的点估计。

A20. 在审计过程中，审计师可能识别出一些管理层没有识别出但需要作出会计估计的交易、事项和情况。针对管理层未能识别出重大错报风险的情形，国际审计准则第 315 号提供了处理方法，包括如何确定与被审计单位的风险评估过程相关的内部控制是否存在值得关注的缺陷。⑪

对小型被审计单位的特殊考虑

A21. 由于小型被审计单位的业务活动通常有限，且交易较为简单，了解管理层如何识别作出会计估计的必要性通常并不复杂。在小型被审计单位，通常由某一个人（如业主兼经理）确定是否有必要作出会计估计，因此，审计师可对其进行重点询问。

了解管理层如何作出会计估计（参见：第 8 段第（c）项）

A22. 编制财务报表也要求管理层建立针对会计估计的财务报告过程（包括适当的内部控制）。这些过程包括：

- 选择适当的会计政策，并规定作出会计估计的流程，包括适当的估计或估值的方法或模型（如适用）；
- 形成或识别影响会计估计的相关数据和假设；
- 定期复核需要作出会计估计和在必要时重新作出会计估计的情形。

A23. 在了解管理层如何作出会计估计时，审计师可能考虑的事项包括：

- 与会计估计相关的账户或交易的类型（例如，会计估计是在对常规和重复发生的交易进行记录时作出的，还是在对异常或非重复发生的交易进行记录时作出的）；
- 针对特定会计估计，管理层是否使用以及如何使用经认可的计量技术；
- 会计估计是否以期中可获得的数据为基础，如是，管理层是否已考虑以及如何考虑期中时点至期末之间发生的事项、交易和变化后的情况产生的影响。

计量方法（包括模型的使用）（参见：第 8 段第（c）项之（i））

A24. 在某些情况下，适用的财务报告框架可能规定会计估计的计量方法，如计量公允价值会计估计的特定模型。但是，在许多情况下，适用的财务报告框架没有规定计量方法，或者可能规定了多种可供选择的计量方法。

A25. 当适用的财务报告框架没有规定具体环境下采用的特定计量方法时，在了解管理层作出会计估计所采用的方法或模型（如适用）时可能考虑的事项包括：

- 在选择特定方法时，管理层如何考虑需要作出估计的资产或负债的性质；

---

⑪ 国际审计准则第 315 号，第 16 段。

- 被审计单位是否在某些业务领域、行业或环境中从事经营活动，而这些业务领域、行业或环境存在用于作出特定类型会计估计的通用方法。

A26. 如果管理层作出会计估计时采用了内部开发的模型或偏离了某一特定行业或环境中所采用的通用方法，则可能存在更大的重大错报风险。

相关控制（参见：第 8 段第（c）项之（ii））

A27. 在了解相关控制时，审计师可能考虑的事项包括作出会计估计的人员的经验与胜任能力，以及与下列情况相关的控制：

- 管理层如何确定作出会计估计所使用的数据的完整性、相关性和准确性；
- 由适当层次的管理层和治理层（如适用）对会计估计（包括使用的假设或输入数据）进行复核和批准；
- 将从事交易的人员和负责作出会计估计的人员进行职责分离，包括职责分配是否恰当地考虑了被审计单位的性质以及产品或服务的性质（例如，对于大型金融机构，相关职责分离可能包括设置负责对自有金融产品的公允价值作出估计和验证的独立部门，且该部门职员的薪酬不与这些产品挂钩）。

A28. 其他与作出会计估计相关的控制取决于具体情况。例如，如果被审计单位使用特定模型作出会计估计，管理层可能针对该模型建立专门的政策和程序。相关控制可能包括对下列事项的控制：

- 为特定目的而设计和开发或选择特定模型；
- 该模型的使用；
- 该模型可靠性的维护和定期验证。

管理层利用专家的工作（参见：第 8 段第（c）项之（iii））

A29. 管理层可能拥有作出点估计必要的经验和胜任能力，或者被审计单位可能雇用那些具备作出点估计必要的经验和胜任能力的人员。但是，在某些情况下，管理层可能需要聘请专家作出或者帮助其作出会计估计。这些情况可能包括：

- 需要作出会计估计的事项（如在采掘行业对矿产或油气储量的测量）具有特殊性质；
- 满足适用的财务报告框架相关要求的模型（如对某些公允价值计量采用的模型）具有一定的技术含量；
- 需要作出会计估计的情况、交易或事项的性质具有异常性或偶发性。

对小型被审计单位的特殊考虑

A30. 在小型被审计单位，业主兼经理通常有能力作出所要求的点估计。然而在某些情况下，利用专家的工作也是必要的。审计师在审计前期阶段与业主兼经理就会计估计的性质、会计估计的完整性、会计估计流程的适当性进行讨论，可能有助于业主兼经理确定是否需要利用专家的工作。

假设（参见：第 8 段第（c）项之（iv））

A31. 假设是会计估计不可或缺的组成部分。在了解构成会计估计基础的假设时，审计师可能考虑的事项包括：

- 假设（包括重大假设）的性质；
- 管理层如何评价假设是否相关和完整（即考虑了所有相关变量）；
- 管理层如何确定所采用的假设具有内在一致性（如适用）；
- 假设是否与管理层所能控制的事项相关（如对可能影响资产使用年限估计的维修计划的假设），以及这些假设是否与被审计单位的经营计划和外部环境相符，或者假设是否与管理层控制之外的事项相关（如对利率、死亡率、潜在的司法或监管行为或未来现金流量的变动和时间安排的假设）；
- 支持假设的文件记录（如存在）的性质和范围。

假设可能由专家作出或识别，以有助于管理层作出会计估计。当管理层采用这些假设时，就成为管理层的假设。

A32. 尽管输入数据通常是指基础数据，但在某些情况下也指假设（如管理层采用模型作出会计估计时）。

A33. 管理层可能使用来源于内部和外部不同类型的信息来支持假设，这些信息的相关性和可靠性各不相同。在某些情况下，假设可能可靠地建立在来源于外部（如公布的利率或其他统计数据）或内部（如历史信息或被审计单位以前经历过的情况）适用的信息的基础上。在其他情况下，假设可能更具有主观性，如被审计单位缺乏经验或没有获取信息的外部来源。

A34. 对于公允价值会计估计，假设反映熟悉情况且自愿的公平交易参与方（有时称为市场参与方或类似称谓）在交换资产或清偿债务时用以确定公允价值可能使用的信息，或者假设与熟悉情况且自愿的公平交易参与方使用的信息一致。特定假设也可能因被估值资产或负债的特征、估值方法（如市场法或收益法）和适用的财务报告框架的要求的不同而不同。

A35. 对于公允价值会计估计，假设或输入数据因其来源和基础的不同而不同。例如：

（a）依据从独立于报告主体以外的渠道获得的市场数据（有时称为“可观察到的输入数据”或类似称谓）得出的假设或输入数据，反映了市场参与方在确定资产或负债价格时使用的信息；

（b）依据具体情况下可获得的最佳信息（有时称为“不可观察到的输入数据”或类似称谓）得出的假设或输入数据，反映了被审计单位自身对市场参与方在确定资产或负债价格时使用何种假设作出的判断。

然而，在实务中，（a）和（b）之间的差别并不总是明显的，管理层可能有必要从不同市场参与方使用的不同假设中作出选择。

A36. 假设或输入数据的主观程度（如是否可观察到）影响估计不确定性的程度，并由此影响审计师对会计估计的重大错报风险的评估。

作出会计估计的方法的变化（参见：第 8 段第（c）项之（v））

A37. 在评价管理层如何作出会计估计时，审计师需要了解用以作出会计估计的方法与上期相比是否已经发生变化或应当发生变化。当影响被审计单位的环境或情况或者适用的财务报告框架的要求发生变化时，需要改变估计方法加以应对。如果管理层改变了用于作出会计估计的方法，则审计师需要确定管理层能够证明新方法更加恰当，或者新方法本身就是对变化的应对。例如，如果管理层将作出会计估计的依据从盯市法转为模型法，审计师需要根据经济环境质疑管理层关于市场的假设是否合理。

估计不确定性（参见：第 8 段第（c）项之（vi））

A38. 在了解管理层是否已经以及如何评估估计不确定性的影响时，审计师可能考虑的事项包括：

- 管理层是否已经考虑以及如何考虑各种可供选择的假设或结果，如通过敏感性分析确定假设变化对会计估计的影响；
- 当敏感性分析表明存在多种可能结果时，管理层如何作出会计估计；
- 管理层是否监控上期会计估计的结果，以及管理层是否已恰当地应对实施监控的结果。

复核上期会计估计（参见：第 9 段）

A39. 会计估计的结果通常有别于在上期财务报表中确认的会计估计。通过实施风险评估程序识别和了解差异产生的原因，审计师可能获得：

- 关于上期会计估计流程有效性的信息，据此能够判断当前流程的有效性；
- 证明在本期对上期会计估计作出的重新估计是适当的审计证据；
- 有关可能需要在财务报表中披露的事项（如估计不确定性）的审计证据。

A40. 复核上期会计估计，也可能有助于审计师在本期识别那些增加会计估计对管理层偏向敏感性的环境或情况，或者显示可能存在管理层偏向的环境或情况。审计师保持职业怀疑，有助于识别这些环境或情况，并确定进一步审计程序的性质、时间安排和范围。

A41. 国际审计准则第 240 号要求审计师复核与以前年度财务报表反映的重大会计估计相关的管理层判断和假设。[12] 为应对管理层凌驾于控制之上的风险，在设计和实施程序以复核会计估计是否存在管理层偏向，因而可能显示存在舞弊导致的重大错报风险时，审计师需要执行这种复核。在实务中，作为风险评估程序，按照本

---

⑫ 《国际审计准则第 240 号——财务报表审计中与舞弊相关的责任》，第 32 段第（b）项之（ii）。

国际审计准则要求对上期会计估计作出的复核，可以结合国际审计准则第 240 号要求的复核一并执行。

A42. 对上期审计中识别出的具有高度估计不确定性的会计估计，或者自上期以来发生重大变化的会计估计，审计师可能认为需要进行更加详细的复核；反之，对因记录常规和重复发生交易而产生的会计估计，审计师可能认为运用分析程序作为风险评估程序足以实现复核目的。

A43. 对公允价值会计估计和其他以计量日情况为基础的会计估计，上期财务报表中确认的公允价值金额与本期结果或为实现本期目的而重新作出估计的金额之间的差异可能更大。这是因为这些会计估计的计量目标是确定某一时点的价值，该价值可能随被审计单位经营环境的变化而发生显著和快速的变化。因此，审计师在复核时，可将重点放在获取与识别和评估重大错报风险相关的信息。例如，在某些情况下，如果市场参与方假设发生的变化影响上期公允价值会计估计的结果，则了解该变化可能难以提供与本期审计目的相关的信息。在这种情况下，审计师在对上期公允价值会计估计结果进行考虑时，可能着重了解管理层上期会计估计流程（即管理层的历史记录）的有效性，并据此判断管理层本期估计流程可能的有效性。

A44. 会计估计的结果与上期财务报表中已确认金额之间的差异，并不必然表明上期财务报表存在错报。然而，产生的差异也可能表明上期财务报表存在错报，例如，如果差异来源于在上期财务报表编制完成阶段管理层可以获得的信息，或合理预期管理层已经获得并在编制和列报财务报表时已予以考虑的信息。许多财务报告框架对界定会计估计变化是否构成错报以及相应的会计处理提供指引。

识别和评估重大错报风险

估计不确定性（参见：第 10 段）

A45. 与会计估计相关的估计不确定性程度受下列因素的影响：

- 会计估计对判断的依赖程度；
- 会计估计对假设变化的敏感性；
- 是否存在可以降低估计不确定性的经认可的计量技术（当然，作为输入数据的假设，其主观程度仍可导致估计不确定性）；
- 预测期的长度和从过去事项得出的数据对预测未来事项的相关性；
- 是否能够从外部来源获得可靠数据；
- 会计估计依据可观察到的或不可观察到的输入数据的程度。

与会计估计相关的估计不确定性程度，可能影响会计估计对管理层偏向的敏感性。

A46. 在评估重大错报风险时，审计师考虑的事项也可能包括：

- 会计估计的实际的或预期的重要程度；
- 会计估计的记录金额（即管理层的点估计）与审计师预期应记录金额的差异；
- 管理层在作出会计估计时是否利用专家工作；
- 对上期会计估计进行复核的结果。

高度估计不确定性和重大风险（参见：第 11 段）

A47. 可能存在高度估计不确定性的会计估计举例如下：

- 高度依赖判断的会计估计，如对未决诉讼的结果或未来现金流量的金额和时间安排的判断，而未决诉讼的结果或未来现金流量的金额和时间安排取决于未来多年的不确定事项；
- 未采用经认可的计量技术计算的会计估计；
- 审计师对上期财务报表中类似会计估计进行复核的结果表明最初会计估计与实际结果之间存在很大差异，在这种情况下的会计估计；
- 采用高度专业化的、由被审计单位自主开发的模型，或在缺乏可观察到的输入数据的情况下作出的公允价值会计估计。

A48. 由于存在估计不确定性，表面上不重要的会计估计可能导致重大错报，即财务报表中确认或披露的会计估计金额的大小，可能不能反映估计不确定性。

A49. 在某些情况下，估计不确定性非常高，以致难以作出合理的会计估计。因此，适用的财务报告框架可能禁止在财务报表中对此进行确认或以公允价值计量。在这种情况下，特别风险不仅与会计估计是否应予确认或以公允价值计量相关，而且与披露的充分性相关。针对这种会计估计，适用的财务报告框架可能要求披露会计估计和与之相关的高度估计不确定性。（参见：第 A120－A123 段）

A50. 如果认为会计估计导致特别风险，审计师需要了解被审计单位与会计估计相关的控制，包括控制活动。[13]

A51. 在某些情况下，会计估计的估计不确定性可能导致对被审计单位的持续经营能力的重大疑虑。国际审计准则第 570 号[14]针对这种情况作出了规定并提供了指引。

应对评估的重大错报风险（参见：第 12 段）

A52. 国际审计准则第 330 号要求审计师设计和实施审计程序（包括其性质、时间安排和范围），以应对评估的与会计估计相关的财务报表层次和认定层次重大错

⑬ 国际审计准则第 315 号，第 29 段。

⑭ 《国际审计准则第 570 号——持续经营》。

报风险。[15] 第 A53 – A115 段重点说明认定层次的具体应对措施。

适用的财务报告框架要求的运用（参见：第 12 段第（a）项）

A53. 许多财务报告框架规定会计估计的确认条件，并详细说明作出会计估计的方法和需要作出的披露。这些规定可能较为复杂，并要求运用判断。根据实施风险评估程序时了解的情况，审计师需要重点关注适用的财务报告框架中容易被误用或产生不同解释的相关要求。

A54. 审计师确定管理层是否恰当地遵守适用的财务报告框架的要求，在某种程度上依据其对被审计单位及其环境的了解。例如，对某些项目（如在企业合并中获得的无形资产）的公允价值进行计量需要特别考虑被审计单位的性质及其经营活动的影响。

A55. 在某些情况下，为了确定管理层是否恰当地遵守适用的财务报告框架的要求，审计师有必要实施追加的审计程序，如检查资产当前实物状况。

A56. 在运用适用的财务报告框架的要求时，管理层需要考虑影响被审计单位的环境或情况的变化。例如，特定类型资产或负债开始引入活跃市场时，可能表明使用折现现金流量估计其公允价值不再恰当。

方法的一致性和变化的基础（参见：第 12 段第（b）项）

A57. 在情况没有发生变化或没有出现新的信息时，对会计估计或估计方法作出改变是武断的。武断的变化导致各期财务报表不一致，并可能产生财务报表重大错报，或显示存在管理层偏向。因此，审计师考虑会计估计或其估计方法自上期以来发生的变化是非常重要的。

A58. 管理层通常能够为不同期间基于环境的变化对会计估计或其估计方法的改变提供很好的理由。审计师需要根据判断确定什么构成很好的理由，以及该理由支持管理层观点（即环境已经发生变化，需要对会计估计或其估计方法作出改变）的充分性。

应对评估的重大错报风险（参见：第 13 段）

A59. 审计师在确定单独或综合运用第 13 段规定的措施以应对重大错报风险时，需要考虑下列事项的影响：

- 会计估计的性质，包括会计估计是源于常规还是非常规交易；
- 预期审计程序能否有效地为审计师提供充分、适当的审计证据；
- 评估的重大错报风险，包括评估的风险是否是特别风险。

---

[15] 国际审计准则第 330 号，第 5 – 6 段。

A60. 例如，在评估坏账准备的合理性时，检查期后的现金回收情况并结合其他程序可能是有效的审计程序。当与会计估计相关的估计不确定性很高时，如会计估计是以采用不可观察到的输入数据的专有模型为基础时，可能有必要综合运用第 13 段规定的应对措施以获取充分、适当的审计证据。

A61. 第 A62 – A95 段提供了进一步指引，解释每项应对措施可能适用的情况。

截至审计报告日发生的事项（参见：第 13 段第（a）项）

A62. 当截至审计报告日发生的事项预期出现以下情形时，确定这些事项是否提供有关会计估计的审计证据可能是恰当的应对措施：

- 发生；
- 提供用以证实或否定会计估计的审计证据。

A63. 截至审计报告日发生的事项有时可能提供有关会计估计的充分、适当的审计证据。例如，期后不久出售某被替代的产品的全部存货，可能提供有关其可变现净值估计的审计证据。在这种情况下，如果已获取有关该事项的充分、适当的审计证据，可能没有必要对会计估计实施追加的审计程序。

A64. 对于某些会计估计，截至审计报告日发生的事项不可能提供审计证据。例如，与某些会计估计相关的情况或事项需要较长时间才有进展。同样，由于公允价值会计估计的计量目标，期后信息可能不反映资产负债表日存在的事项或情况，因而可能与公允价值会计估计的计量无关。第 13 段规定了审计师可能采取的应对重大错报风险的其他措施。

A65. 在某些情况下，与会计估计相矛盾的事项可能表明管理层没有建立作出会计估计的有效流程，或者在作出会计估计时存在管理层偏向。

A66. 即使决定对特定会计估计不采取这种方法，审计师仍需要遵守国际审计准则第 560 号[16]的相关规定。审计师需要实施审计程序，获取充分、适当的审计证据，以确定财务报表日至审计报告日之间发生的、需要在财务报表中调整或披露的事项已经识别[17]并在财务报表中得到恰当反映。[18] 由于除公允价值会计估计外的许多会计估计的计量通常取决于未来情况、交易或事项的结果，国际审计准则第 560 号规定的审计工作对于这些会计估计尤为相关。

对小型被审计单位的特殊考虑

A67. 当资产负债表日和审计报告日相隔较长时，审计师对该期间事项的复核可能是应对除公允价值会计估计外的其他会计估计的有效措施。这对于某些业主亲自管理的小型被审计单位，特别是当管理层没有针对会计估计建立正式的控制程序时尤其如此。

---

[16] 《国际审计准则第 560 号——期后事项》。

[17] 国际审计准则第 560 号，第 6 段。

[18] 国际审计准则第 560 号，第 8 段。

测试管理层如何作出会计估计（参见：第13段第（b）项）

A68. 如果会计估计是依据模型（使用可观察到的或不可观察到的输入数据）作出的公允价值会计估计，测试管理层如何作出会计估计和会计估计所依据的数据，可能是恰当的应对措施。此外，在下列情况下，这种测试也可能是恰当的：

- 会计估计源于被审计单位会计系统对数据的常规处理；
- 审计师对上期财务报表中类似会计估计的复核表明管理层本期的会计估计流程可能是有效的；
- 会计估计建立在性质相似、单项不重要但数量众多的项目的基础上。

A69. 测试管理层如何作出会计估计可能涉及下列方面，例如：

- 测试会计估计所依据的数据的准确性、完整性和相关性，以及管理层是否使用这些数据和假设恰当地作出会计估计；
- 考虑外部数据或信息的来源、相关性和可靠性，包括从管理层聘请的、用以协助其作出会计估计的外部专家那里获取的数据或信息；
- 重新计算会计估计，并复核有关会计估计信息的内部一致性；
- 考虑管理层的复核和批准流程。

对小型被审计单位的特殊考虑

A70. 在小型被审计单位，作出会计估计的流程的结构化程度相对较低。管理层积极参与管理的小型被审计单位可能不存在对会计程序的全面描述、复杂的会计记录或书面政策。即使小型被审计单位没有建立正式的流程，也并不意味着管理层不能为审计师测试会计估计提供基础。

评价计量方法（参见：第13段第（b）项之（i））

A71. 当适用的财务报告框架没有规定计量方法时，评价计量方法（包括适用的模型）是否适用于具体情况属于职业判断。

A72. 为了评价计量方法是否适用于具体情况，审计师可能需要考虑如下事项：

- 管理层选择计量方法的理由是否合理；
- 管理层是否充分评价和恰当运用适用的财务报告框架提供的、用以支持所选择的计量方法的标准（如存在）；
- 根据被估计的资产或负债的性质和适用的财务报告框架与会计估计相关的要求，评价计量方法是否适用于具体情况；
- 计量方法相对于被审计单位开展的业务、所处行业和环境是否恰当。

A73. 在某些情况下，管理层可能已确定采用不同的估计方法会导致一系列显著不同的会计估计。在这种情况下，了解被审计单位如何调查导致这些差异的原因可能有助于审计师评价管理层所选择方法的恰当性。

评价模型的运用

A74. 在某些情况下，特别是作出公允价值会计估计时，管理层可能使用模型。

使用的模型是否适用于具体情况，可能取决于多种因素，如被审计单位的性质及其环境，包括被审计单位所处的行业和需要计量的特定资产或负债。

A75. 以下考虑的相关程度取决于具体情况，包括模型是否公开出售供特定部门或行业使用，或是专有模型。在某些情况下，被审计单位可能利用专家来开发和测试模型。

A76. 根据所处的不同环境，在测试模型时，审计师还可能考虑的事项举例如下：

- 在使用前是否验证模型，并定期复核以确保其能持续满足预定用途。被审计单位的验证流程可能包括：
  - 评价模型理论上的合理性和数学上的可靠性，包括模型参数的恰当性；
  - 评价模型输入数据相对于市场惯例的一致性和完整性；
  - 与实际交易相比，评价模型的输出数据。
- 是否存在针对模型变更的恰当控制政策和程序；
- 是否定期校准和测试模型的有效性，特别是当输入数据具有主观性时；
- 是否对模型输出数据作出调整，包括作出公允价值会计估计时，这些调整是否反映市场参与方在类似环境中所使用的假设；
- 模型是否得到恰当记录，包括模型的预定用途、局限性和关键参数、要求的输入数据和实施验证分析的结果。

管理层使用的假设（参见：第 13 段第（b）项之（ii））

A77. 审计师对管理层使用的假设的评价，仅以其在审计时可获得的信息为基础。针对管理层假设而实施审计程序是为了财务报表审计的目的，而不是为了针对假设本身发表意见。

A78. 在评价管理层使用的假设的合理性时，审计师可能考虑诸如下列事项：

- 单项假设是否显得合理；
- 假设是否相互依赖且具有内在一致性；
- 当将这些假设汇总起来考虑或结合其他假设考虑时，无论是对于该项会计估计还是其他会计估计，这些假设是否显得合理；
- 针对公允价值会计估计，假设是否恰当地反映可观察到的市场假设。

A79. 会计估计所依据的假设可能反映管理层对特定目标和战略结果的预期。在这种情况下，审计师可以通过考虑假设是否与诸如下列事项相符，来实施审计程序评价这些假设的合理性：

- 总体经济环境和被审计单位的经济情况；
- 被审计单位的计划；
- 以前期间所作的假设（如相关）；
- 被审计单位的经验或以前经历的情况（这种历史信息在一定程度上可以代

表未来情况或事项)；

- 管理层使用的与财务报表相关的其他假设。

A80. 所使用的假设的合理性可能取决于管理层执行某项措施的意图和能力。管理层通常记录与特定资产或负债相关的计划和意图，而适用的财务报告框架可能也要求管理层作出这些记录。尽管所需获取的关于管理层意图和能力的审计证据的范围属于职业判断，审计师实施的程序可能包括：

- 复核管理层过去声称的意图的实现情况；
- 复核书面计划和其他文档，包括得到正式批准的预算、授权或会议纪要(如适用)；
- 向管理层询问执行某项措施的理由；
- 复核财务报表日至审计报告日之间发生的事项；
- 根据被审计单位面临的经济环境，评价其执行某项措施的能力，包括对现有承诺的影响。

但是，某些适用的财务报告框架可能不允许在作出会计估计时考虑管理层的意图或计划。作出公允价值会计估计通常不考虑管理层的意图或计划，因为公允价值计量目标要求假设反映市场参与方可能运用的假设。

A81. 在评价管理层使用的构成公允价值会计估计基础的假设的合理性时，审计师除了考虑以上提及的事项，在适用时还可能考虑的事项举例如下：

- 管理层是否以及如何在作出假设时加入特定市场输入数据（如相关)；
- 假设是否与可观察的市场情况和以公允价值计量的资产或负债的特征一致；
- 市场参与方假设的来源是否相关和可靠，以及当存在多种市场参与方假设时管理层如何选择假设；
- 管理层是否以及如何考虑在可比较的交易、资产或负债中使用的假设或有关信息（如适用)。

A82. 进一步讲，公允价值会计估计可能依据可观察到和不可观察到的输入数据。当公允价值会计估计依据不可观察到的输入数据时，审计师可能考虑的事项包括管理层是如何为下列方面提供合理支持的：

- 识别与会计估计相关的市场参与方的特征；
- 修改自有假设以反映市场参与方可能使用的假设；
- 是否包括在具体情况下可能获得的最佳信息；
- 管理层的假设是如何考虑可比较的交易、资产或负债的（如适用)。

当存在不可观察到的输入数据时，审计师需要在评价假设时结合第 13 段提出的其他应对措施，以获取充分、适当的审计证据。在这种情况下，审计师有必要实施其他审计程序，如检查适当层级管理层和治理层（如适用）复核和批准会计估计的文件。

A83. 在评价支持会计估计的假设的合理性时，审计师可能识别出一个或多个重大假设，这可能表明会计估计存在高度估计不确定性并由此可能产生特别风险。第 A102 – A115 段说明了应对特别风险的其他措施。

测试控制运行的有效性（参见：第 13 段第（c）项）

A84. 当管理层作出会计估计的流程设计、执行和维护良好时，测试与管理层作出会计估计相关的控制运行的有效性可能是适当的。例如：

- 存在适当层级的管理层和治理层（如适用）对会计估计进行复核和批准的控制；
- 会计估计源于被审计单位会计系统对数据的常规处理。

A85. 当存在下列情形之一时，审计师需要测试控制运行的有效性：

（a）在评估认定层次重大错报风险时，预期针对会计估计流程的控制的运行是有效的；

（b）仅实施实质性程序不能提供认定层次充分、适当的审计证据。[19]

对小型被审计单位的特殊考虑

A86. 小型被审计单位可能存在针对作出会计估计的控制，但其运行的规范性存在差别。进一步讲，在管理层积极参与财务报告过程的情况下，小型被审计单位可能确定某些类型的控制是不必要的。但是，在极小型实体中，可能不存在太多审计师能够识别出的控制。因此，审计师可能采用实质性方案应对评估的错报风险，从而实施第 13 段规定的一项或多项其他应对措施。

形成点估计或区间估计（参见：第 13 段第（d）项）

A87. 当存在诸如下列情形时，审计师作出点估计或区间估计以评价管理层的点估计，可能是恰当的应对措施：

- 会计估计不是源于会计系统对数据的常规处理；
- 审计师对管理层在上期财务报表中作出的类似会计估计进行复核后认为本期流程不太可能是有效的；
- 被审计单位没有恰当设计或适当执行针对会计估计流程的控制；
- 期末至审计报告日之间发生的事项或交易与管理层的点估计相互矛盾；
- 审计师能够从其他来源获取作出点估计或区间估计时可使用的相关数据。

A88. 即使被审计单位的控制得到恰当设计和适当执行，作出点估计或区间估计也可能是应对已评估风险的有效（从效率或效果方面考虑）措施。在其他情况下，在确定是否有必要实施进一步审计程序及其性质和范围时，审计师也可能考虑这种方法。

A89. 审计师在作出点估计或区间估计时使用的方法可能有所不同，取决于具体

---

[19] 国际审计准则第 330 号，第 8 段。

情况下哪种方法最有效。例如，审计师可能开始时作出初始点估计，然后评估其对假设变化的敏感性，以确定用以评价管理层点估计的区间估计。在其他情况下，审计师可能首先作出区间估计，然后再确定点估计（如可能）。

A90. 审计师作出点估计（相对于区间估计）的能力取决于许多因素，包括使用的模型、可获取数据的性质和范围，以及会计估计涉及的估计不确定性。进一步讲，作出点估计或区间估计的决定可能受到适用的财务报告框架的影响。适用的财务报告框架可能规定在考虑可供选择的结果和假设后所使用的点估计，或者规定特定计量方法（如使用预期价值概率加权折现法）。

A91. 审计师可能采用诸如下列方法作出点估计或区间估计：

- 使用模型，如公开出售供特定部门或行业使用的模型，或专有模型，或审计师自行开发的模型；
- 在管理层考虑可供选择的假设或结果的基础上进一步深入研究，如引入不同的一组假设；
- 雇用或聘请在专门领域具有专长的人员开发或运用模型，或者提供相关假设；
- 参照其他可比较的条件、交易或事项，或者可比较的资产或负债的市场（如相关）。

了解管理层的假设或方法（参见：第13段第（d）项之（i））

A92. 当审计师作出点估计或区间估计并使用有别于管理层的假设或方法时，审计师需要按照第13段第（d）项之（i）的要求充分了解管理层在作出会计估计时使用的假设或方法。这种了解可能向审计师提供与其作出恰当点估计或区间估计相关的信息，并有助于了解和评价任何有别于管理层点估计的重大差异。例如，差异可能源于审计师与管理层使用不同但同样有效的假设。这可能显示出会计估计对某些假设高度敏感，因此受高度估计不确定性的影响，这意味着会计估计可能存在特别风险。此外，差异也可能是由于管理层造成的事实错误所导致。根据具体情况，审计师在得出结论时，与管理层就使用的假设的基础及其有效性以及作出会计估计的方法差异（如存在）进行讨论可能是有帮助的。

缩小估计区间（参见：第13段第（d）项之（ii））

A93. 当审计师认为运用区间估计（审计师的区间估计）来评价管理层点估计的合理性是恰当的时，按照第13段第（d）项之（ii）的要求作出的区间估计需要包括所有"合理的结果"而不是所有可能的结果。这是因为包括所有可能结果的区间估计太宽泛以至于不能有效地确定会计估计是否存在错报。如果审计师的区间估计范围足够小以至于能够确定会计估计是否存在错报，它就是有用和有效的。

A94. 通常情况下，当区间估计的区间已缩小至等于或低于实际执行的重要性时，该区间估计对于评价管理层的点估计的合理性是适当的。但是，对于某些特定行业，可能难以将区间缩小至低于某一金额。这并不必然否定管理层对会计估计的确认。但是，这可能意味着与会计估计相关的估计不确定性可能导致特别风险。第 A102 – A115 段说明了应对特别风险的其他措施。

A95. 下列方法可以将区间估计的区间缩小至某一区域，使得在该区域内的所有结果视为是合理的：

（a）从区间估计中剔除审计师认为不可能发生的极端结果；

（b）根据可获取的审计证据，继续缩小区间估计直至审计师认为该区间估计内的所有结果均视为是合理的。在极其特殊的情况下，审计师可能缩小区间估计直至审计证据指向点估计。

考虑是否需要特殊的技能或知识（参见：第 14 段）

A96. 在计划审计工作时，审计师需要确定执行审计业务所需资源的性质、时间安排和范围。[20] 这可能包括在必要时由具有专门技能或知识的人员参与。此外，国际审计准则第 220 号要求项目合伙人确信项目组和项目组以外的专家整体上具有适当的胜任能力和必要素质。[21] 在审计会计估计的过程中，审计师根据经验和业务的具体情况，可能认为需要具备与会计估计的一个或多个方面相关的专门技能或知识。

A97. 当确定是否需要专门技能或知识时，审计师可能考虑的事项包括：

- 特定业务或行业中资产、负债或所有者权益组成部分的性质（如矿产储量、生物资产和复杂的金融工具）；
- 高度的估计不确定性；
- 涉及复杂计算或专门模型，如不存在可观察到的市场时估计公允价值；
- 与会计估计相关的适用的财务报告框架的要求的复杂性，包括是否存在容易产生不同解释的领域，或者会计实务不一致或正在演变的领域；
- 审计师拟采取的、应对评估的风险的审计程序。

A98. 对大多数会计估计，即使存在估计不确定性，也不太可能需要专门技能或知识。例如，在评价坏账准备时，审计师不太可能需要具备专门技能或知识。

A99. 但是，当涉及会计或审计以外的领域时，审计师可能不具备所要求的专门技能或知识，需要从审计师的专家那里获取有关技能或知识。国际审计准则第 620 号[22]对确定雇用或聘请审计师的专家的必要性，以及当利用其工作时审计师承担的责任作出了规定并提供了指引。

A100. 在某些情况下，审计师可能认为有必要获取与会计或审计特定领域相关的专门技能或知识。具备这种专门技能或知识的人员可能为审计师所在的会计师事

---

[20] 《国际审计准则第 300 号——计划审计工作》，第 8 段第（e）项。

[21] 《国际审计准则第 220 号——对财务报表审计实施的质量控制》，第 14 段。

[22] 《国际审计准则第 620 号——利用审计师的专家的工作》。

务所雇用，或者从外部机构聘请。如果这些人员对业务实施审计程序，从而成为项目组成员，相应地需要遵守国际审计准则第 220 号的规定。

A101. 根据审计师对审计师的专家或其他具备专门技能或知识的人员的了解以及与之交往的经验，审计师可能认为需要与所涉及的人员讨论适用的财务报告框架的要求等事项，以确定其工作与审计目的相关。

实施进一步实质性程序以应对特别风险（参见：第 15 段）

A102. 在审计导致特别风险的会计估计时，审计师在实施进一步实质性程序时需要重点评价下列事项：

（a）管理层是如何评估估计不确定性对会计估计的影响，以及这种不确定性对财务报表中会计估计的确认的恰当性可能产生的影响；

（b）相关披露的充分性。

估计不确定性

管理层对估计不确定性的考虑（参见：第 15 段第（a）项）

A103. 管理层可能根据具体情况采用多种方法评价会计估计的可供选择的假设或结果。方法之一是敏感性分析，可能涉及确定会计估计的金额如何随着假设的不同而变化。即使对于公允价值会计估计，由于不同市场参与方使用不同的假设，会计估计仍然可能存在差异。敏感性分析可能针对“乐观”和“悲观”等不同情形得出一系列结果。

A104. 敏感性分析结果可能表明会计估计对特定假设的变化不敏感，也可能表明会计估计对一个或多个假设敏感，因而这些假设成为审计师重点关注的对象。

A105. 在处理估计不确定性时，某种特定方法（如敏感性分析）并不一定比其他方法更合适，管理层也并不一定需要通过细致的过程和详尽的记录来体现对可供选择的假设或结果的考虑。重要的是管理层是否已评估了估计不确定性影响会计估计的方式，而不是所采用的具体评估方法。相应地，当管理层没有考虑可供选择的假设或结果时，审计师有必要与管理层讨论其如何处理估计不确定性对会计估计的影响，并要求管理层提供支持性证据。

对小型被审计单位的特殊考虑

A106. 小型被审计单位可能使用简单方法评估估计不确定性。除复核可获取的文件外，通过询问管理层，审计师可能获取其他关于管理层对可供选择的假设或结果进行考虑的审计证据。此外，管理层可能不具备考虑可供选择的结果或处理会计估计不确定性的专长。在这种情况下，审计师可以向管理层解释处理估计不确定性的流程，或其他可使用的不同方法，以及相应的记录。但是，这并不改变管理层在财务报表编制方面承担的责任。

重大假设（参见：第 15 段第（b）项）

A107. 如果在作出会计估计时运用的某些假设的合理变化对会计估计的计量产生重大影响，则这些假设可能被视为重大假设。

A108. 从管理层建立的持续战略分析和风险管理流程中可能获取相关信息，以支持管理层根据其了解的情况作出的重大假设。即使没有建立正式的流程（如在小型被审计单位），审计师可以通过询问管理层或与其讨论评价假设，并结合其他审计程序，以获取充分、适当的审计证据。

A109. 第 A77 – A83 段描述了审计师在评价管理层作出的假设时需要考虑的事项。

管理层的意图和能力（参见：第 15 段第（c）项）

A110. 第 A13 段和第 A80 段描述了审计师需要考虑的与管理层作出的假设及其意图和能力相关的事项。

作出区间估计（参见：第 16 段）

A111. 在编制财务报表时，管理层可能确信已经适当地处理了估计不确定性对导致特别风险的会计估计的影响。但是，在某些情况下，审计师可能认为管理层的工作是不够的，例如，审计师可能作出以下判断：

- 通过评价管理层如何处理估计不确定性的影响不能获取充分、适当的审计证据；
- 有必要进一步分析与会计估计相关的估计不确定性的程度，例如，审计师注意到类似环境下类似会计估计的结果存在较大差别；
- 不大可能通过如复核截至审计报告日发生的事项等审计程序获取其他审计证据；
- 可能有迹象表明管理层在作出会计估计时存在管理层偏向。

A112. 第 A87 – A95 段描述了在作出区间估计时审计师需要考虑的事项。

确认和计量的标准

财务报表中对会计估计的确认（参见：第 17 段第（a）项）

A113. 如果管理层在财务报表中确认一项会计估计，审计师评价的重点是会计估计的计量是否足够可靠，能否满足适用的财务报告框架规定的确认标准。

A114. 对于没有在财务报表中确认的会计估计，审计师评价的重点是会计估计是否实际上已满足适用的财务报告框架规定的确认标准。即使某一项会计估计没有得到确认，且审计师认为这种处理是恰当的，可能仍然有必要在财务报表附注中披露具体情况。审计师也可能认为有必要在审计报告中增加强调事项段，以提醒财务报表使用者关注重大不确定性的存在。国际审计准则第 706 号[23]对强调事项段作出

[23] 《国际审计准则第 706 号——在独立审计师报告中增加强调事项段和其他事项段》。

了规定，并提供了指引。

会计估计的计量基础（参见：第17段第（b）项）

A115. 对于公允价值会计估计，某些财务报告框架在要求或者允许进行公允价值计量和披露时，是以公允价值可以可靠计量这一假定作为前提条件的。在某些情况下，如不存在恰当的计量方法或基础，这种假定可能不成立。在这种情况下，审计师评价的重点是管理层用以推翻适用的财务报告框架所规定的与采用公允价值相关的假定的依据是否恰当。

评价会计估计的合理性并确定错报（参见：第18段）

A116. 根据获取的审计证据，审计师可能认为这些证据指向与管理层的点估计不同的会计估计。当审计证据支持点估计时，审计师的点估计与管理层的点估计之间的差异构成错报。当审计师认为使用其区间估计能够获取充分、适当的审计证据时，则在审计师区间估计之外的管理层的点估计得不到审计证据的支持。在这种情况下，错报不小于管理层的点估计与审计师区间估计之间的最小差异。

A117. 当管理层根据其对环境变化的主观判断而改变某项会计估计，或者改变上期作出会计估计的方法时，基于获取的审计证据，审计师可能认为会计估计因管理层随意改变而产生错报，或者将其视为可能存在管理层偏向的迹象（参见：第A124－A125段）。

A118. 针对审计师为了评价未更正错报对财务报表的影响而如何区分错报，国际审计准则第450号[24]作出了规定并提供了指引。一项错报，无论是由于舞弊还是错误导致，当与会计估计相关时，可能是由于下列因素导致的：

- 毋庸置疑地存在错报（事实错报）；
- 由审计师认为管理层对会计估计作出的判断不合理，或认为管理层对会计政策的选择或运用不恰当而产生的差异（判断错报）；
- 审计师对总体中错报的最佳估计，包括由审计样本中识别出的错报推断出总体中的错报（推断错报）。

在某些涉及会计估计的情形中，错报可能由上述因素共同导致，因此难以或不可能区分出由哪一具体因素导致。

A119. 评价在财务报表附注中的会计估计和相关披露（无论是由适用的财务报告框架要求的还是属于自愿披露的）的合理性时考虑的事项，与在审计财务报表中确认的会计估计时考虑的事项在实质上是相同的。

与会计估计相关的披露

---

[24] 《国际审计准则第450号——评价审计过程中识别出的错报》。

按照适用的财务报告框架作出的披露（参见：第 19 段）

A120. 按照适用的财务报告框架列报财务报表，包括对重大事项的充分披露。适用的财务报告框架可能允许或规定与会计估计相关的披露，并且某些被审计单位可能在财务报表附注中自愿披露额外信息。例如，这些披露可能包括：

- 使用的假设；
- 使用的估计方法，包括适用的模型；
- 选择估计方法的基础；
- 改变上期估计方法产生的影响；
- 估计不确定性的原因和影响。

这些披露与财务报表使用者理解在财务报表中确认或披露的会计估计相关，审计师需要就其披露是否符合适用的财务报告框架的规定获取充分、适当的审计证据。

A121. 在某些情况下，适用的财务报告框架可能对披露不确定性作出特别规定。例如某些财务报告框架规定：

- 披露关键假设以及产生估计不确定性的其他原因，该估计不确定性具有导致对资产和负债账面价值作出重大调整的特别风险。这些要求可能用“估计不确定性的关键原因”或“关键会计估计”等术语表述；
- 对于区间估计，披露可能出现的结果的区间和用以确定该区间的假设；
- 披露关于公允价值会计估计相对被审计单位财务状况和经营成果的重要程度的信息；
- 披露定性信息（如受风险影响的情况、被审计单位管理风险的目标、政策和程序以及计量风险的方法），以及自上期以来这些定性信息的任何变化；
- 披露定量信息，如受风险影响的程度（以内部提供给关键管理人员的信息为基础），包括信用风险、流动性风险和市场风险。

披露导致特别风险的会计估计的估计不确定性（参见：第 20 段）

A122. 对具有特别风险的会计估计，即使已按照适用的财务报告框架的要求进行了披露，审计师仍可能根据所涉及的情况和事实认为对估计不确定性的披露是不充分的。会计估计可能结果的区间估计相对于重要性越大，审计师对估计不确定性的披露充分性的评价越重要（参见：第 A94 段的相关讨论）。

A123. 在某些情况下，审计师可能认为鼓励管理层在财务报表附注中描述与估计不确定性相关的情况是适当的。当审计师认为管理层在财务报表中对估计不确定性的披露不充分或存在误导时，国际审计准则第 705 号[25]为审计师在这种情况下如

---

[25] 《国际审计准则第 705 号——在独立审计师报告中发表非无保留意见》。

何发表审计意见作出了规定并提供了指引。

可能存在管理层偏向的迹象（参见：第21段）

A124. 在审计过程中，审计师可能注意到管理层作出的、可能导致出现管理层偏向迹象的判断和决策。这些迹象可能影响审计师对有关风险评估结果和相关应对措施是否仍然恰当的结论，并且审计师可能有必要考虑对剩余审计工作的影响。进一步讲，这些迹象可能影响审计师对财务报表整体是否不存在重大错报的评估，参见国际审计准则第700号。[26]

A125. 与会计估计相关的、可能存在管理层偏向迹象的例子包括：

- 管理层主观地认为环境已经发生变化，并相应地改变会计估计或估计方法；
- 针对公允价值会计估计，被审计单位的自有假设与可观察到的市场假设不一致，但仍使用被审计单位的自有假设；
- 管理层选择或作出重大假设以产生有利于管理层目标的点估计；
- 选择带有乐观或悲观倾向的点估计。

书面声明（参见：第22段）

A126. 国际审计准则第580号[27]规范了书面声明的使用。根据估计不确定性的性质、重要性和程度，有关财务报表中确认或披露的会计估计的书面声明可能包括下列内容：

- 计量流程（包括管理层在根据适用的财务报告框架作出会计估计时使用的相关假设和模型）的恰当性，以及流程的一贯运用；
- 假设恰当地反映了管理层代表被审计单位执行特定措施的意图和能力（当这些意图和能力与会计估计和披露相关时）；
- 在适用的财务报告框架下与会计估计相关的披露的完整性和适当性；
- 不存在需要对财务报表中会计估计和披露作出调整的期后事项。

A127. 针对未在财务报表中确认或披露的会计估计，书面声明也可能包括下列内容：

- 管理层用于确定不满足适用的财务报告框架规定的确认或披露标准的依据的恰当性（参见：第A114段）；
- 针对未在财务报表中以公允价值计量或披露的会计估计，管理层用于推翻适用的财务报告框架规定的与使用公允价值相关的假定的依据的恰当性（参见：第A115段）。

---

[26] 《国际审计准则第700号——对财务报表形成审计意见和出具审计报告》。

[27] 《国际审计准则第580号——书面声明》。

审计工作底稿（参见：第 23 段）

A128. 在审计过程中，记录识别出的可能存在管理层偏向的迹象，有助于审计师确定其风险评估结果和相关应对措施是否仍然恰当，以及评价财务报表整体是否不存在重大错报。第 A125 段提供了可能存在管理层偏向迹象的例子。

附录

（参见：第 A1 段）

不同财务报告框架下的公允价值计量和披露

本附录仅讨论在不同财务报告框架下对公允价值的计量和披露，作为背景材料。

1. 不同的财务报告框架要求或允许在财务报表中作出不同的公允价值计量和披露；同样，不同财务报告框架在提供关于资产和负债计量或相关披露的指引上也存在差异。有些提供规范指引，有些提供一般指引，有些根本没有提供指引。此外，某些特定行业也存在公允价值计量和披露惯例。

2. 不同财务报告框架之间，或者某一特定财务报告框架中针对不同的资产、负债或披露，都可能存在不同的公允价值定义。例如，国际会计准则第 39 号[①]的公允价值定义为：在公平交易中，熟悉情况的自愿当事人之间交换资产或清偿债务的金额。公允价值概念通常假设是当前交易而不是在过去或未来的某一日期进行结算。相应地，计量公允价值的流程可能是为了求得交易发生时的估计价格。此外，不同的财务报告框架可能使用不同的措辞，如“对特定实体的价值”、“在用价值”或类似术语，这些措辞均属于本国际审计准则中的公允价值概念。

3. 财务报告框架可能采用不同方法处理因时间流逝而产生的公允价值计量的变化。例如，某财务报告框架可能要求将某些资产或负债的公允价值计量的变化直接在权益中反映，但在另一财务报告框架下可能反映在损益中。在某些财务报告框架中，确定是否采用或如何应用公允价值会计受到管理层针对特定资产或负债执行某些措施的意图的影响。

4. 不同财务报告框架可能要求在财务报表中采用某些特定的公允价值计量和披露，以及详细规定或允许存在不同程度的计量和披露。财务报告框架可能：

- 对某些包含在财务报表中的信息、在财务报表附注中披露的信息或在补充资料中列报的信息规定计量、列报与披露要求；
- 允许被审计单位自行选择使用公允价值计量，或只有在满足特定条件时使用公允价值计量；
- 规定确定公允价值的方法，如使用独立评估师，或详细规定采用折现现金流量的方法；
- 允许在若干可替代方法中选择某种方法确定公允价值（财务报告框架可能提供或没有提供选择标准）；

① 《国际会计准则第 39 号——金融工具：确认与计量》。

- 除明显在行业惯例或会计实务中使用的公允价值计量方法和披露外，未提供任何指引。

5. 某些财务报告框架假定资产或负债的公允价值能够可靠计量，并以此作为要求或允许采用公允价值计量或披露的前提条件。在某些情况下，当资产或负债在活跃市场上不存在市场报价，并且其他合理估计公允价值的方法明显不恰当或不具有操作性时，这种假定可能无法成立。某些财务报告框架可能详细规定确定公允价值的层级框架，将用于确定公允价值的输入数据分为两种极端情况，从清晰的“可观察到的输入数据”（基于公开报价和活跃市场），到“不可观察到的输入数据”（涉及被审计单位自己关于市场参与方可能使用的假设的判断）。

6. 某些财务报告框架要求对估值信息作出某种明确的调整或修改，或者只针对某一特殊资产或负债进行其他考虑。例如，投资性房地产的会计处理可能要求对所评估的市场价值进行调整，如销售时的估计清理成本、房地产的状况和地理位置以及其他事项。同样，如果某一特殊资产不存在活跃市场，就可能要对公开市场报价进行调整或修改，以形成对公允价值更加合理的计量。例如，如果市场交易不频繁，市场发育不成熟，或者已发生的交易量相对于现有可供交易的总量较小，则市场报价可能不代表公允价值。相应地，该市场价格可能不得不作出调整或修改。在作出调整或修改时，可能有必要从其他渠道获取市场信息。进一步讲，在某些情况下（如当某种类型的债务投资有指定的担保物时），在确定一项资产或负债的公允价值或者可能的资产减值时，可能有必要考虑相应的担保物。

7. 在大多数财务报告框架中，公允价值计量的前提是假定被审计单位是持续经营的，没有任何意图或必要进行清算，或者显著削减经营规模，或者在不利条件下从事交易。因此，在这种情况下，公允价值不是被审计单位在强制性交易、非自愿性清算或强制清盘而收到或支付的金额。另一方面，总体经济状况或某些行业的特定经济状况可能导致市场缺乏流动性，并要求将萧条市场中的价格和潜在重大的萧条市场中的价格作为公允价值的预测值。但是，在财务报告框架规定或允许采用公允价值计量，并且可能或没有规定如何计量的情况下，在确定资产和负债的公允价值时，实体可能有必要考虑当前经济或经营形势的影响。例如，管理层尽快处置某项资产以满足特定经营目标的计划，可能与确定该资产的公允价值相关。

公允价值计量的普遍性

8. 公允价值的计量和披露在财务报告框架中逐渐得到广泛使用。公允价值可能以多种方式在财务报表中出现，并影响财务报表项目的确定，包括以公允价值计量的下列项目：

- 特定资产或负债，如有价证券或者某项金融工具项下的义务对应的负债，这些资产或负债需日常或定期采用市价计价；

- 权益的特定组成部分。例如，对具有权益特征的某些金融工具（如可转换为普通股的可转换债券）进行确认、计量和列报；
- 在企业合并中获取的特定资产或负债。例如，企业合并中购买一个实体而形成的商誉的初始确认，通常以获取的可辨认资产和负债的公允价值以及给付对价的公允价值为基础；
- 一次性调整为公允价值的特定资产或负债。一些财务报告框架可能要求使用公允价值计量来量化一项资产或一组资产减值的调整额。例如，在对企业合并中取得的商誉进行减值测试时，首先确定明确界定的经营主体或报告单元的公允价值，再将该公允价值分配至该经营主体或报告单元的资产或负债，以得出隐含商誉，最后将隐含商誉与已记录商誉进行比较；
- 资产和负债的汇总。在某些情况下，一类或一组资产或负债的计量需要将该类或该组的一些单项资产或负债的公允价值进行汇总。例如，在适用的财务报告框架下，一项多样化的贷款组合的计量可能以构成该组合的一些贷款类型的公允价值为基础来确定；
- 在财务报表附注中披露（或作为补充信息列报）未在财务报表中确认的信息。

国际审计准则第 550 号
关　联　方

（适用于会计期间开始于 2009 年 12 月 15 日及以后的财务报表审计）*

目　　录

段落

* 因《国际审计准则第 610 号（修订）——利用内部审计师的工作》而作的修订，将适用于会计期间结束于 2013 年 12 月 15 日及以后的财务报表审计。

《国际审计准则第 550 号——关联方》应当与《国际审计准则第 200 号——独立审计师的总体目标和按照国际审计准则执行审计工作》一并阅读。

引 言

本国际审计准则的范围

1. 本国际审计准则规范了审计师在财务报表审计中与关联方关系及其交易相关的责任。在涉及与关联方关系及其交易相关的重大错报风险时，本国际审计准则是对如何运用国际审计准则第 315 号①、国际审计准则第 330 号②和国际审计准则第 240 号③的扩展。

关联方关系及其交易的性质

2. 许多关联方交易是在正常经营过程中发生的。在这种情况下，与类似的非关联方交易相比，关联方交易可能并不具有更高的财务报表错报风险。但是，在某些情况下，关联方关系及其交易的性质可能导致关联方交易比非关联方交易具有更高的财务报表重大错报风险。例如：

- 关联方可能通过广泛而复杂的关系和组织架构运作，相应增加关联方交易的复杂程度；
- 信息系统可能无法有效识别或汇总被审计单位与关联方之间的交易和未结算项目的金额；
- 关联方交易可能未能按照正常的市场交易条款和条件进行，例如，某些关联方交易可能没有相应的对价。

审计师的责任

3. 由于关联方彼此之间并不独立，为使财务报表使用者了解关联方关系及其交易的性质，以及关联方关系及其交易对财务报表实际或潜在的影响，许多财务报告框架对关联方关系及其交易以及余额的会计处理和披露作出了特定规定。在适用的财务报告框架作出规定的情况下，审计师有责任实施审计程序，以识别、评估和应对被审计单位未能按照适用的财务报告框架的要求对关联方关系及其交易以及余额进行恰当会计处理和披露导致的重大错报风险。

4. 即使适用的财务报告框架对关联方作出的规定很少或没有作出规定，审计师仍然需要了解被审计单位的关联方关系及其交易，以足以就财务报表受到关联方关

① 《国际审计准则第 315 号——通过了解被审计单位及其环境识别和评估重大错报风险》。
② 《国际审计准则第 330 号——审计师针对评估的风险采取的应对措施》。
③ 《国际审计准则第 240 号——财务报表审计中与舞弊相关的责任》。

系及其交易的影响，确定财务报表是否：（参见：第 A1 段）

（a）实现公允列报（在公允列报框架下）；（参见：第 A2 段）

（b）不存在误导（在遵循性框架下）。（参见：第 A3 段）

5. 此外，由于关联方之间更容易发生舞弊，因此了解被审计单位的关联方关系及其交易，与审计师根据国际审计准则第 240 号[④]的规定评价是否存在一项或多项舞弊风险因素相关。

6. 由于审计的固有限制，即使审计师按照国际审计准则的要求恰当计划和实施了审计工作，仍不可避免地存在财务报表中的某些重大错报未被发现的风险。[⑤] 就关联方而言，由于下列原因，审计的固有限制对审计师发现重大错报的能力的潜在影响会加大：

- 管理层可能未能识别出所有关联方关系及其交易，特别是当适用的财务报告框架没有对关联方作出规定时；
- 关联方关系可能为管理层的串通舞弊、隐瞒或者操纵行为提供更多机会。

7. 由于存在未披露关联方关系及其交易的可能性，审计师按照国际审计准则第 200 号[⑥]的规定，在计划和实施审计工作时，保持职业怀疑尤为重要。本国际审计准则旨在帮助审计师识别和评估与关联方关系及其交易有关的重大错报风险，以及设计审计程序以应对评估的风险。

生效日期

8. 本国际审计准则适用于会计期间开始于 2009 年 12 月 15 日及以后的财务报表审计。

目　标

9. 审计师的目标是：

（a）无论适用的财务报告框架是否对关联方作出规定，充分了解关联方关系及其交易，以便能够：

（i）确认由关联方关系及其交易产生的、与识别和评估由于舞弊导致的重大错报风险相关的舞弊风险因素（如有）；

（ii）根据获取的审计证据，就财务报表受关联方关系及其交易的影响而

④ 国际审计准则第 240 号，第 24 段。

⑤ 《国际审计准则第 200 号——独立审计师的总体目标和按照国际审计准则执行审计工作》，第 A51－A52 段。

⑥ 国际审计准则第 200 号，第 15 段。

言，确定财务报表是否：

a. 实现公允列报（在公允列报框架下）；

b. 不存在误导（在遵循性框架下）。

（b）此外，如果适用的财务报告框架对关联方作出规定，获取充分、适当的审计证据，确定关联方关系及其交易是否已按照适用的框架在财务报表中得到恰当识别、会计处理和披露。

定　义

10. 就国际审计准则而言，对下列术语给予以下定义：

（a）公平交易，是指按照互不关联、各自独立行事且追求自身最大利益的自愿的买方和自愿的卖方达成的条款和条件进行的交易；

（b）关联方，是指下列任何一方：（参见：第 A4 – A7 段）

（i）适用的财务报告框架中所定义的关联方；

（ii）如果适用的财务报告框架对关联方作出很少规定或没有对关联方作出规定：

a. 通过一家或多家中间机构，直接或间接地对报告主体具有控制或重大影响的个人或其他主体；

b. 通过一家或多家中间机构，报告主体直接或间接地对另一主体具有控制或重大影响；

c. 通过以下方式与报告主体受同一控制的另一主体：

i. 具有同一控制股东；

ii. 所有者为关系密切的家庭成员；

iii. 具有同一关键管理层。

但是，同受国家（如全国、区域或地方政府）控制的主体不被认为是关联方，除非这些主体进行重大交易或共享众多资源。

要　求

风险评估程序和相关工作

11. 作为国际审计准则第 315 号和国际审计准则第 240 号要求审计师在审计过

程中实施的风险评估程序和相关工作的一部分，[⑦] 审计师应当实施第 12 – 17 段规定的审计程序和相关工作，以获取识别与关联方关系及其交易相关的重大错报风险的信息。（参见：第 A8 段）

了解被审计单位的关联方关系及其交易

12. 国际审计准则第 315 号和国际审计准则第 240 号[⑧]要求项目组的讨论，应当特别考虑由于被审计单位的关联方关系及其交易导致的舞弊或错误使得财务报表存在重大错报的可能性。

13. 审计师应当向管理层询问下列事项：

（a）被审计单位关联方的识别，包括关联方自上期以来发生的变化；（参见：第 A11 – A14 段）

（b）被审计单位与关联方之间关系的性质；

（c）被审计单位在本期是否与关联方发生交易，如发生，交易的类型和目的。

14. 如果管理层建立了下列控制，审计师应当询问管理层和被审计单位内部其他人员，实施其他适当的风险评估程序，以获取对相关控制的了解：（参见：第 A15 – A20 段）

（a）按照适用的财务报告框架，对关联方关系及其交易进行识别、会计处理和披露；

（b）授权和批准与关联方的重大交易与安排；（参见：第 A21 段）

（c）授权和批准超出正常经营过程的重大交易与安排。

在复核记录或文件时保持对关联方信息的警觉

15. 某些安排或其他信息可能表明存在管理层以前未识别或未向审计师披露的关联方关系或关联方交易，在审计过程中检查记录或文件时，审计师应当对这些安排或其他信息保持警惕。（参见：第 A22 – A23 段）

特别是，审计师应当检查下列文件，以确定是否存在管理层以前未识别或未向审计师披露的关联方关系或关联方交易：

（a）审计师在实施审计程序时获取的银行和律师的询证函回函；

（b）股东会和治理层会议的纪要；

（c）审计师认为必要的其他记录或文件。

16. 在实施第 15 段规定的审计程序或其他审计程序识别出被审计单位超出正常经营过程的重大交易时，审计师应当向管理层询问下列事项：（参见：第 A24 –

---

⑦ 国际审计准则第 315 号，第 5 段；国际审计准则第 240 号，第 16 段。

⑧ 国际审计准则第 315 号，第 10 段；国际审计准则第 240 号，第 15 段。

A25 段）

（a）这些交易的性质；（参见：第 A26 段）

（b）是否涉及关联方。（参见：第 A27 段）

项目组内部分享与关联方相关的信息

17. 审计师应当与项目组其他成员分享获取的与被审计单位关联方相关的信息。（参见：第 A28 段）

识别和评估与关联方关系及其交易相关的重大错报风险

18. 在按照国际审计准则第 315 号的规定识别和评估重大错报风险时，⑨ 审计师应当识别和评估与关联方关系及其交易相关的重大错报风险，并确定这些风险是否为特别风险。在确定时，审计师应当将识别出的、超出被审计单位正常经营过程的重大关联方交易确定为特别风险产生的来源。

19. 如果在实施与关联方有关的风险评估程序和相关工作中识别出舞弊风险因素（包括与存在具有支配性影响的关联方有关的情形），审计师应当按照国际审计准则第 240 号的规定，在识别和评估由于舞弊导致的重大错报风险时考虑这些信息。（参见：第 A6 段及 A29 – A30 段）

针对与关联方关系及其交易相关的重大错报风险的应对措施

20. 作为国际审计准则第 330 号中就审计师应对评估的风险相关规定的一部分，⑩ 审计师针对评估的、与关联方关系及其交易相关的重大错报风险，设计和实施进一步的审计程序，以获取充分、适当的审计证据。这些审计程序应当包括第 21 – 24 段的要求。（参见：第 A31 – A34 段）

识别以前未识别或未披露的关联方或重大关联方交易

21. 如果识别出表明存在管理层以前未识别出或未向审计师披露的关联方关系或关联方交易的安排或信息，审计师应当确定相关情况是否能够证实关联方关系或关联方交易的存在。

22. 如果识别出管理层以前未识别出或未向审计师披露的关联方或重大关联方交易，审计师应当：

（a）立即将相关信息向项目组其他成员通报；（参见：第 A35 段）

（b）在适用的财务报告框架对关联方作出规定的情况下：

---

⑨ 国际审计准则第 315 号，第 25 段。

⑩ 国际审计准则第 330 号，第 5 – 6 段。

（i）要求管理层识别与新识别出的关联方之间的所有交易，以便审计师作出进一步评价；

（ii）询问被审计单位对关联方关系及其交易相关的控制为何未能识别出或披露该关联方关系或关联方交易。

（c）对新识别出的关联方关系或重大关联方交易实施恰当的实质性审计程序；（参见：第 A36 段）

（d）重新考虑可能存在管理层以前未识别出或未向审计师披露的其他关联方或重大关联方交易的风险，如有必要，实施追加的审计程序；

（e）如果管理层不披露关联方关系或交易看似是有意的（因而显示可能存在由于舞弊导致的重大错报风险），评价这一情况对审计的影响。（参见：第 A37 段）

识别出的超出被审计单位正常经营过程的重大关联方交易

23. 对于识别出的超出被审计单位正常经营过程的重大关联方交易，审计师应当：

（a）检查相关合同或协议（如有），并评价：

（i）交易的商业理由（或缺乏商业理由）是否表明从事交易的目的可能是为了对财务报表作出虚假报告或为了隐瞒侵占资产的行为；[11]（参见：第 A38 – A39 段）

（ii）交易条款是否与管理层的解释一致；

（iii）交易是否按照适用的财务报告框架得到恰当的会计处理和披露。

（b）获取交易已经恰当授权和批准的审计证据。（参见：第 A40 – A41 段）

对关联方交易是按照等同于公平交易中通行的条款执行的认定

24. 如果管理层在财务报表中作出有关关联方交易是按照等同于公平交易中通行的条款执行的认定，审计师应当就该项认定获取充分、适当的审计证据。（参见：第 A42 – A45 段）

评价识别出的关联方关系及其交易的会计处理和披露

25. 当按照国际审计准则第 700 号[12]的规定对财务报表形成审计意见时，审计师应当评价：（参见：第 A46 段）

（a）识别出的关联方关系及其交易是否已按照适用的财务报告框架得到恰当会计处理和披露；（参见：第 A47 段）

---

[11] 国际审计准则第 240 号，第 32 段第（c）项。

[12] 《国际审计准则第 700 号——对财务报表形成审计意见和出具审计报告》，第 10 – 15 段。

（b）关联方关系及其交易的影响是否：

（i）使财务报表未实现公允列报（在公允列报框架下）；

（ii）使财务报表产生误导（在遵循性框架下）。

书面声明

26. 如果适用的财务报告框架对关联方作出规定，审计师应当向管理层和治理层（如适用）获取下列书面声明：（参见：第 A48 - A49 段）

（a）已经向审计师披露了全部已知的被审计单位的关联方名称和特征、关联方关系及其交易；

（b）已经按照适用的财务报告框架的规定，对关联方关系及其交易进行了恰当的会计处理和披露。

与治理层的沟通

27. 审计师应当与治理层沟通在审计过程中发现的与被审计单位关联方相关的重大事项，除非治理层全部成员参与管理被审计单位。[13] （参见：第 A50 段）

审计工作底稿

28. 审计师应当就识别出的关联方的名称和关联方关系的性质形成审计工作底稿。[14]

应用和其他解释性材料

审计师的责任

对关联方作出很少规定的财务报告框架（参见：第 4 段）

A1. 对关联方作出很少规定的适用的财务报告框架，是指给出了关联方的定义，但该定义的范围明显小于本国际审计准则第 10 段第（b）项之（ii）定义的范围的财务报告框架。因此，按照这种框架要求进行披露的关联方关系及其交易要少得多。

[13] 《国际审计准则第 260 号——与治理层的沟通》，第 13 段。

[14] 《国际审计准则第 230 号——审计工作底稿》，第 8 - 11 段和第 A6 段。

公允列报框架（参见：第4段第（a）项）

A2. 在公允列报框架下，[15] 如果关联方关系及其交易的经济实质未在财务报表中恰当反映，这些关联方关系及其交易就可能导致财务报表未能实现公允列报。例如，如果被审计单位以高于或低于公允市价的价格向其控股股东出售不动产，并将其作为一笔产生损益的交易进行会计处理，而这项交易可能构成股东的出资、收回投资或支付股利，则公允列报可能未能实现。

遵循性框架（参见：第4段第（b）项）

A3. 在遵循性框架下，关联方关系及其交易是否如国际审计准则第700号所讨论的导致财务报表产生误导，取决于业务的具体情况。例如，即使不在财务报表中披露关联方交易符合适用的财务报告框架和法律法规，财务报表仍可能因被审计单位从该关联方交易中取得大量收入却未披露该事实而使财务报表产生误导。但是，如果审计师按照国际审计准则第210号[16]的规定确认遵循性框架是可以接受的，则审计师认为按照这一框架编报的财务报表存在误导性的情况是极其罕见的。[17]

关联方的定义（参见：第10段第（b）项）

A4. 很多财务报告框架阐述了控制和重大影响的概念。尽管这些财务报告框架使用不同的术语来讨论这些概念，但通常认为：

（a）控制是有权决定一个实体的财务和经营政策，并能据此从中获取利益的权力；

（b）重大影响（可能通过持有股权、章程或协议获得）是对一个实体的财务与经营政策的决策有参与制定的权力，但并不能够控制这些政策的制定。

A5. 下列关系可能表明存在控制和重大影响：

（a）直接或间接持有被审计单位的股权或其他财务利益；

（b）被审计单位直接或间接持有其他实体的股权或其他财务利益；

（c）为治理层或关键管理层（即拥有计划、指导和控制被审计单位经营活动的权力和职责的管理层成员）的成员；

（d）与上述第（c）项所述成员关系密切的家庭成员；

（e）与上述第（c）项所述成员之间具有重大业务关系。

---

[15] 国际审计准则第200号，第13段第（a）项，定义了公允列报框架和遵循性框架。

[16] 《国际审计准则第210号——就审计业务约定条款达成一致意见》，第6段第（a）项。

[17] 国际审计准则第700号，第A12段。

具有支配性影响的关联方

A6. 借助对被审计单位施加控制或重大影响的能力，关联方能够对被审计单位或其管理层施加支配性影响。当审计师识别和评估由于舞弊导致的重大错报风险时，考虑这种行为是相关的。本国际审计准则第 A29 - A30 段对此作出了进一步说明。

作为关联方的特殊目的实体

A7. 在某些情况下，即使被审计单位只拥有特殊目的实体[18]的少量权益甚至不拥有权益，但由于被审计单位可能在实质上控制该实体，该实体仍可能是被审计单位的关联方。

风险评估程序和相关工作

与关联方关系及其交易相关的重大错报风险（参见：第 11 段）

对公共部门实体的特殊考虑

A8. 公共部门实体的审计师对关联方关系及其交易的责任，可能受授权审计的文件、法律法规或其他监管部门的指令和政策对公共部门实体义务的规定影响。因此，公共部门实体审计师的责任可能并不限于应对与关联方关系及其交易相关的重大错报风险，可能还包括应对没有遵守法律法规或主管部门对关联方交易的特殊规定的风险等更为广泛的责任。此外，公共部门实体的审计师还需要考虑公共部门实体的财务报告对关联方关系及其交易的要求，这些要求可能不同于非公共部门实体。

了解被审计单位的关联方关系及其交易

项目组内部的讨论（参见：第 12 段）

A9. 项目组内部讨论的内容可能包括：

- 关联方的关系及其交易的性质和范围（如利用审计师在每次审计后更新的有关识别出的关联方的记录）；
- 强调在整个审计过程中对关联方及其交易导致的潜在重大错报风险保持职业怀疑的重要性；
- 可能显示存在管理层以前未识别或未向审计师披露的关联方关系或关联方交易的情况或状况（如被审计单位组织结构复杂，利用特殊目的实体从事表外交易，或信息系统不够完善）；
- 可能显示存在关联方关系或关联方交易的记录或文件；

---

[18] 国际审计准则第 315 号，第 A26 - A27 段，提供了关于特殊目的实体性质的指引。

- 管理层和治理层对关联方关系及其交易（如果适用的财务报告框架对关联方作出规定）进行识别、恰当会计处理和披露的重视程度，以及管理层凌驾于相关控制之上的风险。

A10. 在对舞弊进行讨论时，可能包括对关联方可能如何参与舞弊的特殊考虑。例如：

- 如何利用管理层控制的特殊目的实体进行利润操纵；
- 如何安排被审计单位与已知关键管理人员的商业伙伴之间进行交易，以达到侵占被审计单位资产的目的。

被审计单位关联方的名称和特征（参见：第 13 段第（a）项）

A11. 如果适用的财务报告框架对关联方作出了规定，管理层可能容易获得有关关联方的名称和特征的信息，因为被审计单位的信息系统需要记录、处理和汇总关联方关系及其交易，以满足适用的财务报告框架对关联方关系及其交易的会计处理和披露的要求。因此，管理层可能拥有关联方的详细清单以及自上期以来关联方发生变化情况的详细清单。在连续审计的情况下，向管理层进行询问，可以为审计师提供将其在以前审计中形成的有关关联方的工作记录与管理层提供的信息进行比较的基础。

A12. 但是，如果适用的财务报告框架没有对关联方作出规定，被审计单位可能就没有上述信息系统。在这种情况下，管理层可能无法知悉所有关联方。尽管如此，管理层仍可能注意到符合本国际审计准则定义的关联方，因此第 13 段有关询问的要求仍然适用。但是，在这种情况下，审计师对被审计单位关联方的名称和特征的询问，可能构成其根据国际审计准则第 315 号的规定所实施风险评估程序及相关活动的一部分，旨在获取下列信息：

- 被审计单位的所有权和治理结构；
- 被审计单位正在实施或者计划实施的投资的类型；
- 被审计单位的组织架构和筹资方式。

在同受一方控制的特定情况下，由于管理层更可能注意到对被审计单位具有重大经济影响的关系，审计师重点询问与被审计单位从事重大交易或共享众多资源的实体是否为关联方可能更有效。

A13. 对于集团审计业务，国际审计准则第 600 号要求集团审计项目组向各组成部分审计师提供集团管理层编制的关联方清单，以及集团审计项目组知悉的任何其他关联方。[19] 如果被审计单位是集团的一个组成部分，这些信息有助于审计师就被审计单位关联方的名称和特征向管理层进行询问。

---

⑲ 《国际审计准则第 600 号——对集团财务报表审计的特殊考虑（包括组成部分审计师的工作）》，第 40 段第（e）项。

A14. 通过在业务承接或保持过程中对管理层的询问，审计师也可以获取有关被审计单位关联方的名称和特征的某些信息。

被审计单位与关联方关系及其交易相关的控制(参见：第14段)

A15. 被审计单位内部的其他人员也可能知悉关联方关系及其交易，以及被审计单位对这些关联方关系及其交易的控制。这些人员在某种程度上并不构成管理层，可能包括：

- 治理层成员；
- 负责生成、处理或记录超出正常经营过程的重大交易的人员，以及对其进行监督或监控的人员；
- 内部审计师；
- 被审计单位内部从事法律事务的专业人员；
- 负责道德事务的主管人员或类似人员。

A16. 执行审计工作的前提是管理层和治理层（如适用）已认可并理解其负责按照适用的财务报告框架编制财务报表（包括使财务报表实现公允反映，如适用），并对其认为为使财务报表的编制不存在由于舞弊或错误导致的重大错报所必需的内部控制负责。[20] 因此，如果适用的财务报告框架对关联方作出规定，编制财务报表要求管理层在治理层的监督下设计、执行和维护与关联方关系及其交易相关的适当控制，使得关联方关系及其交易能够按照适用的财务报告框架的要求得到识别、适当的会计处理和披露。治理层担当监督的角色，负责监督管理层如何履行这些控制责任。无论适用的财务报告框架中是否对关联方作出规定，在履行监督责任的过程中，治理层需要向管理层获取信息，以了解被审计单位关联方关系及其交易的性质和商业理由。

A17. 为满足国际审计准则第315号中了解控制环境的要求，[21] 审计师可以考虑控制环境中与降低关联方关系及其交易导致的重大错报风险相关的内容，例如：

- 用于规范在何种情形下被审计单位可以从事特定类型关联方交易的内部职业道德手册，该手册已适当地向被审计单位的员工传达并得以贯彻执行；
- 公开、及时披露管理层和治理层在关联方交易中的利益的政策和程序；
- 被审计单位内部对识别、记录、汇总和披露关联方交易的责任分工；
- 管理层和治理层就超出被审计单位正常经营过程的重大关联方交易及时进行的披露和讨论，包括治理层是否恰当地质疑这些交易商业理由的合理性(例如，向外部专业人员咨询)；
- 对涉及现实或潜在利益冲突的关联方交易的批准，提供清晰的指引。例如，

---

⑳ 国际审计准则第200号，第A2段。

㉑ 国际审计准则第315号，第14段。

由独立于管理层的人员组成的治理层的下设委员会进行审批；

- 内部审计师的定期检查（如适用）；
- 管理层为解决关联方披露的问题而采取的积极行动，如向审计师或外部法律顾问咨询；
- 举报政策和程序（如适用）。

A18. 由于某些原因，被审计单位可能不存在对关联方关系及其交易的控制或控制存在缺陷，例如：

- 管理层对识别和披露关联方关系及其交易的重视程度较低；
- 缺乏治理层的适当监督；
- 由于披露关联方可能会泄露出管理层认为敏感的某些信息（如关联方交易涉及管理层家庭成员），管理层有意忽视相关控制；
- 管理层未能充分了解适用的财务报告框架对关联方的有关规定；
- 适用的财务报告框架中没有对关联方披露作出规定。

如果这些控制无效或者不存在，审计师可能无法就关联方关系及其交易获取充分、适当的审计证据。在这种情况下，审计师需要按照国际审计准则第 705 号[22]的规定，考虑这种情况对审计的影响，包括对审计报告中审计意见的影响。

A19. 虚假财务报告通常与管理层凌驾于控制之上有关，而此时控制可能看似运行有效。[23] 如果管理层和与被审计单位进行交易的另一方之间具有控制或重大影响的关系，管理层凌驾于控制之上的风险就较高，其原因是这些关系可能表明管理层有更大的动机和机会实施舞弊。例如，管理层在特定关联方中的财务利益可能驱使其通过下述方式凌驾于控制之上：（a）指示被审计单位从事损害其自身利益但能够使关联方获益的交易，或（b）与关联方串通或控制其行动。可能实施舞弊的例子包括：

- 虚构关联方交易条款，以对交易的商业理由作出不实表述；
- 采用欺诈方式，安排与管理层或其他人员之间按照显著高于或低于市价的金额进行资产转让交易；
- 与关联方（如特殊目的实体）从事复杂的交易，以使被审计单位的财务状况或经营成果存在不实表述。

对小型被审计单位的特殊考虑

A20. 在小型被审计单位，控制活动可能不太正式，并且可能没有处理关联方关系及其交易的书面程序。业主兼经理通过积极参与关联方交易的所有主要方面，可能会降低源于关联方交易的某些风险，也可能会潜在地增加这些风险。对于这些小型被审计单位，审计师可以通过询问管理层并结合其他程序，了解关联方关系及其

---

[22] 《国际审计准则第 705 号——在独立审计师报告中发表非无保留意见》。

[23] 国际审计准则第 240 号，第 31 段和第 A4 段。

交易和可能存在的控制，例如，观察管理层的监督和复核活动，检查取得的相关记录等。

对重大交易与安排的授权与批准(参见：第14段第（b）项)

A21. 授权，是具有适当权力（无论是管理层、治理层还是被审计单位的股东）的一方或多方许可被审计单位按照事先确定的标准（不论运用该标准是否需要作出判断）从事某项具体交易。批准，是由被授权的一方或多方认可被审计单位从事的交易符合标准。对于重大关联方交易和安排，或超出正常经营过程的重大交易和安排，被审计单位可能建立的授权和批准控制的例子包括：

- 监督控制，以识别需要授权和批准的交易和安排；
- 管理层、治理层或者股东（如适用）批准交易和安排的条款和条件。

在复核记录或文件时对关联方信息保持警觉

审计师可以检查的记录或文件(参见：第15段)

A22. 在审计过程中，审计师可以检查某些可能提供关联方关系及其交易信息的记录或文件，例如：

- 审计师自第三方取得的询证函回函（除向银行和律师获取的询证函回函外）；
- 被审计单位的所得税纳税申报表；
- 被审计单位提供给监管机构的信息；
- 用于识别被审计单位主要股东的股东登记名册；
- 管理层和治理层的利益冲突声明；
- 被审计单位有关投资和养老金计划的记录；
- 与关键管理层或治理层成员的合同及协议；
- 超出被审计单位正常经营过程的重要合同和协议；
- 来自被审计单位专业顾问的发票和往来函件；
- 被审计单位购买的人寿保险单；
- 被审计单位在报告期内重新商定的重要合同；
- 内部审计师的报告；
- 被审计单位向证券监管机构报送的文件（如招股说明书）。

可能显示存在以前未识别或未披露的关联方关系或交易的安排(参见：第15段)

A23. 安排是指被审计单位和一方或多方基于下列目的签订的正式或非正式的协议，如：

- 通过适当的方式或组织结构建立商业关系；
- 根据特定的条款和条件从事某种类型的交易；
- 提供指定的服务或财务支持。

某些安排可能显示存在管理层以前未识别或未向审计师披露的关联方关系或交易，例如：

- 与其他方组成不具有法人资格的合伙企业；
- 按照超出正常经营过程的交易条款和条件，向特定方提供服务的安排；
- 担保和被担保关系。

识别超出正常经营过程的重大交易(参见：第16段)

A24. 审计师就超出被审计单位正常经营过程的重大交易获取的进一步信息，使其能够评价是否存在舞弊风险因素（如有），并能够在适用的财务报告框架对关联方作出规定的情况下识别重大错报风险。

A25. 超出被审计单位正常经营过程的交易的例子可能包括：

- 复杂的股权交易，如公司重组或收购；
- 与处于公司法制不健全的司法管辖区的境外实体之间的交易；
- 对外提供厂房租赁或管理服务，而没有收取对价；
- 具有异常大额折扣或退货的销售业务；
- 循环交易，如售后回购交易；
- 在合同期限届满之前变更条款的交易。

了解超出正常经营过程的重大交易(参见：第16段第（a）项)

A26. 审计师针对超出正常经营过程的重大交易的性质所进行的询问，涉及了解交易的商业理由、交易的条款和条件。

询问交易是否可能涉及关联方(参见：第16段第（b）项)

A27. 关联方参与超出被审计单位正常经营过程的重大交易，可以通过成为交易的一方直接影响该交易，也可以通过中间机构间接影响该交易。这些影响可能表明存在舞弊风险因素。

项目组内部分享与关联方有关的信息（参见：第17段）

A28. 项目组成员可以分享有关关联方的信息，例如：

- 被审计单位关联方的名称和特征；
- 关联方关系及其交易的性质；
- 可能需要从审计的角度进行特别考虑的重大或复杂的关联方关系或关联方交易，特别是涉及管理层或治理层财务利益的交易。

识别和评估与关联方关系及其交易相关的重大错报风险

与具有支配性影响的关联方相关的舞弊风险因素（参见：第19段）

A29. 管理层由个人或少数人控制而没有相应的补偿性控制是一项舞弊风险因

素。[24] 关联方施加的支配性影响可能表现在：

- 关联方否决管理层或治理层作出的重大经营决策；
- 重大交易需经关联方的最终批准；
- 对关联方提出的业务建议，管理层和治理层未曾或很少进行讨论；
- 对涉及关联方（或与关联方关系密切的家庭成员）的交易，极少经过独立复核和批准。

如果关联方在被审计单位的设立和日后管理中均发挥主导作用，也可能表明存在支配性影响。

A30. 在出现其他风险因素的情况下，存在具有支配性影响的关联方，可能表明存在由于舞弊导致的特别风险。例如：

- 异常频繁变更高级管理人员或专业顾问，可能表明为关联方的利益而从事不道德或虚假的交易；
- 利用中间机构从事难以判断是否具有正当商业理由的重大交易，可能表明关联方出于欺诈的目的，通过控制这些中间机构从交易中获利；
- 有证据显示关联方过度干涉或关注会计政策的选择或重大会计估计的作出，可能表明存在虚假财务报告。

针对与关联方关系及其交易相关的重大错报风险的应对措施（参见：第 20 段）

A31. 为应对评估的与关联方关系及其交易相关的重大错报风险，审计师可能选择的进一步审计程序的性质、时间安排和范围，取决于风险的性质和被审计单位的具体情况。[25]

A32. 如果管理层未能按照适用的财务报告框架的规定对特定关联方交易进行恰当的会计处理和披露，审计师将其评估为一项特别风险（无论是舞弊或错误导致），可能实施的实质性审计程序的例子包括：

- 如果可行且法律法规或职业道德规范未予禁止，向银行、律师事务所、担保人或者代理商等中间机构函证或与之讨论交易的具体细节；
- 向关联方函证交易目的、具体条款或金额（如果审计师认为被审计单位有可能对关联方的回函施加影响，可能降低这一审计程序的效果）；
- 如果适用，查阅关联方的财务报表或其他相关财务信息（如能获取），以获取关联方对交易进行会计处理的证据。

A33. 如果由于存在具有支配性影响的关联方，审计师将一项由于舞弊导致的重大错报评估为特别风险，除了遵守国际审计准则第 240 号的总体要求外，审计师还

[24] 国际审计准则第 240 号，附录 1。

[25] 国际审计准则第 330 号为考虑进一步审计程序的性质、时间安排和范围提供了进一步指引。国际审计准则第 240 号针对恰当应对评估的由于舞弊导致的重大错报风险作出了规定并提供了指引。

可以实施诸如下列审计程序，以了解关联方与被审计单位直接或间接建立的业务关系，并确定是否有必要实施进一步的适当的实质性审计程序：

- 询问管理层和治理层并与之讨论；
- 询问关联方；
- 检查与关联方之间的重要合同；
- 通过互联网或某些外部商业信息数据库，进行适当的背景研究；
- 如果被审计单位保留了员工的检举报告，查阅该报告。

A34. 根据风险评估程序的结果，审计师可能认为在获取审计证据时不对被审计单位对关联方关系及其交易相关的控制实施控制测试是适当的。然而，在某些情况下，针对与关联方关系及其交易相关的重大错报风险，仅实施实质性审计程序可能无法获取充分、适当的审计证据。例如，被审计单位与其组成部分发生大量的内部交易，有关这些交易的大量信息在一个整体系统中以电子形式生成、记录、处理或报告，审计师可能认为不能通过设计有效的实质性审计程序，将与这些交易相关的重大错报风险降低至可接受的低水平。在这种情况下，为满足国际审计准则第330号中就相关控制运行有效性获取充分、适当的审计证据的要求，[26] 审计师需要测试被审计单位与关联方关系及其交易记录的完整性和准确性相关的控制。

识别出以前未识别或未披露的关联方或重大关联方交易

向项目组成员传达与新识别的关联方有关的信息（参见：第22段第（a）项）

A35. 及时向项目组成员传达有关新识别的关联方信息，有助于项目组成员确定这些信息是否对已实施的风险评估程序的结果和由此得出的结论产生影响，包括是否需要重新评估重大错报风险。

与新识别出的关联方或重大关联方交易有关的实质性程序（参见：第22段第（c）项）

A36. 针对新识别出的关联方或重大关联方交易，审计师可能实施的实质性程序的例子包括：

- 询问被审计单位与新识别出的关联方之间的关系的性质，包括向对被审计单位及其业务非常了解的外部人士询问（如适用，并且法律法规或职业道德要求未予禁止），如法律顾问、主要代理商、主要业务代表、咨询专家、担保人或其他关系密切的商业伙伴；
- 分析与新识别出的关联方进行的交易的会计记录，可以采用计算机辅助审计技术进行分析；
- 核实新识别出的关联方交易的条款和条件，评价是否已经按照适用的财务

---

[26] 国际审计准则第330号，第8段第（b）项。

报告框架的规定对关联方交易进行恰当会计处理和披露。

管理层有意不予披露（参见：第 22 段第（e）项）

A37. 如果管理层看似有意不向审计师披露关联方或重大关联方交易，国际审计准则第 240 号中有关审计师在财务报表审计过程中与舞弊相关的责任与这种情况相关。审计师还可能考虑是否有必要重新评价管理层对询问的答复以及管理层声明的可靠性。

识别出的超出被审计单位正常经营过程的重大关联方交易

评价重大关联方交易的商业理由（参见：第 23 段）

A38. 在评价超出被审计单位正常经营过程的重大关联方交易的商业理由时，审计师可能考虑下列事项：

- 交易是否：
  - 过于复杂（如交易可能涉及集团内部多个关联方）；
  - 具有异常的交易条款，如异常的价格、利率、担保或付款条件；
  - 缺乏明显且符合逻辑的商业理由；
  - 涉及以前未识别的关联方；
  - 处理方式异常。
- 管理层是否已与治理层就这类交易的性质及其会计处理进行讨论；
- 管理层是否特别强调需采用某项特定的会计处理方式，而不够重视交易的经济实质。

如果管理层的解释与关联方交易条款存在重大不一致，审计师需要按照国际审计准则第 500 号[27]的规定，考虑管理层对于其他重大事项作出的解释和声明的可靠性。

A39. 审计师也可以从关联方的角度了解上述交易的商业理由，这可能有助于审计师更好地了解交易的经济实质和发生原因。如果从关联方的角度了解的商业理由与其业务性质不一致，则可能表明存在舞弊风险因素。

授权和批准重大关联方交易（参见：第 23 段第（b）项）

A40. 如果超出正常经营过程的重大关联方交易经管理层、治理层或股东（如适用）授权和批准，可以为审计师提供审计证据，表明该项交易已在被审计单位的适当层面进行了考虑，并在财务报表中恰当披露了交易的条款和条件。如果存在未经授权和批准的这类交易，且与管理层或治理层讨论后仍未获取合理解释，则可能表明存在由于舞弊或错误导致的重大错报风险。在这种情况下，审计师可能需要对其他类似性质的交易保持警觉。然而，授权和批准本身并不足以就是否不存在由舞弊

---

[27] 《国际审计准则第 500 号——审计证据》，第 11 段。

引起的重大错报风险得出结论，其原因是如果被审计单位与关联方串通舞弊或关联方对被审计单位具有支配性影响，这种授权和批准可能是无效的。

对小型被审计单位的特殊考虑

A41. 大型被审计单位可能存在不同层级的授权和批准的控制，小型被审计单位可能没有此类控制。因此，当审计小型被审计单位时，针对超出正常经营过程的重大关联方交易的合理性，审计师可能在较低程度上依赖授权和批准控制以获取审计证据。相应地，审计师可以考虑实施其他审计程序，例如，检查相关文件，向交易相关各方函证特定交易事项，或者观察业主兼经理对交易的参与程度。

对关联方交易按照等同于公平交易中的通行条款执行的认定（参见：第24段）

A42. 针对关联方交易价格与类似公平交易的价格比较情况，审计师可以较容易获取审计证据。但实务中存在困难，限制了审计师获取关联方交易与公平交易在所有其他方面都等同的审计证据。例如，尽管审计师可能能够确定关联方交易是按照市场价格执行的，但却不能确定该项交易的其他条款和条件（如信用条款、或有事项以及特定收费等）是否与独立各方之间通常达成的交易条款相同。因此，管理层对于关联方交易执行的条款等同于与公平交易中普遍流行的条款的认定就可能存在重大错报风险。

A43. 编制财务报表要求管理层证实关联方交易是按照等同于公平交易中通行的条款执行的这项认定。管理层用于支持这项认定的措施可能包括：

- 将关联方交易条款与相同或类似的非关联方交易的条款进行比较；
- 聘请外部专家确定交易的市场价格，并确认交易的条款和条件；
- 将交易条款与公开市场上进行的类似交易的已知市场条款进行比较。

A44. 评价管理层如何支持这项认定，可能涉及以下一个或多个方面：

- 考虑管理层用于支持其认定的程序是否适当；
- 验证支持管理层认定的内部和外部数据来源，对这些数据进行测试，以判断其准确性、完整性和相关性；
- 评价管理层认定所依据的重大假设的合理性。

A45. 有些财务报告框架要求披露未按照等同于公平交易中的通行条款执行的关联方交易。在这种情况下，如果管理层未在财务报表中披露关联方交易，则可能隐含着一项认定，即关联方交易是按照等同于公平交易中的通行条款执行的。

评价识别出的关联方关系及其交易的会计处理和披露

评价错报时对重要性的考虑（参见：第25段）

A46. 国际审计准则第450号要求审计师在评价错报是否重大时，考虑错报的金额和性质以及错报发生的特定环境。[28] 对财务报表使用者而言，某项交易的重要程度，可能不仅取决于所记录的交易金额，还取决于其他特定的相关因素，如关联方关系的性质。

评价对关联方的披露（参见：第25段第（a）项）

A47. 审计师按照适用的财务报告框架的披露规定评价对关联方的披露，需要考虑是否已对被审计单位关联方关系及其交易的事实和情况进行了恰当汇总和列报，以使披露具有可理解性。当存在下列情形之一时，表明对关联方交易的披露可能不具有可理解性：

（a）关联方交易的商业理由以及对财务报表的影响披露不清楚或存在错报；

（b）未适当披露为理解关联方交易所必需的关键条款、条件或其他要素。

书面声明（参见：第26段）

A48. 在下列情况下，审计师向治理层获取书面声明可能是适当的：

- 治理层批准某项特定关联方交易，该项交易可能对财务报表产生重大影响或涉及管理层；
- 治理层就某些关联方交易的细节向审计师作出口头声明；
- 治理层在关联方或者关联方交易中有财务利益或者其他利益。

A49. 审计师可能决定就管理层作出的某项特殊认定获取书面声明，如声明特定关联方交易不涉及某些未予披露的"背后协议"。

与治理层的沟通（参见：第27段）

A50. 审计师与治理层沟通审计过程中发现的与被审计单位关联方相关的重大事项，[29] 有助于双方就这些事项的性质和解决方法达成共识。与关联方相关的重大事项的例子包括：

- 管理层有意或无意未向审计师披露关联方或重大关联方交易。沟通这一情况，可以提醒治理层关注以前未识别的重要关联方和关联方交易；
- 识别出的未经适当授权和批准的、可能产生舞弊嫌疑的重大关联方交易；
- 与管理层在按照适用的财务报告框架的规定对重大关联方交易进行会计处理和披露方面存在分歧；
- 违反适用的法律法规有关禁止或限制特定类型关联方交易的规定；
- 在识别被审计单位最终控制方时遇到的困难。

---

[28] 《国际审计准则第450号——评价审计过程中识别出的错报》，第11段第（a）项。国际审计准则第450号第A16段为可能影响错报评价的因素提供了指引。

[29] 国际审计准则第230号，第A8段，为审计过程中发现的重大事项的性质提供了进一步指引。

国际审计准则第 560 号
期后事项

（适用于会计期间开始于 2009 年 12 月 15 日及以后的财务报表审计）

目　　录

《国际审计准则第 560 号——期后事项》应当与《国际审计准则第 200 号——独立审计师的总体目标和按照国际审计准则执行审计工作》一并阅读。

引　言

本国际审计准则的范围

1. 本国际审计准则规范了审计师在财务报表审计中对期后事项的责任。

期后事项

2. 财务报表可能受到某些在财务报表日之后发生的事项的影响。许多财务报告框架专门提及这些事项[①]。这些财务报告框架通常识别下列两类事项：

（a）对财务报表日已经存在的情况提供证据的事项；

（b）对财务报表日后发生的情况提供证据的事项。

国际审计准则第 700 号指明，审计报告的日期告知报告使用者，审计师已考虑其知悉的、截至审计报告日发生的事项及交易的影响。[②]

生效日期

3. 本国际审计准则适用于会计期间开始于 2009 年 12 月 15 日及以后的财务报表审计。

目　标

4. 审计师的目标是：

（a）获取充分、适当的审计证据，以确定财务报表日至审计报告日之间发生的、需要在财务报表中调整或披露的事项是否已经按照适用的财务报告框架在财务报表中得到恰当反映；

（b）恰当应对在审计报告日后审计师知悉的、且如果在审计报告日知悉可能导致审计师修改审计报告的事实。

---

① 例如，《国际会计准则第 10 号——期后事项》对资产负债表日至财务报告批准报出日之间发生的有利或不利事项在财务报表中的处理进行了规范。

② 《国际审计准则第 700 号——对财务报表形成审计意见和出具审计报告》，第 A38 段。

定　义

5. 就国际审计准则而言，对下列术语给予以下定义：

（a）财务报表日，是指财务报表涵盖的最近期间的截止日期；

（b）财务报表批准日，是指构成财务报表的所有报表（包括相关附注）已编制完成，并且经认可的有权机构已经认可其对财务报表负责的日期；（参见：第 A2 段）

（c）审计报告日，是指审计师按照国际审计准则第 700 号的规定在对财务报表出具的审计报告上签署的日期；（参见：第 A3 段）

（d）财务报表报出日，是指审计报告和已审计财务报表提供给第三方的日期；（参见：第 A4 – A5 段）

（e）期后事项，是指财务报表日至审计报告日之间发生的事项，以及审计师在审计报告日后知悉的事实。

要　求

财务报表日至审计报告日之间发生的事项

6. 审计师应当设计和实施审计程序，获取充分、适当的审计证据，以确定所有在财务报表日至审计报告日之间发生的、需要在财务报表中调整或披露的事项均已得到识别。但是，审计师并不需要对之前已实施审计程序并已得出满意结论的事项执行追加的审计程序。（参见：第 A6 段）

7. 审计师应当实施第 6 段所要求的程序以涵盖财务报表日至审计报告日（或尽可能接近审计报告日）之间的期间。在确定审计程序的性质和范围时，审计师应当考虑其风险评估，这些程序应包括：（参见：第 A7 – A8 段）

（a）了解管理层为确保识别期后事项而建立的程序；

（b）询问管理层和治理层（如适用），确定是否已发生可能影响财务报表的期后事项；（参见：第 A9 段）

（c）查阅被审计单位的所有者、管理层和治理层在财务报表日后举行会议的纪要（如有），在尚不能获取会议纪要的情况下，询问此类会议讨论的事项；（参见：第 A10 段）

（d）查阅被审计单位最近的中期财务报表（如有）。

8. 在实施第 6 和第 7 段所要求的程序后，如果审计师识别出需要在财务报表中调整或披露的事项，应当确定这些事项是否按照适用的财务报告框架在财务报表中得到恰当反映。

书面声明

9. 审计师应当按照国际审计准则第 580 号[③]的规定，要求管理层和治理层（如适用）提供书面声明，确认所有在财务报表日后发生的、按照适用的财务报告框架应予调整或披露的事项均已得到调整或披露。

审计师在审计报告日后至财务报表报出日前知悉的事实

10. 在审计报告日后，审计师没有义务对财务报表实施任何审计程序。但是，如果在审计报告日后至财务报表报出日前，审计师知悉了某事实，且若在审计报告日知悉可能导致修改审计报告，审计师应当：（参见：第 A11 段）

（a）与管理层和治理层（如适用）讨论该事项；

（b）确定是否需要修改财务报表；

（c）如果需要修改财务报表，询问管理层将如何在财务报表中处理该事项。

11. 如果管理层修改财务报表，审计师应当：

（a）根据具体情况对有关修改实施必要的审计程序；

（b）除非第 12 段所述的情形适用：

（i）将第 6 段和第 7 段所要求的审计程序延伸至新的审计报告日；

（ii）针对修改后的财务报表出具新的审计报告。新的审计报告日不应早于修改后的财务报表被批准的日期。

12. 在有关法律法规或财务报告框架并未禁止的情况下，如果管理层对财务报表的修改仅限于反映导致修改的期后事项的影响，且负责批准财务报表的人士也仅对有关修改进行批准，审计师可以仅针对有关修改实施第 11 段第（b）项之（i）所要求的对期后事项的审计程序。在这种情况下，审计师应当选用下列处理方式之一：

（a）修改审计报告以包括仅针对有关修改的补充报告日期，从而表明审计师对期后事项实施的程序仅针对财务报表相关附注所述的对财务报表的修改；（参见：第 A12 段）

（b）出具新的或经修改的审计报告，增加强调事项段[④]或其他事项段，说明审计师对期后事项实施的程序仅针对财务报表相关附注所述的对财务报表的修改。

13. 在某些司法管辖区，有关法律法规或财务报告框架可能不要求管理层报出

---

③ 《国际审计准则第 580 号——书面声明》。

④ 《国际审计准则第 706 号——在独立审计师报告中增加强调事项段和其他事项段》。

经修改的财务报表，相应地，审计师也无需出具经修改的或新的审计报告。但是，如果认为管理层应当修改财务报表而没有修改，审计师应当分别以下情况予以处理：（参见：第 A13 – A14 段）

（a）如果审计报告尚未提交给被审计单位，审计师应当按照国际审计准则第 705 号⑤的规定修改审计意见，然后再提交审计报告；

（b）如果审计报告已提交给被审计单位，审计师应当通知管理层和治理层（除非治理层全部成员均参与管理被审计单位）在财务报表作出必要修改之前不要向第三方报出。如果财务报表在未经必要修改的情况下仍被报出，审计师应当采取适当措施，以设法防止财务报表使用者信赖该审计报告。（参见：第 A15 – A16 段）

审计师在财务报表报出后知悉的事实

14. 在财务报表报出后，审计师没有义务对财务报表实施任何审计程序。但是，在财务报表报出后，如果审计师知悉了某事实，且若在审计报告日知悉可能导致修改审计报告，审计师应当：

（a）与管理层和治理层（如适用）讨论该事项；

（b）确定是否需要修改财务报表；

（c）如果需要修改财务报表，询问管理层将如何在财务报表中处理该事项。

15. 如果管理层修改了财务报表，审计师应当：（参见：第 A17 段）

（a）根据具体情况对有关修改实施必要的审计程序；

（b）复核管理层采取的措施以确保所有收到原财务报表和审计报告的人士了解这一情况；

（c）除非第 12 段所述的情形适用：

（i）将第 6 和第 7 段所要求的审计程序延伸至新的审计报告日。新的审计报告日不应早于修改后的财务报表被批准的日期；

（ii）针对修改后的财务报表提供新的审计报告；

（d）如果第 12 段所述的情形适用，应当按照第 12 段的规定修改审计报告或提供新的审计报告。

16. 审计师应当在新的或经修改的审计报告中增加强调事项段或其他事项段，提及对原财务报表修改原因作详细说明的财务报表附注和审计师提供的较早审计报告。

17. 如果管理层既没有采取必要措施确保所有收到原财务报表的人士了解这一情况，也没有在审计师认为需要修改的情况下修改财务报表，审计师应当通知管理层和治理层（除非治理层全部成员均参与管理被审计单位⑥），审计师将设法防止财

---

⑤ 《国际审计准则第 705 号——在独立审计师报告中发表非无保留意见》。

⑥ 《国际审计准则第 260 号——与治理层的沟通》，第 13 段。

务报表使用者信赖该审计报告。如果审计师已通知管理层或治理层，而管理层或治理层没有采取必要措施，审计师应当采取适当措施，以设法防止财务报表使用者信赖该审计报告。（参见：第A18段）

应用和其他解释性材料

本国际审计准则的范围（参见：第1段）

A1. 在财务报表报出后，如果已审计财务报表被纳入其他文件，审计师可能需要考虑其可能承担的与期后事项（如在发行证券的司法管辖区涉及公开发行证券的法律法规要求）相关的额外责任。例如，审计师可能需要实施追加的审计程序至最终发行文件的日期。这些程序可能包括实施第6段和第7段所要求的程序，延伸至或临近最终发行文件的生效日，以及查阅发行文件以评估发行文件内的其他信息与已审计财务信息是否一致。[7]

定义

财务报表批准日（参见：第5段第（b）项）

A2. 在某些司法管辖区，有关法律法规指定个人或机构（例如，管理层或治理层）负责就构成财务报表的所有报表（包括相关附注）已编制完成得出结论，并规定了必要的批准程序。在其他司法管辖区，有关法律法规并未对批准程序作出规定，因此被审计单位根据其管理和治理结构，按其自身的程序来编制和完成财务报表。在某些司法管辖区，财务报表需要由股东最终批准。在这些司法管辖区，股东的最终批准并非审计师得出“已获取充分、适当的审计证据，并据以对财务报表形成审计意见”结论的必要条件。就国际审计准则的目的而言，财务报表批准日是一个比较早的日期，即经认可的有权机构确定构成财务报表的所有报表（包括相关附注）已编制完成，并声称对此负责的日期。

审计报告日（参见：第5段第（c）项）

A3. 审计报告日不应早于审计师获取充分、适当的审计证据（包括证明构成财务报表的所有报表（包括相关附注）已编制完成并且经认可的有权机构已认可其对

⑦ 参见《国际审计准则第200号——独立审计师的总体目标和按照国际审计准则执行审计工作》，第2段。

财务报表负责的证据），并在此基础上对财务报表形成审计意见的日期。[⑧] 因此，审计报告日不应早于第5段第（b）项规定的财务报表批准日。由于事务性方面的原因，可能导致第5段第（c）项所述的审计报告日与审计报告提交给被审计单位的日期之间会间隔一段时间。

财务报表报出日（参见：第5段第（d）项）

A4. 财务报表报出日通常取决于被审计单位的监管环境。在某些情况下，财务报表报出日可能是财务报表报送给监管机构的日期。由于已审计财务报表不能在未附审计报告的情况下报出，因此，已审计财务报表的报出日不应早于审计报告日，且不应早于审计报告提交给被审计单位的日期。

对公共部门实体的特殊考虑

A5. 在公共部门实体的情况下，财务报表报出日可能是将已审计财务报表连同审计报告提交给立法机关或以其他方式公布的日期。

财务报表日至审计报告日之间发生的事项（参见：第6-9段）

A6. 根据风险评估结果，为获取充分、适当的审计证据，第6段要求的审计程序可能包括复核或测试会计记录或财务报表日至审计报告日之间发生的交易。第6段和第7段所要求的审计程序是审计师为其他目的而实施的程序的补充，然而，为其他目的实施的程序也可以提供有关期后事项的证据（例如，为获取财务报表日账户余额的审计证据而实施的程序，如截止程序或与期后应收账款回收有关的程序）。

A7. 第7段规定了审计师需要按照第6段的规定实施某些审计程序。但是，审计师就期后事项实施的程序可能取决于可获得的信息，特别是在财务报表日后会计记录的编制程度。如果会计记录未能反映最新信息从而未能（基于内部或外部目的）编制中期财务报表，或者没有编制管理层或治理层会议的纪要，则相关审计程序可以采用检查账簿及记录（包括银行对账单）的形式。A8段列举了审计师在询问过程中可以考虑的额外事项。

A8. 除第7段所要求的审计程序外，审计师可能认为实施下列一项或多项程序是必要和适当的：

- 查阅被审计单位在财务报表日后最近期间内的预算、现金流量预测和其他相关的管理报告；
- 就诉讼和索赔事项询问被审计单位的法律顾问，或扩大之前相关的口头或书面询问的范围；

---

⑧ 国际审计准则第700号，第41段。在某些情况下，法律法规也可以指出财务报告过程中审计工作结束的时点。

- 考虑是否有必要获取涵盖特定期后事项的书面声明以支持其他审计证据，从而获取充分、适当的审计证据。

询问（参见：第 7 段第（b）项）

A9. 在向管理层和治理层（如适用）询问是否已发生可能影响财务报表的期后事项时，审计师可以询问根据初步或尚无定论的数据作出会计处理的项目的现状，并且可以特别询问以下事项：

- 是否已发生新的承诺、借款或担保；
- 是否已出售或购置资产，或者计划出售或购置资产；
- 是否已增加资本或发行债务工具（如，发行新的股票或债券），或者是否已签订或计划签订合并或清算协议；
- 资产是否已被政府征用或遭到破坏（如火灾或洪水）；
- 或有事项是否已发生新的进展；
- 是否已作出或考虑作出异常的会计调整；
- 是否已发生或可能发生影响财务报表编制时所采用会计政策适当性的事项（如影响持续经营假设适当性的事项）；
- 是否已发生任何与财务报表中会计估计的计量或准备的计提相关的事项；
- 是否已发生任何与资产可收回性相关的事项。

查阅会议纪要（参见：第 7 段第（c）项）

对公共部门实体的特殊考虑

A10. 对于公共部门实体，审计师可以向立法机关查阅相关记录，如无书面记录，则就相关立法涉及的事项进行询问。

审计师在审计报告日后至财务报表报出日前知悉的事实

管理层告知审计师的责任（参见：第 10 段）

A11. 如国际审计准则第 210 号所述，审计业务约定书的条款包括管理层同意告知审计师在审计报告日至财务报表报出日之间注意到的可能影响财务报表的事实。[⑨]

双重报告日期（参见：第 12 段第（a）项）

A12. 在第 12 段第（a）项所述的情况下，审计师修改审计报告，针对有关修改增加补充报告日期，而对管理层作出修改前的财务报表出具的原审计报告日期保持

⑨ 《国际审计准则第 210 号——就审计业务约定条款达成一致意见》，第 A23 段。

不变，因为该日期告知了财务报表使用者针对该财务报表的审计工作何时完成。然而，审计报告中包括的补充报告日期告知财务报表使用者，自原报告日之后实施的审计程序仅针对财务报表的后续修改。有关补充报告日期的示例如下：

“除附注 Y 所述事项的日期为［仅针对附注 Y 所述修改的审计程序完成日期］之外，［原审计报告日］。”

管理层不修改财务报表（参见：第 13 段）

A13. 在某些司法管辖区，法律法规或财务报告框架可能并不要求管理层报出经修改的财务报表。这种情况通常是被审计单位后续期间的财务报表即将报出，且后续期间的财务报表中拟对此作出适当披露。

对公共部门实体的特殊考虑

A14. 对于公共部门实体，如果管理层不修改财务报表，审计师根据第 13 段采取的措施也可能包括向立法机关或汇报层级中的其他相关机构单独报告，说明期后事项对财务报表及审计报告的影响。

审计师为防止财务报表使用者信赖审计报告所采取的措施（参见：第 13 段第（b）项）

A15. 尽管审计师已通知管理层不要将财务报表报出并且管理层已同意这样做，审计师也可能需要履行额外的法律义务。

A16. 在审计师已通知管理层的情况下，如果管理层仍将财务报表向第三方报出，审计师为防止财务报表使用者信赖该审计报告而采取的措施取决于自身的法律权利和义务。因此，审计师可能认为寻求法律意见是适当的。

审计师在财务报表报出后知悉的事实

管理层不修改财务报表（参见：第 15 段）

对公共部门实体的特殊考虑

A17. 在某些司法管辖区，法律法规可能禁止公共部门实体报出经修改的财务报表。在这种情况下，审计师采取的适当措施可能是向适当的法定机构报告。

审计师为防止财务报表使用者信赖审计报告所采取的措施（参见：第 17 段）

A18. 如果在审计师就其将采取措施防止财务报表使用者信赖该审计报告作出通知之后，审计师认为管理层或治理层并没有采取必要措施防止财务报表使用者信赖该审计报告，审计师采取的措施取决于自身的法律权利和义务。因此，审计师可能认为寻求法律意见是适当的。

国际审计准则第 570 号
持续经营

（适用于会计期间开始于 2009 年 12 月 15 日及以后的财务报表审计）

目　　录

段落

《国际审计准则第 570 号——持续经营》应当与《国际审计准则第 200 号——独立审计师的总体目标和按照国际审计准则执行审计工作》一并阅读。

引　言

本国际审计准则的范围

1. 本国际审计准则规范了审计师在财务报表审计中与管理层在编制财务报表时运用持续经营假设相关的责任。

持续经营假设

2. 在持续经营假设下，被审计单位被视为在可预见的将来会继续经营下去。通用目的财务报表是在持续经营基础上编制的，除非管理层计划将被审计单位予以清算或终止经营，或者除此之外没有其他现实可行的选择。特殊目的财务报表可以按照（或不按照）以持续经营为基础的财务报告框架编制（例如，在特定司法管辖区，持续经营基础与某些按照计税基础编制的财务报表无关）。如果运用持续经营假设是适当的，则被审计单位对其资产和负债的记录，是建立在正常经营过程中能够变现资产、清偿债务的基础上的。（参见：第A1段）

评估被审计单位持续经营能力的责任

3. 某些财务报告框架明确要求管理层对被审计单位持续经营能力作出特定评估，并规定了关于与持续经营相关的需要考虑的事项和作出的披露。例如，国际会计准则第1号要求管理层对被审计单位持续经营能力作出评估。[①] 法律法规还可能对管理层评估持续经营能力的责任和相关财务报表披露作出具体规定。

4. 其他财务报告框架可能没有明确要求管理层对持续经营能力作出评估。然而，如第2段所述，由于持续经营假设是编制财务报表的基本原则，即使财务报告框架没有对此作出明确规定，管理层也需要在编制财务报表时评估持续经营能力。

5. 管理层对被审计单位持续经营能力的评估涉及在特定时点对事项或情况的未来结果作出判断，这些事项或情况的未来结果具有固有不确定性。下列因素与判断相关：

- 某一事项或情况或其结果出现的时点越远，与事项或情况的结果相关的不确定性程度将显著增加。因此，大多数明确要求管理层作出评估的财务报告框架都明确规定了管理层应当考虑所有可获得信息的期间；
- 被审计单位的规模和复杂程度、经营活动的性质和状况以及被审计单位受

① 《国际会计准则第1号——财务报表列报》（2009年1月1日），第25-26段。

外部因素影响的程度，会影响对事项或情况的结果作出的判断；

- 针对未来作出的所有判断都以作出判断时可获取的信息为基础。作出的判断在当时情况下可能是合理的，但之后发生的事项可能导致事项或情况的结果与作出的判断不一致。

审计师的责任

6. 审计师的责任是，针对管理层在编制和列报财务报表时运用持续经营假设的适当性获取充分、适当的审计证据，并就持续经营能力是否存在重大不确定性得出结论。即使编制财务报表采用的财务报告框架没有明确要求管理层对持续经营能力作出专门评估，审计师的这种责任仍然存在。

7. 然而，如国际审计准则第200号②所述，如果存在可能导致被审计单位终止持续经营的未来事项或情况，审计的固有限制对审计师发现重大错报能力的潜在影响会更大。审计师不能对这些未来事项或情况作出预测。相应地，审计报告中不提及持续经营的不确定性，不能被视为对被审计单位持续经营能力的保证。

生效日期

8. 本国际审计准则适用于会计期间开始于2009年12月15日及以后的财务报表审计。

目　标

9. 审计师的目标是：

（a）就管理层编制财务报表时运用持续经营假设的适当性，获取充分、适当的审计证据；

（b）根据获取的审计证据，就可能导致对被审计单位持续经营能力产生重大疑虑的事项或情况是否存在重大不确定性得出结论；

（c）确定对审计报告的影响。

② 《国际审计准则第200号——独立审计师的总体目标和按照国际审计准则执行审计工作》，第A51－A52段。

要　求

风险评估程序及相关活动

10. 在按照国际审计准则第315号③的规定实施风险评估程序时，审计师应当考虑是否存在可能导致对被审计单位持续经营能力产生重大疑虑的事项或情况。在考虑时，审计师应当确定管理层是否已经对被审计单位持续经营能力作出初步评估，并且：（参见：第A2－A5段）

（a）如果管理层已对被审计单位持续经营能力作出初步评估，审计师应当与管理层讨论，并确定管理层是否已识别出单独或汇总起来可能导致对被审计单位持续经营能力产生重大疑虑的事项或情况。如果管理层已识别出这些事项或情况，审计师应当与其讨论应对计划；

（b）如果管理层未对持续经营能力作出初步评估，审计师应当与管理层讨论其拟运用持续经营假设的基础，询问管理层是否存在单独或汇总起来可能导致对被审计单位持续经营能力产生重大疑虑的事项或情况。

11. 针对有关可能导致对被审计单位持续经营能力产生重大疑虑的事项或情况的审计证据，审计师应当在整个审计过程中保持警觉。（参见：第A6段）

评价管理层的评估

12. 审计师应当评价管理层对被审计单位持续经营能力作出的评估。（参见：第A7－A9段，第A11－A12段）

13. 在评价管理层对被审计单位持续经营能力作出的评估时，审计师的评价期间应当与管理层按照适用的财务报告框架或法律法规（如果法律法规要求的期间更长）的规定作出评估的涵盖期间相同。如果管理层评估被审计单位持续经营能力涵盖的期间短于自财务报表日（如国际审计准则第560号④所界定）起的十二个月，审计师应当提请管理层将评估期间至少延长至自财务报表日起的十二个月。（参见：第A10－A12段）

14. 在评价管理层的评估时，审计师应当考虑该评估是否包括审计师在审计过程中注意到的所有相关信息。

③ 《国际审计准则第315号——通过了解被审计单位及其环境识别和评估重大错报风险》，第5段。

④ 《国际审计准则第560号——期后事项》，第5段第（a）项。

超出管理层评估的期间

15. 审计师应当询问管理层是否知悉超出管理层评估期间的、可能导致对持续经营能力产生重大疑虑的事项或情况。（参见：第 A13 – A14 段）

识别出事项或情况时实施追加的审计程序

16. 如果识别出可能导致对被审计单位持续经营能力产生重大疑虑的事项或情况，审计师应当通过实施追加的审计程序（包括考虑缓解因素），获取充分、适当的审计证据，以确定是否存在重大不确定性。这些程序应当包括：（参见：第 A15 段）

（a）如果管理层尚未对被审计单位持续经营能力作出评估，提请其进行评估；

（b）评价管理层与持续经营能力评估相关的未来应对计划，这些计划的结果是否可能改善目前的状况，以及管理层的计划对于具体情况是否可行；（参见：第 A16 段）

（c）如果被审计单位已编制现金流量预测，且对该预测的分析是评价管理层未来应对计划时所考虑的事项或情况的未来结果的重要因素，则：（参见：第 A17 – A18 段）

（i）评价用于编制预测的基础数据的可靠性；

（ii）确定预测所基于的假设是否具有充分的支持；

（d）考虑自管理层作出评估后是否存在其他可获得的事实或信息；

（e）要求管理层和治理层（如适用）提供有关未来应对计划及其可行性的书面声明。

审计结论与报告

17. 审计师应当根据获取的审计证据，运用职业判断，确定是否存在与事项或情况相关的重大不确定性，且这些事项或情况单独或汇总起来可能导致对被审计单位持续经营能力产生重大疑虑。如果审计师根据职业判断认为，鉴于不确定性潜在影响的重要程度和发生的可能性，为了实现下列目的，有必要适当披露该不确定性的性质和影响，则表明存在重大不确定性：（参见：第 A19 段）：

（a）在公允列报财务报告框架下，使财务报表实现公允列报；

（b）在遵循性框架下，使财务报表不会产生误导。

运用持续经营假设是适当的，但存在重大不确定性

18. 如果认为运用持续经营假设适合具体情况，但存在重大不确定性，审计师应当确定：

（a）财务报表是否充分描述可能导致对被审计单位持续经营能力产生重大疑虑的主要事项或情况，以及管理层针对这些事项或情况的应对计划；

（b）财务报表是否已清楚披露可能导致对持续经营能力产生重大疑虑的事项或情况存在重大不确定性，并由此导致被审计单位可能无法在正常经营过程中变现资产、清偿债务。（参见：第 A20 段）

19. 如果财务报表已作出充分披露，审计师应当发表无保留意见，并在审计报告中增加强调事项段以：

（a）强调可能导致对持续经营能力产生重大疑虑的事项或情况存在重大不确定性的事实；

（b）提醒财务报表使用者关注财务报表附注中对第 18 段所述事项的披露[⑤]。（参见：第 A21 – A22 段）

20. 如果财务报表未作出充分披露，审计师应当按照国际审计准则第 705 号[⑥]的规定，恰当发表保留意见或否定意见。审计师应当在审计报告中说明，存在可能导致对被审计单位持续经营能力产生重大疑虑的重大不确定性。（参见：第 A23 – A24 段）

运用持续经营假设不适当

21. 如果财务报表按照持续经营基础编制，但是审计师根据职业判断认为管理层在财务报表中运用持续经营假设是不适当的，审计师应当发表否定意见。（参见：第 A25 – A26 段）

管理层不愿作出评估或延长评估期间

22. 如果管理层不愿按照审计师的要求作出评估或延长评估期间，审计师应当考虑对审计报告的影响。（参见：第 A27 段）

与治理层沟通

23. 审计师应当与治理层就识别出的可能导致对被审计单位持续经营能力产生重大疑虑的事项或情况进行沟通，除非所有治理层全部参与管理被审计单位。[⑦] 与治理层的沟通应当包括下列方面：

（a）这些事项或情况是否构成重大不确定性；

（b）在财务报表编制和列报中运用持续经营假设是否适当；

（c）财务报表中的相关披露是否充分。

---

⑤ 《国际审计准则第 706 号——在独立审计师报告中增加强调事项段和其他事项段》。

⑥ 《国际审计准则第 705 号——在独立审计师报告中发表非无保留意见》。

⑦ 《国际审计准则第 260 号——与治理层的沟通》，第 13 段。

严重拖延对财务报表的批准

24. 如果管理层或治理层在财务报表日后严重拖延对财务报表的批准，审计师应当询问拖延的原因。如果认为拖延可能涉及与持续经营评估相关的事项或情况，审计师应当实施第16段所述的有必要实施的追加的审计程序，并考虑第17段所述的存在重大不确定性对审计结论的影响。

应用和其他解释性材料

持续经营假设（参见：第2段）

对公共部门实体的特殊考虑

A1. 在公共部门实体，管理层同样需要运用持续经营假设。例如，国际公共部门会计准则第1号规范了有关公共部门实体持续经营能力的问题。[⑧] 持续经营风险可能源于（但不限于）以下情况：公共部门实体以营利为基础经营、政府的支持可能减少或撤销或者公共部门实体私有化。可能导致对公共部门实体持续经营能力产生重大疑虑的事项或情况，可能包括公共部门实体缺乏继续存在所需的资金或出台影响公共部门实体所提供服务的政策。

风险评估程序及相关活动

可能导致对持续经营假设产生疑虑的事项或情况（参见：第10段）

A2. 以下是单独或汇总起来可能导致对持续经营假设产生重大疑虑的事项或情况的示例。这些示例并不能涵盖所有事项或情况，也不意味着存在其中一个或多个项目就一定表明存在重大不确定性。

财务方面

- 净资产为负或净流动资产为负；
- 定期借款即将到期，但预期不能展期或偿还，或过度依赖短期借款为长期资产筹资；
- 存在债权人撤销财务支持的迹象；
- 历史财务报表或预测性财务报表表明经营活动产生的现金流量净额为负数；

⑧ 《国际公共部门会计准则第1号——财务报表列报》（2009年1月1日），第38–41段。

- 关键财务比率不佳；
- 发生重大经营亏损或用以产生现金流量的资产的价值出现大幅下跌；
- 拖欠或停止发放股利；
- 在到期日无法偿还债务；
- 无法履行借款合同的条款；
- 与供应商由赊购变为货到付款；
- 无法获得开发必要的新产品或进行其他必要的投资所需的资金。

经营方面

- 管理层计划清算被审计单位或终止经营；
- 关键管理人员离职且无人替代；
- 失去主要市场、关键客户、特许权、执照或主要供应商；
- 出现用工困难问题；
- 重要供应短缺；
- 出现非常成功的竞争者。

其他方面

- 违反有关资本或其他法定要求；
- 未决诉讼或监管程序，可能导致其无法支付索赔金额；
- 法律法规或政府政策的变化预期会产生不利影响；
- 对发生的灾害未购买保险或保额不足。

某些措施通常可以减轻这些事项或情况的严重性。例如，被审计单位无法正常偿还债务的影响，可能被管理层通过替代方法（如处置资产、重新安排贷款偿还或获得额外资本金）计划保持足够的现金流量所抵消。类似地，主要供应商的流失也可以通过寻找适当的替代供应来源以降低损失。

A3. 第 10 段规定的风险评估程序，可以帮助审计师确定管理层运用持续经营假设是否可能是一个重要问题及其对计划审计工作的影响。这些程序还使审计师可以更及时地与管理层讨论，包括讨论管理层的计划和针对识别出的持续经营问题的解决方案。

对小型被审计单位的特殊考虑

A4. 被审计单位的规模可能影响其承受不利情况的能力。小型被审计单位能够迅速反应以利用机会，但是可能缺乏支持经营的储备。

A5. 与小型被审计单位持续经营特别相关的情况包括银行及其他借款方可能终止为被审计单位提供支持的风险，以及可能失去重要供应商、主要客户、关键员工，或者在执照、特许权或其他法律协议下经营的权利的风险。

在整个审计过程中对有关事项或情况的审计证据保持警觉（参见：第 11 段）

A6. 如果在审计过程中获取了影响审计师风险评估结果的额外审计证据，国际审计准则第 315 号要求审计师修正风险评估结果，并相应地修改计划的进一步审计程序。[9] 如果审计师完成风险评估后识别出可能导致对被审计单位持续经营能力产生重大疑虑的事项或情况，除了实施第 16 段所述的审计程序外，审计师可能还需要修正重大错报风险的评估结果。这些事项或情况还可能影响审计师用以应对评估的风险的进一步审计程序的性质、时间安排和范围。国际审计准则第 330 号[10]对这个问题作出了规定并提供了指引。

评价管理层的评估

管理层的评估、支持性分析和审计师的评价（参见：第 12 段）

A7. 管理层对被审计单位持续经营能力的评估，是审计师考虑管理层运用持续经营假设的一个关键部分。

A8. 纠正管理层缺乏分析的错误不是审计师的责任。但在某些情况下，管理层缺乏详细分析以支持其评估，可能并不妨碍审计师确定管理层运用持续经营假设是否适合具体情况。例如，如果被审计单位具有盈利经营的记录并很容易获得财务支持，管理层可能不需要进行详细分析就能作出评估。在这种情况下，如果其他审计程序足以使审计师认为管理层在编制财务报表时运用的持续经营假设适合具体情况，审计师可能无需实施详细的评价程序，就可以对管理层评估的适当性得出结论。

A9. 在其他情况下，按照第 12 段的要求评价管理层对被审计单位持续经营能力所作的评估，可能包括评价管理层作出评估时遵循的程序、评估依据的假设、管理层的未来应对计划以及管理层的计划在当前情况下是否可行。

管理层评估的期间（参见：第 13 段）

A10. 大多数明确要求管理层作出评估的财务报告框架都详细规定了管理层按照要求需要在多长期间考虑所有可获得的信息。[11]

对小型被审计单位的特殊考虑（参见：第 12－13 段）

A11. 在很多情况下，小型被审计单位的管理层可能不对被审计单位的持续经营能力作出详细评估，而是可能依赖对经营活动和预期未来前景的深入了解。然而，按照本国际审计准则的规定，审计师需要评价管理层对被审计单位持续经营能力的评估。就小型被审计单位而言，如果管理层的观点能够通过足够的书面证据得以证实，并且与审计师对被审计单位的了解不存在不一致，则审计师与管理层讨论中长

---

[9] 国际会计准则第 315 号，第 31 段。

[10] 《国际审计准则第 330 号——审计师针对评估的风险采取的应对措施》。

[11] 例如，国际会计准则第 1 号将期间定义为自报告期结束起至少（但不限于）12 个月。

期融资可能是适当的。因此，审计师可以通过如讨论、询问和检查支持性文件（如收到的未来供应订单）评价其可行性或以其他方式予以证实，以满足第 13 段有关提请管理层延长评估期间的规定。

A12. 业主兼经理持续的支持对于小型被审计单位的持续经营能力通常很重要。如果一个小型被审计单位很大程度上依赖于向业主兼经理融资，那么这些资金不会撤离可能是很重要的。例如，面临财务困境的小型被审计单位的持续经营能力可能取决于业主兼经理是否将其对被审计单位贷款的求偿权排在银行或其他债权人之后，或者是否以其个人资产作为抵押为被审计单位的贷款提供担保。在这种情况下，审计师可以获取恰当的书面证据，证明业主兼经理对贷款的次序求偿或提供的担保。如果被审计单位依赖业主兼经理提供的额外支持，审计师可以评价业主兼经理履行提供支持的承诺中所规定义务的能力。此外，审计师可以要求对这类支持的条款和条件以及业主兼经理的意图或理解进行书面确认。

超出管理层评估的期间（参见：第 15 段）

A13. 可能存在着已知的事项（预定的或非预定的）或情况，是超出管理层评估期间发生的，可能导致审计师对管理层编制财务报表时运用持续经营假设的适当性产生怀疑，根据第 11 段的要求，审计师需要对存在这些事项或情况的可能性保持警觉。由于事项或情况发生的时点距离作出评估的时点越远，与事项或情况的结果相关的不确定性的程度也相应增加，因此在考虑更远期间发生的事项或情况时，只有持续经营事项的迹象达到重大时，审计师才需要考虑采取进一步措施。如果识别出这些事项或情况，审计师可能需要提请管理层评价这些事项或情况对于其评估被审计单位持续经营能力的潜在重要性。在这种情况下，第 16 段规定的程序适用。

A14. 除询问管理层外，审计师没有责任实施其他任何审计程序，以识别超出管理层评估期间并可能导致对被审计单位持续经营能力产生重大疑虑的事项或情况（如第 13 段所述，管理层评估期间至少是自财务报表日起十二个月）。

识别出事项或情况时实施追加的审计程序（参见：第 16 段）

A15. 与第 16 段的要求相关的审计程序可能包括：

- 与管理层分析和讨论现金流量、盈利及其他相关预测；
- 分析和讨论可获得的被审计单位最近的中期财务报表；
- 阅读公司债券和借款合同的条款并确定是否存在违约情况；
- 阅读股东、治理层及相关委员会会议有关财务困难的会议纪要；
- 向被审计单位的律师询问是否存在诉讼或索赔，管理层对诉讼或索赔结果的评估以及对其财务影响的估计是否合理；

- 向关联方或第三方确认提供或保持财务支持的协议的存在性、合法性和可执行性，并对其提供额外资金的能力作出评估；
- 评价被审计单位处理尚未完成的客户订单的计划；
- 针对期后事项实施审计程序，以识别那些能够改善或影响被审计单位持续经营能力的事项；
- 确认授信合同的存在性、条款和充分性；
- 获取并复核有关监管行动的报告；
- 对于拟处置的资产，确定支持证据的充分性。

评价管理层的未来应对计划（参见：第 16 段第（b）项）

A16. 评价管理层未来应对计划可能包括向管理层询问该计划。管理层的应对计划可能包括管理层变卖资产、对外借款、重组债务、削减或延缓开支或者获得新的资本。

管理层评估的期间（参见：第 16 段第（c）项）

A17. 除第 16 段第（c）项要求的程序外，审计师还可能比较：

- 最近若干期间的预测性财务信息与实际结果；
- 本期预测性财务信息与截至目前的实际结果。

A18. 如果管理层的假设包括第三方通过放弃贷款优先求偿权、承诺保持或提供补充资金或担保等方式向被审计单位提供持续的支持，且这种支持对于被审计单位的持续经营能力很重要，审计师可能需要考虑要求该第三方提供书面确认（包括条款和条件），并获取其有能力提供此类支持的证据。

审计结论与报告（参见：第 17 段）

A19. 在讨论与可能导致对持续经营能力产生重大疑虑的事项或情况相关的、应当在财务报表中披露的不确定性时，国际会计准则第 1 号使用“重大不确定性”（“material uncertainty”）术语。在类似情况下，其他一些财务报告框架使用“重要不确定性”（“significant uncertainty”）术语。

运用持续经营假设是适当的，但存在重大不确定性

重大不确定性披露的充分性（参见：第 18 段）

A20. 确定财务报表披露的充分性，可能需要确定信息是否明确提请财务报表使用者关注被审计单位可能无法在正常经营过程中变现资产、清偿债务。

重大不确定性披露充分时的审计报告（参见：第 19 段）

A21. 以下是当审计师确信财务报表附注披露充分时强调事项段的例子：

强调事项段

本段内容不影响已发表的审计意见。我们提醒关注，如财务报表附注 X 所述，截至 20X1 年 12 月 31 日，该公司当年发生净亏损 ZZZ，在 20X1 年 12 月 31 日，该公司流动负债高于资产总额 YYY。这些情况连同附注 X 所示的其他事项，表明存在可能导致对该公司持续经营能力产生重大疑虑的重大不确定性。

A22. 当存在多项对财务报表整体具有重要影响的重大不确定性时，在极少数情况下，审计师可能认为发表无法表示意见而不是增加强调事项段是适当的。国际审计准则第 705 号对此提供了指引。

重大不确定性披露不充分时的审计报告（参见：第 20 段）

A23. 以下是发表保留意见时相关段落的举例：

导致保留意见的事项

该公司融资协议期满，且未偿付余额将于 20X1 年 3 月 19 日到期。该公司未能重新商定协议或获取替代性融资。这种情况表明存在可能导致对该公司持续经营能力产生重大疑虑的重大不确定性。因此，该公司可能无法在正常经营过程中变现资产、清偿债务。财务报表（及其附注）并未对这一事实作出全面披露。

保留意见

我们认为，除"导致保留意见的事项"段所述的信息披露不完整外，财务报表按照……，在所有重大方面公允反映了（或真实和公允反映了）该公司 20X0 年 12 月 31 日的财务状况以及 20X0 年度的经营成果和现金流量。

A24. 以下是发表否定意见时相关段落的举例：

导致否定意见的事项

该公司融资协议期满，且未偿付余额于 20X0 年 12 月 31 日到期。该公司未能重新商定协议或获取替代性融资，正在考虑申请破产。这些情况表明存在可能导致对该公司持续经营能力产生重大疑虑的重大不确定性，因此，该公司可能无法在正常经营过程中变现资产、清偿债务。财务报表（及其附注）并未披露这一事实。

否定意见

我们认为，由于"导致否定意见的事项"段所述的信息遗漏，财务报表没有按照……公允反映（或真实和公允反映）该公司20X0年12月31日的财务状况以及20X0年度的现金流量。

运用持续经营假设不适当（参见：第21段）

A25. 如果财务报表已按照持续经营基础编制，但是审计师根据职业判断认为管理层在财务报表中运用持续经营假设是不适当的，则无论财务报表是否对管理层不适当运用持续经营假设作出披露，第21段要求审计师发表否定意见的规定均适用。

A26. 当运用持续经营假设对于具体情况而言不适当时，如果被审计单位管理层按照要求编制或自愿选择编制财务报表，则该财务报表可以采用替代基础（如清算基础）编制。如果审计师确定该替代基础在具体情况下是可以接受的财务报告框架，则可以对财务报表进行审计。如果财务报表对此作出了充分披露，审计师可以发表无保留意见，但可能认为在审计报告中增加强调事项段，以提醒报表使用者注意替代基础及其使用理由是适当或必要的。

管理层不愿作出评估或延长评估期间（参见：第22段）

A27. 在某些情况下，审计师可能认为有必要提请管理层作出评估或延长评估期间。如果管理层不愿意这样做，出具保留意见或无法表示意见的审计报告可能是适当的，因为审计师可能无法获取关于运用持续经营假设编制财务报表的充分、适当的审计证据（如是否存在管理层提出的应对计划或其他缓解因素的审计证据）。

国际审计准则第580号
书面声明

（适用于会计期间开始于2009年12月15日及以后的财务报表审计）

目　录

附录2：声明书参考格式

《国际审计准则第580号——书面声明》应当与《国际审计准则第200号——独立审计师的总体目标和按照国际审计准则执行审计工作》一并阅读。

引　言

本国际审计准则的范围

1. 本国际审计准则规范了审计师在财务报表审计过程中向管理层和治理层（如适用）获取书面声明的责任。

2. 附录 1 列举了包含对书面声明作出具体要求的其他国际审计准则。其他国际审计准则中有关管理层书面声明的具体要求并不构成对本国际审计准则普遍适用性的限制。

将书面声明作为审计证据

3. 审计证据，是审计师为了得出审计结论和形成审计意见而使用的信息。① 书面声明是审计师在财务报表审计中需要获取的必要信息。因此，类似于对询问的答复，书面声明也是审计证据。（参见：第 A1 段）

4. 尽管书面声明提供必要的审计证据，但其本身不对所涉及的任何事项提供充分、适当的审计证据。而且，管理层已提供可靠书面声明的事实，并不影响审计师就管理层责任履行情况或具体认定获取的其他审计证据的性质和范围。

生效日期

5. 本国际审计准则适用于会计期间开始于 2009 年 12 月 15 日及以后的财务报表审计。

目　标

6. 审计师的目标是：

（a）向管理层或治理层（如适用）获取其认为自身已履行编制财务报表和向审计师提供完整信息的责任的书面声明；

（b）如果审计师认为有必要或其他国际审计准则有要求，通过书面声明支持与财务报表或具体认定相关的其他审计证据；

（c）恰当应对管理层或治理层（如适用）提供的书面声明或管理层或治理层

---

① 《国际审计准则第 500 号——审计证据》，第 5 段第（c）项。

（如适用）不提供审计师所要求的书面声明的情况。

定 义

7. 就国际审计准则而言，对下列术语给予以下定义：

书面声明，是指管理层向审计师提供的书面陈述，用以确认某些事项或支持其他审计证据。书面声明不包括财务报表及其认定，以及支持性账簿和相关记录。

8. 在本国际审计准则中单独提及管理层时，应当理解为“管理层和治理层（如适用）”。而且，在公允列报框架下，管理层负责按照适用的财务报告框架编制和公允列报财务报表，或者按照适用的财务报告框架编制真实和公允的财务报表。

要 求

提供书面声明的管理层

9. 审计师应当要求对财务报表承担相应责任并了解相关事项的管理层提供书面声明。（参见：第 A2 – A6 段）

针对管理层责任的书面声明

财务报表的编制

10. 审计师应当要求管理层提供书面声明，确认管理层已根据审计业务约定条款，履行了按照适用的财务报告框架编制财务报表（包括实现公允列报（如相关））的责任。[②] （参见：第 A7 – A9 段，第 A14 段和第 A22 段）

提供的信息和交易的完整性

11. 审计师应当要求管理层就下列事项提供书面声明：

（a）按照审计业务约定条款，管理层已向审计师提供所有相关信息和接触权限；[③]

（b）所有交易均已记录并反映在财务报表中。（参见：第 A7 – A9 段，第 A14

---

② 《国际审计准则第 210 号——就审计业务约定条款达成一致意见》，第 6 段第（b）项之（i）。

③ 国际审计准则第 210 号，第 6 段第（b）项之（iii）。

段和第 A22 段）

书面声明中对管理层责任的描述

12. 第 10 段和第 11 段要求的管理层责任应当按照审计业务约定条款中对管理层责任的描述方式在书面声明中予以描述。

其他书面声明

13. 其他国际审计准则要求审计师获取书面声明。如果除此要求之外，审计师认为有必要获取一项或多项其他书面声明，以支持与财务报表或者一项或多项具体认定相关的其他审计证据，审计师应当要求管理层提供这些书面声明。（参见：第 A10 – A13 段，第 A14 段和第 A22 段）

书面声明的日期和涵盖的期间

14. 书面声明的日期应当尽量接近对财务报表出具审计报告的日期，但不得在其之后。书面声明应当涵盖审计报告针对的所有财务报表和期间。（参见：第 A15 – A18 段）

书面声明的形式

15. 书面声明应当以声明书的形式致送审计师。如果法律法规要求管理层就其责任作出公开的书面陈述，且审计师认为这些陈述提供了第 10 段或第 11 段要求的部分或全部声明，则这些陈述所涵盖的相关事项不必包括在声明书中。（参见：第 A19 – A21 段）

对书面声明可靠性的疑虑以及管理层不提供要求的书面声明

对书面声明可靠性的疑虑

16. 如果审计师对管理层的胜任能力、诚信、道德价值观或勤勉尽责存在疑虑，或者对管理层在这些方面的承诺或贯彻执行存在疑虑，审计师应当确定这些疑虑对口头或书面声明以及审计证据总体可靠性可能产生的影响。（参见：第 A24 – A25 段）

17. 特别地，如果书面声明与其他审计证据不一致，审计师应当实施审计程序设法解决这些问题。如果问题仍未解决，审计师应当重新考虑对管理层的胜任能力、诚信、道德价值观或勤勉尽责的评估，或者重新考虑对管理层在这些方面的承诺或贯彻执行的评估，并确定书面声明与其他审计证据的不一致对口头或书面声明以及审计证据总体的可靠性可能产生的影响。（参见：第 A23 段）

18. 如果认为书面声明不可靠，审计师应当采取适当措施，包括本国际审计准则第20段所提及的按照国际审计准则第705号④的规定，确定其对审计意见可能产生的影响。

管理层不提供要求的书面声明

19. 如果管理层不提供所要求的一项或多项书面声明，审计师应当：

（a）与管理层讨论该事项；

（b）重新评价管理层的诚信，并评价该事项对口头或书面声明以及审计证据的总体可靠性可能产生的影响；

（c）采取适当措施，包括本国际审计准则第20段提及的按照国际审计准则第705号的规定，确定该事项对审计意见可能产生的影响。

关于管理层责任的书面声明

20. 按照国际审计准则第705号的规定，如果存在下列情形之一，审计师应当对财务报表发表无法表示意见：

（a）审计师对管理层的诚信产生重大疑虑，以至于认为管理层按照第10段和第11段的要求作出的书面声明不可靠；

（b）管理层不提供第10段和第11段要求的书面声明。（参见：第A26－A27段）

应用和其他解释性材料

将书面声明作为审计证据（参见：第3段）

A1. 书面声明是审计证据的重要来源。如果管理层修改书面声明的内容或不提供审计师要求的书面声明，可能使审计师警觉存在一项或多项重大问题的可能性。而且，在很多情况下，要求管理层提供书面声明而非口头声明，可以促使管理层更加认真地考虑这些重大问题，从而提高声明的质量。

提供书面声明的管理层（参见：第9段）

A2. 负责编制财务报表的人员可能被要求提供书面声明。根据被审计单位的治理结构和相关法律法规的规定，这些人员可能有所不同，但管理层（而非治理层）

④ 《国际审计准则第705号——在独立审计师报告中发表非无保留意见》。

通常是上述责任的承担者。因此，被审计单位的首席执行官、首席财务官或处于类似职位的其他人员也可能会被要求提供书面声明。但在某些情况下，其他人员（如治理层）也对财务报表的编制承担责任。

A3. 由于管理层对财务报表的编制以及被审计单位经营活动的执行负有管理责任，因此，可以预期管理层充分了解被审计单位在编制和列报财务报表时遵循的流程，以及书面声明所针对的财务报表认定。

A4. 然而，在某些情况下，管理层可能决定询问参与编制和列报财务报表以及相关认定的其他人员，包括对书面声明所涉事项具备专门知识的人员。这些人员可能包括：

- 负责对会计计量进行精算的精算师；
- 负责环境负债计量并具备相应专门知识的内部工程人员；
- 为诉讼索赔计提准备提供必要信息的内部法律顾问。

A5. 在某些情况下，管理层可能在书面声明中使用限定性语言，以表明该声明是根据其已知的全部事项作出的。如果审计师确信该声明是由承担适当责任并了解声明所涉及事项的人员作出的，则审计师可以接受对这些限定性语言的使用。

A6. 为强调管理层作出有依据的声明的必要性，审计师可能要求管理层在书面声明中确认，为作出所要求的书面声明，管理层已进行了适当的询问。这种询问通常不需要超出被审计单位已建立的正式的内部程序。

针对管理层责任的书面声明（参见：第 10 – 11 段）

A7. 仅凭其他审计证据，审计师不能判断管理层是否在认可并理解其责任的基础上，编制和列报财务报表，并向审计师提供了相关信息。因此，如果未从管理层获取其确认已履行第 10 段和第 11 段提及的责任，审计师在审计过程中获取的有关管理层已履行这些责任的其他审计证据是不充分的。例如，如果审计师未向管理层询问其是否提供了审计业务约定条款中要求提供的所有相关信息，也没有获得管理层的确认，审计师就不能认为管理层已提供了这些信息。

A8. 第 10 段和第 11 段所要求的书面声明，基于管理层认可并理解在审计业务约定条款中提及的管理层的责任，审计师要求管理层通过声明确认其已履行这些责任。审计师可能还要求管理层在书面声明中再次确认其对自身责任的认可与理解。这种情况在某些司法管辖区很常见，当存在下列情况时尤为适当：

- 代表被审计单位签订审计业务约定条款的人员不再承担相关责任；
- 审计业务约定条款是在以前年度签订的；
- 有迹象表明管理层误解了其责任；
- 情况的改变需要管理层再次确认其责任。

与国际审计准则第 210 号[⑤]的要求相一致，再次确认管理层对自身责任的认可与理解，并不限于管理层已知的全部事项。

对公共部门实体的特殊考虑

A9. 对公共部门实体财务报表审计的要求，可能比对其他实体审计的要求更为广泛。因此，执行公共部门实体财务报表审计时，执行审计工作的前提可能需要额外的书面声明。这些额外的书面声明可能确认交易和事项已按照法律法规或其他机构的要求进行了处理。

其他书面声明（参见：第 13 段）

关于财务报表的额外书面声明

A10. 除第 10 段要求的书面声明外，审计师可能认为有必要获取有关财务报表的其他书面声明。这些书面声明可能是对第 10 段要求的书面声明的补充，但不构成其组成部分。这些书面声明可能包括针对下列事项作出的声明：

- 会计政策的选择和运用是否适当；
- 是否已按照适用的财务报告框架对下列事项（如相关）进行了确认、计量、列报或披露：
  - 可能影响资产和负债账面价值或分类的计划或意图；
  - 负债（包括实际负债和或有负债）；
  - 资产的所有权或控制权，资产的留置权或其他物权，以及用于担保的抵押资产；
  - 可能影响财务报表的法律法规及合同（包括违反法律法规及合同的行为）。

与向审计师提供信息有关的额外书面声明

A11. 除第 11 段要求的书面声明外，审计师可能认为有必要要求管理层提供书面声明，确认管理层已将注意到的所有内部控制缺陷向审计师通报。

关于特定认定的书面声明

A12. 在获取有关管理层的判断和意图的证据时，或在对判断和意图进行评价时，审计师可能考虑下列一项或多项事项：

- 被审计单位以前对声明的意图的实际实施情况；

---

⑤ 国际审计准则第 210 号，第 6 段第（b）项。

- 被审计单位选取特定措施的理由；
- 被审计单位实施特定措施的能力；
- 是否存在审计过程中已获取的、可能与管理层判断或意图不一致的任何其他信息。

A13. 此外，审计师可能认为有必要要求管理层提供有关财务报表特定认定的书面声明，尤其是支持审计师就管理层的判断或意图或者完整性认定从其他审计证据中获取的了解。例如，如果管理层的意图对投资的计价基础非常重要，但管理层没有就该意图提供书面声明，审计师就不能获取充分、适当的审计证据。尽管这些书面声明能够提供必要的审计证据，但其本身并不能为财务报表特定认定提供充分、适当的审计证据。

有关临界值的沟通（参见：第 10－11 段和第 13 段）

A14. 国际审计准则第 450 号要求审计师应当累积审计过程中识别出的错报，除非错报明显微小。[⑥] 审计师可以确定一个临界值，高于临界值的错报不能被视作是明显微小的错报。同样，为了获取所要求的书面声明，审计师可能认为需要向管理层通报临界值。

书面声明的日期和涵盖的期间（参见：第 14 段）

A15. 由于书面声明是必要的审计证据，在书面声明日期之前，审计师不能发表审计意见，也不能签署审计报告。而且，由于审计师关注截至审计报告日发生的、可能需要在财务报表中作出相应调整或披露的事项，书面声明的日期应当尽量接近对财务报表出具审计报告的日期，但不得在其之后。

A16. 在某些情况下，审计师在审计过程中获取有关财务报表特定认定的书面声明可能是适当的。这时，可能有必要要求管理层更新书面声明。

A17. 管理层有时需要再次确认以前期间作出的书面声明是否依然适当，因此，书面声明需要涵盖审计报告中提及的所有期间。审计师和管理层可能认可某种形式的书面声明，以更新以前期间所作的书面声明。更新后的书面声明需要表明，以前期间所作的声明是否发生了变化，以及发生了什么变化（如有）。

A18. 可能会出现这样的情况，即在审计报告中提及的所有期间内，现任管理层均尚未就任。他们可能由此声称无法就其尚未就任期间提供部分或全部书面声明。然而，这并不能减轻现任管理层对财务报表整体的责任。相应地，审计师仍然需要向现任管理层获取涵盖整个相关期间的书面声明。

---

⑥ 《国际审计准则第 450 号——评价审计过程中识别出的错报》，第 5 段。

书面声明的形式（参见：第 15 段）

A19. 提供给审计师的声明书中应当包括书面声明。然而，在某些国家或地区，法律法规可能要求管理层对自身责任作出公开的书面陈述。尽管这种陈述是提供给财务报表使用者或相关机构的，但审计师可能认为，它是第 10 段和第 11 段要求的部分或全部声明的一种适当形式。因此，这种陈述所涵盖的相关事项不必包括在声明书中。可能影响审计师作出这一决定的因素包括：

- 这种陈述是否确认了第 10 段和第 11 段提及的责任的履行情况；
- 这种陈述是否由审计师要求提供相关书面声明的人员提供或批准；
- 是否在尽量接近审计报告日（但非之后），将该陈述的副本提交给审计师（见第 14 段）。

A20. 有关遵守法律法规或批准财务报表的正式声明，可能没有包含足够的信息，以使审计师确信管理层已主动作出所有的必要声明。法律法规对管理层责任的规定也无法替代所要求的书面声明本身。

A21. 附录 2 提供了声明书的参考格式。

与治理层的沟通（参见：第 10 - 11 段，第 13 段）

A22. 国际审计准则第 260 号要求审计师就其提请管理层作出的书面声明与治理层进行沟通。[⑦]

对书面声明可靠性的疑虑以及管理层不提供要求的书面声明

对书面声明可靠性的疑虑（参见：第 16 - 17 段）

A23. 如果识别出一项或多项书面声明与从其他来源获取的审计证据不一致，审计师可能需要考虑风险评估结果是否仍然适当。如果认为不适当，审计师需要修正风险评估结果，并确定进一步审计程序的性质、时间安排和范围，以应对评估的风险。

A24. 如果对管理层的胜任能力、诚信、道德价值观或勤勉尽责程度存在疑虑，或者对管理层在这些方面的承诺或贯彻执行存在忧虑，审计师可能会认为，管理层在财务报表中作出不实陈述的风险很大，以至于审计工作无法进行。在这种情况下，除非治理层采取适当的纠正措施，否则审计师可能需要考虑解除业务约定（如果法律法规允许）。但治理层采取的纠正措施可能并不足以使审计师发表无保留意见。

A25. 国际审计准则第 230 号要求审计师记录审计中遇到的重大事项和由此得出

---

⑦ 《国际审计准则第 260 号——与治理层的沟通》，第 16 段第（c）项之（ii）。

的结论，以及在得出结论时作出的重大职业判断。[⑧] 审计师可能识别出与管理层的胜任能力、诚信、道德价值观或勤勉尽责程度，或者与管理层在这些方面的承诺或贯彻执行相关的重大事项，但仍可能认为书面声明是可靠的。在这种情况下，识别出的重大事项需要按照国际审计准则第230号的规定予以记录。

关于管理层责任的书面声明（参见：第20段）

A26. 如第A7段所述，仅凭其他审计证据，审计师不能判断管理层是否履行了第10段和第11段提及的责任。因此，如第20段第（a）项所述，如果审计师认为有关这些事项的书面声明不可靠，或者管理层不提供有关这些事项的书面声明，则审计师无法获取充分、适当的审计证据。审计师不能获取充分、适当的审计证据对财务报表的影响可能是广泛的，并不局限于财务报表的特定要素、账户或项目。在这种情况下，审计师需要按照国际审计准则第705号的规定，对财务报表发表无法表示意见。[⑨]

A27. 管理层对审计师所要求的书面声明的内容作出修改，并不一定意味着管理层不提供书面声明。然而，作出修改的真正原因可能影响审计意见的类型。例如：

- 有关管理层财务报表编制责任履行情况的书面声明可能声称，除了与适用的财务报告框架某一要求有重大不符外，管理层认为财务报表已按照适用的财务报告框架编制。由于审计师认为管理层已提供可靠的书面声明，第20段的要求不再适用。然而，审计师需要按照国际审计准则第705号的规定，考虑不符事项对审计意见的影响；
- 有关管理层向审计师提供审计业务约定条款中要求提供的所有相关信息的责任的书面声明，可能声称除火灾中毁损的信息外，管理层认为其已向审计师提供了所有相关信息。由于审计师认为管理层已经提供了可靠的书面声明，第20段的要求不再适用。然而，审计师需要按照国际审计准则第705号的规定，考虑火灾中毁损信息对财务报表产生影响的广泛性，进而确定其对审计意见的影响。

---

⑧ 《国际审计准则第230号——审计工作底稿》，第8段第（c）项和第10段。

⑨ 国际审计准则第705号，第9段。

附录1

（参见：第2段）

包含书面声明要求的其他国际审计准则清单

本附录列示了要求审计师在特定情况下就相关事项获取书面声明的其他国际审计准则（适用于会计期间开始于2009年12月15日及以后的财务报表审计）的段落。本清单并不替代对国际审计准则中的要求、相关应用和其他解释性材料的考虑。

- 《国际审计准则第240号——财务报表审计中与舞弊相关的责任》第39段；
- 《国际审计准则第250号——财务报表审计中对法律法规的考虑》第16段；
- 《国际审计准则第450号——评价审计过程中识别出的错报》第14段；
- 《国际审计准则第501号——审计证据：对选取的项目的具体考虑》第12段；
- 《国际审计准则第540号——审计会计估计（包括公允价值会计估计）和相关披露》第22段；
- 《国际审计准则第550号——关联方》第26段；
- 《国际审计准则第560号——期后事项》第9段；
- 《国际审计准则第570号——持续经营》第16段第（e）项；
- 《国际审计准则第710号——比较信息：对应数据和比较财务报表》第9段。

附录 2

(参见：第 A21 段)

声明书参考格式

以下声明书参考格式包括本国际审计准则及其他国际审计准则（适用于会计期间开始于 2009 年 12 月 15 日及以后的财务报表审计）所要求的书面声明。本参考格式假定适用的财务报告框架为国际财务报告准则；国际审计准则第 570 号①中有关获取书面声明的要求不相关；对所要求的书面声明来说，不存在例外情况。如果存在例外情况，则需要修改书面声明以反映这些例外情况。

（××公司信笺）

[致审计师]　　（日期）

本声明书是针对你们审计 ABC 公司截至 20××年 12 月 31 日②的年度财务报表而提供的，审计的目的是对财务报表是否按照国际财务报告准则在所有重大方面公允反映（或真实和公允反映）发表意见。

我们确认（尽我们所知与所信，并作必要查询）：

财务报表

- 我们已履行［插入日期］签署的审计业务约定书中提及的责任，即按照国际财务报告准则编制财务报表，并使财务报表公允反映或真实和公允反映；
- 在作出会计估计时使用的重大假设（包括与公允价值计量相关的假设）是合理的；（国际审计准则第 540 号）
- 已按照国际财务报告准则的规定对关联方关系及其交易作出了恰当的会计处理和披露；（国际审计准则第 550 号）
- 根据国际财务报告准则的规定，所有需要调整或披露的财务报表日后事项都已得到调整或披露；（国际审计准则第 560 号）
- 未更正错报，无论是单独还是汇总起来，对财务报表整体的影响均不重大。未更正错报汇总表附在本声明书后；（国际审计准则第 450 号）
- ［插入审计师可能认为适当的其他任何事项］（参见：第 A10 段）。

① 《国际审计准则第 570 号——持续经营》。

② 当审计师对一个以上的期间出具报告时，调整该日期，以使声明书适合于审计报告涵盖的所有期间。

提供的信息

- 我们已向你们提供下列工作条件：
    - 允许接触我们注意到的、与财务报表编制相关的所有信息（如记录、文件和其他事项）；
    - 提供你们基于审计目的要求我们提供的额外信息；
    - 允许在获取审计证据时不受限制地接触你们认为必要的本公司人员。
- 所有交易均已记录并反映在财务报表中；
- 我们已向你们披露了由于舞弊可能导致的财务报表重大错报风险的评估结果；（国际审计准则第 240 号）
- 我们已向你们披露了我们注意到的、可能影响本公司的与舞弊或舞弊嫌疑相关的所有信息，这些信息涉及本公司的：
    - 管理层；
    - 在内部控制中承担重要职责的员工；
    - 其他人员（在舞弊行为导致财务报表重大错报的情况下）。（国际审计准则第 240 号）
- 我们已向你们披露了从现任和前任员工、分析师、监管机构等方面获知的、影响财务报表的舞弊指控或舞弊嫌疑的所有信息；（国际审计准则第 240 号）
- 我们已向你们披露了所有已知的、在编制财务报表时应当考虑其影响的违反或涉嫌违反法律法规的行为；（国际审计准则第 250 号）
- 我们已向你们披露了我们注意到的关联方的名称和特征、所有关联方关系及其交易；（国际审计准则第 550 号）
- ［插入审计师可能认为必要的其他任何事项］（参见：第 A11 段）。

管理层　　　　　　　　　　　　　　　　管理层

国际审计准则第600号
对集团财务报表审计的特殊考虑
（包括组成部分审计师的工作）

（适用于会计期间开始于2009年12月15日及以后的集团财务报表审计）*

目　　录

段落

* 因《国际审计准则第610号（修订）——利用内部审计师的工作》而作的相应修订，将适用于会计期间结束于2013年12月15日及以后的财务报表审计。

《国际审计准则第600号——对集团财务报表审计的特殊考虑（包括组成部分审计师的工作）》应当与《国际审计准则第200号——独立审计师的总体目标和按照国际审计准则执行审计工作》一并阅读。

引　言

本国际审计准则的范围

1. 国际审计准则适用于集团审计。本国际审计准则规范了集团审计的特殊考虑，特别是涉及组成部分审计师的特殊考虑。

2. 在执行非集团财务报表审计时，如果利用其他审计师的工作，审计师可以根据具体情况遵守本国际审计准则。例如，审计师可以委托其他审计师对存放在偏远地点的存货实施监盘或对存放在偏远地点的固定资产实施检查。

3. 因法律法规要求或其他原因，组成部分审计师可能需要对组成部分财务报表发表审计意见。集团项目组可以决定利用组成部分审计师对组成部分财务报表发表审计意见所依据的审计证据，作为集团审计的审计证据，但仍需遵守本国际审计准则的规定。（参见：第A1段）

4. 按照国际审计准则第220号①的规定，集团项目合伙人应当确信执行集团审计业务的人员，包括组成部分审计师，从整体上具备适当的胜任能力和必要素质。集团项目合伙人还需要对指导、监督和执行集团审计业务承担责任。

5. 无论是集团项目组还是组成部分审计师对组成部分财务信息执行相关工作，集团项目合伙人都需要遵守国际审计准则第220号的规定。当组成部分审计师对组成部分财务信息执行相关工作时，本国际审计准则有助于集团项目合伙人满足国际审计准则第220号的要求。

6. 审计风险取决于财务报表的重大错报风险以及审计师未能发现这些错报的检查风险。② 在集团审计中，审计风险包括组成部分审计师可能没有发现组成部分财务信息存在的错报（该错报导致集团财务报表发生重大错报）的风险，以及集团项目组可能没有发现该错报的风险。本国际审计准则规定了组成部分审计师对组成部分财务信息实施风险评估程序和进一步审计程序时，集团项目组在确定参与组成部分审计师的工作的性质、时间安排和范围时需考虑的事项。集团项目组参与组成部分审计师工作的目的是为了获取充分、适当的审计证据，以作为形成集团财务报表审计意见的基础。

生效日期

7. 本国际审计准则适用于会计期间开始于2009年12月15日及以后的财务报

① 《国际审计准则第220号——对财务报表审计实施的质量控制》，第14、15段。
② 《国际审计准则第200号——独立审计师的总体目标和按照国际审计准则执行审计工作》，第A32段。

表审计。

目 标

8. 审计师的目标是：

（a）确定是否担任集团财务报表审计的审计师；

（b）如果担任集团财务报表审计的审计师：

（i）就组成部分审计师对组成部分财务信息执行工作的范围、时间安排和发现的问题，与组成部分审计师进行清晰的沟通；

（ii）针对组成部分财务信息和合并过程获取充分、适当的审计证据，以对集团财务报表是否在所有重大方面按照适用的财务报告框架编制发表审计意见。

定 义

9. 就国际审计准则而言，对下列术语给予以下定义：

（a）组成部分，是指某一实体或某项业务活动，其财务信息由集团或组成部分管理层编制并应包括在集团财务报表中；（参见：第 A2 - A4 段）

（b）组成部分审计师，是指出基于集团审计目的，按照集团项目组的要求，对组成部分相关财务信息执行相关工作的审计师；（参见：第 A7 段）

（c）组成部分管理层，是指负责编制组成部分财务信息的管理层；

（d）组成部分重要性，是指集团项目组为组成部分确定的重要性；

（e）集团，是指由所有组成部分构成的整体，并且所有组成部分财务信息包括在集团财务报表中。集团至少拥有一个以上的组成部分；

（f）集团审计，是指对集团财务报表进行的审计；

（g）集团审计意见，是指对集团财务报表发表的审计意见；

（h）集团项目合伙人，是指会计师事务所负责某项集团审计业务及其执行，并代表会计师事务所对集团财务报表审计报告承担责任的合伙人或其他人员。如果联合审计师执行集团审计，联合审计项目合伙人及其项目组整体上构成集团项目合伙人和集团项目组。但是，本国际审计准则并不规范联合审计师之间的关系，或参与联合审计的一方与另外一方执行的工作之间的关系；

（i）集团项目组，是指包括集团项目合伙人在内的合伙人和员工，负责制定集团总体审计策略、与组成部分审计师沟通、针对合并过程执行相关工作，并评价根据审计证据得出的结论，作为形成集团财务报表审计意见的基础；

（j）集团财务报表，是指包括一个以上组成部分财务信息的财务报表。术语“集团财务报表”也指由没有母公司但处于同一控制下的各组成部分编制的财务信息汇总生成的汇总财务报表；

（k）集团管理层，是指负责编制集团财务报表的管理层；

（l）集团层面控制，是指由集团管理层设计、执行和维护的与集团财务报告相关的控制；

（m）重要组成部分，是指集团项目组识别出的组成部分：（i）单个组成部分对集团具有财务重大性，或者（ii）由于其特定性质或情况，可能存在导致集团财务报表发生重大错报的特别风险。（参见：第A5－A6段）

10. 本国际审计准则所称的“适用的财务报告框架”是指适用于集团财务报表的财务报告框架；本国际审计准则所称的“合并过程”包括：

（a）通过合并、比例合并、权益法或成本法，在集团财务报表中对组成部分财务信息进行确认、计量、列报和披露；

（b）对没有母公司但处在同一控制下的各组成部分编制财务信息进行汇总。

要　求

责任

11. 集团项目合伙人有责任按照职业准则和适用的法律法规的规定，指导、监督和执行集团审计业务，并确定出具的审计报告是否适合具体情况。[③] 因此，对集团财务报表出具的审计报告不应提及组成部分审计师，除非法律法规另有规定。如果法律法规要求在审计报告中提及组成部分审计师，审计报告应当指明，这种提及并不减轻集团项目合伙人及其所在的会计师事务所对集团审计意见应承担的责任。（参见：第A8－A9段）

承接与保持

12. 在具体运用国际审计准则第220号时，集团项目合伙人应当确定是否能够合理预期获取与合并过程和组成部分财务信息相关的充分、适当的审计证据，以作为形成集团审计意见的基础。因此，集团项目组应当了解集团及其环境、集团组成部分及其环境，以足以识别可能的重要组成部分。如果组成部分审计师对重要组成

③ 国际审计准则第220号，第15段。

部分财务信息执行相关工作，集团项目合伙人应当评价集团项目组参与组成部分审计师工作的程度是否足以获取充分、适当的审计证据。（参见：第 A10 – A12 段）

13. 如果集团项目合伙人得出结论认为（a）由于集团管理层施加的限制，集团项目组不能获取充分、适当的审计证据，（b）无法获取充分、适当的审计证据的影响可能导致对集团财务报表发表无法表示意见④，集团项目合伙人应当：

（a）如果是新业务，拒绝接受业务委托；如果是连续审计业务，在适用的法律法规允许的情况下，解除业务约定；

（b）如果法律法规禁止审计师拒绝接受业务委托、或者审计师不能解除业务约定，在可能的范围内对集团财务报表实施审计，并对集团财务报表发表无法表示意见。（参见：第 A13 – A19 段）

项目约定条款

14. 集团项目合伙人应当按照国际审计准则第 210 号的规定，就集团审计业务约定条款达成一致意见。⑤（参见：第 A20 – A21 段）

总体审计策略和审计计划

15. 集团项目组应当按照国际审计准则第 300 号的规定，制定集团总体审计策略和具体审计计划。⑥

16. 集团项目合伙人应当复核集团总体审计策略和具体审计计划。（参见：第 A22 段）

了解集团及其环境、集团组成部分及其环境

17. 审计师应当通过了解被审计单位及其环境，识别和评估重大错报风险。⑦ 集团项目组应当：

（a）在业务承接或保持阶段获取信息的基础上，进一步了解集团及其环境、集团组成部分及其环境（包括集团层面控制）；

（b）了解合并过程，包括集团管理层向组成部分下达的指令。（参见：第 A23 – A29 段）

18. 集团项目组对集团的了解应当足以：

（a）确认或修正其最初识别的可能是重要的组成部分；

---

④《国际审计准则第 705 号——在独立审计师报告中发表非无保留意见》。

⑤《国际审计准则第 210 号——就审计业务约定条款达成一致意见》。

⑥《国际审计准则第 300 号——计划审计工作》，第 7 – 12 段。

⑦《国际审计准则第 315 号——通过了解被审计单位及其环境识别和评估重大错报风险》。

（b）评估由舞弊或错误导致的集团财务报表发生重大错报的风险。[⑧]（参见：第 A30－A31 段）

了解组成部分审计师

19. 如果计划要求组成部分审计师执行组成部分财务信息的相关工作，集团项目组应当了解下列事项：（参见：第 A32－A35 段）

（a）组成部分审计师是否了解并将遵循与集团审计相关的职业道德要求，特别是独立性要求；（参见：第 A37 段）

（b）组成部分审计师是否具备专业胜任能力；（参见：第 A38 段）

（c）集团项目组参与组成部分审计师工作的程度是否足以获取充分、适当的审计证据；

（d）组成部分审计师是否处于积极的监管环境中。（参见：第 A36 段）

20. 如果组成部分审计师不符合与集团审计相关的独立性要求、或集团项目组对第 19 段第（a）项至第（c）项所列事项存有重大疑虑，集团项目组应当就组成部分财务信息获取充分、适当的审计证据，而不应要求组成部分审计师对组成部分财务信息实施相关工作。（参见：第 A39－A41 段）

重要性

21. 集团项目组应当确定下列事项：（参见：第 A42 段）

（a）在制定集团总体审计策略时，确定集团财务报表整体的重要性；

（b）根据集团的特定情况，如果集团财务报表存在特定类别的交易、账户余额或披露，其发生的错报金额即使低于集团财务报表整体重要性，但合理预期将影响财务报表使用者依据集团财务报表作出的经济决策，则确定适用于这些交易、账户余额或披露的一个或多个重要性水平；

（c）如果组成部分审计师基于集团审计目的对组成部分财务信息实施审计或审阅，为这些组成部分确定组成部分重要性。为将集团财务报表中未更正和未发现错报的汇总数超过集团财务报表整体的重要性的可能性降至适当的低水平，组成部分重要性应当低于集团财务报表整体的重要性；（参见：第 A43－A44 段）

（d）设定临界值，不能将超过该临界值的错报视为对集团财务报表明显微小的错报。（参见：第 A45 段）

22. 如果基于集团审计目的，由组成部分审计师对组成部分财务信息执行审计工作，集团项目组应当评价在组成部分层面确定的实际执行的重要性的适当性。（参见：第 A46 段）

---

⑧ 国际审计准则第 315 号。

23. 如果因法律法规或者其他原因要求对组成部分进行审计，并且集团项目组决定利用该审计为集团审计提供审计证据，集团项目组应当确定下列方面是否符合本国际审计准则的要求：

（a）组成部分财务报表整体的重要性；

（b）组成部分层面实际执行的重要性。

针对评估的风险采取的应对措施

24. 审计师应当针对评估的财务报表重大错报风险设计和实施恰当的应对措施。[⑨] 对于组成部分财务信息，集团项目组应当确定由其亲自执行或由组成部分审计师代为执行的相关工作的类型（参见：第 26－29 段）。集团项目组还应当确定其参与组成部分审计师工作的性质、时间安排和范围（参见：第 30－31 段）。

25. 在确定对合并过程或组成部分财务信息拟执行工作的性质、时间安排和范围时，如果预期集团层面控制运行有效，或者仅实施实质性程序不能提供认定层次的充分、适当的审计证据，集团项目组应当测试或要求组成部分审计师测试这些控制运行的有效性。

确定对组成部分财务信息执行工作的类型（参见：第 A47 段）

重要组成部分

26. 就集团而言，对于具有财务重大性的重要组成部分，集团项目组或代表集团项目组的组成部分审计师应当运用该组成部分重要性，对组成部分财务信息实施审计。

27. 对由于其特定性质或情况，可能存在导致集团财务报表发生重大错报的特别风险的重要组成部分，集团项目组或代表集团项目组的组成部分审计师应当执行下列一项或多项工作：

（a）使用组成部分重要性对组成部分的财务信息实施审计；

（b）针对与可能导致集团财务报表发生重大错报的特别风险相关的一个或多个账户余额、一类或多类交易或披露事项实施审计；（参见：第 A48 段）

（c）针对可能导致集团财务报表发生重大错报的特别风险实施特定的审计程序。（参见：第 A49 段）

不重要的组成部分

28. 对于不重要的组成部分，集团项目组应当在集团层面实施分析程序。（参见：A50 段）

29. 如果集团项目组认为执行下列工作不能获取形成集团审计意见所依据的充

⑨ 《国际审计准则第 330 号——审计师针对评估的风险采取的应对措施》。

分、适当的审计证据：

（a）对重要组成部分财务信息执行的工作；

（b）对集团层面控制和合并过程执行的工作；

（c）在集团层面实施的分析程序。

集团项目组应当选择某些不重要的组成部分，并对已选择的组成部分财务信息亲自执行或由代表集团项目组的组成部分审计师执行下列一项或多项工作：（参见：第A51－A53段）

- 使用组成部分重要性对组成部分财务信息实施审计；
- 对一个或多个账户余额、一类或多类交易或披露实施审计；
- 使用组成部分重要性对组成部分财务信息实施审阅；
- 实施特定程序。

集团项目组应在一段时间之后更换所选择的组成部分。

参与组成部分审计师的工作（参见：第A54－A55段）

重要组成部分——风险评估

30. 如果组成部分审计师对重要组成部分财务信息执行审计，集团项目组应当参与组成部分审计师实施的风险评估程序，以识别导致集团财务报表发生重大错报的特别风险。集团项目组参与的性质、时间安排和范围受其对组成部分审计师所了解情况的影响，但至少应当包括：

（a）与组成部分审计师或组成部分管理层讨论对集团而言重要的组成部分业务活动；

（b）与组成部分审计师讨论由于舞弊或错误导致组成部分财务信息发生重大错报的可能性；

（c）复核组成部分审计师对识别出的导致集团财务报表发生重大错报的特别风险形成的审计工作底稿。审计工作底稿可以采用备忘录的形式，反映组成部分审计师针对识别出的特别风险得出的结论。

识别出的导致集团财务报表重大错报的特别风险——进一步审计程序

31. 如果在由组成部分审计师执行相关工作的组成部分内，识别出导致集团财务报表发生重大错报的特别风险，集团项目组应当评价针对识别出的导致集团财务报表发生重大错报的特别风险拟实施的进一步审计程序的恰当性。根据对组成部分审计师的了解，集团项目组应当确定是否有必要参与进一步审计程序。

合并过程

32. 根据第17段的规定，集团项目组应当了解集团层面的控制和合并过程，包括集团管理层向组成部分下达的指令。根据第25段的规定，如果对合并过程执行工作的性质、时间安排和范围基于预期集团层面控制有效运行，或者仅实施实质性程序不能提供认定层次的充分、适当的审计证据，集团项目组应当亲自测试或要求组成部分审计师代为测试集团层面控制运行的有效性。

33. 集团项目组应当针对合并过程设计和实施进一步审计程序，以应对评估的、由合并过程导致集团财务报表发生重大错报的风险。设计和实施进一步审计程序应当包括评价所有组成部分是否均已包括在集团财务报表中。

34. 集团项目组应当评价合并调整和重分类事项的适当性、完整性和准确性，并且评价是否存在任何舞弊风险因素或可能存在管理层偏向的迹象。（参见：第 A56 段）

35. 如果组成部分财务信息没有按照集团财务报表采用的会计政策编制，集团项目组应当评价组成部分财务信息是否已得到适当调整，以满足编制和列报集团财务报表的要求。

36. 集团项目组应当确定，组成部分审计师在沟通中提及的财务信息（见第 41 段第（c）项）是否就是包括在集团财务报表中的财务信息。

37. 如果集团财务报表包括的组成部分财务报表的报告期末不同于集团财务报表，集团项目组应当评价是否已按照适用的财务报告框架对这些财务报表作出恰当调整。

期后事项

38. 如果集团项目组或组成部分审计师对组成部分财务信息实施审计，集团项目组或组成部分审计师应当实施审计程序，以识别组成部分自组成部分财务信息日至对集团财务报表出具审计报告日之间发生的、可能需要在集团财务报表中调整或披露的事项。

39. 如果组成部分审计师执行组成部分财务信息审计之外的工作，集团项目组应当要求组成部分审计师告知其注意到的、可能需要在集团财务报表中调整或披露的期后事项。

与组成部分审计师的沟通

40. 集团项目组应当及时向组成部分审计师通报工作要求。通报的内容应当包括组成部分审计师应执行的工作和集团项目组对其工作的利用，以及组成部分审计师与集团项目组沟通的形式和内容。通报的内容还应当包括：（参见：第 A57，A58，A60 段）

（a）在组成部分审计师知悉集团项目组将利用其工作的情形下，要求组成部分审计师确认其将配合集团项目组的工作；（参见：第 A59 段）

（b）与集团审计相关的职业道德要求，特别是独立性要求；

（c）在对组成部分财务信息实施审计或审阅的情况下，组成部分的重要性和针对特定类别交易、账户余额或披露采用的一个或多个重要性水平（如适用）以及临界值，超过临界值的错报不能视为对集团财务报表明显微小的错报；

（d）识别出的与组成部分审计师工作相关的、由于舞弊或错误导致集团财务报表发生重大错报的特别风险。集团项目组应当要求组成部分审计师及时沟通所有识别出的、在组成部分内的其他由于舞弊或错误可能导致集团财务报表发生重大错报的特别风险，以及组成部分审计师针对这些特别风险采取的应对措施；

（e）集团管理层编制的关联方清单和集团项目组知悉的任何其他关联方。集团项目组应当要求组成部分审计师及时沟通集团管理层或集团项目组以前未识别出的关联方。集团项目组应当确定是否需要将新识别出的关联方告知其他组成部分审计师。

41. 集团项目组应当要求组成部分审计师沟通与得出集团审计结论相关的事项，沟通的内容应当包括：（参见：第A60段）

（a）组成部分审计师是否已遵守与集团审计相关的职业道德要求，包括对独立性和专业胜任能力的要求；

（b）组成部分审计师是否已遵守集团项目组的要求；

（c）指出作为组成部分审计师出具报告对象的组成部分财务信息；

（d）因违反法律法规而可能导致集团财务报表发生重大错报的信息；

（e）组成部分财务信息中未更正错报的清单（清单无需包括低于集团项目组通报的临界值且明显微小的错报）（参见：第40段第（c）项）；

（f）表明可能存在管理层偏向的迹象；

（g）描述识别出的组成部分层面值得关注的内部控制缺陷；

（h）组成部分审计师向组成部分治理层已通报或拟通报的其他重大事项，包括涉及组成部分管理层，在组成部分层面内部控制中担任重要职责的员工以及其他人员（在舞弊行为导致组成部分财务信息出现重大错报的情况下）的舞弊或舞弊嫌疑；

（i）可能与集团审计相关或者组成部分审计师期望集团项目组加以关注的其他事项，包括在组成部分审计师要求组成部分管理层提供的书面声明中指出的例外事项；

（j）组成部分审计师的总体发现、得出的结论或形成的意见。

评价获取的审计证据的充分性和适当性

评价与组成部分审计师的沟通及其工作的充分性

42. 集团项目组应当评价与组成部分审计师的沟通（见第41段）。集团项目组应当：

（a）与组成部分审计师、组成部分管理层或集团管理层（如适用）讨论在评价过程中发现的重大事项；

（b）确定是否有必要复核组成部分审计师审计工作底稿的相关部分。（参见：第 A61 段）

43. 如果认为组成部分审计师的工作不充分，集团项目组应当确定需要实施哪些追加的程序，以及这些程序是由组成部分审计师还是集团项目组实施。

审计证据的充分性和适当性

44. 审计师应当获取充分、适当的审计证据，将审计风险降至可接受的低水平，从而得出合理的结论以作为形成审计意见的基础。[10] 集团项目组应当评价，通过对合并过程实施的审计程序以及由集团项目组和组成部分审计师对组成部分财务信息执行的工作，是否能够获取充分、适当的审计证据，作为形成集团审计意见的基础。（参见：第 A62 段）

45. 集团项目合伙人应当评价未更正错报（无论该错报是由集团项目组识别出的还是由组成部分审计师告知的）和未能获取充分、适当的审计证据的情况对集团审计意见的影响。（参见：第 A63 段）

与集团管理层和集团治理层的沟通

与集团管理层的沟通

46. 集团项目组应当按照国际审计准则第 265 号的规定，确定哪些识别出的内部控制缺陷需要向集团治理层和集团管理层通报。[11] 在确定通报内容时，集团项目组应当考虑：

（a）集团项目组识别出的集团层面内部控制缺陷；

（b）集团项目组识别出的组成部分层面内部控制缺陷；

（c）组成部分审计师提请集团项目组关注的内部控制缺陷。

47. 如果集团项目组识别出舞弊或组成部分审计师提请集团项目组关注舞弊或者有关信息表明可能存在舞弊，集团项目组应当及时向适当层级的集团管理层通报，以便管理层告知主要负责防止和发现舞弊事项的人员。（参见：第 A64 段）

48. 因法律法规要求或其他原因，组成部分审计师可能需要对组成部分财务报表发表审计意见。在这种情况下，集团项目组应当要求集团管理层告知组成部分管理层其尚未知悉的、集团项目组注意到的可能对组成部分财务报表产生重要影响的

---

⑩ 国际审计准则第 200 号，第 17 段。

⑪ 《国际审计准则第 265 号——向治理层和管理层通报内部控制缺陷》。

事项。如果集团管理层拒绝向组成部分管理层通报该事项，集团项目组应当与集团治理层进行讨论。如果该事项仍未得到解决，集团项目组在遵守法律法规和职业准则有关保密性要求的前提下，应当考虑是否建议组成部分审计师在该事项得到解决之前，不对组成部分财务报表出具审计报告。（参见：第A65段）

与集团治理层的沟通

49. 除国际审计准则第260号[12]及其他国际审计准则要求沟通的事项外，集团项目组还应当与集团治理层沟通下列事项：（参见：第A66段）

（a）对组成部分财务信息拟执行工作类型的概述；

（b）在组成部分审计师对重要组成部分财务信息拟执行工作中，集团项目组计划参与其工作的性质的概述；

（c）对组成部分审计师工作作出的评价，引起集团项目组对其工作质量产生疑虑的情形；

（d）集团审计受到的限制，如集团项目组接触某些信息受到的限制；

（e）涉及集团管理层、组成部分管理层、在集团层面控制中承担重要职责的员工以及其他人员（在舞弊行为导致集团财务报表出现重大错报的情况下）的舞弊或舞弊嫌疑。

审计工作底稿

50. 集团项目组应当就下列事项形成审计工作底稿：[13]

（a）对组成部分的分析，指明重要组成部分以及对组成部分财务信息执行工作的类型；

（b）对于重要组成部分，集团项目组参与该组成部分审计师的工作的性质、时间安排和范围，如果适用，还包括集团项目组对组成部分审计师审计工作底稿的相关部分进行的复核以及由此得出的结论；

（c）集团项目组与组成部分审计师就集团项目组提出的工作要求的书面沟通函件。

应用和其他解释性材料

因法律法规要求或其他原因对组成部分进行审计（参见：第3段）

A1. 在确定是否利用根据法律法规的要求或由于其他原因而实施的审计为集团

[12] 《国际审计准则第260号——与治理层的沟通》。

[13] 《国际审计准则第230号——审计工作底稿》，第8－11段，以及第A6段。

审计提供审计证据时，可能影响集团项目组决策的因素包括下列方面：

- 编制组成部分财务报表与编制集团财务报表采用的财务报告框架之间的差异；
- 组成部分审计师遵守的审计准则和其他职业准则，与在集团财务报表中遵守的审计准则和其他职业准则之间的差异；
- 组成部分财务报表审计是否可以及时完成，以满足集团报告的时间要求。

定义

组成部分（参见：第 9 段第（a）项）

A2. 集团结构影响如何识别组成部分。例如，有些集团的组织结构规定，由母公司、一个或多个子公司、合营企业以及按权益法或成本法核算的被投资实体编制财务信息；或由集团本部、一个或多个分部或分支机构编制财务信息；或是将两者结合。这些集团的财务报告系统可能是按照这样的组织结构来组织的。而其他一些集团可能按职能部门、生产过程、单项产品或服务（或一组产品或服务）或地区分布来组织其财务报告系统。在这种情况下，集团管理层或组成部分管理层可能以职能部门、生产过程、单项产品或服务（或一组产品或服务）或地区为单位（报告主体或业务活动）编制财务信息并将其包括在集团财务报表中。

A3. 集团财务报告系统中可能存在不同层次的组成部分。在这种情况下，在汇总层次上识别组成部分，可能比逐一识别更为合适。

A4. 基于集团审计目的，可以将某一层次的组成部分汇总起来，构成一个组成部分；然而，这一组成部分也可能需要编制包括其所有组成部分（即子集团）财务信息的集团财务报表。因此，本国际审计准则也适用于不同集团项目合伙人及其项目组对大型集团中的子集团进行的审计。

重要组成部分（参见：第 9 段第（m）项）

A5. 随着单个组成部分对集团具有的财务重大性的增加，集团财务报表的重大错报风险通常也会增加。集团项目组可以将选定的基准乘以某一百分比，以协助识别对集团具有财务重大性的单个组成部分。确定基准和应用于该基准的百分比属于职业判断。根据集团的性质和具体情况，适当的基准可能包括集团资产、负债、现金流量、利润总额或营业收入。例如，集团项目组可能认为超过选定基准 15% 的组成部分是重要组成部分。然而，在具体情况下，较高或较低的百分比也可能被认为是适合的。

A6. 集团项目组可能识别某个组成部分由于其特定性质或情况，可能存在导致集团财务报表发生重大错报的特别风险（即需要进行特殊审计考虑的风险[14]）。例如，某组成部分虽然对集团并不具有财务重大性，但因其负责外汇交易而使集团面临导致重大错报的特别风险。

组成部分审计师（参见：第 9 段第（b）项）

A7. 基于集团审计目的，集团项目组成员可能按照集团项目组的工作要求，对组成部分财务信息执行相关工作。在这种情况下，该成员也是组成部分审计师。

责任（参见：第 11 段）

A8. 尽管组成部分审计师基于集团审计目的对组成部分财务信息执行相关工作，并对其所有发现的问题、得出的结论或形成的意见承担责任，集团项目合伙人或其所在的会计师事务所仍对集团审计意见负有责任。

A9. 如果因未能就一个或多个组成部分财务信息获取充分、适当的审计证据，导致集团项目组在对集团财务报表出具的审计报告中发表非无保留意见，集团项目组需要在导致非无保留意见的事项段中说明不能获取充分、适当审计证据的原因，并且不应提及组成部分审计师，除非提及组成部分审计师对充分说明情况是有必要的。[15]

承接和保持

在承接和保持阶段获取了解（参见：第 12 段）

A10. 如果是新业务，集团项目组可以通过下列途径了解集团及其环境、集团组成部分及其环境：

- 集团管理层提供的信息；
- 与集团管理层的沟通；
- 如适用，与前任集团项目组、组成部分管理层或组成部分审计师的沟通。

A11. 集团项目组可能需要对下列事项进行了解：

- 集团结构，包括法律意义上的结构和组织结构（即集团财务报告系统是如何组织的）；
- 组成部分中对集团重要的业务活动，包括业务活动在何种行业状况、监管环境以及经济和政治环境下发生；
- 对服务机构的利用，包括共享服务中心；

---

⑭ 国际审计准则第 315 号，第 27－29 段。

⑮ 国际审计准则第 705 号，第 20 段。

- 对集团层面控制的描述；
- 合并过程的复杂程度；
- 是否由来自集团项目合伙人所在的会计师事务所或网络事务所之外的组成部分审计师对组成部分财务信息执行相关工作，以及集团管理层委托多个审计师的理由；
- 集团项目组：
  - 是否可以不受限制地接触集团治理层和管理层、组成部分治理层和管理层、组成部分信息和组成部分审计师（包括集团项目组需要获取的相关审计工作底稿）；
  - 是否可以对组成部分财务信息执行必要的工作。

A12. 如果是连续审计业务，集团项目组获取充分、适当的审计证据的能力可能受到某些方面重大变化的影响，例如：

- 集团组织结构的变化（如发生收购、处置或重组，或集团财务报告系统的组织方式发生变化）；
- 对集团具有重要影响的组成部分业务活动的变化；
- 集团治理层、管理层或重要组成部分的关键管理人员在构成上发生变化；
- 集团项目组对集团或组成部分管理层诚信和胜任能力的疑虑；
- 集团层面控制的变化；
- 适用的财务报告框架的变化。

对获取充分、适当的审计证据的预期（参见：第13段）

A13. 集团可能只包括不重要的组成部分。在这种情况下，集团项目组如果能够执行下列工作，集团项目合伙人就能够合理预期可以获取充分、适当的审计证据，以作为形成集团审计意见的基础：

（a）对某些组成部分财务信息执行相关工作；

（b）参与组成部分审计师对其他组成部分财务信息执行的工作，参与的程度足以使其获取充分、适当的审计证据。

接触信息（参见：第13段）

A14. 集团项目组接触信息可能受到集团管理层无法克服的情况的限制，例如，受与保密性和数据隐私有关的法律法规的限制，或组成部分审计师拒绝集团项目组接触相关审计工作底稿的要求。某些限制也可能来自于集团管理层。

A15. 即使接触信息受到限制，集团项目组仍有可能获取充分、适当的审计证据，然而这种可能性随着组成部分对集团的重要程度的增加而降低。例如，对于按权益法核算的组成部分，集团项目组可能无法接触组成部分的治理层、管理层或审计师（包括集团项目组需要获取的相关审计工作底稿）。在这种情况下，如果该组成部分不是重要组成部分，且集团项目组拥有其整套财务报表，包括该等财务报表的审计报告，并能够接触集团管理层拥有的与该组成部分相关的信息，则集团项目组可能认为这些信息已构成与该组成部分相关的充分、适当的审计证据。然而，如果该组成部分是重要组成部分，集团项目组就无法遵守本国际审计准则中与集团审计相关的要求。例如，集团项目组无法按照国际审计准则第 30 – 31 段的规定参与组成部分审计师的工作。因此，集团项目组无法获取与该组成部分相关的充分、适当的审计证据。集团项目组需要按照国际审计准则第 705 号的规定考虑无法获取充分、适当的审计证据的影响。

A16. 如果集团管理层限制集团项目组或组成部分审计师接触重要组成部分的信息，则集团项目组将无法获取充分、适当的审计证据。

A17. 如果该类限制与不重要的组成部分有关，集团项目组仍有可能获取充分、适当的审计证据，但是受到限制的原因可能影响集团审计意见。例如，可能影响集团管理层对集团项目组的询问所作回复的可靠性，以及集团管理层对集团项目组所作的声明的可靠性。

A18. 法律法规可能禁止集团项目合伙人拒绝接受业务委托或解除业务约定。例如，在某些司法管辖区，审计师接受特定期间的委托，且不得在受托期间结束前解除业务约定。同样，在公共部门，根据授权审计文件的规定或出于公众利益的考虑，审计师可能无法拒绝接受业务委托或解除业务约定。在这些情况下，本国际审计准则的相关规定仍适用于集团审计，集团项目组需要按照国际审计准则第 705 号的规定考虑无法获取充分、适当的审计证据的影响。

A19. 附录 1 提供了保留意见的审计报告的参考格式。在该参考格式中，集团项目组无法就按权益法核算的重要组成部分获取充分、适当的审计证据，集团项目组判断这种影响重大但并不广泛。

业务约定条款（参见：第 14 段）

A20. 业务约定条款需要明确适用的财务报告框架。[16] 集团审计业务约定条款可能还需要包括下列事项：

- 在法律法规允许的范围内，集团项目组与组成部分审计师的沟通应当尽可能地不受限制；
- 组成部分审计师与组成部分治理层、组成部分管理层之间进行的重要沟通，包括就值得关注的内部控制缺陷进行的重要沟通，也应当告知集团项目组；
- 监管机构与组成部分就财务报告事项进行的重要沟通，应当告知集团项

[16] 国际审计准则第 210 号，第 8 段。

目组；

- 如果集团项目组认为有必要，应当允许：
  - ○ 接触组成部分信息、组成部分治理层、组成部分管理层和组成部分审计师（包括集团项目组需要获取的相关审计工作底稿）；
  - ○ 对组成部分财务信息执行相关工作或集团项目组要求组成部分审计师对组成部分财务信息执行相关工作。

A21. 在集团项目合伙人接受集团审计业务委托后，下列方面受到的限制将导致无法获取充分、适当的审计证据，从而可能影响集团审计意见：

- 集团项目组接触组成部分信息、组成部分治理层和管理层，或组成部分审计师（包括集团项目组要求获取的相关审计工作底稿）；或
- 拟对组成部分财务信息执行的工作。

在极其特殊的情况下，如果适用的法律法规允许，这些限制可能导致解除业务约定。

总体审计策略和审计计划（参见：第16段）

A22. 集团项目合伙人对集团总体审计策略和具体审计计划的复核，是其履行集团审计业务指导责任的重要内容。

了解集团及其环境、集团组成部分及其环境

集团项目组获取了解的事项（参见：第17段）

A23. 国际审计准则第315号对审计师在了解行业、监管环境以及其他影响被审计单位的外部因素时可能需要考虑的事项提供了指引，这些事项包括适用的财务报告框架，被审计单位的性质、目标和战略及相关经营风险，以及被审计单位财务业绩的衡量和考核。[17] 本国际审计准则附录2对需要了解的集团特有事项（包括合并过程）提供了指引。

集团管理层对组成部分下达的指令（参见：第17段）

A24. 为实现财务信息的一致性和可比性，集团管理层通常对组成部分下达指令。这些指令具体说明了对包括在集团财务报表中的组成部分财务信息的要求，通常采用财务报告程序手册和报告文件包的形式。报告文件包通常由标准模板组成，用以提供纳入集团财务报表的财务信息，但报告文件包通常不采用按照适用的财务报告框架编制和列报的整套财务报表的形式。

---

⑰ 国际审计准则第315号，第A17－A41段。

A25. 指令通常包括：

- 运用的会计政策；
- 适用于集团财务报表的法定和其他披露要求，包括：
  - 分部的确定和报告；
  - 关联方关系及其交易；
  - 集团内部交易和未实现内部交易损益；
  - 集团内部往来余额；
- 报告时间表。

A26. 集团项目组对指令的了解可能包括下列方面：

- 就完成报告文件包而言，指令是否清晰、实用；
- 指令是否：
  - 充分说明了适用的财务报告框架的特点；
  - 规定了为遵守适用的财务报告框架要求而需要充分披露的事项（如关联方关系及其交易和分部信息的披露）；
  - 规定了如何确定合并调整事项（如集团内部交易、未实现内部交易损益以及集团内部往来账户余额）；
  - 规定了组成部分管理层对财务信息的批准程序。

舞弊（参见：第 17 段）

A27. 审计师需要识别和评估由于舞弊导致财务报表发生重大错报的风险，针对评估的风险设计和实施适当的应对措施。[18] 用以识别由于舞弊导致的集团财务报表重大错报风险所需的信息可能包括：

- 集团管理层对集团财务报表可能存在由于舞弊导致的重大错报风险的评估；
- 集团管理层对集团舞弊风险的识别和应对过程，包括集团管理层识别出的任何特定舞弊风险，或可能存在舞弊风险的账户余额、某类交易或披露；
- 是否有特定组成部分可能存在舞弊风险；
- 集团治理层如何监督集团管理层识别和应对集团舞弊风险的过程，以及集团管理层为降低集团舞弊风险而建立的控制；
- 就集团项目组对是否知悉任何影响组成部分或集团的舞弊事实、舞弊嫌疑或舞弊指控的询问，集团治理层、管理层及内部审计（如适用，还包括组成部分管理层、组成部分审计师和其他人员）作出的答复。

---

[18] 《国际审计准则第 240 号——财务报表审计中与舞弊相关的责任》。

集团项目组成员和组成部分审计师对集团财务报表重大错报风险（包括舞弊风险）的讨论（参见：第17段）

A28. 项目组关键成员需要讨论由于舞弊或错误导致被审计单位财务报表发生重大错报的可能性，并特别强调舞弊导致的风险。在集团审计中，参与讨论的人员还可能包括组成部分审计师。[19] 集团项目合伙人对参与讨论的项目组成员、讨论的方式、时间和内容的确定，受多项因素影响，包括以前与集团交往的经验。

A29. 讨论可以提供下列机会：

- 分享对组成部分及其环境的了解，包括对集团层面控制的了解；
- 交流有关组成部分或集团的经营风险的信息；
- 交流对集团财务报表可能如何以及在何处易于发生由于舞弊或错误导致重大错报的看法，交流对集团管理层及组成部分管理层如何编制并隐瞒虚假财务报告的看法，以及对组成部分的资产可能如何被侵占的看法；
- 识别集团管理层或组成部分管理层可能倾向或有意操纵利润导致虚假财务报告而采取的惯常手段，例如，采用与适用的财务报告框架的规定不符的收入确认政策；
- 考虑已知的、对集团产生影响的内外部和内部因素。这些因素可能形成集团管理层、组成部分管理层或其他人员实施舞弊的动机或压力，从而为实施舞弊提供机会。这些因素还可能显示能够使集团管理层、组成部分管理层或其他人员将舞弊行为予以合理化的文化或环境；
- 考虑集团或组成部分管理层可能凌驾于控制之上的风险；
- 考虑是否基于集团财务报表编制目的而采用统一的会计政策编制组成部分财务信息，以及如果未采用统一的会计政策，如何识别和调整会计政策差异（如果适用的财务报告框架有这项要求）；
- 讨论识别出的组成部分的舞弊，或显示组成部分存在舞弊的信息；
- 分享可能显示违反法律法规的信息，例如，有关商业贿赂和不适当的转移定价的信息。

风险因素（参见：第18段）

A30. 附录3列示了一些情况或事项，这些情况或事项单独或汇总起来可能表明集团财务报表存在重大错报风险，包括由于舞弊导致的风险。

---

[19] 国际审计准则第240号，第15段；国际审计准则第315号，第10段。

风险评估（参见：第18段）

A31. 集团项目组可以基于以下信息，在集团层面评估集团财务报表重大错报风险：

- 在了解集团及其环境、集团组成部分及其环境和合并过程时获取的信息，包括在评价集团层面控制以及与合并过程相关控制的设计和执行时获取的审计证据；
- 从组成部分审计师获取的信息。

了解组成部分审计师（参见：第19段）

A32. 只有当基于集团审计目的，计划要求由组成部分审计师执行组成部分财务信息的相关工作时，集团项目组才需要了解组成部分审计师。例如，如果集团项目组计划仅在集团层面对某些组成部分实施分析程序，就无需了解这些组成部分的审计师。

集团项目组为了解组成部分审计师而实施的程序和审计证据来源（参见：第19段）

A33. 集团项目组为了解组成部分审计师而实施的程序的性质、时间安排和范围，受多项因素的影响，例如，以往与组成部分审计师交往的经验，对组成部分审计师的了解，集团项目组和组成部分审计师受共同的政策和程序约束的程度等，例如：

- 集团项目组和组成部分审计师是否共享：
  - 统一的政策和程序（如审计方法）以执行相关工作；
  - 统一的质量控制政策和程序；
  - 统一的监控政策和程序。
- 下列方面的一致性或相似性：
  - 法律法规或法律体系；
  - 职业监管、惩戒和外部执业质量检查；
  - 教育和培训；
  - 职业组织及其准则；
  - 语言和文化。

A34. 这些因素相互影响，但并不相互排斥。例如，集团项目组了解组成部分审计师A一贯运用统一的质量控制、监控政策和程序以及统一的审计方法，或与集团项目合伙人处在同一司法管辖区；组成部分审计师B并未一贯运用统一的质量控制、监控政策和程序以及统一的审计方法，或在境外司法管辖区执业。集团项目组了解组成部分审计师 A 所实施的程序的范围，可能小于集团项目组了解组成部分审计师 B 所实施的程序的范围。针对组成部分审计师 A 和 B 而分别实施的程序的性质也可能是不同的。

A35. 集团项目组可以通过多种途径了解组成部分审计师。在组成部分审计师参与集团审计的第一年，集团项目组可以通过诸如下列途径进行了解：

- 如果集团项目组和组成部分审计师来自同一家会计师事务所或在统一的监控政策和程序下进行运营的网络，评价质量监控系统的运行结果；[20]
- 访问组成部分审计师并与之讨论第 19 段第（a）项至第（c）项所列事项；
- 要求组成部分审计师以书面形式确认第 19 段第（a）项至第（c）项所列事项。附录 4 提供了组成部分审计师确认函的参考格式；
- 要求组成部分审计师完成有关第 19 段第（a）项至第（c）项所列事项的调查表；
- 与集团项目合伙人所在的会计师事务所的同事讨论组成部分审计师，或与对组成部分审计师有所了解且声誉良好的第三方讨论组成部分审计师；
- 向组成部分审计师所属的职业团体、颁发执业许可的机构或其他第三方进行函证。

在之后的年度，集团项目组对组成部分审计师的了解，可以基于其以前与组成部分审计师交往的经验。集团项目组可以要求组成部分审计师确认第 19 段第（a）项至第（c）项所列事项自上期以来是否发生变化。

A36. 如果设有独立监管机构监督审计职业与监控审计质量，对监管环境进行了解，有助于集团项目组评价组成部分审计师的独立性和专业胜任能力。与监管环境相关的信息可以从组成部分审计师或独立监管机构获取。

与集团审计相关的职业道德要求（参见：第 19 段第（a）项）

A37. 当基于集团审计目的对组成部分财务信息执行相关工作时，组成部分审计师需要遵守与集团审计相关的职业道德要求。这些要求与组成部分审计师在其从业的司法管辖区执行法定审计时所遵守的职业道德要求可能不同，或需要遵守更多的要求。因此，集团项目组需要了解组成部分审计师是否了解并将遵守与集团审计相关的职业道德要求，是否足以使组成部分审计师履行其在集团审计中承担的责任。

---

[20] 《国际质量控制准则第 1 号——会计师事务所对执行财务报表审计和审阅、其他鉴证和相关服务业务实施的质量控制》，第 54 段，或严格程度至少相同的国家规定。

组成部分审计师的专业胜任能力（参见：第 19 段第（b）项）

A38. 集团项目组对组成部分审计师专业胜任能力的了解可能包括组成部分审计师是否：

- 对适用于集团审计的审计准则和其他职业准则有充分的了解，以足以履行其在集团审计中的责任；
- 拥有对特定组成部分财务信息执行相关工作所必需的专门技能（如行业专门知识）；
- 如果相关，对适用的财务报告框架（集团管理层向组成部分下达的指令，通常说明适用的财务报告框架的特征）有充分的了解，以足以履行其在集团审计中的责任。

集团项目组利用其对组成部分审计师的了解（参见：第 20 段）

A39. 集团项目组不能通过参与组成部分审计师的工作、实施追加的风险评估程序或对组成部分财务信息实施进一步审计程序，以消除组成部分审计师不具有独立性的事实。

A40. 但是，集团项目组可以通过参与组成部分审计师的工作、实施追加的风险评估程序或对组成部分财务信息实施进一步审计程序，消除对组成部分审计师专业胜任能力的并非重大的疑虑（如认为其缺乏行业专门知识），或消除组成部分审计师未处于积极有效的监管环境中的影响。

A41. 如果法律法规禁止集团项目组接触组成部分审计师审计工作底稿的相关部分，集团项目组可以要求组成部分审计师通过编写包含相关信息的备忘录消除这一影响。

重要性（参见：第 21－23 段）

A42. 审计师被要求：[21]

（a）在制定总体审计策略时，确定：

（i）财务报表整体的重要性；

（ii）根据被审计单位的特定情况，如果存在特定类别的交易、账户余额或披露，其发生的错报金额虽然低于财务报表整体的重要性，但合理预期可能影响财务报表使用者依据财务报表作出的经济决策，确定适用于这些交易、账户余额或披露的一个或多个重要性水平；

---

[21] 《国际审计准则第 320 号——计划和执行审计工作时的重要性》，第 10－11 段。

（b）确定实际执行的重要性

在集团审计中，需要分别为集团财务报表整体和组成部分财务信息确定重要性。在制定集团总体审计策略时，使用集团财务报表整体的重要性。

A43. 为将未更正和未发现错报的汇总数超过集团财务报表整体的重要性的可能性降至适当的低水平，需要将组成部分重要性设定为低于集团财务报表整体的重要性。针对不同的组成部分确定的组成部分重要性可能有所不同。在确定组成部分重要性时，无需采用将集团财务报表整体重要性按比例分配的方式，因此，对不同组成部分确定的重要性的汇总数，有可能高于集团财务报表整体的重要性。制定组成部分总体审计策略时，需要使用组成部分的重要性。

A44. 作为集团审计的一部分，需要按照第26段、第27段第（a）项及第29段的规定，对拟审计或审阅的组成部分确定组成部分重要性。组成部分审计师需要使用组成部分重要性，评价识别出的未更正错报单独或汇总起来是否重大。

A45. 除确定组成部分重要性外，还需要确定错报的临界值。在组成部分财务信息中识别出的超过临界值的错报需要通报给集团项目组。

A46. 在审计组成部分财务信息时，组成部分审计师（或集团项目组）需要确定组成部分层面实际执行的重要性。这对于将组成部分财务信息中未更正和未发现错报的汇总数超过组成部分重要性的可能性降至适当的低水平是必要的。实务中，集团项目组可能按这一较低的水平确定组成部分重要性。在这种情况下，组成部分审计师需要使用组成部分重要性，评估组成部分财务信息的重大错报风险，针对评估的风险设计进一步审计程序，以及评价识别出的错报单独或汇总起来是否重大。

针对评估的风险的应对措施

确定对组成部分财务信息拟执行工作的类型（参见：第26－27段）

A47. 集团项目组确定对组成部分财务信息执行工作的类型以及参与组成部分审计师工作的程度，受下列因素影响：

（a）组成部分的重要程度；

（b）识别出的导致集团财务报表发生重大错报的特别风险；

（c）集团项目组对集团层面控制的设计的评价，以及其是否得到执行的判断；

（d）集团项目组对组成部分审计师的了解。

下图说明了在确定对组成部分财务信息拟执行工作的类型时，组成部分的重要性将如何影响集团项目组作出的决策。

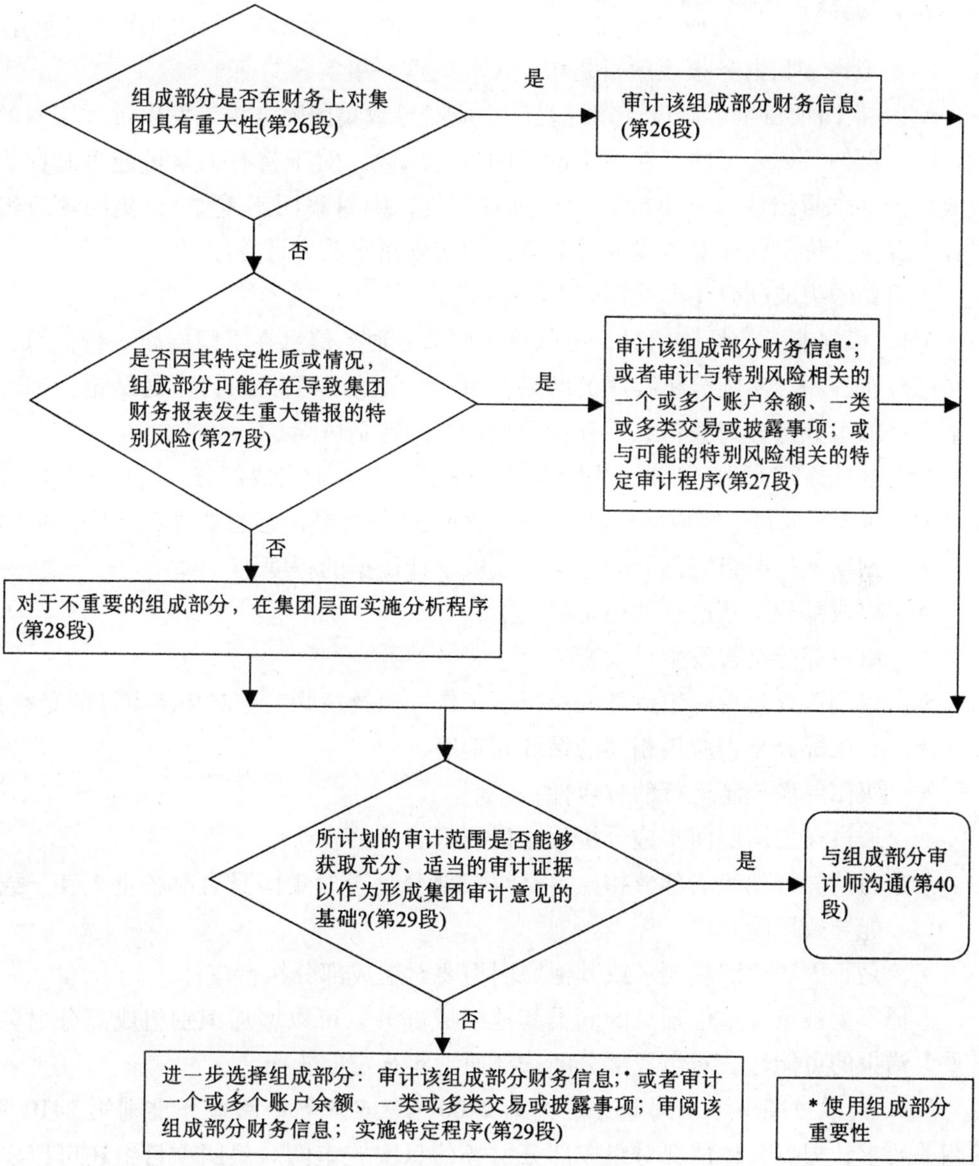

重要组成部分（参见：第27段第（b）－（c）项）

A48. 由于某一组成部分的特定性质或情况，该组成部分可能存在导致集团财务报表发生重大错报的特别风险，集团项目组可能将该组成部分识别为重要组成部分。在这种情况下，集团项目组可能能够识别出受到可能存在的特别风险影响的账户余额、交易类别或披露，并可能仅对这些账户余额、交易或披露实施审计，或要求组成部分审计师仅对这些账户余额、交易或披露实施审计。例如，如第A6段所述，对组成部分财务信息执行的工作可能仅限于对受组成部分外汇交易影响的账户余额、交易类别和披露的审计。如果集团项目组要求组成部分审计师针对一个或多个特定类别的账户余额、一类或多类交易或披露实施审计，集团项目组的沟通（见第40段）需要考虑多数财务报表项目是相互关联的这一事实。

A49. 集团项目组可以设计审计程序，应对导致集团财务报表发生重大错报的特别风险。例如，如果可能存在存货过时的特别风险，对于持有大量可能过时存货的组成部分（如果组成部分不持有大量过时存货，则对集团不重要），集团项目组可以针对存货计价实施或要求组成部分审计师实施指定的审计程序。

不重要的组成部分（参见：第28－29段）

A50. 根据业务的具体情况，可以将组成部分财务信息在不同层面进行汇总，用以实施分析程序。实施分析程序的结果，可以佐证集团项目组得出的结论，即汇总的不重要的组成部分财务信息不存在重大错报的特别风险。

A51. 根据第29段的要求，集团项目组确定选择多少组成部分、选择哪些组成部分以及对所选择的每个组成部分财务信息执行工作的类型，可能受到下列因素的影响：

- 预期就重要组成部分财务信息获取审计证据的程度；
- 组成部分是新设立的还是收购的；
- 组成部分是否发生重大变化；
- 内部审计是否对组成部分执行了工作，以及这些工作对集团审计的影响；
- 组成部分是否应用相同的系统和程序；
- 集团层面控制运行的有效性；
- 通过在集团层面实施分析程序识别出的异常波动；
- 与同类其他组成部分相比，某组成部分是否对集团具有财务重大性，或可能导致风险；
- 是否因法律法规要求或其他原因需要对组成部分执行审计。

选择不为被审计单位预见的同类其他组成部分，可以增加识别组成部分财务信息重大错报的可能性。对组成部分的选择通常实行定期轮换。

A52. 可以按照国际审阅业务准则第2400号[22]或国际审阅业务准则第2410号[23]的相关要求，根据具体情况对组成部分财务信息实施审阅。集团项目组还可以实施追加的程序，作为对审阅程序的补充。

A53. 如第A13段所述，集团可能只包括不重要的组成部分。在这些情况下，集团项目组可以按照第29段的规定确定对组成部分财务信息拟执行工作的类型，以获取形成集团审计意见所依据的充分、适当的审计证据。如果集团项目组或组成部分审计师仅测试集团层面控制，并对组成部分财务信息实施分析程序，集团项目组通常不太可能获取形成集团审计意见所依据的充分、适当的审计证据。

---

[22] 《国际审阅业务准则第2400号——财务报表审阅业务》。

[23] 《国际审阅业务准则第2410号——独立审计师执行的中期财务信息审阅业务》。

参与组成部分审计师的工作（参见：第 30 – 31 段）

A54. 可能影响集团项目组参与组成部分审计师工作的因素包括：

（a）组成部分的重要程度；

（b）识别出的导致集团财务报表发生重大错报的特别风险；

（c）集团项目组对组成部分审计师的了解。

如果组成部分是重要组成部分或在组成部分中识别出特别风险，集团项目组需要实施第 30 段和第 31 段规定的程序。如果是不重要的组成部分，集团项目组参与组成部分审计师工作的性质、时间安排和范围，将根据集团项目组对组成部分审计师的了解的不同而不同。而该组成部分不是重要组成部分这一事实，成为次要考虑的因素。例如，即使某一组成部分未被视为重要组成部分，集团项目组仍可能决定参与组成部分审计师的风险评估，因为集团项目组对组成部分审计师专业胜任能力的并非重大的疑虑（如认为其缺乏行业专门知识），或者组成部分审计师未处于积极有效的监管环境中。

A55. 集团项目组参与组成部分审计师工作的方式，可能取决于集团项目组对组成部分审计师的了解，除第 30 段、第 31 段和第 42 段的规定外，这些方式可能还包括下列一项或多项：

（a）与组成部分管理层或组成部分审计师会谈，获取对组成部分及其环境的了解；

（b）复核组成部分审计师的总体审计策略和审计计划；

（c）实施风险评估程序，识别和评估组成部分层面的重大错报风险。集团项目组可以单独或与组成部分审计师共同实施这类程序；

（d）设计和实施进一步审计程序。集团项目组可以单独或与组成部分审计师共同设计和实施这类程序；

（e）参加组成部分审计师与组成部分管理层的总结会议和其他重要会议；

（f）复核组成部分审计师的审计工作底稿的其他相关部分。

合并过程

合并调整和重分类（参见：第 34 段）

A56. 合并过程可能需要对集团财务报表中列报的金额作出调整，这类调整不经过常规交易处理系统，可能不会受到针对其他财务信息的内部控制的约束。集团项目组对这类调整的适当性、完整性及准确性的评价可能包括：

- 评价重大调整是否恰当反映了相关事项和交易；
- 确定重大调整是否得到集团管理层和组成部分管理层（如适用）正确计

算、处理和授权；

- 确定重大调整是否有适当的证据支持并得到充分的记录；
- 检查集团内部交易、未实现内部交易损益及集团内部往来余额是否核对一致并抵销。

与组成部分审计师的沟通（参见：第40－41段）

A57. 如果集团项目组与组成部分审计师之间未能建立有效的双向沟通关系，则存在集团项目组可能无法获取形成集团审计意见所依据的充分、适当的审计证据的风险。集团项目组清晰、及时地通报工作要求，是集团项目组与组成部分审计师之间形成有效的双向沟通关系的基础。

A58. 集团项目组的工作要求通常采用指令函的形式。附录5列示了可能需要在指令函中列明的必要和附加事项。组成部分审计师与集团项目组的沟通通常采用备忘录或所执行工作的报告的形式。然而，集团项目组与组成部分审计师的沟通并不一定采用书面形式。例如，集团项目组可以拜访组成部分审计师，与之讨论识别出的特别风险，或复核其审计工作底稿的相关部分。但无论采用何种形式进行沟通，本国际审计准则及其他国际审计准则中对工作底稿的记录要求仍然适用。

A59. 在配合集团项目组时，如果法律法规未予禁止，组成部分审计师可以允许集团项目组接触相关审计工作底稿。

A60. 如果集团项目组成员同时担任组成部分审计师，双方通过书面沟通以外的形式，也可以实现清晰沟通的目标。例如：

- 组成部分审计师接触总体审计策略和审计计划，可以充分沟通第40段规定的集团项目组要求；
- 集团项目组复核组成部分审计师的审计工作底稿，可以充分沟通第41段规定的与集团项目组结论相关的事项。

评价所获取的审计证据的充分性和适当性

复核组成部分审计师的审计工作底稿（参见：第42段第（b）项）

A61. 组成部分审计师的审计工作底稿中哪些部分与集团审计相关，可能因具体情况的不同而不同。通常关注的是与导致集团财务报表发生重大错报的特别风险相关的审计工作底稿。组成部分审计师的审计工作底稿按照组成部分审计师所在会计师事务所的复核程序进行复核这一事实，可能将影响集团项目组的复核范围。

审计证据的充分性和适当性（参见：第44－45段）

A62. 如果认为未能获取充分、适当的审计证据作为形成集团审计意见的基础，集团项目组可以要求组成部分审计师实施追加的程序。如果不可行，集团项目组可以直接对组成部分财务信息实施程序。

A63. 集团项目合伙人对错报（无论该错报由集团项目组识别还是由组成部分审计师告知）的汇总影响的评价，能够使其确定集团财务报表整体是否存在重大错报。

与集团管理层和治理层的沟通

与集团管理层的沟通（参见：第 46 – 48 段）

A64. 国际审计准则第 240 号包含了向管理层和治理层（如果管理层涉嫌舞弊）通报舞弊事项的相关要求和指引。[24]

A65. 集团管理层可能要求对某些重大敏感信息保密。可能对组成部分财务报表产生重要影响而组成部分管理层尚未知悉的事项包括：

- 潜在诉讼；
- 重要经营性资产的处置计划；
- 期后事项；
- 重大法律协议。

与集团治理层的沟通（参见：第 49 段）

A66. 集团项目组向集团治理层通报的事项，可能包括组成部分审计师提请集团项目组关注，并且集团项目组根据职业判断认为与集团治理层责任相关的重大事项。与集团治理层的沟通可以在集团审计过程中的不同时点进行。例如，对于第 49 段第（a）–（b）项所述事项，集团项目组可以在确定对组成部分财务信息的相关工作后进行沟通。另一方面，对于第 49 段第（c）项所述事项，可以在审计结束时进行沟通，对于第 49 段第（d）项至第（e）项所述事项，可以在这些事项发生时进行沟通。

---

[24] 国际审计准则第 240 号，第 40 – 42 段。

附录 1

（参见：第 A19 段）

集团项目组无法获取形成集团审计意见所依据的充分、适当的审计证据而发表保留意见的参考格式

本示例中，由于集团项目组不能接触组成部分会计记录、管理层或组成部分审计师，因此无法获取与采用权益法核算的某一重要组成部分（在资产负债表中确认为 1500 万美元，总资产为 6000 万美元）相关的充分、适当的审计证据。

集团项目组阅读了组成部分截至 20X1 年 12 月 31 日的已审计财务报表，及其审计报告，并考虑了集团管理层持有的与该组成部分相关的财务信息。

根据集团项目合伙人的职业判断，无法获取充分、适当的审计证据对集团财务报表影响重大但不具有广泛性。

独立审计师报告

[适当收件人]

对合并财务报表出具的审计报告①

我们审计了后附的 ABC 公司及其子公司的合并财务报表，包括 20×1 年 12 月 31 日的合并资产负债表，20×1 年度的合并综合收益表、合并所有者权益变动表和合并现金流量表，以及重要会计政策概要和其他解释性信息。

管理层②对合并财务报表的责任

管理层负责按照国际财务报告准则编制和公允列报合并财务报表，③ 并对其认为为使合并财务报表的编制不存在由于舞弊或错误导致的重大错报所必需的内部控制负责。

---

① 如果第二个副标题“按照其他法律法规的要求报告的事项”不适用，则无需使用“对合并财务报表出具的审计报告”的副标题。

② 或使用特定司法管辖区法律框架规定的恰当的其他术语。

③ 如果管理层的责任是编制真实和公允的合并财务报表，这可以表述为“管理层负责按照国际财务报告准则编制真实和公允的合并财务报表，……”。

审计师的责任

我们的责任是在实施审计工作的基础上对合并财务报表发表审计意见。我们按照国际审计准则的规定执行了审计工作。国际审计准则要求我们遵守职业道德要求，计划和实施审计工作以对财务报表是否不存在重大错报获取合理保证。

审计工作涉及实施审计程序，以获取有关合并财务报表金额和披露的审计证据。选择的审计程序取决于审计师的判断，包括对由于舞弊或错误导致的合并财务报表重大错报风险的评估。在进行风险评估时，审计师考虑与编制和公允列报合并财务报表相关的内部控制，④ 以设计恰当的审计程序，但目的并非对内部控制的有效性发表意见。⑤ 审计工作还包括评价管理层选用会计政策的恰当性和作出会计估计的合理性，以及评价合并财务报表的总体列报。

我们相信，我们获取的审计证据是充分、适当的，为发表保留意见提供了基础。

导致保留意见的事项

本年度，ABC公司投资境外联营公司XYZ公司，并采用权益法核算这项投资。20×1年12月31日，合并资产负债表中该项投资的账面价值计1500万美元，合并综合收益表中确认ABC公司应享有的XYZ公司净利润为100万美元。由于我们未能获取XYZ公司的财务信息，也无法接触XYZ公司的管理层和审计师，我们无法就20×1年12月31日ABC公司对XYZ公司的投资的账面价值以及ABC公司应享有的XYZ公司本年净利润金额获取充分、适当的审计证据。因此，我们无法确定是否有必要对这些金额进行调整。

保留意见

我们认为，除“导致保留意见的事项”段所述事项可能产生的影响外，合并财务报表按照国际财务报告准则，在所有重大方面公允反映了（或真实和公允反映了）ABC公司及其子公司20×1年12月31日的财务状况以及20×1年度的经营成果和现金流量。

按照其他法律法规的要求报告的事项

[审计报告中本部分的格式和内容，取决于审计师的其他报告责任的性质。]

---

④ 对于脚注③，这可以表述为：“在进行风险评估时，审计师考虑与编制真实和公允的合并财务报表相关的内部控制，以设计恰当的审计程序，但目的并非对内部控制的有效性发表意见”。

⑤ 当审计师有责任将合并财务报表审计和对内部控制的有效性发表意见协同进行时，本句措辞为；“在进行风险评估时，审计师考虑与编制和公允列报合并财务报表相关的内部控制，以设计恰当的审计程序”。对于脚注③，这可以表述为：“在进行风险评估时，审计师考虑与编制真实和公允的合并财务报表相关的内部控制，以设计恰当的审计程序”。

[审计师签名]
[审计报告日期]
[审计师地址]

如果集团项目合伙人认为无法获取充分、适当的审计证据对集团财务报表的影响重大且具有广泛性，集团项目合伙人可以根据国际审计准则第 705 号的规定发表无法表示意见。

附录 2

（参见：第 A23 段）

集团项目组获取了解的事项示例

以下提供的示例广泛涵盖了集团项目组获取了解的事项，但并非所有事项均与每一集团审计业务相关，而且所列示例并非对所有事项的完整列示。

集团层面控制

1. 集团层面的控制可能包括下列方面的组合：

- 集团管理层和组成部分管理层讨论有关业务发展、业绩评价的定期会议；
- 对组成部分经营和财务成果的监控，包括能够使集团管理层根据预算监控组成部分的业绩并采取适当行动的定期汇报制度；
- 集团管理层的风险评估过程，即识别、分析和管理经营风险（包括可能导致集团财务报表发生重大错报的舞弊风险）的过程；
- 对集团内部交易、未实现内部交易损益和在集团内部往来余额进行监控、控制、调节和抵销；
- 用于监控组成部分及时上报财务信息和评估其准确性与完整性的过程；
- 集团整体或部分采用统一信息技术一般控制的中央信息技术系统；
- 全部或某些组成部分共享的信息系统中的控制活动；
- 对控制的监督，包括内部审计活动和自我评估程序；
- 统一的政策和程序，包括集团财务报告程序手册；
- 集团层面的方案，如适用于整个集团的行为守则、防止舞弊的方案；
- 对组成部分管理层职责和权限分派的安排。

2. 内部审计可以作为集团层面控制的一项内容，如当内部审计职能集中时。如果集团项目组计划利用内部审计师的工作，需要按照国际审计准则第 610 号①的规定评价内部审计师在被审计单位中的胜任能力和客观性。

合并过程

3. 集团项目组从下列方面了解合并过程：

与适用的财务报告框架有关的事项：

- 组成部分管理层对适用的财务报告框架的了解程度；

① 《国际审计准则第 610 号——利用内部审计师的工作》，第 9 段。

- 按照适用的财务报告框架，对组成部分进行识别和会计处理的过程；
- 按照适用的财务报告框架，为提供分部报告而识别需单独报告的分部的过程；
- 按照适用的财务报告框架，识别关联方关系及其交易的过程；
- 适用于集团财务报表的会计政策，会计政策自上期以来发生的变化以及因适用的财务报告框架下新发布或修订准则而发生的变化；
- 如果组成部分的报告期末不同于集团，对组成部分财务信息进行处理的程序。

与合并过程有关的事项：

- 集团管理层了解组成部分运用的会计政策的过程，基于集团财务报表目的确保编制组成部分财务信息运用统一的会计政策（如适用），以及确保按照适用的财务报告框架识别和调整会计政策的差异。统一的会计政策，是指集团根据适用的财务报告框架，采用的具体原则、基础、惯例、规则和会计处理方法，组成部分采用统一的会计政策处理和报告类似的交易，并在各个会计期间保持一致。这些会计政策通常在集团管理层发布的财务报告程序手册和报告文件包中予以说明；
- 集团管理层基于合并目的确保组成部分完整、准确、及时地报告其财务信息的过程；
- 将境外组成部分的财务信息折算为集团财务报表采用的记账本位币的过程；
- 如何组织信息技术服务于财务报表合并过程（包括合并过程中的人工和自动化阶段），以及在合并过程的不同阶段采用的人工控制与自动化控制；
- 集团管理层获知期后事项的过程。

与合并调整有关的事项：

- 记录合并调整的过程，包括记录相关会计分录的编制、授权和处理，以及负责合并过程人员的经验；
- 适用的财务报告框架所要求的合并调整；
- 对事项和交易进行合并调整的商业理由；
- 组成部分之间交易的频率、性质和规模；
- 监督、控制、调节和抵销集团内部交易、未实现内部交易损益和集团内部往来余额的程序；
- 按照适用的财务报告框架，将被收购资产、负债的账面价值调整为公允价值的措施，以及对商誉进行摊销（如适用）和对商誉进行减值测试的程序；
- 控股股东或少数股东对某一组成部分亏损作出的安排（例如，少数股东权益承担弥补亏损的义务）。

附录 3
（参见：第 A30 段）

可能表明集团财务报表存在重大错报风险的情况或事项的示例

下列示例广泛涵盖了可能表明集团财务报表存在重大错报风险的情况或事项，但并非所有这些情况或事项与每项集团审计业务都相关，也并非对所有情况或事项的完整列示。

- 复杂的集团结构，特别是经常发生收购、处置或重组交易；
- 薄弱的公司治理结构，包括不透明的决策程序；
- 不存在集团层面的控制或集团层面的控制无效，包括集团管理层在监督组成部分业务活动和经营成果时不能获取充分的信息；
- 组成部分在境外司法管辖区经营，其业务活动可能受到诸多因素的影响，如非正常的政府干预（如贸易和财政政策、外汇和股利汇出的限制）和汇率波动；
- 组成部分业务活动包含较高风险，例如，签订长期合约，或使用创新或复杂金融工具进行交易；
- 组成部分财务信息是否需要按照适用的财务报告框架的规定包括在集团财务报表中存在不确定性。例如，是否存在需要合并的特殊目的实体或非交易性实体；
- 异常的关联方关系和交易；
- 以前合并时发生集团内部往来余额不平或调节不一致的情况；
- 存在涉及多个组成部分的复杂交易；
- 组成部分运用的会计政策与集团不一致；
- 组成部分的报告期末与集团不同，可能用以操纵交易的时间安排；
- 以前存在未经授权或不完整的合并调整事项；
- 集团采用激进的税务筹划政策，或与处于“避税天堂”的实体从事大量现金交易；
- 频繁变更负责组成部分财务信息审计的审计师。

附录 4
(参见：第 A35 段)

组成部分审计师确认函参考格式

本示例并非标准格式。确认函格式可因不同的组成部分审计师或不同期间而异。通常在对组成部分财务信息执行相关工作前取得确认函。

[组成部分审计师信笺]

[日期]

[致：集团项目合伙人]

贵所审计 [母公司名称] 截至 [日期] 止年度的集团财务报表，以对集团财务报表是否按照 [说明适用的财务报告框架]，在所有重大方面公允反映（或真实和公允反映）集团于 [日期] 的财务状况以及截至该日止年度的财务状况和现金流量发表意见。本确认函用于确认与贵所上述审计相关的事项。

我们确认收到了贵所于 [日期] 发出的指令函，要求我们对 [组成部分名称] 截至 [日期] 止年度的财务信息执行指令函中所列的工作。

我们确认：

1. 我们将按照指令函的要求执行工作。（或：我们提醒贵所，由于下列原因 [列明具体原因]，我们不能满足贵所的下列要求：[列明指令的具体要求]。）

2. 指令函的要求是清晰的，我们能够理解这些要求。（或：我们希望贵所能够详细阐明下列要求：[列明指令的要求]。）

3. 我们将配合贵所的工作，并提供相关审计工作底稿。

我们认可：

1. [组成部分名称] 的财务信息将包括在 [母公司名称] 的集团财务报表中。

2. 如贵所认为必要，可以参与我们应贵所要求而对 [组成部分名称] 截至 [日期] 止年度财务信息执行的工作。

3. 贵所计划对我们的工作进行评价，如果贵所认为适当，可以在 [母公司名称] 集团财务报表审计中利用我们的工作。

就我们计划对 [组成部分名称]，[母公司的名称] 的 [组成部分关系的描述，如全资子公司、子公司、合营公司、按权益法或成本法核算的被投资公司] 的财务信息执行的工作，我们确认以下事项：

1. 我们充分了解 [说明相关的职业道德要求]，足以履行我们在集团财务报表审计中的责任。我们将遵守这些要求。特别是对于 [母公司名称] 及集团内的其他组成部分，我们符合［说明相关的职业道德要求］对独立性的要求，并遵守［监管机构名称］制定的［文件名称］的适用要求。

2. 我们了解国际审计准则和［说明适用于集团财务报表审计的其他国家审计准则］的要求，足以履行我们在集团财务报表审计中的责任。我们将在对［组成部分名称］截至［日期］止年度财务信息执行的工作中遵守这些要求。

3. 我们拥有对特定组成部分财务信息执行相关工作的专门技能（如行业专门知识）。

4. 我们了解［说明适用的财务报告框架或集团财务报告程序手册］的要求，足以履行我们在集团财务报表审计中的责任。

在对［组成部分名称］财务信息执行相关工作的过程中，如果上述声明事项出现任何变化，我们将及时通知贵所。

［审计师签名］

［日期］

［审计师地址］

附录 5

（参见：第 A58 段）

列入集团项目组指令函的必要和附加事项

本国际审计准则要求与组成部分审计师沟通的事项以斜体列示。

与组成部分审计师计划工作相关的事项：

- *在组成部分审计师知悉集团项目组将利用其工作的情况下，要求组成部分审计师确认其将配合集团项目组的工作；*
- 完成审计工作的时间表；
- 集团项目组计划与集团管理层会谈的日期，以及计划与组成部分管理层和组成部分审计师会谈的日期；
- 主要联系人；
- *组成部分审计师应执行的工作和集团项目组对其工作的利用*、以及对双方在审计初期和审计过程中协调配合的安排，包括集团项目组拟参与的组成部分审计师工作；
- *与集团审计相关的职业道德要求，特别是独立性要求；*
- *在对组成部分财务信息实施审计或审阅情况下，组成部分的重要性和针对特定类别的交易、账户余额或披露采用的一个或多个重要性水平（如适用）以及临界值，超过临界值的错报不能被视为对集团财务报表明显微小的错报；*
- *集团管理层编制的关联方清单和集团项目组知悉的任何其他关联方。集团项目组应当要求组成部分审计师及时沟通集团管理层或集团项目组以前未识别出的关联方；*
- 拟对集团内部交易、未实现内部交易损益及集团内部往来账户余额执行的工作；
- 对其他法定报告责任的指引，如就集团管理层对内部控制有效性认定出具的报告；
- 如果完成组成部分财务信息相关工作的时间与集团项目组对集团财务报表形成结论的时间存在间隔，对期后事项进行复核的具体指引。

与组成部分审计师执行工作相关的事项：

- 集团项目组对全部或部分组成部分共享处理系统的控制活动进行测试的结果，以及拟由组成部分审计师实施的控制测试；

- *识别出与组成部分审计师工作相关的、由于舞弊或错误导致集团财务报表发生重大错报的特别风险。集团项目组应当要求组成部分审计师及时沟通所有识别出的、在组成部分内的其他由于舞弊或错误可能导致集团财务报表发生重大错报的特别风险，以及组成部分审计师针对这些风险采取的应对措施；*
- 内部审计对组成部分层面的控制或与组成部分相关的控制执行工作的结果；
- 要求及时沟通从对组成部分财务信息执行的工作中获取的、与集团项目组最初进行集团层面风险评估所基于的审计证据相矛盾的审计证据；
- 要求获取组成部分管理层遵守适用的财务报告框架的书面声明，或已经披露组成部分财务信息运用的会计政策与集团财务报表运用的会计政策存在差异的声明；
- 组成部分审计师需要记录的事项。

其他信息

- 要求及时向集团项目组报告下列事项：
  - 重大的会计、财务报告和审计事项，包括会计估计和相关判断；
  - 与组成部分持续经营状况相关的事项；
  - 与诉讼和索赔相关的事项；
  - 组成部分审计师在对组成部分财务信息执行工作中注意到的值得关注的内部控制缺陷和显示存在舞弊的信息。
- 要求尽快向集团项目组报告任何重大或异常的事项；
- *完成对组成部分财务信息的相关工作后，与集团项目组沟通第41 段所列事项的要求。*

国际审计准则第 610 号（修订）
利用内部审计师的工作

（适用于会计期间结束于 2013 年 12 月 15 日及以后的财务报表审计）

目　录

《国际审计准则第 610 号（修订）——利用内部审计师的工作》应当与《国际审计准则第 200 号——独立审计师的总体目标和按照国际审计准则执行审计工作》一并阅读。

引　言

本国际审计准则的范围

1. 本国际审计准则规范了当利用内部审计职能部门的工作以获取审计证据时外部审计师所承担的责任。

2. 本国际审计准则不适用于被审计单位不存在内部审计职能部门的情形。（参见：第 A2 段）

3. 当存在下列情形时，即使被审计单位存在内部审计职能部门，本国际审计准则也不适用：

（a）该职能部门承担的责任和开展的活动与审计不相关；

（b）基于国际审计准则第 315 号（修订）[①] 实施程序获取的对该职能部门的初步了解，外部审计师不期望在获取审计证据时利用该部门的工作。

本国际审计准则并非要求外部审计师利用内部审计职能部门的工作以调整由外部审计师直接执行的审计程序的性质、时间安排或缩小其范围。是否利用内部审计职能部门的工作由外部审计师在制定总体审计策略时自行决定。

4. 某些司法管辖区的法律法规可能禁止或在某种程度上限制外部审计师利用内部审计职能部门的工作。国际审计准则并不超越法律法规对于财务报表审计的规定。[②] 因此，这些法律法规的禁止性或限制性规定不妨碍外部审计师遵循国际审计准则。

国际审计准则第 315 号（修订）和本国际审计准则的关系

5. 许多被审计单位建立了内部审计职能部门作为内部控制和治理结构的组成部分。内部审计职能部门的目标和范围、责任性质及其在被审计单位中的地位（包括职权和责任），根据被审计单位的规模、组织结构以及管理层和治理层（如适用）的要求的不同而各有差异。

6. 国际审计准则第 315 号（修订）明确了内部审计职能部门的知识和经验如何为外部审计师了解被审计单位及其环境、识别和评估重大错报风险提供信息。国际审计准则第 315 号（修订）[③] 也解释了内、外部审计师的有效沟通如何创造一个环境，使得外部审计师可以获知可能影响其工作的重大事项。

---

① 《国际审计准则第 315 号（修订）——通过了解被审计单位及其环境识别和评估重大错报风险》。

② 《国际审计准则第 200 号——独立审计师的总体目标和按照国际审计准则执行审计工作》，第 A55 段。

③ 国际审计准则第 315 号（修订），第 A116 段。

7. 根据内部审计职能部门在被审计单位中的地位、相关政策和程序是否足以支持内部审计师的客观性和内部审计师的胜任能力水平，以及内部审计职能部门是否采用系统和规范化的方法，外部审计师可能能够以建设性和互补的方式利用内部审计师的工作。当外部审计师根据国际审计准则第315号（修订）的规定实施程序，在获取对被审计单位内部审计职能部门初步了解的基础上，拟利用内部审计职能部门的工作作为获取审计证据的一部分时，本国际审计准则规定了外部审计师的责任。④ 对内部审计职能部门工作的利用将改变由外部审计师直接实施的审计程序的性质、时间安排，或缩小范围。

8. 被审计单位可能存在所实施的程序与内部审计职能部门所实施的程序相似的个人。然而，除非这些程序由客观和称职的部门实施，并采用系统和规范化的方法（包括质量控制），这些程序将被视为内部控制，针对这些控制的有效性获取审计证据将作为外部审计师根据国际审计准则第330号⑤对所评估风险所采取的应对措施的一部分。

外部审计师的审计责任

9. 外部审计师对发表的审计意见独立承担责任，这种责任并不因外部审计师利用内部审计职能部门的工作而减轻。尽管内部审计职能部门可能执行了与外部审计师相似的程序，内部审计职能部门或内部审计师均不满足国际审计准则第200号⑥中关于外部审计师在财务报表审计中独立于被审计单位的要求。因此，本国际审计准则明确了外部审计师能够利用内部审计师工作的必要条件。同时，本国际审计准则也界定了外部审计师必要的工作，以就内部审计职能部门工作足以实现审计目的获取充分、适当的证据。这些要求的目的是为外部审计师判断是否利用内部审计职能部门的工作提供一个框架，以防止过度利用或不当利用内部审计职能部门的工作。

生效日期

10. 本国际审计准则适用于会计期间结束于2013年12月15日及以后的财务报表审计。

目　标

11. 当被审计单位存在内部审计职能部门，并且外部审计师计划利用该部门的

---

④ 参见第13－23段。

⑤ 《国际审计准则第330号——审计师针对评估的风险采取的应对措施》。

⑥ 国际审计准则第200号，第14段。

工作，以调整应由外部审计师直接实施的审计程序的性质、时间安排或缩小范围时，外部审计师的目标是：

（a）确定是否可以利用内部审计职能部门的工作，确定在哪些方面利用以及在多大程度上利用内部审计职能部门的工作；

（b）如果利用内部审计职能部门的工作，确定该工作是否足以实现审计目的。

定义

12. 就国际审计准则而言，对下列术语给予以下定义：

内部审计职能部门，是指被审计单位的一个职能部门，执行鉴证和咨询活动，以评价和改进被审计单位的公司治理、风险管理和内部控制流程的有效性。（参见：第A1－A4段）

要求

确定是否利用、在哪些方面利用以及在多大程度上利用内部审计职能部门的工作

评价内部审计职能部门

13. 外部审计师应当评价以下事项，以确定是否可以利用内部审计职能部门的工作以实现审计目的：

（a）内部审计在被审计单位中的地位，以及相关政策和程序支持内部审计师客观性的程度；（参见：第A5－A9段）

（b）内部审计职能部门的胜任能力；（参见：第A5－A9段）

（c）内部审计职能部门是否采用系统和规范化的方法（包括质量控制）。（参见：第A10－A11段）

14. 如果外部审计师认为存在以下情形，则不得利用内部审计职能部门的工作：

（a）内部审计职能部门在被审计单位中的地位以及相关政策和程序不足以充分地支持内部审计师的客观性；

（b）内部审计职能部门缺乏足够的胜任能力；

（c）内部审计职能部门没有采用系统和规范化的方法（包括质量控制）。

确定能够利用的内部审计职能部门工作的性质和范围

15. 作为确定能够利用的内部审计职能部门执行工作的范围和程度的基础，外部审计师应当考虑内部审计职能部门已执行和拟执行的工作的性质和范围，以及这些工作与外部审计师总体审计策略和审计计划的相关性。（参见：第 A15 – A17 段）

16. 外部审计师应当作出审计业务中所有的重要判断。为防止不当利用内部审计职能部门的工作，当存在以下情形时，外部审计师应当计划较少地利用内部审计职能部门的工作，而直接实施较多的审计程序：（参见：第 A15 – A17 段）

（a）当在以下方面涉及较多的职业判断时：

（i）计划和实施相关的审计程序；

（ii）评价所获取的审计证据；（参见：第 A18 – A19 段）

（b）当评估的认定层次重大错报风险较高，并对特别风险予以特殊考虑时；（参见：第 A20 – A22 段）

（c）当内部审计职能部门在被审计单位中的地位以及相关内部政策和程序不足以支持内部审计师的客观性时；

（d）当内部审计职能部门的胜任能力较低时。

17. 考虑到外部审计师对发表的审计意见独立承担责任，外部审计师应当从整体上评价按照计划范围利用内部审计职能部门的工作是否表明其仍充分地参与审计工作。（参见：第 A15 – A22 段）

18. 外部审计师在根据国际审计准则第 260 号的要求[⑦]与治理层沟通计划的审计范围和时间安排的总体情况时，应当就如何计划利用内部审计职能部门的工作进行沟通。（参见：第 A23 段）

利用内部审计职能部门的工作

19. 如果外部审计师计划利用内部审计职能部门的工作，外部审计师应当与内部审计职能部门讨论所计划利用的工作，以作为协调各自活动的基础。（参见：第 A24 – A26 段）

20. 外部审计师应当阅读与拟利用的内部审计职能部门工作相关的内部审计职能部门的报告，以理解其所实施的内部审计程序的性质和范围以及所发现的相关问题。

21. 外部审计师应当针对所计划利用的内部审计职能部门的整体工作实施充分的审计程序，以确定其是否能够足以实现审计目的，包括评价以下情形：

（a）内部审计职能部门的工作是否经过适当的计划、实施、监督、复核和

⑦ 《国际审计准则第 260 号——与治理层的沟通》，第 15 段。

记录；

（b）是否获取了充分、适当的证据，以使得该部门能够得出合理的结论；

（c）所得出的结论在特定的环境下是否适当，并且内部审计职能部门编制的报告与其所执行的工作的结果相一致。（参见：第A27－A30段）

22. 外部审计师所实施的审计程序的性质和范围应当与其对以下事项的评价相适应，并应当重新执行部分工作：（参见：第A30段）

（a）涉及的职业判断量；

（b）所评估的重大错报风险；

（c）内部审计职能部门在被审计单位中的地位以及相关政策和程序支持内部审计师的客观性的程度；

（d）内部审计职能部门的胜任能力水平。[8]（参见：第A27－A29段）

23. 外部审计师应当评价按照本国际审计准则第13段的规定对内部审计职能部门形成的结论，以及按照本国际审计准则第16至17段的规定，为实现审计目的所作出的利用内部审计职能部门工作的性质和范围的决策，是否仍适当。

审计工作底稿

24. 如果外部审计师利用内部审计职能部门的工作，应当就以下事项形成审计工作底稿：

（a）对下列事项的评价：

（i）内部审计职能部门在被审计单位中的地位及相关的政策和程序是否足以支持内部审计师的客观性；

（ii）内部审计职能部门的胜任能力；

（iii）内部审计职能部门是否采用系统和规范化的方法（包括质量控制）；

（b）所利用的工作的性质和范围以及决策基础；

（c）外部审计师为评价所利用的工作的充分性所实施的审计程序。

应用和其他解释性材料

内部审计职能部门的定义（参见：第2段，第12段）

A1. 内部审计职能部门的目标和范围一般包括为了评价和改进公司治理、风险管理和内部控制流程而实施的鉴证和咨询活动，例如：

---

⑧ 参见第16段。

与公司治理有关的活动

- 内部审计职能部门可能评估被审计单位为实现下列目标的治理流程：道德和价值，绩效管理和问责机制，向组织中的适当部门传达风险和控制信息，以及治理层、外部审计师、内部审计师和管理层之间沟通的有效性。

与风险管理有关的活动

- 内部审计职能部门可能协助被审计单位识别和评价面临的重大风险，改善风险管理和内部控制（包括财务报表流程的有效性）；
- 内部审计职能部门可能实施程序，以协助被审计单位发现舞弊行为。

与内部控制有关的活动

- 对内部控制的评价。内部审计职能部门可能被分配了与审查内部控制、评价控制的运行以及对内部控制提出改进建议方面的特定责任。在这种情况下，内部审计职能部门为这些内部控制提供了保证。例如，内部审计职能部门可能计划并实施测试或其他程序，为管理层和治理层就内部控制的设计、实施和运行有效性提供保证（包括与审计相关的内部控制）；
- 对财务信息和经营信息的检查。内部审计职能部门可能被要求审查用以识别、确认、计量、分类和报告财务和经营信息的方法，并针对个别事项进行专门查询（包括对交易、账户余额和程序实施细节测试）；
- 对经营活动的审查。内部审计职能部门可能被要求审查被审计单位经营活动（包括非财务活动）的经济性、效率和效果；
- 对遵守法律法规情况的审查。内部审计部门可能被要求审查被审计单位对法律法规、其他外部要求以及管理层政策、指令和其他内部要求的遵循情况。

A2. 与内部审计职能部门工作类似的活动可能由被审计单位内部其他部门实施。部分或全部内部审计职能部门工作也可能外包给第三方服务商。无论执行内部审计职能的部门名称如何，内部审计工作是否由被审计单位或者由第三方服务商执行，都不是外部审计师判断是否利用内部审计职能部门工作的决定因素。相反，决定因素是活动的性质，内部审计职能部门的地位以及相关政策和程序对内部审计师客观性的支持程度，胜任能力，以及该职能部门是否运用系统和规范化的方法。本国际审计准则在提及内部审计职能部门时也包括由其他部门或第三方服务商实施的具备这些特征的有关活动。

A3. 此外，在被审计单位中承担经营管理职责的内部审计职能部门之外的其他部门，通常面临客观性的威胁，尽管这些部门可能实施了根据国际审计准则第 330 号的规定可予以测试的控制活动，但基于本国际审计准则的目的，这些部门不能视为内部审计职能部门的一部分[9]。由于这个原因，由业主兼经理实施的监督控制不能视同于内部审计职能部门。

A4. 虽然内部审计职能部门和外部审计师的目标不同，在财务报表审计中，内部审计职能部门可能执行与外部审计师相似的审计程序。如果存在这种情况，外部审计师可能通过以下一个或多个方式利用内部审计职能部门的工作以实现审计目的：

- 获取与外部审计师评估由于错误或舞弊导致的重大错报风险有关的信息。在这个方面，国际审计准则第 315 号（修订）[10] 要求外部审计师了解内部审计职能部门责任的性质、在被审计单位中的地位、已实施或拟实施的内部审计活动，并询问内部审计职能部门的适当人员（如果被审计单位有这类职能部门）；
- 除非被法律法规所禁止，或者在某些程度上被限制，外部审计师在进行适当的评价后，可能决定利用内部审计职能部门在此期间的工作，以部分替代本应由外部审计师直接获取的审计证据。[11]

确定是否利用、在哪些方面利用以及在多大程度上利用内部审计职能部门的工作

评价内部审计职能部门

客观性和胜任能力（参见：第 13 段第（a）–（b）项）

A5. 外部审计师运用职业判断以决定是否可以利用内部审计职能部门的工作以实现审计目的，以及在具体情况下所能利用的内部审计职能部门工作的性质和范围。

A6. 内部审计职能部门在被审计单位中的地位以及相关政策和程序支持内部审计师客观性的程度，以及内部审计职能部门的胜任能力水平，对于确定是否利用内部审计职能部门的工作以及在具体情况下所利用的性质和范围尤其重要。

A7. 客观性是指执行任务时职业判断不受偏见、利益冲突或他人的不当影响所妨碍的能力。下列因素可能影响外部审计师的评价：

- 内部审计职能部门在被审计单位中的地位（包括内部审计职能部门的权限

---

[9] 参见第 8 段。
[10] 国际审计准则第 315 号（修订），第 6 段第（a）项。
[11] 参见第 13 – 23 段。

和责任）是否支持该部门的职业判断不受偏见、利益冲突或他人的不当影响所妨碍的能力。例如，内部审计职能部门是否向治理层或具备适当权限的管理层报告工作，或如果内部审计职能部门向管理层报告工作，是否直接接触治理层；

- 内部审计职能部门是否不承担任何相互冲突的职责（如承担内部审计职能以外的管理或经营职责）；
- 治理层是否监督与内部审计职能部门相关的人事决策（如决定适当的薪酬政策）；
- 管理层或治理层是否对内部审计部门施加任何约束或限制（如内部审计师就所发现的问题与外部审计师的沟通）；
- 内部审计师是否为相关职业团体的会员并且该团体要求他们遵守与客观性相关的职业标准，或被审计单位的内部政策是否实现相同目标。

A8. 内部审计职能部门的胜任能力是指内部审计职能部门从整体上获得并维持必备的知识和技能，使其可以尽职地完成所分派的任务并遵守适用的职业标准。可能影响外部审计师决策的因素包括：

- 内部审计职能部门是否拥有与被审计单位规模和经营性质相适应的、充分、适当的资源；
- 是否制定了雇佣、培训和分配内部审计师从事内部审计业务方面的政策；
- 内部审计师是否经过充分的技术培训且精通审计业务。外部审计师进行评估时可能考虑相关标准，例如，内部审计师拥有的相关专业资格和经验；
- 内部审计师是否具备与被审计单位财务报告和适用的财务报告框架有关的必备知识，以及内部审计职能部门是否拥有必要的技能（如特定行业知识）以完成与被审计单位财务报表相关的工作；
- 内部审计师是否为相关职业团体的会员，该团体要求他们遵守包括职业继续教育要求在内的相关专业标准。

A9. 客观性和胜任能力可能被视为连续统一体，两者不可偏废。内部审计职能部门在被审计单位中的地位以及相关政策和程序为内部审计师的客观性提供越充分的支持，并且内部审计职能部门的专业胜任水平越高时，外部审计师就越可能利用并在越多领域利用内部审计职能部门的工作。然而，即使该部门在被审计单位中的地位以及相关政策程序为内部审计师的客观性提供了很强的支持，也不能弥补内部审计职能部门胜任能力的不足。同样地，内部审计职能部门高水平的胜任能力不能弥补该部门在被审计单位中的地位以及政策和程序难以充分支持内部审计师客观性的不足。

运用系统和规范化的方法（参见：第13段第（c）项）

A10. 运用系统和规范化的方法进行计划、实施、监督、评价和记录内部审计活动，使得其区别于被审计单位内部可能实施的其他监督控制活动。

A11. 下列因素可能影响外部审计师确定内部审计是否运用了系统和规范化方法：

- 对风险评估、工作计划、工作底稿和报告等方面的内部审计书面程序或指引的存在性、充分性和使用情况，其性质和范围与被审计单位的规模和环境相适应；
- 内部审计职能部门是否有恰当的质量控制政策和程序。例如，国际质量控制准则第1号[12]中适用于内部审计职能部门的政策和程序（如有关领导层、人力资源和业务绩效的政策和程序），或者其他相关职业团体对内部审计师设定的质量控制标准的要求。相关职业团体还可能制定其他恰当的要求，如进行定期外部质量评估。

不得利用内部审计职能部门工作的情形（参见：第14段）

A12. 外部审计师对内部审计职能部门在被审计单位中的地位以及相关政策和程序是否足以充分地支持内部审计师的客观性、内部审计职能部门的胜任能力水平以及是否运用系统和规范化方法的评价，可能表明内部审计职能部门工作质量的风险过高，利用该部门的工作作为审计证据不适当。

A13. 由于单个因素通常不足以得出利用内部审计工作不能实现审计目的的结论，因此，单独并综合考虑本国际审计准则第A7、A8和A11段中的因素非常重要。例如，内部审计职能部门在被审计单位中的地位在评价对内部审计师客观性的威胁时尤为重要。如果内部审计职能部门向管理层报告，将视为对内部审计客观性的重大威胁，除非存在其他因素（如本国际审计准则第A7段描述的因素），并且这些因素共同提供了足够的防范措施将这种威胁降至可接受的水平。

A14. 此外，国际职业会计师道德守则[13]明确了当外部审计师接受委托，为审计客户提供内部审计服务，并且所提供的内部审计服务结果将在实施审计时被利用时，将产生自我评价威胁。这是因为存在这种可能性：项目组在没有适当评价所提供的内部审计服务结果，或者没有运用与对非本会计师事务所人员提供的内部审计服务同等水平的职业怀疑态度的情况下，利用内部审计工作的结果。国际职业会计师道德守则[14]讨论了运用于特定环境的禁止性规定、威胁和在其他环境中可以采用的将该类威胁降至可接受水平的防范措施。

---

[12] 《国际质量控制准则第1号——会计师事务所对执行财务报表审计和审阅、其他鉴证和相关服务业务实施的质量控制》。

[13] 国际会计师职业道德准则理事会发布的《国际职业会计师道德守则》，第290.199节。

[14] 《国际职业会计师道德守则》，第290.195－290.200节。

确定可利用的内部审计职能部门工作的性质和范围

影响确定可利用的内部审计职能部门工作的性质和范围的因素（参见：第 15－17 段）

A15. 一旦外部审计师确定利用内部审计职能部门的工作足以实现审计目的，首先需要考虑的是拟利用的内部审计职能部门已执行或拟执行工作的性质和范围，是否与外部审计师根据国际审计准则第 300 号⑮制定的总体审计策略和审计计划相关。

A16. 外部审计师可利用的内部审计职能部门的工作包括：

- 对内部控制运行有效性的测试；
- 仅涉及有限职业判断的实质性程序；
- 观察存货盘点；
- 通过信息系统跟踪与财务报告相关的交易；
- 对法律法规遵守情况的测试；
- 在某些情况下，审计或者审阅集团非重要组成部分的财务信息（不与国际审计准则第 600 号的要求相冲突）。⑯

A17. 根据本国际审计准则第 16 段的规定，外部审计师对拟利用的内部审计职能部门工作的性质和范围的决策将受到外部审计师对如下因素评价的影响：内部审计职能部门在被审计单位中的地位以及相关政策和程序充分支持内部审计师客观性的程度；内部审计职能部门的胜任能力。此外，在计划、实施、评价内部审计职能部门的工作时涉及的职业判断量以及所评估的认定层次重大错报风险，也是外部审计师决策的考虑因素。进一步而言，还存在根据本国际审计准则第 14 段规定的外部审计师不能利用内部审计职能部门的工作以实现审计目的的情形。

计划、实施审计程序和评价结果时的职业判断（参见：第 16 段第（a）项）

A18. 根据本国际审计准则第 16 段的规定，当计划、实施审计程序和评价审计证据需要运用更多的职业判断时，外部审计师需要更多地直接实施审计程序，因为在这种情况下，仅仅利用内部审计职能部门的工作不能为外部审计师提供充分、适当的审计证据。

A19. 由于外部审计师对所发表的审计意见独立承担责任，外部审计师在审计业务中需要根据本国际审计准则第 16 段的规定作出重要判断。重要判断包括以下方面：

- 评估重大错报风险；
- 评价所执行审计测试的充分性；
- 评价管理层使用持续经营假设的适当性；

---

⑮ 《国际审计准则第 300 号——计划审计工作》

⑯ 《国际审计准则第 600 号——对集团财务报表审计的特殊考虑（包括组成部分审计师的工作）》

- 评价重大会计估计；
- 评价财务报表披露的充分性以及其他影响审计报告的事项。

所评估的重大错报风险（参见：第 16 段第（b）项））

A20. 对于特定的交易、账户余额和披露，所评估的认定层次重大错报风险越高，在计划、实施审计程序及评价结果时通常涉及的职业判断就越多。在这种情况下，根据本国际审计准则第 16 段的规定，外部审计师应当更多地直接实施审计程序，并且相应地，在获取充分、适当的审计证据时较少地利用内部审计职能部门的工作。此外，如国际审计准则第 200 号[17]所述，如果被审计单位评估的重大错报风险越高，外部审计师需要获取更具有说服力的审计证据，从而需要更多地直接实施审计程序。

A21. 如国际审计准则第 315 号（修订）[18] 所述，特别风险需要特殊的审计考虑。因此，外部审计师利用与特别风险相关的内部审计职能部门的工作将限于涉及有限判断的事项。此外，除非被审计单位的重大错报风险低，否则仅利用内部审计职能部门的工作不可能将审计风险降至可接受的低水平，也不能排除外部审计师需要直接实施某些测试。

A22. 根据本国际审计准则的规定实施审计程序，可能导致外部审计师重新评价其对重大错报风险的评估结果。因此，这可能影响外部审计师对是否利用内部审计职能部门的工作以及是否有必要继续运用本国际审计准则的决策。

与治理层的沟通（参见：第 18 段）

A23. 根据国际审计准则第 260 号的规定[19]，外部审计师应当与治理层沟通总体审计范围和时间安排。拟利用的内部审计职能部门的工作是外部审计师总体审计策略的组成部分，因此与治理层对拟采用的审计方法的理解相关。

利用内部审计职能部门的工作

与内部审计职能部门的讨论与协调（参见：第 19 段）

A24. 作为协调各自活动的基础，与内部审计职能部门讨论拟利用的该部门的工作时，讨论以下事项可能是有用的：

- 这些工作的时间安排；
- 已执行工作的性质；
- 内部审计涵盖的范围；
- 财务报表整体的重要性（如适用，还应考虑特定的交易、账户余额和披露

---

⑰ 国际审计准则第 200 号，第 A29 段。
⑱ 国际审计准则第 315 号（修订），第 4 段第（e）项。
⑲ 国际审计准则第 260 号，第 15 段。

的一个或多个重要性水平），以及实际执行的重要性；

- 选取测试项目拟采用的方法和样本规模；
- 所执行工作的记录；
- 复核和报告程序。

A25. 外部审计师和内部审计职能部门的协调是有效的，例如以下情形：

- 在整个期间按适当的时间间隔进行讨论；
- 外部审计师告知内部审计职能部门可能影响该职能部门的重大事项；
- 外部审计师被告知并可以获取相关内部审计报告，且被通报任何内部审计职能部门关注到的、可能影响外部审计师工作的所有重大事项，以使外部审计师能够考虑这些事项对审计业务的影响。

A26. 国际审计准则第 200 号[20]讨论了审计计划和执行审计时保持职业怀疑的重要性，包括对作为审计证据的文件记录和对询问答复的可靠性产生怀疑的信息保持警惕。因此，在整个审计过程与内部审计职能部门的沟通，可能使内部审计师有机会提醒外部审计师关注可能影响外部审计师工作的事项，外部审计师因此能够在识别和评估重大错报风险时考虑此类信息。[21] 此外，如果此类信息可能表明较高的财务报表重大错报风险，或者舞弊事实、舞弊嫌疑或舞弊指控，外部审计师根据国际审计准则第 240 号在识别舞弊导致的重大错报风险时予以考虑。[22]

确定内部审计工作充分性的程序（参见：第 21－22 段）

A27. 外部审计师对拟利用的内部审计职能部门的工作整体所实施的审计程序，为评价内部审计工作的总体质量和客观性提供了基础。

A28. 在本国际审计准则第 22 段规定的重新执行之外，外部审计师为评价内部审计职能部门已执行的工作及其结论的质量而实施的审计程序包括：

- 向内部审计职能部门适当的人员询问；
- 观察内部审计职能部门实施的审计程序；
- 复核内部审计工作方案和工作底稿。

A29. 当需要的职业判断越多，评估的重大错报风险越高，内部审计职能部门在被审计单位中的地位以及相关政策和程序越不足以充分支持内部审计师的客观性，或者内部审计职能部门的胜任能力水平越低时，外部审计师需要针对内部审计职能部门的工作整体实施越多的审计程序，以支持在获取充分、适当的审计证据以形成审计意见的过程中利用内部审计职能部门工作的决策。

---

[20] 国际审计准则第 200 号，第 15 段和第 A18 段。

[21] 国际审计准则第 315 号（修订），第 A116 段。

[22] 国际审计准则第 315 号（修订），第 A11 段，以及《国际审计准则第 240 号——财务报表审计中与舞弊相关的责任》。

重新执行(参见：第22段)

A30. 根据本国际审计准则的目标，重新执行包括外部审计师独立实施审计程序以验证内部审计职能部门的结论。这个目标可能通过检查已由内部审计职能部门检查的项目来实现，若不可行，也可通过检查充分的、内部审计职能部门未能实际检查的其他类似项目来实现相同的目标。相对于外部审计师根据本国际审计准则第A28段可以实施的其他程序，重新执行为评价内部审计职能部门工作的充分性提供了更具说服力的证据。虽然外部审计师不需重新执行所利用的内部审计职能部门工作的每个领域，但是根据本国际审计准则第22段的规定，需要对拟利用的内部审计职能部门的工作整体实施一些重新执行程序。外部审计师很可能在以下领域重点实施重新执行程序：内部审计职能部门在计划、实施审计程序和评价审计程序结果的过程中运用了较多判断，以及重大错报风险较高的领域。

国际审计准则第620号
利用审计师的专家的工作

（适用于会计期间开始于2009年12月15日及以后的财务报表审计）

目　录

段落

附录：审计师与其外部专家达成一致意见时的考虑

《国际审计准则第620号——利用审计师的专家的工作》应当与《国际审计准则第200号——独立审计师的总体目标和按照国际审计准则执行审计工作》一并阅读。

引　言

本国际审计准则的范围

1. 本国际审计准则规范了审计师利用在会计或审计之外的某一特定领域中具有专长的个人或组织的工作，以协助获取充分、适当的审计证据时的责任。

2. 本国际审计准则不适用于下列情况：

（a）项目组拥有在会计或审计专业领域中具有专长的成员，或向在会计或审计专业领域中具有专长的个人或组织咨询，国际审计准则第220号[①]对这种情况进行了规范；

（b）审计师利用在会计、审计以外的某一领域具有专长的个人或组织的工作，并且其工作被管理层利用以协助编制财务报表（管理层的专家）。国际审计准则第500号对这种情况进行了规范。[②]

审计师对审计意见的责任

3. 审计师对发表的审计意见独立承担责任，这种责任并不因利用审计师的专家的工作而减轻。但是，如果审计师按照本国际审计准则的规定利用了专家的工作，并得出结论认为该专家的此项工作足以实现审计目的，审计师可以接受专家在其专业领域的工作结果或结论，并作为适当的审计证据。

生效日期

4. 本国际审计准则适用于会计期间开始于2009年12月15日及以后的财务报表审计。

目　标

5. 审计师的目标是：

（a）确定是否利用审计师的专家的工作；

（b）如果利用审计师的专家的工作，确定专家的工作是否足以实现审计目的。

---

① 《国际审计准则第220号——对财务报表审计实施的质量控制》，第A10段，第A20-A22段。

② 《国际审计准则第500号——审计证据》，第A34-A48段。

定 义

6. 就国际审计准则而言，对下列术语给予以下定义：

（a）审计师的专家，是指在会计或审计以外的某一领域具有专长的个人或组织，其在这一领域的工作被审计师利用以协助获取充分、适当的审计证据。专家既可以是审计师的内部专家（如审计师所在会计师事务所或网络事务所的合伙人[③]或员工（包括临时员工）），也可以是审计师的外部专家；（参见：第A1－A3段）

（b）专长，是指在某一特定领域中拥有的专门技能、知识和经验；

（c）管理层的专家，是指在会计或审计以外的某一领域具有专长的个人或组织，其在该领域的工作被被审计单位利用以协助编制财务报表。

要 求

确定是否利用审计师的专家的工作

7. 如果在会计或审计以外的某一领域中的专长对获取充分、适当的审计证据是必要的，审计师应当确定是否利用专家的工作。（参见：第A4－A9段）

审计程序的性质、时间安排和范围

8. 本国际审计准则第9－13段规定的审计程序的性质、时间安排和范围，将随着具体情况的变化而变化。在确定上述审计程序的性质、时间安排和范围时，审计师应当考虑下列事项：（参见：第A10段）

（a）与专家工作相关的事项的性质；

（b）与专家工作相关的事项中存在的重大错报风险；

（c）专家的工作在审计中的重要程度；

（d）审计师对专家以前所做工作的了解与经验；

（e）专家是否需要遵守会计师事务所的质量控制政策和程序。（参见：第A11－A13段）

③ “合伙人”和“会计师事务所”也指执行公共部门业务的类似人员或机构。

审计师的专家的胜任能力、专业素质和客观性

9. 审计师应当评价其专家是否具有实现审计目的所必需的胜任能力、专业素质和客观性。对于审计师的外部专家，评价外部专家的客观性应当包括询问可能对外部专家客观性产生不利影响的利益和关系。（参见：第 A14 – A20 段）

了解审计师的专家的专长领域

10. 审计师应当充分了解其专家的专长领域，以使审计师能够：（参见：第 A21 – A22 段）

（a）为了实现审计目的，确定专家工作的性质、范围和目标；

（b）评价专家的工作是否足以实现审计目的。

与审计师的专家达成一致意见

11. 审计师应当与其专家就下列事项达成一致意见，并根据需要形成书面协议：（参见：第 A23 – A26 段）

（a）专家工作的性质、范围和目标；（参见：第 A27 段）

（b）审计师与专家各自的角色和责任；（参见：第 A28 – A29 段）

（c）审计师与专家之间沟通的性质、时间安排和范围，包括专家提供的报告的形式；（参见：第 A30 段）

（d）对专家遵守保密规定的要求。（参见：第 A31 段）

评价审计师的专家的工作的恰当性

12. 审计师应当评价其专家的工作是否足以实现审计目的，包括：（参见：第 A32 段）

（a）专家的工作结果或结论的相关性和合理性，以及与其他审计证据的一致性；（参见：第 A33 – A34 段）

（b）如果专家的工作涉及使用重要的假设和方法，这些假设和方法在具体情况下的相关性和合理性；（参见：第 A35 – A37 段）

（c）如果专家的工作涉及使用重要的原始数据，这些原始数据的相关性、完整性和准确性。（参见：第 A38 – A39 段）

13. 如果确定审计师的专家的工作不足以实现审计目的，审计师应当采取下列措施之一：（参见：第 A40 段）

（a）就专家拟执行的进一步工作的性质和范围，与专家达成一致意见；

（b）根据具体情况，实施追加的审计程序。

在审计报告中提及审计师的专家

14. 审计师不应在无保留意见的审计报告中提及审计师的专家的工作，除非法律法规另有规定。如果法律法规要求提及，审计师应当在审计报告中指明，这种提及并不减轻审计师对审计意见承担的责任。（参见：第 A41 段）

15. 如果在审计报告中提及审计师的专家的工作是因为这与理解审计报告中的非无保留意见相关，审计师应当在审计报告中指明，这种提及并不减轻审计师对审计意见承担的责任。（参见：第 A42 段）

应用和其他解释性材料

审计师的专家的定义（参见：第 6 段第（a）项）

A1. 在会计或审计以外的领域具有的专长，可能包括与下列事项相关的专长：

- 对下列方面进行估价：复杂的金融工具、土地及建筑物、厂房和机器设备、珠宝、艺术品、古董、无形资产、企业合并中收购的资产和承担的负债，以及可能发生减值的资产；
- 对与保险合同或员工福利计划相关的负债进行精算；
- 对石油和天然气储量进行估算；
- 对环境负债和场地清理费用进行估价；
- 对合同、法律和法规进行解释；
- 对复杂或异常的纳税问题进行分析。

A2. 在许多情况下，将会计或审计领域（即使涉及会计或审计的专业领域）的专长与其他领域的专长予以区分是很容易的。例如：通常很容易将一个在递延所得税会计处理方法方面具有专长的人士与税法专家区分开来。前者不属于本国际审计准则定义的专家，因为其专长属于会计领域；后者属于本国际审计准则定义的专家，因为其专长属于法律领域。在其他领域也可以作出类似的区分，例如：将金融工具会计处理方法上的专长与运用复杂模型对金融工具进行估价的专长予以区分。但是，在某些情况下，特别是那些涉及会计或审计专长的新兴领域，将这些领域的专长与其他领域的专长予以区分，属于职业判断。适用的职业规则和准则中关于会计人员和审计师继续教育和专业胜任能力的要求，可能有助于审计师作出这一判断。④

A3. 专家是个人还是组织可能对具体执行本国际审计准则的要求产生影响，审

④ 例如，《国际教育准则第 8 号——审计专业人员的胜任能力要求》可能有所帮助。

计师有必要对此作出判断。例如，当评价专家的胜任能力、专业素质和客观性时，审计师可能遇到如下情况：专家是审计师以前利用的组织，但是对于某项特定的业务，审计师没有以往与这个组织委派的某个专家交往的经验；或者相反，审计师熟悉某个专家的工作，但并不熟悉这个专家所在的组织。在这两种情况下，专家的个人特征和组织的管理特征（如组织实施的质量控制制度）都可能影响审计师的评价。

确定是否利用审计师的专家的工作（参见：第7段）

A4. 审计师在执行下列工作时可能需要利用专家的工作：

- 了解被审计单位及其环境，包括内部控制；
- 识别和评估重大错报风险；
- 针对评估的财务报表层次风险，确定并实施总体应对措施；
- 针对评估的认定层次风险，设计和实施进一步审计程序，包括控制测试和实质性程序；
- 在对财务报表形成审计意见时，评价已获取的审计证据的充分性和适当性。

A5. 如果管理层在编制财务报表时需要利用会计以外某一领域的专长，重大错报风险可能增加，因为这可能意味着编制财务报表具有复杂性，或管理层可能不具备这一领域的专长。在编制财务报表的过程中，如果管理层不具备必要的专长，管理层的专家可能被用来应对这种风险。如果存在相关的控制（包括与管理层的专家的工作相关的控制），可能也会降低重大错报风险。

A6. 如果在编制财务报表时需要利用会计以外某一领域的专长，尽管审计师拥有会计和审计技能，但可能不具备审计这些财务报表必要的专长。项目合伙人需要确信项目组和不属于项目组的专家整体上具备适当的胜任能力和专业素质以执行审计业务。[⑤] 并且，审计师需要确定完成审计项目所需资源的性质、时间安排和范围。[⑥] 审计师需要确定是否利用专家的工作，如果需要利用，确定何时利用以及在多大程度上利用，以帮助审计师满足上述要求。随着审计的进行或环境的变化，审计师可能需要修改之前有关利用专家工作的决定。

A7. 尽管审计师在会计或审计以外的某一相关领域不是专家，但在没有专家帮助的情况下，审计师仍然可以通过诸如下列方式充分了解这一领域，以执行审计工作：

- 其他被审计单位在编制财务报表时需要这种专长，审计师在向其提供审计服务时获取的经验；

⑤ 国际审计准则第220号，第14段。

⑥ 《国际审计准则第300号——计划审计工作》，第8段第（e）项。

- 在特定领域中的教育或职业发展。这可能包括正规课程或与拥有相关领域专长的人士进行的讨论，旨在增强审计师解决特定领域中问题的能力。这种讨论不同于向专家咨询有关审计业务中遇到的具体情况，因为在向专家咨询时，专家能够获取所有相关的事实，从而可以对特定问题提出具有针对性的建议；[⑦]
- 与执行过类似业务的审计师讨论。

A8. 然而，在其他情况下，审计师可能认为有必要或自愿选择利用专家的工作，以协助获取充分、适当的审计证据。在确定是否利用专家的工作时，审计师可能考虑的因素包括：

- 管理层在编制财务报表时是否利用了管理层的专家的工作；（参见：第 A9 段）
- 事项的性质和重要性，包括复杂程度；
- 事项存在的重大错报风险；
- 应对已识别风险的预期程序的性质，包括审计师对与这些事项相关的专家的工作的了解和具有的经验，以及是否可以获取替代性的审计证据。

A9. 如果管理层在编制财务报表时利用了管理层的专家的工作，审计师在作出是否利用审计师的专家的工作的决策时可能受到下列因素的影响：

- 管理层的专家的工作的性质、范围和目标；
- 管理层的专家是否受雇于被审计单位，或者为被审计单位所聘请；
- 管理层能够对其专家的工作实施控制或施加影响的程度；
- 管理层的专家的胜任能力和专业素质；
- 管理层的专家是否受到技术标准、其他职业准则或行业要求的约束；
- 被审计单位对管理层的专家的工作实施的各种控制。

国际审计准则第 500 号[⑧]规定了审计师如何评价管理层的专家的胜任能力、专业素质和客观性对审计证据可靠性的影响。

审计程序的性质、时间安排和范围（参见：第 8 段）

A10. 与本国际审计准则第 9 - 13 段的要求相关的审计程序的性质、时间安排和范围，将随着具体情况的变化而变化。例如，下列情况可能表明需要实施与一般情况不同的或更广泛的审计程序：

- 审计师的专家的工作与涉及主观和复杂判断的重大事项相关；
- 审计师以前没有利用审计师的专家的工作，也不了解该专家的胜任能力、

---

⑦ 国际审计准则第 220 号，第 A21 段。

⑧ 国际审计准则第 500 号，第 8 段。

专业素质和客观性；

- 审计师的专家实施的程序构成审计工作必要的组成部分，而不是就某一事项提供建议；
- 专家是审计师的外部专家，因此不受会计师事务所的质量控制政策和程序的约束。

会计师事务所的质量控制政策和程序（参见：第 8 段第（e）项）

A11. 审计师的内部专家可能是会计师事务所的合伙人或员工（包括临时员工），因此需要遵守所在会计师事务所根据国际质量控制准则第 1 号[⑨]或严格程度至少相同的国家规定制定的政策和程序。[⑩] 审计师的内部专家也可能是与会计师事务所共享统一的质量控制政策和程序的网络事务所的合伙人或员工（包括临时员工）。

A12. 审计师的外部专家不是项目组成员，不受会计师事务所按照国际质量控制准则第 1 号[⑪]制定的质量控制政策和程序的约束。但是，在某些司法管辖区，法律法规可能要求把审计师的外部专家作为项目组成员看待，因此审计师的外部专家也可能要受到相关道德要求（包括与独立性相关的道德要求）和法律法规规定的其他职业要求的约束。

A13. 项目组可以信赖会计师事务所的质量控制制度，除非会计师事务所或其他方提供的信息表明其不可信赖。[⑫] 这种信赖的程度会随着具体情况的变化而变化，并且可能影响与下列事项相关的审计程序的性质、时间安排和范围：

- 招聘具有胜任能力和专业素质的专家或通过培训形成胜任能力和专业素质；
- 客观性。审计师的内部专家需要遵守相关的职业道德要求（包括独立性要求）；
- 审计师对其专家的工作的恰当性的评价。例如，会计师事务所的培训项目可能会使审计师的内部专家适当了解其专长与审计流程之间的相互关系。依赖这种培训和事务所的其他流程（如规定审计师的内部专家的工作范围的条款），可能影响旨在评价专家工作的恰当性的审计程序的性质、时间安排和范围；
- 通过监控过程确保遵守监管和法律的要求；
- 与专家达成的一致意见。

对会计师事务所质量控制制度的信赖不能减轻审计师遵守本国际审计准则要求

---

⑨《国际质量控制准则第 1 号——会计师事务所对执行财务报表审计和审阅、其他鉴证和相关服务业务实施的质量控制》，第 12 段第（f）项。

⑩ 国际审计准则第 220 号，第 2 段。

⑪ 国际质量控制准则第 1 号，第 12 段第（f）项。

⑫ 国际审计准则第 220 号，第 4 段。

的责任。

审计师的专家的胜任能力、专业素质和客观性（参见：第 9 段）

A14. 审计师的专家的胜任能力、专业素质和客观性，对评价其工作是否适合审计目的具有重大影响。审计师的专家的胜任能力与其专长的性质和水平有关。审计师的专家的专业素质与在业务的具体情况下对胜任能力的发挥相关。影响专业素质的发挥可能包括地理位置、可用的时间和资源等。审计师的专家的客观性与偏见、利益冲突及其他可能影响其职业判断或商业判断的因素相关。

A15. 关于审计师的专家的胜任能力、专业素质和客观性的信息可能来源于多种不同的渠道，例如：

- 以前与专家交往的个人经验；
- 与专家的讨论；
- 与熟悉专家工作的其他审计师、其他机构或人员进行的讨论；
- 对专家的资格、职业团体或行业协会的会员身份、执业资格或其他形式的外部认证的了解；
- 专家发表的论文或出版的书籍；
- 会计师事务所的质量控制政策和程序（参见：第 A11 – A13 段）。

A16. 与评价审计师的专家的胜任能力、专业素质和客观性相关的事项，包括专家的工作是否需要遵守技术标准、其他职业准则或行业要求（如职业团体或行业协会的道德准则和其他会员要求，特许机构提出的认证标准）以及法律法规的要求等。

A17. 其他可能相关的事项包括：

- 审计师的专家的胜任能力（包括专家专长领域的某一方面）与拟利用其工作的事项的相关性。例如，某一精算师可能精通财产和意外伤害保险，但是对养老金的计算，其专长可能有限；
- 审计师的专家在相关会计和审计要求方面的胜任能力，例如，对符合适用的财务报告框架的假设和方法（包括模型，如适用）的了解；
- 随着审计的进行，一些不可预料事件的出现、条件的改变，或从执行审计程序的结果中获取的审计证据，是否表明可能有必要重新考虑对专家的胜任能力、专业素质和客观性的最初评价。

A18. 很多情况可能会对客观性产生不利影响，如自身利益、自我评价、过度推介、密切关系和外在压力等。某些防范措施可能会消除或减少这样的不利影响，并且一些外部制度的安排（如专家所属的职业团体、法律法规的要求）或专家的工作环境（如质量控制政策和程序）可以建立这些防范措施。此外，也可能存在专门针对审计业务的防范措施。

A19. 评价对客观性产生不利影响的严重程度以及是否需要采取防范措施，可能取决于审计师的专家在审计中承担的角色和专家工作的重要程度。在某些情况下，采取防范措施不能将不利影响降至可接受的水平，例如，审计师拟聘请的专家是管理层的专家，在编制被审计信息的过程中该专家发挥了重要作用。

A20. 在评价审计师的外部专家的客观性时，下列方面可能是相关的：

（a）向被审计单位询问是否存在可能影响审计师的外部专家的客观性的任何已知的利益或关系；

（b）与专家讨论各种适用的防范措施，包括适用于专家的职业规范；并评价这些防范措施是否足以将不利影响降至可接受的水平。需要与审计师的专家讨论的利益和关系可能包括：

- 经济利益；
- 商业关系和私人关系；
- 专家提供的其他服务，包括外部专家是一个组织的情况下提供的服务。

在某些情况下，针对外部专家已知的、与被审计单位存在的任何利益或关系，审计师从外部专家获取书面声明可能是适当的。

了解审计师的专家的专长领域（参见：第 10 段）

A21. 审计师可以通过第 A7 段中所述的方式或通过与专家讨论的方式，了解专家的专长领域。

A22. 审计师对专家的专长领域的了解可能包括：

- 专家的专长领域是否包括与审计相关的特殊领域；（参见：A17 段）
- 职业准则或其他准则以及法律法规是否适用；
- 审计师的专家使用哪些假设和方法（包括模型，如适用），及其在专家的专长领域是否被普遍认可，对于实现财务报告目的是否适当；
- 审计师的专家使用的内外部数据或信息的性质。

与审计师的专家达成一致意见（参见：第 11 段）

A23. 审计师的专家工作的性质、范围和目标可能会随着情况的变化而发生较大的变化；相应地，审计师与其专家各自的角色和责任、审计师与其专家沟通的性质、时间安排和范围也可能因情况的变化而发生较大变化。因此，无论是对外部专家还是内部专家，审计师都有必要就这些事项与其达成一致意见。

A24. 本国际审计准则第 8 段提及的事项可能影响审计师与其专家之间达成协议的详细程度和正式程度，包括协议采用书面方式是否适当。例如，下列因素可能表明需要达成更详细的协议，或者采用书面协议的方式：

- 审计师的专家能够接触被审计单位敏感或机密的信息；

- 审计师与其专家各自的角色或责任与通常所预期的不同；
- 涉及多个司法管辖区的法律法规；
- 与审计师的专家的工作相关的事项高度复杂；
- 审计师以前没有利用过该专家的工作；
- 在审计中，审计师的专家的工作范围更广且更重要。

A25. 审计师通常采用业务约定书的方式与审计师的外部专家达成协议。附录中列举了审计师可能考虑在业务约定书（或与审计师的外部专家达成的其他形式的协议）中包含的事项。

A26. 当审计师与其专家之间没有书面协议时，达成一致意见的证据可能包括在诸如下列资料中：

- 审计计划备忘录，或相关工作底稿，如审计方案；
- 会计师事务所的政策和程序。就审计师的内部专家而言，所需遵守的既定政策和程序可能包含与专家工作相关的特定政策和程序。审计工作底稿中需要记录的范围取决于这些政策和程序的性质。例如，如果会计师事务所已有详细的涵盖利用专家工作的协议，审计工作底稿中无需任何记录。

工作的性质、范围和目标（参见：第11段第（a）项）

A27. 当就审计师的专家工作的性质、范围和目标达成一致意见时，审计师通常需要与专家讨论需要遵守的相关技术标准、其他职业准则或行业要求。

各自的角色和责任（参见：第11段第（b）项）

A28. 审计师与其专家就各自角色和责任达成的一致意见可能包括下列内容：

- 由审计师还是审计师的专家实施原始数据的细节测试；
- 同意审计师与被审计单位或其他人员讨论审计师的专家的工作结果或结论，必要时，包括同意审计师将专家的工作结果或结论的细节作为审计师在审计报告中发表非无保留意见的基础；（参见：第A42段）
- 同意将审计师对专家的工作形成的结论告知专家。

工作底稿

A29. 审计师与其专家就各自的角色和责任达成的一致意见，可能还包括就各自的工作底稿的使用和保管达成的一致意见。当审计师的专家是项目组的成员时，专家的工作底稿是审计工作底稿的一部分。除非协议另有安排，审计师的外部专家的工作底稿属于外部专家，并不构成审计工作底稿的一部分。

沟通（参见：第11段第（c）项）

A30. 有效的双向沟通有利于将审计师的专家的工作性质、时间安排和范围与审计的其他工作恰当整合在一起，也有利于在审计过程中对专家工作的目标进行适当的调整。例如，如果审计师的专家的工作与审计师针对某项特别风险形成的结论相关，专家不仅要在工作结束时提交一份正式的书面报告，而且要随着工作的推进随时作出口头报告。明确与审计师的专家保持联络的具体合伙人或员工，以及专家和被审计单位的沟通程序，有助于及时、有效地沟通，特别是在较大的业务项目中。

保密（参见：第 11 段第（d）项）

A31. 适用于审计师的相关职业道德要求中的保密条款同样也适用于审计师的专家。法律法规可能对保密作出额外规定，被审计单位也可能要求审计师的外部专家同意遵守特定的保密条款。

评价审计师的专家的工作的恰当性（参见：第 12 段）

A32. 审计师对审计师的专家的胜任能力、专业素质和客观性的评价，对专家的专长领域的熟悉程度和专家所执行工作的性质，影响审计师为评价专家的工作是否足以实现审计目的所实施的审计程序的性质、时间安排和范围。

审计师的专家的工作结果或结论（参见：第 12 段第（a）项）

A33. 评价审计师的专家的工作是否足以实现审计目的所实施的特定程序可能包括：

- 询问审计师的专家；
- 复核审计师的专家的工作底稿和报告；
- 实施用于证实的程序，例如：
  - 观察审计师的专家的工作；
  - 检查已公布的数据，如来源于信誉高、权威渠道的统计报告；
  - 向第三方询证相关事项；
  - 执行详细的分析程序；
  - 重新计算。
- 必要时（如当审计师的专家的工作结果或结论与其他审计证据不一致时）与具有相关专长的其他专家讨论；
- 与管理层讨论审计师的专家的报告。

A34. 当评价审计师的专家的工作结果或结论（无论采取报告还是其他形式）的相关性和合理性时，审计师需要考虑的因素可能包括：

- 审计师的专家提交其工作结果或结论的方式是否符合专家所在的职业或行业标准；
- 审计师的专家的工作结果或结论是否得到清楚表述，包括提及与审计师达成一致的目标，执行工作的范围和适用的标准；

- 审计师的专家的工作结果或结论是否基于适当的期间，并考虑期后事项（如相关）；
- 审计师的专家的工作结果或结论在使用方面是否有任何保留、限制或约束，如有，是否对审计师的工作产生影响；
- 审计师的专家的工作结果或结论是否适当地考虑了专家遇到的错误或偏差情况。

假设、方法和原始数据

假设和方法（参见：第 12 段第（b）项）

A35. 如果审计师的专家的工作是评价管理层作出会计估计时使用的基础假设和方法（包括模型，如适用），审计师实施的程序可能主要用来评价专家是否已经充分复核了这些假设和方法。如果专家的工作是形成审计师的点估计，或形成审计师用来与管理层的点估计进行比较的范围，审计师实施的程序可能主要用来评价专家使用的假设和方法，包括专家使用的模型（如适用）。

A36. 国际审计准则第 540 号[13]讨论了管理层用以作出会计估计的假设和方法，包括采用一些高度专业化的、被审计单位自主开发的模型。尽管这种讨论是在审计师就管理层的假设和方法获取充分、适当的审计证据的背景下形成的，它同样可能有助于审计师评价专家使用的假设和方法。

A37. 当审计师的专家的工作涉及使用重要的假设和方法时，审计师评价这些假设和方法需要考虑的因素包括：

- 这些假设和方法在审计师的专家的专长领域是否得到普遍认可；
- 这些假设和方法是否与适用的财务报告框架的要求一致；
- 这些假设和方法是否依赖某些专用模型的应用；
- 这些假设和方法是否与管理层的假设、方法相一致，如果不一致，差异的原因及影响。

审计师的专家使用的原始数据（参见：第 12 段第（c）项）

A38. 当审计师的专家的工作涉及使用对专家工作有重要影响的原始数据时，审计师可以实施下列程序测试这些数据：

- 核实数据的来源，包括了解和测试（适用时）针对数据的内部控制以及向专家传送数据的方式（如相关）；
- 复核数据的完整性和内在一致性。

---

⑬ 《国际审计准则第 540 号——审计会计估计（包括公允价值会计估计）和相关披露》，第 8、13、15 段。

A39. 在许多情况下，审计师可能测试原始数据。但在另外一些情况下，如果审计师的专家使用的是其领域中高度专业化的原始数据，该专家可能测试这些原始数据。如果审计师的专家已经测试了原始数据，审计师可以通过询问专家、监督或复核专家的测试来评价数据的相关性、完整性和准确性。

不恰当的工作（参见：第 13 段）

A40. 如果审计师认为专家的工作不足以实现审计目的，且审计师通过实施本国际审计准则第 13 段规定的追加的审计程序（如专家和审计师执行进一步工作），或通过雇用、聘请其他专家仍不能解决问题，则没有获取充分、适当的审计证据，审计师有必要按照国际审计准则第 705 号[14]的规定发表非无保留意见。

在审计报告中提及审计师的专家（参见：第 14 – 15 段）

A41. 在某些情况下，法律法规可能要求提及审计师的专家的工作，例如，就公共部门实体审计而言，为提高透明度而提及专家的工作。

A42. 在某些情况下，为了解释发表非无保留意见的原因，在非无保留意见的审计报告中提及审计师的专家的工作可能是适当的。在这种情况下，审计师可能需要在提及之前得到专家的允许。

⑭ 《国际审计准则第 705 号——在独立审计师报告中发表非无保留意见》，第 6 段第（b）项。

附录

（参见：第 A25 段）

审计师与其外部专家达成一致意见时的考虑

本附录列举了审计师在与其外部专家达成一致意见时需要考虑的事项，并非对所有事项的完整列示。本附录仅作为指引，可以与本国际审计准则中所列考虑一并使用。是否在协议中包含特定的事项取决于业务的具体情况。所列事项也有助于审计师考虑与其内部专家达成的协议中需要包括的内容。

审计师的外部专家的工作的性质、范围和目标

- 审计师的外部专家拟实施的程序的性质和范围；
- 根据与审计师的外部专家的工作相关的事项的重要性和风险而确定的外部专家的工作目标，以及适用的财务报告框架（如相关）；
- 审计师的外部专家遵守的任何相关技术标准、其他职业准则或行业要求；
- 审计师的外部专家拟使用的假设和方法（包括模型，如适用）及其权威性；
- 审计师的外部专家的工作对象的有效日期或测试期间（如适用），以及有关期后事项的规定。

审计师与其外部专家各自的角色和责任

- 相关的审计和会计准则以及法律法规的要求；
- 审计师的外部专家同意审计师对专家报告的预期用途，包括向他人提及或披露，例如，在审计报告的导致非无保留意见的事项中提及，或在必要时向管理层或审计委员会披露；
- 审计师对其外部专家的工作进行复核的性质和范围；
- 由审计师还是其外部专家测试原始数据；
- 审计师的外部专家接触被审计单位的文件记录、文档、人员和被审计单位聘请的专家；
- 审计师的外部专家与被审计单位之间沟通的程序；
- 审计师与其外部专家相互接触对方的工作底稿；
- 在业务期间及之后，工作底稿的所有权和控制权，包括保管要求；
- 审计师的外部专家以应有的技能和职业关注执行工作的责任；
- 审计师的外部专家执行工作的胜任能力和专业素质；

- 预期审计师的外部专家将运用其具有的与审计相关的全部知识；否则，需要告知审计师；
- 对审计师的外部专家与审计报告关联的限制；
- 关于审计师告知外部专家对其工作形成的结论的条款。

沟通和报告

- 沟通的方法和频率，包括：
  - 审计师的外部专家的工作结果或结论如何予以报告（如书面报告、口头报告或向项目组实时通报等）；
  - 明确项目组中与审计师的外部专家保持联络的特定人员。
- 审计师的外部专家何时完成工作，以及何时向审计师报告工作结果或结论；
- 审计师的外部专家有责任在完成工作的过程中及时沟通任何可能发生的延误，以及及时沟通对专家的工作结果或结论作出的任何可能的保留或限制；
- 审计师的外部专家有责任及时沟通被审计单位限制其接触文件记录、文档、人员和被审计单位聘请的专家的情况；
- 审计师的外部专家有责任向审计师通报其认为可能与审计相关的全部信息（包括以前通报过的情况发生的变化）；
- 审计师的外部专家有责任沟通可能对其客观性产生不利影响的情况，以及可能消除这些不利影响或将其降至可接受水平的相关防范措施。

保密

- 需要审计师的专家遵守保密要求的情况包括：
  - 适用于审计师的相关职业道德要求中的保密条款；
  - 法律法规作出的额外规定（如有）；
  - 被审计单位要求的专项保密条款（如有）。

国际审计准则第 700 号
对财务报表形成审计意见和出具审计报告

（适用于会计期间开始于 2009 年 12 月 15 日及以后的财务报表审计）

目　录

《国际审计准则第 700 号——对财务报表形成审计意见和出具审计报告》应当与《国际审计准则第 200 号——独立审计师的总体目标和按照国际审计准则执行审计工作》一并阅读。

引 言

本国际审计准则的范围

1. 本国际审计准则规范了审计师对财务报表形成审计意见的责任。本准则还规范了作为财务报表审计结果的审计报告的格式和内容。

2. 国际审计准则第705号①和国际审计准则第706号②规定了审计师在审计报告中发表非无保留意见或者增加强调事项段或其他事项段时，审计报告的格式和内容如何受到影响。

3. 本国际审计准则建立在审计师执行整套通用目的财务报表审计业务的基础上。国际审计准则第800号③规定了审计师对按照特殊目的框架编制的财务报表审计的特殊考虑。国际审计准则第805号④规定了审计师对单一财务报表或财务报表特定要素、账户或项目审计的特殊考虑。

4. 本国际审计准则要求审计师保持审计报告的一致性。在按照国际审计准则执行了审计工作的情况下，审计师保持审计报告的一致性，将有助于使用者更容易识别已按照全球普遍认可的准则执行的审计业务，从而增强审计报告在全球市场上的可信性，这也有助于使用者理解以及识别发生的异常情况。

生效日期

5. 本国际审计准则适用于会计期间开始于2009年12月15日及以后的财务报表审计。

目 标

6. 审计师的目标是：

（a）在评价根据审计证据得出的结论的基础上，对财务报表形成审计意见；

（b）通过书面报告的形式清楚地表达审计意见，说明其形成基础。

---

① 《国际审计准则第705号——在独立审计师报告中发表非无保留意见》。

② 《国际审计准则第706号——在独立审计师报告中增加强调事项段和其他事项段》。

③ 《国际审计准则第800号——对按照特殊目的框架编制的财务报表审计的特殊考虑》。

④ 《国际审计准则第805号——对单一财务报表和财务报表特定要素、账户或项目审计的特殊考虑》。

定 义

7. 就国际审计准则而言，对下列术语给予以下定义：

（a）通用目的财务报表，是指按照通用目的框架编制的财务报表；

（b）通用目的框架，是指旨在满足广大财务报表使用者共同的财务信息需求的财务报告框架。财务报告框架可以是公允列报框架，也可以是遵循性框架；

“公允列报框架”是指要求遵守其框架的规定，并包含下列条件之一的财务报告框架：

（i）明确或隐含地认可，为了实现财务报表的公允列报，管理层可能有必要提供除框架具体要求之外的其他披露；

（ii）明确地认可，为了实现财务报表的公允列报，管理层可能在必要时偏离框架的要求。这种偏离只有在极少数情况下才被认为是必要的。

“遵循性框架”是指要求遵守其框架的规定，但不包含上述（i）或（ii）条件的财务报告框架。[5]

（c）无保留意见，是指当审计师认为财务报表在所有重大方面按照适用的财务报告框架编制时发表的审计意见。[6]

8. 本国际审计准则所称“财务报表”，是指“整套通用目的财务报表，包括相关附注”。相关附注通常包括重要会计政策概要和其他解释性信息。适用的财务报告框架的规定决定了财务报表的形式和内容，以及整套财务报表的构成。

9. 本国际审计准则所称“国际财务报告准则”，是指由国际会计准则理事会颁布的国际财务报告准则，“国际公共部门会计准则”是指由国际公共部门会计准则理事会颁布的国际公共部门会计准则。

要 求

对财务报表形成审计意见

10. 审计师应当就财务报表是否在所有重大方面按照适用的财务报告框架编制

---

⑤ 《国际审计准则第 200 号——独立审计师的总体目标和按照国际审计准则执行审计工作》，第 13 段第（a）项。

⑥ 第 35 和 36 段分别规定了对按照公允列报框架和遵循性框架编制的财务报表发表审计意见时的措辞。

形成审计意见。[⑦,⑧]

11. 为了形成审计意见，针对财务报表整体是否不存在由于舞弊或错误导致的重大错报，审计师应当得出结论，确定是否已就此获取合理保证。在得出结论时，审计师应当考虑下列方面：

（a）按照国际审计准则第330号的规定，是否已获取充分、适当的审计证据；[⑨]

（b）按照国际审计准则第450号的规定，未更正错报单独或汇总起来是否构成重大错报；[⑩]

（c）第12－15段要求作出的评价。

12. 审计师应当评价财务报表是否在所有重大方面按照适用的财务报告框架编制。在评价时，审计师应当考虑被审计单位会计实务的质量，包括表明管理层的判断可能出现偏向的迹象。（参见：第A1－A3段）

13. 审计师应当依据适用的财务报告框架特别评价下列内容：

（a）财务报表是否充分披露了选择和运用的重要会计政策；

（b）选择和运用的会计政策是否符合适用的财务报告框架，并适合被审计单位的具体情况；

（c）管理层作出的会计估计是否合理；

（d）财务报表列报的信息是否具有相关性、可靠性、可比性和可理解性；

（e）财务报表是否作出充分披露，使财务报表预期使用者能够理解重大交易和事项对财务报表所传递的信息的影响；（参见：第A4段）

（f）财务报表使用的术语（包括每一财务报表的标题）是否适当。

14. 当财务报表按照公允列报框架编制时，按照本国际审计准则第12－13段的规定作出的评价还应当包括财务报表是否实现公允列报。在评价财务报表是否实现公允列报时，审计师应当考虑下列内容：

（a）财务报表的整体列报、结构和内容；

（b）财务报表（包括相关附注）是否公允地反映了相关交易和事项。

15. 审计师应当评价财务报表是否恰当提及或说明适用的财务报告框架。（参见：第A5－A10段）

审计意见的类型

16. 如果认为财务报表在所有重大方面按照适用的财务报告框架编制，审计师应当发表无保留意见。

---

⑦ 国际审计准则第200号，第11段。

⑧ 第35和36段分别规定了对按照公允列报框架和遵循性框架编制的财务报表发表审计意见时的措辞。

⑨ 《国际审计准则第330号——审计师针对评估的风险采取的应对措施》，第26段。

⑩ 《国际审计准则第450号——评价审计过程中识别出的错报》，第11段。

17. 当存在下列情形之一时，审计师应当按照国际审计准则第 705 号的规定，在审计报告中发表非无保留意见：

（a）根据获取的审计证据，得出财务报表整体存在重大错报的结论；

（b）无法获取充分、适当的审计证据，不能得出财务报表整体不存在重大错报的结论。

18. 如果按照公允列报框架编制的财务报表没有实现公允列报，审计师应当就该事项与管理层讨论，并视适用的财务报告框架的规定和该事项得到解决的情况，决定是否有必要按照国际审计准则第 705 号的规定在审计报告中发表非无保留意见。（参见：第 A11 段）

19. 当财务报表按照遵循性框架编制时，审计师无需评价财务报表是否实现公允列报。但是，如果在极其特殊的情况下审计师得出财务报表具有误导性的结论，审计师应当就该事项与管理层讨论，并视该事项的解决情况，决定是否及如何在审计报告中沟通。（参见：第 A12 段）

审计报告

20. 审计报告应当采用书面形式。（参见：第 A13 – A14 段）

按照国际审计准则执行审计出具的审计报告

标题

21. 审计报告应当具有标题，清楚地指出是独立审计师出具的报告。（参见：第 A15 段）

收件人

22. 审计报告应当按照审计业务约定的要求载明收件人。（参见：第 A16 段）

引言段

23. 审计报告的引言段应当包括下列方面：（参见：第 A17 – A19 段）

（a）指出被审计单位的名称；

（b）说明财务报表已经审计；

（c）指出构成整套财务报表的每一财务报表的名称；

（d）提及重要会计政策概要和其他解释性信息；

（e）指明构成整套财务报表的每一财务报表的日期或涵盖的期间。

管理层对财务报表的责任

24. 审计报告中该部分描述被审计单位中负责编制财务报表的人员的责任。审计报告中不必专指“管理层”，但应当使用特定司法管辖区法律框架中的恰当术语。在某些司法管辖区，恰当的所指可能是治理层。

25. 审计报告应当包含标题为“管理层（或其他恰当术语）对财务报表的责

任”的段落。

26. 审计报告应当描述管理层对财务报表编制的责任。这种描述应当包括说明管理层负责按照适用的财务报告框架编制财务报表，并对其认为为使财务报表的编制不存在由于舞弊或错误导致的重大错报所必需的内部控制负责。（参见：第 A20 – A23 段）

27. 如果财务报表按照公允列报框架编制，审计报告中管理层对财务报表的责任的说明应当是指“编制和公允列报财务报表”或者“编制真实和公允的财务报表”。

审计师的责任

28. 审计报告应当包含标题为“审计师的责任”的段落。

29. 审计报告应当说明审计师的责任是在执行审计工作的基础上对财务报表发表审计意见。（参见：第 A24 段）

30. 审计报告应当说明审计师按照国际审计准则的规定执行了审计工作，国际审计准则要求审计师遵守职业道德要求，计划和执行审计工作以对财务报表是否不存在重大错报获取合理保证。（参见：第 A25 – A26 段）

31. 审计报告应当通过下列说明描述审计工作：

（a）审计工作涉及实施审计程序，以获取有关财务报表金额和披露的审计证据；

（b）选择的审计程序取决于审计师的判断，包括对由于舞弊或错误导致的财务报表重大错报风险的评估。在进行风险评估时，审计师考虑与编制财务报表相关的内部控制，以设计恰当的审计程序，但目的并非对内部控制的有效性发表意见。如果审计师有责任将财务报表审计和对内部控制的有效性发表意见协同进行，应当删除“审计师考虑内部控制的目的并非对内部控制的有效性发表意见”的措辞；

（c）审计工作还包括评价管理层选用会计政策的恰当性和作出会计估计的合理性，以及评价财务报表的总体列报。

32. 如果财务报表按照公允列报框架编制，审计报告中对审计工作的说明应当适当提及“编制和公允列报财务报表”或者“编制真实和公允的财务报表”。

33. 审计报告应当说明审计师是否相信获取的审计证据是充分、适当的，为其发表审计意见提供了基础。

审计意见

34. 审计报告应当包含标题为“审计意见”的段落。

35. 如果对按照公允列报框架编制的财务报表发表无保留意见，除非法律法规另有规定，审计意见应当使用下列意义等同的措辞之一：

（a）财务报表按照［适用的财务报告框架］，在所有重大方面公允反映了……；

（b）财务报表按照［适用的财务报告框架］，真实和公允反映了……。（参见：

第 A27－A33 段）

36. 如果对按照遵循性框架编制的财务报表发表无保留意见，审计意见应当表述为：财务报表在所有重大方面按照［适用的财务报告框架］编制。（参见：第 A27 段，第 A29－A33 段）

37. 如果在审计意见中提及的适用的财务报告框架不是国际会计准则理事会发布的国际财务报告准则或者国际公共部门会计准则理事会发布的国际公共部门会计准则，审计意见应当指明财务报告框架所属的司法管辖区。

其他报告责任

38. 除国际审计准则规定的审计师对财务报表出具审计报告的责任外，如果审计师在对财务报表出具的审计报告中履行其他报告责任，应当在审计报告中将其单独作为一部分，并以“按照其他法律法规的要求报告的事项”为标题，或者使用适合于该段内容的其他标题。（参见：第 A34－A35 段）

39. 如果审计报告包含关于其他报告责任的单独一部分，第 23－37 段提及的标题、说明和解释应当置于“对财务报表出具的审计报告”标题下。“按照其他法律法规的要求报告的事项”置于“对财务报表出具的审计报告”部分之后。（参见：第 A36 段）

审计师的签名

40. 审计报告应当由审计师签名。（参见：第 A37 段）

审计报告的日期

41. 审计报告应当注明报告日期，审计报告日不应早于审计师获取充分、适当的审计证据，并在此基础上对财务报表形成审计意见的日期，获取的审计证据包括：（参见：第 A38－A41 段）

（a）构成整套财务报表的所有报表（包括相关附注）已编制完成；

（b）经认可的有权机构已经认可其对财务报表负责。

审计师的地址

42. 审计报告应当载明审计师在执业所在司法管辖区的位置。

法律法规规定的审计报告

43. 如果特定司法管辖区的法律法规要求审计报告使用特定的结构和措辞，只有在审计报告至少包括下列每项要素时，审计报告才应当提及国际审计准则：（参见：第 A42 段）

（a）标题；

（b）业务约定指定的收件人；

（c）指出所审计财务报表的引言段；

（d）对管理层（或其他恰当术语，参见第 24 段）编制财务报表的责任的描述；

（e）对审计师就财务报表发表审计意见的责任和审计范围的描述，包括：

- 提及国际审计准则和法律法规；
- 按照这些准则实施审计的描述。

(f) 审计意见段，包含对财务报表发表审计意见的表述，提及用于编制财务报表的适用的财务报告框架（包括在财务报告框架不是国际财务报告准则或国际公共部门会计准则时，指出该框架所属的司法管辖区，参见第37段）；

(g) 审计师的签名；

(h) 审计报告的日期；

(i) 审计师的地址。

同时按照某一特定司法管辖区的审计准则和国际审计准则执行审计的审计报告

44. 审计师可能被要求按照某一特定司法管辖区的审计准则（国家审计准则）执行审计工作，但可能已经按照国际审计准则执行审计工作。在这种情况下，审计报告除了提及国家审计准则外，还可能提及国际审计准则，但只有在同时符合下列条件时，审计师才应当同时提及：（参见：第A43－A44段）

(a) 国家审计准则与国际审计准则不存在冲突，不会导致（i）审计师形成不同的审计意见，或（ii）国际审计准则要求增加强调事项段而国家审计准则不要求增加强调事项段；

(b) 如果使用该国家审计准则规定的结构和措辞，审计报告至少应当包括在第43段第（a）－（i）项列示的每一要素。提及第43段第（e）项中的法律法规应当被理解为提及国家审计准则，因此，审计报告应当指出该国家审计准则。

45. 如果审计报告同时提及国家审计准则和国际审计准则，审计报告应当指明国家审计准则所属的司法管辖区。

与财务报表一同列报的补充信息（参见：第A45－A51段）

46. 如果被审计单位将适用的财务报告框架没有要求的补充信息与已审计财务报表一同列报，审计师应当评价被审计单位是否清楚地将这些补充信息与已审计财务报表予以区分。如果被审计单位未能清楚地将补充信息与已审计财务报表予以区分，审计师应当要求管理层改变未审计补充信息的列报方式。如果管理层拒绝改变，审计师应当在审计报告中说明补充信息未审计。

47. 对于适用的财务报告框架没有要求的补充信息，如果由于其性质和列报方式导致不能使其清楚地与已审计财务报表予以区分，从而构成财务报表必要的组成部分，这些补充信息应当涵盖在审计意见中。

应用和其他解释性材料

被审计单位会计实务的质量（参见：第 12 段）

A1. 管理层需要对财务报表中的金额和披露作出大量判断。

A2. 国际审计准则第 260 号包含对会计实务质量方面的讨论。[⑪] 在考虑被审计单位会计实务的质量时，审计师可能注意到管理层判断中可能存在的偏向。审计师可能认为缺乏中立性产生的累积影响，连同未更正错报的影响，导致财务报表整体存在重大错报。管理层缺乏中立性可能影响审计师对财务报表整体是否存在重大错报的评价。缺乏中立性的迹象包括下列情形：

- 管理层对提请其注意的错报进行选择性更正。例如，如果更正某一错报将增加盈利，则对该错报予以更正，反之如果更正某一错报将减少盈利，则对该错报不予更正；
- 管理层在作出会计估计时可能存在偏向。

A3. 国际审计准则第 540 号涉及管理层在作出会计估计时可能存在的偏向。[⑫] 在得出某项会计估计是否合理的结论时，可能存在管理层偏向的迹象本身并不构成错报。然而，这些迹象可能影响审计师对财务报表整体是否不存在重大错报的评价。

披露重大交易和事项对财务报表所传递信息的影响（参见：第 13 段第（e）项）

A4. 按照通用目的框架编制的财务报表通常反映被审计单位的财务状况、经营成果和现金流量。对于通用目的财务报表，审计师需要评价财务报表是否作出充分披露，以使财务报表预期使用者能够理解重大交易和事项对被审计单位财务状况、经营成果和现金流量的影响。

对适用的财务报告框架的说明（参见：第 15 段）

A5. 如国际审计准则第 200 号所述，管理层和治理层（如适用）编制的财务报表需要恰当说明适用的财务报告框架。[⑬] 由于这种说明向财务报表使用者告知编制财务报表所依据的框架，因此是非常重要的。

A6. 只有财务报表符合适用的财务报告框架（在财务报表所涵盖的期间内有

---

⑪ 《国际审计准则第 260 号——与治理层的沟通》，附录 2。

⑫ 《国际审计准则第 540 号——审计会计估计（包括公允价值会计估计）和相关披露》，第 21 段。

⑬ 国际审计准则第 200 号，第 A2 – A3 段。

效）的所有要求，声明财务报表按照该框架编制才是恰当的。

A7. 在对适用的财务报告框架的说明中使用不严密的修饰语或限定性的语言（如“财务报表实质上符合国际财务报告准则的要求”）是不恰当的，因为这可能误导财务报表使用者。

提及两个以上财务报告框架

A8. 在某些情况下，财务报表可能声明按照两个财务报告框架（如国家框架和国际财务报告准则）编制。这可能是因为管理层被要求或自愿选择同时按照两个框架的规定编制财务报表，在这种情况下，两个财务报告框架都是适用的财务报告框架。只有当财务报表分别符合每个框架的所有要求时，声明财务报表按照这两个框架编制才是恰当的。财务报表需要同时符合两个框架的要求并且不需要调节，才能被视为按照两个财务报告框架编制。在实务中，同时遵守两个框架的可能性很小，除非某一司法管辖区采用另一框架（如国际财务报告准则）作为自己的国家框架，或者已消除遵守另一框架的所有障碍。

A9. 如果财务报表按照某一财务报告框架编制，并且包含附注或补充报表，以将其结果调节至按照另一框架编制的结果，则该财务报表没有按照另一框架编制。这是因为该财务报表并没有按照另一框架要求的方式列示所有信息。

A10. 然而，财务报表可能按照某一适用的财务报告框架编制，另外在财务报表附注中说明该财务报表符合另一框架的程度（如按照某一国家框架编制的财务报表，可能说明其符合国际财务报告准则的程度）。这种说明属于补充财务信息，如第47段所述，这种信息被视为财务报表的必要组成部分，从而涵盖在审计意见中。

审计意见的类型（参见：第18－19段）

A11. 在某些情况下，虽然财务报表按照公允列报框架的要求编制，但并未实现公允列报。在这种情况下，管理层可能在框架的具体要求外在财务报表中进行额外披露，或者在极其特殊的情况下，偏离框架的某项要求以实现财务报表的公允列报。

A12. 只有在极其特殊的情况下，即使审计师按照国际审计准则第210号确定某一遵循性框架是可接受的，但还是认为按照该框架编制的财务报表具有误导性。[14]

审计报告（参见：第20段）

A13. 书面审计报告包括以纸质和电子介质形式出具的报告。

A14. 附录列示了包含第21－42段规定的要素的审计报告的参考格式。

---

⑭ 《国际审计准则第210号——就审计业务约定条款达成一致意见》，第6段第（a）项。

按照国际审计准则的规定执行审计工作出具的审计报告

标题（参见：第 21 段）

A15. 标题指明报告是独立审计师报告，如“独立审计师报告”，表明审计师已满足关于独立性的所有相关职业道德要求，从而将独立审计师报告同其他人出具的报告区别开来。

收件人（参见：第 22 段）

A16. 在特定司法管辖区，法律法规通常指定审计报告致送的对象。审计报告通常致送财务报表使用者，一般是被审计单位的股东或者治理层。

引言段（参见：第 23 段）

A17. 引言段说明，审计师审计了后附的被审计单位的财务报表，包括［指明适用的财务报告框架规定的构成整套财务报表的每一财务报表的名称、日期或涵盖的期间］以及重要会计政策概要和其他解释性信息。

A18. 如果知悉已审计财务报表将包括在含有其他信息的文件（如年度报告）中，在列报格式允许的情况下，审计师可以考虑指出已审计财务报表在该文件中的页码。这有助于财务报表使用者识别与审计报告相关的财务报表。

A19. 审计意见涵盖由适用的财务报告框架所确定的整套财务报表。例如，在许多通用目的框架中，财务报表包括资产负债表、利润表、所有者权益变动表、现金流量表，以及重要会计政策概要和其他解释性信息。在某些司法管辖区，补充信息也可能被认为是财务报表的必要组成部分。

管理层对财务报表的责任（参见：第 26 段）

A20. 国际审计准则第 200 号说明了与管理层和治理层（如适用）责任相关的、审计师按照国际审计准则的规定执行审计工作的前提。⑮ 管理层和治理层（如适用）认可其负责按照适用的财务报告框架编制财务报表，并实现公允列报（如适用）。管理层也认可对其认为为使财务报表的编制不存在由于舞弊或错误导致的重大错报所必需的内部控制负责。审计报告中对管理层责任的说明包括提及这两种责任，因为这有助于向财务报表使用者解释执行审计工作的前提。

A21. 在某些情况下，根据特定司法管辖区的法律法规或被审计单位的性质，管理层承担与财务报表编制相关的额外责任，审计师可以在第 26 段所述责任的基础上增加对额外责任的说明。

A22. 第 26 段提及的管理层责任，与国际审计准则第 210 号要求在审计业务约定书或其他适当形式的书面协议中约定的责任在表述形式上保持一致。⑯ 国际审计

---

⑮ 国际审计准则第 200 号，第 13 段第（j）项。

⑯ 国际审计准则第 210 号，第 6 段第（b）项之（i）和（ii）。

准则第210号允许审计师作出以下灵活处理：如果法律法规规定了管理层和治理层（如适用）与财务报告相关的责任，审计师根据判断可能确定法律法规规定的责任与国际审计准则第210号的规定在效果上是等同的。对于在效果上等同的责任，审计师可以使用法律法规的措辞，在业务约定书或其他适当形式的书面协议中描述管理层的责任。在这种情况下，审计师也可以在审计报告中使用这些措辞描述第26段提及的管理层的责任。在其他情况下，包括审计师决定不使用法律法规规定的措辞的情况，可以使用第26段的措辞。

A23. 在某些司法管辖区，规范管理层责任的法律法规可能提及管理层对会计账簿和记录或会计系统的适当性所负的责任。因为会计账簿和记录或会计系统是内部控制必要的组成部分（如国际审计准则第315号中所述[17]），所以国际审计准则第210号和第26段没有特别提及。

审计师的责任（参见：第29 －30段）

A24. 审计报告需要指明审计师的责任是在执行审计工作的基础上对财务报表发表审计意见，以与管理层编制财务报表的责任相区分。

A25. 提及使用的审计准则是为了向审计报告使用者说明，审计师按照审计准则的规定执行了审计工作。

A26. 按照国际审计准则第200号的规定，除非审计师已经遵守该准则以及与审计工作相关的其他所有国际审计准则，否则不得在审计报告中声称遵守了国际审计准则。[18]

审计意见（参见：第35－37段）

法律法规规定的审计意见的措辞

A27. 国际审计准则第210号指出，在某些情况下，相关司法管辖区的法律法规规定的审计报告的措辞（专门包含了审计意见的措辞）与国际审计准则的要求明显不一致。在这些情况下，国际审计准则第210号要求审计师评价：

（a）使用者是否可能误解从财务报表审计中获取的保证；

（b）如果可能存在误解，审计报告中作出的补充解释是否能够减轻这种误解。

如果审计师认为审计报告中作出的补充解释不能减轻可能的误解，国际审计准则第210号要求审计师不得承接该项审计业务，除非法律法规另有规定。根据国际审计准则第210号，按照这些法律法规执行的审计，不符合国际审计准则的要求。因此，审计师不在审计报告中提及已按照国际审计准则的规定执行了审计工作。[19]

---

⑰ 《国际审计准则第315号——通过了解被审计单位及其环境识别和评估重大错报风险》，第4段第（c）项。

⑱ 国际审计准则第200号，第20段。

⑲ 国际审计准则第210号，第21段。

“在所有重大方面公允反映”或者“真实和公允反映”

A28. 在特定司法管辖区，是否使用“在所有重大方面公允反映”或者“真实和公允反映”的措辞，取决于该司法管辖区规范财务报表审计的法律法规，或者取决于该司法管辖区普遍接受的做法。在法律法规要求使用不同措辞时，不影响本国际审计准则第14段关于审计师对按照公允列报框架编制的财务报表的公允列报进行评价的要求。

描述财务报表反映的信息

A29. 在财务报表按照公允列报框架编制的情况下，审计意见说明财务报表按照适用的财务报告框架在所有重大方面公允反映了（或真实和公允反映了）财务报表旨在反映的信息（如在通用目的框架下，被审计单位期末的财务状况、截至期末某一期间的经营成果和现金流量）。

对适用的财务报告框架的描述及其对审计意见的影响

A30. 在审计意见中指出适用的财务报告框架，旨在告知审计报告使用者审计师发表审计意见的背景，而非为了限制审计师按照第14段的规定作出评价。审计师可以使用诸如下列措辞指明适用的财务报告框架：“……按照国际财务报告准则”或者“……按照司法管辖区的一般公认会计原则……”。

A31. 如果适用的财务报告框架包括财务报告准则和法律法规的规定，可以使用诸如下列措辞指明适用的财务报告框架：“……按照国际财务报告准则和司法管辖区X的公司法的要求”。国际审计准则第210号规范了如何处理财务报告准则与法律法规的规定存在冲突的情况。[20]

A32. 如第A8段所述，财务报表可能按照两个财务报告框架编制，在这种情况下，这两个框架都是适用的财务报告框架。在对财务报表形成审计意见时，需要分别考虑每个框架，并按照第35－36段的规定以下列方式在审计意见中提及这两个框架：

（a）如果财务报表分别符合每个框架，审计师需要发表两个意见：一个意见是，财务报表按照其中一个适用的财务报告框架（如国家框架）编制；另一个意见是，财务报表按照另一个适用的财务报告框架（如国际财务报告准则）编制。这两个意见可以分别表述，也可以在一个句子中表述（例如，财务报表按照司法管辖区X的一般公认会计原则和国际财务报告准则，在所有重大方面公允反映了......）；

（b）如果财务报表符合其中一个框架而没有符合另一个框架，审计师需要对财务报表按照其中一个框架（如国家框架）编制发表无保留意见，而按照国际审计准则第705号的规定，对财务报表按照另一个框架（如国际财务报告准则）编制发表非无保留意见。

---

⑳ 国际审计准则第210号，第18段。

A33. 如第 A10 段所述，财务报表可能声称符合某一财务报告框架的所有要求，并补充披露财务报表符合另一财务报告框架的程度。按照第 A46 段的解释，由于这种补充信息不能同财务报表清楚地分开，因此涵盖在审计意见中。

（a）如果有关财务报表符合另一框架的程度的披露具有误导性，按照国际审计准则第 705 号，发表非无保留意见；

（b）如果有关财务报表符合另一框架的程度的披露不具有误导性，但是审计师认为该披露对财务报表使用者理解财务报表至关重要，按照国际审计准则第 706 号，在审计报告中增加强调事项段，以提醒财务报表使用者关注。

其他报告责任（参见：第 38 – 39 段）

A34. 在某些司法管辖区，审计师可能承担报告其他事项的额外责任，这些责任是审计师按照国际审计准则对财务报表出具审计报告的责任的补充。例如，如果审计师在财务报表审计中注意到某些事项，可能被要求对这些事项予以报告。此外，审计师可能被要求实施额外的规定的程序并予以报告，或对特定事项（如会计账簿和记录的适当性）发表意见。这些特定司法管辖区的审计准则通常对审计师的特定额外报告责任提供指引。

A35. 在某些情况下，相关法律法规可能要求或允许审计师在对财务报表出具的审计报告中报告这些其他责任。在另外一些情况下，相关法律法规可能要求或允许审计师在单独出具的报告中进行报告。

A36. 这些其他报告责任在审计报告中单独作为一部分予以说明，以便将其同审计师的财务报表报告责任明确区分。必要时，这一部分可以使用副标题说明其他报告责任段的内容。

审计师的签名（参见：第 40 段）

A37. 审计师的签名可以是会计师事务所的名称，也可以是审计师的个人姓名，或者两者同时需要，这根据特定司法管辖区的具体情况而定。在某些司法管辖区，审计师除了签名，可能还被要求在审计报告中声明其职业资格，或者声明审计师或会计师事务所（如适用）已得到该司法管辖区发证机构认可的事实。

审计报告的日期（参见：第 41 段）

A38. 审计报告的日期向审计报告使用者表明，审计师已考虑其知悉的、截至审计报告日发生的事项和交易的影响。审计师对审计报告日后发生的事项和交易的责任，在国际审计准则第 560 号中作出了规定。[21]

A39. 由于审计意见是针对财务报表发表的，并且编制财务报表是管理层的责任，所以只有在审计师获取证据证明构成整套财务报表的所有报表（包括相关附注）已经编制完成，并且管理层已认可其对财务报表的责任的情况下，审计师才能

---

[21] 《国际审计准则第 560 号——期后事项》，第 10 – 17 段。

得出已经获取充分、适当的审计证据的结论。

A40. 在某些司法管辖区，法律法规明确了负责确定构成整套财务报表的所有报表（包括相关附注）已经编制完成的个人或机构（如董事），并规定了必要的批准程序。在这种情况下，审计师需要在签署审计报告前获取财务报表已得到批准的证据。然而，在其他司法管辖区，法律法规没有规定批准程序。在这种情况下，审计师需要考虑被审计单位根据其管理和治理结构所遵循的、编制和完成财务报表的程序，以识别有权决定构成整套财务报表的所有报表（包括相关附注）已经编制完成的个人或者机构。在某些情况下，法律法规规定了在财务报表报告过程中审计工作预期完成的时点。

A41. 在某些司法管辖区，财务报表在公开发布前应当得到股东的最终批准。在这些司法管辖区，股东最终批准财务报表对于审计师得出已获取充分、适当的审计证据的结论并非必要。对于国际审计准则而言，财务报表得到最终批准的日期是一个较早的日期，即经认可的有权机构确定构成整套财务报表的所有报表（包括相关附注）已经编制完成，并声称对此负责的日期。

法律法规规定的审计报告（参见：第 43 段）

A42. 国际审计准则第 200 号阐明，审计师可能被要求遵守除国际审计准则之外的法律法规的要求。[22] 在这种情况下，审计师可能被迫使用与本国际审计准则描述的审计报告不同的格式和措辞。正如第 4 段解释的那样，在按照国际审计准则执行审计工作的情况下，保持审计报告的一致性，将有助于使用者更容易识别已按照全球普遍认可的准则执行的审计业务，从而增强审计报告在全球市场上的可信性。如果法律法规的要求与国际审计准则的区别仅限于审计报告的格式和措辞，第 43 段第（a）–（i）项规定的每一要素均包含在审计报告中，审计报告可以提及国际审计准则。因此，在这种情况下，审计师被认为已遵守了国际审计准则，即使审计师使用的是法律法规要求的审计报告的格式和措辞。如果特定司法管辖区的具体要求与国际审计准则不相冲突，采用本国际审计准则规定的格式和措辞有助于审计报告使用者更容易识别按照国际审计准则出具的审计报告。（国际审计准则第 210 号讨论了法律法规规定的格式和措辞显著不同于国际审计准则要求的情形。）

同时按照国际审计准则和特定司法管辖区审计准则执行审计工作出具的审计报告（参见：第 44 段）

A43. 如果除遵守相关的国家审计准则外，还遵守了与审计工作相关的每项国际审计准则，审计师可以在审计报告中提及，审计工作同时按照国际审计准则和相关

---

[22] 国际审计准则第 200 号，第 A55 段。

国家审计准则的规定执行。[23]

A44. 如果国际审计准则和国家审计准则的要求存在冲突，并且该冲突将导致审计师形成不同的审计意见，或者不能增加国际审计准则所规定的强调事项段，那么声称同时遵守国际审计准则和国家审计准则是不恰当的。例如，某些国家审计准则禁止审计师增加强调事项段强调持续经营问题，而国际审计准则第 570 号要求审计师在这种情况下增加强调事项段。[24] 在这种情况下，审计师只提及在编制审计报告时遵守的审计准则（国际审计准则或者国家审计准则）。

与财务报表一同列报的补充信息（参见：第 46－47 段）

A45. 在某些情况下，被审计单位可能根据法律法规的要求，或出于自愿选择，与财务报表一同列报适用的财务报告框架未要求的补充信息。例如，被审计单位列报补充信息以增强财务报表使用者对适用的财务报告框架的理解，或者对财务报表的特定项目提供进一步解释。这种补充信息通常在补充报表中或作为额外的附注进行列示。

A46. 如果补充信息的性质和列报方式导致其不能清楚地与财务报表相区分，则审计意见涵盖这种补充信息。例如，财务报表附注中关于该财务报表符合另一财务报告框架的程度的解释，属于这种补充信息，审计意见也涵盖与财务报表进行交叉索引的附注或补充报表。

A47. 如果引言段在描述整套财务报表时充分提及了附注，则审计师不必在引言段中特别提及审计意见涵盖的补充信息。

A48. 法律法规可能不要求对补充信息进行审计，管理层也可能决定不要求审计师将补充信息包括在财务报表审计范围内。

A49. 审计师需要评价未审计补充信息的列报方式是否会使财务报表使用者认为涵盖在审计意见中，包括评价未审计补充信息在何处与财务报表和任何已审计补充信息相关联，以及是否被清楚地标明“未审计”。

A50. 管理层可能通过下列方法改变未审计补充信息的列报方式，以避免补充信息被认为涵盖在审计意见中：

- 删除从财务报表到未审计补充报表或未审计附注的交叉索引，以使已审计信息和未审计信息的界限足够清楚；
- 将未审计补充信息移出财务报表，如果这样做不可行，至少将所有未审计附注汇集起来一并放在要求披露的财务报表附注之后，并明确标明未审计。这是因为和已审计附注混在一起的未审计附注可能被误解为已审计。

---

[23] 国际审计准则第 200 号，第 A56 段。

[24] 《国际审计准则第 570 号——持续经营》，第 19 段。

A51. 补充信息未审计的事实，不能减轻审计师阅读该信息以识别与已审计财务报表存在的重大不一致的责任。审计师对未审计补充信息的责任，与国际审计准则第720号[25]中规定的责任一致。

[25] 《国际审计准则第720号——审计师对含有已审计财务报表的文件中的其他信息的责任》。

附录
（参见：第 A14 段）

审计报告参考格式

- 参考格式 1：对按照公允列报框架（如国际财务报告准则）编制的财务报表出具的审计报告，该框架旨在满足广大使用者共同的财务信息需求。
- 参考格式 2：针对按照遵循性框架编制的财务报表出具的审计报告，该框架旨在满足广大使用者共同的财务信息需求。
- 参考格式 3：对按照公允列报框架（如国际财务报告准则）编制的合并财务报表出具的审计报告，该框架旨在满足广大使用者的共同财务信息需求。

参考格式 1：

背景信息：

- 对整套财务报表执行审计；
- 财务报表由被审计单位管理层基于通用目的按照国际财务报告准则编制；
- 审计业务约定条款中说明的管理层对财务报表的责任，与国际审计准则第 210 号的规定一致；
- 除对财务报表执行审计外，审计师还承担当地法律要求的其他报告责任。

独立审计师报告

［恰当的收件人］

对财务报表出具的审计报告①

我们审计了后附的 ABC 公司财务报表，包括 20×1 年 12 月 31 日的资产负债表，20×1 年度的综合收益表、所有者权益变动表和现金流量表，以及重要会计政策概要和其他解释性信息。

---

① 如果第二个副标题“按照其他法律法规的要求报告的事项”不适用，则无需使用“对财务报表出具的审计报告”的副标题。

管理层[②]对财务报表的责任

管理层负责按照国际财务报告准则编制和公允列报财务报表，[③] 并对其认为为使财务报表的编制不存在由于舞弊或错误导致的重大错报所必需的内部控制负责。

审计师的责任

我们的责任是在执行审计工作的基础上对财务报表发表审计意见。我们按照国际审计准则的规定执行了审计工作。国际审计准则要求我们遵守职业道德规范，计划和执行审计工作以对财务报表是否不存在重大错报获取合理保证。

审计工作涉及实施审计程序，以获取有关财务报表金额和披露的审计证据。选择的审计程序取决于审计师的判断，包括对由于舞弊或错误导致的财务报表重大错报风险的评估。在进行风险评估时，审计师考虑与编制和公允列报财务报表[④]相关的内部控制，以设计恰当的审计程序，但目的并非对内部控制的有效性发表意见。[⑤] 审计工作还包括评价管理层选用会计政策的恰当性和作出会计估计的合理性，以及评价财务报表的总体列报。

我们相信，我们获取的审计证据是充分、适当的，为发表审计意见提供了基础。

审计意见

我们认为，财务报表按照国际财务报告准则，在所有重大方面公允反映了（或真实和公允反映了）ABC公司20×1年12月31日的财务状况以及20×1年度的经营成果和现金流量。

按照其他法律法规的要求报告的事项

[审计报告中本部分的格式和内容，取决于审计师的其他报告责任的性质。]

[审计师签名]
[审计报告日期]
[审计师地址]

---

② 或使用特定司法管辖区法律框架规定的恰当的其他术语。

③ 如果管理层的责任是编制真实和公允的财务报表，这可以表述为“管理层负责按照国际财务报告准则编制真实和公允的财务报表，……”。

④ 对于脚注③，这可以表述为：“在进行风险评估时，审计师考虑与编制真实和公允的财务报表相关的内部控制，以设计恰当的审计程序，但目的并非对内部控制的有效性发表意见”。

⑤ 当在审计师有责任将财务报表审计和对内部控制的有效性发表意见协同进行时，本句措辞为；“在进行风险评估时，审计师考虑与编制和公允列报财务报表相关的内部控制，以设计恰当的审计程序”。对于脚注③，这可以表述为：“在进行风险评估时，审计师考虑与编制真实和公允的财务报表相关的内部控制，以设计恰当的审计程序”。

参考格式2：

背景信息：

- 按照法律法规对整套财务报表执行审计；
- 财务报表由被审计单位管理层基于通用目的按照司法管辖区 X 的财务报告框架（XYZ 法律）编制；（即由法律法规构成的财务报告框架，旨在满足广大使用者共同的财务信息需求，但不是公允列报框架）
- 审计业务约定条款中说明的管理层对财务报表的责任，与国际审计准则第 210 号的规定一致。

独立审计师报告

[恰当的收件人]

我们审计了后附的 ABC 公司财务报表，包括 20×1 年 12 月 31 日的资产负债表，20×1 年度的利润表、股东权益变动表和现金流量表以及重要会计政策概要和其他解释性信息。

管理层⑥对财务报表的责任

管理层负责按照司法管辖区 X 的 XYZ 法律编制财务报表，并对其认为为使财务报表的编制不存在由于舞弊或错误导致的重大错报所必需的内部控制负责。

审计师的责任

我们的责任是在执行审计工作的基础上对财务报表发表审计意见。我们按照国际审计准则的规定执行了审计工作。国际审计准则要求我们遵守职业道德规范，计划和执行审计工作以对财务报表是否不存在重大错报获取合理保证。

审计工作涉及实施审计程序，以获取有关财务报表金额和披露的审计证据。选择的审计程序取决于审计师的判断，包括对由于舞弊或错误导致的财务报表重大错报风险的评估。在进行风险评估时，审计师考虑与编制财务报表相关的内部控制，以设计恰当的审计程序，但目的并非对内部控制的有效性发表意见。⑦ 审计工作还包括评价管理层选用会计政策的恰当性和作出会计估计的合理性，以及评价财务报表的总体列报。

---

⑥ 或使用特定司法管辖区法律框架规定的恰当的其他术语。

⑦ 当审计师有责任将财务报表审计和对内部控制的有效性发表意见协同进行时，本句措辞为："在进行风险评估时，审计师考虑与编制财务报表相关的内部控制，以设计恰当的审计程序"。

我们相信，我们获取的审计证据是充分、适当的，为发表审计意见提供了基础。

审计意见

我们认为，ABC公司财务报表在所有重大方面按照司法管辖区X的XYZ法律编制。

[审计师签名]
[审计报告日期]
[审计师地址]

参考格式3：

背景信息：

- 对由母公司管理层基于通用目的按照国际财务报告准则编制的合并财务报表执行审计；
- 集团审计业务约定条款中说明的管理层对财务报表的责任，与国际审计准则第210号的规定一致；
- 除对集团财务报表执行审计外，审计师还承担当地法律要求的其他报告责任。

独立审计师报告

[恰当的收件人]

对合并财务报表出具的审计报告[⑧]

我们审计了后附的ABC公司及其子公司的合并财务报表，包括20×1年12月31日的合并资产负债表，20×1年度的合并综合收益表、合并所有者权益变动表和合并现金流量表，以及重要会计政策概要和其他解释性信息。

管理层[⑨]对合并财务报表的责任

管理层负责按照国际财务报告准则编制和公允列报合并财务报表，[⑩] 并对其认

⑧ 如果第二个副标题“按照其他法律法规的要求报告的事项”不适用，则无需使用“对合并财务报表出具的审计报告”的副标题。

⑨ 或使用特定司法管辖区法律框架规定的恰当的其他术语。

⑩ 如果管理层的责任是编制真实和公允的财务报表，这可以表述为“管理层负责按照国际财务报告准则编制真实和公允的合并财务报表，......”

为为使合并财务报表的编制不存在由于舞弊或错误导致的重大错报所必需的内部控制负责。

审计师的责任

我们的责任是在执行审计工作的基础上对合并财务报表发表审计意见。我们按照国际审计准则的规定执行了审计工作。国际审计准则要求我们遵守职业道德规范，计划和执行审计工作以对合并财务报表是否不存在重大错报获取合理保证。

审计工作涉及实施审计程序，以获取有关合并财务报表金额和披露的审计证据。选择的审计程序取决于审计师的判断，包括对由于舞弊或错误导致的合并财务报表重大错报风险的评估。在进行风险评估时，审计师考虑与编制和公允列报合并财务报表⑪相关的内部控制，以设计恰当的审计程序，但目的并非对内部控制的有效性发表意见。⑫ 审计工作还包括评价管理层选用会计政策的恰当性和作出会计估计的合理性，以及评价合并财务报表的总体列报。

我们相信，我们获取的审计证据是充分、适当的，为发表审计意见提供了基础。

审计意见

我们认为，合并财务报表按照国际财务报告准则，在所有重大方面公允反映了（或真实和公允反映了）ABC 公司及其子公司 20×1 年 12 月 31 日的财务状况以及 20×1 年度的经营成果和现金流量。

按照其他法律法规的要求报告的事项

[审计报告中本部分的格式和内容，取决于审计师的其他报告责任的性质。]

[审计师签名]
[审计报告日期]
[审计师地址]

---

⑪ 对于脚注⑩，这可以表述为："在进行风险评估时，审计师考虑与编制真实和公允的合并财务报表相关的内部控制，以设计恰当的审计程序，但目的并非对内部控制的有效性发表意见"。

⑫ 当在审计师有责任将合并财务报表审计和对内部控制的有效性发表意见协同进行时，本句措辞为："在进行风险评估时，审计师考虑与编制和公允列报合并财务报表相关的内部控制，以设计恰当的审计程序"。对于脚注⑩，这可以表述为："在进行风险评估时，审计师考虑与编制真实和公允的合并财务报表相关的内部控制，以设计恰当的审计程序"。

国际审计准则第705号
在独立审计师报告中发表非无保留意见

（适用于会计期间开始于2009年12月15日及以后的财务报表审计）

目　录

段落

《国际审计准则第705号——在独立审计师报告中发表非无保留意见》应当与《国际审计准则第200号——独立审计师的总体目标和按照国际审计准则执行审计工作》一并阅读。

引　言

本国际审计准则的范围

1. 当审计师按照国际审计准则第 700 号[①]形成审计意见，认为有必要对财务报表发表非无保留意见时，本国际审计准则规范了在此情况下审计师出具恰当审计报告的责任。

非无保留意见的类型

2. 本国际审计准则规定了三种类型的非无保留意见，即保留意见、否定意见和无法表示意见。在决定恰当的非无保留意见类型时，取决于下列事项：

（a）导致非无保留意见的事项的性质，是财务报表存在重大错报，还是在无法获取充分、适当的审计证据的情况下，财务报表可能存在重大错报；

（b）审计师就导致非无保留意见的事项对财务报表产生或可能产生影响的广泛性作出的判断。（参见：第 A1 段）

生效日期

3. 本国际审计准则适用于会计期间开始于 2009 年 12 月 15 日及以后的财务报表审计。

目　标

4. 审计师的目标是，当存在下列情形之一时，有必要对财务报表清楚地发表恰当的非无保留意见：

（a）根据获取的审计证据，得出财务报表整体存在重大错报的结论；

（b）无法获取充分、适当的审计证据，不能得出财务报表整体不存在重大错报的结论。

① 《国际审计准则第 700 号——对财务报表形成审计意见和出具审计报告》。

定　义

5. 就国际审计准则而言，对下列术语给予以下定义：

（a）广泛性，是描述错报影响的术语，用以说明错报对财务报表的影响，或者由于无法获取充分、适当的审计证据而未发现的错报（如存在）对财务报表可能产生的影响。根据审计师的判断，对财务报表的影响具有广泛性的情形包括：

（i）不限于对财务报表的特定要素、账户或项目产生影响；

（ii）虽然仅对财务报表的特定要素、账户或项目产生影响，但这些要素、账户或项目是或可能是财务报表的主要组成部分；

（iii）当与披露相关时，产生的影响对财务报表使用者理解财务报表至关重要；

（b）非无保留意见，是指保留意见、否定意见或无法表示意见。

要　求

应当发表非无保留意见的情形

6. 当存在下列情形之一时，审计师应当在审计报告中发表非无保留意见：

（a）根据获取的审计证据，审计师得出财务报表整体存在重大错报的结论；（参见：第A2－A7段）

（b）无法获取充分、适当的审计证据，不能得出财务报表整体不存在重大错报的结论。（参见：第A8－A12段）

确定非无保留意见的类型

保留意见

7. 当存在下列情形之一时，审计师应当发表保留意见：

（a）在获取充分、适当的审计证据后，审计师认为错报单独或汇总起来对财务报表影响重大，但不具有广泛性；

（b）审计师无法获取充分、适当的审计证据以作为形成审计意见的基础，但认为未发现的错报（如存在）对财务报表可能产生的影响重大，但不具有广泛性。

否定意见

8. 在获取充分、适当的审计证据后，如果认为错报单独或汇总起来对财务报表的影响重大且具有广泛性，审计师应当发表否定意见。

无法表示意见

9. 如果无法获取充分、适当的审计证据以作为形成审计意见的基础，但认为未发现的错报（如存在）对财务报表可能产生的影响重大且具有广泛性，审计师应当发表无法表示意见。

10. 在极其特殊的情况下，可能存在多个不确定事项。尽管审计师对每个单独的不确定事项获取了充分、适当的审计证据，但由于不确定事项之间可能存在相互影响，以及可能对财务报表产生累积影响，审计师不可能对财务报表形成审计意见。在这种情况下，审计师应当发表无法表示意见。

在审计师承接业务后，因管理层施加限制导致无法获取充分、适当的审计证据的后果

11. 在承接审计业务后，如果注意到管理层对审计范围施加了限制，且认为这些限制可能导致对财务报表发表保留意见或无法表示意见，审计师应当要求管理层消除这些限制。

12. 如果管理层拒绝消除第 11 段提及的限制，除非治理层全部成员参与管理被审计单位，审计师应当就此事项与治理层沟通，② 并确定能否实施替代程序以获取充分、适当的审计证据。

13. 如果无法获取充分、适当的审计证据，审计师应当通过下列方式确定其影响：

（a）如果未发现的错报（如存在）可能对财务报表产生的影响重大，但不具有广泛性，审计师应当发表保留意见；

（b）如果未发现的错报（如存在）可能对财务报表产生的影响重大且具有广泛性，以至于发表保留意见不足以反映情况的严重性，审计师应当采取下列措施之一：

（i）在适用的法律法规允许的情况下，解除业务约定；（参见：第 A13 - A14 段）

（ii）如果在出具审计报告之前解除业务约定被禁止或不可行，发表无法表示意见。

14. 如果根据第 13 段第（b）项之（i）的规定解除业务约定，审计师应当在解

② 《国际审计准则第 260 号——与治理层的沟通》，第 13 段。

除业务约定前，与治理层沟通在审计过程中发现的、将会导致发表非无保留意见的所有错报事项。（参见：第 A15 段）

与否定意见或无法表示意见相关的其他考虑

15. 如果认为有必要对财务报表整体发表否定意见或无法表示意见，审计师不应在同一审计报告中对按照相同财务报告框架编制的单一财务报表或者财务报表特定要素、账户或项目发表无保留意见。在同一审计报告中包含无保留意见，[③] 将会与对财务报表整体发表的否定意见或无法表示意见相矛盾。（参见：第 A16 段）

非无保留意见审计报告的格式和内容

导致非无保留意见的事项段

16. 如果对财务报表发表非无保留意见，除在审计报告中包含国际审计准则第 700 号规定的审计报告要素外，审计师还应当增加一个段落，说明导致发表非无保留意见的事项。审计师应当直接在审计意见段之前增加该段落，并使用恰当的标题，如“导致保留意见的事项”、“导致否定意见的事项”或“导致无法表示意见的事项”。（参见：第 A17 段）

17. 如果财务报表中存在与具体金额（包括定量披露）相关的重大错报，审计师应当在导致非无保留意见的事项段中说明并量化该错报的财务影响，除非不可行。如果量化财务影响是不可行的，审计师应当在导致非无保留意见的事项段中说明这一情况。（参见：第 A18 段）

18. 如果财务报表中存在与叙述性披露相关的重大错报，审计师应当在导致非无保留意见的事项段中解释该错报错在何处。

19. 如果财务报表中存在与应披露而未披露信息相关的重大错报，审计师应当：

（a）与治理层讨论未披露信息的情况；

（b）在导致非无保留意见的事项段中描述未披露信息的性质；

（c）如果可行并且已针对未披露信息获取了充分、适当的审计证据，在导致非无保留意见的事项段中包含对未披露信息的披露，除非法律法规禁止。（参见：第 A19 段）

20. 如果因无法获取充分、适当的审计证据而导致发表非无保留意见，审计师应当在导致非无保留意见的事项段中说明无法获取审计证据的原因。

21. 即使发表了否定意见或无法表示意见，审计师也应当在导致非无保留意见

---

③ 《国际审计准则第 805 号——对单一财务报表和财务报表特定要素、账户或项目审计的特殊考虑》，规范了审计师受托对财务报表一个或多个特定要素、账户或项目发表单独意见的情况。

的事项段中说明注意到的、将导致发表非无保留意见的所有其他事项及其影响。（参见：第 A20 段）

意见段

22. 在发表非无保留意见时，审计师应当对审计意见段使用恰当的标题，如“保留意见”、“否定意见”或“无法表示意见”。（参见：第 A21，第 A23 - A24 段）

23. 当由于财务报表存在重大错报而发表保留意见时，审计师应当在审计意见段中说明：审计师认为，除“导致保留意见的事项”段所述事项产生的影响外：

（a）当财务报表按照公允列报框架编制时，财务报表按照适用的财务报告框架在所有重大方面公允反映了（或真实与公允反映了）；

（b）当财务报表按照遵循性框架编制时，财务报表在所有重大方面按照适用的财务报告框架编制。

当无法获取充分、适当的审计证据而导致发表保留意见时，审计师应当在审计意见段中使用“除……可能产生的影响外”等措辞。（参见：第 A22 段）

24. 当发表否定意见时，审计师应当在意见段中说明：审计师认为，由于“导致否定意见的事项”段所述事项的重要性：

（a）当财务报表按照公允列报框架编制时，财务报表没有按照适用的财务报告框架公允反映（或真实与公允反映）；

（b）当财务报表按照遵循性框架编制时，财务报表没有在所有重大方面按照适用的财务报告框架编制。

25. 当由于无法获取充分、适当的审计证据而发表无法表示意见时，审计师应当在审计意见段中说明：

（a）由于导致无法表示意见的事项段所述事项的重要性，审计师无法获取充分、适当的审计证据以为发表审计意见提供基础；

（b）审计师不对这些财务报表发表审计意见。

当发表保留意见或否定意见时，对审计师责任的表述

26. 当发表保留意见或否定意见时，审计师应当修改对审计师责任的表述，以说明：审计师相信，审计师已获取的审计证据是充分、适当的，为发表非无保留意见提供了基础。

当发表无法表示意见时，对审计师责任的表述

27. 当由于无法获取充分、适当的审计证据而发表无法表示意见时，审计师应当修改审计报告的引言段，说明审计师接受委托审计财务报表。审计师还应当修改对审计师责任和审计范围的描述，并仅能作出如下说明：“我们的责任是在按照国

际审计准则的规定执行审计工作的基础上对财务报表发表审计意见。但由于导致无法表示意见的事项段中所述的事项，我们无法获取充分、适当的审计证据以为发表审计意见提供基础”。

与治理层的沟通

28. 当拟在审计报告中发表非无保留意见时，审计师应当与治理层沟通导致拟发表非无保留意见的情况，以及拟使用的非无保留意见措辞。（参见：第 A25 段）

应用和其他解释性材料

非无保留意见的类型（参见：第 2 段）

A1. 下表列示了审计师对导致发表非无保留意见的事项的性质和这些事项对财务报表产生或可能产生影响的广泛性作出的判断，以及审计师的判断对审计意见类型的影响。

导致发表非无保留意见的事项的性质	这些事项对财务报表产生或可能产生影响的广泛性	
	重大但不具有广泛性	重大且具有广泛性
财务报表存在重大错报	保留意见	否定意见
无法获取充分、适当的审计证据	保留意见	无法表示意见

重大错报的性质（参见：第 6 段第（a）项）

A2. 国际审计准则第 700 号规定，为了形成审计意见，针对财务报表整体是否不存在由于舞弊或错误导致的重大错报，审计师应当得出结论，确定是否已就此获取合理保证。[④] 在得出结论时，审计师需要按照国际审计准则第 450 号[⑤]的规定评价未更正错报对财务报表的影响。

A3. 国际审计准则第 450 号给出了错报的定义，即错报是指某一财务报表项目的金额、分类、列报或披露，与按照适用的财务报告框架应当列示的金额、分类、列报或披露之间存在的差异。因此，财务报表的重大错报可能源于：

（a）选择的会计政策的恰当性；

④ 国际审计准则第 700 号，第 11 段。

⑤ 《国际审计准则第 450 号——评价审计过程中识别出的错报》，第 11 段。

（b）对所选择的会计政策的运用；

（c）财务报表披露的恰当性或充分性。

选择的会计政策的恰当性

A4. 在选择的会计政策的恰当性方面，当出现下列情形时，财务报表可能存在重大错报：

（a）选择的会计政策与适用的财务报告框架不一致；

（b）财务报表（包括相关附注）没有按照公允列报的方式反映交易和事项。

A5. 财务报告框架通常包括对会计处理、披露和会计政策变更的要求。如果被审计单位变更了重大会计政策，且没有遵守这些要求，财务报表可能存在重大错报。

对所选择的会计政策的运用

A6. 在对所选择的会计政策的运用方面，当出现下列情形时，财务报表可能存在重大错报：

（a）管理层没有按照适用的财务报告框架的要求一贯运用所选择的会计政策，包括管理层未在不同会计期间或对相似的交易和事项一贯运用所选择的会计政策（运用的一致性）；

（b）不当运用所选择的会计政策（如运用中的无意错误）。

财务报表披露的恰当性或充分性

A7. 在财务报表披露的恰当性或充分性方面，当出现下列情形时，财务报表可能存在重大错报：

（a）财务报表没有包括适用的财务报告框架要求的所有披露；

（b）财务报表的披露没有按照适用的财务报告框架列报；

（c）财务报表没有作出必要的披露以实现公允列报。

无法获取充分、适当的审计证据的情形（参见：第6段第（b）项）

A8. 下列情形可能导致审计师无法获取充分、适当的审计证据（也称为审计范围受到限制）：

（a）超出被审计单位控制的情形；

（b）与审计师工作的性质或时间安排相关的情形；

（c）管理层施加限制的情形。

A9. 如果审计师能够通过实施替代程序获取充分、适当的审计证据，则无法实施特定的程序并不构成对审计范围的限制。如果无法实施替代程序，则第7段第（b）项和第10段的规定适用。管理层施加的限制可能对审计产生其他影响，如审计师对舞弊风险的评估和对业务保持的考虑。

A10. 超出被审计单位控制的情形举例如下：

- 被审计单位的会计记录已被毁坏；
- 重要组成部分的会计记录已被政府有关机构无限期地查封。

A11. 与审计师工作的性质或时间安排相关的情形举例如下：

- 被审计单位需要使用权益法对联营企业进行核算，审计师无法获取有关联营企业财务信息的充分、适当的审计证据以评价是否恰当运用了权益法；
- 审计师接受审计委托的时间安排，使审计师无法实施存货监盘；
- 审计师确定仅实施实质性程序是不充分的，但被审计单位的控制是无效的。

A12. 管理层对审计范围施加的限制致使审计师无法获取充分、适当的审计证据的情形举例如下：

- 管理层阻止审计师实施存货监盘；
- 管理层阻止审计师对特定账户余额实施函证。

审计师承接业务后，因管理层施加限制导致无法获取充分、适当的审计证据的后果（参见：第 13 段第（b）项和第 14 段）

A13. 解除审计业务约定是否可行，可能取决于管理层施加审计范围限制时审计师完成审计业务的阶段。如果基本上完成了审计业务，审计师可能决定在解除业务约定前尽量完成审计业务，发表无法表示意见，并在导致无法表示意见的事项段中说明审计范围受到的限制。

A14. 在某些情况下，如果法律法规要求审计师继续执行审计业务，则审计师可能无法解除审计业务约定。审计师接受委托审计公共部门实体的财务报表时可能会出现这种情况。在某些司法管辖区，审计师接受委托审计涵盖特定期间的财务报表，或者接受一定期间的委托，在完成财务报表审计前或在受托期间结束前，不允许解除审计业务约定，也可能会出现这种情况。在这些情况下，审计师可能认为需要在审计报告中增加其他事项段。⑥

A15. 如果审计师认为由于审计范围受到限制有必要解除审计业务约定，根据职业准则、法律法规或监管机构的要求，审计师可能需要向监管机构或被审计单位的股东报告与解除审计业务约定相关的事项。

与否定意见或无法表示意见相关的其他考虑（参见：第 15 段）

A16. 不会与审计师的否定意见或无法表示意见相矛盾的情形举例如下：

- 对财务报表按照既定的财务报告框架编制发表无保留意见，并在同一审计

---

⑥ 《国际审计准则第 706 号——在独立审计师报告中增加强调事项段和其他事项段》，第 A5 段。

报告中对同一财务报表按照不同的财务报告框架编制发表否定意见；[⑦]

- 对经营成果、现金流量（如相关）发表无法表示意见，对财务状况发表无保留意见（参见国际审计准则第510号[⑧]）。在这种情况下，审计师没有对财务报表整体发表无法表示意见。

非无保留意见审计报告的格式和内容

导致非无保留意见的事项段（参见：第16－17段，第19段和第21段）

A17. 审计报告的一致性有助于提高使用者的理解和识别存在的异常情况。因此，尽管不可能统一非无保留意见的措辞和对导致非无保留意见的事项的说明，但仍有必要保持审计报告格式和内容的一致性。

A18. 举例来说，如果存货被高估，审计师就可以在审计报告的导致非无保留意见的事项段中说明该重大错报的财务影响，即量化其对所得税、税前利润、净利润和股东权益的影响。

A19. 如果存在下列情形之一，则在导致非无保留意见的事项段中披露遗漏的信息是不切实际的：

（a）管理层还没有作出这些披露，或管理层已作出但审计师不易获取这些披露；

（b）根据审计师的判断，在审计报告中披露该事项过于庞杂。

A20. 审计师可能已在审计报告导致非无保留意见的事项段中对导致否定意见或无法表示意见的事项作出了说明，但这并不能成为审计师不对识别出的、可能导致非无保留意见的其他事项进行说明的正当理由。这是因为，对审计师注意到的其他事项的披露可能与财务报表使用者的信息需求相关。

意见段（参见：第22—23段）

A21. 审计意见段的标题能够使财务报表使用者清楚审计师发表了非无保留意见，并能够表明非无保留意见的类型。

A22. 当审计师发表保留意见时，在审计意见段中使用“由于上述解释”或“受……影响”等措辞是不恰当的，因为这些措辞不够清晰或没有足够的说服力。

审计报告的参考格式

A23. 附录中的参考格式1和参考格式2分别列示了由于财务报表存在重大错报而出具保留意见和否定意见的审计报告的参考格式。

---

⑦ 参见国际审计准则第700号第A32段对这种情况的说明。

⑧ 《国际审计准则第510号——首次审计业务涉及的期初余额》，第10段。

A24. 附录中的参考格式 3 列示了由于审计师无法获取充分、适当的审计证据而出具保留意见的审计报告的参考格式。参考格式 4 列示了由于无法获取财务报表单一要素的充分、适当的审计证据而出具无法表示意见的审计报告的参考格式。参考格式 5 列示了由于无法获取财务报表多个要素的充分、适当的审计证据而出具无法表示意见的审计报告的参考格式。在后两种参考格式中，无法获取充分、适当的审计证据对财务报表可能的影响重大且具有广泛性。

与治理层的沟通（参见：第 28 段）

A25. 审计师与治理层沟通拟发表非无保留意见的情况和拟使用的措辞，是为了实现以下目的：

（a）提醒治理层注意拟发表的非无保留意见和拟发表非无保留意见的原因（或情形）；

（b）就发表非无保留意见寻求治理层的同意，或证实与管理层存在分歧的事项；

（c）治理层有机会向审计师提供与导致非无保留意见的事项相关的进一步信息和解释。

附录

（参见：第 A23－A24 段）

非无保留意见审计报告的参考格式

- 参考格式 1：由于财务报表存在重大错报而发表保留意见的审计报告
- 参考格式 2：由于财务报表存在重大错报而发表否定意见的审计报告
- 参考格式 3：由于审计师无法获取充分、适当的审计证据而发表保留意见的审计报告
- 参考格式 4：由于审计师无法针对财务报表单一要素获取充分、适当的审计证据而发表无法表示意见的审计报告
- 参考格式 5：由于审计师无法针对财务报表多个要素获取充分、适当的审计证据而发表无法表示意见的审计报告

参考格式 1：

背景信息：

- 对被审计单位管理层按照国际财务报告准则编制的整套通用目的财务报表执行审计；
- 审计业务约定条款中说明的管理层对财务报表的责任，与国际审计准则第 210 号[①]的规定一致；
- 存货存在错报，该错报对财务报表影响重大但不具有广泛性；
- 除对财务报表执行审计外，审计师还承担当地法律要求的其他报告责任。

独立审计师报告

[恰当的收件人]

对财务报表出具的审计报告[②]

我们审计了后附的 ABC 公司财务报表，包括 20×1 年 12 月 31 日的资产负债

① 《国际审计准则第 210 号——就审计业务约定条款达成一致意见》。

② 如果第二个副标题“按照其他法律法规的要求报告的事项”不适用，则无需使用“对财务报表出具的审计报告”的副标题。

表，20×1 年度的综合收益表、所有者权益变动表和现金流量表，以及重要会计政策概要和其他解释性信息。

管理层[③]对财务报表的责任

管理层负责按照国际财务报告准则编制和公允列报财务报表，[④] 并对其认为为使财务报表的编制不存在由于舞弊或错误导致的重大错报所必需的内部控制负责。

审计师的责任

我们的责任是在执行审计工作的基础上对财务报表发表审计意见。我们按照国际审计准则的规定执行了审计工作。国际审计准则要求我们遵守职业道德要求，计划和执行工作以对财务报表是否不存在重大错报获取合理保证。

审计工作涉及实施审计程序，以获取有关财务报表金额和披露的审计证据。选择的审计程序取决于审计师的判断，包括对由于舞弊或错误导致的财务报表重大错报风险的评估。在进行风险评估时，审计师考虑与编制和公允列报财务报表[⑤]相关的内部控制，以设计恰当的审计程序，但目的并非对内部控制的有效性发表意见。[⑥] 审计工作还包括评价管理层选用会计政策的恰当性和作出会计估计的合理性，以及评价财务报表的总体列报。

我们相信，我们获取的审计证据是充分、适当的，为发表保留意见提供了基础。

导致保留意见的事项

该公司资产负债表中存货的列示金额为×××。管理层根据成本对存货进行计量，而没有根据成本与可变现净值孰低的原则进行计量，这偏离了国际财务报告准则。公司的会计记录显示，如果管理层以成本与可变现净值孰低来计量存货，存货列示金额将减少×××。相应地，销售成本将增加×××，所得税、净利润和股东权益将分别减少×××、×××和×××。

保留意见

我们认为，除“导致保留意见的事项”段所述事项产生的影响外，财务报表按

---

③ 或使用特定司法管辖区法律框架规定的恰当的其他术语。

④ 如果管理层的责任是编制真实和公允的财务报表，这可以表述为“管理层负责按照国际财务报告准则编制真实和公允的财务报表，……”。

⑤ 对于脚注④，这可以表述为：“在进行风险评估时，审计师考虑与编制真实和公允的财务报表相关的内部控制，以设计恰当的审计程序，但目的并非对内部控制的有效性发表意见”。

⑥ 当审计师有责任将财务报表审计和对内部控制的有效性发表意见协同进行时，本句措辞为：“在进行风险评估时，审计师考虑与编制和公允列报财务报表相关的内部控制，以设计恰当的审计程序”。对于脚注④，这可以表述为：“在进行风险评估时，审计师考虑与编制真实和公允的财务报表相关的内部控制，以设计恰当的审计程序”。

照国际财务报告准则，在所有重大方面公允反映了（或真实和公允反映了）ABC 公司 20×1 年 12 月 31 日的财务状况以及 20×1 年度的经营成果和现金流量。

按照其他法律法规的要求报告的事项

[审计报告中本部分的格式和内容，取决于审计师的其他报告责任的性质。]

[审计师签名]
[审计报告日期]
[审计师地址]

参考格式 2：
背景信息：

- 对母公司管理层按照国际财务报告准则编制的合并通用目的财务报表执行审计；
- 审计业务约定条款中说明的管理层对财务报表的责任，与国际审计准则第 210 号的规定一致；
- 财务报表由于未将某一子公司纳入合并范围而存在重大错报。该重大错报被认为对财务报表的影响具有广泛性。量化该错报对财务报表的影响不可行；
- 除对合并财务报表执行审计外，审计师还承担法律法规要求的其他报告责任。

独立审计师报告

[恰当的收件人]

对合并财务报表出具的审计报告⑦

我们审计了后附的 ABC 公司及其子公司的合并财务报表，包括 20×1 年 12 月 31 日的合并资产负债表，20×1 年度的合并综合收益表、合并所有者权益变动表和合并现金流量表，以及重要会计政策概要和其他解释性信息。

⑦ 如果第二个副标题“按照其他法律法规的要求报告的事项”不适用，则无需使用“对合并财务报表出具的审计报告”的副标题。

管理层[8]对合并财务报表的责任

管理层负责按照国际财务报告准则编制和公允列报合并财务报表，[9] 并对其认为为使合并财务报表的编制不存在由于舞弊或错误导致的重大错报所必需的内部控制负责。

审计师的责任

我们的责任是在执行审计工作的基础上对合并财务报表发表审计意见。我们按照国际审计准则的规定执行了审计工作。国际审计准则要求我们遵守职业道德要求，计划和执行审计工作以对合并财务报表是否不存在重大错报获取合理保证。

审计工作涉及实施审计程序，以获取有关合并财务报表金额和披露的审计证据。选择的审计程序取决于审计师的判断，包括对由于舞弊或错误导致的合并财务报表重大错报风险的评估。在进行风险评估时，审计师考虑与编制和公允列报合并财务报表[10]相关的内部控制，以设计恰当的审计程序，但目的并非对内部控制的有效性发表意见。[11] 审计工作还包括评价管理层选用会计政策的恰当性和作出会计估计的合理性，以及评价合并财务报表的总体列报。

我们相信，我们获取的审计证据是充分、适当的，为发表否定意见提供了基础。

导致否定意见的事项

如财务报表附注×所述，因未能取得购买日XYZ公司某些重要资产和负债的公允价值，公司未将20×1年收购的子公司XYZ公司纳入合并财务报表的范围。因此，这项投资以成本法核算。按照国际财务报告准则，由于XYZ公司被公司控制，应当被纳入合并范围。如果将XYZ公司纳入合并财务报表的范围，ABC公司合并财务报表的多个报表项目将受到重大影响。未将XYZ公司纳入合并范围对财务报表产生的影响无法确定。

否定意见

我们认为，由于“导致否定意见的事项”段所述事项的重要性，合并财务报表

---

⑧ 或使用特定司法管辖区法律框架规定的恰当的其他术语。

⑨ 如果管理层的责任是编制真实和公允的合并财务报表，可以表述为“管理层负责按照国际财务报告准则编制真实和公允的合并财务报表，……”。

⑩ 对于脚注⑨，这可以表述为：“在进行风险评估时，审计师考虑与编制真实和公允的合并财务报表相关的内部控制，以设计恰当的审计程序，但目的并非对内部控制的有效性发表意见”。

⑪ 当审计师有责任将合并财务报表审计和对内部控制的有效性发表意见协同进行时，本句措辞为：“在进行风险评估时，审计师考虑与编制和公允列报合并财务报表相关的内部控制，以设计恰当的审计程序”。对于脚注⑨，这可以表述为：“在进行风险评估时，审计师考虑与编制真实和公允的合并财务报表相关的内部控制，以设计恰当的审计程序”。

没有按照国际财务报告准则公允反映（或真实和公允反映）ABC 公司及其子公司的 20×1 年 12 月 31 日的财务状况以及 20×1 年度的经营成果和现金流量。

按照其他法律法规的要求报告的事项

[审计报告中本部分的格式和内容，取决于审计师的其他报告责任的性质。]

[审计师签名]
[审计报告日期]
[审计师地址]

参考格式 3：

背景信息：

- 对被审计单位管理层按照国际财务报告准则编制的整套通用目的财务报表执行审计；
- 审计业务约定条款中说明的管理层对财务报表的责任，与国际审计准则第 210 号的规定一致；
- 对于在境外分支机构的投资，审计师无法获取充分、适当的审计证据，这一事项对财务报表影响重大但不具有广泛性；
- 除对财务报表执行审计外，审计师还承担法律法规要求的其他报告责任。

独立审计师报告

[恰当的收件人]

对财务报表出具的审计报告⑫

我们审计了后附的 ABC 公司财务报表，包括 20×1 年 12 月 31 日的资产负债表，20×1 年度的综合收益表、所有者权益变动表和现金流量表，以及重要会计政策概要和其他解释性信息。

⑫ 如果第二个副标题“按照其他法律法规的要求报告的事项”不适用，则无需使用“对财务报表出具的审计报告”的副标题。

管理层[13]对财务报表的责任

管理层负责按照国际财务报告准则编制和公允列报财务报表，[14] 并对其认为为使财务报表的编制不存在由于舞弊或错误导致的重大错报所必需的内部控制负责。

审计师的责任

我们的责任是在执行审计工作的基础上对财务报表发表审计意见。我们按照国际审计准则的规定执行了审计工作。国际审计准则要求我们遵守职业道德要求，计划和执行审计工作以对财务报表是否不存在重大错报获取合理保证。

审计工作涉及实施审计程序，以获取有关财务报表金额和披露的审计证据。选择的审计程序取决于审计师的判断，包括对由于舞弊或错误导致的财务报表重大错报风险的评估。在进行风险评估时，审计师考虑与编制和公允列报财务报表[15]相关的内部控制，以设计恰当的审计程序，但目的并非对内部控制的有效性发表意见。[16] 审计工作还包括评价管理层选用会计政策的恰当性和作出会计估计的合理性，以及评价财务报表的总体列报。

我们相信，我们获取的审计证据是充分、适当的，为发表保留意见提供了基础。

导致保留意见的事项

ABC 公司对在本年度收购的国外联营公司 XYZ 公司的投资采用权益法核算。该项投资在 20×1 年 12 月 31 日资产负债表中列报的金额为×××。ABC 公司 20×1 年度的利润中包括了其在 XYZ 公司净利润中享有的份额×××。由于我们未被允许接触 XYZ 公司的财务信息、管理层和审计师，我们无法就 20×1 年 12 月 31 日 ABC 公司对 XYZ 公司投资的账面价值以及 20×1 年度 XYZ 公司净利润中 ABC 公司享有的份额获取充分、适当的审计证据。因此，我们无法确定是否有必要对这些金额作出调整。

保留意见

我们认为，除“导致保留意见的事项”段所述事项可能产生的影响外，财务报

---

⑬ 或使用特定司法管辖区法律框架规定的恰当的其他术语。

⑭ 如果管理层的责任是编制真实和公允的财务报表，这可以表述为“管理层负责按照国际财务报告准则编制真实和公允的财务报表，……”。

⑮ 对于脚注⑭，这可以表述为：“在进行风险评估时，审计师考虑与编制真实和公允的财务报表相关的内部控制，以设计恰当的审计程序，但目的并非对内部控制的有效性发表意见”。

⑯ 当审计师有责任将财务报表审计和对内部控制的有效性发表意见协同进行时，本句措辞为；“在进行风险评估时，审计师考虑与编制和公允列报财务报表相关的内部控制 ，以设计恰当的审计程序”。对于脚注⑭，这可以表述为：“在进行风险评估时，审计师考虑与编制真实和公允的财务报表相关的内部控制，以设计恰当的审计程序”。

表按照国际财务报告准则，在所有重大方面公允反映了（或真实和公允反映了）ABC 公司 20×1 年 12 月 31 日的财务状况以及 20×1 年度的经营成果和现金流量。

按照其他法律法规的要求报告的事项

[审计报告中本部分的格式和内容，取决于审计师的其他报告责任的性质。]

[审计师签名]

[审计报告日期]

[审计师地址]

参考格式 4：

背景信息：

- 对被审计单位管理层按照国际财务报告准则编制的整套通用目的财务报表执行审计；
- 审计业务约定条款中说明的管理层对财务报表的责任，与国际审计准则第 210 号的规定一致；
- 对财务报表的一个单一要素，审计师无法获取充分、适当的审计证据。即对一家合营企业的投资占该公司净资产的比例超过 90%，但审计师无法获取该合营企业财务信息的审计证据。无法获取充分、适当的审计证据对财务报表可能产生的影响被认为是重大的且具有广泛性。
- 除对财务报表执行审计外，审计师还承担当地法律要求的其他报告责任。

独立审计师报告

[恰当的收件人]

对财务报表出具的审计报告⑰

我们接受委托，审计后附的 ABC 公司财务报表，包括 20×1 年 12 月 31 日的资产负债表，20×1 年度的综合收益表、所有者权益变动表和现金流量表，以及重要会计政策概要和其他解释性信息。

⑰ 如果第二个副标题“按照其他法律法规的要求报告的事项”不适用，则无需使用“对财务报表出具的审计报告”的副标题。

管理层[18]对财务报表的责任

管理层负责按照国际财务报告准则编制和公允列报财务报表,[19] 并对其认为为使财务报表的编制不存在由于舞弊或错误导致的重大错报所必需的内部控制负责。

审计师的责任

我们的责任是在按照国际审计准则执行审计工作的基础上对财务报表发表审计意见。但由于“导致无法表示意见的事项”段中所述的事项，我们无法获取充分、适当的审计证据以为发表审计意见提供基础。

导致无法表示意见的事项

公司对合营企业XYZ公司（在X国）的投资在资产负债表中以价值XXX列示，占该公司20×1年12月31日净资产的90%以上。我们未被允许接触XYZ公司的管理层和审计师，包括XYZ公司审计师的审计工作底稿。因此，我们无法确定是否有必要对XYZ公司资产中ABC公司共同控制的比例份额、XYZ公司负债中ABC公司共同承担的比例份额、XYZ公司收入和费用中ABC公司的比例份额，以及所有者权益变动表和现金流量表的构成要素作出调整。

无法表示意见

由于“导致无法表示意见的事项”段所述事项的重要性，我们无法获取充分、适当的审计证据以为发表审计意见提供基础，因此，我们不对ABC公司财务报表发表审计意见。

按照其他法律法规的要求报告的事项

[审计报告中本部分的格式和内容，取决于审计师的其他报告责任的性质。]

[审计师签名]
[审计报告日期]
[审计师地址]

参考格式5：
背景信息：

---

⑱ 或使用特定司法管辖区法律框架规定的恰当的其他术语。

⑲ 如果管理层的责任是编制真实和公允的财务报表，这可以理解为“管理层负责按照国际财务报告准则编制真实和公允的财务报表，……”。

- 对被审计单位管理层按照国际财务报告准则编制的整套通用目的财务报表执行审计；
- 审计业务约定条款中说明的管理层对财务报表的责任，与国际审计准则第210号的规定一致；
- 审计师对财务报表的多个要素无法获取充分、适当的审计证据。即，审计师无法对被审计单位的存货和应收账款获取审计证据。无法获取充分、适当的审计证据对财务报表可能产生的影响被认为是重大的且具有广泛性；
- 除对财务报表执行审计之外，审计师还承担当地法律要求的其他报告责任。

独立审计师报告

[恰当的收件人]

对财务报表出具的审计报告[20]

我们接受委托，审计后附的ABC公司财务报表，包括20×1年12月31日的资产负债表，20×1年度的综合收益表、所有者权益变动表和现金流量表，以及重要会计政策概要和其他解释性信息。

管理层[21]对财务报表的责任

管理层负责按照国际财务报告准则编制和公允列报财务报表，[22] 并对其认为为使财务报表的编制不存在由于舞弊或错误导致的重大错报所必需的内部控制负责。

审计师的责任

我们的责任是在按照国际审计准则执行审计工作的基础上对财务报表发表审计意见。但由于“导致无法表示意见的事项”段中所述的事项，我们无法获取充分、适当的审计证据以为发表审计意见提供基础。

导致无法表示意见的事项

我们于20×1年12月31日之后接受审计委托担任ABC公司的审计师，因而未

---

⑳ 如果第二个副标题“按照其他法律法规的要求报告的事项”不适用，则无需使用“对财务报表出具的审计报告”的副标题。

㉑ 或使用特定司法管辖区法律框架规定的恰当的其他术语。

㉒ 如果管理层的责任是编制真实和公允的财务报表，这可以表述为“管理层负责按照国际财务报告准则编制真实和公允的财务报表，……”。

能对20×1年年初和年末的存货实施监盘程序。对于20×0年12月31日和20×1年12月31日的存货数量，我们无法实施替代程序，这些存货在资产负债表中列报的金额分别为×××和×××。此外，公司于20×1年9月采用新的应收账款电算化系统，导致应收账款出现大量错误。截至审计报告日，管理层仍在纠正系统缺陷并更正错误。我们无法对截至20×1年12月31日的应收账款总额×××实施替代审计程序予以确定或验证。由于这些事项的影响，我们无法确定是否有必要对（已记录的或未记录的）存货、应收账款以及利润表、所有者权益变动表和现金流量表其他项目作出调整。

无法表示意见

由于“导致无法表示意见的事项”段所述事项的重要性，我们无法获取充分、适当的审计证据以为发表审计意见提供基础，因此，我们不对财务报表发表审计意见。

按照其他法律法规的要求报告的事项

[审计报告中本部分的格式和内容，取决于审计师的其他报告责任的性质。]

[审计师签名]
[审计报告日期]
[审计师地址]

国际审计准则第706号
在独立审计师报告中增加强调事项段和其他事项段

（适用于会计期间开始于2009年12月15日及以后的财务报表审计）

目　录

段落

《国际审计准则第706号——在独立审计师报告中增加强调事项段和其他事项段》应当与《国际审计准则第200号——独立审计师的总体目标和按照国际审计准则执行审计工作》一并阅读。

引 言

本国际审计准则的范围

1. 当审计师认为有必要提醒使用者关注下列事项时，本国际审计准则规范了在审计报告中进行的额外沟通：

（a）尽管已在财务报表中列报或披露，但对使用者理解财务报表至关重要的事项；

（b）未在财务报表中列报或披露，但与使用者理解审计工作、审计师的责任或审计报告相关的事项。

2. 附录1和附录2列示的其他国际审计准则，对在审计报告中增加强调事项段和其他事项段提出具体要求。在这些情况下，本国际审计准则对强调事项段或其他事项段的格式和放置位置的要求同样适用。

生效日期

3. 本国际审计准则适用于会计期间开始于2009年12月15日及以后的财务报表审计。

目 标

4. 审计师的目标是，在对财务报表形成审计意见后，如果根据职业判断认为有必要在审计报告中增加强调事项段或其他事项段，通过明确提供补充信息的方式，提醒财务报表使用者关注下列事项：

（a）尽管已在财务报表中恰当列报或披露，但对财务报表使用者理解财务报表至关重要的事项；

（b）未在财务报表中列报或披露，但与财务报表使用者理解审计工作、审计师的责任或审计报告相关的其他事项。

定 义

5. 就国际审计准则而言，对下列术语给予以下定义：

（a）强调事项段，是指审计报告中包含的一个段落，该段落提及已在财务报表中恰当列报或披露的事项，根据审计师的职业判断，该事项对财务报表使用者理解财务报表至关重要；

（b）其他事项段，是指审计报告中包含的一个段落，该段落提及未在财务报表中列报或披露的事项，根据审计师的职业判断，该事项与财务报表使用者理解审计工作、审计师的责任或审计报告相关。

要　求

审计报告中的强调事项段

6. 如果认为有必要提醒财务报表使用者关注已在财务报表中列报或披露，且根据职业判断认为对财务报表使用者理解财务报表至关重要的事项，审计师在已获取充分、适当的审计证据证明该事项在财务报表中不存在重大错报的条件下，应当在审计报告中增加强调事项段。强调事项段应当仅提及已在财务报表中列报或披露的信息。（参见：第 A1 – A2 段）

7. 如果在审计报告中增加强调事项段，审计师应当：

（a）将强调事项段紧接在审计意见段之后；

（b）使用“强调事项”或其他适当标题；

（c）明确提及被强调事项以及相关披露的位置，以便能够在财务报表中找到对该事项的详细描述；

（d）指出审计意见没有因该强调事项而改变。（参见：第 A3 – A4 段）

审计报告中的其他事项段

8. 对于未在财务报表中列报或披露，但根据职业判断认为与财务报表使用者理解审计工作、审计师的责任或审计报告相关且未被法律法规禁止的事项，如果认为有必要沟通，审计师应当在审计报告中增加其他事项段，并使用“其他事项”或其他适当标题。审计师应当将其他事项段紧接在审计意见段和强调事项段（如有）之后。如果其他事项段的内容与其他报告责任部分相关，这一段落也可以置于审计报告的其他位置。（参见：第 A5 – A11 段）

与治理层的沟通

9. 如果拟在审计报告中增加强调事项段或其他事项段，审计师应当就该事项和拟使用的措辞与治理层沟通。（参见：第 A12 段）

应用和其他解释性材料

审计报告中的强调事项段

需要增加强调事项段的情形（参见：第 6 段）

A1. 审计师可能认为需要增加强调事项段的情形举例如下：

- 异常诉讼或监管行动的未来结果存在不确定性；
- 提前应用（在允许的情况下）对财务报表有广泛影响的新会计准则（如一项新的国际财务报告准则）；
- 存在已经或持续对被审计单位财务状况产生重大影响的特大灾难。

A2. 强调事项段的过多使用会降低审计师沟通所强调事项的有效性。此外，与财务报表中的列报或披露相比，在强调事项段中包括过多的信息，可能隐含着这些事项未被恰当列报或披露。因此，第 6 段将强调事项段的使用限制在财务报表已列报或披露的事项上。

在审计报告中增加强调事项段（参见：第 7 段）

A3. 在审计报告中增加强调事项段不影响审计意见。增加强调事项段不能代替下列情形：

（a）根据审计业务的具体情况，审计师需要发表保留意见、否定意见或无法表示意见（参见国际审计准则第 705 号[①]）；

（b）适用的财务报告框架要求管理层在财务报表中作出的披露。

A4. 附录 3 中列示了带强调事项段的保留意见审计报告的参考格式。

审计报告中的其他事项段（参见：第 8 段）

需要增加其他事项段的情形

与使用者理解审计工作相关的情形

A5. 在极其特殊的情况下，即使由于管理层对审计范围施加的限制导致无法获取充分、适当的审计证据可能产生的影响具有广泛性，[②] 审计师也不能解除业务约

① 《国际审计准则第 705 号——在独立审计师报告中发表非无保留意见》。

② 参见国际审计准则第 705 号，第 13 段第（b）项之（ii）对此情况进行的讨论。

定。在这种情况下，审计师可能认为有必要在审计报告中增加其他事项段，解释为何不能解除业务约定。

与使用者理解审计师的责任或审计报告相关的情形

A6. 某一司法管辖区的法律法规或得到广泛认可的惯例可能要求或允许审计师详细说明某些事项，以进一步解释审计师在财务报表审计中的责任或审计报告。在这种情况下，审计师可以使用一个或多个子标题来描述其他事项段的内容。

A7. 增加其他事项段不涉及以下两种情形：

- 除根据审计准则的规定有责任对财务报表出具审计报告外，审计师还有其他报告责任（参见国际审计准则第 700 号[③]中“其他报告责任”部分）；
- 审计师可能被要求实施额外的规定的程序并予以报告，或对特定事项发表意见。

对两套以上财务报表出具审计报告的情形

A8. 被审计单位可能按照通用目的框架（如国家框架）编制一套财务报表，且按照另一个通用目的框架（如国际财务报告准则）编制另一套财务报表，并委托审计师同时对两套财务报表出具审计报告。如果审计师已确定两个框架在各自情形下是可接受的，可以在审计报告中增加其他事项段，说明该被审计单位根据另一个通用目的框架编制了另一套财务报表以及审计师对这些财务报表出具了审计报告。

限制审计报告分发和使用的情形

A9. 为特定目的编制的财务报表可能按照通用目的框架编制，因为财务报表预期使用者已确定这种通用目的财务报表能够满足他们对财务信息的需求。由于审计报告旨在提供给特定使用者，审计师可能认为在这种情况下需要增加其他事项段，说明审计报告只是提供给财务报表预期使用者，不应被分发给其他方或者被其他方使用。

在审计报告中增加其他事项段

A10. 其他事项段的内容明确反映了未被要求在财务报表中列报或披露的其他事项。其他事项段不包括法律法规或其他职业准则（如职业道德守则中与信息保密相关的规定）禁止审计师提供的信息。其他事项段也不包括要求管理层提供的信息。

A11. 其他事项段放置的位置取决于拟沟通信息的性质。当增加其他事项段旨在提醒使用者关注与其理解与财务报表审计相关的事项时，该段落需要紧接在审计意见段和强调事项段之后。当增加其他事项段旨在提醒使用者关注与审计报告中提及的其他报告责任相关的事项时，该段落可以置于“按照其他法律法规的要求报告的事项”的部分内。此外，当其他事项段与审计师的责任或使用者理解审计报告相关

③ 《国际审计准则第 700 号——对财务报表形成审计意见和出具审计报告》，第 38—39 段。

时，可以单独作为一部分，置于“对财务报表出具的审计报告”和“按照其他法律法规的要求报告的事项”之后。

与治理层的沟通（参见：第9段）

A12. 与治理层的沟通能使治理层了解审计师拟在审计报告中所强调的特定事项的性质，并在必要时为治理层提供向审计师作出进一步澄清的机会。当审计报告中针对某一特定事项增加其他事项段在连续审计业务中重复出现时，审计师可能认为没有必要在每次审计业务中重复沟通。

附录1

（参见：第2段）

包含强调事项段要求的国际审计准则清单

本附录列示了要求审计师在特定情况下在审计报告中增加强调事项段的其他国际审计准则（适用于会计期间开始于2009年12月15日及以后的财务报表审计）的段落。本清单并不替代对国际审计准则中的要求、相关应用和其他解释性材料的考虑。

- 《国际审计准则第210号——就审计业务约定条款达成一致意见》第19段第（b）项；
- 《国际审计准则第560号——期后事项》第12段第（b）项和第16段；
- 《国际审计准则第570号——持续经营》第19段；
- 《国际审计准则第800号——对按照特殊目的的框架编制的财务报表审计的特殊考虑》第14段。

附录2

（参见：第2段）

包含其他事项段要求的国际审计准则清单

本附录列示了要求审计师在特定情况下在审计报告中增加其他事项段的其他国际审计准则（适用于会计期间开始于2009年12月15日及以后的财务报表审计）的段落。本清单并不替代对国际审计准则中的要求、相关应用和其他解释性材料的考虑。

- 《国际审计准则第560号——期后事项》第12段第（b）项和第16段；
- 《国际审计准则第710号——比较信息：对应数据和比较财务报表》第13－14段，第16－17段，第19段；
- 《国际审计准则第720号——审计师对含有已审计财务报表的文件中的其他信息的责任》第10段第（a）项。

附录 3

（参见：第 A4 段）

带强调事项段的审计报告的参考格式

背景信息：

- 对被审计单位管理层按照国际财务报告准则编制的整套通用目的财务报表执行审计；
- 审计业务约定条款中说明的管理层对财务报表的责任，与国际审计准则第 210 号[①]的规定一致；
- 异常的未决诉讼事项存在不确定性；
- 由于偏离适用的财务报告框架导致发表保留意见；
- 除对财务报表执行审计外，审计师还承担当地法律要求的其他报告责任。

独立审计师报告

恰当的收件人：

对财务报表出具的审计报告[②]

我们审计了后附的 ABC 公司财务报表，包括 20×1 年 12 月 31 日的资产负债表，20×1 年度的综合收益表、所有者权益变动表和现金流量表，以及重要会计政策概要和其他解释性信息。

管理层[③]对财务报表的责任

管理层负责按照国际财务报告准则编制和公允列报财务报表，[④] 并对其认为为使财务报表的编制不存在由于舞弊或错误导致的重大错报所必需的内部控制负责。

---

① 《国际审计准则第 210 号——就审计业务约定条款达成一致意见》。

② 如果第二个副标题“按照其他法律法规的要求报告的事项”不适用，则无需使用“对财务报表出具的审计报告”的副标题。

③ 或使用特定司法管辖区法律框架规定的恰当的其他术语。

④ 如果管理层的责任是编制真实和公允的财务报表，这可以解读为“管理层负责按照国际财务报告准则编制真实和公允的财务报表，……”。

审计师的责任

我们的责任是在执行审计工作的基础上对财务报表发表审计意见。我们按照国际审计准则的规定执行了审计工作。国际审计准则要求我们遵守职业道德要求，计划和执行审计工作以对财务报表是否不存在重大错报获取合理保证。

审计工作涉及实施审计程序，以获取有关财务报表金额和披露的审计证据。选择的审计程序取决于审计师的判断，包括对由于舞弊或错误导致的财务报表重大错报风险的评估。在进行风险评估时，审计师考虑与编制和公允列报财务报表[⑤]相关的内部控制，以设计恰当的审计程序，但目的并非对内部控制的有效性发表意见。[⑥]审计工作还包括评价管理层选用会计政策的恰当性和作出会计估计的合理性，以及评价财务报表的总体列报。

我们相信，我们获取的审计证据是充分、适当的，为发表保留意见提供了基础。

导致保留意见的事项

资产负债表反映公司短期有价证券为×××。管理层没有对这些证券按照公允价值进行后续计量，而是按照历史成本计量，偏离了国际财务报告准则。公司记录表明，如果管理层对有价证券以公允价值计量，公司 20×1 年度综合收益表中需要确认未实现损失×××。20×1 年 12 月 31 日资产负债表中有价证券将减少同样的金额，所得税、净利润和股东权益将分别减少×××、×××和×××。

保留意见

我们认为，除“导致保留意见的事项”段所述事项产生的影响外，财务报表按照国际财务报告准则，在所有重大方面公允反映了（或真实和公允反映了）ABC 公司 20×1 年 12 月 31 日的财务状况以及 20×1 年度的经营成果和现金流量。

强调事项

我们提醒财务报表使用者注意，如财务报表附注×所述，XYZ 公司对 ABC 公司提出的诉讼的结果具有不确定性。[⑦] 本段内容不影响已发表的审计意见。

---

⑤ 对于脚注④，这可以解读为：“在进行风险评估时，审计师考虑与编制真实和公允的财务报表相关的内部控制，以设计恰当的审计程序，但目的并非对内部控制的有效性发表意见”。

⑥ 当审计师有责任将财务报表审计和对内部控制的有效性发表意见协同进行时，本句措辞为；“在进行风险评估时，注册会计师考虑与编制和公允列报财务报表相关的内部控制，以设计恰当的审计程序”。对于脚注④，这可以解读为：“在进行风险评估时，审计师考虑与编制真实和公允的财务报表相关的内部控制，以设计恰当的审计程序”。

⑦ 强调不确定性时，审计师使用与财务报表附注相同的术语。

按照其他法律法规的要求报告的事项

[审计报告中本部分的格式和内容，取决于审计师的其他报告责任的性质。]

[审计师签名]
[审计报告日期]
[审计师地址]

国际审计准则第 710 号
比较信息：对应数据和比较财务报表

（适用于会计期间开始于 2009 年 12 月 15 日及以后的财务报表审计）

目　录

《国际审计准则第 710 号——比较信息：对应数据和比较财务报表》应当与《国际审计准则第 200 号——独立审计师的总体目标和按照国际审计准则执行审计工作》一并阅读。

引　言

本国际审计准则的范围

1. 本国际审计准则规范了审计师在财务报表审计中与比较信息相关的责任。当上期财务报表已由前任审计师审计或未经审计时，国际审计准则第 510 号①中关于期初余额的相关规定同样适用。

比较信息的性质

2. 财务报表中列报的比较信息的性质取决于所适用的财务报告框架的要求。比较信息包括对应数据和比较财务报表，相应地，审计师履行比较信息的报告责任有两种不同的方法。采用的方法通常由法律法规规定，但也可能在业务约定条款中作出约定。

3. 不同方法导致的审计报告主要差异在于：

（a）对于对应数据，审计意见仅提及本期；

（b）对于比较财务报表，审计意见提及列报的财务报表所属的各期。

本国际审计准则对每种方法分别提出不同的审计报告要求。

生效日期

4. 本国际审计准则适用于会计期间开始于2009 年 12 月 15 日及以后的财务报表审计。

目　标

5. 审计师的目标是：

（a）获取充分、适当的审计证据，确定在财务报表中包含的比较信息是否在所有重大方面按照适用的财务报告框架有关比较信息的要求进行列报；

（b）按照审计师的报告责任出具审计报告。

---

① 《国际审计准则第 510 号——首次审计业务涉及的期初余额》。

定 义

6. 就国际审计准则而言，对下列术语给予以下定义：

（a）比较信息，是指包含于财务报表中的、符合适用的财务报告框架的、与一个或多个以前期间相关的金额和披露；

（b）对应数据，属于比较信息，是指作为本期财务报表组成部分的上期金额和其他披露，这些金额和披露只能与本期相关的金额和其他披露（称为“本期数据”）联系起来阅读。对应金额和列报的详细程度主要取决于其与本期数据的相关程度；

（c）比较财务报表，属于比较信息，是指为了与本期财务报表相比较而包含的上期金额和其他披露，但如果已经审计，则将在审计意见中提及。比较财务报表包含信息的详细程度与本期财务报表包含信息的详细程度相似。

当比较信息包括一期以上的金额和披露时，本国际审计准则所指“上期”应理解为“以前数期”。

要 求

审计程序

7. 审计师应当确定财务报表中是否包括所适用的财务报告框架要求的比较信息，以及比较信息是否得到恰当分类。基于上述目的，审计师应当评价：

（a）比较信息是否与上期财务报表列报的金额和其他披露一致，如果必要，比较信息是否已经重述；

（b）在比较信息中所反映的会计政策是否与本期采用的会计政策一致，或者如果会计政策已发生变更，这些变更是否得到恰当处理并得到充分列报与披露。

8. 在实施本期审计时，如果审计师注意到比较信息可能存在重大错报，审计师应当根据实际情况追加必要的审计程序，获取充分、适当的审计证据，以确定是否存在重大错报。如果已审计上期财务报表，审计师还应当遵守国际审计准则第 560 号中的相关规定。[②] 如果上期财务报表已经得到更正，审计师应当确定比较信息与更正后的财务报表一致。

② 《国际审计准则第 560 号——期后事项》，第 14 – 17 段。

9. 按照国际审计准则第580号的规定，[③] 审计师应当获取与审计意见中提及的所有期间相关的书面声明。对于更正上期财务报表中影响比较信息的重大错报的任何重述，审计师还应当获取特定书面声明。（参见：第A1段）

审计报告

对应数据

10. 当列报对应数据时，除第11段、第12段和第14段描述的情形外，审计意见不应提及对应数据。（参见：第A2段）

11. 如果以前针对上期财务报表发表了保留意见、无法表示意见或否定意见，且导致非无保留意见的事项仍未解决，审计师应当对本期财务报表发表非无保留意见。在审计报告的导致非无保留意见的事项段中，审计师应当分下列两种情况予以处理：

（a）在该事项对本期数据的影响或可能的影响重大时，在对导致非无保留意见事项的描述中同时提及本期数据和对应数据；

（b）在其他情况下，说明由于未解决事项对本期数据和对应数据之间可比性的影响或可能的影响，因此发表了非无保留意见（参见：第A3－A5段）。

12. 如果审计师已经获取上期财务报表存在重大错报的审计证据，而以前对该财务报表发表了无保留意见，且对应数据未经适当重述或恰当披露，审计师应当就包括在财务报表中的对应数据，在审计报告中对本期财务报表发表保留意见或否定意见。（参见：第A6段）

上期财务报表已经前任审计师审计

13. 如果上期财务报表已由前任审计师审计，且法律或法规未禁止审计师提及前任审计师对对应数据出具的审计报告，而审计师也决定提及时，审计师应当在审计报告的其他事项段中说明：

（a）上期财务报表已由前任审计师审计；

（b）前任审计师发表的意见的类型，如果是非无保留意见，说明发表非无保留意见的理由；

（c）前任审计师出具的审计报告的日期。（参见：第A7段）

上期财务报表未经审计

14. 如果上期财务报表未经审计，审计师应当在审计报告的其他事项段中说明对应数据未经审计。但这种说明并不减轻对审计师获取充分、适当的审计证据，以确定期初余额不含有对本期财务报表产生重大影响的错报的要求。[④]

---

③ 《国际审计准则第580号——书面声明》，第14段。

④ 国际审计准则第510号，第6段。

比较财务报表

15. 当列报比较财务报表时，审计意见应当提及列报财务报表所属的各期，以及发表的审计意见涵盖的各期。（参见：第 A8 - A9 段）

16. 当因本期审计而对上期财务报表发表审计意见时，如果对上期财务报表发表的意见与以前发表的意见不同，审计师应当按照国际审计准则第 706 号⑤在其他事项段中披露导致不同意见的实质性原因。（参见：第 A10 段）

上期财务报表已经前任审计师审计

17. 如果上期财务报表已由前任审计师审计，除非前任审计师对上期财务报表出具的审计报告与财务报表一同对外提供，审计师除对本期财务报表发表意见外，还应当在其他事项段中说明：

（a）上期财务报表已由前任审计师审计；

（b）前任审计师发表的意见的类型，如果是非无保留意见，说明发表非无保留意见的理由；

（c）前任审计师出具的审计报告的日期。

18. 如果审计师认为存在影响上期财务报表的重大错报，而前任审计师以前出具了无保留意见的报告，审计师应当就错报与适当层级的管理层沟通，并要求告知前任审计师。审计师还应当与治理层进行沟通，除非治理层全部成员参与管理被审计单位⑥。如果上期财务报表已经更正，且前任审计师同意对更正后的上期财务报表出具新的审计报告，审计师应当仅对本期财务报表出具报告。（参见：第 A11 段）

上期财务报表未经审计

19. 如果上期财务报表未经审计，审计师应当在其他事项段中说明比较财务报表未经审计。但这种说明并不减轻审计师获取充分、适当的审计证据，以确定期初余额不含有对本期财务报表产生重大影响的错报的责任。⑦

应用和其他解释性材料

审计程序

书面声明（参见：第 9 段）

A1. 在比较财务报表的情形下，由于管理层需要再次确认其以前作出的与上期

⑤ 《国际审计准则第 706 号——在独立审计师报告中增加强调事项段和其他事项段》，第 8 段。
⑥ 《国际审计准则第 260 号——与治理层的沟通》，第 13 段。
⑦ 国际审计准则第 510 号，第 6 段。

相关的书面声明仍然适当，审计师应要求管理层提供与审计意见所提及的所有期间相关的书面声明。在对应数据的情形下，由于审计意见针对包含对应数据的本期财务报表，审计师要求管理层仅就本期财务报表提供书面声明。然而，对上期财务报表中影响比较信息的重大错报进行更正而作出的任何重述，审计师要求管理层提供特别书面声明。

审计报告

对应数据

不在审计意见中提及（参见：第10段）

A2. 由于审计意见是针对包括对应数据的本期财务报表整体的，审计意见不提及对应数据。

导致对上期财务报表发表非无保留意见的事项未解决（参见：第11段）

A3. 如果以前针对上期财务报表发表了保留意见、无法表示意见或否定意见，且导致非无保留意见的事项已经解决，并已按照适用的财务报告框架进行恰当的会计处理，或在财务报表中作出适当的披露，则针对本期财务报表发表的审计意见无需提及之前的非无保留意见。

A4. 如果以前针对上期财务报表发表了非无保留意见，且导致非无保留意见的事项尚未解决，该尚未解决的事项可能与本期数据无关。尽管如此，由于尚未解决的事项对本期数据和对应数据的可比性存在影响或可能存在影响，可能需要对本期财务报表发表保留意见、无法表示意见或否定意见（如适用）。

A5. 如果针对上期财务报表发表了非无保留意见，且导致非无保留意见的事项尚未解决，审计报告示例见附录中的参考格式1和参考格式2。

上期财务报表中的错报（参见：第12段）

A6. 如果存在错报的上期财务报表尚未更正，并且没有重新出具审计报告，但对应数据已在本期财务报表中得到适当重述或恰当披露，可以在审计报告中增加强调事项段，以描述这一情况，并提及详细描述该事项的相关披露在财务报表中的位置（参见国际审计准则第706号）。

上期财务报表已经前任审计师审计（参见：第13段）

A7. 如果上期财务报表已由前任审计师审计，并且法律法规不禁止审计师提及前任审计师对对应数据出具的的审计报告，审计报告示例见附录中的参考格式3。

比较财务报表

在审计意见中提及（参见：第15段）

A8. 由于对比较财务报表出具的审计报告涵盖所列报的每期财务报表，审计师可以对一期或多期财务报表发表保留意见或否定意见、无法表示意见，或者在审计报告中增加强调事项段，而对其他期间的财务报表发表不同的审计意见。

A9. 如果审计师需要结合本年审计对本期和上期财务报表同时出具报告，而上期包含非无保留意见，并且导致非无保留意见的事项仍未解决，审计报告示例见附录中的参考格式4。

对上期财务报表的意见不同于以前发表的意见（参见：第16段）

A10. 当结合本期审计对上期财务报表出具审计报告时，如果审计师在本期审计过程中注意到严重影响上期财务报表的情形或事项，对上期财务报表发表的意见可能与以前发表的意见不同。在某些司法管辖区，审计师可能负有额外的报告责任，以防止信赖审计师以前对上期财务报表出具的报告。

上期财务报表已经前任审计师审计（参见：第18段）

A11. 前任审计师可能无法或不愿对上期财务报表重新出具审计报告。审计师可以在审计报告的其他事项段指出前任审计师对更正前的上期财务报表出具了报告。此外，如果审计师针对作出更正的调整事项接受委托实施审计并获取充分、适当的审计证据，审计报告中也可包括以下段落：

作为20X2年度财务报表审计的一部分，我们同时审计了附注X中描述的用于对20X1年度财务报表作出更正的调整事项。我们认为这些调整是恰当的，并得到了适当运用。除了与调整相关的事项外，我们没有接受委托对公司20X1年度的财务报表实施审计、审阅或任何程序，因此，我们不对20X1年度财务报表整体发表意见或提供任何形式的保证。

附录

审计报告参考格式

参考格式 1：对应数据（参见：第 A5 段）

针对第 11 段第（a）项所述情形的报告示例：

- 以前对上期财务报表出具了保留意见的审计报告；
- 导致非无保留意见的事项尚未解决；
- 该事项对本期数据的影响或可能的影响是重大的，需要对本期数据发表非无保留意见。

独立审计师报告

[恰当的收件人]

对财务报表出具的审计报告①

我们审计了后附的 ABC 公司财务报表，包括 20×1 年 12 月 31 日的资产负债表，20×1 年度的综合收益表、所有者权益变动表和现金流量表，以及重要会计政策概要和其他解释性信息。

管理层②对财务报表的责任

管理层负责按照国际财务报告准则编制和公允列报财务报表，③ 并对其认为为使财务报表的编制不存在由于舞弊或错误导致的重大错报所必需的内部控制负责。

审计师的责任

我们的责任是在执行审计工作的基础上对财务报表发表审计意见。我们按照国际审计准则的规定执行了审计工作。国际审计准则要求我们遵守职业道德要求，计

① 如果第二个副标题“按照其他法律法规的要求报告的事项”不适用，则无需使用“对财务报表出具的审计报告”的副标题。

② 或使用特定司法管辖区法律框架规定的恰当的其他术语。

③ 如果管理层的责任是编制真实和公允的财务报表，这可以表述为“管理层负责按照国际财务报告准则编制真实和公允的财务报表，……”。

划和执行审计工作以对财务报表是否不存在重大错报获取合理保证。

审计工作涉及实施审计程序，以获取有关财务报表金额和披露的审计证据。选择的审计程序取决于审计师的判断，包括对由于舞弊或错误导致的财务报表重大错报风险的评估。在进行风险评估时，审计师考虑与编制和公允列报财务报表④相关的内部控制，以设计恰当的审计程序，但目的并非对内部控制的有效性发表意见。⑤审计工作还包括评价管理层选用会计政策的恰当性和作出会计估计的合理性，以及评价财务报表的总体列报。

我们相信，我们获取的审计证据是充分、适当的，为发表保留意见提供了基础。

导致保留意见的事项

如财务报表附注X所述，财务报表中未按照国际财务报告准则计提折旧。这项决定是管理层在上一会计年度开始时作出的，导致我们对该年度财务报表发表了保留意见。按照直线折旧法以及房屋5%和机器设备20%的年折旧率，20×1年度和20×0年度的当年亏损将分别增加×××和×××，20×1年末和20×0年末的不动产、厂房和设备将因累计折旧而减少×××和×××，并且20×1年末和20×0年末的累计亏损将分别增加×××和×××。

保留意见

我们认为，除“导致保留意见的事项”段所述事项产生的影响外，财务报表按照国际财务报告准则，在所有重大方面公允反映了（或真实和公允反映了）ABC公司20×1年12月31日的财务状况以及20×1年度的经营成果和现金流量。

按照其他法律法规的要求报告的事项

[审计报告中本部分的格式和内容，取决于审计师的其他报告责任的性质。]

[审计师签名]
[审计报告日期]
[审计师地址]

④ 对于脚注③，这可以表述为：“在进行风险评估时，审计师考虑与编制真实和公允的财务报表相关的内部控制，以设计恰当的审计程序，但目的并非对内部控制的有效性发表意见”。

⑤ 当审计师有责任将财务报表审计和对内部控制的有效性发表意见协同进行时，本句措辞为；“在进行风险评估时，审计师考虑与编制和公允列报财务报表相关的内部控制，以设计恰当的审计程序”。对于脚注③，这可以表述为：“在进行风险评估时，审计师考虑与编制真实和公允的财务报表相关的内部控制，以设计恰当的审计程序”。

参考格式 2：对应数据（参见：第 A5 段）

针对第 11 段第（b）项所述情形的报告示例：

- 以前对上期财务报表出具了保留意见的审计报告；
- 导致非无保留意见的事项仍未解决；
- 尽管该事项对本期数据的影响或可能的影响并不重大，但由于尚未解决的事项对本期数据和对应数据的可比性存在影响或可能存在影响，需要对本期数据发表非无保留意见。

独立审计师报告

[恰当的收件人]

对财务报表出具的审计报告⑥

我们审计了后附的 ABC 公司财务报表，包括 20×1 年 12 月 31 日的资产负债表，20×1 年度的综合收益表、所有者权益变动表和现金流量表，以及重要会计政策概要和其他解释性信息。

管理层⑦对财务报表的责任

管理层负责按照国际财务报告准则编制和公允列报财务报表，⑧ 并对其认为为使财务报表的编制不存在由于舞弊或错误导致的重大错报所必需的内部控制负责。

审计师的责任

我们的责任是在执行审计工作的基础上对财务报表发表审计意见。我们按照国际审计准则的规定执行了审计工作。国际审计准则要求我们遵守职业道德要求，计划和执行审计工作以对财务报表是否不存在重大错报获取合理保证。

审计工作涉及实施审计程序，以获取有关财务报表金额和披露的审计证据。选择的审计程序取决于审计师的判断，包括对由于舞弊或错误导致的财务报表重大错

⑥ 如果第二个副标题“按照其他法律法规的要求报告的事项”不适用，则无需使用“对财务报表出具的审计报告”的副标题。

⑦ 或使用特定司法管辖区法律框架规定的恰当的其他术语。

⑧ 如果管理层的责任是编制真实和公允的财务报表，这可以表述为“管理层负责按照国际财务报告准则编制真实和公允的财务报表，……”。

报风险的评估。在进行风险评估时，审计师考虑与编制和公允列报财务报表[⑨]相关的内部控制，以设计恰当的审计程序，但目的并非对内部控制的有效性发表意见。[⑩]审计工作还包括评价管理层选用会计政策的恰当性和作出会计估计的合理性，以及评价财务报表的总体列报。

我们相信，我们获取的审计证据是充分、适当的，为发表保留意见提供了基础。

导致保留意见的事项

由于我们于 20×0 年接受委托成为 ABC 公司的审计师，我们无法对该年年初的存货实施监盘，也不能实施替代程序确定存货的数量。鉴于期初存货影响经营成果的确定，我们不能确定是否应对 20×0 年度的经营成果和期初留存收益作出必要的调整。因此，我们对 20×0 年度的财务报表发表了非无保留意见。由于该事项对本期数据和对应数据的可比性可能存在影响，我们对本期财务报表发表非无保留意见。

保留意见

我们认为，除“导致保留意见的事项”段所述事项可能产生的影响外，财务报表按照国际财务报告准则，在所有重大方面公允反映了（或真实和公允反映了）ABC 公司 20×1 年 12 月 31 日的财务状况以及 20×1 年度的经营成果和现金流量。

按照相关法律法规的要求报告的事项

[审计报告中本部分的格式和内容，取决于审计师的其他报告责任的性质。]

[审计师签名]
[审计报告日期]
[审计师地址]

---

⑨ 对于脚注⑧，这可以表述为：“在进行风险评估时，审计师考虑与编制真实和公允的财务报表相关的内部控制，以设计恰当的审计程序，但目的并非对内部控制的有效性发表意见”。

⑩ 当审计师有责任将财务报表审计和对内部控制的有效性发表意见协同进行时，本句措辞为；“在进行风险评估时，审计师考虑与编制和公允列报财务报表相关的内部控制，以设计恰当的审计程序”。对于脚注⑧，这可以表述为：“在进行风险评估时，审计师考虑与编制真实和公允的财务报表相关的内部控制，以设计恰当的审计程序”。

参考格式3：对应数据（参见：第A7段）

针对第13段所述情形的报告示例：

- 上期财务报表已经前任审计师审计；
- 法律法规不禁止审计师提及前任审计师对对应数据出具的审计报告，并且审计师决定提及。

独立审计师报告

[恰当的收件人]

对财务报表出具的审计报告⑪

我们审计了后附的ABC公司财务报表，包括20×1年12月31日的资产负债表，20×1年度的综合收益表、所有者权益变动表和现金流量表，以及重要会计政策概要和其他解释性信息。

管理层⑫对财务报表的责任

管理层负责按照国际财务报告准则编制和公允列报财务报表，⑬ 并对其认为为使财务报表的编制不存在由于舞弊或错误导致的重大错报所必需的内部控制负责。

审计师的责任

我们的责任是在执行审计工作的基础上对财务报表发表审计意见。我们按照国际审计准则的规定执行了审计工作。国际审计准则要求我们遵守职业道德要求，计划和执行审计工作以对财务报表是否不存在重大错报获取合理保证。

审计工作涉及实施审计程序，以获取有关财务报表金额和披露的审计证据。选择的审计程序取决于审计师的判断，包括对由于舞弊或错误导致的财务报表重大错报风险的评估。在进行风险评估时，审计师考虑与编制和公允列报财务报表⑭相关

---

⑪ 如果第二个副标题“按照其他法律法规的要求报告的事项”不适用，则无需使用“对财务报表出具的审计报告”的副标题。

⑫ 或使用特定司法管辖区法律框架规定的恰当的其他术语。

⑬ 如果管理层的责任是编制真实和公允的财务报表，这可以表述为“管理层负责按照国际财务报告准则编制真实和公允的财务报表，……”。

⑭ 对于脚注⑬，这可以表述为：“在进行风险评估时，审计师考虑与编制真实和公允的财务报表相关的内部控制，以设计恰当的审计程序，但目的并非对内部控制的有效性发表意见”。

的内部控制，以设计恰当的审计程序，但目的并非对内部控制的有效性发表意见。[15]审计工作还包括评价管理层选用会计政策的恰当性和作出会计估计的合理性，以及评价财务报表的总体列报。

我们相信，我们获取的审计证据是充分、适当的，为发表审计意见提供了基础。

审计意见

我们认为，财务报表按照国际财务报告准则，在所有重大方面公允反映了（或真实和公允反映了）ABC 公司 20×1 年 12 月 31 日的财务状况以及 20X1 年度的经营成果和现金流量。

其他事项

ABC 公司 20×0 年度财务报表由其他审计师审计，并于 20×1 年 3 月 31 日发表了无保留意见。

按照相关法律法规的要求报告的事项

[审计报告中本部分的格式和内容，取决于审计师的其他报告责任的性质。]

[审计师签名]
[审计报告日期]
[审计师地址]

参考格式 4：比较财务报表（参见：第 A9 段）

针对第 15 段所述情形的报告示例：

- 审计师需要结合本年审计对本期和上期财务报表同时出具报告；
- 以前对上期财务报表出具了保留意见的审计报告；
- 导致非无保留意见的事项仍未解决；
- 该事项对本期数据产生的影响或可能产生的影响，对于本期财务报表和上期财务报表都是重大的，需要发表非无保留意见。

---

⑮ 当审计师有责任将财务报表审计和对内部控制的有效性发表意见协同进行时，本句措辞为："在进行风险评估时，审计师考虑与编制和公允列报财务报表相关的内部控制，以设计恰当的审计程序"。对于脚注⑬，这可以表述为："在进行风险评估时，审计师考虑与编制真实和公允的财务报表相关的内部控制，以设计恰当的审计程序"。

独立审计师报告

[恰当的收件人]

对财务报表出具的审计报告⑯

我们审计了后附的ABC公司财务报表，包括20×1年12月31日和20×0年12月31日的资产负债表，20×1年度和20×0年度的综合收益表、所有者权益变动表和现金流量表，以及重要会计政策概要和其他解释性信息。

管理层⑰对财务报表的责任

管理层负责按照国际财务报告准则编制和公允列报财务报表，⑱ 并对其认为为使财务报表的编制不存在由于舞弊或错误导致的重大错报所必需的内部控制负责。

审计师的责任

我们的责任是在执行审计工作的基础上对财务报表发表审计意见。我们按照国际审计准则执行了审计工作。国际审计准则要求我们遵守职业道德要求，计划和执行审计工作以对财务报表是否不存在重大错报获取合理保证。

审计工作涉及实施审计程序，以获取有关财务报表金额和披露的审计证据。选择的审计程序取决于审计师的判断，包括对由于舞弊或错误导致的财务报表重大错报风险的评估。在进行风险评估时，审计师考虑与编制和公允列报财务报表⑲相关的内部控制，以设计恰当的审计程序，但目的并非对内部控制的有效性发表意见。⑳审计工作还包括评价管理层选用会计政策的恰当性和作出会计估计的合理性，以及评价财务报表的总体列报。

我们相信，我们获取的审计证据是充分、适当的，为发表保留意见提供了基础。

---

⑯ 如果第二个副标题“按照其他法律法规的要求报告的事项”不适用，则无需使用“对财务报表出具的审计报告”的副标题。

⑰ 或使用特定司法管辖区法律框架规定的恰当的其他术语。

⑱ 如果管理层的责任是编制真实和公允的财务报表，这可以表述为“管理层负责按照国际财务报告准则编制真实和公允的财务报表，……”。

⑲ 对于脚注⑱，这可以表述为：“在进行风险评估时，审计师考虑与编制真实和公允的财务报表相关的内部控制，以设计恰当的审计程序”。

⑳ 当审计师有责任将财务报表审计和对内部控制的有效性发表意见协同进行时，本句措辞为：“在进行风险评估时，审计师考虑与编制和公允列报财务报表相关的内部控制，以设计恰当的审计程序”。对于脚注⑱，这可以表述为：“在进行风险评估时，审计师考虑与编制真实和公允的财务报表相关的内部控制，以设计恰当的审计程序，但目的并非对内部控制的有效性发表意见”。

导致保留意见的事项

如财务报表附注×所述，财务报表中未按照国际财务报告准则计提折旧。按照直线折旧法以及房屋 5% 和机器设备 20% 的年折旧率，20×1 年度和 20×0 年度的当年亏损将分别增加×××和×××，20×1 年末和 20×0 年末的不动产、厂房和设备将因累计折旧而分别减少×××和×××，并且 20×1 年末和 20×0 年末的累计亏损将分别增加×××和×××。

保留意见

我们认为，除"导致保留意见的事项"段所述事项产生的影响外，财务报表按照国际财务报告准则，在所有重大方面公允反映了（或真实和公允反映了）ABC 公司 20×1 年 12 月 31 日和 20×0 年 12 月 31 日的财务状况以及 20×1 年度和 20×0 年度的经营成果和现金流量。

按照相关法律法规的要求报告的事项

[审计报告中本部分的格式和内容，取决于审计师的其他报告责任的性质。]

[审计师签名]
[审计报告日期]
[审计师地址]

国际审计准则第 720 号
审计师对含有已审计财务报表的文件中的其他信息的责任

（适用于会计期间开始于 2009 年 12 月 15 日及以后的财务报表审计）

目　录

《国际审计准则第 720 号——审计师对含有已审计财务报表的文件中的其他信息的责任》应当与《国际审计准则第 200 号——独立审计师的总体目标和按照国际审计准则执行审计工作》一并阅读。

引　言

本国际审计准则的范围

1. 本国际审计准则规范了审计师对含有已审计财务报表和审计报告的文件中的其他信息的责任。在审计业务没有提出专门要求的情况下，审计意见不涵盖其他信息，审计师没有专门责任确定其他信息是否得到适当陈述。然而，由于已审计财务报表与其他信息之间可能存在的重大不一致将损害已审计财务报表的可信性，审计师需要阅读其他信息。（参见：第 A1 段）

2. 本国际审计准则中，“含有已审计财务报表的文件”是指被审计单位向所有者（或类似的利益相关方）公布的含有已审计财务报表和审计报告的年度报告（或类似文件）。对含有已审计财务报表的其他文件，例如在证券发行中使用的文件，审计师可以根据具体情况遵守本国际审计准则的规定。[①]（参见：第 A2 段）

生效日期

3. 本国际审计准则适用于会计期间开始于2009 年12 月15 日及以后的财务报表审计。

目　标

4. 审计师的目标是，当含有已审计财务报表和审计报告的文件中的其他信息可能损害财务报表和审计报告的可信性时，作出恰当的应对。

定　义

5. 就国际审计准则而言，对下列术语给予以下定义：

（a）其他信息，是指根据法律法规的规定或惯例，在含有已审计财务报表和审计报告的文件中包含的除已审计财务报表和审计报告以外的财务信息和非财务信息；（参见：第 A3 - A4 段）

① 《国际审计准则第 200 号——独立审计师的总体目标和按照国际审计准则执行审计工作》，第 2 段。

（b）不一致，是指其他信息与已审计财务报表中的信息相矛盾。重大不一致可能导致审计师对依据以前获取的审计证据得出的审计结论产生怀疑，甚至对形成财务报表审计意见的基础产生怀疑；

（c）对事实的错报，是指在其他信息中，对与已审计财务报表所反映事项不相关的信息作出的不正确陈述或列报。对事实的重大错报可能损害含有已审计财务报表的文件的可信性。

要　求

阅读其他信息

6. 审计师应当阅读其他信息，以识别其是否与已审计财务报表存在重大不一致。

7. 审计师应当与管理层或治理层作出适当安排，以便在审计报告日前获取其他信息。如果在审计报告日前无法获取所有其他信息，审计师应当在审计报告日后尽早阅读其他信息。（参见：第 A5 段）

重大不一致

8. 在阅读其他信息时，如果识别出重大不一致，审计师应当确定已审计财务报表或其他信息是否需要作出修改。

在审计报告日前获取的其他信息中识别出重大不一致

9. 如果需要对已审计财务报表作出修改，但管理层拒绝作出修改，审计师应当按照国际审计准则第 705 号②的规定在审计报告中发表非无保留意见。

10. 如果需要对其他信息作出修改，但管理层拒绝作出修改，除非治理层的所有成员参与管理被审计单位，③ 审计师应当就该事项与治理层进行沟通，并采取下列措施之一：

（a）按照国际审计准则第 706 号的规定，在审计报告中增加其他事项段，说明重大不一致；④

（b）拒绝提交审计报告；

（c）如果适用的法律法规允许，解除业务约定。（参见：第 A6 – A7 段）

② 《国际审计准则第 705 号——在独立审计师报告中发表非无保留意见》。

③ 《国际审计准则第 260 号——与治理层的沟通》，第 13 段。

④ 《国际审计准则第 706 号——在独立审计师报告中增加强调事项段和其他事项段》，第 8 段。

在审计报告日后获取的其他信息中识别出重大不一致

11. 如果需要对已审计财务报表作出修改，审计师应当遵守国际审计准则第560号的相关规定。[⑤]

12. 如果需要对其他信息作出修改，同时管理层同意修改，审计师应当根据具体情况实施必要的程序。（参见：第A8段）

13. 如果需要对其他信息作出修改，但管理层拒绝作出修改，除非治理层的所有成员参与管理被审计单位，审计师应当将对其他信息的疑虑告知治理层，并采取适当的进一步措施。（参见：第A9段）

对事实的重大错报

14. 在阅读其他信息以识别重大不一致时，如果审计师注意到明显的对事实的重大错报，审计师应当与管理层讨论该事项。（参见：第A10段）

15. 如果在讨论后审计师仍然认为存在明显的对事实的重大错报，审计师应当提请管理层咨询被审计单位的法律顾问等有资格的第三方的意见，审计师应当考虑管理层收到的咨询意见。

16. 如果审计师认为在其他信息中存在对事实的重大错报，但管理层拒绝作出修改，除非治理层的所有成员参与管理被审计单位，审计师应当将对其他信息的疑虑告知治理层，并采取适当的进一步措施。（参见：第A11段）

应用和其他解释性材料

本国际审计准则的范围

根据法律法规或监管要求，与其他信息相关的额外责任（参见：第1段）

A1. 根据法律法规或监管要求，审计师可能承担与其他信息相关的额外责任，该责任超出了本国际审计准则规定的审计师责任的范围。例如，某些司法管辖区可能要求审计师对某类其他信息（如要求提供的补充数据）实施特定程序，或对其他信息中提及的业绩指标的可信赖程度发表意见。如果存在这类义务，对审计师额外责任的确定，取决于业务的性质、法律法规和相关职业准则的规定。如果这些其他信息发生遗漏或存在缺陷，审计师可能需要根据法律法规或监管要求在审计报告中

⑤ 《国际审计准则第560号——期后事项》，第10－17段。

提及该事项。

含有已审计财务报表的文件（参见：第2段）

对小型被审计单位的特殊考虑

A2. 小型被审计单位一般不可能发布含有已审计财务报表的文件，除非法律法规另有规定。例如，如果法律法规要求，在含有小型被审计单位已审计财务报表的文件中将含有治理层的报告或详式利润表和管理层报告。

其他信息的定义（参见：第5段第（a）项）

A3. 其他信息可能包括的内容举例如下：

- 管理层或治理层的经营报告；
- 财务数据摘要；
- 员工情况数据；
- 计划的资本性支出；
- 财务比率；
- 董事和高级管理人员的姓名；
- 择要列示的季度数据。

A4. 就国际审计准则而言，其他信息不包括下列内容：

- 新闻稿或发送备忘页，如含有已审计财务报表和审计报告文件的附函；
- 分析师报告中包含的信息；
- 被审计单位网站含有的信息。

阅读其他信息（参见：第7段）

A5. 在审计报告日前获取其他信息，能够使审计师及时与管理层解决可能存在的重大不一致或者明显的对事实的重大错报。审计师与管理层就何时获取其他信息达成一致意见，是非常有用的。

重大不一致

在审计报告日前获取的其他信息中识别出重大不一致（参见：第10段）

A6. 如果管理层拒绝对其他信息作出修改，审计师可以根据其法律顾问的建议确定拟采取的进一步措施。

对公共部门实体的特殊考虑

A7. 在对公共部门实体的审计中，审计师可能无法选择解除业务约定或拒绝提交审计报告。在这些情况下，审计师可以向恰当的法定机构出具报告，详细说明不一致的情况。

审计报告日后获取的其他信息中识别出重大不一致（参见：第 12－13 段）

A8. 如果管理层同意对其他信息作出修改，审计师实施的程序可能包括评价管理层采取的措施，以确保收到之前公布的财务报表、审计报告和其他信息的人员均被告知作出的修改。

A9. 如果审计师认为有必要对其他信息作出修改，而管理层拒绝作出修改，审计师可以采取适当的进一步措施，包括征询法律意见。

对事实的重大错报（参见：第 14－16 段）

A10. 在与管理层讨论明显的对事实的重大错报时，审计师可能无法评价包括在其他信息内的某些披露和管理层对审计师答复的合理性，并可能认为双方的判断或意见的合理差异是存在的。

A11. 如果审计师认为其他信息中存在对事实的重大错报，但管理层拒绝作出修改，审计师可以采取适当的进一步措施，包括征询法律意见。

国际审计准则第 800 号
对按照特殊目的框架编制的财务报表审计的特殊考虑

（适用于会计期间开始于 2009 年 12 月 15 日及以后的财务报表审计）

目　录

《国际审计准则第 800 号——对按照特殊目的框架编制的财务报表审计的特殊考虑》应当与《国际审计准则第 200 号——独立审计师的总体目标和按照国际审计准则执行审计工作》一并阅读。

引 言

本国际审计准则的范围

1. 国际审计准则第 100—700 号适用于财务报表审计。本国际审计准则规范了运用这些国际审计准则对按照特殊目的框架编制的财务报表进行审计时的特殊考虑。

2. 本国际审计准则是针对按照特殊目的框架编制的整套财务报表审计制定的。国际审计准则第 805 号①规范了与单一财务报表或财务报表特定要素、账户或项目审计相关的特殊考虑。

3. 本国际审计准则并不超越其他国际审计准则的要求，也未涵盖需要根据业务的具体情况作出的所有特殊考虑。

生效日期

4. 本国际审计准则适用于会计期间开始于 2009 年 12 月 15 日及以后的财务报表审计。

目 标

5. 审计师的目标是，在运用国际审计准则审计按照特殊目的框架编制的财务报表时，恰当处理与下列方面相关的特殊考虑：

（a）业务的承接；

（b）业务的计划和执行；

（c）对财务报表形成审计意见并出具审计报告。

定 义

6. 就国际审计准则而言，对下列术语给予以下定义：

（a）特殊目的财务报表，是指按照特殊目的框架编制的财务报表；（参见：第 A4 段）

---

① 《国际审计准则第 805 号——对单一财务报表和财务报表特定要素、账户或项目审计的特殊考虑》。

（b）特殊目的框架，是指用以满足财务报表特定使用者财务信息需求的财务报告框架。财务报告框架可能是公允列报框架或遵循性框架。② （参见：第 A1 - A4 段）

7. 本国际审计准则中的“财务报表”是指“整套特殊目的财务报表，包括相关附注”。相关附注通常包含重要会计政策概要及其他解释性信息。适用的财务报告框架的要求决定了财务报表的形式和内容，以及整套财务报表的构成。

要　求

业务承接时的考虑

财务报告框架的可接受性

8. 国际审计准则第 210 号要求审计师确定管理层编制财务报表时采用的财务报告框架的可接受性。③ 在特殊目的财务报表审计中，审计师应当了解：

（a）财务报表的编制目的；

（b）预期使用者；

（c）管理层为确定财务报告框架在具体情况下的可接受性所采取的措施。

计划和执行审计工作时的考虑

9. 国际审计准则第 200 号要求审计师遵守与审计相关的所有国际审计准则。④ 在计划和执行特殊目的财务报表审计工作时，审计师应当确定运用这些国际审计准则时是否需要根据业务的具体情况作出特殊考虑。（参见：第 A9 - A12 段）

10. 国际审计准则第 315 号要求审计师了解被审计单位会计政策选择和运用的情况。⑤ 在财务报表按照合同条款编制的情况下，审计师应当了解管理层在编制财务报表时对合同作出的所有重要解释。如果采用其他合理解释将导致财务报表中列报的信息出现重大差异，则管理层对合同作出的解释就是重要的。

② 《国际审计准则第 200 号——独立审计师的总体目标和按照国际审计准则执行审计工作》，第 13 段第（a）项。

③ 《国际审计准则第 210 号——就审计业务约定条款达成一致意见》，第 6 段第（a）项。

④ 国际审计准则第 200 号，第 18 段。

⑤ 《国际审计准则第 315 号——通过了解被审计单位及其环境识别和评估重大错报风险》，第 11 段第（c）项。

形成审计意见和出具报告时的考虑

11. 在对特殊目的财务报表形成审计意见并出具审计报告时，审计师应当遵守国际审计准则第 700 号[⑥]的规定。（参见：第 A13 段）

对适用的财务报告框架的描述

12. 国际审计准则第 700 号要求审计师评价财务报表是否恰当提及或说明适用的财务报告框架。[⑦] 在财务报表按照合同条款编制的情况下，审计师应当评价财务报表是否恰当说明对财务报表编制所依据的合同作出的所有重要解释。

13. 国际审计准则第 700 号规定了审计报告的格式和内容。对于特殊目的财务报表审计报告：

（a）审计报告还应当说明财务报表的编制目的，并在必要时说明财务报表预期使用者，或提及含有这些信息的特殊目的财务报表附注；

（b）如果管理层在编制特殊目的财务报表时可以选择财务报告框架，在说明管理层对财务报表所负责任时，还应当提及管理层负责[⑧]确定适用的财务报告框架在具体情况下的可接受性。

提醒审计报告使用者关注财务报表按照特殊目的框架编制

14. 特殊目的财务报表审计报告应当增加强调事项段，以提醒审计报告使用者关注财务报表按照特殊目的框架编制，因此，财务报表可能不适用于其他目的。审计师应当将强调事项段置于适当的标题下。（参见：第 A14 – A15 段）

应用和其他解释性材料

特殊目的框架的定义（参见：第 6 段）

A1. 特殊目的框架举例如下：

- 纳税申报表后附的财务报表所采用的计税核算基础；
- 被审计单位为债权人编制的反映现金流信息的现金收入和支出核算基础；
- 监管机构为满足监管要求作出的财务报告规定；
- 合同（如债券契约、贷款协议或项目拨款）作出的财务报告规定。

---

⑥ 《国际审计准则第 700 号——对财务报表形成审计意见和出具审计报告》。

⑦ 国际审计准则第 700 号，第 15 段。

⑧ 或使用在特定司法管辖区内法律框架规定的恰当的其他术语。

A2. 在某些情况下，特殊目的框架建立在由经授权或获得认可的准则制定机构或法律法规制定的财务报告框架的基础上，但并不符合该财务报告框架的全部要求。例如，某合同要求按照司法管辖区 X 的财务报告准则中的大多数而非全部规定编制财务报表。如果上述做法对于审计业务的具体环境是可接受的，在特殊目的财务报表中描述所采用的财务报告框架时，暗示完全遵守了由经授权或获得认可的准则制定机构或法律法规制定的财务报告框架是不恰当的。在上述合同示例中，描述适用的财务报告框架可以提及合同中有关财务报告的规定，而非提及司法管辖区的财务报告准则。

A3. 在第 A2 段的举例中，即使特殊目的框架所依据的财务报告框架本身是公允列报框架，特殊目的框架也可能不是公允列报框架。这是因为特殊目的框架可能并未遵守由经授权或获得认可的准则制定机构或法律法规为实现财务报表公允列报而制定的财务报告框架的全部要求。

A4. 按照特殊目的框架编制的财务报表可能是被审计单位编制的唯一财务报表，这些财务报表可能为其他使用者（除该特殊目的框架针对的使用者外）使用。在这种情况下，尽管财务报表被广为分发，但仍然被视为本国际审计准则界定的特殊目的财务报表。第 13 – 14 段中的要求旨在避免对财务报表编制目的的误解。

业务承接时的考虑

财务报告框架的可接受性（参见：第 8 段）

A5. 对于特殊目的财务报表，预期使用者对财务信息的需求是确定编制财务报表采用的财务报告框架的可接受性的关键因素。

A6. 适用的财务报告框架可能包括由经授权或获得认可的准则制定机构制定的用于编制特殊目的财务报表的财务报告准则。在这种情况下，如果准则制定机构遵循一套既定和透明的程序（包括认真研究和仔细考虑利益相关者的观点），这些财务报告准则将被认为对于编制特殊目的财务报表是可接受的。在某些司法管辖区，法律法规可能为特定类型实体规定了管理层在编制特殊目的财务报表时采用的财务报告框架。例如，监管机构可能为满足监管需求而作出财务报告规定。在不存在相反证据的情况下，对于此类实体编制的特殊目的财务报表，这种财务报告框架被假定为是可接受的。

A7. 如果法律法规或监管要求对 A6 段提及的财务报告准则作出补充规定，国际审计准则第 210 号要求审计师确定财务报告准则与补充规定之间是否存在冲突，并规定了存在冲突时审计师采取的措施。⑨

⑨ 国际审计准则第 210 号，第 18 段。

A8. 适用的财务报告框架可能包括合同中作出的财务报告规定，或除第 A6 段和 A7 段说明的财务报告准则外的其他来源。在这种情况下，确定财务报告框架在业务具体情况下的可接受性时，可考虑该框架是否具备国际审计准则第 210 号附录 2 中提及的可接受财务报告框架通常具有的特征。对于特殊目的框架，审计师需要运用职业判断，确定可接受的财务报告框架通常具有的某项特征对于特定业务的相对重要性。例如，为了确定净资产在销售日的价值，出售方和购买方可能一致认为，非常谨慎地估计坏账准备对他们的需求来说是适当的，即使与按照通用目的框架编制的财务信息相比，这些财务信息可能是不中立的。

计划和执行审计工作时的考虑（参见：第 9 段）

A9. 国际审计准则第 200 号要求审计师遵守：（a）与财务报表审计相关的职业道德要求，包括独立性要求；（b）与审计工作相关的所有国际审计准则。该准则还要求审计师遵守每项国际审计准则的各项要求，除非某项审计准则的全部内容与具体审计工作不相关，或审计准则的某项要求存在适用条件而该条件并不存在。在极其特殊的情况下，审计师可能认为有必要偏离某项国际审计准则的相关要求，通过实施替代审计程序实现相关要求的目的。[10]

A10. 在特殊目的财务报表审计中，审计师可能需要对如何运用国际审计准则的某些要求作出特殊考虑。例如，国际审计准则第 320 号规定，判断某事项对财务报表使用者是否重大，是在考虑财务报表使用者整体共同的财务信息需求的基础上作出的。[11] 然而，对于特殊目的财务报表审计，作出这些判断的依据是考虑预期财务报表使用者对财务信息的需求。

A11. 对于特殊目的财务报表，如按照合同要求编制的财务报表，管理层可能与预期使用者就临界值达成一致意见，即如果审计过程中识别出的错报低于该临界值，则不对错报进行更正或调整。在计划和执行特殊目的财务报表审计时，这个“临界值”的存在并不能减轻审计师按照国际审计准则第320 号的规定确定重要性的责任。

A12. 审计师是否需要按照国际审计准则的规定与治理层进行沟通，取决于治理层与被审计财务报表之间的关系，尤其是治理层是否负责监督这些财务报表的编制。对于特殊目的财务报表，治理层可能不承担这种责任，例如，编制的财务信息仅供管理层使用。在这种情况下，国际审计准则第 260 号[12]的要求可能与特殊目的财务报表审计不相关，除非审计师还负责审计通用目的财务报表，或已与治理层达成一致意见，向其通报特殊目的财务报表审计过程中识别出的相关事项。

---

[10] 国际审计准则第 200 号，第 14 段，18 段，以及第 22 - 23 段。

[11] 《国际审计准则第 320 号——计划和执行审计工作时的重要性》，第 2 段。

[12] 《国际审计准则第 260 号——与治理层的沟通》。

形成审计意见和出具报告时的考虑（参见：第 11 段）

A13. 本国际审计准则的附录列示了对特殊目的财务报表出具的审计报告的参考格式。

提醒审计报告使用者关注财务报表按照特殊目的框架编制（参见：第 14 段）

A14. 特殊目的财务报表可能用于预期目的之外的其他用途。例如，监管机构可能要求特定实体公开特殊目的的财务报表。为避免误解，审计师提醒审计报告使用者关注财务报表按照特殊目的框架编制，因此，财务报表可能不适用于其他目的。

对分发或使用审计报告的限制（参见：第 14 段）

A15. 除按照第 14 段的要求作出提醒外，审计师可能认为，指明审计报告仅用于特定使用者是适当的。取决于特定司法管辖区的法律法规，限制审计报告分发或使用可以实现这一目的。在这些情况下，可以将第 14 段的要求扩展至包含这些事项，并相应修改相关标题。

附录

（参见：第A13段）

对特殊目的财务报表出具的审计报告的参考格式

- 参考格式1：对按照合同中作出的财务报告规定编制的整套财务报表出具的审计报告（本例为遵循性框架）；
- 参考格式2：对按照司法管辖区X的计税核算基础编制的整套财务报表出具的审计报告（本例为遵循性框架）；
- 参考格式3：对按照监管机构作出的财务报告规定编制的整套财务报表出具的审计报告（本例为公允列报框架）。

参考格式1：

背景信息：

- 管理层已根据合同要求，按照合同中作出的财务报告规定（即特殊目的框架）编制财务报表，管理层无权选择财务报告框架；
- 适用的财务报告框架是遵循性框架；
- 审计业务约定条款中说明的管理层对财务报表的责任，与国际审计准则第210号的规定一致；
- 审计报告的分发和使用受到限制。

独立审计师报告

[恰当的收件人]

我们审计了后附的ABC公司财务报表，包括20×1年12月31日的资产负债表，20×1年度的利润表、所有者权益变动表和现金流量表，以及重要会计政策概要和其他解释性信息。财务报表已由ABC公司管理层按照ABC公司与DEF公司于20×1年1月1日签订的合同（以下简称“合同”）第Z部分作出的财务报告规定编制。

管理层[①]对财务报表的责任

管理层负责按照合同第Z部分作出的财务报告规定编制财务报表，并对其认为

① 或使用特定司法管辖区法律框架规定的恰当的其他术语。

为使财务报表的编制不存在由于舞弊或错误导致的重大错报所必需的内部控制负责。

审计师的责任

我们的责任是在执行审计工作的基础上对财务报表发表审计意见。我们按照国际审计准则的规定执行了审计工作。国际审计准则要求我们遵守职业道德要求，计划和执行审计工作以对财务报表是否不存在重大错报获取合理保证。

审计工作涉及实施审计程序，以获取有关财务报表金额和披露的审计证据。选择的审计程序取决于审计师的判断，包括对由于舞弊或错误导致的财务报表重大错报风险的评估。在进行风险评估时，审计师考虑与编制财务报表相关的内部控制，以设计恰当的审计程序，但目的并非对内部控制的有效性发表意见。审计工作还包括评价管理层选用会计政策的适当性和作出会计估计的合理性，以及评价财务报表的总体列报。

我们相信，我们获取的审计证据是充分、适当的，为发表审计意见提供了基础。

审计意见

我们认为，ABC 公司财务报表在所有重大方面按照合同第 Z 部分作出的财务报告规定编制。

编制基础及对分发和使用报告的限制

在不影响上述意见的情况下，我们提请使用者关注财务报表附注 × 对编制基础的说明。ABC 公司编制财务报表是为了遵守合同第 Z 部分作出的财务报告规定。因此，财务报表可能不适于其他用途。我们的报告仅用于 ABC 公司和 DEF 公司，不应分发至除 ABC 公司和 DEF 公司之外的其他方或为其使用。

[审计师签名]
[审计报告日期]
[审计师地址]

参考格式 2：
背景信息：

- 合伙企业的管理层已经按照司法管辖区 X 的计税核算基础（即特殊目的框架）编制了财务报表，以帮助合伙人编制各自的所得税申报表，管理层无权选择财务报告框架；
- 适用的财务报告框架是遵循性框架；
- 审计业务约定条款中说明的管理层对财务报表的责任，与国际审计准则第

210号的规定一致；
- 审计报告的分发受到限制。

独立审计师报告

[恰当的收件人]

我们审计了后附的ABC合伙企业财务报表，包括20×1年12月31日的资产负债表，20×1年度的利润表，以及重要会计政策概要和其他解释性信息。财务报表已由ABC合伙企业管理层按照司法管辖区X的计税核算基础编制。

管理层[②]对财务报表的责任

管理层负责按照司法管辖区X的计税核算基础编制财务报表，并对其认为为使财务报表的编制不存在由于舞弊或错误导致的重大错报所必需的内部控制负责。

审计师的责任

我们的责任是在执行审计工作的基础上对财务报表发表审计意见。我们按照国际审计准则的规定执行了审计工作。国际审计准则要求我们遵守职业道德要求，计划和执行审计工作以对财务报表是否不存在重大错报获取合理保证。

审计工作涉及实施审计程序，以获取有关财务报表金额和披露的审计证据。选择的审计程序取决于审计师的判断，包括对由于舞弊或错误导致的财务报表重大错报风险的评估。在进行风险评估时，我们考虑与编制财务报表相关的内部控制，以设计恰当的审计程序，但目的并非对内部控制的有效性发表意见。审计工作还包括评价管理层选用会计政策的适当性和作出会计估计的合理性，以及评价财务报表的总体列报。

我们相信，我们获取的审计证据是充分、适当的，为发表审计意见提供了基础。

审计意见

我们认为，ABC合伙企业财务报表在所有重大方面按照司法管辖区X的［描述适用的所得税税法］编制。

编制基础及对分发的限制

在不影响上述意见的情况下，我们提请使用者关注财务报表附注×对编制基础

---

② 或使用在特定司法管辖区内法律框架规定的恰当的其他术语。

的说明。ABC 合伙企业编制财务报表是为了帮助其合伙人编制各自的所得税申报表。因此，财务报表可能不适于其他用途。我们的报告仅用于 ABC 合伙企业及其合伙人，不应分发至除 ABC 合伙企业或其合伙人之外的其他方。

[审计师签名]
[审计报告日期]
[审计师地址]

参考格式 3：
背景信息：

- 管理层已经按照监管机构作出的财务报告规定（即特殊目的框架）编制了财务报表，以便满足监管机构的要求，管理层无权选择财务报告框架；
- 适用的财务报告框架是公允列报框架；
- 审计业务约定条款中说明的管理层对财务报表责任，与国际审计准则第 210 号的规定一致；
- 审计报告的分发或使用没有受到限制；
- 其他事项段指出，审计师也对 ABC 公司按照通用目的框架编制的同一期间的财务报表出具了审计报告。

独立审计师报告

[恰当的收件人]

我们审计了后附的 ABC 公司财务报表，包括 20×1 年 12 月 31 日的资产负债表，20×1 年度的利润表、所有者权益变动表和现金流量表，以及重要会计政策概要和其他解释性信息。财务报表已由 ABC 公司管理层按照 Z 条例第 Y 部分作出的财务报告规定编制。

管理层③对财务报表的责任

管理层负责按照 Z 条例第 Y 部分作出的财务报告规定编制和公允列报财务报表，④ 并对其认为为使财务报表的编制不存在由于舞弊或错误导致的重大错报所必需的内部控制负责。

③ 或使用特定司法管辖区法律框架规定的恰当的其他术语。

④ 如果管理层的责任是编制真实和公允的财务报表，这可以表述为“管理层负责按照国际财务报告准则编制真实和公允的财务报表，……”。

审计师的责任

我们的责任是在执行审计工作的基础上对这些财务报表发表审计意见。我们按照国际审计准则的规定执行了审计工作。国际审计准则要求我们遵守职业道德要求，计划和执行审计工作以对财务报表是否不存在重大错报获取合理保证。

审计工作涉及实施审计程序，以获取有关财务报表金额和披露的审计证据。选择的审计程序取决于审计师的判断，包括对由于舞弊或错误导致的财务报表重大错报风险的评估。在进行风险评估时，我们考虑与编制和公允列报财务报表⑤相关的内部控制，以设计恰当的审计程序，但目的并非对内部控制的有效性发表意见。⑥审计工作还包括评价管理层选用会计政策的适当性和作出会计估计的合理性，以及评价财务报表的总体列报。

我们相信，我们获取的审计证据是充分、适当的，为发表审计意见提供了基础。

审计意见

我们认为，财务报表按照Z条例第Y部分作出的财务报告规定，在所有重大方面公允反映了（或真实和公允反映了）ABC公司20×1年12月31日的财务状况以及20×1年度的经营成果和现金流量。

编制基础

在不影响上述意见的情况下，我们提请使用者关注财务报表附注X对编制基础的说明。ABC公司编制财务报表是为了满足DEF监管机构的要求。因此，财务报表可能不适用于其他用途。

其他事项

ABC公司已经按照国际财务报告准则单独编制了一套20×1年度财务报表，我们已于20×2年3月31日针对该财务报表向ABC公司股东单独出具了审计报告。

[审计师签名]
[审计报告日期]
[审计师地址]

---

⑤ 对于脚注④，这可以表述为："在进行风险评估时，审计师考虑与编制真实和公允的财务报表相关的内部控制，以设计恰当的审计程序，但目的并非对内部控制的有效性发表意见"。

⑥ 当审计师有责任财务报表审计和对内部控制的有效性发表意见协同进行时，本句措辞为；"在进行风险评估时，审计师考虑与财务报表编制和公允列报相关的内部控制，以设计恰当的审计程序"。对于脚注④，这可以表述为："在进行风险评估时，审计师考虑与编制真实和公允的财务报表相关的内部控制，以设计恰当的审计程序"。

国际审计准则第 805 号
对单一财务报表和财务报表特定要素、账户或项目审计的特殊考虑

（适用于会计期间开始于 2009 年 12 月 15 日及以后的财务报表审计）

目 录

《国际审计准则第 805 号——对单一财务报表和财务报表特定要素、账户或项目审计的特殊考虑》应当与《国际审计准则第 200 号——独立审计师的总体目标和按照国际审计准则执行审计工作》一并阅读。

引 言

本国际审计准则的范围

1. 国际审计准则第 100 – 700 号适用于财务报表审计，当执行其他历史财务信息审计业务时，根据具体情况遵守这些准则的相关规定。本国际审计准则规范了对单一财务报表和财务报表特定要素、账户和项目审计时运用这些国际审计准则的特殊考虑。单一财务报表和财务报表特定要素、账户和项目可能按照通用目的框架或按照特殊目的框架编制，如果按照特殊目的框架编制，国际审计准则第 800 号①也适用于对单一财务报表和财务报表特定要素、账户和项目的审计。（参见：第 A1 – A4 段）

2. 本国际审计准则并不适用于组成部分审计师应集团项目组的要求，基于集团财务报表审计目的，对组成部分财务信息执行工作并出具报告的情况（见国际审计准则第 600 号②）。

3. 本国际审计准则并不超越其他审计准则的要求，也未涵盖与某项业务的具体情况相关的所有特殊考虑。

生效日期

4. 本国际审计准则适用于会计期间开始于 2009 年 12 月 15 日及以后的单一财务报表和财务报表特定要素、账户和项目的审计。对于在特定日期编制的单一财务报表和财务报表特定要素、账户和项目的审计，本国际审计准则适用于 2010 年 12 月 14 日及以后编制的此类信息的审计。

目 标

5. 审计师的目标是，在运用国际审计准则执行单一财务报表和财务报表特定要素、账户和项目审计时，恰当处理与下列方面相关的特殊考虑：

（a）业务的承接；

（b）业务的计划和执行；

① 《国际审计准则第 800 号——对按照特殊目的框架编制的财务报表审计的特殊考虑》。

② 《国际审计准则第 600 号——对集团财务报表审计的特殊考虑（包括组成部分审计师的工作）》。

（c）对单一财务报表和财务报表特定要素、账户和项目形成审计意见并出具审计报告。

定　义

6. 就本国际审计准则而言，对下列术语给予以下定义：

（a）“财务报表要素”或“要素”，是指财务报表的要素、账户或项目；

（b）国际财务报告准则，是指由国际会计准则理事会发布的国际财务报告准则；

（c）单一财务报表或财务报表特定要素包括相关附注。相关附注通常包含重要会计政策概要及与财务报表或要素相关的其他解释性信息。

要　求

业务承接时的考虑

国际审计准则的应用

7. 国际审计准则第 200 号规定审计师应当遵守与审计工作相关的所有国际审计准则。[③] 在单一财务报表或财务报表特定要素审计中，无论审计师是否同时接受委托审计整套财务报表，该要求均适用。如果没有同时接受委托审计整套财务报表，审计师应当确定按照国际审计准则对单一财务报表或财务报表特定要素进行审计是否可行。（参见：第 A5 – A6 段）

财务报告框架的可接受性

8. 国际审计准则第 210 号要求审计师确定管理层在编制财务报表时采用的财务报告框架的可接受性。[④] 在单一财务报表或财务报表特定要素审计中，该要求包括确定采用的财务报告框架是否能够提供充分的披露或列报，以使财务报表预期使用者能够理解单一财务报表或要素所传递的信息，以及重大交易和事项对单一财务报表或要素所传递的信息的影响。（参见：第 A7 段）

③ 《国际审计准则第 200 号——独立审计师的总体目标和按照国际审计准则执行审计工作》，第 18 段。

④ 《国际审计准则第 210 号——就审计业务约定条款达成一致意见》，第 6 段第（a）项。

意见的形式

9. 国际审计准则第 210 号要求审计业务约定条款包括审计师拟出具报告的预期形式。[⑤] 在单一财务报表或财务报表特定要素审计中，审计师应当考虑意见的预期形式是否适合具体情况。（参见：第 A8 - A9 段）

计划和执行审计工作时的考虑

10. 国际审计准则第 200 号指出，国际审计准则适用于审计师执行财务报表审计业务。当执行其他历史财务信息审计业务时，审计师可以根据具体情况遵守适用的相关审计准则。[⑥],[⑦] 在计划执行单一财务报表或财务报表特定要素的审计工作时，审计师应当根据业务的具体情况，遵守与审计工作相关的所有审计准则。（参见：第 A10 - A14 段）

形成审计意见和出具审计报告时的考虑

11. 当对单一财务报表或财务报表特定要素形成审计意见和出具审计报告时，审计师应当根据业务的具体情况，遵守国际审计准则第 700 号[⑧]的相关规定。（参见：第 A15 - A16 段）

整套财务报表的审计报告与单一财务报表和财务报表特定要素的审计报告

12. 如果接受业务委托对单一财务报表或财务报表特定要素出具审计报告，并同时接受业务委托对整套财务报表进行审计，审计师应当针对每项业务分别发表审计意见。

13. 已审计的单一财务报表或财务报表特定要素可能连同已审计的整套财务报表一同公布。如果审计师认为管理层对单一财务报表或财务报表特定要素的列报与整套财务报表没有作出清楚的区分，审计师应当要求管理层纠正这种情况。除遵守本国际审计准则第 15 段和第 16 段的规定外，审计师还应当将对单一财务报表或财务报表特定要素发表的审计意见与对整套财务报表发表的审计意见予以区分。只有认为管理层进行了清楚的区分，审计师才应当对单一财务报表或财务报表特定要素发表审计意见，并出具审计报告。

---

⑤ 国际审计准则第 210 号，第 10 段第（e）项。

⑥ 国际审计准则第 200 号，第 2 段。

⑦ 国际审计准则第 200 号，第 13 段第（f）项，解释了“财务报表”这一术语通常是指按照适用的财务报告框架编制的一整套财务报表。

⑧ 《国际审计准则第 700 号——对财务报表形成审计意见和出具审计报告》。

整套财务报表审计报告中的非无保留意见、强调事项段或其他事项段

14. 如果对整套财务报表出具非无保留意见的审计报告，或者出具包含强调事项段或其他事项段的审计报告，审计师应当确定对单一财务报表或财务报表特定要素出具的审计报告可能因此受到的影响。相应地，如果认为适当，审计师应当对单一财务报表或财务报表特定要素出具非无保留意见的审计报告，或者出具包含强调事项段或其他事项段的审计报告。（参见：第 A17 段）

15. 如果认为有必要对整套财务报表整体发表否定意见或无法表示意见，按照国际审计准则第 705 号的规定，审计师不应在同一审计报告中对构成整套财务报表组成部分的单一财务报表或财务报表特定要素发表无保留意见。[⑨] 这是因为，在同一审计报告中包含的无保留意见将与对整套财务报表整体发表的否定意见或无法表示意见相矛盾。（参见：第 A18 段）

16. 如果审计师认为有必要对整套财务报表整体发表否定意见或无法表示意见，但又对该整套财务报表中的特定要素单独审计，只有在同时满足下列条件时，审计师才可以认为对特定要素发表无保留意见是适当的：

（a）法律法规并未禁止审计师对该特定要素发表无保留意见；

（b）对特定要素出具的无保留意见的审计报告，并不与包含否定意见或无法表示意见的审计报告一同公布；

（c）该特定要素并不构成整套财务报表的主要部分。

17. 如果已对整套财务报表整体发表否定意见或无法表示意见，审计师不应对整套财务报表中的单一财务报表发表无保留意见。即使对单一财务报表出具的审计报告并不与包含否定意见或无法表示意见的审计报告一同公布也应如此。这是因为单一财务报表被视为构成整套财务报表整体的主要部分。

应用和其他解释性材料

本国际审计准则的范围（参见：第 1 段）

A1. 国际审计准则第 200 号将“历史财务信息”定义为以财务术语表述的某一特定实体的信息，这些信息主要来自特定实体的会计系统，反映了过去一段时间内发生的经济事项，或过去某一时点的经济状况或情况。[⑩]

A2. 国际审计准则第 200 号将“财务报表”定义为依据某一财务报告框架对被

---

⑨ 《国际审计准则第 705 号——在审计报告中发表非无保留意见》，第 15 段。

⑩ 国际审计准则第 200 号，第 13 段第（g）项。

审计单位历史财务信息作出的结构性表述，包括相关附注，旨在反映某一时点的经济资源或义务或者某一时期经济资源或义务的变化。财务报表通常指按照适用的财务报告框架的要求确定的整套财务报表。[11]

A3. 国际审计准则适用于审计师执行财务报表审计业务，[12] 当执行其他历史财务信息的审计业务时，例如执行单一财务报表或财务报表特定要素的审计时，根据具体情况遵守适用的相关审计准则。本国际审计准则在这方面提供指引。（附录1列示了此类其他历史财务信息的示例）

A4. 执行除历史财务信息审计以外的合理保证业务，需要遵守国际鉴证业务准则第3000号[13]的规定。

业务承接时的考虑

国际审计准则的运用（参见：第7段）

A5. 国际审计准则第200号要求审计师遵守：（a）与财务报表审计业务相关的职业道德要求，包括遵守有关独立性的要求；（b）与审计工作相关的所有国际审计准则。该审计准则还要求审计师遵守每项国际审计准则的各项要求，除非某项审计准则的全部内容与具体审计工作不相关，或审计准则的某项要求存在适用条件而该条件并不存在。在极其特殊的情况下，审计师可能认为有必要偏离某项国际审计准则的相关要求，通过实施替代审计程序以实现相关要求的目的。[14]

A6. 当审计师没有同时接受委托审计被审计单位的整套财务报表时，遵守与单一财务报表或财务报表特定要素审计相关的国际审计准则的要求可能是不切实际的。在这种情况下，审计师对被审计单位及其环境（包括内部控制）的了解通常与同时审计被审计单位整套财务报表的审计师的了解不同，不能获取有关会计记录或其他会计信息的整体质量的审计证据。因此，审计师可能需要获取进一步的证据以证实从会计记录中获取的审计证据。对于财务报表特定要素审计，某些国际审计准则规定的审计工作可能与所审计的特定要素不成比例。例如，虽然国际审计准则第570号[15]的要求可能与应收账款明细表审计的具体情况有关，但由于所需的审计成本，遵守这些要求可能不切实际。如果审计师认为，按照国际审计准则对单一财务报表和财务报表特定要素进行审计不切实际，审计师可以与管理层讨论其他类型的业务是否更加可行。

---

⑪ 国际审计准则第200号，第13段第（f）项。

⑫ 国际审计准则第200号，第2段。

⑬ 《国际鉴证业务准则第3000号——除历史财务信息审计或审阅以外的鉴证业务》。

⑭ 国际审计准则第200号，第14段，第18段，以及第22–23段。

⑮ 《国际审计准则第570号——持续经营》。

财务报告框架的可接受性（参见：第8段）

A7. 单一财务报表或财务报表特定要素可能按照适用的财务报告框架编制，而该框架可能建立在经授权或获得认可的准则制定机构为编制整套财务报表而制定的财务报告框架（如国际财务报告准则）的基础之上。在这种情况下，确定该财务报告框架的可接受性时，可能需要考虑该框架是否包括作为其基础的财务报告框架中的所有与提供充分披露的单一财务报表或财务报表特定要素的列报相关的要求。

审计意见的形式（参见：第9段）

A8. 审计师发表的审计意见的形式取决于适用的财务报告框架和适用的法律法规。[16] 按照国际审计准则第700号：[17]

（a）如果对按照公允列报框架编制的整套财务报表发表无保留意见，除非法律法规另有规定，审计意见使用下列措辞之一：

（i）财务报表按照［适用的财务报告框架］，在所有重大方面公允反映；

（ii）财务报表按照［适用的财务报告框架］，真实和公允反映；

（b）如果对按照遵循性框架编制的整套财务报表发表无保留意见，审计意见表述为财务报表在所有重大方面按照［适用的财务报告框架］编制。

A9. 对于单一财务报表或财务报表特定要素，适用的财务报告框架可能未明确说明如何列报单一财务报表或要素。当适用的财务报告框架依据经授权或获得认可的准则制定机构为编制整套财务报表而制定的财务报告框架（如国际财务报告准则）时，可能出现这种情况。因此，审计师需要根据适用的财务报告框架考虑审计意见的预期形式是否恰当。下列因素可能影响审计师确定在审计意见中是否使用"在所有重大方面公允反映"或"真实和公允反映"等措辞：

- 适用的财务报告框架是否明确或隐含地限定于整套财务报表的编制；
- 单一财务报表或财务报表特定要素：
  - 是否充分遵守与特定单一财务报表或特定要素相关的框架的每项要求，以及单一财务报表或特定要素的列报是否包括相关附注；
  - 如果需要实现公允列报，是否提供超出框架特别要求的披露，或在异常情况下偏离框架的某项要求。

审计师确定审计意见的预期形式属于职业判断。在对按照公允列报框架编制的单一财务报表或财务报表特定要素发表的审计意见中使用"在所有重大方面公允反映"或"真实和公允反映"等措辞，在特定司法管辖区是否得到广泛认可，将影响

---

⑯ 国际审计准则第200号，第8段。

⑰ 国际审计准则第700号，第35－36段。

审计师的判断。

计划和执行审计工作时的考虑（参见：第 10 段）

A10. 每项国际审计准则的相关性都需要仔细考虑。即使审计对象仅是一个财务报表特定要素，国际审计准则如国际审计准则第 240 号[18]、国际审计准则第 550 号[19]和国际审计准则第 570 号原则上都是相关的。这是因为，在适用的财务报告框架下，财务报表要素可能由于舞弊、关联方交易的影响或对持续经营假设的不当运用而导致错报。

A11. 进一步讲，国际审计准则适用于审计师执行财务报表审计业务；当执行单一财务报表和财务报表特定要素审计时，审计师可以根据具体情况遵守适用的相关审计准则。[20] 例如，向管理层获取的有关整套财务报表的书面声明，可能被有关单一财务报表或要素按照适用的财务报告框架列报的书面声明所取代。

A12. 当对单一财务报表或财务报表特定要素的审计与对整套财务报表的审计结合进行时，审计师可能能够在单一财务报表或要素审计中使用在整套财务报表审计时获取的审计证据。然而，国际审计准则要求审计师计划和执行单一财务报表或要素的审计工作，以获取充分、适当的审计证据，在此基础上对该单一财务报表或要素发表意见。

A13. 构成整套财务报表的单一财务报表之间，以及财务报表的多个要素（包括相关附注）之间，是相互关联的。因此，当对单一财务报表或财务报表特定要素进行审计时，审计师不能孤立地考虑单一财务报表或要素。因此，审计师可能需要实施与关联项目有关的审计程序，以实现审计目标。

A14. 进一步讲，对单一财务报表或财务报表特定要素确定的重要性，可能低于为整套财务报表确定的重要性。这将影响审计程序的性质、时间安排和范围，以及对未更正错报的评价。

形成审计意见和出具审计报告时的考虑（参见：第 11 段）

A15. 国际审计准则第 700 号要求审计师在形成意见时评价财务报表是否作出充分披露，以使财务报表预期使用者能够理解重大交易和事项对财务报表所传递信息的影响。[21] 对单一财务报表或财务报表特定要素而言，从适用的财务报告框架来看，单一财务报表或要素（包括相关附注）作出充分披露，使财务报表预期使用者理解单一财务报表或要素传递的信息，以及重大交易和事项对单一财务报表或要素传递

---

⑱ 《国际审计准则第 240 号——财务报表审计中与舞弊相关的责任》。

⑲ 《国际审计准则第 550 号——关联方》。

⑳ 国际审计准则第 200 号，第 2 段。

㉑ 国际审计准则第 700 号，第 13 段第（e）项。

的信息的影响，是非常重要的。

A16. 本国际审计准则的附录 2 列示了对单一财务报表或财务报表特定要素出具的审计报告的参考格式。

对整套财务报表出具非无保留意见的审计报告，或出具包含强调事项段或其他事项段的审计报告（参见：第 14－15 段）

A17. 即使对整套财务报表出具的审计报告中的非无保留意见、强调事项段或其他事项段与已审计的单一财务报表或已审计的要素没有关系，但审计师可能仍然认为，在对单一财务报表或要素出具的审计报告的其他事项段中提及非无保留意见、强调事项或其他事项是适当的，因为审计师认为这与理解已审计的单一财务报表或已审计的要素或者有关审计报告是相关的（参见国际审计准则第 706 号）。[22]

A18. 在对整套财务报表出具的审计报告中，允许对经营结果和现金流量发表无法表示意见（如相关），而对财务状况发表无保留意见。这是因为，发表的无法表示意见仅针对经营成果和现金流量方面，而非针对财务报表整体。[23]

㉒ 《国际审计准则第 706 号——在独立审计师报告中增加强调事项段和其他事项段》，第 6 段。

㉓ 《国际审计准则第 510 号——首次审计业务涉及的期初余额》，第 A8 段，以及国际审计准则第 705 号，第 A16 段。

附录1

（参见：第A3段）

财务报表特定要素、账户或项目审计的示例

- 应收账款、坏账准备、存货、个人退休金计划的应计收益负债、可辨认无形资产的记录价值、保险组合中的“已发生但未报告”索赔的负债，包括相关附注；
- 个人退休金计划的外部管理的资产和收益明细表，包括相关附注；
- 有形资产净值明细表，包括相关附注；
- 与租赁财产相关的支出明细表，包括解释性附注；
- 利润分享或员工奖金明细表，包括解释性附注。

附录 2
（参见：第 A16 段）

单一财务报表审计报告和财务报表特定要素审计报告的参考格式

- 参考格式 1：对按照通用目的框架编制的单一财务报表出具的审计报告（本例为公允列报框架）；
- 参考格式 2：对按照特殊目的框架编制的单一财务报表出具的审计报告（本例为公允列报框架）；
- 参考格式 3：对按照特殊目的框架编制的财务报表特定要素、账户或项目出具的审计报告（本例为遵循性框架）。

参考格式 1：

背景信息：

- 对资产负债表进行审计（单一财务报表）；
- 资产负债表已由管理层按照司法管辖区 X 与编制资产负债表有关的财务报告框架的规定编制；
- 适用的财务报告框架是公允列报框架，旨在满足广大财务报表使用者共同的财务信息需求；
- 审计业务约定条款中说明的管理层对财务报表的责任，与国际审计准则第 210 号的规定一致；
- 审计师确定在审计意见中使用“在所有重大方面公允反映”措辞是恰当的。

独立审计师报告

[适当的收件人]

我们审计了后附的 ABC 公司 20×1 年 12 月 31 日的资产负债表以及重要会计政策概要和其他解释性信息（以下合称财务报表）。

管理层[①]对财务报表的责任

管理层负责按照司法管辖区 X 财务报告框架中与编制财务报表相关的规定编制和公允列报财务报表，并对其认为为使财务报表的编制不存在由于舞弊或错误导致的重大错报所必需的内部控制负责。

审计师的责任

我们的责任是在执行审计工作的基础上对财务报表发表审计意见。我们按照国际审计准则的规定执行了审计工作。国际审计准则要求我们遵守职业道德要求，计划和执行审计工作以对财务报表是否不存在重大错报获取合理保证。

审计工作涉及实施审计程序，以获取有关财务报表金额和披露的审计证据。选择的审计程序取决于审计师的判断，包括对由于舞弊或错误导致的财务报表重大错报风险的评估。在进行风险评估时，审计师考虑与编制和公允列报财务报表相关的内部控制，以设计恰当的审计程序，但目的并非对内部控制的有效性发表意见。[②]审计工作还包括评价管理层选用会计政策的恰当性和作出会计估计的合理性，以及评价财务报表的总体列报。

我们相信，我们获取的审计证据是充分、适当的，为发表审计意见提供了基础。

审计意见

我们认为，财务报表按照司法管辖区 X 的与编制财务报表有关的财务报告框架的要求，在所有重大方面公允反映了 ABC 公司 20×1 年 12 月 31 日的财务状况。

[审计师签名]
[审计报告日期]
[审计师地址]

参考格式 2：
背景信息：

- 对现金收入和支出表进行审计（单一财务报表）；
- 该财务报表由管理层按照现金收入和支出核算基础编制，以满足债权人对现金流量信息的需求。管理层有权选择财务报告框架；
- 适用的财务报告框架是公允列报框架，旨在满足财务报表特定使用者财务

---

① 或使用特定司法管辖区法律框架规定的恰当的其他术语。

② 当审计师有责任将财务报表审计和对内部控制的有效性发表意见协同进行时，本句措辞为：“在进行风险评估时，审计师考虑与编制和公允列报财务报表相关的内部控制，以设计恰当的审计程序”。

信息需求；③

- 审计师确定在审计意见中使用"在所有重大方面公允反映"措辞是恰当的；
- 审计报告的分发和使用不受限制。

独立审计师报告

[适当的收件人]

我们审计了后附的 ABC 公司 20×1 年度的现金收入和支出表，以及重要会计政策概要和其他解释性信息（以下合称财务报表）。财务报表由管理层按照附注×说明的现金收入和支出核算基础编制。

管理层④对财务报表的责任

管理层负责按照附注×说明的现金收入和支出核算基础编制和公允列报财务报表（包括确定现金收入和支出核算基础对于在具体情况下编制财务报表是可接受的），并对其认为为使财务报表的编制不存在由于舞弊或错误导致的重大错报所必需的内部控制负责。

审计师的责任

我们的责任是在执行审计工作的基础上对财务报表发表审计意见。我们按照国际审计准则的规定执行了审计工作。国际审计准则要求我们遵守职业道德要求，计划和执行审计工作以对财务报表是否不存在重大错报获取合理保证。

审计工作涉及实施审计程序，以获取有关财务报表金额和披露的审计证据。选择的审计程序取决于审计师的判断，包括对由于舞弊或错误导致的财务报表重大错报风险的评估。在进行风险评估时，审计师考虑与编制和公允列报财务报表相关的内部控制，以设计恰当的审计程序，但目的并非对内部控制的有效性发表意见。审计工作还包括评价管理层选用会计政策的恰当性和作出会计估计的合理性，以及评价财务报表的总体列报。

我们相信，我们获取的审计证据是充分、适当的，为发表审计意见提供了基础。

审计意见

我们认为，财务报表按照附注×说明的现金收入和支出核算基础，在所有重大

---

③ 国际审计准则第 800 号包含了对按照特殊目的框架编制财务报表的格式和内容的要求和指引。

④ 或使用特定司法管辖区法律框架规定的恰当的其他术语。

方面公允反映了 ABC 公司 20×1 年度的现金收入和支出情况。

编制基础

在不影响审计意见的情况下，我们提醒财务报表使用者关注财务报表附注×对编制基础的说明。财务报表是为向 XYZ 债权人提供信息而编制的。因此，该报表可能不适用于其他用途。

[审计师签名]
[审计报告日期]
[审计师地址]

参考格式 3：
背景信息：

- 对保险组合中的“已发生但未报告”索赔的负债（财务报表要素、账户或项目）进行审计；
- 财务信息已由管理层按照监管机构制定的财务报告规定编制，以满足监管要求。管理层无权选择财务报告框架；
- 适用的财务报告框架是遵循性框架，旨在满足财务报表特定使用者的财务信息需求；[5]
- 审计业务约定条款中说明的管理层对财务报表的责任，与国际审计准则第 210 号的规定一致；
- 审计报告的分发受到限制。

独立审计师报告

[适当的收件人]

我们审计了后附的 ABC 保险公司 20×1 年 12 月 31 日“已发生但未报告”索赔的负债明细表（以下简称明细表）。该明细表已由管理层按照监管机构的财务报告规定编制以满足监管要求。

管理层[6]对明细表的责任

管理层负责按照［监管机构制定的财务报告规定］编制明细表，并对其认为为

⑤ 国际审计准则第 800 号包含了对按照特殊目的框架编制财务报表的格式和内容的要求和指引。
⑥ 或使用特定司法管辖区法律框架规定的恰当的其他术语。

使明细表的编制不存在由于舞弊或错误导致的重大错报所必需的内部控制负责。

审计师的责任

我们的责任是在执行审计工作的基础上对明细表发表审计意见。我们按照国际审计准则的规定执行了审计工作。国际审计准则要求我们遵守职业道德要求，计划和执行审计工作以对明细表是否不存在重大错报获取合理保证。

审计工作涉及实施审计程序，以获取有关明细表金额和披露的审计证据。选择的审计程序取决于审计师的判断，包括对由舞弊或错误导致的明细表重大错报风险的评估。在进行风险评估时，审计师考虑与编制明细表相关的内部控制，以设计恰当的审计程序，但目的并非对内部控制的有效性发表意见。审计工作还包括评价管理层选用会计政策的恰当性和作出会计估计的合理性，以及评价明细表的总体列报。

我们相信，我们获取的审计证据是充分、适当的，为发表审计意见提供了基础。

审计意见

我们认为，ABC 保险公司 20×1 年 12 月 31 日的“已发生但未报告”索赔的负债明细表中的财务信息在所有重大方面按照［监管机构制定的财务报告规定］编制。

编制基础和分发的限制

在不影响审计意见的情况下，我们提醒财务报表使用者关注财务报表附注×对编制基础的说明。明细表是为帮助 ABC 保险公司满足 DEF 监管机构的要求而编制的。因此，该明细表可能不适用于其他用途。本报告仅供 ABC 保险公司和 XYZ 监管机构使用，且不得分发给除 ABC 保险公司和 XYZ 监管机构以外的其他方。

［审计师签名］
［审计报告日］
［审计师地址］

国际审计准则第 810 号
对简要财务报表出具报告的业务

（适用于会计期间开始于 2009 年 12 月 15 日及以后的财务报表审计）

目　录

《国际审计准则第 810 号——对简要财务报表出具报告的业务》应当与《国际审计准则第 200 号——独立审计师的总体目标和按照国际审计准则执行审计工作》一并阅读。

引　言

本国际审计准则的范围

1. 本国际审计准则规范了审计师对简要财务报表出具报告的责任，该简要财务报表来源于由同一审计师按照国际审计准则的规定审计的财务报表。

生效日期

2. 本国际审计准则适用于会计期间开始于2009 年 12 月 15 日及以后的财务报表审计。

目　标

3. 审计师的目标是：

（a）确定承接对简要财务报表出具报告的业务是否适当；

（b）如果承接该项业务：

（i）在评价根据审计证据得出的结论的基础上对简要财务报表形成审计意见；

（ii）通过书面报告的形式清楚地表达审计意见，说明其形成基础。

定　义

4. 就本国际审计准则而言，对下列术语给予以下定义：

（a）采用的标准，是指管理层在编制简要财务报表时所采用的标准；

（b）已审计财务报表，是指审计师按照国际审计准则的规定审计的财务报表，[①]是简要财务报表的编制来源；

（c）简要财务报表，是指来源于财务报表但详细程度低于财务报表的历史财务信息。简要财务报表对被审计单位某一特定日期的经济资源或义务或某一会计期间

① 《国际审计准则第 200 号——独立审计师的总体目标和按照国际审计准则执行审计工作》，第 13 段第（f）项，定义了“财务报表”术语。

的经济资源或义务变化情况提供了与财务报表一致的结构性表述。[②] 不同的司法管辖区可能采用不同的术语描述这类历史财务信息。

要 求

业务的承接

5. 只有当审计师已接受业务委托，按照国际审计准则执行财务报表审计，并且财务报表构成简要财务报表的来源时，审计师才可以按照本国际审计准则的规定承接对简要财务报表出具报告的业务。（参见：第 A1 段）

6. 在承接对简要财务报表出具报告的业务之前，审计师应当：（参见：第 A2 段）

（a）确定采用的标准是否可接受；（参见：第 A3 – A7 段）

（b）就管理层认可并理解其责任达成一致意见：

（i）按照采用的标准编制简要财务报表；

（ii）使简要财务报表的预期使用者能够比较方便地获取已审计财务报表（如果法律法规规定已审计财务报表无须提供给简要财务报表的预期使用者并为编制简要财务报表制定了标准，在简要财务报表中说明法律法规的相关规定）；

（iii）在含有简要财务报表并指明审计师已对其出具报告的所有文件中，包括审计师对简要财务报表出具的审计报告。

（c）与管理层就拟对简要财务报表发表意见的形式达成一致意见。（参见：第 9 – 11 段）

7. 如果认为管理层采用的标准不能接受或未能按照第 6 段第（b）项的规定与管理层达成一致意见，审计师不应承接对简要财务报表出具报告的业务，除非法律法规另有规定。如果法律法规要求审计师承接该业务，由于业务的执行不符合本国际审计准则的规定，审计师对简要财务报表出具的审计报告不应指出已按照本国际审计准则的规定执行了该业务。审计师应当在审计业务约定条款中适当提及这一情况。审计师还应当确定这一情况对作为简要财务报表来源的财务报表审计业务可能产生的影响。

程序的性质

8. 审计师应当实施下列程序及其可能认为必要的其他程序，作为对简要财务报

② 国际审计准则第 200 号，第 13 段第（f）项。

表形成审计意见的基础：

（a）评价简要财务报表是否充分披露其简化的性质，并指出作为其来源的已审计财务报表；

（b）当简要财务报表未与已审计财务报表附在一起时，评价简要财务报表是否清楚地描述了下列事项：

（i）已审计财务报表的获取渠道；

（ii）如果法律法规规定已审计财务报表无需提供给简要财务报表的预期使用者，并且为编制简要财务报表制定了标准，评价简要财务报表是否清楚地说明了相关法律法规。

（c）评价简要财务报表是否充分披露了采用的标准；

（d）将简要财务报表与已审计财务报表中的相关信息进行比较，以确定两者是否一致，或能否依据已审计财务报表中的相关信息重新计算得出简要财务报表；

（e）评价简要财务报表是否按照采用的标准编制；

（f）根据简要财务报表的目的，评价简要财务报表是否包含必要的信息，并在适当的层次进行了汇总，以使其在具体情况下不产生误导；

（g）评价简要财务报表的预期使用者能否比较方便地获取已审计财务报表，除非法律法规规定已审计财务报表无需提供给简要财务报表的预期使用者，并且为编制简要财务报表制定了标准。（参见：第A8段）

意见的形式

9. 如果审计师认为对简要财务报表发表无保留意见是恰当的，除非法律法规另有规定，审计师应当使用下列措辞之一：（参见：第A9段）

（a）简要财务报表按照［采用的标准］，在所有重大方面与已审计财务报表保持了一致；

（b）简要财务报表按照［采用的标准］，公允概括了已审计财务报表。

10. 如果法律法规规定了对简要财务报表发表意见的措辞，并且与第9段规定的措辞存在差异，审计师应当：

（a）实施第8段规定的程序及其他必要的进一步程序，以使审计师能够发表符合规定的意见；

（b）评价简要财务报表的使用者是否可能误解审计师对简要财务报表发表的审计意见，如果可能出现误解，评价对简要财务报表出具的审计报告中的补充解释能否减轻可能出现的误解。

11. 在第10段第（b）项所述的情况下，如果认为对简要财务报表出具的审计报告中的补充解释不能减轻可能出现的误解，审计师不应承接该业务，除非法律法规另有规定。如果法律法规要求审计师承接该业务，由于业务的执行不符合本国际审计准则的规定，审计师在对简要财务报表出具的审计报告中不应指出已按照本国际审计准则的规定执行了该业务。

工作的时间安排和已审计财务报表审计报告日后的事项

12. 简要财务报表的审计报告日可能迟于已审计财务报表的审计报告日。在这种情况下，对简要财务报表出具的审计报告应当说明，简要财务报表和已审计财务报表均未反映在已审计财务报表的审计报告日后发生的、可能需要在已审计财务报表中进行调整或披露的事项的影响。(参见：第 A10 段)

13. 审计师可能知悉在已审计财务报表的审计报告日已经存在但以前并不知悉的事实。在这种情况下，在已经按照国际审计准则第 560 号[③]的规定考虑了与已审计财务报表相关的这些事实之前，审计师不应对简要财务报表出具审计报告。

对简要财务报表出具的审计报告

审计报告的要素

14. 对简要财务报表出具的审计报告应当包括下列要素：[④] （参见：第 A15 段）

（a）标题，应清楚表明是独立审计师报告；(参见：第 A11 段)

（b）收件人；(参见：第 A12 段)

（c）引言段，包括下列内容：

（i）指出出具审计报告所针对的简要财务报表，包括构成简要财务报表的每一报表的名称；(参见：第 A13 段)

（ii）指出已审计财务报表；

（iii）提及对已审计财务报表出具的审计报告和报告日期，除第 17－18 段规定的情形外，对已审计财务报表发表无保留意见这一事实；

（iv）如果简要财务报表的审计报告日迟于已审计财务报表的审计报告日，说明简要财务报表和已审计财务报表均未反映在已审计财务报表的审计报告日后发生的事项的影响；

（v）指出简要财务报表未包含编制已审计财务报表时所采用的财务报告框架所要求披露的全部事项，对简要财务报表的阅读不能替代对已审计财务报表的阅读。

（d）管理层[⑤]对简要财务报表的责任段，说明按照采用的标准编制简要财务报

---

③ 《国际审计准则第 560 号——期后事项》。

④ 第 17－18 段论述了对在审计报告中发表非无保留审计意见的情形，还要求增加除列示的要素以外的要素。

⑤ 或使用特定司法管辖区内法律框架规定的恰当的其他术语。

表是管理层⑥的责任；

（e）审计师的责任段，说明审计师的责任是在实施本国际审计准则规定的程序的基础上对简要财务报表发表审计意见；

（f）审计意见段，清楚地表达对简要财务报表的意见；（参见：第 9－11 段）

（g）审计师的签名；

（h）审计报告日期；（参见：第 A14 段）

（i）审计师的地址。

15. 如果对简要财务报表出具的审计报告的收件人不同于对已审计财务报表出具的审计报告的收件人，审计师应当评价使用不同收件人名称的适当性。（参见：第 A12 段）

16. 简要财务报表的审计报告日不应早于：（参见：第 A14 段）

（a）审计师已获取充分、适当的证据并在此基础上形成审计意见的日期，这些证据包括简要财务报表已编制完成以及经认可的有权机构已经认可其对简要财务报表负责；

（b）已审计财务报表的审计报告日。

已审计财务报表的审计报告中的非无保留意见、强调事项段或者其他事项段（参见：第 A15 段）

17. 如果对已审计财务报表出具的审计报告包含保留意见、强调事项段或其他事项段，但审计师确信，简要财务报表按照采用的标准在所有重大方面与已审计财务报表保持一致或公允概括了已审计财务报表，对简要财务报表出具的审计报告除包括第 14 段规定的要素外，还应当：

（a）说明对已审计财务报表出具的审计报告包含保留意见、强调事项段或其他事项段；

（b）描述：

（i）对已审计财务报表发表保留意见的依据和发表的保留意见，或者对已审计财务报表出具的审计报告中的强调事项段或其他事项段；

（ii）对简要财务报表的影响（如有）。

18. 如果对已审计财务报表发表了否定意见或无法表示意见，对简要财务报表出具的审计报告除包括第 14 段规定的要素外，还应当：

（a）说明对已审计财务报表发表了否定意见或无法表示意见；

（b）描述发表否定意见或无法表示意见的依据；

（c）说明由于对已审计财务报表发表否定意见或无法表示意见，因此，对简要

---

⑥ 或使用特定司法管辖区内法律框架规定的恰当的其他术语。

财务报表发表意见是不适当的。

对简要财务报表发表非无保留意见

19. 如果简要财务报表没有按照采用的标准在所有重大方面与已审计财务报表保持一致或公允概括已审计财务报表，而管理层又不同意作出必要的修改，审计师应当对简要财务报表发表否定意见。（参见：第 A15 段）

对审计报告分发或使用的限制或提醒阅读者关注编制基础

20. 如果对已审计财务报表出具的审计报告存在分发或使用的限制，或者对已审计财务报表出具的审计报告提醒财务报表使用者关注已审计财务报表按照特殊目的框架编制，审计师应当在对简要财务报表出具的审计报告中包含相同的限制或提醒说明。

比较信息

21. 如果已审计财务报表包含比较信息而简要财务报表未包含，审计师应当根据业务的具体情况确定这种省略是否合理。审计师应当确定不合理的省略对针对简要财务报表出具的审计报告的影响。（参见：第 A16 段）

22. 如果简要财务报表包含已由其他审计师出具审计报告的比较信息，对简要财务报表出具的审计报告还应当包含国际审计准则第 710 号要求审计师在对已审计财务报表出具的审计报告中包含的事项。⑦ （参见：第 A17 段）

与简要财务报表一同列报的未审计的补充信息

23. 审计师应当评价与简要财务报表一同列报的未审计补充信息是否清楚地与简要财务报表予以区分。如果认为被审计单位未清楚地将未审计的补充信息与简要财务报表予以区分，审计师应当要求管理层改变对未审计的补充信息的列报方式。如果管理层拒绝改变，审计师应当在对简要财务报表出具的审计报告中说明本报告未涵盖该补充信息。（参见：第 A18 段）

含有简要财务报表的文件中的其他信息

24. 审计师应当阅读在含有简要财务报表及其审计报告的文件中的其他信息，以识别其是否与简要财务报表存在重大不一致（如有）。如果审计师在阅读其他信息时识别出重大不一致，审计师应当确定简要财务报表或其他信息是否需要作出修改。如果在阅读其他信息时注意到明显的对事实的重大错报，审计师应当就此与管

⑦ 《国际审计准则第 710 号——比较信息：对应数据和比较财务报表》。

理层进行讨论。（参见：第A19段）

与审计师相关联

25. 如果审计师注意到被审计单位计划在含有简要财务报表的文件中说明审计师已对简要财务报表出具报告，但被审计单位并未计划在文件中包含该报告，审计师应当要求管理层将该报告包含在文件中。如果管理层拒绝，审计师应当确定并采取其他适当的措施，以防止管理层在文件中将审计师与简要财务报表不适当地相关联。

26. 审计师可能接受委托对被审计单位的财务报表出具报告，但并未接受委托对简要财务报表出具报告。在这种情况下，如果注意到被审计单位计划在文件中作出说明，提及审计师和简要财务报表来源于已审计财务报表，审计师应当确信：

（a）仅在提及对已审计财务报表出具的审计报告时，提及审计师；

（b）作出的说明不会导致简要财务报表的使用者产生审计师已对简要财务报表出具报告的误解。

如果不能确信（a）或（b）所述事项，审计师应当要求管理层修改作出的说明以符合前款的规定，或者在文件中不提及审计师。另一种可以选择的方法是，被审计单位可以委托审计师对简要财务报表出具报告，并将相关报告包含在文件中。如果管理层不修改作出的说明，拒绝删除提及审计师的表述，或者拒绝在含有简要财务报表的文件中包含对简要财务报表出具的审计报告，审计师应当告知管理层不同意提及审计师，并确定和采取其他适当措施，以防止管理层不恰当地提及审计师。（参见：第A20段）

应用和其他解释性材料

业务的承接（参见：第5－6段）

A1. 审计师对构成简要财务报表来源的财务报表的审计，为其按照本国际审计准则的规定履行与简要财务报表审计相关的责任提供了必要的了解。如果未同时审计作为简要财务报表来源的财务报表，审计师执行本国际审计准则不能为对简要财务报表形成审计意见提供充分、适当的证据。

A2. 管理层对第6段所述事项的认可，可能体现在已签署的审计业务约定书中。

标准（参见：第6段第（a）项）

A3. 编制简要财务报表要求管理层确定需要在简要财务报表中反映的信息，以使简要财务报表在所有重大方面与已审计财务报表保持一致或公允概括已审计财务报表。由于简要财务报表本质上含有汇总的信息和有限的披露，因此，可能存在这样一种风险，即简要财务报表没有包含必要的信息，而缺乏这些信息将在具体环境下产生误导。当编制简要财务报表的既定标准不存在时，这种风险更高。

A4. 可能影响审计师确定所采用标准的可接受性的因素包括：

- 被审计单位的性质；
- 简要财务报表的目的；
- 简要财务报表预期使用者的信息需求；
- 采用的标准是否使简要财务报表在具体情况下不会产生误导。

A5. 简要财务报表的编制标准可能由经授权或获得认可的准则制定机构或法律法规建立。在这种情况下，与财务报表的情况类似，如国际审计准则第 210 号[⑧]所述，审计师可以假定这种标准是可接受的。

A6. 如果简要财务报表的编制不存在既定的标准，标准也可以由管理层制定，如依据特定行业的实务制定的标准。符合具体情况的标准需要使简要财务报表能够：

（a）充分披露其简化的性质并指明已审计财务报表；

（b）清楚地描述从何处可以获取已审计财务报表，或者如果法律法规规定已审计财务报表不必提供给简要财务报表的预期使用者，并为简要财务报表的编制建立了标准，清楚描述该法律法规；

（c）充分披露采用的标准；

（d）与已审计财务报表中的相关信息一致或能够通过对其重新计算得到；

（e）包含满足简要财务报表目的的必要信息，并在适当的层次汇总，以使其在具体情况下不会产生误导。

A7. 如“来源于 20×1 年度已审计财务报表的简要财务报表”等标题，可以满足第 A6 段第（a）项提及的要求，即充分披露简要财务报表简化的性质并指明已审计财务报表。

评价已审计财务报表的可获得性（参见：第 8 段第（g）项）

A8. 在评价简要财务报表的预期使用者能否比较方便地获取已审计财务报表时，审计师需要考虑下列因素的影响：

- 简要财务报表是否清楚地描述从何处可以获取已审计财务报表；
- 已审计财务报表是否公开；
- 管理层是否为简要财务报表的预期使用者方便获取已审计财务报表建立了程序。

---

⑧《国际审计准则第 210 号——就审计业务约定条款达成一致意见》，第 A3 段，以及第 A8－A9 段。

意见的类型（参见：第 9 段）

A9. 如果在评价通过实施第 8 段规定的程序所获取的证据的基础上，审计师认为对简要财务报表发表无保留意见是适当的，那么审计师在发表审计意见时，可以使用第 9 段规定的一种措辞。审计师对表达方式的选择可能受特定司法管辖区普遍接受的做法的影响。

工作的时间安排和已审计财务报表审计报告日后的事项（参见：第 12 段）

A10. 审计师通常在财务报表的审计期间或紧接其后立即实施第 8 段规定的程序。如果在财务报表审计完成后对简要财务报表出具审计报告，审计师不需要对已审计财务报表获取额外审计证据，或对已审计财务报表的审计报告日后发生事项的影响出具报告，因为简要财务报表源于已审计财务报表，而不是对其进行更新。

对简要财务报表出具的审计报告

审计报告要素

标题（参见：第 14 段第（a）项）

A11. 指明是独立审计师报告的标题，如“独立审计师报告”，确认审计师满足相关职业道德要求中有关独立性的所有要求。该标题将独立审计师的报告与他人出具的报告予以区分。

收件人（参见：第 14 段第（b）项，第 15 段）

A12. 可能影响审计师评价简要财务报表收件人适当性的因素包括业务约定条款、被审计单位的性质和简要财务报表的目的。

引言段（参见：第 14 段第（c）项之（i））

A13. 当审计师注意到简要财务报表包括在含有其他信息的文件中时，如果列报的形式允许，审计师可以考虑指出所列报的简要财务报表的页码。这种方法有助于使用者识别与审计报告相关的简要财务报表。

审计报告日期（参见：第 14 段第（h）项，第 16 段）

A14. 对有权认定简要财务报表已编制完成并对其承担责任的机构或人员的确定，取决于业务约定条款、被审计单位的性质和简要财务报表的目的。

举例（参见：第 14 段，第 17－18 段，第 19 段）

A15. 本国际审计准则附录列示了对简要财务报表出具的审计报告的参考格式：

（a）发表无保留意见；

（b）审计师对构成简要财务报表来源的已审计财务报表发表非无保留意见；

（c）发表非无保留意见。

比较信息（参见：第 21－22 段）

A16. 如果已审计财务报表包含比较信息，则假定简要财务报表也包含比较信息。已审计财务报表中的比较信息包括对应数据和比较财务报表两类。国际审计准则第 710 号规定了两类比较信息的差异如何影响对财务报表出具的审计报告，包括在特定情况下提及对上期财务报表进行审计的其他审计师。

A17. 可能影响审计师确定比较信息的省略是否合理的情况，包括简要财务报表的性质和目标、采用的标准以及简要财务报表预期使用者的信息需求。

与简要财务报表一同列报的未审计的补充信息（参见：第 23 段）

A18. 国际审计准则第 700 号⑨对未审计的补充信息与已审计财务报表一同列报的情形作出了规定，审计师根据具体情况遵守这些规定，可能有助于其遵守第 23 段的要求。

含有简要财务报表的文件中的其他信息（参见：第 24 段）

A19. 针对阅读含有已审计财务报表和审计报告的文件中的其他信息以应对重大不一致和对事实的重大错报，国际审计准则第 720 号⑩作出了规定。审计师根据具体情况遵守这些规定，可能有助于其遵守第 24 段的要求。

与审计师相关联（参见：第 25－26 段）

A20. 当管理层拒绝采取审计师要求的措施时，审计师可以采取的其他适当措施，包括将管理层对审计师的不当提及告知预期使用者和其他已知第三方。审计师采取的措施取决于其在法律上的权利和义务。因此，审计师可能认为征询法律意见是适当的。

---

⑨ 《国际审计准则第 700 号——对财务报表形成审计意见和出具审计报告》，第 46－47 段。

⑩ 《国际审计准则第 720 号——审计师对含有已审计财务报表的文件中的其他信息的责任》。

附录

（参见：第A15段）

对简要财务报表出具的审计报告的参考格式

- 参考格式1：对按照既定标准编制的简要财务报表出具的审计报告。审计师对已审计财务报表发表了无保留意见。简要财务报表的审计报告日晚于对构成简要财务报表来源的财务报表出具审计报告的日期。
- 参考格式2：对按照管理层制定的并在简要财务报表中充分披露的标准编制的简要财务报表出具的审计报告。审计师确定该标准在具体情况下是可接受的。审计师对已审计财务报表发表了无保留意见。
- 参考格式3：对按照管理层制定的标准制定的并在简要财务报表中充分披露的简要财务报表出具的审计报告。审计师确认该标准在具体情况下是可接受的。审计师对已审计财务报表发表了保留意见。
- 参考格式4：对按照管理层制定的并在简要财务报表中充分披露的标准编制的简要财务报表出具的审计报告。审计师确认该标准在具体情况下是可接受的。审计师对已审计财务报表发表了否定意见。
- 参考格式5：对按照既定标准编制的简要财务报表出具的审计报告。审计师对已审计财务报表发表了无保留意见。审计师认为不可能对简要财务报表发表非无保留意见。

参考格式1：

背景信息：

- 审计师对已审计财务报表发表了无保留意见；
- 存在编制简要财务报表采用的既定标准；
- 对简要财务报表出具审计报告的日期晚于对构成简要财务报表来源的财务报表出具审计报告的日期。

对简要财务报表出具的独立审计师报告

[恰当的收件人]

后附的ABC公司简要财务报表包括20×1年12月31日的简要资产负债表，20×1年度的简要利润表、简要所有者权益变动表和简要现金流量表以及相关附注。

ABC公司简要财务报表来源于 ABC 公司 20×1 年度已审计的财务报表。我们已在 20×2 年2 月 15 日签署的审计报告中对构成简要财务报表来源的财务报表发表了无保留意见。这些财务报表和简要财务报表没有反映审计报告日（20×2 年 2 月 15 日）后发生事项的影响。

简要财务报表没有包含［描述 ABC 公司在编制已审计财务报表时所采用的财务报告框架］要求的所有披露，因此，对简要财务报表的阅读不能替代对 ABC 公司已审计财务报表的阅读。

管理层[①]对简要财务报表的责任

管理层负责按照［描述既定的标准］编制简要财务报表。

审计师的责任

我们的责任是在实施审计程序的基础上对简要财务报表发表审计意见。我们按照《国际审计准则第 810 号——对简要财务报表出具报告的业务》的规定执行了审计工作。

审计意见

我们认为，来源于 ABC 公司 20×1 年度已审计财务报表的简要财务报表按照［描述既定的标准］，在所有重大方面与已审计财务报表保持了一致（或公允概括了已审计财务报表）。

［审计师签名］
［审计报告日期］
［审计师地址］

参考格式 2：

背景信息：

- 审计师对已审计财务报表发表了无保留意见；
- 标准由管理层制定，并在附注×中进行了充分披露。审计师确认该标准在具体情况下是可接受的。

① 或使用特定司法管辖区法律框架规定的恰当的其他术语。

对简要财务报表出具的独立审计师报告

[适当的收件人]

后附的ABC公司简要财务报表包括20×1年12月31日的简要资产负债表，20×1年度的简要利润表、简要所有者权益变动表和简要现金流量表以及相关附注。ABC公司简要财务报表来源于ABC公司20×1年度已审计的财务报表。我们已在20×2年2月15日签署的审计报告中对构成简要财务报表来源的财务报表发表了无保留意见。②

简要财务报表没有包含［描述ABC公司在编制已审计财务报表时所采用的财务报告框架］要求的所有披露，因此，对简要财务报表的阅读不能替代对ABC公司已审计财务报表的阅读。

管理层③对简要财务报表的责任

管理层负责按照附注×描述的标准编制简要财务报表。

审计师的责任

我们的责任是在实施审计程序的基础上对简要财务报表发表审计意见。我们按照《国际审计准则第810号——对简要财务报表出具报告的业务》的规定执行了审计工作。

审计意见

我们认为，来源于ABC公司20×1年度已审计财务报表的简要财务报表按照附注×描述的标准，在所有重大方面与已审计财务报表保持了一致（或公允概括了已审计财务报表）。

[审计师签名]
[审计报告日期]
[审计师地址]

② 当简要财务报表的审计报告日迟于构成其来源的已审计财务报表的审计报告日时，该段落增加："这些财务报表和简要财务报表没有反映审计报告日后发生事项的影响。"

③ 或使用特定司法管辖区法律框架规定的恰当的其他术语。

参考格式3：

背景信息：

- 审计师对已审计财务报表发表了保留意见；
- 标准由管理层制定，并在附注×中进行了充分披露。审计师确认该标准在具体环境下是可接受的。

对简要财务报表出具的独立审计师报告

［适当的收件人］

后附的ABC公司简要财务报表包括20×1年12月31日的简要资产负债表，20×1年度的简要利润表、简要所有者权益变动表和简要现金流量表以及相关附注。ABC公司简要财务报表来源于ABC公司20×1年度已审计的财务报表。④ 我们已在20×2年2月15日签署的审计报告中对构成简要财务报表来源的财务报表发表了保留意见（见下述）。

简要财务报表没有包含［描述ABC公司在编制已审计财务报表时所采用的财务报告框架］要求的所有披露。因此，对简要财务报表的阅读不能替代对ABC公司已审计财务报表的阅读。

管理层⑤对简要财务报表的责任

管理层负责按照附注×描述的标准编制简要财务报表。

审计师的责任

我们的责任是在实施审计程序的基础上对简要财务报表发表审计意见。我们按照《国际审计准则第810号——对简要财务报表出具报告的业务》的规定执行了审计工作。

审计意见

我们认为，来源于ABC公司20×1年度已审计财务报表的简要财务报表按照附注×描述的标准，在所有重大方面与已审计财务报表保持了一致（或公允地概述了已审计财务报表）。然而，简要财务报表存在与ABC公司20×1年度已审计财务报表相同程度的错报。

---

④ 当简要财务报表的审计报告日迟于构成其来源的已审计财务报表的审计报告日时，该段落增加："这些财务报表和简要财务报表没有反映审计报告日后发生事项的影响。"

⑤ 或使用特定司法管辖区法律框架规定的恰当的其他术语。

我们在20×2年2月15日出具的保留意见的审计报告中，描述了已审计财务报表的错报。我们发表保留意见是基于以下事实：管理层在已审计财务报表的资产负债表中确认的ABC公司存货金额为×××。管理层仅以成本列示存货，而未按照成本与可变现净值孰低法，这不符合［ABC公司采用的财务报告框架］的规定。公司的记录显示，如果管理层按照成本与可变现净值孰低法列示存货，需要减记金额为×××的存货，以将其价值调整为可变现净值。相应地，销售成本将提高×××，所得税、净利润和所有者权益将分别降低×××、×××和×××。我们在已发表的保留意见中指出，除所述事项的影响外，财务报表按照国际财务报告准则，在所有重大方面公允反映了（或真实公允反映了）ABC公司20×1年12月31日的财务状况以及20×1年度的经营成果和现金流量。

［审计师签名］
［审计报告日期］
［审计师地址］

参考格式4：

背景信息：

- 审计师对已审计财务报表发表了否定意见；
- 标准由管理层制定，并在附注×中进行了充分披露。审计师确认该标准在具体情况下是可接受的。

对简要财务报表出具的独立审计师报告

［适当的收件人］

后附的ABC公司简要财务报表包括20×1年12月31日的简要资产负债表，20×1年度的简要利润表、简要所有者权益变动表和简要现金流量表以及相关附注。ABC公司简要财务报表来源于ABC公司20×1年度已审计的财务报表。我们已在20×2年2月15日签署的审计报告中对构成简要财务报表来源的财务报表发表了否定意见。⑥

简要财务报表没有包含［描述ABC公司在编制已审计财务报表时所采用的财务报告框架］要求的所有披露，因此，对简要财务报表的阅读不能替代对ABC公司已

⑥ 当简要财务报表的审计报告日迟于构成其来源的已审计财务报表的审计报告日时，该段落增加：“这些财务报表和简要财务报表没有反映审计报告日后发生事项的影响。”

审计财务报表的阅读。

管理层[⑦]对简要财务报表的责任

管理层负责按照附注×描述的标准编制简要财务报表。

审计师的责任

我们的责任是在实施审计程序的基础上对简要财务报表发表审计意见。我们按照《国际审计准则第810号——对简要财务报表出具报告的业务》的规定执行了审计工作。

拒绝发表审计意见

我们在20×2年2月15日出具的审计报告中，对ABC公司20×1年度已审计财务报表发表了否定审计意见。导致我们发表否定意见的事项是［描述导致否定意见的事项］。我们发表的否定意见是［描述否定意见］。

我们认为，由于前段所述事项的重要性，对ABC公司20×1年度的简要财务报表发表审计意见是不适当的。

［审计师签名］
［审计报告日期］
［审计师地址］

参考格式5：
背景信息：

- 审计师对已审计财务报表发表了无保留意见；
- 存在编制简要财务报表的既定标准；
- 审计师认为不可能对简要财务报表发表无保留意见。

对简要财务报表出具的独立审计师报告

［适当的收件人］

后附的ABC公司简要财务报表包括20×1年12月31日的简要资产负债表，20×1年度的简要利润表、简要所有者权益变动表和简要现金流量表以及相关附注。

⑦ 或使用特定司法管辖区法律框架规定的恰当的其他术语。

ABC 公司简要财务报表来源于 ABC 公司 20×1 年度已审计的财务报表。我们已在 20×2 年 2 月 15 日签署的审计报告中对构成简要财务报表来源的财务报表发表了无保留意见。⑧

简要财务报表没有包含［描述 ABC 公司在编制已审计财务报表时所采用的财务报告框架］要求的所有披露，因此，对简要财务报表的阅读不能替代对 ABC 公司已审计财务报表的阅读。

管理层⑨对简要财务报表的责任

管理层负责按照［描述既定的标准］编制简要财务报表。

审计师的责任

我们的责任是在实施审计程序的基础上对简要财务报表发表审计意见。我们按照《国际审计准则第 810 号——对简要财务报表出具报告的业务》的规定执行了审计工作。

导致否定意见的事项

［描述导致简要财务报表没有按照既定的标准，在所有重大方面与已审计财务报表保持一致（或公允概括已审计财务报表）的事项］

否定意见

我们认为，由于“导致否定意见的事项”段所述事项的重要性，上述简要财务报表没有按照［描述既定的标准］与已审计财务报表保持一致（或公允概括已审计财务报表）。

［审计师签名］
［审计报告日期］
［审计师地址］

⑧ 当简要财务报表的审计报告日迟于构成其来源的已审计财务报表的审计报告日时，该段落增加：“这些财务报表和简要财务报表没有反映审计报告日后发生事项的影响。”

⑨ 或使用在特定司法管辖区内法律框架规定的恰当的其他术语。

对其他国际审计准则的相应修订

注：以下是因《国际审计准则第610号（修订）——利用内部审计师的工作》，对其他国际审计准则所作的相应修订。这些修订将适用于会计期间结束于2013年12月15日及以后的财务报表审计。这些修订中的脚注序号与其在各相关准则中的不一致。

《国际审计准则第200号——独立审计师的总体目标和按照国际审计准则执行审计工作》

A72. 在某些情况下，某项国际审计准则（包括其所有要求）可能与业务的具体情况不相关。例如，如果被审计单位没有内部审计职能部门，国际审计准则第610号(修订)① 的所有内容都不相关。

* * *

《国际审计准则第230号——审计工作底稿》

A19. 国际审计准则中有关审计工作底稿的要求仅在与具体情况相关时才是适用的。只有在下列情况之一，审计准则的某一要求才是不相关的：②

（a）某项国际审计准则完全不相关（例如，如果某一被审计单位不存在内部审计职能部门，国际审计准则第610号(修订)③ 的所有规定都是不相关的）；

（b）国际审计准则的某一要求具有适用条件但这种条件不存在（例如，在无法获取充分、适当的审计证据时发表非无保留意见，但不存在这种无法获取充分、适当的审计证据的情形）。

* * *

《国际审计准则第240号——财务报表审计中与舞弊相关的责任》

19. 如果被审计单位设有内部审计职能部门，审计师应当询问~~内部审计师~~该职能部门的适当人员，以确定其是否知悉任何影响被审计单位的舞弊事实、舞弊嫌疑

---

① 《国际审计准则第610号(修订) ——利用内部审计师的工作》，第2段。
② 国际审计准则第200号，第22段。
③ 《国际审计准则第610号(修订) ——利用内部审计师的工作》，第2段。

或舞弊指控，并获取其对舞弊风险的看法。（参见：第 A18 段）

询问内部审计职能部门（参见：第 19 段）

A18. 国际审计准则第 315 号（修订）和国际审计准则第 610 号（修订）对设有内部审计职能部门的实体的审计作出了要求并提供了指引。④ 在针对舞弊执行上述国际审计准则的规定时，审计师可以询问该职能部门的特定内部审计活动，例如：

- 内部审计职能部门在本期实施的旨在发现舞弊的程序（如有）；
- 管理层是否对实施内部审计程序的结果采取了令人满意的应对措施。

附录 1

舞弊风险因素的示例

内部控制要素由于以下原因存在缺陷：

- 对控制的监督不充分，包括自动化控制以及针对中期财务报告（如要求对外报告）的控制；
- 高离职率或针对会计人员、信息技术人员或内部审计职能部门人员或信息技术人员的雇佣政策无效。

* * *

《国际审计准则第 260 号——与治理层的沟通》

A14. 可能适合与治理层讨论的计划方面的其他事项包括：

- 如果被审计单位设有内部审计职能部门，审计师拟利用内部审计工作的程度，以及外部审计师和内部审计师如何以建设性和互补的方式更好地协调和配合工作，包括计划利用的内部审计职能部门的工作。⑤
- ……

A33. 在与治理层沟通某些事项前，审计师可以就这些事项与管理层讨论，除非这种做法并不适当。例如，就管理层的胜任能力或诚信与其讨论可能是不适当的。除确认管理层的管理责任外，这些初步的讨论还可以澄清事实和问题，并使管理层有机会提供进一步的信息和解释。如果被审计单位设有内部审计职能部门，审计师可以在与治理层沟通前与内部审计师该职能部门的适当人员讨论相关事项。

---

④ 国际审计准则第 315 号（修订），第 6 段第（a）项和第 23 段，以及《国际审计准则第 610 号（修订）——利用内部审计师的工作》。

⑤ 国际审计准则第610 号（修订），第 18 段。

A43. 如第 4 段所述，有效的双向沟通对于审计师和治理层都有帮助。国际审计准则第 315 号（修订）指出，治理层的参与（包括他们与内部审计职能部门（如有）和外部审计师的互动）是被审计单位控制环境的一个要素。[⑥] 不充分的双向沟通可能意味着不令人满意的控制环境，影响审计师对重大错报风险的评估。同时，存在审计师可能无法获取充分、适当的审计证据以形成对财务报表的审计意见的风险。

* * *

《国际审计准则第 265 号——向治理层和管理层通报内部控制缺陷》

A24. 如果审计师已在上期向管理层通报了值得关注的内部控制缺陷以外的其他内部控制缺陷，并且管理层出于成本或其他方面的原因而选择不纠正这些缺陷，审计师没有必要在本期重复通报。如果其他方（如内部审计师职能部门或监管机构）以前曾向管理层通报过这些缺陷，审计师也不必重复通报这些信息。但是，如果管理层发生变化，或审计师注意到新信息使审计师和管理层改变以前对该缺陷的理解，审计师重新通报这些其他缺陷可能是适当的。……

* * *

《国际审计准则第 300 号——计划审计工作》

附录

业务的特点

……

- 除为合并目的执行的审计工作之外，对个别财务报表进行法定审计的需求；
- ~~内部审计工作的可获得性以及审计师对这些工作的潜在依赖程度~~被审计单位是否设有内部审计职能部门，如有，能否利用、在哪些方面利用以及在多大程度上利用内部审计人员的工作，以实现审计目的；

……

* * *

《国际审计准则第 402 号——对被审计单位使用服务机构的审计考虑》

A1. 关于服务机构提供服务的性质的信息可以从多种不同来源获得：

- 用户手册；
- 系统概述；
- 技术手册；
- 被审计单位与服务机构之间签订的合同或服务协议；

⑥ 国际审计准则第 315 号（修订），第 A 77 ~~70~~ 段。

- 服务机构、内部审计师职能部门或监管机构针对服务机构的控制出具的报告；
- 服务机构审计师出具的报告，包括管理建议书（如能获得）。

* * *

《国际审计准则第 500 号——审计证据》

A51. 在某些情况下，审计师可能打算将被审计单位生成的信息用于其他审计目的。例如，审计师可能打算将被审计单位的业绩评价用于分析程序，或利用被审计单位用于监控活动的信息，如内部审计师职能部门的报告等。在这种情况下，获取的审计证据的适当性受到该信息对于审计目的而言是否足够精确和详细的影响。例如，管理层的业绩评价对于发现重大错报可能不够精确。

审计证据之间存在不一致或对审计证据的可靠性存在疑虑(参见：第 11 段)

A57. 从不同来源获取的审计证据或获取的不同性质的审计证据可能表明某项审计证据不可靠。例如，当从某一来源获取的审计证据与从另一来源获取的不一致时，该项审计证据可能不可靠。例如，管理层、内部审计师和其他人员对询问的答复不一致，或者治理层对询问的答复（用于佐证对管理层询问的答复）与管理层的答复不一致，都属于这一情形。如果识别出某项信息与其对某重大事项的最终结论不一致，审计师需要按照国际审计准则第 230 号的规定记录如何处理该不一致的情况。[⑦]

* * *

《国际审计准则第 550 号——关联方》

A15. 被审计单位内部的其他人员也可能知悉关联方关系及其交易，以及被审计单位对这些关联方关系及其交易的控制。这些人员在某种程度上并不构成管理层，可能包括：

- 治理层成员；
- 负责生成、处理或记录超出正常经营过程的重大交易的人员，以及对其进行监督或监控的人员；
- 内部审计师职能部门；
- 被审计单位内部从事法律事务的专业人员；
- 职业道德主管人员或类似人员。

A17. 为满足国际审计准则第 315 号(修订) 中了解控制环境的要求，[⑧] 审计师

---

⑦ 《国际审计准则第 230 号——审计工作底稿》，第 11 段。

⑧ 国际审计准则第 315 号(修订)，第 14 段。

可以考虑控制环境中与降低关联方关系及其交易导致的重大错报风险相关的内容，例如：

- 用于规范在何种情形下被审计单位可以从事特定类型关联方交易的内部职业道德手册，该手册已适当地向被审计单位的员工传达并得以贯彻执行；

……

- 内部审计师职能部门的定期检查（如适用）；

……

A22. 在审计过程中，审计师可以检查某些可能提供关联方关系及其交易信息的记录或文件，例如：

- 审计师自第三方取得的询证函回函（除向银行和律师获取的询证函回函外）；

……

- 内部审计师职能部门的报告；

……

* * *

国际审计准则第600号——对集团财务报表审计的特殊考虑（包括组成部分审计师的工作）

A27. 审计师需要识别和评估由于舞弊导致财务报表发生重大错报的风险，针对评估的风险设计和实施适当的应对措施。[⑨] 用以识别由于舞弊导致的集团财务报表重大错报风险所需的信息可能包括：

……

- 就集团项目组对是否知悉任何影响组成部分或集团的舞弊事实、舞弊嫌疑或舞弊指控的询问，集团治理层、管理层及内部审计职能部门的适当人员（如适用，还包括组成部分管理层、组成部分审计师和其他人员）作出的答复。

A51. 根据第29段的要求，集团项目组确定选择多少组成部分、选择哪些组成部分以及对所选择的每个组成部分财务信息执行工作的类型，可能受到下列因素的影响：

- ……
- 内部审计职能部门是否对组成部分执行了工作，以及这些工作对集团审计的影响；

⑨ 《国际审计准则第240号——财务报表审计中与舞弊相关的责任》。

- ……

附录2

集团项目组获取了解的事项示例

以下提供的示例广泛涵盖了集团项目组获取了解的事项，但并非所有事项均与每一集团审计业务相关，而且所列示例并非对所有事项的完整列示。

集团层面控制

1. 集团层面的控制可能包括下列方面的组合：

- ……
- 对控制的监督，包括内部审计职能部门的活动和自我评估程序；
- ……

2. 内部审计职能部门可以作为集团层面控制的一项内容，如当~~内部审计~~该职能部门集中时。如果集团项目组~~计划~~预期利用内部审计师职能部门的工作，需要按照国际审计准则第610号(修订)[10] 的规定，评价该职能部门在被审计单位中的地位以及相关政策和程序能否支持内部审计师~~在被审计单位中的胜任能力和~~的客观性、~~。~~该职能部门的胜任能力水平，以及该职能部门是否采用系统和规范化的方法。

附录5

列入集团项目组指令函的必要和附加事项

与组成部分审计师计划工作相关的事项：

- ……
- 内部审计职能部门对组成部分层面的控制或与组成部分相关的控制执行工作的结果……

---

⑩ 《国际审计准则第610号（修订）——利用内部审计师的工作》，第16－17 ~~19~~ 段。

注：在国际审计准则第315号（修订）和国际审计准则第610号（修订）生效后，其他国际审计准则中提及的国际审计准则第315号、国际审计准则第610号，将被分别替换为国际审计准则第315号（修订）和国际审计准则第610号（修订）。

术 语 表①

（2012 年 6 月）

访问控制——旨在限制访问在线终端设备、程序和数据的程序。访问控制包括“用户认证”和“用户授权”。“用户认证”通常试图通过唯一的登录身份、密码、访问卡或生物技术数据识别用户。“用户授权”包括用于确定每个用户可以访问的计算机资源的访问规则。这些程序旨在特别防止或发现下列问题：

（a）未经授权访问在线终端设备、程序和数据；

（b）输入未经授权的交易；

（c）未经授权改变数据文档；

（d）未经授权的人员使用计算机程序；

（e）使用未经授权的计算机程序。

* *会计估计*——在缺乏精确计量手段的情况下，采用的某项金额的近似值。会计估计一般包括存在估计不确定性时以公允价值计量的金额，以及其他需要估计的金额。当仅针对涉及公允价值计量的会计估计时，国际审计准则第 540 号②采用“公允价值会计估计”的术语。

* *会计记录*——对初始会计分录形成的记录和支持性记录。例如，支票、电子资金转账记录、发票和合同；总分类账、明细分类账、会计分录以及对财务报表予以调整但未在账簿中反映的其他分录；支持成本分配、计算、调节和披露的手工计算表和电子数据表。

* *分析程序*——审计师通过分析不同财务数据之间以及财务数据与非财务数据之间的内在关系，对财务信息作出评价。分析程序还包括在必要时对识别出的与其他相关信息不一致或与预期值差异重大的波动和关系进行调查。

年度报告——被审计单位发布的文件，通常以年度为基础，包括财务报表以及

* 表示国际审计准则中定义的术语。

† 表示国际质量控制准则第 1 号中定义的术语。

① 针对公共部门业务而言，本术语表中的术语应理解为公共部门中等同的术语。如果国际审计与鉴证准则理事会公告未对会计术语进行界定，这些会计术语应当引用国际会计准则理事会的术语。

② 《国际审计准则第 540 号——审计会计估计（包括公允价值会计估计）和相关披露》。

审计师对其出具的审计报告。

* *异常误差*——对总体中的错报或偏差明显不具有代表性的错报或偏差。

* *适用的财务报告框架*——管理层和治理层（如适用）在编制财务报表时，就被审计单位性质和财务报表目标而言，采用的可接受的财务报告框架，或法律法规要求采用的财务报告框架。

“公允列报框架”是指要求遵守其框架规定，并包含下列条件之一的财务报告框架：

（a）明确或隐含地认可，为了实现财务报表的公允列报，管理层可能有必要提供除框架具体要求之外的其他披露；

（b）明确地认可，为了实现财务报表的公允列报，管理层可能在必要时偏离框架的要求。这种偏离只有在极少数情况下才被认为是必要的。

“遵循性框架”是指要求遵守其框架的规定，但不包含上述（a）或（b）条件的财务报告框架。

信息技术应用控制——通常在业务流程层面运行的手工或自动化程序。应用控制从性质上看可以是预防性的或发现性的，旨在确保会计记录的真实性。因此，应用控制与用于生成、记录、处理并报告交易或其他财务数据的程序相关。

* *采用的标准*（针对国际审计准则第 810 号③）——管理层编制简要财务报表所采用的标准。

* *（审计证据的）适当性*——对审计证据质量的衡量，即审计证据在支持审计意见所依据的结论方面具有的相关性和可靠性。

* *公平交易*——按照互不关联、各自独立行事且追求自身最大利益的自愿的买方和自愿的卖方达成的条款和条件进行的交易。

* *认定*——管理层在财务报表中作出的明确或隐含的表达，审计师将其用于考虑可能发生的不同类型的潜在错报。

评估——分析识别出的重大错报风险，以就其重要性得出结论。按照惯例，只有与风险相关时，才使用“评估”。（参见“评价”）

关联——参见“审计师与财务信息的关联”。

*† *保证*——参见“合理保证”。

* *审计工作底稿*——对实施的审计程序、获取的相关审计证据以及审计师得出的审计结论作出的记录（有时也使用“工作记录”的术语）。

* *审计证据*——审计师为了得出审计结论和形成审计意见而使用的信息。审计证据包括构成财务报表基础的会计记录所含有的信息和其他信息。（参见“（审计证据）的充分性”和“（审计证据）的适当性”）

---

③《国际审计准则第 810 号——对简要财务报表出具报告的业务》。

＊***审计档案***——一个或多个文件夹或其他存储介质，以实物或电子形式构成某项具体业务审计工作底稿的记录。

＊†***审计事务所***——参见“会计师事务所”。

＊***审计意见***——参见“非无保留意见”和“无保留意见”。

＊***审计风险***——当财务报表存在重大错报时，审计师发表不恰当审计意见的可能性。审计风险取决于重大错报风险和检查风险。

＊***审计抽样***（抽样）——审计师对具有审计相关性的总体中低于百分之百的项目实施审计程序，使所有抽样单元都有被选取的机会，为审计师对整个总体得出结论提供合理基础。

＊***已审计财务报表***（针对国际审计准则第810号）——审计师按照国际审计准则的规定审计的财务报表[④]，是简要财务报表的编制来源。

＊***审计师***——执行审计工作的人员，通常是指项目合伙人或项目组其他成员，适当时还指会计师事务所。当国际审计准则明确指出应由项目合伙人遵守的规定或承担的责任时，使用“项目合伙人”而非“审计师”的称谓。相关时，“审计师”和“会计师事务所”也指执行公共部门业务的类似人员或机构。

审计师与财务信息的关联——如果审计师将审计报告附在财务信息之后，或同意以职业身份使用其姓名时，审计师就与该信息发生关联。

＊***审计师的专家***——在会计或审计以外的某一领域具有专长的个人或组织，其在这一领域的工作被审计师利用以协助获取充分、适当的审计证据。专家既可以是审计师的内部专家（如审计师所在会计师事务所或网络事务所的合伙人[⑤]或员工（包括临时员工）），也可以是审计师的外部专家。

＊***审计师的点估计或区间估计***——从审计证据中得出的、用以评价管理层点估计的金额或金额区间。

＊***审计师的区间估计***——参见“审计师的点估计”。

＊***经营风险***——可能对被审计单位实现目标和实施战略的能力产生不利影响的重要状况、事项、情况、作为（或不作为）而导致的风险，或由于制定不恰当的目标和战略而导致的风险。

＊***比较财务报表***——属于比较信息，是指为了与本期财务报表相比较而包含的上期金额和其他披露，但如果已经审计，则该上期金额和其他披露会在审计意见中提及。比较财务报表包含信息的详细程度与本期财务报表包含信息的详细程度相似。

＊***比较信息***——包含于财务报表中的、符合适用的财务报告框架、与一个或多个以前期间相关的金额和披露。

---

④ 《国际审计准则第200号——独立审计师的总体目标和按照国际审计准则执行审计工作》第13段第（f）项对财务报表进行了界定。

⑤ 如相关，“合伙人”和“会计师事务所”也指执行公共部门业务的类似人员或机构。

＊*被审计单位的互补性控制*——服务机构在设计服务时假定将由被审计单位实施的控制。如果这些控制对实现控制目标是必要的，则应当在服务机构系统描述中予以明确。

＊*遵循性框架*——参见“适用的财务报告框架”和“通用目的框架”。

＊*组成部分*——某一实体或某项业务活动，其财务信息由集团或组成部分管理层编制并应包括在集团财务报表中。

＊*组成部分审计师*——基于集团审计目的，按照集团项目组的要求，对组成部分相关财务信息执行工作的审计师。

＊*组成部分管理层*——负责编制组成部分财务信息的管理层。

＊*组成部分重要性*——集团项目组为组成部分确定的重要性。

计算机辅助审计技术——利用计算机作为审计工具实施审计程序。

控制活动——有助于确保管理层的指令得以执行的政策和程序。控制活动是内部控制的一部分。

控制环境——包括治理职能和管理职能，以及治理层和管理层对内部控制及其重要性的态度、认识和行动。控制环境是内部控制的一部分。

＊*控制风险*——参见“重大错报风险”。

公司治理——参见“治理”。

＊*对应数据*——属于比较信息，是指作为本期财务报表组成部分的上期金额和其他披露，这些金额和披露只能与本期相关的金额和其他披露（称为“本期数据”）联系起来阅读。对应金额和列报的详细程度主要取决于其与本期数据的相关程度。

标准——用于评价或计量鉴证对象的基准，相关时，还包括列报和披露的基准。标准可以是正式或非正式的。同样的鉴证对象可能有不同的标准。适当的标准使审计师能够运用职业判断对鉴证对象作出合理一致的评价或计量。

适当的标准——适当的标准包含下列特征：

(a) 相关性：相关的标准能够帮助预期使用者得出有助于决策制定的结论。

(b) 完整性：当能够影响依据业务环境得出的结论的相关事实不存在遗漏时，标准是足够完整的。相关时，完整的标准包括列报和披露的基准。

(c) 可靠性：具有相似资质的执业人员在相似的环境下使用可靠的标准，能够对鉴证对象作出合理一致的评价和计量（相关时还包括列报与披露）。

(d) 中立性：中立的标准有助于得出不存在偏向的结论。

(e) 可理解性：可理解的标准有助于得出清晰、易于理解，且不产生严重理解分歧的结论。

＊*财务报表批准日*——构成财务报表的所有报表（包括相关附注）已编制完成，并且经认可的有权机构已经认可其对财务报表负责的日期。

† *报告日*（与质量控制相关）——执业人员在出具的报告上签署的日期。

* ***审计报告日***——审计师按照国际审计准则第 700 号[⑥]的规定在对财务报表出具的审计报告上签署的日期。

* ***财务报表日***——财务报表涵盖的最近期间的截止日期。

* ***财务报表报出日***——审计报告和已审计财务报表提供给第三方的日期。

* ***内部控制缺陷***——在下列任一情况下内部控制存在的缺陷:

(a) 某项控制的设计、执行或运行不能及时防止或发现并纠正财务报表错报;

(b) 缺少用以及时防止或发现并纠正财务报表错报的必要控制。

* ***检查风险***——如果存在某一错报，该错报单独或连同其他错报可能是重大的，审计师为将审计风险降至可接受的低水平而实施程序后没有发现这种错报的风险。

* ***要素***——参见“财务报表要素”。

* ***财务报表要素***(针对国际审计准则第 805 号[⑦]) ——财务报表的要素、账户或项目。

* ***强调事项段***——审计报告中包含的一个段落，该段落提及已在财务报表中恰当列报或披露的事项，根据审计师的职业判断，该事项对财务报表使用者理解财务报表至关重要。

† ***业务工作底稿***——执行业务的人员对执行的工作、获取的结果以及得出的结论作出的记录（有时也使用“工作记录”的术语)。

业务约定书——以约定书形式对业务条款作出的书面确认。

*† ***项目合伙人***[⑧]——会计师事务所中负责某项审计业务及其执行，对代表会计师事务所出具的报告负责，并按要求获得职业团体、立法机构或监管部门适当授权的合伙人或其他人员。

*† ***项目质量控制复核***——在审计报告日或报告日之前，对项目组作出的重大判断和在编制报告时得出的结论进行客观评价的过程。项目质量控制复核适用于上市实体财务报表审计，以及会计师事务所确定需要实施项目质量控制复核的其他审计业务。

*† ***项目质量控制复核人员***——项目组成员以外的，具有足够、适当的经验和权限，对项目组作出的重大判断和在编制报告时得出的结论进行客观评价的合伙人、会计师事务所的其他人员、具有适当资格的外部人员或由这类人员组成的小组。

*† ***项目组***——执行某项审计业务的所有合伙人和员工，以及会计师事务所或网络事务所聘请的为该项业务实施程序的所有人员。但不包括会计师事务所或网络

---

⑥ 《国际审计准则第 700 号——对财务报表形成审计意见和出具审计报告》。

⑦ 《国际审计准则第 805 号——对单一财务报表和财务报表特定要素、账户或项目审计的特殊考虑》。

⑧ “项目合伙人”、“合伙人”以及“会计师事务所”也指执行公共部门业务的类似人员或机构（如相关)。

事务所聘请的外部专家[⑨]。

被审计单位的风险评估过程——内部控制的一部分，是被审计单位识别与财务报告目标相关的经营风险，以及确定应对这些风险所采取的措施及其结果。

错误——财务报表中的无意错报，包括对金额或披露的遗漏。

* *估计不确定性*——会计估计和相关披露在计量方面对固有不精确性的敏感性。

评价——识别并分析相关问题，包括必要时实施进一步程序，就某个事项得出具体结论。按照惯例，只有与问题的范围（包括证据、程序的结果以及管理层对风险所采取应对措施的有效性）相关时，才使用“评价”。（参见“评估”）

* *不符事项*——被询证者提供的信息与询证函要求确认的信息不一致，或与被审计单位记录的信息不一致。

* *有经验的审计师*——会计师事务所内部或外部的具有审计实务经验，并且对下列方面有合理了解的人士：

（a）审计过程；

（b）国际审计准则和适用的法律法规的规定；

（c）被审计单位所处的经营环境；

（d）与被审计单位所处行业相关的审计和财务报告问题。

* *专家*——参见“审计师的专家”和“管理层的专家”。

* *专长*——在某一特定领域中拥有的专门技能、知识和经验。

* *函证*——审计师直接从第三方（被询证者）获取书面答复作为审计证据，书面答复可以采用纸质、电子或其他介质等形式。

* *公允列报框架*——参见“适用的财务报告框架”和“通用目的框架”。

* *财务报表*——依据某一财务报告框架对被审计单位历史财务信息作出的结构性表述，包括相关附注，旨在反映某一时点的经济资源或义务或者某一时期经济资源或义务的变化。相关附注通常包括重要会计政策概要和其他解释性信息。财务报表通常是指适用的财务报告框架要求的整套财务报表，有时也指单一财务报表。

* † *会计师事务所*——由职业会计师设立的独资、合伙、公司或其他形式的执业组织。

* *舞弊*——被审计单位的管理层、治理层、员工或第三方中的一人或多人使用欺骗手段获取不当或非法利益的故意行为。

* *舞弊风险因素*——表明实施舞弊的动机或压力，或者为实施舞弊提供机会的事项或情况。

虚假财务报告——为欺骗财务报表使用者而作出的故意错报，包括对财务报表

---

⑨ 《国际审计准则第620号——利用审计师的专家的工作》第6段第（a）项对“审计师的专家”进行了界定。

金额或披露的遗漏。

信息技术一般控制——与很多应用程序相关，通过帮助确保信息系统的连续正确运行，支持应用控制职能有效发挥的政策和程序。信息技术一般控制通常包括对下列内容的控制：数据中心和网络的运行；系统软件的采购、变更和维护；访问的安全性；应用系统的采购、发展和维护。

＊***通用目的财务报表***——按照通用目的框架编制的财务报表。

＊***通用目的框架***——旨在满足广大财务报表使用者共同的财务信息需求的财务报告框架。财务报告框架可以是公允列报框架，也可以是遵循性框架。

“公允列报框架”是指要求遵守其框架的规定，并包含下列条件之一的财务报告框架：

（a）明确或隐含地认可，为了实现财务报表的公允列报，管理层可能有必要提供除框架具体要求之外的其他披露；

（b）明确地认可，为了实现财务报表的公允列报，在极其特殊的情况下，管理层可能有必要偏离框架的某项要求。这种偏离只有在极少数情况下才被认为是必要的。

“遵循性框架”是指要求遵守其框架的规定，但不包含（a）或（b）条件的财务报告框架[10]。

＊***治理***——对实体的战略方向以及管理层履行经营管理责任负有监督责任的人员或组织的职责。

＊***集团***——由所有组成部分构成的整体，并且所有组成部分财务信息包括在集团财务报表中。集团至少拥有一个以上的组成部分。

＊***集团审计***——对集团财务报表进行的审计。

＊***集团审计意见***——对集团财务报表发表的审计意见。

＊***集团项目合伙人***——会计师事务所负责某项集团审计业务及其执行，并代表会计师事务所对集团财务报表审计报告承担责任的合伙人或其他人员。如果联合审计师执行集团审计，联合审计项目合伙人及其项目组整体上构成集团项目合伙人和集团项目组。

＊***集团项目组***——包括集团项目合伙人在内的合伙人和员工，负责制定集团总体审计策略、与组成部分审计师沟通、针对合并过程执行相关工作，并评价根据审计证据得出的结论，作为形成集团财务报表审计意见的基础。

＊***集团财务报表***——包括一个以上组成部分财务信息的财务报表。术语“集团财务报表”也指由没有母公司但处于同一控制下的各组成部分编制的财务信息汇总生成的汇总财务报表。

---

[10] 国际审计准则第 200 号，第 13 段第（a）项。

＊***集团管理层***——负责编制集团财务报表的管理层。

＊***集团层面控制***——由集团管理层设计、执行和维护的与集团财务报告相关的控制。

＊***历史财务信息***——以财务术语表述的某一特定实体的信息，这些信息主要来自特定实体的会计系统，反映了过去一段时间内发生的经济事项，或者过去某一时点的经济状况或情况。

＊***不一致***——其他信息与已审计财务报表中的信息相矛盾。重大不一致可能导致审计师对依据以前获取的审计证据得出的审计结论产生怀疑，甚至对形成财务报表审计意见的基础产生怀疑。

独立性⑪——包括：

（a）实质上的独立性——一种内心状态，使得审计师在发表意见时不受损害职业判断的因素影响，诚信行事，遵循客观和公正原则，保持职业怀疑。

（b）形式上的独立性——避免某些事实和情况，该事实和情况如此重大，使得一个理性且充分掌握所有相关信息（包括采取的所有防范措施）的第三方合理推断，认为会计师事务所或鉴证项目组成员的诚信和客观原则或职业怀疑态度受到了损害。

与财务报告相关的信息系统——内部控制的一部分，包括财务报告系统，以及为生成、记录、处理和报告交易（以及事项和情况），并为相关资产、负债和所有者权益明确受托责任而建立的程序和记录。

＊***固有风险***——参见“重大错报风险”。

＊***首次审计业务***——以下情况之一：

（a）上期财务报表未经审计；

（b）上期财务报表由前任审计师审计。

询问——包括向被审计单位内部或外部的知情人员获取财务信息和非财务信息。

检查（作为一种审计程序）——对被审计单位内部或外部生成的，以纸质、电子或其他介质形式存在的记录或文件进行审查，或对资产进行实物审查。

＊†**检查**（与质量控制相关）——实施程序以获取证据，确定项目组在完成的业务中是否遵守会计师事务所的质量控制政策和程序。

中期财务信息或报表——有关财务期间的中期（通常是每半年或每季度）发布的财务信息（可能少于前文定义的整套财务报表）。

＊***内部审计职能部门***——由被审计单位建立的或由外部机构以服务形式提供的一种评价活动。其职能包括检查、评估和监督内部控制的恰当性和有效性等。

＊***内部审计师***——执行内部审计活动的人员。内部审计师可能属于内部审计职

---

⑪ 国际职业会计师道德守则对独立性进行了界定。

能部门或履行内部审计职责的类似部门。

* *内部控制*——被审计单位为了合理保证财务报告的可靠性、经营的效率和效果以及对法律法规的遵守，由治理层、管理层和其他人员设计、执行和维护的过程。“控制”是指内部控制一个或多个要素的任何一个方面。

* *国际财务报告准则*——国际会计准则理事会发布的国际财务报告准则。

调查——查询通过实施其他程序出现的问题并予以解决。

信息技术环境——被审计单位实施的政策和程序，信息技术的基础设施（硬件、操作系统等），以及用以支持业务运行和实现经营战略的应用软件。

*† *上市实体*——其股份、股票或债券在法律法规认可的证券交易所报价或挂牌，或在法律法规认可的证券交易所或其他类似机构的监管下进行交易的实体。

* *管理层*——对被审计单位经营活动的执行负有经营管理责任的人员。对于某些司法管辖区中的某些被审计单位而言，管理层包括治理层的部分或全部成员，如治理委员会中的执行成员，或者业主兼经理。

* *管理层偏向*——管理层在编制信息时缺乏中立性。

* *管理层的专家*——在会计、审计以外的某一领域具有专长的个人或组织，其在该领域的工作被管理层利用以协助编制财务报表。

* *管理层的点估计*——管理层在财务报表中确认或披露一项会计估计而选择的金额。

侵占资产——涉及盗窃被审计单位的资产，通常做法是员工盗窃金额相对较小且不重要的资产。然而，侵占资产也可能涉及管理层，他们通常更能够通过难以发现的手段掩饰或隐瞒侵占资产的行为。

* *错报*——某一财务报表项目的金额、分类、列报或披露与按照适用的财务报告框架应当列示的金额、分类、列报或披露之间存在的差异。错报可能是由于错误或舞弊导致的。

当审计师对财务报表是否在所有重大方面公允反映（或真实和公允反映）发表意见时，错报还包括根据审计师的判断，为使财务报表在所有重大方面公允反映（或真实和公允反映），需要对金额、分类、列报或披露作出的必要调整。

* *对事实的错报*——在其他信息中，对与已审计财务报表所反映事项不相关的信息作出的不正确陈述或列报。对事实的重大错报可能损害含有已审计财务报表的文件的可信性。

* *非无保留意见*——保留意见、否定意见或无法表示意见。

*† *监控*（与质量控制相关）——对会计师事务所质量控制制度进行持续考虑和评价的过程，包括定期选取已完成的业务进行检查，以使会计师事务所能够合理保证其质量控制制度正在有效运行。

对控制的监督——评价内部控制在一段时间内运行有效性的过程。它包括及时

评估控制的设计和运行情况并根据情况变化采取必要的补救措施。对控制的监督是内部控制的一部分。

＊***消极式函证***——要求被询证者只有在不同意询证函所列示的信息时才直接向审计师回复的一种询证方式。

＊†***网络***——符合下列条件的联合体：

（a）以合作为目的；

（b）明确旨在共享收益或分担成本，或共享所有权、控制权或管理权，共享统一的质量控制政策和程序，共享同一经营战略、使用同一品牌或共享重要的专业资源。

＊†***网络事务所***——属于某一网络的会计师事务所或实体。

＊***违反法律法规***（针对国际审计准则第250号[12]）——被审计单位有意或无意违背现行法律法规的行为。例如，被审计单位进行的或以被审计单位名义进行的违反法律法规的交易，或者治理层、管理层或员工代表被审计单位进行的违反法律法规的交易。违反法律法规不包括由治理层、管理层或员工实施的、与被审计单位经营活动无关的不当个人行为。

＊***未回函***——被询证者对积极式询证函未予回复或回复不完整，或询证函因未被送达而退回。

＊***非抽样风险***——审计师由于任何与抽样风险无关的原因而得出错误结论的风险。

观察——包括察看他人正在从事的过程或程序，例如，审计师对被审计单位人员执行的存货盘点或控制活动进行观察。

＊***期初余额***——期初存在的账户余额。期初余额以上期期末余额为基础，反映了以前期间的交易和事项以及上期采用的会计政策的结果。期初余额也包括期初存在的需要披露的事项，如或有事项和承诺事项。

＊***其他信息***——指根据法律法规的规定或惯例，在含有已审计财务报表和审计报告的文件中包含的除已审计财务报表和审计报告以外的财务信息和非财务信息。

＊***其他事项段***——审计报告中包含的一个段落，该段落提及未在财务报表中列报或披露的事项，根据审计师的职业判断，该事项与财务报表使用者理解审计工作、审计师的责任或审计报告相关。

＊***会计估计的结果***——需要作出会计估计的交易、事项或情况得以解决时实际发生的货币金额。

总体审计策略——用以确定审计工作的范围、时间安排和方向，并指导具体审计计划的制定。

---

[12] 《国际审计准则第250号——审计师在财务报表审计中对法律法规的责任》。

＊†**合伙人**——在执行专业服务业务方面有权代表会计师事务所的个人。

＊**实际执行的重要性**——审计师确定的低于财务报表整体的重要性的一个或多个金额，旨在将未更正和未发现错报的汇总数超过财务报表整体的重要性的可能性降至适当的低水平。如果适用，实际执行的重要性还指审计师确定的低于特定类别的交易、账户余额或披露的重要性水平的一个或多个金额。

＊†**人员**——合伙人和员工。

＊**广泛性**——描述错报影响的术语，用以说明错报对财务报表的影响，或者由于无法获取充分、适当的审计证据而未发现的错报（如存在）对财务报表可能产生的影响。根据审计师的判断，对财务报表的影响具有广泛性的情形包括：

（a）不限于对财务报表的特定要素、账户或项目产生影响；

（b）虽然仅对财务报表的特定要素、账户或项目产生影响，但这些要素、账户或项目可能是财务报表的主要组成部分；

（c）当与披露相关时，产生的影响对财务报表使用者理解财务报表至关重要。

＊**总体**——审计师从中选取样本并期望据此得出结论的整个数据集合。

＊**积极式函证**——要求被询证者直接向审计师回复，表明是否同意询证函所列示的信息，或填列所要求的信息的一种询证方式。

执业人员——执业的职业会计师。

＊**审计的前提条件**——管理层在编制财务报表时采用可接受的财务报告框架，以及管理层和治理层（如适用）对执行审计工作的前提[13]的认同。

＊**前任审计师**——已对被审计单位上期财务报表进行了审计，但被现任审计师接替的其他会计师事务所的审计师。

＊**与管理层和治理层（如适用）责任相关的执行审计工作的前提**——管理层和治理层（如适用）认可并理解其应当承担下列责任，这些责任构成按照国际审计准则的规定执行审计工作的基础：

（a）按照适用的财务报告框架编制财务报表，并使其实现公允反映（如相关）；

（b）管理层和治理层（如适用）对其认为为使财务报表的编制不存在由于舞弊或错误导致的重大错报所必需的内部控制负责；

（c）向审计师提供下列必要的工作条件：

（i）接触管理层和治理层（如适用）了解到的、与编制财务报表相关的所有信息（如记录、文件和其他事项）；

（ii）向审计师提供审计所需的其他信息；

（iii）允许审计师在获取审计证据时不受限制地接触其认为必要的被审计单位人员。

---

[13] 国际审计准则第200号，第13段。

对于公允列报框架而言，上述第（a）项可以表述为“按照财务报告框架编制和公允列报财务报表”或“按照财务报告框架编制真实和公允的财务报表”。

“与管理层和治理层（如适用）责任相关的执行审计工作的前提”也可以称为“前提”。

职业会计师⑭——国际会计师联合会成员组织的会员。

执业的职业会计师⑮——会计师事务所中提供专业服务（不论职能分类，例如，审计，税务或咨询）的职业会计师。该术语也用于指执业的职业会计师所在的会计师事务所。

＊***职业判断***——在审计准则、会计准则和职业道德要求的框架下，审计师运用相关专业训练、知识和经验，作出适合审计业务具体情况、有根据的行动决策。

＊***职业怀疑***——审计师执行审计业务的一种态度，包括采取质疑的思维方式，对可能表明由于错误或舞弊导致错报的迹象保持警觉，以及对审计证据进行审慎评价。

＊***职业准则***——国际审计准则和相关职业道德要求。

†***职业准则***（针对国际质量控制准则第1号⑯）——国际审计与鉴证准则理事会业务准则，如在《国际质量控制、审计、审阅、其他鉴证及相关服务公告序言》中界定的业务准则和相关职业道德要求。

公共部门——全国性政府、区域性（例如，州、省、地区）政府、地方（例如，市、镇）政府以及相关政府实体（例如，机构、理事会、委员会和企业）。

＊†***合理保证***（针对审计业务和质量控制）——一种高度但非绝对的保证。

重新计算——包括对记录或文件中的数据计算的准确性进行核对。

＊***关联方***——下列任何一方：

（a）适用的财务报告框架中所定义的关联方；

（b）如果适用的财务报告框架对关联方作出很少规定或没有对关联方作出规定：

（i）通过一家或多家中间机构，直接或间接地对报告主体具有控制或重大影响的个人或其他主体；

（ii）通过一家或多家中间机构，报告主体直接或间接地对另一主体具有控制或重大影响；

（iii）通过以下方式与报告主体受同一控制的另一主体：

a. 具有同一控制股东；

---

⑭ 国际职业会计师道德守则对其进行了界定。

⑮ 国际职业会计师道德守则对其进行了界定。

⑯《国际质量控制准则第1号——会计师事务所对执行财务报表审计、审阅、其他鉴证和相关服务业务实施的质量控制》。

b. 所有者为关系密切的家庭成员；

c. 具有同一关键管理层。

但是，同受国家（如全国、区域或地方政府）控制的主体不被认为是关联方，除非这些主体进行重大交易或共享众多资源。

*†*相关职业道德要求*——项目组和项目质量控制复核人员应当遵守的职业道德要求，通常包括国际会计师职业道德准则理事会《国际职业会计师道德守则》中的 A 和 B 部分以及各国更加严格的要求。

重新执行——审计师独立执行原本作为被审计单位内部控制组成部分的程序或控制。

**针对服务机构对控制的描述和设计出具的报告*（涉及国际审计准则第 402 号[17]，被称为第一类报告）——内容包括：

（a）由服务机构管理层对服务机构系统、控制目标以及在特定日期已得到设计和执行的相关控制作出的描述；

（b）服务机构审计师出具的报告（旨在向使用者提供合理保证），包括针对服务机构对系统、控制目标和相关控制的描述，以及控制的设计对实现特定控制目标的适当性发表的意见。

**针对服务机构对控制的描述、设计和运行有效性出具的报告*（涉及国际审计准则第 402 号，被称为第二类报告）——内容包括：

（a）由服务机构管理层作出的描述，涉及服务机构系统、控制目标和相关控制、在特定日期或特定期间控制的设计和执行，以及在某些情况下控制在特定期间运行的有效性；

（b）服务机构审计师出具的报告（旨在向使用者提供合理保证），包括：

（i）服务机构审计师针对服务机构对系统、控制目标和相关控制的描述，控制的设计对实现特定控制目标的适当性，以及控制运行的有效性发表的意见；

（ii）针对控制测试及其结果作出的描述。

复核（与质量控制相关）——对其他人执行工作和得出结论的质量进行评价。

**风险评估程序*——审计师为了解被审计单位及其环境，以识别和评估财务报表层次和认定层次的重大错报风险（无论该错报由于舞弊或错误导致）而实施的审计程序。

**重大错报风险*——财务报表在审计前存在重大错报的可能性。重大错报风险由两部分组成，在认定层次上表述如下：

（a）固有风险——在考虑相关的内部控制之前，某类交易、账户余额或披露的

---

[17] 《国际审计准则第 402 号——对被审计单位使用服务机构的审计考虑》。

某一认定易于发生错报的可能性，而该错报单独或连同其他错报可能是重大的；

（b）控制风险——某类交易、账户余额或披露的某一认定发生错报，该错报单独或连同其他错报可能是重大的，但没有被被审计单位的内部控制及时防止或发现并纠正的风险。

* *抽样*——参见“审计抽样”。

* *抽样风险*——审计师根据样本得出的结论，可能不同于如果对整个总体实施与样本相同的审计程序得出的结论的风险。抽样风险可能导致两种类型的错误结论：

（a）在实施控制测试时，审计师推断的控制有效性高于其实际有效性，或在实施细节测试时，审计师推断某一重大错报不存在而实际上存在。审计师主要关注这类错误结论，原因是其影响审计效果，非常有可能导致发表不适当的审计意见；

（b）在实施控制测试时，审计师推断的控制有效性低于其实际有效性，或实施细节测试时，审计师推断某一重大错报存在而实际上不存在。这类错误结论影响审计效率，因为其通常导致审计师实施额外的工作，以证实初始结论是错误的。

* *抽样单元*——构成总体的个体项目。

* *服务机构审计师*——在服务机构要求下对服务机构的控制出具鉴证报告的审计师。

* *服务机构*——向被审计单位提供服务，并且其服务构成与被审计单位财务报告相关的信息系统组成部分的第三方机构（或第三方机构的分部）。

* *服务机构的系统*——为了向被审计单位提供服务机构审计师的报告所涵盖的服务而由服务机构设计、执行和维护的政策和程序。

重要程度——结合具体情况考虑的某一事项的相对重要性。某一事项的重要程度，需要执业人员根据具体情况作出判断。这可能包括，例如，对该事项将改变执业人员报告的预期使用者的决策或影响其决策的合理预期，或者，再如，具体情况是指执业人员就是否向治理层报告，以及治理层结合其职责是否认为该事项较为重要，而作出的判断。重要程度可以结合性质和数量因素考虑，如相对规模、鉴证对象的性质和影响，以及预期使用者或报告收件人所表达的相关利益。

* *重要组成部分*——集团项目组识别出的组成部分：（i）单个组成部分对集团具有财务重大性，或者（ii）由于其特定性质或情况，可能存在导致集团财务报表发生重大错报的特别风险。

* *值得关注的内部控制缺陷*——根据审计师的职业判断，认为足够重要从而值得治理层关注的内部控制的一个缺陷或多个缺陷的组合。

＊***特别风险***——审计师识别和评估的、根据判断认为需要特别考虑的重大错报风险。

小型被审计单位——性质上具有下列典型特征的实体：

（a）所有权和管理权集中在少数个体（通常是指单一个体——既可以是一个自然人，也可以是一个拥有该小型被审计单位所有权的其他实体，但前提是该所有者具有相关的定性特征）；

（b）具有下列一项或多项特征：

（i）从事简单的交易；

（ii）会计记录简单；

（iii）业务类别少并且业务类别中产品较少；

（iv）内部控制较少；

（v）较少层级的管理层负责广泛的控制活动；

（vi）较少职员，其中多数人承担广泛的职责。

以上并未完全列举出小型被审计单位的特征，这些特征并不为小型被审计单位所独有，小型被审计单位也未必具有所有这些特征。

＊***特殊目的财务报表***——按照特殊目的框架编制的财务报表。

＊***特殊目的框架***——用以满足财务报表特定使用者财务信息需求的财务报告框架。财务报告框架可能是公允列报框架或遵循性框架[18]。

＊†***员工***——合伙人之外的专业人员，包括会计师事务所雇佣的专家。

＊***统计抽样***——同时具备下列特征的抽样方法：

（a）随机选取样本项目；

（b）运用概率论评价样本结果，包括计量抽样风险。

不同时具备上述两个特征的抽样方法为非统计抽样。

＊***分层***——审计师将总体划分为多个子总体的过程，每个子总体由一组具有相同特征（通常是货币金额）的抽样单元组成。

＊***期后事项***——财务报表日至审计报告日之间发生的事项，以及审计师在审计报告日后知悉的事实。

＊***分包服务机构***——服务机构为向被审计单位提供服务而使用的另一个服务机构，其提供的服务是服务机构应提供服务的一部分，且构成被审计单位与财务报告相关的信息系统的组成部分。

＊***实质性程序***——用于发现认定层次重大错报的审计程序。实质性程序包括下列两类程序：

（a）（对各类交易、账户余额和披露的）细节测试；

---

[18] 国际审计准则第200号，第13段第（a）项。

（b）实质性分析程序。

＊***（审计证据的）充分性***——对审计证据数量的衡量。审计师需要获取的审计证据的数量受其对重大错报风险评估的影响，并受审计证据质量的影响。

适当的标准——参见“标准”

＊†***具有适当资格的外部人员***——执行业务的会计师事务所以外的具有担任项目合伙人的胜任能力和必要素质的个人，如其他会计师事务所的合伙人，或者其会员可执行历史财务信息审计和审阅、其他鉴证或相关服务业务的职业会计团体或提供相关质量控制服务的组织中具有适当经验的员工。

＊***简要财务报表***（针对国际审计准则第810号）——来源于财务报表但详细程度低于财务报表的历史财务信息。简要财务报表对被审计单位某一特定日期的经济资源或义务或某一会计期间的经济资源或义务变化情况提供了与财务报表一致的结构性表述⑲。不同的司法管辖区可能采用不同的术语描述这类历史财务信息。

补充信息——适用的财务报告框架未作要求的、用于编制财务报表并与财务报表一同列示的信息，这些信息通常以补充报表或额外附注的形式列示。

测试——对总体中的某些或全部项目实施程序。

＊***控制测试***——用于评价内部控制在防止或发现并纠正认定层次重大错报方面的运行有效性的审计程序。

＊***治理层***——对被审计单位的战略方向以及管理层履行经营管理责任负有监督责任的人员或组织（例如，公司受托人）。治理层的责任包括监督财务报告过程。对某些司法管辖区中的某些实体而言，治理层可能包括管理层成员，如私人或公共部门实体的治理委员会中的执行成员，或业主兼经理⑳。

＊***可容忍错报***——审计师设定的货币金额，审计师试图对总体中的实际错报不超过该货币金额获取适当水平的保证。

＊***可容忍偏差率***——审计师设定的偏离规定的内部控制程序的比率，审计师试图对总体中的实际偏差率不超过该比率获取适当水平的保证。

不确定性——结果取决于未来行动或不受会计主体的直接控制但却可能影响财务报表的事项。

＊***未更正错报***——审计师在审计过程中累积的且被审计单位未予更正的错报。

＊***无保留意见***——当审计师认为财务报表在所有重大方面按照适用的财务报告框架编制时发表的审计意见㉑。

---

⑲ 国际审计准则第200号，第13段第（f）项。

⑳ 讨论治理结构的多样性，参见《国际审计准则第260号——与治理层的沟通》第A1－A8段。

㉑ 《国际审计准则第700号——对财务报表形成审计意见和出具审计报告》第35－36段分别规范了公允列报框架和遵循性框架下发表无保留意见的措辞。

∗ ***被审计单位审计师***——对被审计单位的财务报表进行审计并出具报告的审计师。

∗ ***使用服务机构的被审计单位***——使用服务机构且正在接受财务报表审计的实体。

穿行测试——追踪某几笔交易在财务报告系统中的处理流程。

∗ ***书面声明***——管理层向审计师提供的书面陈述，用以确认某些事项或支持其他审计证据。书面声明不包括财务报表及其认定，以及支持性账簿和相关记录。

附录：

国际审计准则专业术语翻译对照表

国际审计准则术语	大陆译法	香港地区译法	澳门地区译法	台湾地区译法
Access controls	访问控制	存取控制	存取控制	進入控制
Accounting estimate	会计估计	会计估计	会计估计	會計估計
Accounting records	会计记录	会计记录	会计记录	會計紀錄
Analytical procedures	分析程序	分析程序	分析性复核/分析性程序	分析性程序
Annual report	年度报告	年度报告/年报	年报	年度報告
Anomaly	异常误差	异常	异常误差	異常
Applicable financial reporting framework	适用的财务报告框架	适用财务申报框架	适用的财务报告框架	適用的財務報導架構
Application controls in information technology	信息技术应用控制	信息技术应用控制	信息技术应用控制	資訊科技之應用控制
Applied criteria (in the context of ISA 810)	采用的标准(针对国际审计准则第 810 号而言)	采用的标准(针对国际审计准则第 810 号而言)	采用的标准(针对 ISA810 而言)	採用的標準(針對 ISA810 而言)
Appropriateness (of audit evidence)	(审计证据的)适当性	(审计凭证)合理性	(核数证据的)适当性	適切性

续表

国际审计准则术语	大陆译法	香港地区译法	澳门地区译法	台湾地区译法
Arm's length transaction	公平交易	正常交易	公平交易	公平交易
Assertions	认定	声称/声明	认定	聲明
Assess	评估	评估	评估	評估
Association	关联	关联	关联	關聯
Assurance	保证	确定	保证/鉴证	確信
Audit documentation	审计工作底稿	审计工作底稿	核数工作记录	審計文件
Audit evidence	审计证据	审计凭证	核数证据	查核證據
Audit file	审计档案	审计档案/审计文件	核数档案	查核檔案
Audit firm	审计事务所	会计师事务所	核数公司	審計事務所
Audit opinion	审计意见	审计意见	核数意见	審計(查核)意見
Audit risk	审计风险	审计风险	核数风险	查核風險
Audit sampling(sampling)	审计抽样(抽样)	审计抽样(抽样)	核数抽样	審計抽樣
Audited financial statements (in the context of ISA 810)	已审计财务报表(针对国际审计准则第810号而言)	已审核财务报表(ISA810)	已审核财务报表(针对ISA810而言)	已查核之財務報表(針對ISA810而言)
Auditor	审计师	核数师	核数师	查核人員
Auditor association with financial information	审计师与财务信息的关联	核数师与财务信息的关联	核数师与财务信息的关联	會計師與財務報表之關聯
Auditor's expert	审计师专家	核数师的专家	核数师的专家	會計師專家
Auditor's point estimate or auditor's range	审计师的点估计或区间估计	核数师的点估计或区间估计	核数师的点估计或区间估计	會計師之點估計或區間估計
Auditor's range	审计师的区间估计	核数师的区间估计	核数师的区间估计	會計師之區間估計
Businenss risk	经营风险	经营风险	经营风险	營業風險

续表

国际审计准则术语	大陆译法	香港地区译法	澳门地区译法	台湾地区译法
Comparative financial statements	比较财务报表	比较财务报表	比较财务报表	比較性財務報表
Comparative information	比较信息	比较信息	比较信息	比較性資訊
Complementary user entity controls	被审计单位的互补性控制	被审计单位的互补性控制	被审核单位的互补性控制	受查核個體之互補性控制
Compliance framework	遵循性框架	遵循性框架	遵守性框架	遵循性架構
Component	组成部分	组成部分	组成部分	組成部分
Component auditor	组成部分审计师	组成部分核数师	组成部分核数师	組成部分之會計師
Component management	组成部分管理层	组成部分管理层	组成部分管理层	組成部分之管理階層
Component materiality	组成部分重要性	组成部分重要性	组成部分重要性	組成部分之重要性
Computer – assisted audit techniques	计算机辅助审计技术	计算机辅助审计技术	计算机辅助核数技术	電腦輔助查核技術
Control activities	控制活动	控制活动	控制活动/控制行为	控制活動
Control environment	控制环境	控制环境	内部控制环境/控制环境	控制環境
Control risk	控制风险	控制风险	控制风险	控制風險
Corporate governance	公司治理	公司管治/企业管治	公司治理/企业管治	公司治理
Corresponding figures	对应数据	对应数据	对应数据	連結資訊
Criteria	标准	标准	标准	標準
Date of approval of the financial statements	财务报表批准日	财务报表批准日期	财务报表批准日	財務報表核准日
Date of report (in relation to quality control)	报告日(与质量控制相关)	报告的日期	报告日	報告日
Date of the auditor's report	审计报告日	核数师报告的日期	核数报告日/核数报告的日期	審計報告日
Date of the financial statements	财务报表日	财务报表日期	财务报表日/财务报表的日期	財務報表日
Date the financial statements are issued	财务报表报出日	财务报表发出日	财务报表发出日/提交财务报表日	財務報表發布日

续表

国际审计准则术语	大陆译法	香港地区译法	澳门地区译法	台湾地区译法
Deficiency in internal control	内部控制缺陷	内部控制缺陷	内部控制缺陷	内部控制缺失
Detection risk	检查风险	检查风险	检查/发现风险	偵查風險
Element	要素	要素	要素	要素
Element of a financial statement(in the context of ISA 805)	财务报表要素(针对国际审计准则第805号而言)	财务报表要素(针对国际审计准则第805号而言)	财务报表要素(针对ISA805而言)	財務報表要素(針對ISA805而言)
Emphasis of Matter paragraph	强调事项段	增加强调事项段	强调事项段	強調事項段
Engagement documentation	业务工作底稿	业务工作底稿	业务工作记录	業務工作底稿
Engagement letter	业务约定书	业务约定书	业务约定书	委任書
Engagement partner	项目合伙人	项目合伙人	项目合伙人	主辦會計師
Engagement quality control review	项目质量控制复核	项目质量控制复核	项目质量控制复核	委任項目品質控制覆核
Engagement quality control reviewer	项目质量控制复核人员	项目质量控制复核人员	项目质量控制复核人员	委任項目品質控制覆核者
Engagement team	项目组	项目团队/项目组	项目组	查核團隊
Entity's risk assessment process	被审计单位的风险评估过程	被审计单位的风险评估过程	被审核实体的风险评估过程	受查核個體之風險評估過程
Error	错误	错误	错误	錯誤
Estimation uncertainty	估计不确定性	估计不确定性	估计不确定性	估計不確定性
Evaluate	评价	评价	评估	評估
Exception	不符事项	审计异议/例外	不符事项	例外事項
Experienced auditor	有经验的审计师	有经验的核数师	有经验的核数师	有經驗之查核人員
Expert	专家	专家	专家	專家
Expertise	专长	专长	技能	專長
External confirmation	函证	函证	外部函证	外部函證
Fair presentation framework	公允列报框架	公正表述框架	公允列报框架	允當表達之架構

续表

国际审计准则术语	大陆译法	香港地区译法	澳门地区译法	台湾地区译法
Financial statements	财务报表	财务报表	财务报表	財務報表
Firm	会计师事务所	事务所	核数公司	會計師事務所
Fraud	舞弊	舞弊	舞弊	舞弊
Fraud risk factors	舞弊风险因素	舞弊风险因素	舞弊风险因素	舞弊風險因子
Fraudulent financial reporting	虚假财务报告	虚假财务报告	虚假财务报告	虛假的財務報導
General IT controls	信息技术一般控制	信息技术一般控制	信息技术一般控制	一般性資訊技術控制
General purpose financial statements	通用目的财务报表	通用目的财务报表	通用财务报表	一般目的財務報表
General purpose framework	通用目的框架	通用目的框架	通用目的框架	一般目的架構
Governance	治理	治理	治理/管治	治理
Group	集团	集团	集团	集團
Group audit	集团审计	集团审计	集团核数	集團審計
Group audit opinion	集团审计意见	集团审计意见	集团核数意见	集團審計意見
Group engagement partner	集团项目合伙人	集团项目合伙人	集团项目合伙人	集團之主辦會計師
Group engagement team	集团项目组	集团项目组	集团项目组	集團之查核團隊
Group financial statements	集团财务报表	集团的财务报表	集团财务报表	集團財務報表
Group management	集团管理层	集团管理层	集团管理层	集團管理階層
Group – wide controls	集团层面控制	集团层面控制	集团层面控制	集團層面之控制
Historical financial information	历史财务信息	历史财务资料	历史性财务信息	歷史性財務資訊
Inconsistency	不一致	不一致	不一致	不一致
Independence	独立性	独立性	独立	獨立性
Information system relevant to financial reporting	与财务报告相关的信息系统	与财务报告相关的信息系统	与财务报告相关的信息系统	與財務報導相關之資訊系統

续表

国际审计准则术语	大陆译法	香港地区译法	澳门地区译法	台湾地区译法
Inherent risk	固有风险	固有风险/内在风险	固有风险	固有風險
Initial audit engagement	首次审计业务	首次审计业务	首次核数业务	首次審計(查核)委任
Inquiry	询问	询问	查询	詢問
Inspection(as an audit procedure)	检查(作为一种审计程序)	检查(作为一种审计程序)	检查(作为一种核数程序)	檢查(作為一種審計程序)
Inspection(in relation to quality control)	检查(与质量控制相关)	检查(与质量控制相关)	检查(与质量控制相关)	檢查(與品質控制相關)
Interim financial information or statements	中期财务信息或报表	中期财务信息或报表	中期财务信息或报表	期中財務資訊或報表
Internal audit function	内部审计职能部门	内部审计职能	内部审计/核数职能部门	內部審計功能
Internal auditors	内部审计师	内部核数师	内部审计师/内部核数师	內部查看人員
Internal control	内部控制	内部控制	内部控制	內部控制
International Financial Reporting Standards	国际财务报告准则	国际财务报告准则	国际财务报告准则	國際財務報導準則
Investigate	调查	调查	调查	調查
IT environment	信息技术环境	信息技术环境	信息技术环境	資訊科技環境
Listed entity	上市实体	上市个体/上市主体	上市实体	上市個體
Management	管理层	管理层	管理层	管理階層
Management bias	管理层偏向	管理层偏向	管理层偏向	管理階層之偏差
Management's expert	管理层的专家	管理层的专家	管理层的专家	管理階層專家
Management's point estimate	管理层的点估计	管理层的点估计	管理层的点估计	管理階層之點估計
Misappropriation of assets	侵占资产	侵占资产	侵占资产	挪用資產
Misstatement	错报	错误陈述	误报	不實表達
Misstatement of fact	对事实的错报	对事实的错误陈述	对事实的误报	對事實之錯誤表達
Modified opinion	非无保留意见	经修订意见	非无保留意见	保留意見

续表

国际审计准则术语	大陆译法	香港地区译法	澳门地区译法	台湾地区译法
Monitoring	监控	监控	监控	追蹤考核
Monitoring of controls	对控制的监督	对控制的监督	对控制的监督	控制之監督
Negative confirmation request	消极式函证	消极式函证	消极式函证	消極式函证
Network	网络	网络	网络	網絡/聯盟
Network firm	网络事务所	网络事务所	网络事务所	網絡/聯盟事務所
Non – compliance	违反法律法规	违约行为/不遵从	违反法律法规/违法	違反法規
Non – response	未回函	未回函	未回函	未回函
Non – sampling risk	非抽样风险	非抽样风险	非抽样风险	非抽樣性風險
Observation	观察	评述/观察	观察	觀察
Opening balances	期初余额	期初余额	期初余额	期初餘額
Other information	其他信息	其他信息	其他信息	其他資訊
Other Matter paragraph	其他事项段	其他事项段	其他事项段	其他事項段
Outcome of an accounting estimate	会计估计的结果	会计估计的结果	会计估计的结果	會計估計之結果
Overall audit strategy	总体审计策略	总体审计策略	总体审计/核数策略(计划)	整體審計(查核)策略
Partner	合伙人	合伙人	合伙人	合夥會計師
Performance materiality	实际执行的重要性	实际执行的重要性	实际执行的重要性	執行重大性
Personnel	人员	人员	人员	人員
Pervasive	广泛性	广泛性	广泛性	廣泛性
Population	总体	抽样总体	总体	總體
Positive confirmation request	积极式函证	积极式函证	积极式函证	積極式函證

续表

国际审计准则术语	大陆译法	香港地区译法	澳门地区译法	台湾地区译法
Practitioner	执业人员	执业人员	执业人员	執業人員
Preconditons for an audit	审计的前提条件	审计的前提条件	核数的前提条件	審計個案之前提條件
Predecessor auditor	前任审计师	前任审计师/前任核数师	前任核数师/原有核数师	前任會計師
Premise, relating to the responsibilities of management and, where appropriate, those charged with governance, on which an audit is conducted	与管理层和治理层(如适用)责任相关的执行审计工作的前提	与管理层和治理层(如适用)责任相关的执行审计工作的前提	与管理层和治理层(如适用)责任相关的执行审计/核数工作的前提	與受查核個體管理階層及治理單位(如果適用)責任相關的執行審計工作的前提
Professional accountant	职业会计师	专业会计师	核数师/会计师	職業會計師
Professional accountant in public practice	执业的职业会计师	执业专业会计师	执业核数师/会计师	執業的職業會計師
Professional judgment	职业判断	职业判断	职业判断/专业判断	專業判斷
Professional skepticism	职业怀疑	职业怀疑	职业谨慎态度	專業上之懷疑
Professional standards	职业准则	专业标准/准则	职业准则	專業準則
Professional standards(in the context of ISQC1)	职业准则(与国际质量控制准则第1号相关)	专业标准/准则(ISQC1)	职业准则(与 ISQC1 相关)	專業準則(與 ISQC1 相關)
Public sector	公共部门	公营部门	公共部门/公营企业	公共部門
Reasonable assurance(in the context of audit engagements, and in quality control)	合理保证(针对审计业务和质量控制)	合理保证(有关审计业务及质量控制)	合理保证(针对审计/核数业务和质量控制)	合理確保
Recalculation	重新计算	重新计算	重新计算	驗算
Related party	关联方	关联方	关联方	關係人
Relevant ethical requirements	相关职业道德要求	相关道德规范	相关职业道德要求	相關之職業道德要求
Reperformance	重新执行	重新执行	重新执行	重新執行

续表

国际审计准则术语	大陆译法	香港地区译法	澳门地区译法	台湾地区译法
Report on the description and design of controls at a service organization (referred to in ISA 402 as a type 1 report)	针对服务机构对控制的描述和设计出具的报告(涉及国际审计准则第 402 号,被称为第一类报告)	针对服务机构对控制的描述和设计出具的报告(涉及国际审计准则第 402 号,被称为第一类报告)	针对服务机构对控制的描述和设计出具的报告(涉及国际审计准则第 402 号,被称为第一类报告)	針對服務機構內部控制的描述與設計出具的報告
Report on the description, design, and operating effectiveness of controls at a service organization(referred to in ISA 402 as a type 2 report)	针对服务机构对控制的描述、设计和运行有效性出具的报告(涉及国际审计准则第 402 号,被称为第二类报告)	针对服务机构对控制的描述、设计和运行有效性出具的报告(涉及国际审计准则第 402 号,被称为第二类报告)	针对服务机构对控制的描述、设计和运行有效性出具的报告(涉及国际审计准则第 402 号,被称为第二类报告)	針對服務機構內部控制的描述、設計及運作有效性出具的報告
Review(in relation to quality control)	复核(与质量控制相关)	复核(有关质量控制)	复核(与质量控制相关)	覆核(與品質控制相關)
Risk assessment procedures	风险评估程序	风险评估程序	风险评估程序	風險評估程序
Risk of material misstatement	重大错报风险	重大错误陈述的风险	重大误报风险	重大不實表達風險
Sampling	抽样	抽样调查	抽样	抽樣
Sampling risk	抽样风险	抽样风险	抽样风险	抽樣風險
Sampling unit	抽样单元	抽样单位	抽样单元	抽樣單元
Service auditor	服务机构审计师	服务机构核数师	服务机构核数师	服務機構之會計師
Service organization	服务机构	服务机构	服务机构	專業服務機構
Service organization's system	服务机构的系统	服务机构的系统	服务机构的系统	服務機構之系統
Significance	严重程度	重要性	重要(重大)性	重大性
Significant component	重要组成部分	重要组成部分	重要(重大)组成部分	重要組成部分
Significant deficiency in internal control	值得关注的内部控制缺陷	值得关注的内部控制缺陷	重要(重大)的内部控制缺陷	內部控制之重大缺失

续表

国际审计准则术语	大陆译法	香港地区译法	澳门地区译法	台湾地区译法
Significant risk	特别风险	特别风险	重要（重大）风险	顯著風險
Smaller entity	小型被审计单位	小型被审计单位	小型被审核单位	小規模個體
Special purpose financial statements	特殊目的财务报表	专用财务报表/特殊目的财务报表	特殊目的财务报表	特殊目的財務報表
Special purpose framework	特殊目的框架	特殊目的编制基础	特殊目的框架	特殊目的架構
Staff	员工	职员	员工	員工
Statistical sampling	统计抽样	统计抽样	统计抽样	統計抽樣
Stratification	分层	分层	分层	分層
Subsequent events	期后事项	期后事项	期后事项	期後事項
Subservice organization	分包服务机构	分包服务机构	分包服务机构	分包服務機構
Substantive procedure	实质性程序	实质性程序	实质性测试/实质性程序	證實程序
Sufficiency（of audit evidence）	（审计证据的）充分性	充分（审计凭证）	（核数证据的）充分性	足夠性
Suitable criteria	适当的标准	适当的标准	适当的标准/适宜的标准	適合的標準
Suitably qualified external person	具有适当资格的外部人员	具有适当资格的外部人员	具有适当资格的外部人员	具有適當資格之外部人員
Summary financial statements（in the context of ISA810）	简要财务报表（与国际审计准则第810号相关）	简要财务报表（与ISA810相关）	摘要财务报表	簡明財務報表（與ISA810相關）
Supplementary information	补充信息	补充资料	补充信息	補充性資訊
Test	测试	测验/抽查	测试	測試
Test of controls	控制测试	控制测试	符合性测试	控制測試
Those charged with governance	治理层	治理层	治理层	治理單位
Tolerable misstatement	可容忍错报	容许误报	可容忍误报	可容忍之錯誤表達
Tolerable rate of deviation	可容忍偏差率	可容忍偏差率	可容忍偏差率	可容忍之偏差率

续表

国际审计准则术语	大陆译法	香港地区译法	澳门地区译法	台湾地区译法
Uncertainty	不确定性	不明朗	不确定	不確定性
Uncorrected misstatements	未更正错报	未更正错报	未更正/未纠正的误报	未更正之錯誤表達
Unmodified opinion	无保留意见	无保留意见	无保留意见	無保留意見
User auditor	被审计单位审计师	会计实体核数师	会计实体核数师	會計主體之會計師
User entity	使用服务机构的被审计单位	使用服务机构的被审计单位	使用服务机构的会计实体/被审核实体	會計主體
Walk – through test	穿行测试	穿行测试	穿行测试	簡易測試
Written representation	书面声明	书面声明	书面声明	書面聲明